KB169808

지중해와 지중해 세계
16세기 후반기

해

폴란드

바르샤바 •

리보프 •

• 키예프

오데사 •

아조프 해

크림 반도

트리아

루다페스트
헝가리

몰다비아

흑해

와라키아

부쿠레슈티 •

아티아

플리트 보스니아

라구사 •

• 카타로

콘스탄티노플 •
(이스탄불)

보스포루스 해협

마르마라 해

오스만 투르크

오트란토

다르다넬스해협

그리스

코르푸

프레베자

에게 해

레판토

키오스

• 이즈미르

이오니아 해

아테네 •

자킨토스

낙소스 공국

니코시아

키프로스

• (동)트리폴리

다마스쿠스
시리아

크레타

지중해는 시칠리아 섬과 튀니지를 경계로 하여 동-서 지중해로 나뉜다

알렉산드리아 •

카이로 ■

지중해 : 펠리페 2세 시대의 지중해 세계 I
환경의 역할

지중해 :
펠리페 2세 시대의 지중해 세계 I
환경의 역할

페르낭 브로델

주경철, 조준희 옮김

까치

La Méditerranée et le monde méditerranéen à l'époque de
Philippe II

by Fernand Braudel

편집, 교정 박종만(朴鐘萬)

지중해 : 펠리페 2세 시대의 지중해 세계 I
        환경의 역할

저자 / 페르낭 브로델

역자 / 주경철, 조준희

발행처 / 까치글방

발행인 / 박후영

주소 / 서울시 용산구 서빙고로 67, 파크타워 103동 1003호

전화 / 02 · 735 · 8998, 736 · 7768

팩시밀리 / 02 · 723 · 4591

홈페이지 / www.kachibooks.co.kr

전자우편 / kachibooks@gmail.com

등록번호 / 1-528

등록일 / 1977. 8. 5

초판 1쇄 발행일 / 2017. 11. 30

    3쇄 발행일 / 2022. 8. 1

값 / 뒤표지에 쓰여 있음

ISBN 978-89-7291-646-8 94900
    978-89-7291-645-1 (세트)

이 도서의 국립중앙도서관 출판예정도서목록(CIP)은 서지정보유통지원시스템 홈페이지(http://seoji.
nl.go.kr)와 국가자료공동목록시스템(http://www.nl.go.kr/kolisnet)에서 이용하실 수 있습니다.
(CIP제어번호: CIP2017030535)

늘 우리와 함께 하는 뤼시앵 페브르에게

감사의 마음과 아들로서의 애정을 다해 이 책을 헌정합니다

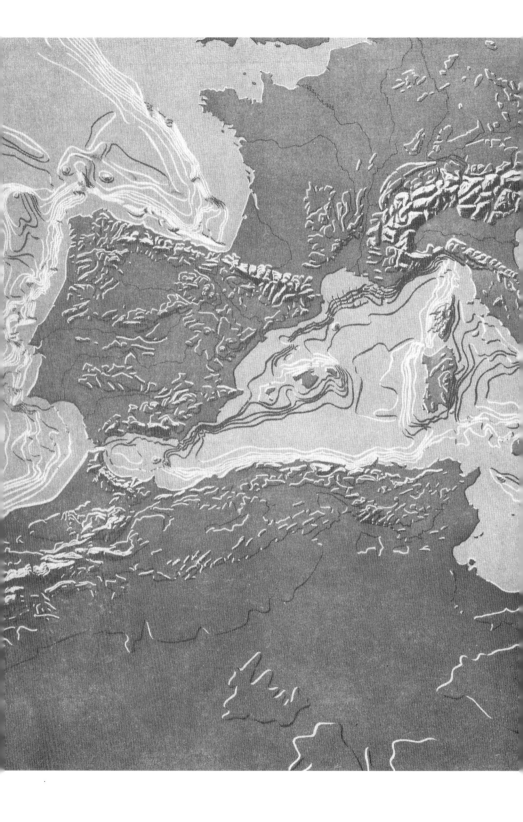

도표 1. 고도 500미터에서 해저 500미터까지 높이와 깊이(자크 베르탱이 작성한 지도)

오늘날까지 신대륙에서는 유럽, 아시아, 아프리카에 있는 것과 같은
지중해를 전혀 발견하지 못했다
아코스타, 『인도 자연사』, 1558, p.94.

이 책 『지중해』 제I부의
제1장-제2장은 주경철 교수가
제3장-제5장은 조준희 교수가
분담하여 번역했다.

<일러두기>

1. 한국어 번역의 저본이 된 판본은 프랑스어 원서 제6판(1985년)이다. 제10판
   이 최종판이며, 제2판 이후는 제4판에서 두 곳(제II부 377쪽 이하와 제II부
   570쪽)이 수정, 보충되었을 뿐이다.

2. 대괄호[ ]는 "역자 주"를 위해서 사용했다.

3. 인명, 지명 등의 고유명사는 국립국어원의 외래어 표기법을 준수했으며, 그
   밖의 경우에는 현지 발음을 따르는 것을 원칙으로 했다.

차례

제I부 환경의 역할   31

제1장 반도 : 산지, 고원, 평야   33

1. 우선 산지부터   33

물리적 특징들과 인간적 특징들 / 산의 정의 / 산, 문명, 종교 / 산지인의 자유 / 산지의 자원과 대차대조표 / 도시로 간 산지인 / 산지 주민 이주의 전형적 사례들 / 산지의 생활양식 : 지중해 최초의 역사인가?

2. 고원, 대지, 구릉   64

고원 / 중간층의 지역들 / 구릉

3. 평야   73

물 문제 : 말라리아 / 평야의 개선 작업 / 롬바르디아의 사례 / 대지주와 가난한 농민들 / 평야의 단기 변화 : 베네치아의 테라 페르마(육지 영토) / 장기 변화 : 로마나 캄파냐의 운명 / 평야의 강점 : 안달루시아

4. 이목과 유목 : 지중해 지역의 두 가지 삶의 방식   105

이목 / 유목 : 이목보다 오래된 생활방식 / 카스티야의 이목 / 전반적인 비교와 지도 / 단봉낙타와 쌍봉낙타 : 아랍인과 투르크인의 침입 / 서구 관찰자들이 본 발칸, 아나톨리아, 북아프리카의 유목 생활 / 수세기에 걸친 주기들

초판 서문

내가 지중해를 열정적으로 사랑하는 이유는, 다른 많은 사람들이 그러하듯이, 아마도 북쪽 지방 출신이기 때문일 것이다. 나는 오랜 세월에 걸쳐 기쁜 마음으로 지중해를 연구해왔다. 내 젊음을 모두 바쳤다고 해도 좋을 것이다. 그 대가로 얻은 기쁨의 일부와 지중해의 빛이 이 책의 행간에서 빛나기를 기대한다. 마치 소설가가 그렇듯이 주인공을 늘 가까이에 두고 우리 마음대로 좌우할 수 있다면 이상적일 것이다. 그러나 행인지 불행인지 역사가에게는 그와 같은 경탄할 만한 유연성이 없다. 대신 내가 희망하는 바는 이 책을 읽는 독자들 자신이 지중해에 대한 자신의 기억과 전망을 더하여 내가 쓴 텍스트에 색깔을 덧씌우는 것이며, 그렇게 함으로써 내가 수행한 이 거대한 작업을 재창조하는 것이다.……내 생각에 바다는 우리가 보고 또 사랑하는 그 자체이며 지난 과거에 대한 가장 중요한 자료이다. 바로 이것이 소르본의 지리학 스승들에게서 내가 배워 굳게 간직하고 있는 교훈이며, 이 교훈이 나의 모든 작업에 의미를 부여해왔다.

지중해보다 훨씬 더 명료한 사례를 연구했다면, 역사와 공간 사이의 관계를 더 잘 파악했을 것이다. 16세기의 지중해는 인간사의 관점에서 볼 때, 현재보다 훨씬 더 광대한 바다였다. 그 바다는 복합적이고 복잡하며 특이하여 우리의 관측과 분류를 벗어난다. 이 바다라는 주인공에 대해서는 언제 태어났고, 또 어떤 일이 어떻게 일어났다는 식으로 단순하게 이야기할 수 없다. 더구나 지중해는 하나의 바다가 아니라 "여러 바다들의 복합체"이다. 많은 섬들이 산재하고 여러 개의 반도들이 뻗어나와 있으며 여러 갈래의 해안들로 둘러싸여 있다. 이 바다의 삶은 육지와 섞여 있고, 절반 이상이 농촌적인 시(詩)이다. 이곳의 선원들은 절반 정도가 농민들이다. 이곳은 소형선과 상인의 라운드쉽(navire rond, roundship)의 바다만큼이나 올리브 나무와 포도나무의 바다이다. 이 바다의 역사와 그곳을 둘러싼 육지 세계의 역사를 분리할 수 없는 것은 마치 진흙과 그것을 주물러 틀을 만드는 장인(匠人)의 손을 분리할 수 없는 것과 마찬가지이다. 프로방스의 속담은 말한다. "바다를 찬미하되 대지에 머물러라."

지중해가 역사적으로 어떤 존재인지를 파악하기는 쉽지 않다. 거기에는 많은 인내와 노력이 필요하며 또한 실수를 피할 수도 없다. 반면 해양학자, 지질학자, 혹은 지리학자들이 정의하는 지중해는 명료하기 그지없다. 그것은 잘 알려져 있고 분류되고 명명된 영역이다. 그렇지만 역사학자의 지중해는 그렇지 않다. 수많은 견해들이 엇갈려 우리의 주의가 필요하다. 지중해는 한마디로 단정할 수 없다. 지중해는 자기 충족적인 곳이 아니며, 하나의 세력권도 아니다. 지중해는 이미 오래 전부터 잘 규정되어왔으며 명백하고 또 곧바로 이해할 수 있기 때문에 새로 정의를 내릴 필요도 없이 지리적 아우트라인을 따라 전체사(histoire générale)의 한 토막을 분리하면 곧 이 지역의 역사를 이해할 수 있다고 생각하는 역사가가 있다면, 그는 불행을 피할 수 없으리라. 그와 같은 지리적 아우트라인이 우리 연구에 어떤 의미를 띤단 말인가?

나의 연구 대상이 50년[1550-1600]에 불과한 짧은 기간이라고 하더라도, 한쪽 끝의 헤라클레스의 문[지브롤터 해협]에서부터 다른 쪽 끝의 고대 일리움[터키 서쪽 지역의 고대 국가]이 지키던 해협 사이의 해역으로 무대를 규정하고 그 역사를 서술할 수 있을까? 이와 같은 구역 설정이라는 첫 번째 문제에서 곧바로 다른 문제들이 제기된다. 한정한다는 것은 곧 정의하고 분석하고 재구축하는 것, 더 나아가서 하나의 역사철학을 선택하고 수용하는 것을 의미한다.

우리는 논문, 회고록, 연구서, 출판물, 조사물 등 수많은 기존 연구들을 이용할 수 있다. 그것은 순수 역사 연구의 산물일 수도 있고 우리의 흥미를 끄는 이웃 분야들, 곧 인류학, 지리학, 식물학, 지질학, 기술사학 등의 산물일 수도 있다. 사실 지중해와 그 주변 지역보다 더 많은 조명을 받고 더 잘 정리된 곳도 없을 터이다. 그렇지만 이런 말을 하면 선학들에 대한 배은망덕으로 비칠 수도 있겠으나, 그 많은 출판물들은 연구자들에게 비처럼 쏟아지는 잿가루와도 같다. 지난날의 언어로 이야기하는 이 연구들은 여러 의미에서 낡았다. 그들의 관심사는 광대한 해양이 아니라 아주 작은 모자이크 조각이며, 역동적인 큰 생명이 아니라 군주들과 부자들의 몸짓이기 때문에, 우리가 관심을 두는 역강하고 완만한 역사와는 관련이 없는 먼지 같은 사소한 것들이다. 이 연구들은 총체적인 관점에서 다시 정리되어 새로운 생명이 불어넣어져야 한다.

　마찬가지로 이 지역의 방대한 문서보관소 자료들에 대한 정확한 지식이 없으면, 지중해의 역사 연구는 불가능하다. 이 일은 고립된 한 역사가의 힘을 넘어서는 과업이다. 16세기 지중해의 국가들은 대개 엄청난 양의 문서들을 보관하는 문서보관소를 두었는데, 그중 다수는 화재, 정복, 혹은 지중해 세계의 각종 재난을 피해 자료를 잘 보존하고 있다. 이 엄청난 문서의 보고를 조사하고 분류하기 위해서는 한 역사가의 생애가 아니라 스무 번의 생애, 바꿔 말하면 스무 명의 역사가들이 온 생애를 바쳐야만 할 것이다. 언젠가는 현재 우리처럼 소규모 장인의 방식이 아닌 새로운 방식으로 역사가의 작업을 수행할 날이 올지 모른다. 그런 날이 오면, 다른 사람의 연구 결과들에 의존하지 않고 원사료에 근거하여 전체사를 쓰는 것이 가능할지도 모른다. 아무튼 내가 들인 노력이 아무리 크다고 해도 모든 문서보관소의 자료를 모두 살펴본 것이 아니며, 따라서 내 책이 필연적으로 부분적 연구에 근거했다는 사실은 말할 필요도 없다. 그러므로 나는 이 책의 결론들은 모두 나중에 다시 논의되고 다른 연구들로 대체될 것이라고 믿으며,

또 그렇게 되기를 바란다. 그와 같은 방식으로 역사는 발전하는 것이다.

다른 한편으로, 르네상스와 종교개혁의 마지막 불꽃들의 시기와 고난에 찬 17세기 후퇴기 사이에 끼어 있는 16세기 후반의 지중해는 뤼시앵 페브르가 말하듯이 "잘못된 좋은 주제"에 속한다. 이 주제가 어떤 점에서 흥미롭단 말인가? 세계가 지중해를 중심으로 돌아가고 지중해의 리듬에 맞추어 움직이며 또 지중해에 봉사하던 시기가 끝나가던 근대 초기에 이 바다의 운명을 안다는 것은 물론 유용성이 없지 않을 것이다. 다른 학자들의 주장처럼 지중해가 곧장 쇠퇴한 것 같지는 않으며, 오히려 그 반대로 보인다. 그러나 이런 이야기를 제쳐두고라도 지중해가 제기하는 모든 문제들은 예외적일 정도로 인간적인 의미가 풍부하여 역사가들이든 아니든 모든 사람들에게 흥미롭기 그지없다. 아마도 현재에 대해서도 많은 빛을 비추어줄 것이다. 그것은 니체가 말하는 엄격한 의미의 역사의 "유용성"을 가지고 있다고 나는 믿는다.

나는 이와 같은 주제의 매력 혹은 유혹에 대해서 더 언급하지는 않겠다. 그것이 가진 왜곡, 난점, 배반 등에 대해서는 이미 충분히 이야기했지만, 다만 여기에 한 가지만을 추가하겠다. 기존 역사 연구들 중에서 나에게 도움이 되는 타당한 안내서가 전혀 없었다는 점이다. 바다를 주제로 한 역사 연구는 대단히 매력적이지만 또한 새로운 접근이 가진 위험성들 역시 안고 있다.

양쪽 측면들을 모두 저울질한 결과, 나는 위험을 떠안기로 하고 과감하게 모험을 감행했다.

이제 이 책 자체의 역사를 이야기하는 것이 독자들에게 도움이 될지 모르겠다. 내가 1923년에 처음 이 책의 집필을 시작했을 때, 그것은 펠리페 2세의 지중해 정치에 집중한 고전적인 연구였고 분명히 더 신중한 접근이었다. 당시 내 스승들은 그것을 적극 옹호했다. 그분들은 이 연구를 외교사의 틀 속에 편제되는 것으로 보았다. 이 학파는 지리 문제에 무관심하고 —흔히 외교 자체가 그러하듯이—경제와 사회 문제들을 의식하지 않았으며, 문명의 여러 요소들, 예컨대 종교나 문학, 예술 등을 대수롭지 않게 여겼다. 행정 관료의 사무 이외의 일들을 무시하고 자신의 영역 안에 칩거함으로써 풍요롭고 활기찬 실제의 삶을 보려고 하지 않았다. 신중왕(愼重王) 펠리페 2세의 정치를 설명한다는 것은 무엇보다 상황의 변화에 따라 구현된 정책들을 연구하여 군주와 조언자들의 책임을 확증하는 작업이었다. 그리하여 누가 중요한 역할을 했고 누가 부차적 역할을 했는지를 구분하고, 에스파냐의 세계 정책—이때 지중해는 핵심적인 의미를 가지지 않은 한 부문에 불과했다—의 전모를 파악하고자 했다.

1580년대에 에스파냐 세력은 돌연 대서양 방면으로 선회했다. 위험을 의식했든 하지 못했든 이곳에서 펠리페 2세의 광대한 제국은 온힘을 모아 자신의 존재를 지켜야 했다. 크게 요동치는 강력한 움직임이 이 나라를 대양의 운명 속으로 몰아갔다. 나는 펠리페 2세나 돈 후안 데 아우스트리아[펠리페 2세의 이복동생]와 같은 인물의 책임을 가리는 문제보다는 점차 이런 저층의 힘의 작동이라든지 에스파냐 정치의 물리학 같은 문제에 관심을 두기 시작했다. 그와 같은 역사상의 인물들이 스스로 착각하는 것과는 달리 그들이 행위를 주관하는 것이 아니라 오히려 조정당하는 것이 아니었을까 생각하면서 전통적인 외교사의 틀에서 벗어나기 시작했다. 원거리에서 불규칙하게 작동하는 에스파냐의 행위—사실 레판토 해전[1571]과 같은 일부 사건을 제외하면 생기가 없는 주제일 뿐이다—너머 지중해가 자신의 고유한 역사와 운명을 가지고 자신의 강력한 삶을 사는 것이 아닐까, 그리고 이런 것들이 단지 멋있는 배경이 아니라 그 이상의 의미를 가진 것이 아닐까 하고 나는 자문하게 되었고, 결국 나를 사로잡은 거대한 주제의 유혹에 빠져들었다.

그것을 어찌 보지 못할 수 있단 말인가? 문서보관소에서 풍부하기 그지

없는 내용의 문서들을 접할 때, 그 다양하고 활기찬 삶이 어떻게 보이지 않을 수 있단 말인가? 그와 같은 생명력 넘치는 활동을 앞에 두고 어떻게 혁명적인 사회경제사로 향하지 않을 수 있겠는가? 독일이나 영국, 미국, 폴란드와 함께 바로 우리 이웃의 벨기에에서도 사회경제사 연구가 활발하게 진행되던 당시 프랑스에서는 소수 연구자 집단만이 이 부분의 연구를 진행하고 있었다. 지중해의 역사를 그 복합성 내에서 파악하는 것은 곧 그들의 조언을 따르며 그들의 경험의 도움을 받는 동시에, 그들을 돕고 더 나아가서 우리 국내에서 새롭게 생각하고 정비하고 있지만 또한 기꺼이 국경을 넘을 가치가 있는 그 새로운 역사 형식을 위해서 분투하는 일이다. 자신의 임무와 가능성을 자각하고 또 그렇게 하기 위해서 과거의 형식들을 기꺼이 파괴할 수밖에 없는 이 역사는 분명히 제국주의적 역사이다. 그것이 전적으로 정당하다고 할 수는 없겠지만, 하여튼 그 문제는 일단 넘어가도록 하자. 중요한 점은 우리의 선학들이 가르쳤던 것과는 다른 역사를 건설하기 위해서 거대한 규모, 지대한 요구, 저항과 빛, 도약의 가능성을 모두 지닌 특출한 주인공을 연구하는 것은 매우 좋은 기회였다는 점이다.

모든 저작은 그 저자에게 대해서 혁명적이며 정복을 위한 투쟁의 산물이 되고자 한다. 지중해는 지난 관습을 벗어던지라고 강요함으로써 우리에게 봉사한 셈이다.

이 책은 세 부분으로 구성되었으며, 각 부분은 그 자체로 총체적인 설명을 시도한다.

제I부는 거의 움직이지 않는 역사, 곧 인간을 둘러싼 환경과 인간 사이의 관계에 대한 역사이다. 그것은 서서히 흐르고 서서히 변화하지만, 흔히 완강하게 원래대로 되돌아가는 역사, 늘 다시 시작하는 순환의 역사이다. 무생명과 접촉하며 거의 시간에서 벗어난 이 역사를 나는 무시하고 싶지 않았다. 전통적으로 그렇듯이 역사 서술의 앞부분에 지리적 배경 설명을 제시하는 정도로 만족할 수는 없었다. 많은 역사책들은 앞부분에 광물자원을 소개하고 농업 형태와 전형적인 꽃들을 간단히 소개하고는 두번 다시 언급하지 않는다. 마치 매번 봄이 찾아와도 꽃이 다시 피지 않는다는 듯이, 양떼가 한번 이동하면 그 자리에 계속 머물러 있는다는 듯이, 계절에 따라 변하는 실제 바다 위에 배들이 돌아다니지 않는다는 듯이 말이다.

이런 움직이지 않는 역사의 층위에 느린 리듬의 역사가 따로 형성된다. 이는 그 용어의 완전한 의미를 그대로 간직한다는 조건에서 **사회사**(histoire sociale)라고 부를 수 있다. 즉 집단과 집단화의 역사를 가리킨다. 이 큰 파도가 지중해의 삶 전체를 어떻게 들어올리는가, 이것이 내가 이 책의 제II부에서 제기하려는 질문이다. 이를 위해서 차례로 경제, 국가, 사회, 문명을 연구하고, 나아가서 내 역사 개념을 더 잘 조명하기 위해서 이 모든 심층의 힘들이 전쟁이라는 복잡한 영역에 어떻게 작용하는가를 살펴보고자 했다. 우리가 알다시피 전쟁은 개인 차원의 영역이 아니기 때문이다.

제III부는 전통적인 역사를 다룬다. 말하자면 인간 차원이 아닌 개인 차원이며, 폴 라콩브와 프랑수아 시미앙이 말하는 **사건사**(l'histoire événmentielle)이다. 비유하자면 조류가 자신의 강력한 움직임 위에 일으키는 파도, 곧 표면의 동요를 가리킨다. 이는 짧고 빠르고 신경질적인 요동의 역사이다. 정의상 극도로 민감한 이 역사는, 아주 작은 하나의 움직임으로도 모든 촉수들을 긴장시킨다. 이 역사는 가장 정열적이고 가장 인간성이 풍부한 동시에 가장 위험한 역사이기도 하다. 그렇지만 오늘 우리와 똑같이 짧은 생의 리듬에 따라 살아가던 당대인들이 느끼고 묘사했던 이 불타는 역사에 대해서 우리는 의심하고 조심해야 한다. 이 역사는 그 나름의 분노와 꿈과 환상의 차원을 지니고 있다. 진정한 르네상스가 지난 후 16세기에 가난하고 소박한 사람들의 르네상스가 찾아왔는데, 그들은 기꺼이 글을 쓰고 이야기하고 자신에 대해서 말하고 타인에 대해서 이야기하려고 했다. 이 귀중한 서류뭉치들은 사실 왜곡의 가능성이 크다. 우리가 놓친 시간을 차지하여 실제보다 훨씬 큰 정도의 자리를 차지하기 때문이다. 펠리페 2세의 자리에 앉아 그의 서류들을 읽는 역사가라면, 분명히 한 차원이 부족한 이상한 세계에 옮겨 앉은 듯한 느낌을 받을 것이다. 이는 현재 우리를 포함해서 살아 있는 모든 사람들이 그렇듯이 심층의 역사에 대해서 무관심한 채 눈먼 열정이 넘치는 세계이며, 우리의 배를 술 취한 것처럼 나아가도록 만드는 급한 물결이다. 이는 분명히 위험이 가득한 세계이다. 그러나 우리는 소리 없는 심층의 큰 흐름들을 파악하고 또 장기간의 시간대를 설정하여 그 의미를 드러나게 만듦으로써 그 사악한 마술을 다스릴 수 있을 것이다. 위풍당당한 사건들은 흔히 짧은 순간에 그치는데, 그것들은 심층의 큰 운명의 힘들이 발현된 것이며 바로 그런 것들을 통해서만 설명할 수 있을 것이다.

이렇게 우리는 여러 층위로 이루어진 역사를 해부해보았다. 달리 말하면 역사의 시간을 지리적 시간, 사회적 시간, 개인의 시간으로 구분하는 것이다. 다시 달리 표현하면 인간을 여러 성격으로 구분하는 것이라고 할 수도 있다. 아마 이 점에서 나에게 가장 큰 비난이 쏟아질 것이다. 비록 전통적인 역사학도 원래는 살아 있는 하나의 역사를 잘게 나누지 않느냐고 항변한다고 해도, 또 랑케나 카를 브란디의 주장을 반박하며 역사-내러티브(histoire-récit)는 방법, 특히 객관적 방법이 아니라 역사 철학이라고 주장한다고 해도 달라지지 않을 것이다. 그리고 앞으로 내가 주장하고 또 실제 제시하듯이 이 층위들의 구분은 설명의 수단에 불과하고 또 진행하는 도중에 각 층위들 사이를 오간다고 해도 역시 마찬가지이리라.……그러나 변명이 무슨 소용이 있겠는가? 이 책의 구성 요소들을 잘못 조합했다고 나를 비판한다고 해도, 그 부분들 자체는 역사학계의 훌륭한 법칙에 따라 적합하게 만들었다는 점은 인정될 것이라고 기대한다.

마지막으로 크게 보려고 하는 나의 야심과 욕망 혹은 그런 필요성 역시 비난하지 마시기를 바란다. 역사학은 담장으로 둘러싸인 정원만 연구하도록 강요받지 않는다. 그렇지 않다면 우리 시대의 고통스러운 문제들에 응답하고, 아직 미숙하지만 제국주의적 성격의 인간학 연구들과 접촉해야 하는 우리의 과제가 실패로 끝날 수 있다. 1946년 현재 자신의 의무와 자신의 거대한 능력을 의식하는 야심찬 역사가 없다면, 오늘날의 휴머니즘이 가능할 수 있었겠는가? "위대한 역사를 죽인 것은 위대한 역사에 대한 두려움이다"라고 1942년에 에드몽 파렐이 이야기했다. 이 위대한 역사가 다시 살아나기를![1]

1946년 5월

---

[1] 내가 도움을 받은 사람들의 목록을 정확히 작성하자면, 책 한 권이 될 정도로 길 것이다. 그 가운데 가장 중요한 사항만 기록하기로 하자. 가장 먼저 고마운 마음을 전하고 싶은 분들은 우선 알베르 드망종, 에밀 부르주아, 조르주 파제스, 모리스 올로, 앙리 오제 등 지금부터 20년 전 소르본의 스승들이다. 그중 특히 마지막에 언급한 앙리 오제는 내가 사회경제사에 관심을 가지도록 했고, 큰 애정으로 나를 응원해주신 분이다. 알제에서는 조르주 이베르, 가브리엘 에스케르, 에밀-펠릭스 고티에, 르네 레스페스 등으로부터 우정 어린 도움을 받았다. 또한 이곳에서 1931년에 앙리 피렌의 훌륭한 강의를 듣는 즐거움을 누렸다.

특히 에스파냐의 문서보관소에서 나의 연구를 돕고 에스파냐 연구의 스승이 되었던 마리아노 알코세르, 앙헬 드 라 플라사, 미구엘 보르도노, 리카르도 막달레나, 곤살로 오티스 같은 분들께 감사를 드린다. 에스파냐의 "역사적" 수도인 시망카스에서 이분들과 나눈 토론이 큰 도움이 되었음을 이야기하고자 한다. 연구 도중 내가 수없이 많은 질문을 던져 괴롭힌 이탈리아, 독일, 프랑스의 문서보관소 연구원들께도 감사드린다. 특별히 언급하고 싶은 이는 두브로브니크의 저명한 천문학자이자 비교할 수 없이 탁월한 고문서 연구 학자인 트루헬카 씨이다. 그는 내가 문서보관소와 도서관들을 전전할 때 소중한 친구가 되어주었다.

알제, 상파울로, 파리에서 도움을 준 동료와 제자들의 목록 역시 매우 긴데, 그들은 전 세계에서 활동하고 있다. 그 가운데 특히 얼 해밀튼, 마르셀 바타이옹, 로베르 리카르,앙드레 에마르제 씨는 여러 방면에서 내게 도움을 주었다. 내 포로수용소 동료 중 두 사람이 내 연구에 협력했는데, 한 사람은 파리 항소법원의 변호사인 메트르 아데-비달 씨이고, 다른 한 사람은 당시 유명한 도시학자이자 역사가였던 모리스 루즈 씨이다[브로델은 제2차 세계대전 말기에 독일군에게 포로가 되어 수용소에서 지낸 적이 있다]. 『역사 평론』의 소그룹을 구성했던 모리스 크루제, 샤를-앙드레 쥘리앙 씨는 도움을 주는 데 인색하지 않았다. 그 시절 샤를 베몽, 루이 에이젠만 두 분은 우리의 공격적인 청년기를 잘 보살펴주었다. 이 책의 마지막 수정 때에 마르셀 바타이용, 에밀 코르네르트, 로제 디옹, 에르네스트 라부르스 씨는 원고를 읽고 충고를 아끼지 않았다.

『아날(*Annales*)』의 가르침과 정신은 내가 가장 크게 빚진 부분이다. 나는 최선을 다해 그 빚을 갚으려고 한다. 전쟁 전에 나는 마르크 블로크 선생을 한번밖에 만나지 못했지만, 그의 사고(思考) 중 어느 하나도 낯설지 않다고 말할 수 있다.

마지막으로 뤼시앵 페브르의 애정과 열정과 배려가 없었더라면, 이 책이 이렇게 빨리 나오지 못했으리라는 것을 언급하고자 한다. 그의 격려와 충고로 나는 내 연구의 적실성에 대한 오랜 불안에서 헤어날 수 있었다. 그가 없었다면, 나는 연구 주제와 자료를 놓고 다시 분명히 주저했을 것이다. 너무 큰 주제의 연구는, 비록 즐거운 일이기는 하지만, 길을 잃기 십상이라는 단점을 안고 있다.

제2판 서문

나는『지중해』초판을 수정하기까지 많이 망설였다. 친구들 중에는 글자 하나, 쉼표 하나도 고치지 말라고 충고하며, 심지어 이젠 고전이 된 이 텍스트는 고치지 않는 것이 좋다는 말까지 했다. 그 말을 점잖게 받아들여야 할 것인가? 이웃 인문학 영역의 발전에 의해서 우리의 지식이 증가한 결과 오늘날 역사책은 과거보다 더 빨리 늙는다. 짧은 시간이 흘렀는데도 용어는 낡은 것이 되고, 신선했던 내용은 진부해지며, 이전에 타당했던 설명은 스스로 의문의 대상이 된다.

게다가『지중해』는 이 책이 출판되었던 1949년, 혹은 소르본에서 박사학위 논문으로 발표되었던 1947년에 탄생한 것이 아니다. 이 책의 내용을 완전히 정리한 것은 아니라고 해도 큰 틀을 잡은 것은 1939년이었다. 당시는 마르크 블로크와 뤼시앵 페브르가 주관하는『아날』이 초반의 열정적 청년기를 마무리하던 때로서, 이 책은 바로 그런 움직임의 산물이었다. 독자들은 초판 서문의 주장들에 너무 현혹되어서는 안 된다. 그것들은 오늘날 연구의 영역에서는 잊혀진—교육의 영역에서는 그렇지 않을지 모르지만—과거의 주장에 대한 반박인 것이다. 지난 시대의 논쟁은 긴 그림자를 드리우고 있다.

새로운 판본은 거의 전반적인 수정이 되어야지, 1949년 당시의 사정으로는 싣기 힘들었던 지도, 그림, 사진, 도표 등을 제시하는 수준으로 만족해서는 안 된다고 생각하게 되었다. 수정, 추가, 재편집 등은 때로 상당히 큰 규모로 이루어졌는데, 그것은 단지 지식의 증가만이 아니라 새로운 문제의

식을 고려해야 했기 때문이다. 그 결과 일부 장들은 완전히 새로 다시 썼다.

앙리 피렌이 거듭 이야기했듯이 종합적인 연구는 개별 연구들을 촉진한다. 내 책에 따른 연구들 역시 적지 않다. 나는 그것들을 좇아가다가 이제는 오히려 그것들의 포로가 되었다. 1949년 이래 이 책과 직접 연관을 가진 분야에서 연구서든 논문이든 혹은 다른 형태든 수많은 연구들이 이루어졌기 때문에, 그것들을 다 거론하려면 많은 지면이 필요하게 되었다. 오메르 루트피 바르칸과 그의 제자들, 훌리오 카로 바로하, 장-프랑수아 베르지에, 자크 베르크, 라몬 카란데, 알바로 카스티요 핀타도, 페데리코 샤보, 위게트 쇼뉘, 피에르 쇼뉘, 카를로 치폴라, 가에타노 코지, 장 들뤼모, 알퐁스 뒤프롱, 엘레나 파자노, 르네 가스콩, 호세 헨틸 다 실바, 자크 에르스, 엠마뉘엘 르 루아 라뒤리, 비토리노 마갈리엔스 고디뇨, 헤르만 켈렌벤츠, 앙리 라페르, 로베르 만트란, 펠리페 루이스 마르틴, 프레데릭 모로, 루지에로 로마노, 레몽 드 로베르, 프랑크 스푸너, 요로 타디치, 알베르토 테넨티, 우고 투치, 발렌틴 바스케스 데 프라다, 피에르 빌라르, 그리고 여기에 더해 고 (故) 호세 빈센스 비베스와 그의 제자들이 수행한 탁월한 연구 성과들이 나왔다. 나는 이 연구 작업들에 때로 아주 긴밀히 간여했었다.

그리고 나 또한 베네치아, 파르마, 모데나, 피렌체, 제노바, 나폴리, 파리, 빈, 시망카스, 런던, 크라코프, 바르샤바 등지에서 연구와 강의를 하며 일차 연구에 따른 정보들을 많이 추가할 수 있었다.

이 모든 수확물을 잘 갈무리할 필요가 있었다. 그러자 다시 방법론의 문제가 은밀하게 제기되었다. 그것은 지중해의 한쪽 끝에서 다른 쪽 끝에 이르는 드넓은 해역과 다층적인 삶 전체를 포괄하는 지중해의 공간을 무대 위에 올려놓아야 하는 이 책의 방대한 차원에서 비롯되었다. 정보가 늘어난다는 것은 곧 과거의 문제들을 변경하고 파기하고 새로운 문제를 떠안는 것을 뜻하는데, 그 결과 다시 해결책이 어렵고 불명확해질 수밖에 없었다. 물론 이 책이 처음 나온 때와 새 판을 준비하는 때 사이의 15년 동안 저자 자신도 변했다. 이 책을 다시 쓰면서 일부 논증의 균형이 이동했을 뿐 아니라, 원래 이 작업의 기본이 되었던 시간과 공간의 변증법(역사와 지리)이라는 중요한 문제의식마저 변했다. 이제 나는 원래의 텍스트에서 희미하게 가지고 있었던 조망을 더욱 강조하게 되었다. 경제학, 정치학, 문명 개념의 재고, 더 조심스러운 인구 자료의 제시 등이 필요했던 것이다. 새롭게 추가한 여러 조망들이 내 작업의 핵심에 이르기까지 새로운 빛을 비추어주기를 희망한다.

그래도 핵심 문제는 여전히 동일하다. 그것은 전적으로 역사학 영역의 문제이다. 한편으로 빠른 속도의 변화와 그것이 만들어내는 스펙터클을 부각시키는 역사가 있고, 다른 한편으로 침묵하는 심층의 신중한 흐름을 파악하려고 하지만 심지어 증인들이나 행위자들 자신도 거의 깨닫지 못하는 가운데 시간의 집요한 마모를 이겨내며 유지되는 역사가 있을 때, 우리는 그것을 어떻게 동시에 파악할 수 있을까? 여전히 설명이 필요한 이런 결정적인 모순이 곧 중요한 인식 수단 및 연구 수단이 되었다. 삶의 모든 부문에 적용 가능한 이 수단은 비교 기준에 따라 당연히 상이한 형식을 띤다.

갈수록 구조(structure)와 콩종튀르(conjoncture)라는 두 가지 용어로 설명하는 일이 빈번해지게 되었다. 대개 전자는 장기적이고 후자는 단기적인 것이라고 이야기하지만, 물론 구조라는 것도 다양하고 콩종튀르라는 것도 다양하며, 또 그 지속 시간도 달라진다. 역사는 이제 여러 종류의 설명들을 발견하고 수용했다. 다시 말하면 수직 방향으로 다양한 시간 층위가 있는 것이다. 그 각각의 시간 층위들 내에는 수평으로 연결관계들과 상호관련성을 찾을 수 있다. 초판 "서론"에서 단순하고 명료하게 설명한 것이 그 내용이다. 그것은 내 원래 의도를 밝히고 또 이 책의 내용들을 예고하고 있다.

1963년 6월 19일

제3판 서문

제3판의 서두에서 내가 덧붙여 이야기힐 내용은 많지 않다. 무엇보다 내가 보충하고자 했던 새로운 변경 내용들이 들어가지 않았다는 점을 밝혀야 할 것이다. 편집자들을 비난할 것이 아니라 오늘날 출판산업이 직면한 많은 어려움을 거론해야 옳다. 사실 이런 큰 책을 수정하는 것은 지극히 어려운 작업이다.

결과적으로 나는 십여 년 동안 여기저기 디테일들을 바꾸고 때로는 지중해의 큰 그림을 일신시킨 많은 연구들을 반영하여 텍스트를 수정하려던 시도를 포기했다. 점차 터키의 풍부한 문서보관소의 자료들이 드러나고 있는데, 다만 내가 보기에 그 일은 너무 느리게 진행되고 있다.

가장 크게 변한 것은 역사학의 문제의식이다. 나는 사회, 국가, 경제 등을 지난 시대와 똑같이 보지는 않게 되었다. 독자들은 최근에 나온 『물질문명과 자본주의』라는 내 새로운 저서를 참조하시기 바란다. 그 책에서 나의 시각은 잘 정리되었고, 내가 보기에도 놀라운 정도로 지중해가 상대적인 번영을 누리며 생존한 사실을 설명하고자 했다. 오래 전에 이 책에서 거론했던 그런 사실이 모든 도전적인 논쟁들을 이겨냈다. 나는 그 점에 대해서 일종의 순수한 즐거움을 느낀다. 그것은 마치 지난 날 전통적인 역사학이 에스파냐나 이탈리아, 그밖의 다른 지중해 국가들에게서 빼앗았던 행복한 시기들, 혹은 상당히 빛나던 그 시기들을 되찾아준 듯한 느낌이다.

1976년 3월 16일

제4판 서문

이번 판에서는 단지 일부 디테일의 수정과 보충만을 했다. 특히 원서 제1권 578쪽(번역본 제II부 377쪽) 이하와 제2권 131쪽(번역본 제II부 570쪽)을 보기 바란다.

1979년 6월 8일

제I부

환경의 역할

제목이 말해주듯이 제I부는 인간적 요인에 주목하는 지리적 고찰이다. 동시에 특별한 종류의 역사 연구이기도 하다.

명료하게 연대가 밝혀진 정보가 훨씬 더 많다면, 우리의 연구조사를 1550-1600년 기간의 인문지리에만 전적으로 제한하지 않았을 터이고, 특히 결정론적 설명에 경도되는 의심스러운 작업에 만족하지는 않았을 것이다. 사실 역사가들이 체계적으로 수집하지 않아 증거들이 불완전하며, 우리가 사용한 자료 역시 결과적으로 양이 적지는 않다고 해도 여전히 불충분하므로, 1550-1600년이라는 단기간의 지중해의 삶을 밝히기 위해서는 최선을 다해 여러 증거들을 이용하는 수밖에 없다. 그것은 우리가 다루는 시대의 이전 시대나 이후 시대, 심지어 현재의 자료에서 추출한 이미지, 혹은 풍경까지도 포함한다. 그런 노력의 결과 우리는 시공간을 가로지르는 증거들을 모아 느린 역사를 만들었는데, 이는 우리에게 항구적인 가치들을 제공할 것이다. 이 작업에서 지리학은 그 자체가 목적이 아니라 목적을 위한 수단이다. 지리학을 이용하여 우리는 지극히 느리게 움직이는 구조들을 재발견할 수 있고, 장기 지속(longue durée)의 원근법을 통한 고찰을 시도할 수 있다.[1] 지리학은 역사학과 마찬가지로 많은 문제들에 답할 수 있으며, 거의 움직이지 않는 듯한 느린 역사에서 특별히 장점을 발휘한다. 다만 우리가 그 학문의 교훈들을 잘 따르고 또 그 구분과 카테고리를 수용하는 조건에서 말이다.

지중해는 적어도 두 측면이 있다. 간간이 활력이 넘치는 평야들이 끼어 있지만 전반적으로 조밀한 산지로 구성된 반도들이 첫 번째이다. 이탈리아, 발칸, 소아시아, 북아프리카, 이베리아 반도의 다섯 개 반도가 그것이다. 두 번째는 이 작은 대륙들 사이로 끼어들어간 광대하고 복잡하며 분할된 바다들이다. 지중해는 하나의 바다가 아니라 "바다들의 복합체"이다. 반도와 바다, 바로 이것이 인간의 삶을 규정하는 일반 조건들 중에서 가장 먼저 살펴보게 될 두 가지 환경이다. 그렇지만 이것만으로는 충분하지 않다.

우선 남쪽으로 지중해는 광대한 사막과 만난다. 그것은 대서양에 면한 사하라 사막으로부터 출발하여 고비 사막을 거쳐 멀리 베이징 입구까지 연이어진다. 튀니지 남쪽으로부터 시리아 남쪽까지는 사막이 바다와 직접 만나기도 한다. 사막은 단순한 이웃이 아니라 다정하다가도 곤경을 안겨주곤 하는 까다로운 이웃이다. 아무튼 사막은 분명히 지중해 세계를 구성하는 중요한 요소 중의 하나이다.

다른 한편, 지중해 북쪽에는 유럽이 있다. 유럽은 지중해와 충격들을 주고받았으며, 때로 지중해에 결정적 충격을 가하기도 했다. 올리브 나무 숲 너머의 북유럽은 지중해의 역사를 구성하는 항구적 실체들 가운데 하나이다. 무엇보다 16세기 말에 지중해의 운명을 결정한 요인은 대서양을 끼고 있는 유럽의 상승이었다.

앞으로 제1장에서 제3장까지는 우선 바다의 다양성을 묘사하고 그 너머의 공간을 살펴볼 것이다. 그 다음에 우리는 이 바다의 물리적 통합성을 거론하는 것이 가능한지(제4장 기후), 또 인간 사회의 통합성, 더 나아가서 역사의 통합성을 거론하는 것이 가능한지 물을 것이다(제5장 도로와 도시). 이런 식으로 한 단계씩 지중해의 상이한 측면들을 묘사함으로써 지중해의 다변적인 운명을 더 잘 파악하고 또 가능한 한 더 잘 이해할 수 있도록 하는 것이 긴 서론 격인 제I부의 목적이다.

제1장

반도 : 산지, 고원, 평야

지중해의 다섯 개 반도는 서로 매우 유사하다. 지형의 기복에 따라서 구분하면, 반도는 가장 큰 부분을 차지하는 산지와 약간의 평야, 간혹 볼 수 있는 구릉, 그리고 넓은 고원들로 나뉜다. 이것이 지형이 나누어지는 유일한 방식은 아니지만, 편의상 이 구분을 사용하자. 이 각각의 퍼즐 조각들은 특정 계열에 속한다. 다시 말해서 뚜렷한 유형학(typology) 내에서 분류 가능하다. 따라서 각각의 반도를 하나의 독자적 단위로 살펴보는 대신, 그것들을 구성하는 유사한 "재료들"을 비교하도록 하자. 즉 그 퍼즐 조각들을 추출하여 서로 비교 가능한 것으로 분류할 것이다. 역사학의 관점에서 보더라도, 이와 같은 분할과 재구성은 많은 시사점을 줄 것이다.

1. 우선 산지부터

지중해는 정의상 육지들 사이의 바다, 즉 육지들 속에 끼어 있는 바다이다. 따라서 바다를 에워싸고 특징짓는 그 육지가 어떤 곳인지 구분하여 파악해야 한다. 지중해는 무엇보다 산지들로 둘러싸인 바다가 아니겠는가? 역사적으로 이 점을 유념하는 것이 중요하다. 사람들은 흔히 이 특이한 사실과 그로 인해서 발생하는 수많은 결과들에 주의를 기울이지 않는다.

물리적 특징들과 인간적 특징들

지질학자들은 앞에서 언급한 그런 사실을 잘 인지하고 설명한다. 그들의 설명에 의하면 지중해는 지브롤터 해협으로부터 동남아시아 제도에 이르는 구세계를 관통하는 제3기 습곡(褶曲)과 단층지대의 한 구역이다. 비교적 최근의 습곡 중 일부, 즉 피레네 산맥 시기의 것과 알프스 산맥 시기의 것들은 현재의 지중해보다 훨씬 더 광대한 제2기 지중해의 침전이 다시 활성화된 결과이다. 주요한 특징은 거대한 석회의 퇴적인데, 때로 그 두께가 1,000미터에 이르기도 한다. 이런 격렬한 습곡 현상은 오래된 단단한 암석층과 충돌하여 때로는 융기하고(카빌리아 산맥이 그렇다) 때로는 거대한 산맥들에 섞여 들어갔다. 후자의 경우는 예컨대 메르캉투르 산괴(山塊) 혹은 알프스 산맥이나 피레네 산맥의 축을 이루는 많은 산괴와 같은 것들이다. 더 흔히는 대개 화산 활동과 병행하여 암석층은 빈번하게 붕괴하여 바다 아래로 가라앉았다.

간혹 바다가 만을 이루며 그 사이에 들어오기도 하지만, 산지들은 대개 해협 양쪽에서 조응하며 하나의 동질적인 시스템을 이룬다. 과거에 시칠리아와 튀니지가 육교(陸橋)로 연결되었고, 에스파냐와 모로코 역시 베티크(bétique)라고 불리던 육교로 연결되었다. 또한 에게 육교는 그리스에서 소아시아까지 뻗어 있었다(이것이 사라진 것은 지질학적 관점에서는 최근의 일인데, 말하자면 성서의 대홍수 시기에 해당한다). 연안을 따라 산재한 일부 섬들과 파편 같은 지형들만 증거로 남은 티레니아 대륙(comme la Tyrrehénide) 같은 사라진 대륙에 대해서는 따로 언급하지 않겠다. 우리는 이런 지질학적 가설이 현실과 조응하리라고 가정할 수 있을 뿐이다.[1] 다만 우리가 확신할 수 있는 것은 건축학적 통일성이다. 그 가운데 산은 "뼈대"를 이룬다. 그것은 멋대로 퍼져나가고 거대한 규모로 도처에 편재하는 한편 사방에서 피부를 뚫고 나오게 되었다.

지중해를 둘러싼 거의 전역에 산들이 늘어서 있다. 그렇지 않은 곳이라

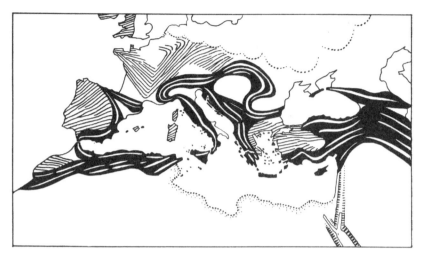

도표 2. 지중해의 습곡들

가는 선으로 표시한 것은 고생대 석탄기의 산괴이다. 알프스 습곡들은 검게 표시했으며, 흰색 선들은 산맥의 방향을 가리킨다. 남쪽으로는 흰색으로 나타나는 사하라 고지대가 튀니지에서 시리아까지 지중해 방향으로 향하고 있다. 동쪽으로는 사해와 홍해의 지각 변동에 의한 단층들이 보인다. 북쪽으로는 알프스 안쪽과 바깥쪽으로 흰색으로 표시된 평야들이 있다. 점선들은 과거 빙하의 가장 끝부분을 나타낸다.

고는 지브롤터 해협, 노루즈 계곡, 론 강 협곡 그리고 에게 해에서 흑해로 이어지는 해협 정도에 불과하다. 산이 없는 상태가 상당히 넓게 이어지는 곳은 튀니지 남쪽에서 사하라 남쪽에 이르는 지역이 유일한데, 여기에서는 수천 킬로미터에 달하는, 상당히 높이 융기된 사하라 고원이 바다와 직접 만난다.

더불어 이야기할 점은 이 산들은 높고 넓고 끝이 없다는 점이다. 알프스 산맥, 피레네 산맥, 아펜니노 산맥, 디나르알프스 산맥, 코카서스 산맥, 아나톨리아 산맥, 레바논 산맥, 아틀라스 산맥, 에스파냐의 코르디예라 지역이 그렇다. 이 산들은 모두 강력하고 험준하다. 어떤 것들은 높이 때문에, 어떤 것들은 탄탄한 모양 때문에, 그리고 어떤 것들은 접근을 막는 험한 계곡 때문에 그렇다. 이 산들은 바다를 향해서 인상적이면서도 험한 얼굴을

보이고 있다.[2]

지중해라고 할 때 단지 포도 나무와 올리브 나무 그리고 도시화된 마을 들의 풍경만을 생각해서는 안 된다. 그런 것들은 단지 주변적인 요소들일 뿐이다. 근처에 고립된 집들과 산촌만 간간이 있는 일종의 성벽, "수직의 북쪽 지대(nord à la verticale)"[3]가 막고 있는 거대한 고지대와 산악 세계가 인접해 있다. 이런 곳들은 오렌지 꽃 피는 지중해와는 거리가 멀다.

산지의 겨울은 혹독하다. 레오 아프리카누스[1483-1554. 그라나다 출신 의 아랍인 지리학자]가 겨울에 모로코의 아틀라스 산맥을 넘다가 불행히도 강도를 만나 옷과 짐을 강탈당했을 때 그곳에는 폭설이 내렸다.[4] 사실 지중 해를 잘 아는 여행가들은 햇빛이 강렬한 해안에서 몇 킬로미터만 들어가도 겨울의 눈사태, 고립된 도로, 시베리아나 북극 지방을 연상시키는 풍경을 쉽게 본다. 몬테네그로에서는 집들이 눈에 덮이고, 엄청난 눈보라가 휘몰아 치는 카빌리아[알제리의 고지대]의 티루르다 고개에서는 하룻밤에 눈이 4 미터까지 쌓이기도 한다. 크레아에서 스키를 타던 사람들이 한 시간 안에 장미꽃이 만발한 알제에 도착하는 반면, 알제에서 120킬로미터 떨어진 주 르주라 산맥의 틴지다의 삼나무 숲 근방에서는 주민들이 허벅지까지 쌓인 눈밭에 맨발로 뛰어든다.

또 어느 방문객이 썼듯이, 한여름까지 눈이 남아 있어 "두 눈을 시원하게 만드는" 광경을 볼 수도 있다.[5] 물라센 산 정상에는 하얀 눈으로 줄무늬가 그려져 있는데, 그 아래 그라나다에서는 찜통더위에 시달리고, 눈 덮인 타 이게투스 산맥의 경사면이 열대의 스파르타를 굽어본다. 레바논 산들의 깊 은 계곡 혹은 크레아의 "아이스 박스"에는 눈이 남아 있다.[6] 이런 것들이 지중해의 "설수(雪水)"의 오랜 역사를 설명해준다. 살라딘[1137-1193]이 리 처드 사자심왕[1157-1199]에게 제공한 것, 1568년 7월의 맹렬한 여름 더위 속에 마드리드 궁전에 갇혀 있던 돈 카를로스[펠리페 2세의 첫아들]가 설수 를 치명적일 정도로 많이 먹었다는 기록이 그런 사례들이다.[7] 16세기 투르크에서는 그것이 단지 부자들의 사치만은 아니었다. 콘스탄티노플만이 아니라 예컨대 시리아의 트리폴리 같은 곳에서도[8] 상인들이 몇 푼을 받고 설수, 얼음 조각, 혹은 빙수를 판다고 여행자들은 기록하고 있다.[9] 블롱은 부르사로부터 얼음을 가득 실은 보트가 콘스탄티노플에 도착한다고 말했다.[10] 뷔스베크에 의하면 이곳에서는 빙수를 1년 내내 구할 수 있으며, 아나톨리아의 아마샤에 있는 투르크 군 캠프에서는 놀랍게도 예니체리들이 매일 빙수를 마신다고 적었다.[11] 눈 장사의 규모가 어찌나 큰지 파샤는 "눈 광산" 운영에서 큰 이익을 취했는데, 예컨대 1578년 메흐메드 파샤는 1년에 8만 체키노에 달하는 수입을 얻었다고 한다.[12]

이집트에서는 빠른 말들을 이용하여 시리아에서 눈을 가져왔고, 리스본 역시 먼 곳에서 눈을 수입했다.[13] 오랑에 있는 에스파냐 요새에는 지사(知事)의 브리간틴 선[brigantin : 쌍돛대 범선]을 이용하여 본국에서 눈을 들여왔다.[14] 몰타 기사단원들의 말을 믿는다면, 만약 나폴리에서 눈이 도착하지 않으면 죽음을 피할 수 없는데, 그 이유는 자신들이 앓는 병에는 눈이 "최상의 치료제"이기 때문이었다.[15] 그들에게 눈은 최고의 사치품에 속했다. 반면 에스파냐나 이탈리아에서는 눈이 일상품인 것 같다. 이탈리아에서 아이스크림과 셔벗 제조법이 일찍 발달한 것도 이 때문일 것이다.[16] 로마에서는 눈 판매 수익이 너무나 커서 독점의 대상이었다.[17] 에스파냐에서는 우물 속에 눈을 넣어 여름까지 보존했다.[18] 1494년에 성지순례를 간 서구 순례자들은 시리아 해안에서 소형 선박의 주인이 "부대 안에 눈을 가득 담아 운반하는데, 이 나라에서 더구나 7월에 그런 모습을 보고는 선상의 모든 사람들이 크게 놀랐다"고 기록한다.[19] 마찬가지로 시리아 해안에서 있었던 일인데, 1553년에 한 베네치아인은 "무어인이 우리가 설탕을 뿌리듯이 그들의 음식 위에 눈을 뿌리는" 장면에 놀라움을 표시했다.[20]

더운 지중해 지역 중심부의 눈 덮인 지역들은 그 특이성 때문에 깊은 인상을 준다. 그런 지역은 광대하다는 점 그리고 늘 사람들이 이동한다는 점 때문에 평지—해안을 따라 이어지는 비좁지만 번영하는 지역이다—에 필수불가결하다. 아래에서 다시 거론할 테지만, 이런 "유익한" 지역은 인력이 필요할 뿐 아니라 활발한 교역 때문에 교통로도 필요하기 때문이다. 그러나 눈 덮인 산지는 평지에 두려움도 불러일으킨다. 여행자는 장애물을 피해 저지대로만 다니려고 한다. 즉, 평지에서 평지로만, 계곡에서 계곡으로만 이동한다. 단지 어쩔 수 없을 때에만 평판이 좋지 않은 협곡이나 산악 도로를 통과하지만, 가능하면 빨리 지나가는 것이 상책이다. 지난날의 여행자들은 거의 언제나 평지와 농원, 활기찬 해안 지역, 그리고 풍요로운 바다에 의존할 수밖에 없었다.

그런 점에서는 역사가들도 여행자와 다르지 않다. 그들도 시대의 중요한 무대가 되는 평지에 주로 머물려고 할 뿐, 인근의 높은 산을 찾아가려고 하지 않는다. 도시와 그곳의 문서보관소를 결코 떠나본 적이 없는 역사가라면 그런 곳의 존재를 알고는 놀랄 것이다. 그렇다고 하더라도 반쯤 황야에 가깝고, 사람들이 튼튼한 식물처럼 살아가는 곳, 절반 정도 버림받은 산지라는 이 거추장스러운 무대를 어찌 무시할 수 있겠는가? 급경사의 긴 해안이 바다와 바로 연결되는 그런 곳을 어떻게 모른 척하겠는가?[21] 산지인들은 지중해 문학에서 익숙한 존재이다. 호메로스에 의하면, 크레타인들은 그 당시 벌써 산에 사는 야성적인 사람들을 의심했으며, 텔레마코스[오디세우스와 페넬로페 사이에서 태어난 아들]는 이타카에 돌아와서 펠로폰네소스에 대해서 이야기할 때 숲으로 덮인 그곳에서 함께 어울렸던 지저분한 마을 사람들을 "도토리나 먹는 자들"로 표현했다.[22]

산의 정의

산이란 정확히 무엇인가? 예컨대 지중해 지역에서 해발 500미터 이상인 곳 하는 식의 단순한 정의는 큰 의미가 없다. 중요한 것은 인간적 기준에 따른 경계인데, 이처럼 불확실하고 불편한 기준은 지도상에 쉽게 나타낼 수 없다. 오래 전에 라울 블랑샤르가 경고했듯이 "명백하고도 쉽게 이해할 수 있는 산에 대한 정의란 거의 불가능하다."[23]

산은 지중해 지역에서 가장 가난한 곳, 즉 프롤레타리아 거주 지역일까? 대개는 그런 뜻이 맞다. 그러나 16세기에는 해발 500미터 이하의 지역 중에서도 분명히 가난한 지역들이 많이 존재했다. 아라곤의 스텝 지역이나 폰티노 습지가 대표적이다. 반대로 많은 산지들은 부유하다고는 할 수 없더라도, 어쨌든 꽤 잘 살고 상대적으로 인구가 많았다. 카탈루냐의 피레네 고산 계곡 가운데 일부 지역은 심지어 "마을들 간에 서로 이주민들"을 흡수할 수 있었다.[24] 많은 산지는 비가 풍족히 내려 부유했다. 아더 영에 의하면, 지중해성 기후에서 토양은 별로 중요치 않다. "태양과 비가 모든 것을 결정한다." 알프스 산맥, 피레네 산맥, [모로코의] 리프 산지, 카빌리아 산맥 등에 있는 대서양의 바람에 노출된 모든 산들은 풀과 나무가 잘 자라는 녹색의 구릉을 가지고 있다.[25] 또 어떤 산지는 풍부한 지하자원 덕분에 부유하다. 평지에서 쫓겨난 사람들이 몰려와서 유별나게 인구가 많은 곳도 있는데, 이는 흔히 있는 일이었다.

산지가 군인들과 해적들을 피해 사람들이 도피하는 피난처라는 점은 성경을 포함하여 모든 문서들이 증명하는 바이다.[26] 때로 피난처는 항구적인 거주지가 된다.[27] [헝가리의] 푸스타-블라키아인들의 경우가 이를 말해준다. 그들은 슬라브 족과 그리스 농민들에 의해서 평지에서 쫓겨난 후 그때부터 중세 내내 발칸 반도의 빈 공간에서 유목 생활을 하며 살았다. 이들은 갈리시아에서 세르비아와 에게 해 지역으로 돌아다녔는데, 그들은 쫓겨난 사람들이었지만, 반대로 다른 사람들을 쫓아냈다.[28] 12세기의 한 여행자는 "사슴처럼 날렵한 이 사람들이 산에서 내려와 물자를 노략질해 간다"고 기록했다.[29] 반도 전체에 걸쳐 "마타판 곶에서 크레타 섬까지 그들은 검은 두건을 하고 양떼를 끌고 이동하는데, 헤무스와 핀두스라는 가장 높은 산맥이 그들에게 최선의 피난처가 되었다. 그들은 11세기 초에 이곳에서 내려와 비잔틴의 역사 속에 합류해 들어갔다."[30] 19세기에도 여전히 이런 산들에서는 목동, 농부, 특히 노새가 끄는 수레—알바니아와 북부 그리스에서 주요 교통수단이다—를 몰고 가는 사람들을 볼 수 있었다.[31]

이처럼 예외들이 없지 않지만, 산이 대체로 가난하고 헐벗은 곳이라는 점에 대해서는 16세기에 여행자들과 그밖의 많은 증인들이 글을 남기고 있다. 한 베네치아 특사가 1572년에 메시나에서 돈 후안 데 아우스트리아[카를 5세의 사생아로 레판토 해전을 승리로 이끈 인물]를 만나기 위해서 칼라브리아 고지대를 넘어가면서 기록한 글에는 그 지역이 완전히 황폐했다고 기록했다.[32] 카스티야의 시에라 모레나 산맥도 그렇고[33] 발렌시아 왕국의 에스파단 산맥과 시에라 베르니아 산맥 역시 마찬가지이다.[34] 이에 대해서는 모리스코[기독교로 개종한 무어인] 사이에 봉기의 위험이 감지되고 이 높은 산지에까지 전쟁이 닥쳐올지 모른다는 위험을 느꼈던 1564년에 이곳을 조사한 기록에서 알 수 있다. 이곳은 또한 1526년에 반란자들이 독일의 란츠크네흐트[Landsknecht : 16세기의 독일 용병]를 물리쳤던 곳이다. 시칠리아 내지의 황량한 산들, 그리고 강수량이 너무 적어 목축도 불가능할 정도로 황폐한 그밖의 다른 산들도 마찬가지이다.[35]

그러나 이러한 것들은 극단적인 사례들이다. 지리학자 J. 츠비이치의 말을 자유롭게 인용하면[36] 발칸 중심부의 산지는 사람들이 흩어져 거주하는 작은 산촌(散村)이 주된 거주 형태이지만, 반대로 평야에서는 사람들이 모여 사는 마을이 주된 거주 형태이다. 이런 구분은 발라키아에도 해당되며, 어처구니없어 보일지 모르지만 헝가리와 푸스타의 엄청난 규모의 마을들에 대해서도 마찬가지이다. 불가리아 고지대에서도 사정이 비슷한데, 과거에 반(半)유목 성격이었던 이곳의 마을은 콜리베(kolibé)라는 이름으로 알려졌다. 옛 세르비아, 갈리시아, 포돌리아도 마찬가지이다. 그렇지만 이런 법칙은 아주 거칠게만 적용된다. 많은 경우에 어디에서 저지대 마을 혹은 읍들이 끝나고 어디에서부터 단지 몇 채, 심지어 한 채의 가구만 있는 마을이 시작되는지 명확히 지도 위에 표시할 수는 없다. 쿠마닐과 쿠마노보 사이의 세르비아-불가리아 변경을 연구한 같은 저자의 자세한 연구[37]에서도 정확한 구분선을 긋는 것은 불가능하다고 밝히고 있다.

그렇다면 이러한 발칸 패턴의 해석을 여타의 지중해 세계, 인근의 그리스,[38] 혹은 해양 문화가 침투한 서구의 지역들—이곳에서는 해적의 공포 때문에 사람들이 평야를 피해 살며, 그 평야는 간혹 파괴되기도 하고 또 원래 건강에 안 좋은 지역이기도 하다—에도 그대로 적용할 수 있을까? 우리는 코르시카, 사르데냐, 프로방스, 카빌리아 산맥, 리프 산지 등지의 산간 마을들에 대해서 생각해볼 수 있다. 작은 산골 마을들이든 대규모 마을이든 산지의 사람들은 광대하고 소통이 힘든 공간 속에 파묻혀 있다. 그곳의 삶은 마치 초기 정착기의 신대륙과 유사하여, 대개 경작이 불가능하든지[39] 혹은 아주 힘들어서 문명의 재건에 필요한 접촉과 교환이 사라진 섬과 같은 곳이었다.[40] 산에서는 삶에 필요한 핵심 물품들을 모두 자체 조달해야 한다. 설사 토양과 기후가 맞지 않더라도 포도, 밀, 올리브 같은 필수품들을 어떻게든 생산해야 하는 것이다. 이곳의 사회와 문명, 경제는 모두 후진성과 빈곤을 분명히 보여주고 있다.[41]

그러므로 일반적으로 산지에는 사람들이 부족하며, 그 때문에 문명이 불충분하고 불완전하게 자리잡고 있다고 해도 무방하다. 그런데 하인리히 데커는 알프스의 예술적 문명에 대해서 멋진 연구를 하지 않았던가?[42] 그러나 알프스 산맥은 알프스 산맥일 뿐이다. 풍부한 자원, 집단적인 생활규범, 주민들의 높은 자질, 수많은 양호한 도로들을 볼 때, 이 지역은 분명히 예외적이다. 전형적인 지중해 지역의 산지에 대해서 말하고자 한다면, 알프스 산맥보다는 잔혹한 역사와 원초적인 잔인성을 함께 보여주는 피레네 산맥이 더 타당한 곳이다. 그러나 피레네만 하더라도 또한 특권적인 곳이다. 우리는 피레네 "문명"—원래의 좋은 의미 그대로의—을 거론할 수 있다. 앞으로 자주 언급할 카탈루냐 피레네 산맥 지역은 11-12세기에 활력 넘치는 로마

네스크 건축을 발전시켰는데,[43] 이것은 신기하게도 16세기까지 잔존했다.[44] 이에 비해서 [알제리아의] 오레스 산지, 리프 산지, 카빌리아 산맥 등지는 완전히 다른 차원이다.

산, 문명, 종교

산은 대개 문명과는 동떨어져 있는 지역이다. 문명은 도시와 저지대의 산물이다. 산의 역사는 문명과는 거리가 멀며, 서내한 문명의 흐름에서 떨어져 있는 변두리에 속한다. 장기지속적이고 강력한 문명도 수평으로는 광대하게 퍼져나가지만, 수직으로는 단지 수백 미터의 장애만 만나도 그저 무기력하기만 하다. 도시와 접촉이 없는 이런 산지의 세계에는 전성기의 로마 제국도 거의 아무런 영향을 끼치지 못했다.[45] 다만 정복하지 못한 산지의 변두리 여러 곳에 안보의 이유로 군대 주둔지들을 두었을 뿐이다. 칸타브리아 산맥 발치의 레옹, 봉기를 일으키곤 하던 베르베르 지역의 아틀라스 산맥을 마주하는 제밀라, 로마 황제의 제3부대가 주둔했던 팀가드와 람배시스의 속령 등이 그런 사례들에 속한다. 북아프리카, 에스파냐 혹은 그 어떤 곳이든 적대적인 산지에서는 라틴어가 뿌리를 내리지 못했고, 라틴식 혹은 이탈리아식 주택은 평지에 국한된 주택 양식일 뿐이었다.[46] 일부 지역에서 부분적인 침투가 일어날 수는 있었지만, 전체적으로 산지는 늘 닫혀 있었다.

황제의 로마에서 베드로 성인의 로마로 바뀌었을 때에도 여전히 같은 문제가 지속되었다. 교회가 계속 활동할 수 있는 지역에서만 목축민들과 독립적인 농민들을 순화시키고 복음을 전할 수 있었는데, 그나마 막대한 시간이 소요되었다. 16세기에도 그 과제는 여전히 미완성 상태였다. 그것은 가톨릭이나 이슬람이나 다를 바 없었다. 둘 다 같은 문제에 봉착했기 때문이다. 높은 산으로 보호받는 북아프리카의 베르베르인들은 메흐메트의 편으로 거의 넘어가지 않았다. 아시아의 쿠르드 족도 마찬가지이다.[47] 아라곤, 발렌시아 혹은 그라나다 근방에서는 반대로 산지가 종교적 반체제 지역, 곧 무슬림의 성채였던 반면[48] 마찬가지로 높고 황량하고 "경계심 많은" 뤼베롱 산지[프랑스 남부]는 왈도 파[12세기에 창시된 기독교의 이단교파]의 성채가 되었다.[49] 16세기에 어느 곳에서나 산지는 해안 지역의 지배적 종교에 거의 영향을 받지 않았다. 산지의 특징은 차이와 지체이다.

이런 점을 말해주는 한 가지 역설적 증거는 여건이 맞아떨어질 때 새로운 종교가 이 지역들에서 불안정하되 아주 거대한 정복을 했다는 사실이다. 15세기에 발칸 지역의 모든 산지는 이슬람 교로 개종했다. 사라예보 근처의 헤르체고비나와 알바니아가 그런 경우이다. 이는 이전에 기독교의 지배력이 아주 미약했음을 말해준다. 1647년 칸디아 섬[크레타 섬의 별칭]에서도 같은 일이 벌어졌다. 칸디아 산지의 많은 주민들이 투르크의 대의에 동참하여 그들의 옛 신앙을 포기했다. 마찬가지로 17세기에 러시아의 팽창에 직면한 코카서스 지방은 이슬람 편으로 넘어갔으며, 그 가운데에서도 가장 격렬한 종파를 형성했다.[50]

산지에서는 문명이 결코 안정적이지 않다. 펠리페 4세 시대에 페드라사가 쓴 『그라나다 교회사(Historia eclesiastica de Granada)』에 보이는 이상한 구절을 보라. "알푸하라스(그라나다 왕국의 아주 높은 산지)의 주민들이 예전의 믿음을 버리는 것은 놀라운 일이 아니다. 이 산지 주민들은 오래된 기독교도(cristianos viejos)이기 때문이다. 그들의 핏줄에는 이교의 더러운 피가 한 방울도 흐르지 않았다. 그들은 가톨릭 왕의 신민이다. 다만 가르침을 줄 신학자의 부재 또 그들이 직면한 억압 때문에 영원한 구원을 얻기 위해서 마땅히 알아야 하는 것들을 잘 알지 못하고, 따라서 기독교의 흔적만 간직하고 있었던 것이다. 만일 오늘 당장 이교도가 이 땅의 주인이 된다면, 그런 일이 없어야 하겠지만, 이 사람들은 그들의 종교를 포기하지 않으면서 지배자의 신앙을 받아들이리라는 사실을 누가 믿을 수 있겠는가?"[51]

이처럼 늘 정복과 재정복이 반복되는 산지에서는 별개의 종교 지리가 형성되는 것 같다. 이런 시각에서 보면, 전통적인 역사에서 보이는 많은 작은 사실들이 다른 의미를 띠게 된다.

어릴 때 시에라 다 과다라마의 모리스코에게 순교당하는 꿈을 꾸었던 테레사 성녀[52]가 두루엘로에 개혁 카르멜 수녀회의 첫 수녀원을 열었다는 점은 비록 작은 사실이지만 기억해둘 필요가 있다. 그 건물은 아빌라의 한 귀족 소유의 재산이었다. 성녀는 "적당한 크기의 현관, 다락방이 있는 침실 하나, 삭은 부엌 하나가 이 벗신 집의 선부였다. 고민 끝에 현관을 채플로 만들고 다락방을 성가대석으로, 그리고 침실을 기숙사로 만들어야겠다고 생각했다." 이 "완전한 가축우리"에 십자가의 성 요한과 그의 동료인 에레디아의 앙투안 신부가 와서 살았다. 앙투안 신부는 가을에 성가대원인 조셉 수도사를 데리고 왔다. 한겨울에 그들은 눈 속에 파묻혀 아주 검소한 수도원 생활을 했지만, 외부 세계와 격리되지는 않았다. "종종 그들은 끔찍하게 험한 길을 맨발로 걸어 농부들에게 복음을 전하러 갔는데, 그것은 야만인들을 찾아간 것과 다를 바 없었다."[53]

유사한 전도의 역사의 한 장을 16세기 코르시카의 종교사에서도 찾아볼 수 있다. 코르시카 사람들이 이미 몇 세기 전에 프란체스코 회에 의해서 전도되었다는 사실을 기억하면, 이 사례가 훨씬 더 의미심장할 것이다. 첫 번째 가톨릭 전도의 흔적 중에서는 과연 무엇이 남아 있었던가? 많은 문서들에 의하면 예수회가 이 섬에 와서 예수회의 법과 질서를 강요하려고 했을 때에 이곳 주민들의 영적인 삶은 아주 특이한 상태였다. 그곳에서는 글을 아는 신부라고 하더라도 라틴 어나 문법을 몰랐고, 더 심각하게는 제대(祭臺)에서 해야 하는 미사 의례 형식도 몰랐다. 흔히 세속인들의 옷을 입은 신부들은 밭과 숲에서 일하며 살아가는 농부가 되었고, 그들의 아이들은 마을 사람들 속에 섞여 자랐다. 이 사람들이 믿는 기독교는 어쩔 수 없이 다소 기괴했다. 그들은 사도신경이나 주기도문을 몰랐고, 어떤 이들은 심지어 성호를 긋는 법도 몰랐다. 그곳은 미신이 번성하기 좋은 땅이었다. 이 섬은 우상숭배에 빠졌고 야만적이었으며, 기독교와 문명을 절반 정도 상실했다. 사람들은 잔인하고 서로에게 무자비했다. 성당 내에서도 살인을 서슴지 않았고, 신부들도 거침없이 창이나 단도, 혹은 나팔총(escopette)—16세기 중엽에 이 섬에 들어온 신무기인데, 이 총 때문에 싸움이 더 심해졌다—을 집어들었다. 그러는 동안 다 허물어져가는 성당 건물 안에는 비가 들이치고 풀이 자랐으며, 벽 틈에는 도마뱀이 숨어 있었다. 전도사들이 선의로 과장하고 있다는 점을 인정한다고 하더라도 전반적으로 틀린 이야기는 아니다. 여기에서 한 가지 이야기를 덧붙이고자 한다. 이곳 사람들이 비록 반쯤은 야만인 같다고 해도 지극한 종교적 열정과 극적인 헌신은 가능했다는 점이다. 외국의 설교사가 왔을 때, 성당에는 산에서 달려온 농부들로 가득 찼고 늦게 온 사람들은 비가 쏟아지는 가운데 바깥에 서 있었으며, 사람들은 밤늦게까지 고백하러 왔다.[54]

무슬림 지역에서도 유사한 이야기를 할 수 있다. 당대의 성인전의 저자들—특히 이븐 아스카르—을 통해서 우리는 16세기의 마라부트[Marabout :북아프리카의 이슬람 전도사]가 수스 산지에서 전도할 때의 모습을 볼 수 있는데, 그들과 찬미자들은 경탄할 만한 분위기에서 살았다. "한 무리의 음모꾼들과 광인들과 어리숙한 사람들이 그들을 둘러싸고 있었다."[55]

고산 지역의 민속 이야기들을 보면 우직한 맹신이 판치고 있었음을 알 수 있다. 일상생활 속에 가득한 마술과 미신 때문에 종교적 열정만큼이나 사기행위도 넘쳐나게 되었다.[56] 16세기 초, 브레스키아에 가까운 알프스 산지의 한 작은 마을을 다룬 도미니크 회의 수도사 반델로의 소설을 보자.[57] 몇 채의 집, 샘, 분수, 건초를 보관하는 커다란 헛간이 있는 이 마을에서 한 사제가 자기 의무를 다하며 모든 집과 헛간과 축사마다 돌아다니면서 축복과 성스러운 말씀을 전하고, 덕성의 모범을 보이고 있었다. 그러던 어느 날, 사제관의 샘에 물을 길러 온 산골 소녀가 그의 욕망에 불을 질렀다. 그는 마을 주민들에게 이렇게 말했다. "당신들은 끔찍한 위험 속에 있소.

그리폰이라는 큰 새는 사람을 잡아먹는 천사인데, 당신들의 죄를 벌하려고 곧 들이닥치려 하오. 그 새가 나타나면 내가 곧 교회 종을 칠 테니 당신들은 모두 움직이지 말고 눈을 감고 있도록 하시오." 실제로 모든 사람들은 그의 말대로 했다. 두 번째 종을 칠 때까지 아무도 움직이지 않았다. 이런 이야기를 하면서 반델로는 이것이 사실이라는 주장을 해야 할 필요조차 느끼지 않았다.

이것은 역사가들이 아직 들쳐보지 않은 임청나게 많은 농민들의 미신 가운데에서 꺼낸 작은 사례에 불과하다. 광범위하게 퍼진 "악마"의 위협은 과거 유럽 주민들을 공포 속에 몰아넣었는데, 특히 원초적인 고립으로 인해 후진적인 상태에 머물렀던 고지대에서 이런 현상이 가장 심각했다. 마술, 마법, 원시적인 주술, 흑미사 같은 것들은 고대 문화의 무의식적인 발현일 텐데, 서구문명은 여기에서 완전히 벗어나지 못했다. 산지는 이런 일탈 문화가 선호하는 피난처였다. 그런 것들은 먼 과거에서 발원했지만, 르네상스와 종교개혁 이후에도 유지되었다. 16세기 말에 독일에서부터 멀리 밀라노와 피에몬테의 알프스 산맥까지, 혁명적이고 "악마적인" 효소들로 부글거리는 프랑스의 중앙 산괴(Massif Central)에서부터 치유의 전사들이 존재하는 피레네 산맥까지, 프랑슈 콩테에서부터 바스크 지방까지 수많은 "마법의" 산들이 존재했다. 1595년 루에르그에서는 "많은 주민들과 그들의 무지 위에 마술사들이 군림했다." 근처에 교회가 없다 보니 그들은 심지어 성경도 몰랐다. 명료하게 추구하는 사회혁명 대신 어느 곳에서나 마녀 집회가 사회적, 문화적 대응물 역할을 했다.[58] 16세기 말, 심지어 그 다음 세기가 되어서도 악마가 여전히 활동 중이었다. 악마는 피레네 산맥의 고산 도로를 넘어 에스파냐까지 넘어간 것 같다. 1611년 나바르 왕국에서도 종교재판소가 1만2,000명 이상의 신봉자를 가진 한 교파를 엄격한 징벌에 처했는데, 이들은 "악마를 섬기고 악마를 위해서 제단을 설치한 후 모든 문제에 대해서 악마와 편하게 상의했다"고 한다.[59] 이 흥미로운 문제는 이 정도에서 멈추도록 하자. 여기에서 우리가 기억해야 할 사실은 산지와 평지의 불균형, 그리고 산지의 후진성이다.

산지인의 자유[60]

평지와 도시의 문명이 산악 세계에 오직 불완전하게, 또 아주 느린 속도로 침투했다는 데에는 의심의 여지가 없다. 기독교만이 아니라 다른 요소들도 마찬가지이다. 정치, 경제, 사회체제 그리고 사법기구로서의 봉건주의가 대부분의 산지를 장악하지 못했거나 혹은 아주 부분적으로만 영향을 끼쳤다. 이 점에 대해서는 코르시카 섬과 사르데냐 섬만이 아니라 루니지아나도 똑같은데, 이탈리아 역사가들은 루니지아나를 토스카나와 리구리아 사이에 위치한 마치 내륙의 코르시카 섬처럼 파악한다.[61] 사실 이곳들만이 아니라 인구가 불충분하고 광범위하게 분산되어 있었기 때문에 국가, 지배적인 언어, 중요한 문명 요소들이 자리잡기 힘든 곳에서는 어디든지 똑같은 일들을 관찰할 수 있다.

벤데타[vendetta : 친족에 의한 복수]를 연구하면 유사한 결론에 이를 것이다. 벤데타가 빈발하는 곳(사실 그런 곳은 거의 산지이다)은 중세의 봉건적 정의라는 개념이 사회 속으로 침투하여 지배하지 못한 곳이다.[62] 베르베르 지역, 코르시카 섬, 알바니아가 대표적인 곳들이다. 사르데냐 섬을 연구한 마르크 블로크에 의하면,[63] 이 섬은 "광범위하게 장원영주화(seigneurialiser) 되었지만, 봉건화(féodaliser)되지는 않은 곳"인데, 그 이유는 "대륙을 휩쓴 거대한 조류에서 오랫동안 격리되어 있었기 때문이다." 사르데냐 섬의 도서성(島嶼性 : insularité)을 강조하는 이 견해가 이곳의 역사에서 결정적 요인임은 분명하다. 그렇지만 사르데냐의 고립이라는 측면에서 산은 바다보다 더 큰 정도까지는 아니더라도 적어도 같은 정도로 중요한 요소이다. 심지어 현대에도 그들은 잔인하고도 낭만적인 무법자들을 배출하고 있다. 오르고솔로 같은 곳에서는 근대 국가와 특히 카라비니에리[carabinieri : 군경찰]에게 저항하고 있다. 이런 흥미진진한 현상은 인류학자들과 영화감독의 주목을 끌었다. 한 사르데냐 소설에서는 주인공이 이렇게 말한다. "도둑질하지 않는 자는 남자가 아니야."[64] 또 이런 말도 나온다. "법? 나는 나만의 법을 만들고, 내게 필요한 것만을 가질 뿐일세."[65]

루니지아나와 칼라브리애[이탈리아 남단], 사르데냐 혹은 어떤 곳이든 광범위한 역사의 움직임에서 떨어진 사회에서는 벤데타와 같은 후진성이 드러나는데, 그 이유는 이곳이 다름 아닌 산지이기 때문이다. 그 말은 곧 이곳이 장애이며 피난처이며 자유민들의 땅이라는 의미이다. 이곳에는 사회적, 정치적 질서 그리고 화폐, 경제 등 문명의 압박과 억제가 부과되지 않는다. 이곳에는 강력한 뿌리를 가진 토지 귀족이 존재하지 않는다. 마크젠[Makhzen : 모로코와 튀니지의 옛 행정청]이 만들어낸 "아틀라스 산지의 영주들"이란 최근의 현상일 뿐이다. 16세기에 고지대 프로방스에서 카바이예 살바체(cavaier salvatje)라고 불리던 시골 귀족은 농민들과 마찬가지로 개간작업을 하고 기꺼이 밭을 갈고 나귀를 이용하여 나무와 퇴비를 옮겼다. "기본적으로 이탈리아인처럼 도시 거주자인 프로방스 귀족이 보기에" 이들은 치욕이었다.[66] 이곳에서는 잘 먹고 잘 산다는 이유로 조롱당하는 사제가 없었다. 그들은 신자들과 마찬가지로 가난했기 때문이다.[67] 탄탄한 도시 네트워크가 없었으므로 행정도 없었고 원래 의미 그대로의 도시도 없었다. 여기에 경찰이 없었다는 점도 덧붙일 수 있을 것이다. 오직 평지에 내려가야만 숨막힐 정도로 조밀한 사회, 성직록을 받은 사제, 오만한 귀족, 그리고 효율적인 사법제도를 발견할 수 있었다. 산꼭대기는 자유의, 민주주의의, 농민 "공화국"의 피난처였다.

"가장 가파른 곳이 언제나 자유의 망명처였다"고 박학한 토트 남작은 그의 『비망록(Mémoires)』에 썼다.[68] "시리아 해안을 따라 여행하며 우리는 (투르크의) 전제정이 평지를 따라 확대되는 것을 보았다. 그렇지만 산으로 들어가면 첫 번째 바위, 방어하기 쉬운 첫 번째 골짜기를 만나자마자 곧 멈추었고, 그 대신 쿠르드 족, 드루즈 족, 레바논 산맥의 지배자와 안티-레바논 산맥의 지배자들인 무투알리인이 독립을 유지했다."[69] 투르크의 불쌍한 전제정이여! 그것은 도로와 고갯길, 도시와 평지의 지배자인 것은 분명하지만, 발칸 반도의 산지, 혹은 그리스와 에피루스의 산지, 혹은 17세기 이후 스카피오트인이 산꼭대기에서 모든 권위에 도전하고 있는 크레타의 산지, 또 훨씬 후대의 일이지만 테펠렌의 알리 파샤[1741-1822. 오스만 투르크에서 파샤로 인정받아 알바니아 지역을 지배했던 인물]가 권력을 장악한 알바니아의 산지에서는 지배자라는 것이 아무런 의미가 없었다. 15세기에 투르크인의 정복 때 [튀니지의] 모나스티르에 정착한 왈리 베이[Wali Bey : 튀니지 총독]는 정말로 통치를 하기는 한 것일까? 이론상으로는 그의 권위가 그리스와 알바니아의 산골 마을에까지 미쳤겠지만, 실제로는 각각의 마을이 요새이며 독립적인 고립지로서, 말하자면 별개의 호박벌집과 같았다.[70] 아펜니노 산맥에서 가장 높고 넓고 황량한 지역인 아브루치 지역이 차례로 비잔틴 제국, 라벤나 총주교, 마지막으로 로마 교황청의 지배에서 벗어난 것 또한 이런 관점에서 보면 놀라운 일이 아니다. 더군다나 아브루치가 로마 배후지이며 로마 교황령이 움브리아로부터 멀리 포 강 유역까지 북쪽으로 팽창했는데도 말이다.[71] 마찬가지로 모로코에서 술탄에게 복종하지 않는 땅[bled es siba : 일탈의 땅]이 본질적으로 산악 지역이라는 것 또한 마찬가지이다.[72]

근대 행정의 엄청난 압박에도 불구하고 때로 이와 같은 산악 주민의 자유는 우리 시대에까지 살아남아 있다. 로베르 몽타뉴가 말하기를[73] 모로코의 고지대 아틀라스에서 "아틀라스 산맥의 격류의 물을 제공받는 광대한 호두나무 숲 근처에, 햇빛을 받아 반짝이는 산천(山川)을 따라가며 존재하는 마을들에는 샤리프의 집이나 칼리프의 집은 존재하지 않는다. 가난한 집과 부유한 집의 구분도 없다. 산지의 자치 마을들은 자체의 위원회가 통제하는 독자적인 국가와도 같다. 모두 똑같은 갈색 양모 옷을 입고 있는 마을 원로들이 테라스에 모여 마을의 중요한 문제들에 대해서 몇 시간이고 계속 논의한다. 누구도 목소리를 높이지 않으며, 그들을 지켜보고 있어도 누가 의장인지 구별할 수 없다." 이 자치 마을들이 충분히 높은 지역에 있고 주요 도로에서 충분히 멀리 떨어져 있다면, 이 모든 일들은 잘 지켜질 것이다. 요즘에는 이런 일이 쉽지 않지만, 도로망이 확대되기 전에는 분명히 그러했다. 사르데냐 섬에서 누르라 지역은 접근이 용이한 평지를 통해 섬의 다른 모든 곳과 연결되는데도 불구하고 오랫동안 도로와 교통 체제에서 벗어나 있었던 것도 그 때문이다. 피에몬테 기술자들이 만든 18세기 지도의 범례에는 이렇게 쓰여 있다. "누르라, 정복당하지 않는 사람들, 그들은 세금을 내지 않는다!"[74]

산지의 자원과 대차대조표

우리가 보았듯이 산지는 거대한 역사의 흐름을 거부하려고 한다. 그 결과는 부담이기도 하고 이익이기도 하다. 그럼에도 산지 사람들과 저지대 사람들은 늘 서로 접촉하지 않을 수 없다. 그런 점에서 지중해의 산맥들은 중국, 일본, 인도차이나, 인도, 혹은 저 멀리 말라카 반도에 이르는 폐쇄적인 아시아의 산맥과 전혀 달랐다.[75] 아시아의 산지는 해안 지역의 문명과 단절된 자기 충족적인 세계이다. 이에 비해 지중해의 산지는 도로의 경사가 급하고 구불거리며 바닥이 패여 있는 상태이기는 하지만, 어쨌든 그런 도로를 통해 외부와 연결되어 있다. 도로는 "일종의 평야의 연장"이며, 따라서 평야의 권력도 정상에까지 닿을 수 있다.[76] 이 도로들을 통해서 모로코의 술탄은 하르카[harka : 마그레브 지역에서 정치 혹은 종교 권력체가 징집한 민병대]를, 로마 제국은 로마 군을, 에스파냐 국왕은 보병 연대를, 교회는 전도사와 순회 설교사들을 보냈다.[77]

지중해의 생명력은 실로 강해서 필요한 경우에는 심각한 지형상의 장애를 극복해왔다. 알프스 산맥을 관통하는 23개의 협로 중 17개는 이미 로마 시대부터 이용되었다.[78] 더구나 산지는 흔히 인구 과잉 상태였다. 달리 이야기하면 적어도 가용 자원에 비해 인구 과잉이었기 때문에, "적정 인구 수준"을 넘어서면 정기적으로 잉여 인구를 평야로 내려보냈다.

산지의 자원은 결코 부족하지 않다. 모든 산에는 계곡이든 산비탈을 깎아 만든 테라스든 경작지가 있다. 여기저기 불모의 석회암 사이에 플리쉬[flysch : 점판암, 이회토(泥灰土), 사암 등이 혼성된 토양]와 이회토가 있어 그 위에 밀, 호밀, 보리를 재배할 수 있다. 때로 그런 토양은 꽤 비옥했다. 스폴레토[이탈리아 중부]는 상당히 넓고 비교적 비옥한 평원 한가운데에 있다. 아브루치 지방의 아킬라에서는 사프란을 재배했다. 남쪽으로 갈수록 작물과 유실수의 재배 한계선은 높이 올라간다. 오늘날 아펜니노 산맥 북쪽 지방에서는 해발 900미터까지 밤나무가 자란다. 아킬라에서는 밀과 보리가 해발 1,680미터에서도 자라고, 코센차에서는 16세기에 처음 들어온 옥수수가 해발 1,400미터, 귀리는 해발 1,500미터에서 자란다. 에트나 산의 기슭에서는 포도가 해발 1,100미터, 밤나무는 해발 1,500미터에서도 자란다.[79] 그리스에서는 밀이 해발 1,500미터, 포도는 해발 1,250미터에서까지 자란다.[80] 북아프리카에서는 이런 수치들이 더 올라간다.

산지의 장점 중 하나는 저지대 경사면의 올리브 나무, 오렌지 나무, 뽕나무로부터 고지대의 삼림과 목초지에 이르기까지 자원이 다양하다는 것이다. 곡물 재배에 더해 목축도 가능하여, 양과 염소, 때로는 소를 칠 수도 있다. 과거에는 오늘날보다 상대적으로 더 가축 수가 많아, 발칸 반도와 심지어 이탈리아나 북아프리카에도 가축이 아주 많았다. 그 결과 산지는 우유, 치즈[81](사르데냐 치즈는 16세기에 소형선을 이용하여 지중해 서부 전역으로 수출되었다), 버터―신선한 것이든 발효한 것이든―그리고 삶은 고기와 구운 고기의 산지였다. 전형적인 산지 가옥은 양치기나 소치기들의 주거인데, 사람보다는 차라리 동물을 위한 집이었다.[82] 1574년 불가리아의 산지를 여행하던 피에르 레스칼로피에는 다진 진흙으로 지은 농가보다는 차라리

"나무 밑에서" 자는 것이 낫다고 판단했다. 농가는 짐승과 사람이 "한 지붕 밑에서 살았기 때문에……악취가 참을 수 없을 정도로 심했기 때문이다."[83]

당시 삼림은 현재보다 훨씬 더 빽빽했다.[84] 해발 1,400미터까지 너도밤나무가 밀생했던 이 지역은 곰이나 살쾡이 같은 야생동물이 사는 아브루치의 발 디 코르테 국립공원과 비슷하다고 상상하면 될 것이다. 가르가노 산의 참나무 숲은 벌목꾼과 목재 상인들을 충분히 먹여 살렸는데, 이 목재는 큰 범선 건조를 위해서 대개 라구사[크로아티아의 두브로브니크]의 조선소로 향했다. 고지대의 여름 목초지처럼 삼림 역시 산지 마을들 사이에 또는 이 마을들과 귀족들 사이에 분쟁의 대상이 되곤 했다. 절반 정도의 숲이라고 할 수 있는 관목지대는 목축에 이용하기도 했고, 채소밭이나 과수원, 또는 사냥이나 양봉에 이용하기도 했다.[85] 산의 또다른 장점은 샘이 많아 물이 풍부하다는 것인데, 그것은 특히 남쪽 지역에서는 아주 귀한 장점이 되었다. 마지막으로 광산과 채석장을 들 수 있다. 사실 지중해의 거의 모든 지하 광물은 산지에서 채굴된다.

물론 모든 지역이 이런 장점들을 두루 갖춘 것은 아니다. 세벤 산맥이나 코르시카 섬은 밤나무가 많은 곳이다. 이 귀한 "빵 나무(pain d'arbre)"[86]의 과실은 필요한 경우 밀빵을 대체할 수 있었다. 뽕나무 산도 있었다. 1581년 몽테뉴가 찾아갔던 루카 근처의 산[87]이나 혹은 그라나다 고지대가 그런 곳들이다. 1569년 에스파냐의 외교관 프란시스코 가스파로 코르소는 알제의 "왕" 울루지 알리에게 이렇게 설명했다. "그라나다 주변 사람들은 전혀 위험하지 않습니다. 그들이 가톨릭 왕들에게 무슨 해를 끼칠 수 있겠습니까? 그들은 무기에 익숙하지 않습니다. 그들은 평생 땅을 일구고 가축을 돌보고 누에만 쳤습니다.……"[88] 또한 호두나무 산도 있다. 모로코의 베르베르인들은 오늘날에도 달밤에 마을 한복판에서 100년 이상 된 호두나무 아래에서 화합의 축제를 연다.[89]

정리하면, 산지의 자원은 생각보다 그렇게 불충분하지 않다. 그곳에서의 삶은 분명히 가능하다. 다만 사는 것이 결코 쉽지는 않다는 것이다. 가축 이용이 힘든 경사지에서 일하는 것은 얼마나 큰 고역인가! 자갈밭을 맨손으로 일구어야 할 판이었다. 토양이 경사를 따라 미끄러져 내려가는 것을 막아야 하고, 필요한 경우에는 꼭대기까지 흙을 퍼올린 후 돌담으로 막아야 한다. 그것은 끝없는 노역의 연속이다. 만일 그런 일을 중단하면, 산은 다시 원래의 황폐한 상태로 되돌아가고, 처음부터 다시 시작해야 한다. 18세기에 카탈루냐 사람들이 해안의 산꼭대기 지역에 정착하려고 했을 때 그들은 돌담과 덤불 한가운데에서 자라는 올리브 나무를 보고 깜짝 놀랐다. 그것은 그 땅이 처음 경작되는 것이 아니라는 증거이다.[90]

도시로 간 산지인

가난과 고된 생활,[91] 더 편한 삶에 대한 희망과 높은 임금의 유혹이 산지 사람들을 산 아래로 유혹한다. 카탈루냐 속담은 이렇게 말한다. "한번 내려가면 다시는 올라가지 않는다.[92] 비록 산지의 자원이 다양하다고 해도 그것은 늘 부족하다. 벌통에 벌들이 너무 붐비면,[93] 평화적인 방식이든 아니든 분봉하는 수밖에 없다. 생존을 위해서는 어떤 희생도 감수해야 한다. 오베르뉴 지역이 대표적이지만, 분명히 그곳만의 이야기가 아니다. 비교적 최근까지 캉탈 지역에서도 남아도는 사람들은 어른, 아이, 장인, 도제, 거지 할 것 없이 모두 축출되었다.[94]

산지의 역사는 각양각색이어서 추적하기 힘들다. 그래도 자료가 부족하지는 않다. 오히려 어떤 면에서는 너무 많은 편이다. 역사가 안개 속에 사라진 산지를 내려가면 잘 정리된 문서보관소가 있는 읍과 도시가 나타난다. 신참이든 자주 왔던 사람이든 산지 주민이 산 아래로 내려가면 곧 그에 대한 기록이 만들어진다. 그것은 대개 놀리는 기록이기 십상이다. 로마를 방문한 스탕달은 성모승천일[8월 15일]에 사비니 언덕에서 내려온 농민들을 보았다. "그들은 베드로 성당에서 축일을 기념하고 푼치오네[95]에 참석하려고 산에서 내려왔다. 그들은 남루한 헝겊 외투를 걸쳤고, 다리에는 옷감을 감은 후 실로 묶었으며, 길게 흐트러진 머리카락 뒤에는 눈매가 거칠었다. 그들이 가슴에 안고 있는 펠트 천 모자는 햇빛과 비에 절어 검붉은 색이 돌았다. 그들이 데리고 온 가족들 역시 야만적이긴 마찬가지이다.……[96] 로마와 투라노 호수, 아킬라, 아스콜리 사이의 산지 주민들은 내 생각에는 대략 1400년경 이탈리아 사람들의 정신 상태를 보여주는 것 같았다."[97] 1890년 마케도니아에서 빅토르 베라르는 옛날 기병대 의상을 한 알바니아인을 만났다.[98] 마드리드에서 테오필 고티에는 물장수들을 보았는데, "젊은 갈리시아 남자들은 담배색 재킷, 짧은 바지, 검은 각반에 뾰족한 모자를 쓰고 있었다."[99] 세르반테스가 언급한 것처럼, 그들의 이웃인 아스투리아인들과 함께 16세기에 에스파냐를 횡단하여 객줏집들로 흩어져 갈 때에도 그들은 그런 옷을 입고 있었을까?[100] 아스투리아스 출신인 디에고 산체스는 군인이 되었고, 16세기 말 오랑에서 일어난 사건을 기록한 연대기 작가가 되었는데, 자신의 모험을 이렇게 기술했다. 그는 어린아이였을 때 아버지의 집에서 도망하여 에스코리알 궁전 건축 공사장으로 갔는데, 그곳이 마음에 들어 한동안 머물려고 했다. 그런데 곧 오비에도 산지에서 그의 친척들이 내려왔다. 다른 사람들과 마찬가지로 그들 역시 옛 카스티야의 농장에서 여름 일거리를 찾으러 왔을 것이다. 그는 들키지 않기 위해서 다시 다른 곳으로 떠나야 했다.[101] 옛 카스티야의 모든 지역은 북쪽 산지의 이주민들이 돌아다니다가 다시 고향으로 되돌아가곤 하는 지역이었다. 비스카야[영어로는 비스케이]에서 갈리시아로 이어지는 피레네 산맥의 연속이라고 할 수 있는 몬타냐는 주민들을 충분히 먹여살릴 수 없었다. 그들 중 다수는 아래에서 다시 거론하게 될 마라가테리아인[102]처럼 아리에로[arriero : 노새 몰이꾼]이거나, 레이노사 관할 지역의 농민 겸 운반인으로서 통을 만들기 위한 테와 나무 널빤지를 수레에 싣고 남쪽으로 내려갔다가 밀과 포도주를 싣고 다시 북쪽의 자신들의 도시와 마을로 되돌아왔다.[103]

사실 지중해 지역 중에 산지 사람들이 없는 곳은 없다. 도시와 평야 주민들의 삶에 필수불가결한 역할을 하는 그들은 대개 색깔과 모양이 이상하기 짝이 없는 옷을 입고 있고 기이한 관습이 있었다. 몽테뉴가 1581년에 [이탈리아의] 로레토의 노트르 담 성당으로 가는 도중에 들렀던 고원지대의 스폴레토는 아주 이상한 이주민들이 모여드는 중심지였다. 그들은 보따리장수, 혹은 온갖 종류의 중개 교역을 전업으로 하는 소상인들이었는데, 그들이 일하는 데에는 약간의 수완과 육감이 필요하지만 양심의 가책이 있으면 오히려 손해 보기 마련이었다. 반델로는 자신의 소설에서 그들을 수다스럽고 활기차고 자신감이 넘치며 자기 주장이 강하면서도 원하면 언제든지 다른 사람을 구슬려 넘기는 인물들로 그렸다. 그에 따르면 가난한 사람들을 등쳐 먹는 자들 중에 스폴레토 사람을 따를 자는 없다. 그들은 성 바울로의 축복을 내려주고, 이빨을 뽑은 풀뱀과 살무사로 돈을 벌고, 시장에서 구걸하거나 노래 부르고, 콩 요리를 피부병 약으로 팔았다. 그들은 목과 왼팔에 바구니들을 걸치고 큰 소리로 외치면서 이탈리아 전역을 돌아다녔다.……[104]

밀라노에서 흔히 콘타도(郡) 사람들이라고 불리던 베르가모인들[105] 역시 16세기에 이탈리아에서 낯익은 존재였다. 그들은 도처에서 볼 수 있었으며, 특히 제노바를 비롯한 항구에서 하역 일꾼으로 많이 일했다. 마리냐노[오늘날 멜레냐노 근처 지역] 전투[1515. 9. 13-9. 14. 프랑수아 1세가 승리하여 밀라노를 손에 넣은 전투] 이후에 그들은 전시에 버려진 밀라노 지방의 소작지에 일하러 왔다.[106] 몇 년 후 코시모 데 메디치는 열병이 돌아 아무도 살려고 하지 않았던 리보르노[토스카나 지방의 항구 도시]에 그들을 끌어들이려고 했다. 반델로에 의하면 그들은 거칠고 다부지고 인색하며 힘든 일을 마다하지 않는 사람들로 "전 세계 어디든지 가는 사람들이다."[107] 에스코리알 궁전 건축 공사장에 이곳 출신 건축가인 조반 바티스타 카스텔로라는 사람이 있었는데, 그는 베르가마스코라고 불렸다.[108] "그들은 하루 4쿠아트리니 이상은 결코 쓰지 않았으며, 침대가 아니라 짚 위에서 잤다.……" 그들은 돈을 벌면 잘 입고 잘 먹었지만, 그래도 여전히 인색했고, 또 거칠고 우스꽝스러운 면도 줄지 않았다. 실생활의 코미디 주인공인 그들은 전통적으로 그로테스크한 남편들이었으며 그들의 부인들은 그들을 코르네토[현재의 타르퀴니아]로 보냈다. 반델로의 소설 속에 나오는 한 시골뜨기는 베네치아에서 아내를 맞이하게 되었는데 그렇게 된 데에는 이유가 없지 않았으니, 산 마르코 성당 뒤에서 돈 몇 푼에 사랑을 파는 여자들 사이에서 아내를 만났던 것이다.[109]

그들은 곧 희화화된다. 산지 사람들은 도시와 평야의 높은 분들이 볼 때에는 웃기는 인물이 되기 십상이다. 그들은 의심, 공포, 조롱의 대상이었다. 꽤 나중 시기인 1850년에 아르데슈[프랑스 남부]의 산지 사람들은 특별한 경우에 평야로 내려왔다. 그들은 안장을 얹은 노새를 타고 특이한 의식용 의상을 하고 또 여자들은 쟁그랑거리는 금 목걸이를 하고 나타났다. 그들의 의상과 평야 사람들의 의상 모두가 같은 지역 의상이었지만 분명히 서로 달랐다. 그들의 촌스럽고 딱딱한 모습은 마을 멋쟁이들의 웃음을 자아냈다. 저지대 농민들은 고지대 출신의 이 투박한 사람들에 대해서 늘 빈정댔는데, 두 지역 간의 통혼은 아주 드물었다.[110]

이처럼 사회적, 문화적 장벽이 지리적 장벽을 대체했다. 사실 지리적 장벽이란 늘 불완전해서 다양한 경로로 뚫릴 수 있었다. 산지 사람들은 목초지를 찾아 1년에 두 번 가축을 몰고 이동하느라, 혹은 수확기에 일거리를 찾으러 산 아래로 내려왔다. 이런 계절별 이주는 생각보다 훨씬 더 빈번했다. 사부아인들[111]은 론 강 계곡 하류로, 피레네인들은 바르셀로나 근처로 농부로 일하러 갔고, 심지어 15세기에 코르시카의 농부들은 여름마다 정기적으로 토스카나의 마렘마 지역까지 올라가곤 했다.[112] 그들은 도시에 정주하기도 했고, 저지대에 농부로 정착하기도 했다. "가파르고 구불거리는 거리와 높은 집들이 가득 찬 수많은 프로방스 마을들이, 혹은 심지어 아비뇽의 백작령의 마을들까지 알프스 남부의 작은 마을들"[113]의 주민들을 얼마나 많이 불러들였던가? 바로 얼마 전만 해도 수확기가 되면 그런 지방 출신 사람들이 남녀노소 없이 무리를 이루어 멀리 프로방스 해안의 평야지대까지 내려왔다. 그곳에서 갑(Gap) 출신들을 총칭하는 말인 가보(gavot)는 지금도 "열심히 일하고 좋은 옷에 전혀 신경 쓰지 않으며, 거친 음식에 익숙한 사람"으로 통한다.[114]

랑그도크 평원에서는 훨씬 더 뚜렷하고 생생한 사례들을 많이 볼 수 있다. 이곳으로는 북쪽의 도피네, 마시프 상트랄(중앙 산괴), 루에르그, 리무쟁, 오베르뉴, 비바레, 블레, 세벤 등지로부터 끊임없는 이주의 물결이 밀려왔다. 이 흐름은 랑그도크 하부 지역을 뒤덮고, 더 나아가서 부유한 에스파냐 지역으로도 향했다. 무토지 농민, 무직 장인, 평범한 농부들이 곡물 수확이나 포도 수확, 탈곡 등의 일거리를 찾아 움직이는 이 행렬은 매년 혹은 매일 다시 이어졌다. 그중에는 사회에서 떨려난 사람들, 남녀 걸인, 길거리 전도사, 방랑 수도사, 유랑 악사들도 있었고, 때로는 제법 많은 가축을 몰고 가는 목동들도 섞여 있었다. 산지의 빈곤이 아래쪽으로 향하는 이 거대한 움직임의 원인이었다. "이러한 이주 행렬의 이면에는 산지보다 평야가 더 잘 사는 생활수준의 명백한 차이가 존재한다"고 한 역사가는 기술했다.[115] 걸인들은 도착하자마자 다시 떠나야 했는데 결국 노상에서 혹은 수용소에서 생을 마쳤다. 그렇지만 장기적으로 보면 그들은 저지대의 인구 유지에 기여했다. 여기에 더해 대체로 키가 크고 푸른 눈에 밝은 색 머리를 한 북유럽 사람들이라는 별개의 유형이 수 세기 동안 존속했다.

산지 주민 이주의 전형적 사례들

이목(移牧, transhumance)은 산지에서 저지대로 향하는 움직임 가운데 가장 중요한 현상이지만, 다만 이것은 왕복운동이다. 우리는 나중에 이에 대해서 자세히 살펴볼 것이다.

산지 주민의 다른 움직임의 형태는 그보다는 규모가 더 작고 덜 규칙적이다. 우리는 그 가운데 특별한 경우들을 살펴볼 것이다. 그러려면 샘플들을 추려야 하지만, 다만 "군사적" 이주는 여기에서 제외하려고 한다. 이 경우에 산지는 거의 예외 없이 "스위스의 캉통[canton : 道]"이기 때문이다.[116] 봉급을 받지 않으면서도 다만 전쟁과 약탈의 기회만 노리며 군대를 따라다니는 유랑민과 모험가들 외에도, 전통적으로 특정 군주들을 위해서 봉사하는 정식 군인들이 있었다. 코르시카인들은 프랑스, 베네치아, 제노바를 위해서 싸웠고, 우르비노 공작령과 로마냐 공작령 군인들은 그들의 지배자가 맺은 계약을 통해서 대개 베네치아를 위해서 싸웠다. 1509년에 아냐델로 전투[루이 12세가 베네치아 군대를 격파했다]에서 그랬던 것처럼 만일 그들의 지배자가 배신한다면,[117] 농민들 역시 기꺼이 산 마르코[베네치아]의 대의를 저버리고 자신의 지배자들을 따랐다. 베네치아에서는 언제나 로마냐의 영주들을 볼 수 있었다. 그들은 금지 명령을 어기고 범죄를 저지르고는 로마에 가서 용서를 구하고 그들의 재산 회복을 요청했으며,[118] 그에 대한 대가로 네덜란드 지역에 가서 에스파냐와 가톨릭을 위해서 싸웠다. 그 외에도 알바니아인, 모리아스[펠레폰네소스 반도의 옛 이름]의 용자들, 또 알제 혹은 그 비슷한 도시들이 아시아의 황량한 산지에서 끌어모아온 소위 "아나톨리아의 황소들"도 있었다.

알바니아인들의 역사는 그 자체로 연구할 가치가 있다.[119] "칼과 금실로 짠 자수, 그리고 영광"에 이끌려[120] 그들은 산에서 내려와 군인이 되곤 했다. 16세기에 키프로스,[121] 베네치아,[122] 만토바,[123] 로마, 나폴리,[124] 시칠리아에서 그들을 볼 수 있었고, 심지어 더 멀리 마드리드에서도 그들의 계획을 제안하고 불만을 토로하며, 때로 화약을 요구하거나 몇 년간의 지원금을 요구하는 모습을 볼 수 있었다. 그들은 오만하고 고압적이며 언제나 싸울 태세가 되어 있었다. 결국 이탈리아는 점차 그들에게 문을 닫았다. 그러자 그들은 저지대 국가들,[125] 잉글랜드,[126] 그리고 종교전쟁 중의 프랑스로 찾아갔다. 이 군인-모험가들 곁에는 늘 아내, 아이, 사제들이 동행했다.[127] 알제[128]와 튀니스의 섭정들, 그리고 몰다비아와 발라키아 역시 그들을 거부했다. 그러자 그들은 원래 그랬듯이, 그리고 19세기에 대규모로 다시 그렇게 하듯이, 오스만 투르크로 갔다. "칼이 있는 곳에 신앙이 있었던 것이다." 그들은 자신의 생계를 책임져주는 사람이면 누구든지 그를 위해서 싸웠다. 그리고 만일 필요하면, "노래 가사에 있듯이, 파샤를 위해서 총을, 재상을 위해서 칼"[129]을 들었고, 때로 도둑이 되어 생계를 꾸려나갔다. 대부분 그리스 정교 신자인 알바니아인들은 17세기부터는 그리스로 진출하여 그곳에서 마치 정복 국가에서처럼 주둔 캠프를 차렸다. 샤토브리앙도 1806년에 그들을 면밀하게 관찰했다.[130]

코르시카 섬의 역사—그리고 섬 바깥의 코르시카인의 역사—역시 풍부한 정보를 가지고 있다. 유명한 코르시카인들은 도처에 존재한다. "에스파냐에는 유명한 코르시카인들이 얼마나 많은가?" 데 바르디는 감탄한다.[131] 데 레카스, 일명 바스케스는 펠리페 2세의 신하 중 한 사람이다. 이는 분명한 사실이며, 세르반테스는 그에게 시 몇 구절을 바치기도 했다. 데 바르디는 더 나아가 돈 후안이 코르시카인이라고 주장한다. 아버지와 어머니 모두 분명히 코르시카인이라는 것이다. 심지어 그의 이름과 그들 부모의 이름까지 대라면 댈 수 있다고 주장한다. 그는 심지어 콜럼버스가 이 섬의 칼비에서 태어났다는 사실을 증명할 태세이다! 사실 돈 후안까지 올라갈 필요 없이 수많은 진짜 코르시카인들의 흔적을 찾을 수 있다. 알제의 왕,[132] 파샤, 혹은 투르크 황제에게 봉사하는 배교자 같은 특별한 사례가 아니라고 하더라도 그들은 선원, 말 거래인, 상인, 농업 노동자로서 지중해 연안 각지에서 살아갔다.

밀라노 산지 역시 오랫동안 이주민을 제공한 원천이다. 우리는 앞에서 베네치아의 신민인 베르가모인들을 언급한 적이 있지만, 그곳만 유별난 것이 아니다. 알프스의 모든 계곡에는 언제든지 떠날 태세가 되어 있는 사람들이 즐비했다. 대개 이주자들은 서로 만나는 제2의 고향이 있게 마련이다.

비제초 계곡 출신의 떠돌이 땜장이들은 전통적으로 프랑스로 향했으며, 간혹 그곳에 영구히 정착했다. [파리 시의] 페 거리에서 보석상을 하는 멜레리오스 가문이 그런 사례였다.[133] 트레메초 주민들은 라인란트를 선호한다. 그들 가운데 마즈노니 가문과 브렌타노 가문은 프랑크푸르트의 은행가가 되었다.[134] 15세기 이후에는 발 마시노 계곡의 이주민들이 로마로 향했다.[135] 로마의 약국과 빵집에서, 또한 제노바에서도 이들을 발견할 수 있다. 코모 호수의 세 개의 피에비[pievi : 자지 공동체], 그중에서도 득히 동고와 그라베도나 사람들이 팔레르모로 가서 여관 주인들이 되었다. 그 결과 다소 이상한 연결고리가 만들어졌는데, 브렌치오 계곡[136]의 여인들의 의상과 장신구에서 그 흔적을 찾을 수 있다. 이들의 출발은 흔히 귀환 여행으로 귀결된다. 16세기에 나폴리에서는 전형적인 밀라노의 성을 가진 사람들을 많이 볼 수 있었다.[137] 1543년 오소리오 영사의 말에 따르면, "이 롬바르디아인들은 수천 명씩 일하러 왔다가 돈을 벌면 그 돈을 싸가지고 밀라노로 되돌아간다. ……"[138] 롬바르디아의 석공들(분명히 알프스 출신일 것이다)은 1543년에 아킬레이아 성 건축 공사장에서 일하다가[139] 겨울이 되자 고향으로 돌아갔다. 만일 이 석공들과 채석공들을 추적하면 분명히 이탈리아 전역, 아마도 유럽 전역에서 흔적을 찾을 수 있을 것이다. 일찍이 1486년에 롬바르디아 석공들은 베네치아의 도제[doge : 통령] 궁전 건축 공사장에서 일했다.[140]

아르메니아처럼 대륙적이고 폐쇄되어 있는 나라 역시 모든 산악 지역의 운명을 피하지는 못했다. 무라트(Murat) 가문의 실제 이름이 무라찬(Muratjan)이며 원래 코카서스의 카라바흐 출신이라는 아르메니아의 전설 같은 이야기를 믿을 필요는 없겠으나[141]—이 이야기의 진실성을 따지면 코르시카 출신의 돈 후안보다도 못한 것 같다—아르메니아인들이 콘스탄티노플, 티플리스[조지아의 수도 드빌리시의 옛 이름], 오데사, 파리, 아메리카로 진출했다는 사실에 대해서는 많은 증거를 찾을 수 있다. 아르메니아인들은 17세기 초에 샤 압바스 1세 치세 당시 페르시아가 큰 번영을 이룩할 때에 지대한 공헌을 했다. 그들은 무엇보다 이 나라에 필수불가결한 편력 상인 역할을 했다.[142] 당시[143] 이 상인들은 독일의 정기시, 베네치아의 항구, 암스테르담의 가게에 나타났다.[144] 아르메니아인 이전에 그와 같은 네트워크를 시도한 사람들은 하나같이 실패를 맛보았었다. 아르메니아인들이 성공을 거둔 이유는 부분적으로는 그들이 기독교 지역 출신이라는 점에서 찾을 수 있지만, 그보다 더 중요한 것은 그들이 열심히 일하고 인내심이 강하며 대단히 냉철하다는 점, 다시 말해서 진짜 산지 사람들의 특성에서 찾을 수 있다. 그들을 잘 알고 있던 타베르니에는 이렇게 말했다. "그들이 기독교권에서 올 때면 뉘른베르크와 베네치아의 포목 물품들과 잡화, 예컨대 작은 거울, 에나멜 칠한 주석 물품들, 모조 진주 같은 것들을 가지고 왔다. 그것으로 그들은 그들에게 필요한 식량을 구했다."[145] 그들은 거액의 현찰을 가지고 그들의 고향인 줄파로 돌아갔는데, 이스파한의 부유한 거류지인 그곳에서 그들은 페르시아인들처럼 화려한 생활을 했으며, 여자들은 베네치아의 양단으로 옷을 해 입고 말에는 금은 마구를 했다. 그들은 두 개의 거래 축을 가지고 있어서, 유럽에만 만족하지 않고 인도, 통킹, 자바, 필리핀, "그리고 중국과 일본을 제외한 아시아 전역"과 거래했다.[146] 때로 그들은 스스로 여행단을 조직했다. 타베르니에는 줄파 출신의 부유한 아르메니아 상인의 아들과 함께 수라트[인도 서부]와 골콘다[인도 남부]로 여행을 했다. 때로는 "바냔인"이 근처의 대도시에 세운 지점들의 네트워크도 이용했다. 바냔인들은 페르시아의 수도에서 아시아 교역의 선두를 차지한 힌두 상인이었다. 심지어 일부 아르메니아인들은 인도양에서 선박들을 소유했다.[147]

16세기 말 혹은 17세기 초 이후에 이처럼 대규모 이동을 한 결과, 아르메니아에 베네치아 방식의 르네상스가 만개했다. 아르메니아가 자신의 경계를 넘어 그토록 광대하게 뻗어간 결과는 이익이 될 수도 있고 손해가 될 수도 있었다. 14세기 이래 아르메니아가 거대한 가능성을 가진 거류 중심지였으면서도 결국 강력한 국가로 성장하지 못한 것이 바로 이 때문이 아니었을까? 아르메니아는 자신의 성공 속에서 길을 잃은 셈이다.

산지의 생활양식 : 지중해 최초의 역사인가?

산지는 타인을 위한 인력 저장소라고 할 만하다. 드넓게 퍼져나간 산지의 생활양식은 바다의 역사에 큰 공헌을 했다.[148] 어쩌면 애초에 그 힘이 바다의 역사를 만들었을 수도 있다. 산지는 지중해 세계 최초의 생활공간이었던 것 같다. 지중해 문명은 "중동과 중앙 아시아 분명처럼 목축의 기반을 가지고 있었다."[149] 그곳은 원래 사냥꾼과 목동, 이목과 유목의 원시적인 땅이며, 여기에 더해 간혹 불을 지른 땅에 서둘러 곡물을 재배하고 수확하는 곳이었다. 이와 같은 고지대가 인간이 처음 통제한 곳이었다.

왜 그럴까? 산지는 자원이 다양한 반면, 아래의 평야지대는 괴어 있는 물과 말라리아의 땅, 불안정한 물길이 지나는 곳이었기 때문이다. 오늘날 번영의 징표인 수많은 사람이 거주하는 평야는 수세기에 걸친 고통스러운 집단 노력의 결과이다. 고대 로마에서 바로[116-27년 기원전. 로마 제국 건설 당시에 큰 영향력을 가졌던 학자, 풍자 작개의 시대만 해도 벨라브룸[고대 로마 시 외곽의 저지대. 나중에 로마 시내로 편입되었대을 소형 선박을 타고 건너던 때를 기억하고 있었다. 인간의 거주는 고지대에서부터 시작된 후, 괴어 있는 물 때문에 열병의 위험이 도사리고 있는 저지대로 서서히 하강했다.

이에 대한 증거가 없지 않다. P. 조르주가 제시하는 론 강 하류 지역의 선사시대 거주 지도[이 책 p. 77의 사진 2 참조]를 보자.[150] 알려진 모든 거주지들은 동쪽과 북쪽의 저지대 델타 지대를 굽어보고 있는 고지대의 석회암 지대이다. 론 강의 습지에서 배수 작업을 시작한 것은 수천 년이 지난 15세기의 일이다.[151] 마찬가지로 포르투갈에서도 계곡이나 분지에서는 선사시대 유적지가 발견되지 않는 반면, 산지에서는 청동기 시대부터 거주가 시작되었다. 이곳에서의 삼림 개간은 중부 유럽과 달리 최근의 일이 아니다. 9-10세기에도 사람들은 여전히 고지대에서 살았다. 아스투리아스-레온 왕국 시대[아스투리아스 왕국(718-910)과 레온 왕국(910-1035)]까지 역사가 거슬러올라가는 곳들은 가장 고지대의 마을들이다.[152]

포르투갈의 사례는 지중해 지역의 경계 밖이라고 할지 모르겠지만, 지중해의 정중앙인 토스카나 지방 역시 다르지 않다. 이곳은 협소한 자연 습지인 평야들이 펼쳐져 있으며, 동쪽과 남쪽으로 갈수록 더 높이 치솟은 언덕들 사이에 계곡들이 끼어 있다. 이곳에는 여러 도시들이 자리잡고 있다. 그중 가장 오래된 도시들은 어디일까? 현재 포도 나무와 올리브 나무가 자라는 경사면들 너머 가장 높은 곳에 위치한 곳들이다. 에트루리아 도시들은 모두 이런 곳에 있었다. 이 도시들은 산꼭대기에 걸려 있는 오피다[oppida : 철기 시대의 요새 거주지]의 도시들로서, 필립손이 호흐뤼켄슈테테[Hochrücken-städte : 높은 등마루 도시들이라는 뜻]라고 명명한 곳들이다.[153] 이와 달리 피사, 루카, 피렌체, 그리고 다른 저지대 도시들은 뒤늦게 로마 시대에 발전한 곳들이다.[154] 피렌체 근처에서는 그후로도 오랫동안 습지가 위협적인 요소가 되었다.[155] 심지어 16세기에도 토스카나 평야는 완전히 배수가 되지 않아서 때로 위험할 정도로 수위가 오르곤 했다. 키아나 계곡 그리고 트라시메네 호수 물이 넘치는 평야 근처에 습지들이 펼쳐져 있었다. 마렘마 지역과 또 밀을 재배하는 그로세토 평야 지역에는 열병이 퍼지곤 했다. 이곳에서 메디치 가는 집약농업을 발전시켜 밀을 수출하려는 정책을 펼쳤으나 실패했다.[156]

따라서 평야와 산지 사이의 대립은 역사시대의 문제이기도 하다. 농업사 연구를 통해서 우리는 서유럽과 중부유럽에서 독일 역사가들과 지리학자들이 알트란트(Altland)와 노이란트(Neuland)라고 부르는 고토(古土)와 신토(新土)를 구분하는 법을 배웠다. 고토는 신석기시대에 얻은 땅이고, 신토는 중세와 근대 초에 개발한 곳이다. 지중해에서 고토와 신토는 쉽게 말해서 각각 산지와 평야라고 할 수 있을 것이다.

2. 고원, 대지, 구릉

지금까지 우리가 수행한 산지의 스케치는 당연히 불완전하다. 삶을 그렇게 단순한 선으로 축소시킬 수는 없을 것이다. 산은 고도(高度), 역사, 풍속, 심지어 음식에 이르기까지 다양하게 표현할 수 있을 것이다. 특히 높은 산 근처에 절반이 산이라고 할 수 있는 고원과 구릉과 대지(臺地)가 붙어 있다[원어의 plateau, colline, revermont을 각각 이렇게 구분하여 부르기로 한다]. 이런 땅들은 산과는 모든 면에서 완전히 구분되며 산과는 전혀 비슷하지 않다.

고원

고원(plateau)은 높고 넓은 개방된 평야이다. 지중해 세계에서는 고원의 토양이 건조해져 단단해졌고, 강물이 흐르는 협곡은 흔치 않다. 도로와 협로들은 상대적으로 쉽게 만들어진다. 예컨대 도로들이 가로지르는 에밀리아 고원—고원이라기보다는 거의 평야에 가깝기는 하지만—에는 언제나 발전된 문명이 자리잡았다. 볼로냐가 대표적이다. 소아시아는 귀중한 제3기 습곡이 없었더라면, 이웃한 자그로스 산맥이나 쿠르디스탄 지방처럼 황폐해졌을 것이다.[157] 이곳에는 대상 거리, 대상 숙박소, 역참 도시들이 자리잡아 역사적으로 대단히 중요한 소통 중심지 역할을 했다. 알제리 고원들도 [알제리 동부의] 비스크라 지방과 호드나 호수의 분지에서 모로코의 물루야 강에 이르기까지 끊임없이 이어지는 스텝 지역 도로들의 연쇄를 이루는 듯하다.[158] 중세에는 동서 관통로가 이 시장들을 연결시켰는데, 부지[알제리 지중해 연안의 항구 도시. 현재 이름은 베자야]의 형성 이전에, 그리고 알제와 오랑이 건설되고 10세기에 사라센의 바다가 중요해지기 전에는[159] 이 동맥(動脈)이 소(小)아프리카, 곧 이프리키야[Ifriqyia : 중세사에서 튀니지와 리비아 서부, 알제리 동부로 구성된 지리 단위이며, 아프리카라는 이름이 여기에서 유래했다]와 모로코 사이 지역의 핵심이었다.

필립손의 주장에 의하면,[160] 서쪽으로는 대체로 움브리아와 토스카나에 이르기까지, 동쪽으로는 풀리애[이탈리아 남동부 지방. 이오니아 해와 아드리아 해가 만나는 지역]에까지 펼쳐진 프레-아펜니노 산맥의 두 개의 고원은 이탈리아 반도의 역사와 문화 발전의 핵심 무대였다. 이 고원들을 따라 주요 도로들이 이어지기 때문에 이곳이 지극히 중요한 역할을 한 것은 분명하다. 서쪽의 남부 에트루리아의 응회암 고원 지대 쪽으로 고대 로마의 플레미나 도로, 아메리나 도로, 카시아 도로, 클로디아 도로, 아우렐리아 도로가 건설되었다. 16세기에도 이 도로들의 흔적은 거의 변함없이 남아 있었다. 그리 높지 않은 광대한 석회암 지대[161]로서 동쪽으로 알바니아, 그리스, 중동 지역을 향하고 있는 풀리아 역시 교통의 요지였다. 이곳에는 두 줄로 평행하게 도시들의 연쇄가 이루어졌다. 즉, 해안 가까이로는 바를레타로부터 바리와 레체까지, 그리고 10킬로미터 내륙으로는 안드리아로부터 비톤토와 푸티냐노까지 이어져 있다.[162] 고대부터 풀리아는 바다와 거의 버려진 무르시아 내륙 지방 사이에 위치한 주거 지역이었다. 그곳은 그 당시 이미 문화의 중심지였다. 교통의 요지라는 특징 때문에 이곳은 서쪽의 영향을 받아 쉽게 라틴화되었을 뿐 아니라,[163] 바다를 통해 동쪽의 그리스와 알바니아의 영향도 받았다. 그 결과 어떤 시기에 풀리아는 문자 그대로 이탈리아 반도에 등을 돌리고 있다는 인상을 준다. 이곳은 인간이 지속적으로 건설한 것이 명백하다.[164] 16세기에 부유하고 광대한 풀리아는 이탈리아 전역에 대해서 곡물과 올리브 기름 창고 역할을 했다. 사방에서 이곳으로 식량을 구하러 왔다. 특히 베네치아가 자주 그러했는데, 사실 베네치아는 늘 이 지역을 차지하고 싶어했으며, 실제로 1495년과 1528년에 그런 시도를 한 적이 있었다. 사실은 라구사, 안코나, 페라라와 같은 아드리아 해의 다른 도시들 역시 마찬가지였다.[165] 트레미티 섬의 소(小)군도의 중개를 통해서 —특히 그곳에 거주하는 성 요한 기사단(Frati della Carità) 수도사들 덕분

에—16세기 내내 끊임없이 밀의 밀수가 이어졌다.[166]

그러나 번영하는 고원 지대의 대표적 사례는 이베리아 반도의 중심부이다. 구카스티야와 신카스티야 두 지역으로 이루어진 이 고원은 도로들 혹은 차라리 협로들이 사방으로 뻗어 있는데,[167] 그 위로 아리에로스[노새 몰이꾼] 카라반들이 무리를 지어 이동했다. 세르반테스가 그 단점들을 자세히 이야기한 바 있는 아리에로스는 사실 아주 미미한 역할만을 했다.[168] 짐이 너무 많아 잘 보이지도 않는 노새와 당나귀 같은 짐바리 동물들의 끝없는 행렬이 카스티야의 북쪽에서 남쪽으로, 다시 남쪽에서 북쪽으로 이어졌다. 그들은 밀과 소금, 목재와 양모, 탈라베라에서 만든 도기류 등 중간에 거치는 지역의 모든 물품을 수송했고, 사람도 태워 수송했다.

이 "수송업" 덕분에 카스티야는 반도의 외곽 지역들과 연결을 유지할 수 있었으나, 달리 보면 바로 이 지역들이 카스티야와 바다를 분리하고 있는 형편이었다. 흔히 이야기하듯이,[169] 바로 이 교역이 "에스파냐를 만든 것"이지 카스티야가 에스파냐를 만든 것은 아니다. 이 수송은 이 나라 경제의 기본을 형성했고 그 심층을 드러내 보여주었다. 오랜 기간 카라반의 이동은 동쪽 방향을 향했다. 우선 바르셀로나가 주요 목적지였는데, 이곳은 무엇보다 우선 양모 판매지 역할을 했다. 다음은 발렌시아로서, 이 도시가 행운의 정점을 맞은 것은 15세기,[170] 특히 "관대왕" 알폰소 5세의 통치기[1416-1458]였다. 마지막으로 16세기에 양모 수출 지역으로 중요했던 말라가와 알리칸테를 들 수 있다. 슐테는 라벤스부르크 대회사에 관한 저서에서 15세기 말에 발렌시아가 쇠퇴한 것은 가톨릭 왕들[에스파냐 통합 왕국의 왕들] 치하에서 체제를 정비하고 활력을 찾은 카스티야의 교역이 북쪽의 메디나 델 캄포, 부르고스, 빌바오와 같은 번영하는 도시들을 통해 북유럽 강국들과 연결되었기 때문이라고 주장했다. 그것은 공간 이동을 고려한 일리 있는 주장이다. 이목과 수송로들을 따라 남북간 도시 네트워크를 가진 카스티야를 이해하기 위해서는, 혹은 그보다 더 크게 에스파냐 전체를 이해하기 위해서는 대상 무역을 연구해야 한다. 레콩키스타 역시 이 네트워크를 따라 이루어졌다. 국왕들이 그토록 빠르고 효율적으로 카스티야를 통제하게 되고 또 비야라르[Villalar : 1521년에 일어난 바야돌리드 지방의 반란] 이후 ―1581년 베네치아 대사가 말했듯이―"쇠 곤봉"으로 지배하는 것이 가능하게 된 데에는[171] 훌륭한 소통이 효율적 통치의 첫 번째 조건이 되기 때문이다. 이런 모든 이유 때문에 카스티야는 에스파냐의 무게 중심이자 심장이 되었다.[172]

중간층의 지역들

모로코에서 디르(Dir)라고 부르는, 대지(臺地, reverment) 근처의 산과 평야가 만나는 곳[173]에 탄탄하게 잘 사는 지역들이 좁은 리본처럼 펼쳐져 있다. 그 이유는 해발 200미터와 400미터 사이가 지중해 지역에서 최적의 주거 조건을 갖춘 곳이기 때문이다. 그곳은 건강에 유해한 평지의 수증기를 벗어난 곳이면서, 혼합 농경(coltura mista)의 작물들이 잘 자랄 수 있는 한계지이기 때문이다. 산의 수자원 또한 관개와 텃밭 재배를 가능케 하여 이곳의 아름다움을 빛나게 한다.

모로코에서 아틀라스 산맥을 떠나 서쪽의 평야지대로 이어지는 디르를 향해 갈 때, 모든 계곡 입구에서 관개 수로와 그 주변에 펼쳐진 농원과 과수원을 볼 수 있다. 이 광경을 본 푸코 신부는 감탄해마지 않았다. 그 비슷하게 북유럽에서 온 여행자가 처음으로 이탈리아의 강한 인상을 받는 것은, 다시 말해서 진정한 지중해를 느끼는 것은, 알프스를 넘어 한참 내려가서 아펜니노 산맥의 첫 번째 대지를 볼 때이다. 제노바에서 리미니까지 이어지는 이 대지들 곳곳에 배수로들 덕분에 아름다운 오아시스들이 만들어져 있다. 봄에 도착하면 이미 꽃이 만발해 있고, 경작지에서 봄빛이 무르익어가는 포도나무, 물푸레나무, 올리브 나무 사이에 흰색 빌라가 보이는데, 같은 시기에 포 강 유역에서는 포플러, 버드나무, 뽕나무들이 아직 겨울 모습을 하고 있다. 과수원과 채소밭, 가끔 밭들이 섞인 혼합 농경은 대개 대지 지역에 자리잡고 있다. 비달 드 라 블라슈에 의하면[174] "이 정도의 고도(해발 200-400미터)에서 로마 근교에는 카스텔리 로마니[castelli romani : 로마의 성들, 동시에 로마 주변에 위치한 지방의 행정 단위들을 가리킨다]가 줄지어 있고, 사이사이에 오래된 오피다(oppida), 곧 요새 촌락이 자리잡고 있다. 이것들은 볼스키 족[Volsci : 로마 공화정 시기 리티움 남쪽 지방에 살았던 부족 이름]이 살던 대지 사면의 황량한(비달의 시대에는 아직 그랬던 모양이다) 폰티누스[로마 시대의 이름이며 현재 이름은 아그로 폰티노이다] 습지의 경계에 자리잡고 있으며, 옛 도시들이 고대 에트루리아의 황량한 주변 지역들을 굽어보고 있다.……전면에는 농원이, 후면에는 회색 산이 보인다. 성벽이 에워싼 오피다는 경작이 불가능한 산 돌출부에 자리잡고 있다. 이곳에서는 도시보다는 강력한 캉통[canton : 한 국가 내에서 자치적인 도(道)]의 성격을 띠고 있다.……맑고 생기 넘치는 공기가 충만한 이곳에서는 과거 로마 제국 시대에 최강의 로마 군단 병사를 제공했던 그 사람들의 혈통이 유지되고 다시 보충되고 있으며, 오늘날에는 그것이 캄파냐를 개발하기 위한 노동력을 제공한다."

디나르 알프스의 경계를 길게 따라가는 길에, 그러니까 대체로 이스트리아[유고슬라비아 북서단]에서 라구사[두브로브니크] 혹은 안티바리에 이르기까지, 아드리아 해를 굽어보는 중간층 지역에 똑같은 대지의 풍경을 볼 수 있다.[175] 지중해의 삶이 펼쳐지는 좁은 띠는 산의 경계에서 시작되어 해안 지역에까지 이어지다가, 간혹 틈새들을 찾아 내륙으로 들어간다. 카르니올라 해협에서 포스토이나까지, 프롤로그 고개를 통해서 리브노까지, 혹은 열병에 시달리는 네레트바 강의 계곡에서 헤르체고비나의 모스타르까지 이어지는 지역들이 그런 사례들이다. 이런 부속 지역들이 있더라도 기본적인 모습은 띠처럼 긴 모양이다. 따라서 라구사와 같은 위도에 위치해 있으며 뮌헨 남쪽의 알프스 산맥처럼 넓게 펼쳐져 발칸 반도 쪽을 막고 있는 카르스트 지형의 고지대인 광대한 자고라[발칸 반도의 석회암 지대]와는 다르다.

이보다 더한 대조적인 상황을 상상하기는 어렵다. 동쪽에는 겨울 혹한과 한여름 한발의 재앙을 겪는 광대한 산악 나라들이 있는데, 이곳은 목축과 불안정한 삶이 지속되는 곳, 그야말로 "벌통처럼 사람이 들끓는 나라"로서 중세부터—어쩌면 그 이전부터 언제나—사람과 가축을 아래의 대지 지대로 쏟아냈다(특히 헤르체고비나와 몬테네그로가 그러하다). 배수가 잘 안 되는 물길로 가득한 모라비아−세르비아[세르비아 제국 붕괴 후 생긴 중세 왕국 중 하나], 예전에는 통과 불가능한 깊은 숲이 있는 슈마디아, 북쪽의 크로아티아−슬라보니아, 또 멀리 해외의 시르미아가 배출구 역할을 했다. 분명히 매력적이기는 하지만 하여튼 이보다 더 원초적이고 더 가부장적이며 더 후진적인 곳을 상상하기는 힘들다. 16세기에 이곳은 투르크와 대면하게 되어 전쟁이 벌어지는 변경지역이었다. 자고라 사람은 타고난 전사, 강도, 무법자였다. 하이두크(Hajduk) 혹은 우스코크(uskok)라고 불리는 그들은 "사슴처럼 날렵한 데다가" 전설적인 용기를 가진 사람들이었다. 산의 지형 자체가 기습 공격에 유리했다. 페스마(pesma)라는 민요들은 이들의 위업을 노래한다. 그들은 지방장관을 공격하고, 카라반을 습격하며, 예쁜 처녀들을 잡아갔다. 이런 야만적인 산이 달마티아로 이어지는 것은 놀라운 일이 아니다. 그러나 이곳에서는, 동쪽과 북쪽의 무정부 상태와는 달라서, 잘 통제되고, 말하자면, 잘 걸러졌다. 결국 자고라인들의 무리는 효율적인 저항에 직면했다. 그들은 저지대 알바니아는 공격했으나, 연안 지대의 밭과 채소밭을 유린하지는 못했다. 그들은 특히 나렌타 계곡을 통해 일부 지역들에 침입했을 뿐이다. 그들은 결국 길들여졌고, 그 결과 강도가 헌병의 보조가 되었다. 무엇보다 식민 사업의 일환으로 그들을 여러 섬으로 보냈으며, 특히 베네치아인들은 빈 땅이 수두룩한 이스트리아로 그들을 보냈다.[176]

침입자들은 예외적으로 안정적이고 정돈된 문명과 조우하게 된 것이다. 이곳에는 이동이 아주 없다고 할 수는 없으나, 산지에서 벌어지는 대규모 이주와 그에 따른 광적인 사태는 없었다. 이 지역은 테라스식 채소밭, 과수원, 포도밭이 있고, 경사가 아주 급하지 않은 곳에는 밭들이 잘 정비된 건실한 시골 세계였다. 만, 드라가[draga : 작고 좁은 계곡으로 사람들이 거주하는 곳을 가리키는 슬로베니아 말], 곶, 지협 등지에 좁은 길과 높고 빽빽한 집들이 있는 도시화된 마을들 혹은 소도시들이 발달했다. 이곳 사람들은 근면하고 침착하며, 부유하지는 않아도 행복했다. 지중해의 다른 여느 지역과 마찬가지로 이곳에서도 소박한 삶만이 가능했는데, 그나마 자연, 위협적인 자고라인들, 투르크인들과 싸우며 그런 삶을 유지해야 했다. 여기에 바다와의 싸움을 더해야 할 것이다. 이를 위해서는 자기 편한 대로 행동하는 사람들이 아니라 협력하며 일하는 사람들이 필요한 법이다. 13세기 이후 라구사의 농민은 반(半)농노인 식민 이주자(colon)의 처지였다. 15세기의 토지대장을 보면 스팔라토[스플리트] 주변의 농민들 역시 유사한 상태에 있었다. 16세기에 건너편 해안[아드리아 해 북부의 이스트라 반도를 가리킨다]의 베네치아인 거주 도시들의 인근에서는 공포에 싸인 농민들이 병사들의 보호를 받아야 했다. 농촌의 일꾼들은 무리지어 아침에 일하러 가고 저녁에 돌아올 때 병사들의 보호를 받으며 움직였다.[177] 이런 상황에서 개인주의나 농민 봉기 같은 것이 쉽게 발전할 수는 없다. 물론 그에 대한 약간의 증거가 없지는 않다.[178]

더구나 달마티아 사회 전체는 계서화되고 통제되어 있었다. 이는 라구사 귀족 가문들의 역할을 생각해보기만 해도 알 수 있다. 최근까지도 비천한 농부나 어부 같은 프롤레타리아 위에 스요르(Sjor) 혹은 시뇨리(Signori)라는 유한계급(有閑階級)이 존재했다. 츠비이치에 의하면, "어부는 자신뿐 아니라 자신과 긴밀하게 관계가 있는 스요르를 위해서 고기잡이를 한다. 스요르는 그를 거의 자기 집안사람처럼 여기며, 어부는 다른 사람에게는 생선을 팔지 않는다. 이 사회는 너무나 안정적이어서 마치 영원히 화석화된 듯하다." 이 말은 맞기도 하고 틀리기도 하다. 왜냐하면 우리가 본 것은 안정적인 사회라기보다는 안정적인 사람들이기 때문이다. 사실 사회적으로 평화적인 "대지" 지역은 발전하고 변화하고 진보할 수 있다. 예컨대 달마티아나 카탈루냐 산괴의 주변 지역을 살펴보면 더욱 그러할 것이다. 이 사례들이 더욱 복잡한 이유는 이곳들은 카스텔리 로마니처럼 좁고 제한된 평야가 아니라 바다와 연결되기 때문이다. 바다는 그들의 처지를 더 쉬우면서도 복잡하게 만든다. 달마티아는 아드리아 해를 통해 이탈리아와 연결되고 그 결과 세계와 연결된다! 말하자면 외부의 영향에 개방되는 것이다. 16세기에 이곳을 정치적으로 지배했던 베네치아는 그들의 의도와는 달리 그들의 강력한 문명을 이곳에 침투시켰다.

구릉

구릉(colline) 역시 똑같은 문제를 제기한다. 특히 응회암 또는 제3기 석회암 지대처럼 인간이 초기에 정복하고 통제하게 된 곳이 더 그러하다. 랑그도크의 구릉, 프로방스의 구릉, 시칠리아의 구릉, 북이탈리아의 "섬들"과 같은 몬페라트의 구릉들, 고전적인 이름들로 유명한 그리스의 구릉, 유명한 포도주 산지, 빌라, 거의 도시 수준의 마을들이 있으며 세계에서 가장 감동적인 풍경을 자랑하는 토스카나의 구릉, 북아프리카의 사헬[사하라 사막의 남부 가장자리], 특히 튀니지와 알제리의 사헬 등이 그런 곳들이다.

바다와 미티자 평야[알제리 중북부] 사이, 작은 마시프 상트랄(중앙 산괴)이라고 할 수 있는 부자레아 산맥 위에 있는 사헬은 알제 주변 시골 지역의 핵심 구성 요소이다.[179] 이곳은 도시화된 시골 지역으로 알제리 투르크인들의 영지들로 나뉘어 있으며, 도시화된 중심지를 포괄하는 "유목민의" 지방어(地方語)들 한가운데에 작은 오아시스인 도시 지방어가 뚫고 들어와 있다.[180] 경작되고 필요한 장치가 갖추어져 있고 또 잘 관개된—투르크 시대의 운하가 최근에 재발견되었다[181]—부드러운 이 구릉들은 무성한 녹지대를 이룬다. 지중해 도시들의 자랑인 정원이 알제 근처에서도 장관을 이룬다. 1627년, 포르투갈 출신의 포로 주앙 카르발루 마슈카레나슈는 나무들이 감싸고 있고 샘이 솟아나는 하얀 집들을 보고 감탄해 마지않았다.[182] 그의 감탄은 거짓이 아니다. 아메리카 식민지처럼 성장한 해적 도시 알제는 17세기 초가 되면 이탈리아식 사치와 예술의 도시로 변모했다. 유사한 방식으로 성장한 리보르노 시와 마찬가지로 이 도시는 지중해에서 가장 부유한 도시 중의 하나이며, 자신의 부를 사치로 전환할 줄 아는 도시였다.

이런 예들을 피상적으로 살펴보면 이곳의 문제들이 단순한 성격이고, 특히 이 지역에만 특유한 것이라고 판단하기 쉽다. 그러나 17-18세기 프로방스 하부에 대한 르네 배렐의 최근 연구[183]에서 새롭게 제시한 증거들은 그런 생각을 버리게 한다. 자세히 보면, 구릉에 조성한 경작지에서 이루어지는 이 취약한 경제는 지극히 복잡하고 또 시간이 경과하면서 다양해진다. 경작지를 낮게 고정시키는 벽과 흙 둑—이곳에서는 레스탕크(restanque) 혹은 더 흔히는 울리에르(oulière)라고 한다—은 구릉의 경사도에 따라 더 넓어지기도 하고 더 좁아지기도 한다. "포도나무는 울리에르 가장자리에 심고 나무는 거의 아무 곳에나 심는다." 포도나무와 나무들 사이에는 밀, 귀리를 재배하고 그와 함께 노새에게 먹이는 살갈퀴나 콩류(렌트 콩, 강낭콩, 파룬 콩)를 섞어 재배한다. 이 곡물들은 시장 가격에 따라 서로 경쟁할 뿐 아니라 또한 이웃 지역의 생산물과도 경쟁하는 가운데, 더 큰 단위 전체의 부와 빈곤의 한 요소가 된다. 16세기 말에 비첸차 근처에서 시골들은 하나의 전체를 이룬 것처럼 보였다. 평야와 계곡, 산을 포함하면서도 하나의 "끊임없이 이어진 농원"이 형성된 것이다.[184] 그렇지만 다른 한편 하부 랑그도크 내부에는 개간해야 별 소득이 없는 황폐한 구릉들이 많았다.[185] 돌이 많은 토지는 경기가 좋지 않으면 바로 포기된다. 계단식 밭에 들이는 인간의 노력이 별 소득이 없기 때문이다.

간단히 정리하면, 우리는 상대적으로 소수에 불과한 구릉의 중요성을 과장해서는 안 된다. 때로 이곳은 지중해에서 가장 오래된 인간 거주 지역일 수 있고, 가장 안정된 풍경일 수 있다. 뤼시앵 로미에[186] 같은 연구자들은 구릉이 지중해 문명의 지지대, 혹은 유일하게 창의적인 지역이라고 보기도 했으나, 이는 분명히 지나친 단순화의 위험이 있다. 우리는 토스카나나 랑그도크의 구릉들의 사례들을 보고 길을 잃어서는 안 된다. 그런 지역의 맑은 물만 보고 더 큰 지중해 세계를 먹여 살리는 다른 수원지를 잊어서는 안 된다.

3. 평야

지중해의 평야(plaine)의 역할에 대해서는 오해의 가능성이 더 크다. 산지라고 하면 힘들고 거칠고 후진적이며 사람들이 듬성듬성 거주한다고 생각하고, 반대로 평야라고 하면 풍요롭고 부유하고 살기 좋다고 생각하기 십상이다. 그러나 우리가 연구하는 시기의 지중해 국가들에 대해서라면 그런 생각은 오도의 위험이 크다.

지중해에는 피레네 산맥과 알프스 산맥의 습곡 사이에 크고 작은 평야들이 많이 있다. 그것들은 흔히 지층의 붕괴 이후 다시 토양이 쌓여 생긴 것들인데, 장구한 기간에 걸친 호수, 강 혹은 바다가 작용한 결과이다. 평야들이 크던 작던(자원과는 상관없이 크기로만 보면 약 10개 정도의 대규모 평야가 있다), 또 그것들이 바다에서 가깝든 멀든, 평야들은 그 주변의 산과는 완전히 다른 양태를 띤다. 그것들은 전혀 다른 빛, 다른 색, 다른 꽃들을 가지고 있으며, 심지어 캘린더마저 다르다. 상부 프로방스 혹은 도피네에서 겨울이 오래 머무를 때, 하부 프로방스에서는 "겨울이 고작 한 달밖에 되지 않아 그 계절에도 분홍색 장미와 패랭이 꽃, 오렌지 꽃들을 볼 수 있다."[187] 브레브 대사는 1605년 6월 16일 수행원들과 함께 레바논의 삼나무를 보러 갔다가 고도의 차이로 인한 효과를 경험하고 매우 놀랐다. "이곳(레바논)에서는 포도나무에 겨우 꽃이 피기 시작하고 올리브도 마찬가지이며, 밀은 이제 겨우 노랗게 되기 시작했는데, 트리폴리(해안 지역)에서는 포도가 영글었고 올리브는 이미 알이 굵어졌으며 밀은 모두 수확했고 다른 과일들도 많이 익었다."[188] 플랑드르인 여행가 피에르 코크 달로스트는 1553년 슬로베니아의 산을 넘어갈 때 "비, 바람, 눈, 우박" 외에 그가 겪은 난점들에 대해서 그림을 포함한 보고서를 이렇게 썼다. "저지대에 도착하면 모든 것이 개선된다. 그루지야[조지아] 여인들이……여행자들에게 찾아와……편자, 보리, 귀리, 포도주, 빵, 즉 숯불에 구운 둥근 빵 같은 유용한 물품과 식량들을 판다."[189] 마찬가지로 1573년 필립 드 카네는 알바니아의 눈 덮인 산을 넘은 후 트라키아의 빛나는 평야에 도착하여 기뻐했다.[190] 다른 많은 사람들도 그와 마찬가지로 그들을 환영하는 듯한 따뜻한 평야의 풍광을 접하고 기쁨을 누렸다.[191]

어쩌면 그렇게 보일 뿐인지 모른다. 평야는 규모가 작으니 잘 가꾸는 것이 어렵지 않기 때문이다.[192] 사람들은 곧 위쪽의 땅을 이용하게 된다. 요새로 쓰이는 작은 언덕, 하천의 단구[193] 그리고 산 주변의 작은 구릉들이 그런 곳들이다. 이곳에는 꽤 크고 인구도 많은 읍, 더 나아가서 도시까지 들어선다. 그러나 늘 물의 위협을 받는 분지의 가장 낮은 지역에서는 분산된 거주 형태가 일반적이다. 몽테뉴가 본 루카 평야, 피에르 블롱이 본 부르사 평야가 그런 식이다. 틀렘센 평야[알제리 서북부] 역시 똑같은 경우인데, 이곳은 고대 로마 시대부터 경작되었다. 중앙에는 채소밭과 관개된 밭이 있고, 주변 지역에는 과수원과 포도밭이 있으며, 더 외곽에는 이름이 널리 알려진 마을들이 자리잡고 있다. 똑같은 광경을 1515년에 레오 아프리카누스가 보고 기록으로 남겼다.[194] 그리고 마치 튀넨의 권역(圈域)의 법칙(loi des cercles de Thünen)에 따르거나 하는 것처럼, 조방 농업을 하는 대농장은 주거 중심지에서 가장 멀리 떨어진 곳에 위치해 있다.[195]

지중해의 평야들은 큰 규모일 경우에는 훨씬 장악하기가 힘들다. 오랫동안 이런 곳들은 아주 불완전하게 그리고 임시적으로만 이용되었다. 아주 최근인 1900년경에 와서야[196] 알제 후방의 미티자가 경작되기 시작했다. 살로니카 평야에서 마침내 습지들을 없앤 것은 1922년에 와서의 일이다.[197] 그리고 에브로 강[에스파냐의 북동부 칸타브리아 산맥에서 발원한다]의 델타와 폰티노 습지들의 배수 작업이 완료된 것은 제2차 세계대전 직전이었다.[198] 그러므로 16세기의 시점에서 보면 큰 평야들은 부유함과는 거리가 멀었다. 이 지방들이 흔히 빈곤하고 황량한 광경을 보인다는 것은 실로 큰 역설이다.

그런 사례들을 차례로 보자. 캄파냐 로마나는 15-16세기에 새로운 거주 시도가 이루어졌지만, 여전히 절반 정도는 불모지로 남아 있었다. 폰티노 습지는 수백 명의 목동과 야생 들소 무리들이 떠돌아다니는 곳이었다. 이곳에서 유일하게 넘쳐나는 것은 야생동물들이었다. 멧돼지를 비롯한 사냥감들이 많다는 것은 인간의 거주가 최소한에 불과했다는 증거이다. 론 강 하부 지역 역시 불모지였는데, 이곳에서 그 이전 100년 동안 이루어진 강변의 "개간"도 별 소득이 없었다.[199] [알바니아의] 두러스 평야는 그때나 지금이나 텅 비어 있다. 나일 델타 역시 인구가 태부족이다.[200] 다뉴브 강 하구는 현재도 그렇듯이 믿을 수 없을 정도의 습지 상태였으며, 복잡하게 얽힌 양서류의 세계였다. 식물들이 떠다니는 섬을 이루고 진흙투성이 숲과 열병이 도사리고 있는 습지, 그리고 야생동물들이 우글거리는 이런 적대적인 환경에서 소수의 가련한 어부들만이 살아가고 있었다. 1554년에 뷔스베크는 아나톨리아의 니케아를 넘어 평야지대를 지나가고 있었는데 이곳에는 마을은 고사하고 집이 아예 한 채도 없었다. "이곳에서 유명한 염소들을 보았는데, 그 털로 카믈로라고 알려진 직물을 짠다"고 그는 썼다. 그것을 보면 그는 앙카라에 접근하고 있었던 것 같다.[201] 같은 시기에 코르시카, 사르데냐, 키프로스의 평야들도 황량하기 그지없었다. 코르푸[그리스 서북부]에서 파견관 주스티니아노는 1576년에 거의 완전한 불모지를 여행했다.[202] 코르시카의 비굴리아와 우르비노의 습지들은 잘 낫지 않는 종기와 같았다.[203]

물 문제 : 말라리아

16세기에도 아직 번영과는 거리가 먼 평야들의 목록을 다 들출 필요는 없을 것 같다. 평야가 부유하게 되려면 장구한 기간의 노력을 요하며, 적어도 두 가지 문제를 해결해야 한다. 첫 번째는 홍수 문제이다. 산은 물이 흘러내리는 곳이다. 그 물은 평야로 모여들게 마련이다.[204] 따라서 우기인 겨울에는 홍수가 진다.[205] 재앙을 피하려면 주민들은 조심스럽게 대처하여 댐을 건설하고 넘치는 물을 빼는 수로를 내야 한다. 그렇게 하더라도 오늘날 포르투갈에서부터 레바논까지 지중해 지역에서 홍수의 위험에서 자유로운 평야는 없다. 메카마저도 어떤 해 겨울에는 급류가 덮친다.[206]

1590년 토스카나의 마렘마 습지의 광대한 지역을 홍수가 집어삼켜 파종한 밭들을 망쳤다. 당시 마렘마는 아르노 계곡과 함께 토스카나의 주요 곡물 공급원이었다. 토스카나 대공은 이때 처음 단치히에서 곡물을 수입해야만 했다. 그렇지 않으면 부족분을 채울 수 없었다. 때로 강력한 여름 폭풍만 불어도 이와 유사한 사태가 벌어질 수 있었다. 산의 물은 비가 오면 곧바로 급류가 되어 흘러내려가기 때문이다. 여름에 바짝 마른 하상이 겨울에는 단 몇 시간 안에 물보라가 날리는 격류로 변할 수 있다. 발칸 지역에서 투르크인들은 말뚝 없이 가운데가 반원형으로 솟은 다리를 만드는데, 그 이유는 갑자기 불어나는 물이 빨리 지나가도록 하기 위해서이다.

평지에 도착한 물은 대개 바다로 쉽게 빠지지 못한다. 알바니 구릉과 볼스키 구릉에서 내려오는 물은 폭이 30킬로미터에 달하는 폰티노 습지를 이룬다. 이렇게 되는 이유는 평야가 아주 평평하고 물이 느리게 흐르며, 높은 사구가 바다로 가는 길을 막고 있기 때문이다. 미티자의 경우, 남쪽의 아틀라스 산맥과 맞닿아 있는 평야는 북쪽의 사헬 구릉들로 막혀 있고, 다만 알제 동쪽과 서쪽의 엘 하라슈 와디[oued : 북아프리카 사막 지대에서 겨울에 일시적으로 형성되는 급류 하천]와 마자프란 와디를 통해서만 불완전하게 뚫려 있을 뿐이다. 사실 이런 저지대에는 거의 언제나 정체된 물이 남아 있다.

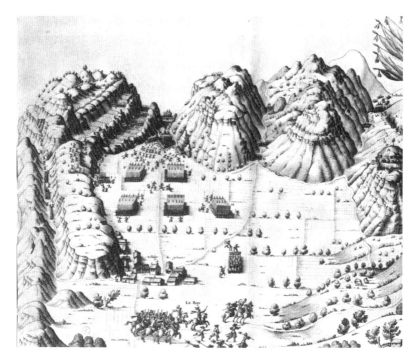

사진 1. 프랑스와 피에몬테 사이의 알프스 산맥.
프랑스와 이탈리아 사이의 산지를 방벽으로 형상화하고 있다. "국왕 군대가 피에몬테 지방의 수자 협곡을 공격하는 그림", 1629, B.N. Est., Id 24fol. 루이 13세가 승리함으로써 1559년에 방기한 이탈리아가 통제되고 있음을 보여준다.

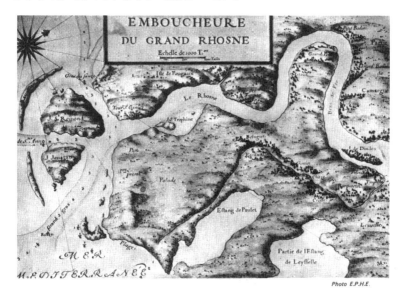

사진 2. 론 강의 델타.
색채 펜 그림. 파리, 해군 수로 측량국 문서 1001(S. 2, fol. 15, 1680년경)

사진 3, 4 불모의 땅.
이 두 장의 항공 사진은 나바르의 바르데나 레알(나바라) 지역의 일부를 보여준다. 겨울이 오면
이곳에 산지의 양떼가 내려온다.

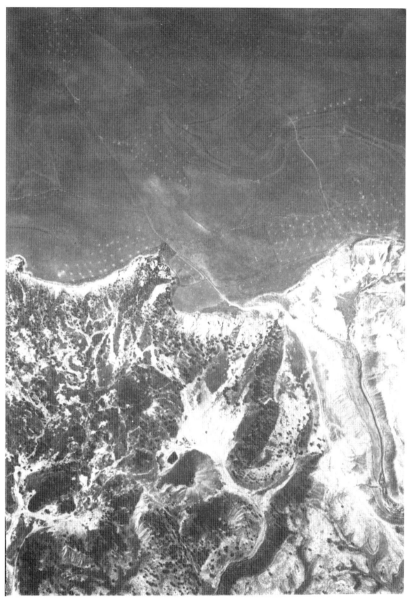

이 두 번째 사진에서 메마른 고지대와 물이 많은 저지대가 대비되는 것을 확인할 수 있다.
운하가 만들어지면 이 황량한 지역에 관개가 가능해질 것이다. 이 사진들은 알프레도 플로리
스탄 사만스에게서 차용한 것이다(La Ribera Tudelana de Navarra, 1951).

그 결과 또한 항상 같다. "물은 생명의 나라이며 죽음의 나라이다." 이곳에서 물은 죽음과 동의어이다. 물이 머무는 곳에는 거대한 갈대 밭과 골풀 밭이 생긴다. 적어도 여름에는 습지의 위험한 습기가 유지되며, 여기에서 가공할 열병이 퍼진다. 이는 더운 계절에 평야지대의 재앙이 된다.

키니네가 나오기 전에는 말라리아는 치명적인 질병이었다. 유순한 형태일 때에도 이 병은 희생자의 생명력과 생산물을 축소시켰다.[207] 사람의 기력을 소진시키며, 그 결과 흔히 노동력 결핍 문제를 일으킨다. 요컨대 이 병은 지리 환경의 직접적 산물이다. 원거리 연결망을 통해서 인도와 중국에서 들어온 이 극히 위험한 질병은 지중해 지역에 지나가는 손님으로 찾아왔다가 영구히 자리를 잡았고, 결국 "지중해 병리학의 기본 환경"이 되었다.[208] 오늘날 우리는 이 병이 말라리아 모기와 플라스모디움 계통의 흡혈 기생병균에 의해서 일어난다는 것을 알고 있다. 후자가 병의 발생 원인이며 모기는 병균의 매개체에 불과하다. 1596년경, 토마스 플라터는 에귀모르트 인근 지방에 대해서 "이곳은 모기가 너무 많아 불쌍할 정도"라고 썼다.[209] 생물학자가 말하는 이와 같은 말라리아 현상은 사실 지중해 평야 전체의 지리와 연결되어 있다. 이곳은 심각하게 또 항구적으로 감염되어 있기 때문에, 이에 비하면 산지의 말라리아 열병은 상대적으로 심각하지 않은 편이다.[210]

따라서 평야를 정복하려면 유해한 물 문제를 해결하고 말라리아를 없애야 했다.[211] 그 다음 일은 깨끗한 물을 공급하여 관개에 이용하는 것이다.

인간은 이 장구한 역사를 주도한 주인공이다. 인간이 습지를 배수하고 평야를 경작하여 곡물을 생산하면 말라리아가 물러난다. 토스카나 속담이 말하듯이 말라리아에 대한 최선의 치료제는 음식이 가득 찬 냄비이다.[212] 반대로 배수와 관개 수로가 버려지고 산지의 숲이 너무 빨리 벌채되어 강물의 흐름이 변하면 혹은 평야의 인구가 줄고 농민이 가꾸는 땅의 비율이 줄어들면, 말라리아가 다시 극성을 부리며 모든 것을 마비시킨다. 그러면 평야는 다시 원래의 습지 상태로 돌아갈 것이다. 그것은 자동적인 반(反)개간의 흐름이다. 고대 그리스가 그런 사례였다. 또 로마 제국 쇠퇴의 원인 중 하나가 말라리아라는 견해도 있다. 물론 이 이론은 아마 다소 과장된 것 같고 또 너무 단정적인 것 같다. 말라리아는 인간이 노력을 등한히 하면 다시 나타나는데, 그 가공할 회귀는 원인이자 결과이다.

말라리아의 역사를 보면 상대적으로 심각하게 발병했던 시기가 있다.[213] 로마 제국 말기가 그런 때인 것 같다. 또 15세기 말에 다시 열병이 증가했다고 필립 힐테브란트가 밝혔지만, 불행하게도 그는 자료를 제시하지 않았다. 이때에는 새로운 발병 원인이 작동한 것 같다. 당시 발견된 아메리카 대륙은 구대륙의 지중해 세계에 지금까지 없었던 새로운 병균들을 선물한 것 같다. 매독 트레포네마와 함께 열대 말라리아 혹은 악성 말라리아도 있었다. 그때까지 구세계는 매독 트레포네마를 알지 못했는데, 어쩌면 1503년에 사망한 교황 알렉산데르 6세가 매독의 초기 희생자 중 한 명이었을 수 있다.[214]

이 문제에 대해서 확실하게 단언하기는 힘들다. 고대와 중세에 열대 말라리아와 유사한 병이 있었음에 틀림없지만, 호라치우스가 모기에 많이 물리면서도 폰티노 습지를 무탈하게 지난 것을 보면 분명히 덜 위험한 말라리아였을 것이다.[215] 또 1494년 9월에 적어도 3만 명 이상에 달하는 샤를 8세의 군대가 가장 위험하다는 오스티아[로마 남서부]에 무사히 주둔한 것도 중요한 예이다. 그러나 이런 사례들만으로는 문제를 해결하기는커녕 문제를 정식화하는 데에도 부족하다. 말라리아에 관해서 현재 가진 것보다 훨씬 더 자세한 자료들이 필요하다. 예컨대 1528년 7월 나폴리 근처의 홍수 지역에서 로트렉[1498-1526. 제5차 이탈리아 전쟁(1526-1530) 때 원정 부대를 지휘한 프랑스 장군]의 군대를 몰살시킨 것은 말라리아인가 이질인가?[216] 16세기에 극심하게 질병이 퍼졌던 지역들에 대한 자세한 정보는 부족하다. 우리는 1593년부터 알레포의 항구 역할을 했던 알렉산드레타가 그후에 열병 때문에 방기된 것을 알고 있다. 로마 시대에 상층 유한계급이 즐겨 찾는

휴양 도시였고, 또 페트라르카가 1353년에 조반니 콜론나 추기경에게 쓴 편지에서 매력적인 곳이라고 소개한 나폴리 만의 바이에스에 16세기에 열병이 돌아 주민들이 떠났다는 사실도 알고 있다. 그러나 이런 특별한 경우에 대해서도 우리는 다만 불완전한 기록만을 가지고 있다. 알렉산드레타는 후일 영국과 프랑스의 영사들이 자리잡았고 잘 생존했다. 그렇지만 어떻게, 또 어떤 조건에서 그렇게 된 것일까?[217] 바이에스의 경우에 열병이 그토록 심하게 퍼진 것은 1587년에 타소[1544-1595. 이탈리아의 시인]가 그곳에 상륙하기 두 세대 전에 이미 쇠퇴가 시작되었기 때문이 아닐까?[218] 반면 콜럼버스의 항해 20년 전인 1473년에 있었던 스쿠타리의 1차 포위 당시 알바니아 해안에서 작전을 펼치던 베네치아 함대가 열병 때문에 큰 피해를 입고는 카타로[현대 몬테네그로 어로는 카토리]로 가서 회복을 꾀했다는 사실을 주목할 필요가 있다. 베네치아의 지방 감독관(provéditeur)이었던 알비조 벰보가 죽었고, 트리아단 그리티는 거의 죽을 뻔했다. 피에트로 모체니고는 "치료를 위해서" 라구사로 가기로 결정했다.[219]

분명히 16세기에 말라리아가 새로 발병했다는 느낌을 지울 수는 없다. 아마 그 이유는 사람들이 이 시기에 습지의 적[말라리아]보다 더 빨리 움직였기 때문이 아닐까? 15세기에도 그랬지만 16세기 내내 사람들은 새로운 땅을 찾아 나섰다. 습기가 많고 흙이 부드러운 평야 지역보다 더 유망한 땅이 어디 있었겠는가? 그렇지만 그곳에 처음 들어가는 것보다 더 위험한 일은 없었을 것이다. 평야에 이주한다는 것은 흔히 거기에서 죽는 것을 뜻했다. 우리는 미티자 지역에서 힘겨운 투쟁 끝에 19세기에 열병을 정복하기까지 여러 차례에 걸쳐 정주를 반복해야 했다는 것을 알고 있다. 16세기에 지중해 전역에서 시행된 내부 식민화 역시 큰 피해를 가져왔다. 특히 이탈리아에서 피해가 컸다. 이탈리아가 대규모의 원거리 식민 이주를 하지 않던 이유는 적어도 부분적으로는 침수된 평야로부터 산 정상까지 자국 경계 내에서 식민화할 땅이 많았기 때문이다. 귀차르디니[1483-1540]는 『이탈리아의 역사(*La historia d'Italia*)』 서두에서 "이탈리아는 산꼭대기까지 경작된다"고 썼다.[220]

평야의 개선 작업

평야의 정복은 역사의 여명기부터 사람들의 꿈이었다. 다나이데스의 항아리는 아르고스 평원의 관개 작업에 대한 집단 기억일지 모른다[221][아르고스 지방으로 도주한 다나오스는 이 지방의 강물이 마르자 딸들을 보내 물을 찾게 하여 가뭄 문제를 해결했으나, 그후 딸 50명이 그녀들과 결혼하러 찾아온 아이기프토스의 아들 50명 중 49명을 죽인 죄로 지옥에서 구멍 뚫린 항아리에 영원히 물을 채워야 하는 벌을 받는다는 신화]. 코파이스 호수 연안의 주민들은 아주 이른 시기부터 습지를 개간했다.[222] 고고학자들은 캄파냐 로마나를 종행하는 지하 수로망을 발견했는데, 그것은 신석기 시대까지 거슬러올라간다.[223] 또 토스카나의 소규모 평야에서 행해진 에트루리아인들의 초기 작업도 알려져 있다.

이러한 초기의 시도로부터 우리가 언급한 19-20세기의 거대한 "개선"에 이르기까지, 비록 중간에 가끔 쉬기는 했지만, 투쟁이 완전히 멈춘 적은 없다. 지중해 사람들은 언제나 습지와 싸워야 했다. 삼림 지대의 개간보다 훨씬 더 큰 노력을 요하는 이런 식민 사업은 이 지역 농업사의 중요한 특징이다. 북유럽 사람들이 숲의 습지를 없애가면서 정착을 시작하거나 혹은 정착을 확대해갔다면, 지중해는 평야에서 그들의 신세계, 그들의 아메리카를 발견했던 것이다.

15세기와 마찬가지로 16세기 내내 개간 사업이 진행되었지만, 거기에 적합한 수단은 부족했다. 배수로, 도랑, 수로, 힘이 약한 펌프 정도가 이용 가능한 수단이었다. 다음 세기에 홀란드인들이 더 효율적인 수단들을 개발하지만,[224] 그것은 다음 시대의 일이다. 우리가 다루는 이 시기에는 결국 부적합한 수단이 사업을 가로막는 제약 요인이었다. 습지를 여러 지역으로 나누어 차례로 공격해보았지만, 실패를 거듭했다. 1581년에 몽테뉴는 베네치아 지방의 아디제 계곡에서 "갈대로 뒤덮인 무한히 넓은 진흙투성이의 불모지"를 보았다.[225] 예전에 연못이었던 이 땅에서 귀족 지배층이 배수를 시도해보았으나, "경작을 하려 해도……땅의 성질을 바꿔보려는 노력에 비해 잃는 것이 더 많았다"고 그는 결론을 내렸다. 페르디난도 대공이 마렘마와 키아나 계곡에서 시도한 사업도 연대기 기록을 비롯한 당대의 "여론"이 뭐라고 표현했던지 간에 성공과는 거리가 멀었다.[226]

마렘마 습지에서는 코시모 대공 이후 모든 대공들이 이곳을 곡물 생산지로 만들고 싶어했다(제노바가 코르시카의 동쪽 평원에서 시도한 것과 같은 종류의 사업이지만 더 큰 규모였다). 그 목적을 달성하기 위해서 사람들의 거주를 유도하고 자본과 종자를 공여하며 인력을 차출하고 배수 계획을 짰다. 옴브로나 강변의 그로세토를 리보르노로 가는 곡물 수출 항구로 정하기까지 했다. 로이몬트는 그의 저서 『토스카나의 역사(*Geschichte Toscana's*)』에서 이 계획이 절반 정도 실패한 이유를 설명했다.[227] 대공들은 두 가지 상반된 목표를 추구했던 셈이다. 우선 곡물 생산지를 창출하고자 했는데, 여기에는 막대한 비용이 들어갔다. 다른 한편 곡물 구매 독점권을 획득하여 이 곡물을 저가에 판매하도록 강요해서 이익을 얻으려고 했다. 실제로는 지중해의 모든 경쟁적인 구매자들에게 시장을 공개했어야 했다. 왜냐하면 이런 개간 계획은 큰 비용이 들지만, 그로 인한 수익은 늘 비용에 미치지 못했기 때문이다. 1534년에 브레시아의 연설가들은 베네치아 원로원에 이런 보고를 했다. "물을 빼거나 잡아두는 데에는 엄청난 비용이 듭니다. 우리의 일부 시민들이 그 사업을 더 진척시키려다가 파산했습니다. 처음에 물을 끌어오는 비용뿐 아니라 물을 늘 유지해야 하는 비용이 들기 때문에 결국 이 모든 것들을 고려하면 비용과 수익 간에 큰 차이가 없어집니다."[228] 과도한 세금을 피하기 위해서 곤경을 과장하고 자신의 궁핍을 강조하는 것이 분명하지만, 개선 계획이 많은 비용이 드는 거대한 사업이라는 사실은 분명하다. 이런 것은 정부 주도의 사업이 적합하다.

토스카나에서는 "계몽된" 정부가 그 일을 맡았다. 혹은 1572년에 그랬던 것처럼 공작 가문 출신의 영주, 곧 후일의 페르디난도 대공이 키아나 계곡의 습지 개발에 관심을 가졌다.[229] 1570년, 페라라 공작의 주도 하에 광대한 포 강 델타 습지 지역의 핵심부인 암브로지오 계곡에 "그란데 보니피카 에스텐제[grande bonifica estense : 에스터 가문의 거대한 개선]"라고 하는 사업을 시행했다. 그러나 지반 침하와 오염수의 유입 때문에 난항을 겪다가 결국 1604년 탈리오 디 포르토 비로[베네치아의 대규모 수로사업] 당시 베네치아가 배수로를 열어 포 강의 흐름을 남쪽으로 돌릴 수 있도록 허락했다.[230] 로마에서는 교황청 정부가 개간을 주도했고,[231] 나폴리에서는 부왕이 카푸아 근처의 케라놀라와 마렐라노의 큰 습지 배수계획을 공식적으로 시작했다.[232] 아킬레이아에서는 신성 로마 제국 정부가 주도했다.[233] 투르크에 대해서 우리가 알고 있는 얼마 안 되는 사실로부터 짐작할 수 있는 것은, 토지 개선 사업은 새로운 치프틀리크(tschiftlik : 농노가 있는 농장)를 창출한 사업 능력이 뛰어난 귀족들의 작품이라는 것이다. 그것은 특히 17세기 이후 두라초 평원 혹은 바르다르 연안 지역 같은 저지대 습지에서 있었던 일이다.[234] 이런 큰 마을들에서는 높이 솟아 있는 주인의 저택이 주변의 오두막집들을 마치 감시하듯이 굽어보는 특이한 광경을 볼 수 있다.

서쪽에서도 부유한 자본가들의 개별적인 주도 하에 개선 작업이 진행되었다. 그들은 16세기에 롬바르디아의 가장 낮은 지대에 벼논을 만들었는데, 이 일이 아주 빨리 진전되어 1570년, 어쩌면 그 이전에 이미 제노바로 수확물을 수출했다. 베네치아의 한 귀족 출신 인사—그 자신의 말에 의하면 불미스러운 일로 귀족 명부에서 제외되었지만, 여전히 큰 재산을 소유하고 있었다—는 "무엄하게도" 베네치아의 석호(潟湖)에 손을 대려고 했다. 당국으로서는 당연히 이 일에 우려하지 않을 수 없었다. 누가 석호를 경작지로 전환할 생각을 할 수 있었겠는가? 혹시 수면의 높이가 변하지 않겠는가?

결국 그 사업은 승인을 받지 못했다.[235]

하부 랑그도크에서도 자본가들은 1592년부터 거대한 배수 작업을 시작한 후 1660-1670년경까지 상당히 열심히 계속하여 어느 정도 성공을 거두었다. 나르본 근처에서도 1558년에 유사한 작업이 시작되어, 이 해에 못의 "물을 빼기" 시작했다. 이 세기 말에 로나크 호수 주변에 처음으로 제방을 쌓으면서 일이 빨리 진척되기 시작했다. 이때 아당 드 크라폰의 제자로서 수력학 전문가인 프로방스 엔지니어들이 도움을 주었다. 이 "그룹"(라발, 뒤물랭, 라벨)이 이 사업과 또한 그 다음 시기에 나르본 지역의 사업들을 주도했다. 소 지방의 영주인 베르나르 드 라발은 초기 사업비만이 아니라 나중에 "추가 비용"도 제공했다.[236]

이런 개선안들은 15-16세기에 인구가 지속적으로 늘어나고 있던 도시의 필요에 따른 것이다. 긴급한 곡물 수요로 인해 도시들은 새로운 땅을 개간하든지 혹은 관개 작업을 확대하는 식으로 주변 지역에서 곡물 경작을 개선해야 했다. 이것은 많은 분란을 일으키기도 했지만, 또한 유용한 합의를 만들어내기도 했다. "우리는 오리오 강[포 강의 지류]의 물길을 돌려 많은 물을 얻어야 했지만, 이로 인해 크레모나 주민들과 끝없는 소송에 말려들어갔으며, 심지어 예전에 겪었듯이 암살 사건의 위험도 겪었다"[237]라고 브레시아의 연설가들은 1534년에 말했다. 1593년에 베로나의 관리들은 타르타로 강물을 유지하기 위해서 베네치아의 도움을 받아 만토바인들의 공사를 저지했다. 이는 오랫동안 끌어온 다툼 뒤에 일어난 일이다.[238] 아라곤에서는 18세기에도 여러 도시들 간에 귀중한 관개용수의 확보를 위한 다툼이 지속되었다.[239] 다른 한편, 론 강 하부 계곡에서 연안의 지역 공동체들은 15세기 이래 서로 협력하여 배수 작업을 진행했는데, 이 공사는 이탈리아 출신 이민자들이 제공한 자금과 알프스 지역 출신 노동자들이 없었다면 불가능했을 것이다.[240]

서로 협력하든 경쟁하든, 여러 도시들의 노력은 성공적이었다. 이 도시들은 중앙시장의 영향이 직접 미치는 범위 안에서 야채 재배지나 밀밭을 만들었다. 카스티야 지방을 지나가던 한 베네치아의 대사는 오직 도시 주변에서만 경작이 이루어진다고 말했다. 양이 풀을 뜯는 넓은 "황량한 땅"이나 밀을 재배하는 "불 태운 땅," 곧 흙집들이 주변 풍경과 구분이 되지 않는 누런 평야 지역은 그에게는 황무지로 보였던 것이다. 반면 그는 카스티야의 도시들 주변 지역에서는 관개된 녹색 평야를 쉽게 알아볼 수 있었다. 바야돌리드에서는 피수에르가 강변에 과수원과 채소밭이 자리잡고 있었다. 마드리드에서 펠리페 2세는 포도밭과 채소밭, 과수원들을 사들이고 난 다음에야 프라도[초지나 목장]를 확대할 수 있었다. 우리는 그것을 증명하는 매매증서들을 가지고 있다.[241] 톨레도에는 도시 근처에 "나무와 곡물들이 번갈아 자리잡고 있는" 광야가 있다. 프로방스에서도 그와 마찬가지로 도시와 곡물 경작 간의 상호 관계를 확인할 수 있다. 16세기에 망들리외, 비오, 오리보, 발로리스, 페고마스, 발본, 그라스, 바르졸, 생 르미, 생 폴 드 포고시에르, 마노스크 등지에서 새 경작지가 확대되었다.[242] 뒤랑스 계곡 전역에서는 채소 재배가 발전했다.[242] 하부 랑그도크에서는 "오르트(ort)와 관개된 초지들은 사실 (에스파냐에서 그런 것처럼) 보유 토지 가운데 아주 작은 비중밖에 차지하지 못한다." 그런 곳들은 "두레 우물[도르레를 사용하는 우물] 덕분에 물을 쉽게 댈 수 있는 도시 주변 벨트 지역인데, 여기에서는 이 우물이 이 채소밭 전체 가치의 30퍼센트나 차지한다."[243]

도시에서 농촌 방향으로 대규모 투자가 이루어지고 있음을 알 수 있다.[244] 이 세기 말부터 새로운 경작지를 찾는 것은 공공의 관심사가 되었다. 올리비에 드 세르는 그의 『농업경영론(Théâtre d'Agriculture)』에서 습지의 운영에 대해서 자세히 설명했다.[245] 그 작업은 아주 조금씩 진행되었다. 그 역사에서 정말로 놀라운 점은 평야에 생명을 불어넣기까지 믿을 수 없을 정도로 긴 시간이 소요된다는 점이다. 16세기에 아직 완수되지 않은 이 일은 사실 수백 년 전에 시작되었다. 무르시아와 발렌시아, 레리다, 바르셀로나와 사라고사, 안달루시아와 포 강 연안 지역, 나폴리의 캄파냐 펠리체, 팔레르모의 콘카 도로, 카타니아 등 모든 평야에서 다 그러했다. 각 세대마다 약간의 땅을 물에서 구해낸 것이다. 나폴리의 피에트로 디 톨레도 정부의 업적 중 하나는 이 도시 근처에 있는 놀라, 아베르사 그리고 바다 사이에 있는 테라 디 라보로 습지의 배수 작업을 한 것이다. 그리하여 한 연대기 작가에 따르면, 운하와 배수구, 풍성한 작물, 배수된 논밭이 갖추어져 이 땅은 "세계 최대의 간척지"가 되었다.[246]

제일 먼저 작은 평야부터 정복했다. 카탈루냐의 해안 산괴의 평야는 귀중한 작물을 얻기 위해서 일찍이 중세 전성기부터 개간을 시작했다. 용수로를 파는 작업은 통상 아주 일찍이 하캄 2세[코르도바의 2대 칼리프. 재위 961-976] 시대까지 거슬러올라간다고 한다. 그보다 더 이전에 시작되었다는 증거는 없다. 그렇지만 1148년에 재정복된 레리다는 그 이전에 이미 클라모르 운하 덕분에 기름지게 된 것이 확실하다. 토르토사는 아랍 시대부터 관개 운하를 가지고 있었으며, 카마라사는 1060년에 바르셀로나 백작령과 재통합되었을 때에 이미 관개된 수로가 있었다. 무슬림의 전례를 따라 바르셀로나 백작들은 이 도시가 지배하는 영토와 요브레가 평야에 관개 체제를 정비했다. 바르셀로나 지방의 유명한 백작령 갱도(坑道)—즉 레호 미르 (rego mir)—는 미르 백작(945-966)에 의해서 만들어진 것으로 추정되며, 요브레가에서 세르베요까지 이어지는 또다른 유명한 운하도 마찬가지이다. 이 유산은 후대에 인계되고 보존되고 또 지속적으로 추가되었다.[247]

사라고사 평야의 관개된 토지의 사례도 유사한 과정들을 거쳤다. 무슬림이 이 도시에서 축출된 1118년에 이미 그 기초가 갖추어져 있었는데, 원래의 작업 이후에 더 발전하고 확장되었다. 그리하여 대운하는 1529년에 계획되었고 1587년에 공사가 시작되었으며 1772년에 완공되었다. 그리고 이때 계몽시대의 농학자들의 영향 아래 아라곤 평야 전체의 관개 체제를 개선하고 완성했다.[248]

롬바르디아의 사례

이와 같은 점진적인 토지 정복을 가장 명확하게 보여주는 최선의 사례는 롬바르디아에서 찾을 수 있다.[249] 일단 고지대는 제쳐두도록 하자. 한쪽에는 알프스 산지가 있는데, 이곳은 1,500미터 이상의 지역은 불모지이고, 700-1,500미터의 지역은 큰 돌무더기와 함께 테라스식 초지와 숲이 있다. 다른 한쪽에는 아펜니노 산지가 있는데, 겨울에는 휘몰아치는 물길 속에 자갈과 돌덩이가 굴러갈 정도로 강한 급류가 흐르는 반면에 여름에는 완전히 메말라 관개용이든 음수용이든 아예 물을 구할 수 없다. 그 결과 아펜니노 산지는 고도 1,000미터의 지역이 알프스의 고도 2,000미터 지역만큼이나 황량하다. 여름에 이곳은 겨우 양이나 염소를 칠 정도의 풀만 자란다.

이 두 성채 사이에 있는 하부 롬바르디아는 구릉, 고원, 평야, 그리고 강이 흐르는 계곡의 복합체이다. 구릉에는 포도와 올리브가 자라고, 인근의 알프스 호수들 주변에서는 감귤류도 자란다. 말 그대로의 "고원(plateau)"은 북쪽 지방에만 존재한다. 이곳은 비코룽고와 바프리오를 연결하는 선, 즉 아다 강에서 남쪽 구획선을 이루는 사각형 모양의 땅덩어리로서 관개가 되지 않은 황량한 관목지이며 뽕나무 재배에 쓰이는 정도이다. 그 아래에 관개가 된 삼각형 모양의 저지대가 이어지는데, 티치노 강의 마젠타와 아다 강의 바프리오를 잇는 선이 이곳의 남쪽 경계이며, 이곳에서는 밀밭, 뽕나무밭, 목초지가 많다.

롬바르디아의 저지대 중 가장 흥미로운 곳은 이 고원과 아펜니노 산맥으로 올라가는 산중턱 사이에 위치한 광대한 충적 평야이다. 산지의 밑바닥에 해당하는 이곳에는 고전적인 벼 재배지, 목초지, 그리고 같은 중요성을 띠는 인공 목초지들이 있다. 16세기에 밀라노에서는 일반적인 물가 변동을 나타내는 데에 건초 판매 가격을 기초 지표로 사용하기도 했다.[250]

사람들은 이 평야를 완전히 변형시켰다. 땅을 평평하게 만들고, 습지를 없앴으며, 알프스의 빙하에서 발원한 강물을 끌어와 현명하게 이용했다. 이

물을 끌어다 쓰는 것은 적어도 1138년에 키아라발레 수도원의 베네딕트 수도사들[251]과 시토 수도사들의 작업으로 시작되었다. 1179년에 시작된 "대운하" 사업은 1257년에 행정관 베노 고초디니에 의해서 완수되었다. 이제 티치노 강물은 거의 50킬로미터에 달하는 인공 수로를 통해 밀라노로 유입되었다. 이 수로는 항행과 관개가 모두 가능했다. 1300년 이전에 세시아 강에서 바스카 로지아[Basca roggia : 로지아는 작은 인공 수로를 가리킨다]를 냈다. 후일 다시 비르가와 볼가라 등의 지류와 또다른 로지아들을 이용하여 노바레제와 로멜리나 지역에 관개를 가능케 했다. 1456년에 프란체스코 스포르차는 30킬로미터가 넘는 마르테사나 운하를 건설하여 아다 강물을 밀라노로 끌어왔다. 1573년에는 이 운하를 확장하여 선박 운항도 가능하게 했다. 이미 그전에 루도비코 스포르차[일 모로 : 무어인]가 이 운하를 "대운하"와 연결시켰기 때문에 1573년에 가장 큰 두 호수인 코모 호수와 마지오레 호수는 롬바르디아의 핵심 지역들과 연결되었다.[252] 밀라노는 이제 중요한 수상 교통 중심지가 되어 밀, 철, 특히 목재를 저렴하게 수입했으며, 무기공장에서 제작한 무기들을 포 강과 페라라 방면으로 수출했다. 그 덕분에 내륙의 한가운데에 있는 이 지역의 최대 단점을 극복할 수 있었다.[253]

수로에 대해서만 언급했지만, 이를 이용한 개간이 얼마나 느린 과정이었는지도 충분히 알 수 있다. 그 사업은 여러 단계에 걸쳐 이루어졌는데, 각각의 단계는 상이한 사회 집단의 정주에 상응한다. 그 결과 각기 다른 사람들이 거주하는 세 개의 롬바르디아가 맞물려 존재하게 되었다. 상부 롬바르디아는 산지 목축 지역인데, 북쪽으로 브루기에레 지역과 가깝다. 이곳은 가난하지만 자유로운 소토지 보유 농민 지역으로서 그들은 토지에서 그들의 모든 수요―자신들의 포도밭에서 생산하는 저급한 포도주까지 포함하여―를 충족시키며 살아간다. 그 밑으로 내려가면 관개가 잘 된 고원지대가 나오는데, 샘과 초지가 많은 이 지역은 귀족과 교회 소유 토지가 시작되는 곳이다. 아직 완전히 평지로 내려오기 전인 이 정도 고도의 지역에서 성들

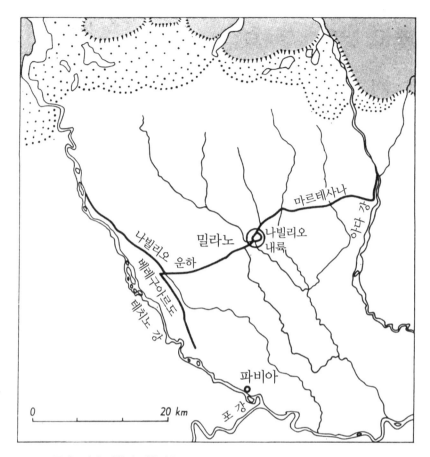

도표 3. 롬바르디아 평원의 대운하들
Charles Singer, *History of Technology*, 1957, vol.3. 축적은 20킬로미터가 아니라 30킬로미터로 읽어야 한다. 점을 찍은 구역은 알프스 산지 전방의 구릉과 빙퇴석 퇴적지들을 나타낸다.

과 반분소작지, 그리고 키 큰 나무들 사이에 자리잡고 있는 수도원들을 볼 수 있다. 이보다 더 아래로 내려가면 자본가들이 지배하는 벼 재배 지역이 나온다.[254] 그들의 혁신적인 사업으로 홍수에 시달리는 이 땅의 문제가 해결되었다. 분명히 경제적으로는 진보가 이루어졌지만, 사회적으로는 과연 어떠했을까?

롬바르디아의 벼 재배는 노동자들을 끔찍한 조건하에 노예화시켰다. 그들은 조직되어 있지 않기 때문에 효과적인 저항의 목소리를 전혀 낼 수 없었다. 벼 재배는 1년 내내 노동력을 필요로 하지는 않지만, 파종, 이앙, 수확 시기에는 많은 노동자들을 투입해야 한다. 따라서 전적으로 계절별 이주 노동에 의존한다. 지주는 임금을 지불하거나 일꾼들을 감시하는 때 말고는 농장에 나타날 필요도 거의 없었다. 수세기 후에 카부르는 하부 피에몬테 근처의 레리에 있는 자신의 농장에 가서 직접 임금을 지불하고 새벽에 일어나서 일꾼들을 감독하곤 했다.[255]

이런 현상은 평야에서 곡물을 재배하는 경우 거의 언제나 볼 수 있는 일이다. 일하기 편한 땅, 밭고랑들이 일직선으로 나 있는 이런 곳에서는 거의 기계적으로 소나 물소를 이용한다. 곡물이나 포도의 수확 철에만 산지의 일꾼들을 고용한다. 몇 주일 동안 일한 후 이 일꾼들은 고향으로 돌아간다. 그들이야말로 진정한 농촌 프롤레타리아이다. 그러나 평야지대의 농민들 역시 대개는 똑같은 처지에 놓여 있다.

1547년에 에스파냐인들이 롬바르디아의 토지 재산을 조사한 바에 의하면,[256] 농민들의 경우 구릉의 척박한 땅은 거의 대부분 그들의 소유인 반면 비옥한 저지대에서는 겨우 3퍼센트의 토지만 소유했다. 이 수치만큼 평야의 상태를 잘 보여주는 것은 없을 것이다. 거의 아무것도 가진 것이 없는 농민들은 건강과 위생 면에서 그야말로 개탄스러운 조건 속에서 살아갔다. 그들의 생산물은 대부분 지배자에게 넘어갔다. 산에서 내려온 순진한 신참자는 지주나 그들의 집사에게 속곤 했다. 이런 사람은 법적인 지위가 어떻든 간에 여러 면에서 일종의 식민지 노예와 마찬가지였다.

대지주와 가난한 농민들

지중해의 개척 평지와 북유럽의 삼림 개간 지역을 비교해보자. 물론 다른 여느 비교와 마찬가지로 이 역시 한계는 분명하다. 북유럽의 삼림 개간 지역에서는 아메리카식의 자유로운 문명이 형성된다. 지중해 지역에서 극적으로 전개되는 전통주의와 경직성의 원인 중 하나는 새로 얻은 땅이 부자들의 수중으로 넘어간다는 것이다(다만 식민 이주가 농업상의 개인주의를 강화시킨 일부 예외적인 지역들이 없지 않다[257]). 북유럽에서는 후일 아메리카 대륙에서 그런 것처럼 곡괭이와 도끼만 있으면, 토양을 생산적으로 만드는 데에 충분했다. 지중해 지역에서는 강력하고 부유한 지주들이 핵심적인 역할을 했다. 특히 소규모 개간이 줄고 시간이 갈수록 대규모의 장기 계획을 추진하면서 그런 경향이 강해졌다. 그런 목표는 엄격한 사회질서를 통해서 사회계층을 잘 통제해야만 완수할 수 있었기 때문이다. 16세기에 독립적인 농민들을 이용하여 이집트식이나 메소포타미아식의 경작이 가능했겠는가? 에스파냐에서 세카노(secano)에서 레가디오(regadio)로, 다시 말해서 "건조한" 토지에서 관개된 토지로 이동하면 상대적으로 자유로운 농민들 대신에 노예 상태의 농민들을 보게 된다. 에스파냐는 재정복 이후 무슬림으로부터 관개 네트워크를 물려받았을 뿐 아니라, 그것을 잘 유지하는 데에 필요한 펠라[fellah : 이집트와 아랍 지역의 농부] 노동력 체제를 고스란히 물려받았다. 레리다 평야는 16세기에도 펠라들이 일하고 있었다. 에브로 강 계곡의 리오하에서도 펠라들이 일했고, 발렌시아, 무르시아, 그라나다에서도 역시 펠라들을 볼 수 있었다. 펠라, 혹은 더 정확히 말하면 모리스코를 에스파냐 지배자들이 잘 보호하고 지켜준 것은 마치 가축을 잘 지키는 것, 혹은 아메리카에서 지배자들이 노예를 잘 지키는 것과 다를 바 없었다.

평야는 귀족들의 소유였다.[258] 포르투갈에서 피달고[fidalgo : 귀족]의 집, 즉 거대한 문장(紋章)이 걸려 있는 장원 저택을 보려면 평지로 내려가야 한다.[259] 열병의 온상이었던 시에나 마렘마의 광대한 저지대 평야는 이웃 토스카나 마렘마와 마찬가지로 귀족들의 성들이 점점이 박혀 있었다. 탑과 아성(牙城)으로 구성된 시대착오적인 실루엣은 이 지역을 지배하는 봉건 영주들의 위압적인 면모를 상징한다. 그들에게 이곳은 단지 임시 거처였기 때문에 그곳에 오래 거주하지 않았으며, 1년 중 대부분의 시간을 시에나의 거대한 시내 주거지에서 보낸다. 아직도 볼 수 있는 이런 건물은 반델로의 소설 속 연인들이 찾아가는 궁전이었다. 그들 연인들은 이곳에서 하녀들의 복잡한 인사치레를 거친 후에 곡물 부대들을 쌓아둔 큰 다락으로 올라가거나, 혹은 복도를 지나 늘 방치해두곤 하는 일층의 방들로 가게 된다.[260] 그들을 좇아가다 보면 오래된 가문의 저택에서 벌어지는 비극이나 희극 이야기들을 접하게 된다. 그런 이야기들은 시중의 험담이나 가문의 통제 같은 것들로부터 자유로운 마렘마의 오래된 성에서 비밀리에 일어나곤 한다. 열병과 후텁지근한 열기를 피하기 위해서 만들어진 이런 고립된 집은 이 당시 이탈리아의 전통에 따라 부정직한 아내—혹은 그러리라고 의심되는 아내—를 죽음으로 내몰기에 가장 적합한 곳이었다. 기후에 책임을 돌리는 설명은 바레스에게 환상적으로 만족스러웠을 터이다. 그렇지만 그 살인자가 저지대에서는 완벽한 지배자이기 때문에 전혀 처벌받지 않는 사회적 공모 역시 중요한 요인이 아니겠는가? 평야는 부자들이 자기 하고 싶은 대로 할 수 있는 영지였다.

오늘날 모로코의 수스[모로코 남부의 평야 지역]에 대해서 로베르 몽타뉴는 이렇게 썼다.[261] "평야에서 부자와 빈자 사이의 간극은 빠른 속도로 벌어진다. 부자는 농원을 가지고 있고 빈자는 그곳에서 일한다. 관개된 밭에서는 곡물과 야채, 과일들이 많이 생산된다. 또다른 부의 원천은 올리브와 아르간[argan : 모로코의 상록수] 오일인데, 염소 가죽 부대에 담아 북쪽의 도시들로 수송한다. 시장이 아주 가까이 있기 때문에 외국의 산물이 빈번히 유입된다. 그래서 수스 평원에서 명망가들의 삶은 늘 모로코 행정청(Makhzen)이 지배하던 다른 지방의 삶과 유사해지는 경향이 있다. 그러는 동안에 농원에서 일하는 일꾼들의 삶은 갈수록 비참해진다." 이런 현상은 지중해 지역 평야에서 보편적인 현상으로 보인다. 부자와 빈자 사이의 간극은 매우 크다. 부자는 훨씬 더 부유해지고 빈자는 훨씬 더 가난해진다.

평야에서는 대토지 소유가 일반적이다. 흔히 대토지의 표면을 이루는 영주제는 이곳에서 자연스럽게 체제유지에 유리한 조건을 찾는다. 시칠리아,

나폴리, 안달루시아에서 귀족 지주들의 세습 영지는 분할되지 않고 오늘날까지 이어져왔다. 이와 유사하게 발칸 반도의 동쪽 대평야인 불가리아, 루멜리아, 트라키아, 즉 벼와 밀을 재배하는 지역에서 투르크식 대토지 체제와 농노 마을들은 굳게 뿌리를 내린 반면, 서부의 산지에서는 거의 실패로 끝났다.[262]

그러나 지역과 콩종튀르에 따라 많은 예외가 존재한다. 예컨대 초기 로마 캄파냐라든지, 혹은 오늘날의 발렌시아의 농민 민족주의나 암푸르단[에스파냐], 혹은 루시용[프랑스]의 농민 민주주의를 들 수 있다. 뒤에 언급한 두 지역에 대해서 막시밀리앙 소르는 이렇게 말한다. "이 평야 지역에는 언제나 소규모 혹은 중규모 농장들이 존재했다."[263] 이때 "언제나"라는 말은 사실은 "근대에는"이라는 뜻으로 새겨야 할 것이다. 사실 우리는 14세기의 농업 위기 이전에 이 저지대에서 무슨 일이 일어났는지 모른다. 특히 레아르와 칸타란의 루시용 분지 지역에서 마스 데우[Mas Deu : 템플 기사단이 12세기에 십자군 운동에서 돌아와 그들의 본부로 삼은 성]의 템플 기사단이 주도했던 대규모 집단 관개 사업 이전의 상황에 대해서는 아는 바가 없다. 분명한 것은 하나의 법칙과 하나의 뚜렷한 예외가 있다는 점이다. 그러나 이는 유일한 법칙도 아니고 유일한 예외도 아니다. 프로방스에서는 "많은 대토지들로 나뉘어 있는 아를 평야를 제외하면 농촌 프롤레타리아는 흔치 않다."[264] 카탈루냐에서는 적어도 1486년 이후에는 부유한 농민층이 존재했다.[265] 아마도 전반적인 설명을 유연하게 하기 위해서 소토지 소유와 대토지 소유(이 경우 큰 토지인가 강력한 토지인가?)라는 지나치게 단순한 개념들을 면밀히 재점검해야 할 것이다. 평야들의 크기 혹은 그것이 분할되어 있는지 아닌지 여부에 따라 평야들을 구분해야 하고, 특히 무엇보다도 토지 소유와 농경 체제가 연속적으로 변화해왔는지, 혹은 그 토지가 통합되었다가 분할되고 다시 통합되었는지 여부를 조사하고 또 동시에 그에 대한 어떤 논리적 설명이 가능한지 조사해야 한다. 그 요인은 어떤 곳에서는 인구 규모일 테고, 다른 곳에서는 새 작물의 도입, 새 도구의 도입과 지속적인 사용일 테고, 또다른 곳에서는 저지대의 지리적, 사회적 질서를 지속적으로 전복시키곤 하는 인근 도시의 영향력 확대일 수도 있다. 한편 어떤 지역에서는 밀밭과 외바퀴 쟁기의 독재(이는 가스통 루프넬의 견해이다) 그리고 가축의 사용이 기존 질서 및 부자들의 권력을 유지시켰을 수 있다. 이는 15-18세기 랑그도크 농민들에 대한 엠마뉘엘 르 루아 라뒤리의 혁신적인 연구가 밝혀낸 탁월한 성과이다.[266] 이와 같은 농촌 질서가 사회, 인구, 경제 상황의 조합의 결과이며 따라서 늘 변화 가능성이 있다는 사실을 그의 연구 이전에 누가 생각했겠는가? 이제 문제는 랑그도크의 연속적인 농촌 질서의 시간표가 다른 해안 지역에도 적용되는지, 혹시 일부 지역은 거기에 비해 앞서고 일부는 뒤지지만, 대부분은 비슷하게 진행되는지 여부를 확인하는 일이다. 현재로서는 우리는 답을 알 수 없다.

평야의 단기 변화 : 베네치아의 테라 페르마(육지 영토)

우리는 적어도 한 곳에서 이러한 단기적 변화들을 추적할 수 있다. 베네치아의 사례가 그것이다.

가장 부유하고 또 가장 인구가 많은 지역인 베네치아의 저지대는 15세기 이전부터 자주 토지 개선이 이루어졌다. 우리는 그 규모를 짐작할 수는 있으나, 불행하게도 지리적 범위나 정확한 연대기를 알 수는 없다. 이처럼 일찍 시작된 고비용의 사업들이 농민들이나 마을 공동체에 이익을 가져다준 것 같지는 않다.

우선 이런 토지 개선 사업들은 매우 합리적으로 진행된 것 같다. 그것들은 몇 세기 동안 불변의 프로그램으로 유지되었고, 흔히 전례에 따르면서 베네치아 행정의 신중한 절차를 밟았다. 1566년 이후에 이 사업의 행정 관리는 비경작지 재개발 관리들[경작되지 않는 땅의 재개발 관련 사업을 관장하는 3명의 관리]의 수중에 들어갔다.[267] 특정 습지 지역의 개선을 위한

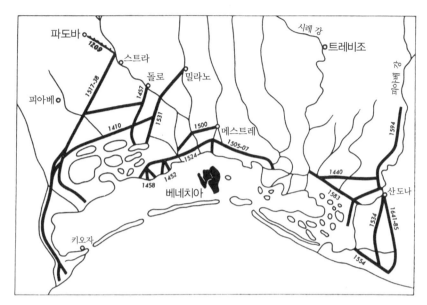

도표 4. 베네치아의 조절 용도의 수로들이 베네치아 석호들의 절반을 보호했다

북서쪽 방향을 향한 스케치. 이 사업들이 베네치아의 저지대와 또 시를 에워싼 석호들을 보호했다. 그러나 석호의 북쪽 부분은 피아베와 실레 등 대개 급류에 가까운 지류들의 침전물로 막혔다. 그 결과 이 지역 전체는 죽은 물로 덮여 있었다. 반대로 끊임없이 재개되는 작업들로 남쪽의 브렌타 강은 활성화되었고 그 덕분에 키오지아로부터 베네치아까지의 석호는 "살아 있으며" 또 조수의 흐름에 따라 활력을 띠었다. Arturo Uccelli, *Storia della tecnica dal Medio Evo ai nostri giorni*, 1945, p. 338.

각각의 리트라토[ritratto : 사업]마다 다양한 물 관리 작업들을 수행했다. 이는 제방, 물 유입구, 관개용수 물길을 분배하는 운하나 수로 등을 가리킨다. 때로 이 운하들을 통과하는 작은 선박들에 통과세를 징수하여 비용의 일부를 충당하기도 했다. 그렇지만 당장은 지주들이 큰 비용을 부담해야 했는데, 캄포[campo : 경지]당 1-2두카트의 비율로 계산하되,[268] 다만 그 땅이 경작지인지, 포도원이 있는지 아니면 나무들만 있는지에 따라 차이를 두었다. 그런데 지주가 지불 마감 시간까지 돈을 내지 못하면, 그의 토지 재산의 절반을 회수한 것을 보면 캄포당 채무가 결코 가볍지 않았다는 것을 알 수 있다.

리트라토는 때로 이 도시 공동체 중 한 곳이 책임을 졌다(예컨대 에스테

공동체[269] 혹은 몬셀리체 공동체[270]가 그러했다). 혹은 베네치아 국고(國庫)로부터 저리(4퍼센트)로 차입할 수 있는 지주 조합이 맡기도 했다. 혹은 베네치아 행정부가 이 사업에 간여하되, 일이 완수되었을 때 자기 몫의 토지 중 일부를 판매할 수 있는 권리를 확보하는 방식도 가능했다. 그 땅을 파는 경매는 리알토 광장에서 행해지기도 했다. 마치 선박이 그런 것처럼 각각의 리트라토는 24카라트[carat : 지분]로 분할되었으며, 각 카라트가 경매에 넘겨졌다. 마치 경매 감정인이 경매 망치를 두드리며 정하는 식인데, 당시 문서에는 "여기저기의 흙으로 만든 막대기로"라고 표현하고 있다.

　이 세세한 규칙들은 어떤 의미를 띨까? 우리는 여기저기에서 발생한 실패 혹은 재앙의 상황을 통해서 진실을 보게 된다. 어떤 공동체는 사업을 완수하기에 충분한 자금을 빌릴 수 없어서 리트라토의 절반을 시민들에게 판매하고, 그 나머지 반은 누구든지 착수금을 제공할 수 있는 사람에게 판매했다(경매는 최고가로 시작해서 점차 낮은 가격으로 내려가는 방식이었다). 지주들이 콘소르티[consorti : 문벌 조합] 혹은 카라타도리[caratadori : 공동 구매자 조합]라는 이름의 조합을 구성하는 일도 흔했다. 이는 명백한 상인 조합이었다. 그 명단의 앞자리에 베네치아 고위 가문의 혁혁한 이름들이 보이는 것 또한 놀라운 일은 아니다. 한 문건에서는(1557년 2월 15일자)[271] 은행가 가문 출신인 히에로니모 돌핀을 언급했는데, 그는 동업자들과 함께 아디제 강 하류와 포 강 하류 사이에 위치한 렌디나라 근처의 산 비아시오 계곡의 리트라토를 놓고 협상하고 있었다. 그런데 이 사업은 1561년 초에도 여전히 정지 상태였다.[272] 2년 뒤에 우리는 또다른 고위 가문 인사인 알레산드로 본을 보게 된다. 그는 "정부의 허가를 받아 자신의 비용으로 포 강과 바키리오네 강 사이에 있는 모든 계곡의 배수 사업에 착수했다."[273] 그런데 그의 계획은 "로비고 공동체의 예기치 않은 장애"에 부딪혔다. 이 단계에서 우리는 이 대규모 사업들에 대해서 잘 알지는 못하고 그저 짐작만 할 수 있을 뿐이기 때문에, 더 자세한 연구가 필요한 상황이다. 다만 사고가 일어난 경우에만 조금 더 자세한 사정을 알게 된다. 1554년 11월 5일의 사건이 그런 예이다. 이때 로비고 근처의 제방이 터져서 기름진 3만 캄포의 전답에 강물이 범람했으며, 이 제방의 수리가 부적절했기 때문에 다음 번 수확 때에 평시에 비해 4만 스타래[stara : 곡물 계산 단위. 지방마다 다르지만 일반적으로는 0.353 헥토리터]의 밀이 부족했다.[274] 이런 것을 보면 아주 큰 이해관계가 걸려 있었고 큰 돈이 들어간 것을 알 수 있다. 1559년 12월 11일, 사업 발기인 중 한 사람—불행하게도 이름이 밝혀지지 않았다—이 자신의 비용으로 일련의 리트라토들을 건설한 후 10캄포당 하나를 가지겠다고 제안했다.[275] 이 재력가는 도대체 누구였을까?

　우리는 이런 작은 사실들 뒤에 숨겨진 베네토의 농민들과 지주들의 실제 사정에 대해서 거의 아는 바가 없지만, 반면 역사 연구 결과의 우연에 따라 랑그도크의 농민들과 그들의 지배자들에 대해서는 풍부한 정보들을 가지고 있다.[276] 우리가 진실에 접근하기까지 아직 많은 연구가 필요하며, 연구들이 이루어진 다음에 결과들을 조심스럽게 살펴보아야 할 것이다. 다양한 방식으로 진행된 농업 경영 전체와 비교해볼 때, 이러한 토지 개선 사업, 특히 1584년부터 시작된 장기적인 벼논의 확대—이것이 지배 가문들에 부를 가져다주고 17세기에 베네치아 재정 균형을 가능케 했다—와 그와 동시에 시작된 견직업의 발전은 어떤 의미를 가질까?[277] 어쨌든 이 거대한 사업들은 랑그도크의 운하 건설자들의 사업보다 훨씬 더 큰 규모였다. 이와 비슷하게 16세기 말 이후 베네치아에서는 지대 수익이라는 면에서 몽펠리에나 나르본 근처의 랑그도크 지주들은 전혀 경험해보지 못한 수준으로 번영을 누렸다. 베네치아의 부가 테라 페르마(Terra Ferma : 육지 영토)로 이전되었을 때 그들은 이 기회를 잘 활용했다. 그러나 우리는 베네치아 토지의 역사에서 일어난 이 에피소드에 대해서 여전히 충분히 알지 못한다. 우리가 아는 사실은 농민들이 빚에 허덕이며, 이곳 경제가 흔히 옛날 그대로이고, 공유지가 축소되었다는 것이다. 이는 앞으로 밝혀야 할 중요한 문제

로 남아 있다.[278]

장기 변화 : 로마나 캄파냐의 운명

장기 변화는 훨씬 추적하기가 편하다. 로마나 캄파냐는 대규모 변화가 지속적으로 일어난 좋은 사례이다.[279] 이곳에 농민이 정착한 것은 신석기 시대였다. 수천 년이 지난 로마 제국 시대에 아그로 로마노[agro romano: 로마 시를 둘러싼 지역] 전역에 사람들이 살게 되었고 큰 수로들이 정비되었다. 이때에는 아직 말라리아가 큰 문제가 아니었다. 재앙이 들이닥친 것은 동고트 족이 침입하여 수로들이 파괴된 5세기였다. 이후 한두 세기가 지나서야 다시 개간이 시작되었고, 오스티아[로마 인근의 항구 도시]가 재건되었다. 11세기에 다시 후퇴와 또다른 재앙이 들이닥쳤다. 그후 14-15세기에 농업이 다시 번영을 구가했다. 이때 오스티아는 또다시 일어섰는데, 이는 에스투트빌 추기경의 활동 덕분이었다. 15-16세기에 이곳에는 성처럼 생긴 큰 농가들이 들어선 귀족 대영지들이 형성되었다. 이 대영지들은 오늘날에도 대로 주변에서 볼 수 있다. 그 거대한 건물들은 평야 지역의 불안정성을 증언한다. 언제든지 산에서 내려와 공격할 수 있는 비적 떼의 위협을 받았기 때문이다. 이 거대한 "식민지적인" 농장들에서는 가장 중요한 곡물인 밀과 다른 곡물들의 윤작을 시행했고(밀은 윤작의 중요한 곡물이었다), 동시에 대규모 목축업을 경영했다. 노동자들은 주로 아브루치 산지 출신이었다. 이렇게 형성된 체제는 항구적인 것이었을까?

16세기에 사정은 그렇게 밝지 않았다. 추기경들은 캄파냐에 자신의 포도밭을 소유했지만, 그것은 팔라티노 언덕 위의 보르게제 저택처럼 개방된 언덕배기에 위치해 있었다. 로마 외곽에서 사냥을 즐겼던 벤베누토 첼리니[1500-1571. 조각가]는 자신의 장기적인 질병 상태에 대해서 자세하게 언급하며 그가 여기에서 회복한 것은 기적이라고 이야기했는데, 아마도 심각한 말라리아 발병을 뜻하는 듯하다.[280] 이 시대의 캄파냐를 상상해보면, 황무지, 습지 그리고 사냥터 이외에는 거의 아무런 쓸모가 없는 황폐한 지역이었다. 이때 활력이 넘치고 팽창하는 목축 공동체가 아펜니노 산맥의 여러 지역에서 내려와 도시의 성문을 두드렸다. 그것은 이 도시의 초기 역사와 비슷한 상황이었다. 1550년경에 로마의 공증문서들은 많은 가축상인들을 언급하는데, 그중에는 코르시카의 이민들도 포함되어 있다.[281] 외국의 밀과도 경쟁해야 했기 때문에 평원의 농업은 빠른 속도로 쇠퇴했다. 18세기에는 사정이 더욱 악화되었다. 드 브로스는 평야의 곤궁함, 지주들의 태만 그리고 이 지역에 창궐하는 열병 등에 대한 참혹한 기록들을 남겼다.[282] "19세기 초에 아그로 로마노는 그 어느 때보다도 암담한 상태였다."[283]

평야의 강점 : 안달루시아

사실 일반적으로 이야기하면 평야는 상태가 그렇게 나쁜 편이 아니다. 어쩌면 우리가 잘 알지 못하기 때문에 그렇게 보이는 것인지도 모르겠다. 아무튼 로마 시대부터 현대에 이르기까지 하부 튀니지에서 토지 정착과 경작은 상당히 큰 다양성을 보인다. 이곳에는 고대의 영광을 말해주는 증거가 매우 많이 남아 있다. 사실 똑같은 이야기를 시리아나 마케도니아에 대해서도 할 수 있는데, 이곳들은 수세기 동안 버려졌다가 1922년 이후에 가서야 다시 살아났다. 오늘날에도 계속 우리를 놀라게 만드는 흥미로운 카마르그 지역 역시 마찬가지이다.

분명히 이런 대평야들은 지중해 지역 농업사의 핵심 사항을 말해준다. 치수(治水) 사업들을 위해서는 거대한 희생이 필요했는데, 그것은 가장 어렵고 가장 장대한 최후의 성공이었다. 각각의 정복은 그때마다 중요한 결과를 가져온 위대한 역사적 승리였다. 그 어떤 위대한 사건의 이면을 살펴볼 때, 우리는 바로 이 중요한 농업의 승리가 기본적인 원인이 아니었을까 자문하게 된다.

그와 같은 놀라운 성공 중에서도 가장 뚜렷한 것은 안달루시아 하부 평야일 것이다. 16세기에 이곳은 지중해에서 가장 부유한 지역 중 한 곳이었다. 북쪽의 카스티야의 기반(基盤)과 남쪽의 베티카 산계(山系)를 형성하는 험한 산지 사이에 안달루시아의 평야들이 완만한 기복을 보여준다. 이곳에 플랑드르의 평야를 연상시키는 목장들이 서쪽으로 펼쳐져 있고, 포도밭과 광대한 올리브 나무 과수원이 있다. 다른 평야 지역들과 마찬가지로 이곳 역시 지역별로 정복 사태가 벌어졌다. 로마 시대 초기에 과달키비르 강의 하부 지역은 모두 습지였다.[284] 아마도 원시 시대의 론 강 하부 계곡, 혹은 프랑스의 식민화 이전의 미티자와 유사할 것이다. 그러나 안달루시아는, 혹은 달리 말하면, 베티카는 상당히 일찍이 로마 시대 에스파냐의 중심지로 떠올랐다. 이 지역의 도시들은 대단히 활기차고 인구가 넘치는 곳으로 변모해갔다.

도시의 부는 평야의 부와 반대되는 성격을 가지고 있다. 도시는 이윤을 가져다주는 소수 상품에 특화하는 대신에 부분적으로 식량을 외국에 의존한다. 안달루시아의 도시들은 기름, 포도, 포도주, 직물, 공산품을 수출하고, 북아프리카의 곡물을 소비하며 살아갔다. 누구든지 밀을 소유하는 자는 도시를 어느 정도 지배했다. 5세기에 반달 족은 일종의 묵계하에 곡창 지대를 지배했다.[285] 다음 세기에 비잔틴 제국이 그들을 축출하자 안달루시아는 곧 그들의 통제하에 들어갔다. 다시 그 다음 시기에 아랍인들의 정복에도 이 지역은 저항하지 않았다.

매번 "정복될" 때마다 안달루시아는 새로운 왕국의 보석 역할을 했다. 이곳은 무슬림 에스파냐의 중심지였다. 무슬림 에스파냐는 이베리아 반도의 북쪽으로 멀리 나아가지 않는 대신 북아프리카 쪽으로 팽창하여, 그곳의 해안과 강인한 사람들, 또 그곳의 격변하는 역사에 섞여 들어갔다. 아름다운 도시들 중 두 개의 메트로폴리스를 거론할 수 있다. 먼저 코르도바가 그 역할을 했고 곧 세비야가 더해졌다. 코르도바는 에스파냐 전역, 혹은 유럽 전체에 대해서 무슬림에게든 기독교에게든 학문의 중심지가 되었다. 다른 한편 두 도시 모두 예술의 수도이며 문명의 중심지였다.

수백 년이 경과한 16세기에도 이러한 우월성은 여전했다. 그러나 13세기에 일어난 기독교도의 재정복 운동(reconquista)의 상처가 아무는 데에는 오랜 시간이 소요되었다. 그것은 안달루시아, 그중에서도 특히 남쪽 지역에 버려진 지역을 만들었으나, 이곳은 우선은 군사적으로 그리고 뒤이어 평화적으로 점차 문명에 편입되었다. 그러나 16세기에도 장기적인 복구 작업이 완수되지 못했다.[286] 그렇다고 하더라도 안달루시아는 여전히 빛나는 곳이었다. 베네치아 대사들은 그들의 "보고서(Relazioni)"에서 의례적인 찬탄의 대상으로 이곳을 거론하며 "에스파냐의 곡창, 과수원, 포도주 저장고 그리고 마구간"이라고 말했다.[287] 이 지역에 토지의 축복에 더해 16세기에 새로운 선물이 더해졌다. 1503년 세비야에 서인도 통상원(Casa de la Contratación)이 설립된 이후 두 세기 동안 아메리카가 주어진 것이다. 함대가 서인도로 갔다가 멕시코와 페루의 은을 싣고 돌아왔다. 해외 식민지 무역은 번영을 누리고 활력이 넘쳤다. 이 모든 것이 합법적인 독점의 형태로 세비야에 주어졌다. 그 이유는 무엇일까? 우선 수익성이 좋은 무역은 지배자의 주된 관심사일 수밖에 없었으므로 철저히 통제하고자 했기 때문이다. 두번째로 아메리카 항로는 무역풍을 이용해야 하는데, 세비야는 무역풍의 입구에 있었기 때문이다. 그러나 이런 행운 뒤에는 특권적인 위치에 놓인 도시의 무게가 작용한 것은 아닐까? 이곳은 과달키비르 강을 타고 내려가는 소형 선박들과 네 마리 소로 끄는 유명한 수레들이 도착하는 곳이었다. 포도주와 기름을 생산하는 평야 지역이라는 점이 세비야의 교역을 설명한다. 북쪽의 브르타뉴, 잉글랜드, 젤란드 및 홀란드 선박들은 단지 대구 염장에 필수적인 산 루카르의 소금과 해외 산물만 보고 온 것이 아니라 이 지역의 언덕 기슭에서 생산되는 포도주와 기름을 보고 온 것이다.

안달루시아의 부는 이 지역이 바깥으로 눈을 돌리도록 강요한 것은 아니라고 해도 분명히 장려했다. 16세기에 세비야와 안달루시아의 내륙 지역은 여전히 반은 무슬림 지역이고 반 정도만 기독교 지역이었는데, 이 사람들을 보내 에스파냐령 아메리카를 건설해갔다. 따라서 에스파냐령 아메리카는 그 기원이 되는 지역의 흔적을 간직하고 있었다. 카를로스 페레이라는 그 점을 완벽하게 묘사했다. 바다에 열려 있는 이 남쪽 지역을 향해서 에스파냐 전역에서 사람들이 몰려왔다.

따라서 이와 같은 평야들을 바다에 가까이 있는 "육지의 세포들(cellules terriennes)"이라고 말한 피에르 조르주의 멋진 표현을 조심할 필요가 있다. 사실 이 세포들은 결코 폐쇄적이지 않았던 것이다. 이 지역들의 영향력이 확대된 이유는 광대한 해역의 경제가 돕기 때문이며, 더 정확히 이야기하면 수출용 작물 생산을 강요받았기 때문이다. 16세기에 안달루시아 하부 지역에서 올리브와 포도 생산이 증가한 것은 순전히 세비야의 거대한 무역과 관련되었다. 이와 비슷하게 지중해의 반대 지역—우리의 연구 영역을 살짝 벗어나긴 하지만—에서 16세기 말 미하이 비테아쥐[16세기 후반 발라키아, 트란실바니아, 몰다비아의 영주. 영어로는 Michael the Brave]의 시대에 몰다비아와 발라키아의 밀 경작 지역이 확대되고 또 그로 인해서 영주 체제가 강화된 것은 당시 흑해 지역에서 한참 팽창 중이던 곡물 교역의 수요 확대와 맞아떨어졌기 때문이다. 16세기를 벗어난 시점에는 더 많은 사례들을 찾을 수 있다. 살로니카 평야의 개간과 관련된 면화와 담배, 18세기에 아를 지방에 도입되어 저지대를 배수하고 마지막 습지들을 없애도록 만든 꼭두서니, 1900년에 마침내 미티자 지방에서 유해한 환경들을 몰아내도록 만든 포도나무 등이 그런 것들이다.

평야의 토지 개간 사업에 투입되는 자금이 오직 장기적인 대규모 교역의 수익에서 나온 돈이라는 데에는 의심의 여지가 없다. 정확히 표현하면, 바깥 세계로 열려 있는 대규모 교역 도시, 말하자면 그런 정도의 사업의 위험과 책임을 감당할 수 있는 도시와의 근접성이 핵심 요인이다. 우리가 언급한 모든 16세기의 토지 개선 사업들은 베네치아, 피렌체, 밀라노 등 대도시 근처에서 일어난 일들이다. 그와 마찬가지로 1580년경, 알제의 영향 아래 미티자에서 농업이 발전했다. 당시에는 유해한 습지들을 완전히 없애지 못했기 때문에 그런 발전이 단기간에 그쳤을 수 있지만, 그래도 투르크와 배교자[기독교도 출신이지만 무슬림으로 개종한 사람들] 해적들이 거주하는 도시 및 사치스러운 집들에 공급하기 위한 육류, 우유와 버터, 콩, 병아리 콩, 렌트 콩, 멜론, 오이, 가금류, 비둘기 등을 생산했다(그런데 이 해적들은 얼마나 많은 인명을 앗아갔던가). 그리고 항구에 있는 선박들에 밀랍, 가죽, 그리고 다량의 비단을 공급했다. 그곳에는 밀밭과 보리밭이 있었다. 아에도는 아마 그 자신이 직접 보지는 않은 것 같지만, 이곳이 에덴 동산이 틀림없다고 단언했다. 발렌시아는 주변 지역의 농원을 책임지고, 또 비료까지 공급한 또다른 사례이다. 18세기의 한 여행자는 이렇게 썼다.[288] "(발렌시아의) 거리를 포장하지 않은 이유는 그곳의 쓰레기와 인분의 혼합물을 성 밖으로 보내서 농촌 지역에 비료로 공급하기 때문이다. 만약 거리를 포장하고 나면 분명히 발렌시아 근처의 풍요의 원천인 과수원들에 비료를 줄 수 없게 될 것이다."

농업 활동이 활발하게 펼쳐지는 평야는 어디나 경제적인 그리고 인간적인 힘을 제공한다. 다만 그곳은 자신만을 위해서가 아니라 바깥 세상을 위해서 삶을 영위하고 생산 활동을 할 수밖에 없다. 이것이 바로 이 지역이 중요성을 띠게 된 원인이며, 동시에 일상의 빵을 확실하게 확보하기 힘들었던 16세기에 지배와 비참함이 확산된 이유이기도 했다. 우리는 1580년 이전부터 벌써 북유럽의 밀을 수입해야 했던 안달루시아의 사례에서 이 점을 볼 수 있다.[289]

4. 이목과 유목 : 지중해 지역의 두 가지 삶의 방식

우리가 마지막으로 남겨놓은 과제는 이목(transhumance) 및 유목(nomadism)에 관한 다양한 문제들이다. 사람과 동물이 규칙적으로 이동하는 이 현상은 지중해 세계의 가장 특기할 만한 일 중의 하나이다. 만일 우리가 반도 성격을 띠는 대륙만을 관찰한다면, 끊임없이 다시 시작되는 이 이동 현상을 잘 설명할 수는 없을 것이다. 우리는 동쪽과 남쪽으로 지중해의 여러 반도들 너머까지 가보아야 하고, 또 광대한 사막 지역의 목축 생활을 논의해야 한다. 단순히 어떤 한 지역과 쉽게 동일화할 수 없는 성격의 이 문제를 지금까지 미룬 것도 이 때문이다.

이목[290]

이목에는 여러 종류가 있다. 지리학자들은 적어도 두 가지, 혹은 세 가지로 이를 분류한다.

첫 번째로 "정상" 이목이다. 이 경우 목양업자와 양치기는 저지대 사람들이다. 그들은 저지대에서 살다가, 가축을 치기에 불리한 여름에 떠난다. 이런 목적을 위해서 산은 단순히 공간을 제공할 뿐이다. 그리고 이 공간마저도 대개 평야의 목양업자의 소유이기 쉬우며 흔히는 산지 사람들에게 빌려준 것이다. 아를은 적어도 16세기에, 어쩌면 그보다 4-5세기 전부터[291] 대규모 여름 이목의 중심지였다. 그래서 카마르그의, 특히 크로의 가축들을 매년 뒤랑스 분지 길을 통해 와장, 데볼뤼, 베르코르, 심지어 모리엔과 타랑테즈의 목장에까지 보내곤 한다. 가축들은 그야말로 "농민의 자본"이며, 이곳에 농민 "자본가들"이 산다.[292] 최고위 목양업자들은 최근까지도 이 이름으로 불렸다. 그리고 이런 곳에서 공증인들이 계약서를 써서 등기를 한다.

"역(逆)" 이목은 예컨대 16세기에 에스파냐의 나바라 지역에서 찾을 수 있다. 가축과 양치기들이 에우스카리아[euskaria : 바스크] 지역이라는 산지에서 내려오는 것이다. 저지대는 단지 시장이 설 때 거래 장소로만 이용될 뿐이다. 이때의 이목은 겨울에 산에서 그야말로 마구잡이로 뛰어내려온다. 가축과 사람은 산의 추위를 피하기 위해서 저지대의 나바르를 향해서 마치 정복군처럼 밀려내려온다. 이 불청객을 피하려고 모든 문에 자물쇠를 채운다. 매년, 그것도 두 번에 걸쳐 양치기와 농민들 사이에 항구적인 전쟁이 벌어진다. 우선은 내려올 때 갈등이 벌어지는데, 가축이 바르데나스 레알레스의 개방된 평야나 혹은 황량한 초지에 완전히 도착할 때까지 싸움이 이어진다. 그 다음 전쟁은 다시 이곳에서 산으로 올라갈 때 일어난다. 라스 바르데나스 레알은 아라곤 경계 지역에 있는 돌이 많은 스텝 지역이며, 이곳에서 겨울비는 아주 적은 양의 풀만 자라게 할 뿐이다.[293]

이런 역이목은 [이탈리아 최남서단의] 칼라브리아에서도 발견되는데, 이곳에서 양치기와 가축들은 겨울과 봄에 비좁은 연안 지역으로 밀려 내려온다. 1549년 6월에 카탄사로의 주교는 이에 대해서 이렇게 기록했다. "부활절 아침에 몇몇 사제들이 바닷가로 나간다. 그곳에는 많은 가축들이 있는데, 치즈 형태로 만든 제단에서 미사를 드린다. 그리고 치즈와 가축에 축복을 내린 다음 양치기들에게 성체를 준다. 그후 사제는 제단을 만든 치즈를 독차지한다. 나는 그런 식으로 미사를 드린 자들을 징계했으며……앞으로 그런 일을 하면 그 누구든 엄벌에 처할 것이라고 경고했다."[294]

이 두 가지가 기본적인 이목이다. 그 외에 약간 덜 중요하지만 두 가지가 섞인 세 번째 유형이 있다. 그것은 겨울 이목과 여름 이목이 섞여 있으며, 거주와 이동 시점은 여름 방목과 겨울 방목 중간에 위치한다. 오늘날에도 코르시카의 밤나무 숲에서는 이 방식이 행해진다.

사실 이런 복잡한 현상을 엄격하게 구분하는 것은 불가능하다. 이목 현상에는 자연, 인간, 역사 등 모든 종류의 조건들이 작동한다.[295] 지중해 지역에서, 가장 단순한 정의는 여름의 평야 목장에서 겨울의 산꼭대기 목장으로 수직 **방향으로** 이동하는 것이다. 이는 두 층위에 걸친 삶의 결합이다. 이 사람들은 어느 한 마을 혹은 어느 한 집단에 속해 있는데, 농촌적일 수도 있고 아닐 수도 있다. 그들은 순전히 양치기일 수도 있지만, 때로 어느 지역에 머무는 동안 단기간 경작을 하기도 하고 때로는 관목지에 불을 질러 곡물이 더 빨리 사라는 방식을 취하기도 한다.[296] 그들은 산꼭대기든 평야든 집을 가지고 있을 수도 있고 아예 가지고 있지 않을 수도 있다. 간단히 말해 이 방식에는 여러 변주가 있지만, 지역의 조건은 결코 피할 수 없다. 하나의 예를 들어보자. 그리스 해안 지방의 코로니스는 1499년까지도 여전히 베네치아의 전초 기지였다. 모레아의 파샤는 이 작은 지역의 알바니아인들과 그리스인들이 투르크의 영토에 파종하거나 가축을 몰고 오는 것을 금지하고 싶어했다. 그러자 코로니스의 봉지자는 간단히 이런 답을 보내왔다. "우리 가축 떼가 여름에 당신네 땅으로 가지만, 겨울에는 당신네 가축 떼가 우리 땅으로 오지 않습니까?"[297]

지형학적 요인과 계절적 요인은 어떤 일이 일어날 수 있고 또 일어나야 하는지 결정하는 두 가지 핵심 요소이다. 1498년,[298] 카니발 기간에, 스트라디오티[stradioti : 발칸 지역의 용병]가 피사 인근 지역들에 공격을 감행했다. 겨울에 바다 가까이에서 얻은 그들의 실적은 변변치 않았다. 물소나 소 같은 큰 동물 300마리, 양 600마리, 약간의 암말과 노새가 전부였다. 1526년 1월, 자래크로아티아의 자다리] 근처에서 투르크 측에 대한 공격에서는 2,500마리를 끌고 왔다.[299] 마지막 사례는 1649년 12월에 있었던 일이다.[300] 이때에는 모를라크[리카와 달마티아 지역의 농민들]가 새 지도자의 지휘하에 달마티아 해안 근처에서 "13,000마리의 가축"을 이끌고 왔다.

유목 : 이목보다 오래된 생활방식

위에서 정의한 이목은 지중해의 목축 방식 중 하나로서, 평야의 초지와 산의 초지 사이를 오가는 방식이다. 이것은 오랜 진화의 결과물이며 잘 정립된 방식이다. 가장 혼란스러운 방식이라고 하더라도 이는 전문적인 양치기에만 관련된 일이다. 그것은 분업, 작물 재배를 하는 정주 농업, 고정된 거주지, 곧 마을의 존재를 상정한다. 마을 사람들 일부는 계절에 따라 평야 혹은 산지로 가고 온다. 16세기의 많은 문서들은 여자와 아이들과 노인만

이 남아 있는 반쯤 빈 산골 마을들을 언급한다.

반면 유목의 경우에는 공동체 전체, 곧 사람과 가축, 때로는 거주 시설까지 전부 장거리 이동을 한다. 그렇지만 이목과 달리 엄청난 수의 양을 끌고 다니는 경우는 없다. 가축 수가 아주 많은 경우에는 때로 아주 소수의 가축 떼로 나뉘어 넓은 지역에 흩어져 있다. 오늘날 지중해 지역에는 더 이상 유목 방식이 남아 있지 않다. 이제 유목은 베이루트 인근에서 밤에 모닥불 가장자리에 열 명 정도의 사람들이 모여 있는 광경, 혹은 알제리에서 수확기 이후 몇 마리의 낙타, 양, 당나귀, 말 두세 마리, 그리고 붉은색 옷을 입은 여인들이 몇 채의 검은색 염소가죽 텐트 근처에 모여 있는 광경, 혹은 토로소 산맥[터키]의 남쪽 팜필리 지방의 안탈리아 평야에서 말발굽 모양으로 정렬한 20채 정도의 텐트를 친 광경 정도에서 흔적을 찾을 수 있을 뿐이다(그나마 이런 전통적인 방식도 이제 서서히 사라져가고 있다).[301]

유목과 이목은 상이한 시대에 발전한 것 같다. 유목이 이목보다 더 오래된 방식일까? 우리 시대에 일어나는 일을 참고해보자. 지중해 남쪽의 사막 및 반사막 지역과 여기에서부터 중앙 아시아와 그 너머 지역까지 각국 정부가 주민들의 정주화 정책을 펴자 유목은 변형된 목축 생활로 변화되었다(사하라, 트리폴리타니아[리비아 서부], 시리아, 투르크, 이란 등지가 그렇다). 이는 일종의 분업 형태인 "역"이목이 되었다. 그렇다면 그와 같은 시간 순서로 발전한 것이 맞는 것 같다. 여기에 추가할 사항은 지중해의 산지에서는 지리학자들이 "정상"이목이라고 부르는 것보다 "역"이목이 더 오래된 것 같다는 점이다.

유목, "역"이목, "정상"이목이라는 순서의 변화는 타당성이 있는 것 같다. 그렇지만 모든 일은 사후적(事後的)으로 정리한 모델을 그대로 좇아 일어나지는 않는 법이다. 인간의 과거사에는 느린 진화보다는 격변과 격렬한 혁명이 더 많다. 불행하게도 이 부문에서 일어난 격변은 정치 부문에 비해 덜 알려져 있다.

사실 목축의 구조를 자세히 연구해보면, 정상 이목과 역이목은 흔히 동시에 일어나기도 한다. 상부 프로방스[302]에서, 15-16세기에 고지대의 농부들(가장 부유하고 가장 수가 많다)과 저지대의 농부들은 같은 목장을 사용했다. 이 조건에서는 두 종류의 이목의 차이는 단지 재산 소유 체제뿐이다. 이때에는 지리적 맥락에서 빠져나와 재산 소유의 사회적 맥락, 혹은 더 나아가서 정치적 맥락으로 들어가게 된다. 가축 떼의 이동은 그 어떤 정부도 무시하기 힘든 새정원이기 때문에, 정부는 그것을 조직하고 보호해야 한다. 아브루치와 풀리아의 타볼리에레 평야 사이에서는 로마 시대부터 역이목이 시작되었으며, 이것이 타란토의 직물업을 가능케 했다. 이 이목은 오랫동안 자유롭게 행해져오다가, 1442-1447년에 아라곤의 알폰소 1세에 의해서 권위주의적인 방식으로 재조직되었다.[303] 특권적이자 동시에 의무적인 양 이동로(tratturi), 연결로(tratturelli), 쉬는 목초지(riposi) 그리고 겨울 목초지들이 지정되었고, 여기에 더해서 양모와 가축은 다른 곳이 아니라 반드시 포지아에서만 팔아야 하며, 지불도 정해진 방식에 따라야 한다는 규칙이 정해졌다. 이렇게 형성된 체제는 이후 거의 변화 없이 지속되었다. 한때는 이 이동로 주변의 농민들이 포도나무, 올리브 나무, 그리고 특히 밀을 심어 이 길을 잠식하려는 끈질기고 정기적인 행위를 저지하려고 했다.

1548년, 풀리아 지방에 위치한 15,000카로(carro : 24헥타르에 상응한다) 중 7,000카로가 왕실 소유 목초지였다. 이외에 당국은 경작지로 바뀐 약 2,000카로를 회수했는데, 이는 근거가 전혀 없는 것은 아니었다. 당시 100만 마리 정도였던 양떼는 다음 10년 동안 대략 130만 마리로 불어났다. 이 수치는 그후에도 증가했다. 1591년의 공식 기록은 2,881,217마리를 언급하고 있다. 한편 곡가가 상승한 해들(1560, 1562, 1567, 1584, 1589-1590, 1591) 다음 해에는 양떼가 이동하는 땅을 농민들에게 6년 기한으로 넘겨주었다. 이런 땅은 그 동안 가축의 분변으로 비옥해져 생산성[파종량 대 수확량의 비율]이 1 대 20 심지어 1 대 30이라는 기록적인 수준에 도달했다.

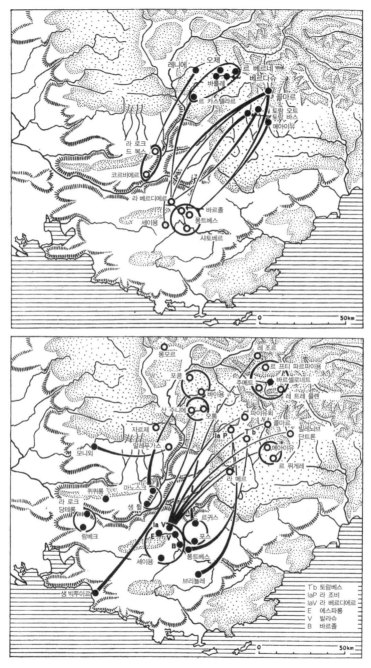

도표 5. 15세기 말경 상부 프로방스에서의 양의 겨울나기와 여름나기 목초지
Thérèse Sclafert, *Cultures en Haute-Provence*, 1959, pp. 134-135.

이것은 나폴리에서 원매자들 사이에 흥미진진한 촛대 경매 방식으로 진행되었다.[304] 여기에는 아주 큰 이해관계가 얽혀 있었다. 풀리아의 관세 징수의 관점에서 보면 이것이 "달리 찾기 힘든 보석"일 수밖에 없고, 양모와 육류 상인들, 그리고 소규모 양치기들과 갈수록 차별화되는 대목양업자들 역시 여기에 큰 관심을 두고 있었다. 에스파냐 왕에게 올리는 한 보고서에는 이렇게 쓰여 있다. "아브루치 주의 촌부는 10,000, 15,000, 20,000, 30,000 마리의 양을 몰고 매년 풀리아의 세관을 통과하여 양모와 가축을 판매합니다. 이런 사람들은 가방에 금화들을 잔뜩 담아 고향에 돌아가서는 땅에 묻습니다. 어떤 때는 자신의 보물이 아직 땅에 묻혀 있는 상태로 죽기도 합니다."[305] 17세기와 18세기에는 재산 집중이 가속화되어 부유한 목양업자들의 가축 수가 더욱 증가했는데, 이때에는 저지대가 유리한 것 같았다. 그렇지만 그것은 인상에 불과하며, 증명할 수는 없다.[306] 어쨌든 이 문제가 얼마나 복잡한지는 알 수 있다.

이와 같은 이중성을 비첸차 지역, 곧 비첸티노 지역에서도 찾아볼 수 있다. 16세기 학자인 프란체스코 칼다뇨의 미간행 저작[307]에서는 이곳을 인간의 거주 지역이라고 했는데, 이곳에는 노는 땅이 없고 시장과 상업 활동 그리고 "멋진 궁전들"을 갖추어 거의 도시와 다를 바 없는 큰 마을들이 존재하며, 농원이 이어져 있다. 여기에는 모든 것들이 갖추어져 있다. 목재와 숯은 수레나 수로를 통해서 들어온다. 농가의 뜰에는 공작과 "서인도 수탉[칠면조]"까지 볼 수 있다. 강과 시냇물에는 물레방아와 제재소가 있다. 관개된 초지에서는 수천 마리, 심지어 수만 마리의 가축들이 풀을 뜯고 있다. 그곳에는 송아지, 새끼 염소, 새끼 양이 노니는데, 여름에는 이 가축들을 전부 산 위의 목장으로 보낸다. 그러니까 이것은 정상 이목인데, 이로 인해 언제나 산골 거주자들과 목장 사용 문제를 놓고 갈등이 벌어지곤 한다. 예컨대 비첸차 사람들이 임차한 산을 뜻하는 "만드리올레(Mandriole)"를 놓고 그리종 사람들과 갈등이 벌어졌는데, 이는 놀랄 일이 아니다. 그리종 사람들은 자신들의 가축을 알프스 남쪽과 베네치아로 몰고 가야 했으며,[308] 그곳에서 간혹 푸주한으로 자리잡았다. 그러나 비첸차 또한 자기 지방의 산지 사람들이 있었다. 세테 코무니[Sette Communi : 7개의 공동체]라고 불리는 알프스 지방의 사람들이다. 그들 중에는 벌목공, 덫을 사용하는 사냥꾼도 있고, 또 작물 재배와 가축 치는 일을 하는 사람도 있었다. 특히 갈리오에서는 5만-6만 마리의 양을 치고 있었다. 여름에 그들은 세테 코무니의 초지에 머물다가, 가을이 되면 산 아래로 내려가서 비첸차, 파도바, 폴레시노, 트레비소, 베로네제, 심지어 만토바에까지 흩어진다. 이는 비첸차 평야에서 활기찬 목축 생활방식이 발전하기는 했지만, 그렇다고 모든 목축 지역을 독점하지는 못했다는 증거이다. 각자 자기 몫을 가지고 있는 법이다.

카스티야의 이목

카스티야의 이목은 우리가 내렸던 모든 정의를 실험해보는 좋은 기회이다. 이에 대해서는 수없이 자주 기술되었기 때문에 우리는 그 조건과 제약, 복잡성에 대해서 익숙하다.

카스티야의 이목에는 이동 거리가 800킬로미터에까지 달하는 장거리 이목과 단거리, 그리고 극히 짧은 거리만 이동하는 초단거리 이목이 있다. 여기에서 우리는 장거리 이목만을 다룰 것이다. 이는 메스타(Mesta)라고 불리는 유명한 목양업자들의 "조합"과 관련이 있다. 이 조합의 특허장은 1273년까지 거슬러올라간다. 18세기의 한 박물학자가 썼듯이, "에스파냐에는 두 종류의 양이 있다. 첫 번째는 양모가 평범한 것인데, 일생을 한 곳에서 보내며 목초지를 바꾸지 않고 밤이 되면 양우리로 돌아간다. 섬세한 양모를 가진 두 번째 종류는 매년 여행을 하는데, 여름을 산에서 지낸 후 왕국의 남쪽 지역, 곧 라 만차, 에스트레마두라, 안달루시아 등지의 따뜻한 목장으로 이동한다. 이 두 번째 종류는 "이동하는 양"으로 알려져 있다.[309] 모든 분류가 그렇듯이 이 역시 근사치에 불과하다. "이동하는 양"이라고 할 때에는 겨울이면 등에 붉은 진흙을 묻힌 채 카스티야의 "가장 먼 곳"까지 여행하는 종류에만 한정된다. 이 여행은 카냐다[cañada : 방목하는 양의 도로]를 통해서 카스티야를 횡단하는 것인데, 그 도로에는 12개의 왕실 통행료 징수소가 있다. 그러나 또 부차적인 도로들(cordele, vereda)을 따라가는 보조 이동로도 있다. 주요 도로에서 벗어난 이 가축 떼의 흐름은 계절에 따라 변화한다. 이것들은 하나도스 트라베시오스[ganados travesios : 샛길 가축], 리베리에고스[riberiegos : 하안[河岸] 가축] 혹은 양들이 양 매매 시장으로 향한다면 메르차니에고스[merchaniegos : 시장 가축]라고 불린다. 당국은 주요 도로 외에도 다른 도로까지 통제를 확대하기 위해서 길고도 힘겨운 투쟁을 벌여 왔다. 1593-1599년에 양에 대한 세금이 부쩍 오른 것이 그 때문이다.[310] 그러나 이것은 우리가 다룰 문제가 아니다.

우리의 문제는 카냐다를 따라 움직이는 대규모 이목을 잘 파악하는 일이다. 남쪽에서 북쪽으로, 또 북쪽에서 남쪽으로 축을 따라 반복 이동하는 이 카냐다 지도는 줄리우스 클라인의 고전적인 연구서에서 옮겨온 것이다.[311] 불확실성은 없다. 아주 광대한 거리를 이동하지만(대개 수평으로 움직이며, 간혹 산맥 사이의 계곡을 지나가기도 한다), 이를 두고 유목이라고 할 수는 없다. 전문적인 양치기가 이끌고 가기 때문이다. 양치기와 보조 양치기로 구분되는 이들은 투석기와 긴 갈고리로 무장하고, 노새와 몇 마리의 말, 개 그리고 조리 도구들을 가지고 있다. 모든 주민들이 이동하지 않는다는 것이 중요하다. 우리는 이 움직임을 역이목이라고 주저 없이 단언할 수 있다. 섬세한 털의 양들은 북쪽 고원지대에서 남쪽 평야까지 이동한다. 가축 떼와 크고 작은 목양업자 집단들은 북쪽 지방에서 왔으며, 그 가운데에서도 의회에서 메스타의 강력한 이해관계를 관철시키는 4대 "목양 도시들," 즉 레온, 세고비아, 소리아, 쿠엥카에서 많이 왔다. 이 모든 체제는 또한 여름 목장, 다시 말해서 북쪽 목장의 크기와도 관련이 있다. 남쪽에서는 에스트레마두라, 라 만차, 안달루시아의 광대한 빈 평야들이 무제한의 팽창을 허락한

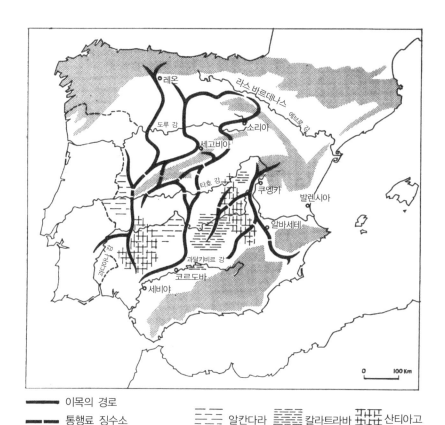

이목의 경로
통행료 징수소   ≡≡≡ 알칸다라   ≣≣≣ 칼라트라바   ╫╫╫ 산티아고

도표 6. 카스티야의 이목

Julius Klein, *The Mesta A Study in Spanish Economic History 1273-1836*, Cambridge, 1920, pp. 18-19.

다.[312] 따라서 만일 카스티야의 양떼가 상징적인 포르투갈 경계를 넘지 않는다면, 이것은 그들을 감시하는 이웃의 반대 때문이 아니라 그들이 그 공간을 필요로 하지 않기 때문이다. 비록 카스티야인들이 불평을 쏟아내기는 했지만 말이다.

우리는 일단 농민들과 양치기들 사이의 갈등들(특히 산으로 되돌아갈 때 빈번히 일어난다)이라든지, 원거리 이동 집단과 단거리 이동 집단 간의 다툼——우리에서 키우는 양떼의 관점에 서 있는 도시들, 즉 메스타의 궤도 바깥에 있는 살라망카 같은 도시들은 시골 귀족이나 지주들의 도시들에 대해서 개입하려고 했다—같은 문제는 제쳐두고자 한다. 또한 메스타라는 압력 집단과 그들의 사법적 특권에 적대적인 재판소 간의 갈등 문제, 또는 주, 도시, 고위 귀족, 교회 사이에 통과세를 놓고 벌어지는 싸움 같은 문제도 다루지 않을 것이다. 다만 이 모든 잘 알려진 요소들은 이목체제가 얼마나 복잡한 문제인지 말해준다. 사실 이목체제는 다른 체제들의 기반 위에 형성 되었으며, 이전 시대의 장기적 진화과정에 비추어볼 때에만 이해할 수 있 다. 한 역사가에 의하면, 이베리아 반도의 경제에서 목양은 "올리브, 포도, 구리, 심지어 페루의 재보보다도" 더 의미가 크다.[313] 그의 말은 틀린 것이 아니다. 우리는 여기에서 단지 14세기에 메리노 양이 보편적으로 보급된 사실 이상의 것을 보아야 한다(메리노 양은 에스파냐 양과 북아프리카에서 들어온 양의 교배에서 만들어진 종이다). 메스타가 성립되고 1526년경까지 발전하는 것은 모든 사정과 국제적인 상황들이 복잡하게 얽혀서 만들어진 일이다. 14-15세기에 유럽의 위기가 없었더라면, 그리하여 잘 알려진 대로 영국의 양모 수출이 감소하고 카스티야의 저렴한 양모가 매력적이 되고, 또 이탈리아의 직물업이 발전하는 일이 없었더라면, 카스티야에서 수백만 마리의 양이 이동하는 체제는 불가능했을 것이다.[314]

카스티야의 현저한 팽창 사례는 명백한 결론에 이른다. 이목은 내부와 외부의 복잡한 구조들 그리고 중량감 있는 제도들을 전제로 한다. 카스티야 의 양모는 세고비아와 같은 도시 및 시장을 필요로 한다. 양모를 선매하고, 피렌체인과 마찬가지로 양모를 세탁할 수 있는 대형 통을 소유하고 있는 제노바 상인들, 이 대상인들을 위해서 일하는 카스티야의 중개인들, 양모 운반인들, 빌바오에서 플랑드르로 해상운송을 책임지는 선단들(이는 부르 고스의 영사관이 통제한다), 알리칸테와 말라가를 통해서 이탈리아행의 수 출을 담당하는 사람들, 더 나아가서 일상의 차원에서 관찰한다면 목장에서 가축들에게 먹일 소금을 구매하고 수송하는 사람 등이 모두 연관되어 있다. 이 총체적인 맥락 바깥에서 카스티야의 이목을 설명하는 것은 불가능하다.

그것은 이목의 산물이자 그 죄수이다.

전반적인 비교와 지도

중요하든 중요하지 않든 모든 사례들의 분석은 같은 결론에 이른다.

첫째, 자세히 알려진 사례들의 연구 결과, 이목은 보호조치, 규칙, 특권 등으로 보호받는 가운데 잘 제도화되어 있으며, 다소간 사회 바깥에 위치해 있다는 것을 알 수 있다. 양치기들이 언제나 고립된 존재라는 데에서 그 점을 알 수 있다. 상부 독일에 관한 연구이기는 하지만, 양치기들은 일종의 "불가촉 천민들"이며 내쳐진 사람들이었다.[315] 그리고 오늘날 프로방스에서 떠돌이 양치기의 삶에 대한 훌륭한 르포르타주에 의하면 이들은 완전히 별 개의 세계, 별개의 문명을 이루고 있다.[316]

지역에 따라 다르지만, 이목을 옹호하는 내용이든 반대하는 내용이든 이 목에 관한 조치들이 분명히 존재한다. 크로 지방의 아를에서 일부 규정들이 "이방인의 가축 떼"에 유리하게 오용되었다. 시 의회는 1633년에 이 문제를 논의한 후, 뒤 게 대위에게 필요한 조사를 한 후 특별세를 징수하여 부당이 익을 환수하라고 지시했고, 엑스 고등법원은 이를 승인했다. 우리가 새삼스 럽게 주장할 필요도 없이 이미 모든 기관들이 연관되어 작동하고 있었던 것이다.[317] 17세기 초 나폴리[318]의 경우 이 도시 바깥의 주요 기관은 포지아 에 있는 세관이었다. 바로 이곳에서 초지를 할당하고 소환장을 발부하며 목장에 대한 임차료를 징수했다. 만일 그 담당자가 부재한 경우 평의회 의 장이 이 일을 맡았는데, 그는 1년에 두 번씩 메스타의 방식처럼 그 지역을 방문한다고 익명의 보고서는 썼다. 이런 비교를 통해서 우리는 이 주제를 더 잘 파악할 수 있다. 똑같이 아라곤에서도 카스티야처럼 특권을 가진 메 스타가 목축을 통제하는 것이 분명했지만, 다만 이곳의 자료는 아직 역사가 들이 살펴보지 않았다.

둘째, 모든 이목은 농업상의 필요에서 나온 결과이다. 즉 농업이 전체적으로 목축의 부담을 다 감당하지 못하면서도 그 이점들을 포기할 수 없을 때, 지역의 가능성과 계절에 따라 자신의 짐을 저지대나 고지대의 목초지에 떠넘기는 셈이다. 그러므로 모든 연구는 우선 이런 기본적인 농업 상황에서 시작해야 한다. 바로 이 상황이 양치기와 농민의 분리를 결정한다. 풀리아의 타볼리에레가 종점이고 아브루치가 출발 중심지인 대규모 목축을 이해하는 첫 번째 단계는 고지대와 저지대의 농민들의 위치를 확인하는 일이다. 카스티야 이목의 경우에는 북쪽 지방과 그곳에 굳건히 자리잡은 농민들이 주도적 역할을 한 사실이 확인되었다. 비첸차라면 저지대의 "촌락민"을 생각해볼 수 있으리라! 그리고 우리 시대에서는 북아프리카와 터키 혹은 이란에서 인구가 증가하고 농업이 확대되면서 이전의 목축을 잠식해가는 사례들을 보았다. 오늘날 일어나는 일들이 이미 과거에도 일어났던 것이다.

셋째, 일련의 개별 사례들을 넘어 그 이상의 것을 보고자 한다면, 모든 알려진 이목의 사례들을 전체 지중해 지역 지도 위에 표시해보아야 한다. 우리 시대에 대해서는 가능한 일이다. 다음 지도(도표 7)는 1938년에 엘리 밀러 양이 수행한 연구 결과를 단순화하고 확대한 것이다.[319] 그렇지만 과거에 대해서는 일련의 작은 조각들을 모아 재구성해야 한다. 폭이 약 15미터에 이르는 이목의 이동로들은 지역에 따라서 다른 이름으로 불린다. 카스티야의 카냐다스(cañadas), 피레네 동부 지역의 카미스 라마데르스(camis ramaders), 랑그도크의 드라이스(drayes 혹은 drailles), 프로방스의 카라이르(carraïre), 이탈리아의 트라투리(tratturi), 시칠리아의 트라체레(trazzere), 루마니아의 드루물 오일로르(drumul oilor)가 그런 것들이다. 이 네트워크의 과거 흔적들과 현재 남은 자취들을 모으면 전반적인 지리를 파악할 수 있는데, 그 메시지는 분명하다. 16세기에 지중해 지역에서 이목은 무엇보다 이베리아 반도, 프랑스 남부 지역, 이탈리아에 집중되어 있었다. 발칸, 아나톨리아, 북아프리카 등 다른 반도에서는 유목 혹은 반(半)유목이 지배적이었기 때문에 이목은 완전히 밀려났다. 지중해의 한 구역만이 목축을 좁은 경계 안에 가둘 수 있을 정도로 충분히 부유한 농업, 많은 인구, 활력 넘치는 경제를 유지하고 있었다.

이 지역 밖에서는 모든 것이 더 복잡해진다. 그러나 그 복잡한 실타래를 풀어 설명하는 데에는 설령 지리가 대단히 중요하다고 해도 그보다는 역사적 변화가 더 중요하다.

단봉낙타와 쌍봉낙타 : 아랍인과 투르크인의 침입

역사는 아주 큰 스케일의 설명을 제시한다. 지중해 지역은 동쪽과 남쪽에서 두 번의 침입을 겪었다. 혹은 달리 말하면 모든 것을 변형시킨 두 번의 격변을 경험했다고 할 수 있다. 그것은 자비에르 드 플라놀이 말한 두 번의 "큰 상처"이다. 그것은 7세기에 시작된 아랍인의 침입과 11세기에 시작된 투르크인의 침입을 말한다. 후자는 중앙 아시아의 "추운 사막"에서 온 것으로 쌍봉낙타(camel, bactrian camel)의 도입을 초래 혹은 강화시켰고, 전자는 아라비아의 "더운 사막"에서 온 것으로 단봉낙타(dromedary)의 확산을 이용하여 일어났다.[320]

두 동물은 유사하게 생겨서 혼동 가능성이 크지만, 분명히 상이한 동물이다. 서구는 이 두 종류를 혼동해왔고, 그런 데에는 사실 이유가 없지 않다. 사바리는 그의 『상업 사전(*Dictionnaire du Commerce*)』(1759)에서 쌍봉낙타를 "이중 낙타"라고 정의했지만, 물론 그것은 터무니없는 것이다. 양자는 크게 다르다. 쌍봉낙타는 박트리아 왕국[중국에서는 大夏라고 한다. 246-138 기원전]에서 기원했는데, 추위나 고도에 큰 영향을 받지 않는다. 아라비아에서 기원한 단봉낙타는 사막과 더운 지역의 동물이다. 이 동물은 고지대로 올라가거나 추운 지역으로 가면 소용이 없어진다. 사하라나 아라비아 사막에서도 밤이 되면 낙타 주인은 낙타의 머리를 텐트 천으로 둘러싸서 보호한다. 한편, 10세기경에 투르키스탄에서 단봉낙타와 쌍봉낙타를 교배하여 얻은 잡종은 지방적인 역할에 그쳤다.

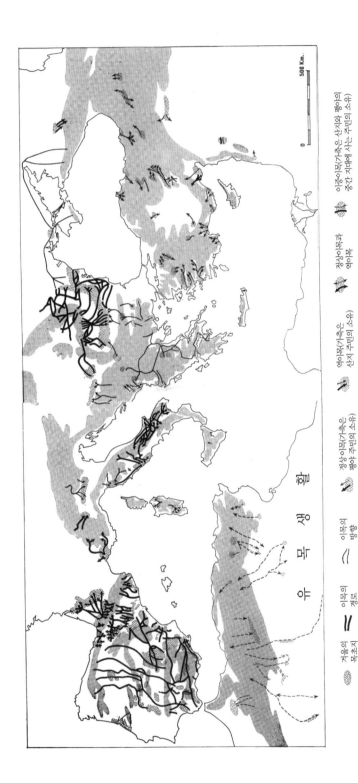

유 목 생 활

◎ 겨울의 목초지 = 이목의 경로 ⟨⟨ 이목의 방향   ⤜ 정상이목(가축은 평야 주민의 소유) ⤚ 에이목(가축은 산지 주민의 소유) ⤜ 정상이목과 에이목   ⤚ 이중이목(가축은 산지와 평야의 중간 지대에 사는 주민의 소유)

도표 7. 현재의 이목
Elli Müller, "Die Herdenwanderungen im Mittelmeergebiet," in *Petermann's Mitteilungen*, 1938.

두 동물과 관련된 환경은 핵심적인 중요성을 띤다. 그 서식지를 가르는 경계는 상당히 넓은 지역인데, 이는 자그로스 산맥과 토로스 산맥의 남쪽 가장자리를 따라가는 선(결정적인 경계선이다)과, 흑해의 동쪽 끝, 카스피 해의 남쪽 그리고 인더스 강의 만곡부를 잇는 선으로 둘러싸인 곳이다.[321] 크게 보면 이 경계 지역은 이란 고원에 해당하는데, 이곳은 겨울에 추위가 심한 지역이다. 단봉낙타는 이 지역으로 뚫고 들어가서 16세기에 이스파한 을 중심지로 하는 활기찬 대상무역에 사용되었다.[322] 단봉낙타는 또한 인도 로도 들어가 그곳에서 말 한 마리 이상의 가격에 거래되었는데,[323] 이를 보 면 그곳에서 이 동물은 낯선 존재였던 것 같다. 그러나 아나톨리아 고원이 나 이란 산지는 단봉낙타에게 완전히 개방되지 않았다. 아랍의 침입이 소아 시아에서 실패했고 또 페르시아에서 완전한 성공을 거두지 못한 중요한 이 유는 단봉낙타의 약점에서 찾을 수 있다.

어쨌거나 그 두 지역은 상이한 역사를 가지고 있다.

아랍 침입자들은 시리아에서 마그레브에 이르는 지역에서 고지대는 배 척했다. 그들은 내륙의 메마른 산지는 내버려둔 채 사막 지역으로 들어갔는 데, 이곳은 북아프리카의 오레 같은 사례에서 보듯이 아주 일찍부터 인간이 거주했던 곳이다. 그리고 그들은 바다에 면한 버려진 산들의 경계를 돌아갔 는데, 이곳에는 강수량이 충분하여 오래 전부터 인간이 소중히 여겨왔던 오래된 숲이 있는 곳이다. 결국 이 숲은 아랍인들의 침입을 피해 도주한 현지민들의 피신처가 되었다. 8-9세기부터 마론 파 교도와 드루즈 교도[시 아 파]는 레바논에 정착하기 시작했다. 그들은 경작지를 정비하고 나라를 세웠다. 북아프리카에서는 카빌리아인들이 10세기 이후 정주하기 시작했 다가, 특히 11세기 이후 힐라리 유목민들[Banu Hilal이라고도 하며, 11세기 에 북아프리카로 이주한 아랍 부족들의 연맹]의 대규모 압박에 밀린 이후 본격적으로 정주했다.[324] 이처럼 정주가 이루어진 산들에서는 아랍인의 정 복 이후 일찍부터든 뒤늦게든 "베두인화"가 대홍수처럼 진행되어 마치 바다가 섬들을 둘러싼 듯한 형세였다. 따라서 대개 이 고지대에는 소박한 과거 생활방식이 잔존했으며, 그 가운데 일부 특징들—황소를 운반용 짐승으로 사용하고, 관개된 계곡에서 작물을 재배하며, 다락방에 곡물을 보관하고, 혈거 주택에서 인간과 짐승이 함께 거주하는 것 등—은 거의 최근까지 남아 있었다.

소아시아의 산지에서, 그리고 그보다는 덜한 정도이지만 발칸 반도—이곳에는 많은 예외들이 있는 것이 사실이다—에서 두르크의 쌍봉낙타의 이입은 끝없는 격변을 의미했다. 그것은 완전히 다른 성격의 것이었다. 가능한 모든 곳에서 공격적인 형태의 유목이 이루어졌다. 그것은 삼림의 위쪽한계선을 넘어 산악 지역의 최정상에까지 이르렀다. 아마도 그 이유는 "투르크 언어와 문화에서 야일라[yayla : 여름 거주지]가 의미하는 것"에서 찾을 수 있다. 여기에서는 "청량함, 흐르는 물, 풍요로운 초지 같은 것들이 결합하여 낙원의 이미지를 만든다."[325] 봄이 오면 곧 "벼룩이 들끓고……온갖 해충들로 가득한 겨울 지역"을 떠나 길을 나서려는 거대한 움직임이 시작된다. 투르크의 속담은, 유연하게 번역한다면, "위뤼크[Yürük : 유목민]는 정해진 곳으로 갈 필요는 없지만 어쨌든 움직여야 한다."[326] 그것은 지리적인 필요만큼이나 전통적인 요구에 따르는 것을 뜻한다.

이 거대한 역사는 혼동스럽고 또 이해하기 힘들다. 그 역사는 자체의 난점에 더해 정주 농민들의 영원한 저항에 부딪힌다. 그 장애는 극복하거나 돌아가거나 혹은 돌파해야 하지만, 때로 그 조용한 전진 앞에서 굴복하기도 한다. 13-15세기부터 소아시아의 양치기들의 유목은 점차 배제되었으며, 내륙 지역의 고원지대나 계곡에서 축출되어 산지나 "거의 버려진" 주변부 들판으로 내몰렸다. 그런 곳들은 수세기 동안 "해롭고 방치된" 상태로 되돌아갔으며 "여름이면 질병이 퍼지는 관목림 지역"이 되었다. 길리기아 왕국[소아시아 동남부에 있었던 고대 왕국]이나 팜필리의 평야들, 마이안드로스 강[투르크]과 게디즈 강[투르크]의 계곡들이 그런 곳들이다. 16세기부터 투르크 정부는 위뤼크들을 계속 규제하여 토지를 양여하면서 정주를 강요했고 가장 극렬하게 저항하는 자들은 광산이나 요새 건설지에서 강제 노동을 시키거나 혹은 1572년 이후 투르크 땅이 된 키프로스 같은 곳으로 추방했다.

그러나 그 과제는 끝이 없었다. 서부 아나톨리아에서는 유목이 감소한 반면 동쪽에서는 오히려 증가했다. 이 지역에는 투르크멘(Turkmén)이라는 이름으로 통칭되는 유목민들이 아시아에서 들어왔다. 오늘날까지도 아나톨리아의 스텝 지역에 사는 투르크멘들은 알레포와 다마스쿠스까지 이동하고 있다. 그리고 여행지의 어느 한쪽 끝에서든 이들을 정착시키려는 문제는 지금도 계속된다. 16세기, 특히 17세기부터 투르크 당국과 조세 수취인들은 투르크멘 유목민들을 주의해서 지켜보았다. 이들은 그 이전에 투르크의 팽창 시대에는 큰 말썽을 일으키지 않았었다. 오스만 투르크 제국이 관심을 두는 이유는 그들에게 세금을 걷고 기병으로 복무시키는 데에 있었다. 페르시아인들과의 힘든 전쟁으로 시아 파는 이란 방향으로 후퇴했지만, 반대로 순니 파는 서쪽으로 밀려와서 다시 위뤼크들을 보충했다. 예컨대 1613년에 코냐 남동쪽 지방에 있던 카라만 지방의 한 유목민족이 70년 뒤에 멀리 쿠타하에까지 진출한 것을 알 수 있다. 심지어 로도스 섬으로 들어간 사람들도 있다. 마지막으로 일어난 것은 동쪽에 생긴 빈틈을 산 정상에 고립되어 살고 있던 쿠르드 족이 메운 일이다. 19세기에 그들은 "아나톨리아의 고지대와 토로스 산맥의 남쪽 산록 지대 사이를 지나는 거대한 남북간 이주를 다시 시작했다." 이는 유목 생활에 주기가 있다는 증거이다. 놀라운 휴지기, 통합과 정주의 시기 그리고 그후에 다시 새로운 출발의 시기가 뒤따른다.[327]

서구 관찰자들이 본 발칸, 아나톨리아, 북아프리카의 유목 생활

모든 것을 침입(invasion)이라는 용어로 설명하는 것—7세기의 침입과 그 결과, 11세기의 침입과 그 결과 같은 식으로—은 비록 용인되고 또 필요한 것이기는 해도, 분명히 과도한 단순화에 속한다. 단봉낙타는 아랍인들이 침입하기 전에 이미 사하라 사막과 북아프리카에서 볼 수 있었으며, 쌍봉낙타는 셀주크 투르크가 오기 전에 이미 아나톨리아에 들어와 있었다. 그렇다고 하더라도 그 설명은 일반적으로는 타당하다. 더운 사막들과 추운 사막들이 고대 세계의 대륙 덩어리를 가르고 들어와서 서로 만나는 곳인 지중해 세계에는, 비록 농민들의 완강한 저항으로 완화되고 길들여졌지만, 아시아에시 유래한 "자연스러운" 유목 생활이 남아 있었다.

이와 같이 남아 있는 고대 생활의 패턴은 16세기 지중해의 여러 반도들, 즉 발칸, 아나톨리아, 북아프리카의 면모를 완성시켰다. 이곳에서는 우리가 살펴본 서구 자료들을 통해서 규정한 형태의 이목은 억제되어, 한계 지역으로 내몰리거나 혹은 상당한 정도로 변형되었다. 이런 시각은 독립적이지만 동시에 소외되었고 의심의 눈초리를 받으며 바깥 세계와는 거의 접촉이 없는 "산으로 된 섬들"을 이해하는 데에 필수적이다. 자치적인 고립지로서 "무어인, 투르크인, 아랍인에 대해서……약탈"[328]을 예고 없이 자행하는 드루즈 산지는 독립성은 유지하되 이동의 자유가 없는 곳이며, 에스파냐의 문서에서 쿠코(Cuco) 왕국으로 알려진 카빌리아 같은 곳이 그런 사례이다. 그곳의 지배자들은 에스파냐인들과 접촉하려고 시도했는데, 특히 스토라(오늘날의 필립빌에서 가까운 곳이다)의 작은 해변에서 그런 시도를 했으나, 무위로 그쳤다.[329] 북부 아프리카에서는 패턴이 상대적으로 단순하다. 매년 여름 유목민들이 가축을 끌고 원거리를 이동하여 해안으로 갔다가 겨울이 가까워지면 다시 남쪽의 사하라 지역으로 되돌아간다. 지난 해 가을에 떠났던 저지대에 가축 떼가 다시 돌아오면 이 산악 주민들은 여행을 잠시 멈추고 휴식을 취한다. 아나톨리아에서는 그런 일이 없다. 발칸 반도 역시 마찬가지이며, 이곳에서는 이목과 유목이 서로 섞이고 때로 충돌한다. 반도의 동쪽 지역에서 투르크 정부는 다소 의도적으로 소아시아의 위뤼크, 즉 유목민들을 정착시키려는 정책을 폈는데, 이는 그들에게 정주 생활을 유도

하여 투르크의 무력을 강화하고자 하는 의도이다. 그렇다고 해도 사실 이들이 그 광대한 발칸 반도의 유일한 유목민은 결코 아니다.

이처럼 이탈리아 혹은 에스파냐 방식과 뚜렷하게 다른 점들은 언제나 서구 여행자들의 관찰의 대상이 되었다. 유목 생활(혹은 반유목 생활)을 하는 목동의 움직임에 주목한 여행자들로는 오랑의 군인이자 연대기 작가인 디에고 수아레스,[330] 플랑드르 출신의 뷔스베크, 경탄할 만한 여행가 타베르니에, 탐구심 강한 드 토트 남작, 그리고 샤토브리앙의 동시대인이었던 영국인 헨리 홀란드 등이 있다. 그 가운데 가장 생생한 묘사를 제공하는 것은 1812년에 핀도스 산의 거친 양치기들을 만난 홀란드의 기록이다.[331] 이 양치기들은 거의 사막 같은 살로니카 평원을 넘거나, 혹은 얕은 물로 덮인 일종의 내해라고 할 수 있는 아르타 만의 해안을 따라 가축을 몰았다. 매년 여름이 되면 그들은 다시 산지로 되돌아갔다. 여자들과 아이들을 데리고 다니는 것으로 볼 때 이들은 분명히 유목민이었다. 양들의 긴 행렬이 전체 속도를 결정하는 가운데, 이 양떼 뒤로 말 호송대가 뒤따르는데—한번에 말 천 마리까지 움직이기도 했다—모두 가재도구와 캠핑 시설들, 텐트를 싣고 있었고, 어린이들은 바구니 안에서 잤다. 이 가축 떼를 따라 이동하는 사제들도 있었다.

앙카라 근처에서 뷔스베크가 본 사람들도 분명히 유목민이었다.[332] 이 지역은 앙고라 염소들과 북아프리카에서 바르바리 양이라고 부르는 "기름진 꼬리의" 양들이 자라는 곳이었다. "이 양들을 돌보는 양치기들은 낮이나 밤이나 들판에서 지냈으며, 아내와 아이들을 수레에 싣고 다녔는데, 이 수레는 그들에게 집이나 마찬가지였다. 다만 텐트를 치는 사람들도 일부 있었다. 이처럼 그들은 자신의 재산을 가지고 이동하며 확산되었다. 그들은 평야든 산이든 혹은 계곡이든 아주 먼 거리를 돌아다녔다. 계절과 초지의 상태가 그들의 행보를 정하고 집을 정한다." 17세기 중반에 타베르니에가 쓴 바에 의하면,[333] 아르메니아와 칼데아의 변경에 있는 "예레반에서 4

시간 거리에 높은 산들이 있는데, 뜨겁고 햇볕이 이글거리는 지방에 사는 2만 개의 텐트, 즉 2만 채의 집에 해당하는 주민들이 여름에 그들의 가축을 먹일 수 있는 좋은 초지를 찾아 모여들었다가 가을이 끝날 무렵 고향으로 되돌아간다."

이번 사례 역시 명확하다. 그런데 다음 세기에 드 토트 남작이 똑같은 투르크멘 유목민들을 보았을 때 그의 증언은 다소 혼동을 준다. "겨울에는 아시아의 중심부에 살며 여름에는 가축을 먹이기 위해서 무기와 짐을 챙겨 멀리 시리아까지 가는 이 사람들은 떠돌이 민족이긴 하지만, 사실 1년에 8개월 동안 양떼를 끌고 안달루시아의 산들을 헤매고 다니는 에스파냐 양치기들 같은 떠돌이는 아니다."[334]

이 증언은 아주 유용하지만 살펴보아야 할 점이 있다. 카스티야의 전문 양치기와 투르크멘 양치기는 서로 혼동할 가능성이 있으나, 메스타의 "이동하는" 양떼의 여행 거리가 엄청나다는 사실을 기억하면 혼동의 문제는 곧 해결될 수 있다. 투르크멘은 먼 거리를 이동하지는 않는 대신 가족과 살림 가구를 모두 가지고 이동하는데, 이것이 핵심적인 차이이다. 여기에서 유목 생활(nomadisme)이라는 단어에 논란이 집중된다. 우리가 기억할 사실은, 리트레의 사전에는 이 학문적인 단어가 나오지 않으며, 또 이목(transhumance)이라는 단어는 1868년에 처음 사용된 사례가 있다고 언급한다. 명사 Transhumance와 형용사 transhumant이라는 단어는 최근에 파생된 것들이다. 블로크-바르부르 사전(Dictionnaire de Bloch-Wartburg, 1960)은 이 단어들의 첫 용례를 1803년으로 잡고 있다. transhumante라는 단어가 일찍이 1780년에 이그나시오 데 아소의 글에서 발견되기는 하지만,[335] 피레네 산맥 너머에서도 이 단어는 아주 오래된 용어 같지는 않으며, transhumancia라는 단어도 아직 존재하지 않았다. 그러나 이 이야기를 너무 오래 할 필요는 없을 것 같다.

수세기에 걸친 주기들

이 장에서 우리는 유목에서 이목으로 변하는 것이든 혹은 산지에서 평야와 도시로 거주지가 변하는 것이든 극단적으로 느린 진동 패턴을 살펴보았다. 이 움직임들은 수백 년이 걸려 완성된다. 위험한 물을 극복하고 도로와 운하를 건설하여 평야가 생명력을 찾는 데에는 100-200년이 소요된다. 이와 유사하게 산지에서 인구 유출이 시작되는 때부터 평야의 경제가 가능한 한 여러 차례 그들을 흡수할 때까지는 다시 100-200년이 필요하다. 이런 것들은 수세기에 걸쳐 일어나는 과정들이어서 연대기 단위를 가능한 한 크게 확대해야만 파악할 수 있다.

역사는 대개 이런 느린 움직임의 최저점이나 최고점에만 관심을 두곤 했다. 사실 이런 지점들은 방대한 준비 과정을 거친 후에야 도달하며, 끝없이 계속되는 결과들이 뒤따른다. 간혹 이런 느린 과정 중에 움직임의 방향이 바뀌는 일도 일어난다. 건설의 시기들과 쇠퇴의 시기들이 연이어 교차하는 것도 볼 수 있다. 예컨대 어느 산악 지역은 번영을 구가하다가 그 번영을 완전히 잃거나 아예 존재가 완전히 사라지기도 한다. 이와 같은 역사가 단순한 사건이나 지방적 과정에만 한정되지 않을 때, 이런 극단적으로 느린 "지리적" 주기(cycles "géographiques")―우리가 그런 용어를 사용하고자 한다면―는 대단히 거친 수준의 동시성(synchronisme)에 따른다. 그리하여 16세기 말에 가까워질 때, 우리는 지중해 산지들이 모두 인구 과잉과 긴장 속에 있다가 해방의 폭발을 일으키는 것을 발견하게 된다. 그로 인해서 초래된 분산된 전쟁들은, 모호한 용어이기는 하지만 산적 행위라고 부를 수 있는 잠재적이고 불특정한 사회 전쟁의 형태로 표출된다. 알프스 산맥이든지 피레네 산맥이든지 아펜니노 산맥이든지, 혹은 기독교 지역이든지 무슬림 지역이든지 간에 모든 산지의 경우, 바다로 나누어진 긴 산맥들을 따라 똑같은 공동의 운명이 드러나는 것 같다.

이처럼 거의 움직이지 않는 틀 내에서, 느린 조수(潮水)는 고립되어 움직이지 않는다. 인간과 환경 사이의 일반적인 관계들의 진동은 다른 변동들, 즉 간혹 장기지속적일 수는 있으나 대개는 단기간의 호흡에 따라 움직이는 경제와 결합한다. 이 모든 움직임들은 서로 겹쳐진다. 이 움직임들이 인간의 삶을 좌우하는데, 그 삶은 물론 결코 단순하지 않다. 그리고 인간은 의도적이든 아니든 그와 같은 밀물과 썰물 위에서만 삶을 건설할 수 있다. 달리 표현하면 장기적 움직임에 대한 지리적 관찰은 역사의 가장 느린 변동을 향해서 우리를 인도한다. 이 인식이야말로 이 장과 다음에 이어지는 여러 장들에서 우리의 관찰을 방향 짓는다.

제2장

지중해의 심장부 : 바다와 연안 지역

이제 육지를 떠나 바다로 가보자. 우리의 여행은 차례로 지중해의 바다들, 연안 지역들, 그리고 섬들을 찾아갈 것이다. 우리의 연구는 이런 지리적 단위들의 안내를 받겠지만, 이번에도 우리의 주된 관심사는 그것들 안에서 공동의 요소들을 찾아내고 또 비교하는 일이다. 그렇게 함으로써 전체를 더 잘 이해하게 될 것이다.

1. 바다의 평원

우리는 당연히 인간의 활동과 관련하여 바다 공간을 고찰할 것이다. 그렇게 하지 않을 경우 인간의 역사는 이해할 수도 없고 아마 생각할 수도 없을 것이다.

연안 항해

16세기에 광대무변의 공간인 바다에서 인간이 거둔 성취는 단지 약간의 연안, 항로, 혹은 작은 거점들에 불과했다. 거대하게 펼쳐진 바다는 사하라 사막만큼이나 공허하다. 항해는 연안을 따라서만 활발하게 이루어졌다. 당시 항해는 인류의 초기 하천 운항과 다를 바 없이 거의 해안선을 따라가는 것이었다. 그것은 바위에서 바위로 게걸음을 하는 것이고,[1] "곶에서 섬으로 또 섬에서 곳으로"[2] 움직이는 것이다. 이는 난바다를 피하는 코스테지아레[costeggiare : 연안을 따라 이루어지는 항해][3]이며, 블롱 뒤 망은 이 난바다를 바다의 평원(les campagnes de mer)이라고 불렀다. 한 라구사 선박의 취사 관련 장부 내용을 인용하여 정확하게 표현하면,[4] 빌프랑슈에서 버터를 사고 니스에서 식초를 산 다음 툴롱에서 기름과 베이컨을 사는 일이다. 혹은 포르투갈의 연대기 작가가 묘사하듯이, 이쪽 해안의 여관에서 자고 다음 날 다른 쪽 해안의 여관에서 자며, 점심 식사를 이곳에서 하고 저녁을 가까운 딴 곳에서 먹는 식이다.[5] 세비야 출신의 토메 카노는 이탈리아인들에 관해서 "그들은 원양 항해인이 아니다"라고 말했다.[6] 아드리아 해에서 항해를 할 때 피에르 레스칼로피에는 1574년 [크로아티아 남부의] 자다르[이탈리아 어로는 자라]에서 참회의 화요일(Mardi Gras)에 "무언극을 보며 즐거워했다." 이틀 뒤인 2월 25일에는 말바시아의 성 요한 교회 앞을 지나갔으며, 26일에는 스팔라토[스플리트]에서 식사를 했다.[7] 이것이 당대 군주들과 귀족들이 해안 지역을 따라 여행하는 방식이었다. 선원들이 배에 짐을 싣거나 날씨가 좋아지기를 기다리는 동안 그들은 충분한 시간을 두고 축제, 방문, 리셉션에 참여하거나 휴식을 취했다.[8] 군함들도 이런 식으로 항해했으며, 육지가 보이는 곳에서 해전을 펼쳤다.[9] 이 시대의 항로 혹은 항해술을 연구할 때, 머리에 떠오르는 단어는 연안 항로(cabotage)라는 말이다. 그런 기록은 처음부터 끝까지 연안 항로를 기술한 것에 불과하다.

선박이 육지를 시야에서 놓치는 것은 예외적인 경우이다. 우연히 항로에서 벗어났든지 혹은 서너 개에 불과한 직항로를 타는 때이다(사실 이 직항로들은 오랫동안 알려져 있었고 실제 자주 사용되었다). 에스파냐에서 발레아레스 제도와 사르데냐 섬의 남부를 지나 이탈리아로 가는 것이 그런 사례인데, 이는 흔히 "섬들을 타는 항해"로 알려져 있었다. 혹은 메시나 해협이나 몰타 해협에서 떠나 마타판 곳을 통과하여, 크레타 섬, 키프로스 섬의 해안을 거쳐 시리아로 가는 경우도 그렇다.[10] 또는 로도스 섬에서 이집트의 알렉산드리아까지 직항로를 탈 수도 있는데, 이는 순풍을 받으면 빠른 항해가 가능하며,[11] 헬레니즘 시대부터 이용했다. 예컨대 1550년에 블롱 뒤 망은 로도스에서 알렉산드리아까지 "직행으로" 항해했다. 그렇지만 이런 예들은 진정한 원양항해라고 하기는 힘들다. 선박들이 한 섬에서 다른 섬을 찾아갈 때에는 난바다로 나가는 것이 아니다. 동서 방향으로 항해할 때 북풍을 피할 피난처를 찾고, 또 로도스-알렉산드리아라는 아주 짧은 남북간 항해를 할 때 어느 계절에는 북풍, 또 어느 계절에는 남풍이 부는 상태를 이용하는 이런 항해를 두고 과연 원양 항해라고 할 수 있겠는가? 만의 한쪽 끝에서 다른 쪽 끝으로 가는 더 짧은 항해들도 마찬가지이다. 1571년 1월에, 베네치아의 갤리온 선 포스카리니 에 파니게토 호가 크레타 섬을 떠나 항해하다가 코르푸 근처에서 안개를 만나 시야에서 육지를 놓쳤을 때 선원들이 절망에 빠진 일을 생각해보라.[12]

연안은 너무나 중요하여 연안 항해 루트는 거의 강과 다를 바 없다. 연안의 토지 소유주는 모든 지나가는 선박들에게 통행세를 부과할 수 있었다. 만일 항구에서 그렇듯이 실제 서비스를 받고 그런 금액을 낸다면 정당화될 수도 있을 것이다. 그렇지만 아주 작은 영토밖에 소유하지 못한 모나코 공작이나 사부아 공작이 그들의 나라를 지나가는 모든 배들로부터 단지 통과를 허락하는 대가로 통행세를 요구하는 것은 정당성과는 거리가 멀다. 이 지역의 갤리 선에 붙잡혀 조사를 받게 되는 배들은 실로 불운에 빠진 것이다.[13] 프랑스가 악의적으로 빌프랑슈에서 2퍼센트의 세금을 부과한 일은 루이 14세 치하에서 외교 사건으로 비화했다. 항해가 육지에 매여 있다는 것을 이보다 더 잘 보여주는 것은 없을 것이다. 카토-캉브레지 조약[1559] 이후 탈라모나, 오르베텔로, 포르토-에르콜레, 포르트 산 스테파노의 요새들을 소유하게 된 이후 펠리페 2세는 제노바와 나폴리 사이의 항해를 마음대로 중지시킬 수 있었다.[14] 바르바리[모로코, 알제리, 튀니지, 리비아의 총칭] 연안의 라 굴레트[하르크 알-비디의 옛 이름]가 맡은 역할은 곧 명료해졌다. 초소 하나만으로도 충분히 연안 항해를 멈추게 하거나 방해할 수 있었다.

지중해에서 원양항해를 하지 않았던 것은 항해 기술이 없었기 때문이 아니다. 지중해 선원들은 아스트롤라베(천체 관측의) 사용법을 알고 있었으며, 지남철도 오랫동안 사용해왔다. 혹은 달리 말하면 사용하려고 했다면 얼마든지 사용할 수 있었다. 이탈리아인들은 이베리아인들의 신대륙 항해의 선구자이며 교사였다.[15] 지중해 선박들, 혹은 이베리아인들이 "레반트의" 선박이라고 부르는 것들은 매년 지중해에서 런던이나 안트베르펜까지 항해했다. 그런 만큼 그들은 대서양에 익숙해 있었다. 지중해 선박들은 심지어 신대륙 직항 항해도 수행했다. 예를 들면, 1531년에 마르세유의 펠르린 호는 브라질에 갔다가 귀환하던 중에 말라가에서 포르투갈 함대에게 나포되었다.[16] 1586년 11월에 토스카나 대공의 갤리온 선은 알리칸테[에스파냐의 남동부]에 도착한 후 "서인도" 항로를 위한 용선 계약을 했다. 이 배는 아바나 요새에 탄약을 전달하고, 항해가 불가능하게 된 배의 화물을 대신 싣고 귀환했다.[17] 1610년 리보르노 항구에서는 두 척의 토스카나 선박이 서인도에서 직접 가지고 온 화물을 하역했다.[18] 라구사의 배들은 바스코 다 가마의 항해 얼마 후 희망봉을 돌아갔던 것 같다.[19] 이 배들은 분명히 신대륙까지 항해했던 것 같다.

지중해 선원들이 위에서 언급한 것처럼 일부 직항로를 제외하고는 구래의 연안 항해를 지속한 까닭은 그럴 필요가 있었고 또 그것이 복잡한 해안선 사정에 더 알맞았기 때문이다. 지중해에서는 육지가 너무 가까워서 그런 곳들을 거치지 않고 먼 항해를 한다는 것이 불가능하다. 시야에 있는 해안선은 항해인들에게 최선의 안내자이며 가장 확실한 나침반이었다. 설사 얕은 해안이라고 해도 갑작스럽게 불어닥치는 격렬한 지중해의 돌풍, 특히 육지 쪽에서 불어오는 바람에 대한 안전한 보호처 역할을 했다. 미스트랄이 리옹 만으로 불어닥칠 때 최선의 항로는 해안 가까이로 가서 잔잔한 바다위를 항해하는 것이었다. 이는 심지어 오늘날에도 마찬가지이다. 따라서 지중해에서는 나침반이 필수적이 아니었다. 1538년의 사례에도 프랑스 갤리선들은 에스파냐 갤리 선들과는 달리 나침반을 사용하지 않았다.[20] 이때도 역시 그들이 원했다면, 사용할 수 있었을 것이다.

해안 가까이 항해하는 것은 단지 나쁜 날씨에 대한 보호만을 위한 것이 아니었다. 가까운 항구는 그들을 좇아오는 해적에 대한 피난처를 제공했다. 위급한 때에는 배를 해안에 정박시키고 선원들이 육지로 피난했다. 1654년 이예르 만[튤롱의 동부]에서 타베르니에가 해적을 피한 것도 이런 식이었다. 더구나 이때에는 운 좋게도 배를 잃지도 않았다.

연안 항해 방식은 또한 화물을 싣는 데에도 유리했다. 이때에는 운임 차이를 잘 이용하여 거래를 할 수 있었다. 선장으로부터 소년 보조선원에 이르기까지 모든 선원들은 자기 몫의 화물을 가지고 있었으며, 상인들이나 그들 대리인이 승선할 수도 있었다. 몇 주일 혹은 몇 달 걸리는 왕복 항해는 복잡하게 조직된 항로상에서 사고팔고 교환하는 일련의 상행위의 연속이었다. 여행 중에 화물이 완전히 바뀌는 경우도 있었다. 사고파는 행위를 하며 항해하는 도중에 언제나 리보르노, 제노바, 베네치아 등의 항구에 들러 금속화폐와 향신료, 가죽, 면, 산호 같은 상품을 교환하는 것이 가능했다. 목적지로 바로 가는 오늘날의 항해와 유사한 것은 소금이나 곡물처럼 특화된 상품을 운반하는 대형 선박에만 해당된다. 그 외의 선박들은 이동 시장이나 마찬가지였다. 항구에 들르면 사고팔고 되사고 하는 행위를 할 뿐 아니라 또한 많은 육상의 즐거움들을 얻을 수 있었다.

게다가 보급품, 물, 목재 등을 선적하는 이점도 있었다. 당시에는 배가 워낙 작고 물을 포함한 선상 보급품들이 쉽게 상했기 때문에 이는 매우 중요한 일이었다. 라블레가 말하듯이 자주 항구에 들르는 일은 "물과 땔감을 싣는 일"을 하기 위해서였다.

연안 지역에서 사실상 지배적이었던 항해는 이와 같은 느린 항해였다.

항구들을 지나쳐 가는 큰 배가 한 척이라면, 작은 선박의 행렬 10여 척을 헤아릴 수 있었기 때문이다. 로마 가도에 놀라울 정도로 규칙적으로 하루 거리마다 마을이 생겼던 것처럼, 항구들 역시 하루 항해 거리만큼 서로 떨어져 있었다. 강의 하구가 사구 때문에 막혀 배를 대지 못하게 되면, 만의 안전한 다른 곳이 같은 역할을 한다. 그 사이는 그야말로 빈 공간이다.[21] 북아프리카처럼 연안 지역의 배후지에 사람이 거의 살지 않는 곳에서도 필수불가결한 물 공급지를 갖춘 항구는 존재한다. 주변 지역에 도시나 마을이 없더라도 배와 어부들이 만나는 장소는 반드시 필요했기 때문이다. 이는 항구의 기능이 반드시 도시를 만들 필요는 없다는 증거였다.

이런 이미지는 화려한 역사의 한켠에 있는 흥미로운 풍경 정도로 치부할 일이 아니라 핵심적인 진실이다. 우리는 대규모 소통에 대해서만 주의를 기울이는 경향이 있다. 그런 것들은 중단되었다가 다시 연결될 수 있다. 그렇지만 모든 것이 상실되거나 회복되는 것은 아니다. 일상적인 연안 항해는 상이한 연안 지역들을 계속해서 연결시켜주고 있다. 이런 사항들은 거대한 역사의 흐름에서는 대개 주목받지 못했다.

포르투갈인의 대발견의 초기

마지막으로 15세기 초에 포르투갈인들이 그들에게는 완전히 새로운 바다였던 대서양에서 어떻게 원양항해를 시작하게 되었는지 살펴보는 것도 흥미로울 것이다. 1415년의 세우타[아프리카 북서단] 원정 당시 포르투갈인들의 경험 부족은 명확했다. 그들은 지브롤터 해협의 조류를 파악하는 데에 아주 큰 어려움을 겪었다.[22] 연대기 작가인 데 바로스는 자기 나라 사람들이 자침의 편차와 천체관측의에는 익숙했지만, 1415년까지도 "원양 항해의 모험에는 익숙하지 않다"고 명시했다.[23] 어떤 역사가는 심지어 포르투갈인의 초기의 발견에 관해서 이야기하면서 항해왕자 엔리케 시절에 이들이 끝없는 아프리카 해안을 따라 내려갈 때 그들은 여전히 "소심하고 겁

많은 연안 항해자일 뿐, 모험 정신이 없는 사람들"이라고 말했다.[24] 원양항해 경험이 있는데도 그들은 기본적으로 지중해 선원이었던 것이다. 캐러벨 선(caravel)의 개발이 완수된 후에야 사정이 달라졌다. 이 혁신적인 배는 기니아에서 맞바람과 역류를 안고 귀환 항해를 할 때의 난점에 대비하기 위해서 1439-1440년경에 개발한 배였다. 이제 그들은 리스본으로 돌아오기 위해서 거대한 반원을 그리면서 아조레스 제도를 향해 먼 난바다로 나아가야 했다.[25] 이제야 그들은 정말로 바다로 나간 것이고, 아주 신속하게 그 동안의 잃어버린 시간을 되찾았다.

좁은 바다들, 역사의 현장

지중해는 하나의 바다가 아니라 크고 작은 입구들을 통해 서로 소통하는 일련의 작은 바다들의 연속이라고 할 수 있다. 지중해는 동쪽 해역과 서쪽 해역으로 크게 나뉘고, 각 해역은 대륙의 다양한 돌출부들에 의해서 분절된 작은 바다들로 나뉜다. 그 바다들은 모두 고유의 성격, 고유의 배와 고유의 역사를 가지고 있다.[26] 대개 가장 작은 바다가 가장 큰 의미와 가장 큰 역사적 가치를 가지고 있다. 따라서 여러 개의 소규모 지중해들로 파악하는 것이 좋을 것이다.

오늘날에도 이 바다들에서는 과거의 항해 선박들과 전통적인 어선들이 그림 같은 장면을 연출하면서 지역 단위의 삶을 유지한다.[27] 시르테 만의 스팍스에서는 삼각 돛을 한 마혼 선(mahonne)과 해면(海綿) 채취 선박인 카마키 선(kamaki)을 볼 수 있다. 카마키 선에는 제르바와 케르켄나 제도 사람들이 타는데, 그들은 아직까지도 옛날 그대로 삼지창을 사용한다.[28] 테오필 고티에가 말레아 곶과 그리스의 섬들을 지나 잔잔한 바다로 들어섰을 때 갑자기 "수평선에 돛들이 가득 나타났다. 브리그, 스쿠너, 캐러벨, 아르고스 같은 배들이 제각각 다른 방향으로 푸른 바다를 가로질러 갔다." 작은 바다들은 오늘날까지도 이런 낯선 매력을 유지하고 있다.[29] 이처럼 소박한 수송 형태들, 수세기 동안 존재해왔던 항로들이 지금까지 남아 있다는 것은 그 자체만으로도 생각해볼 주제가 될 것이다. 과거에나 지금에나 이 배들의 중요성은 소량의 화물을 싣고 근거리를 항해하는 데에 있다. 그 배들의 안전은 자신들이 활동하는 작고 낯익은 범위 안에 있다. 만일 자신들의 바다를 빠져나와 위태로운 곳을 넘어 장거리 항해를 하게 되면, 위험이 시작된다. "말레아 곶을 넘어가는 선원은 고향을 잃어버린다"고 그리스 속담은 말한다.[30]

대규모 교역이 가능한 항로들로 서로 연결된 이 좁은 바다들은 16세기에 두 개의 큰 해역들—동쪽의 이오니아 해 그리고 사르데냐 섬, 코르시카 섬, 유럽, 아프리카로 둘러싸인 서지중해 바다— 보다 오히려 더 중요했다. 두 해역 가운데에서도 특히 이오니아 해는 바다의 사하라 사막이라고 할 수 있다. 선박들은 이 바다를 우회하거나 아니면 가급적 빨리 통과해야 했다.

지중해의 해상 활동은 위에서 말한 두 개의 금지 해역—큰 규모 자체가 피해야 할 원인이었다— 의 가장자리에서, 즉 얕은 바다의 안전 속에서 이루어진 일이다. 동쪽으로는 흑해(이는 부분적으로만 지중해라고 할 수 있다), 에게 해(16세기에 이 바다는 프랑스인들도 이탈리아어 *Arcipelago*라는 말을 써서 "다도해"라고 불렀다)가 있다. 중심부에는 아드리아 해와 별다른 이름조차 없는 아프리카와 시칠리아 사이의 바다가 있다. 서쪽에는 티레니아 해, 이탈리아 해, 시칠리아 섬, 사르데냐 섬, 코르시카 섬, 이탈리아 서해안으로 둘러싸인 에트루리아 해가 있다. 최서단에는 에스파냐 남부와 아프리카 북부 사이에 있는 또다른 이름 없는 바다인 "지중해 해협"이 있다. 이 바다는 알제 근처의 마티푸 곶에서 발렌시아 근처의 나오 곶을 잇는 선을 동쪽 경계로 하며, 대서양과 지브롤터 해협과 연결된다.

이 작은 바다들 안에서도 다시 더 작은 유역들을 구분할 수 있을 것이다. 지중해에서는 작디작은 만 하나도 작은 공동체이고 그 자체로 복잡한 세계를 이룬다.[31]

흑해, 콘스탄티노플의 금어 구역

머나먼 흑해는 지중해 항해의 종점이다. 그 주변에는 일부 예외가 없지 않지만, 미개한 혹은 야만적인 국가들이 있다. 남쪽과 동쪽으로는 큰 산들이 둘러싸고 있는데, 이 적대적인 산들 사이로 페르시아, 아르메니아, 메소포타미아로부터 큰 중계 도시인 트레비존드까지 험악한 길들이 이어진다. 반면 북쪽으로는 이동과 유목의 땅인 대러시아 평원이 펼쳐져 있는데, 이곳은 16세기까지도 크림 타타르인들이 확고하게 지키고 있었다. 그 다음 세기에 가서야 러시아의 무법자들인 코사크들이 흑해 연안에 도착하여 투르크인들을 대상으로 해적질을 시작했다. 16세기에 벌써 모스크바 공국은 겨울철을 이용해서 흑해 연안을 향해 "질주했다."[32]

이때뿐만이 아니라 역사에서 줄곧 흑해는 경제적으로 중요한 지역이었다. 이 연안 지역의 산물들로는 말린 생선, "러시아" 강에서 나는 보타고[다랑어, 숭어 알을 말린 것]와 캐비아, 투르크 함대에 필수불가결한 땔나무, [흑해 연안의] 밍그렐리아의 철,[33] 곡물과 양모 등을 들 수 있다. 그 가운데 양모는 바르너[불가리아의 흑해 항귀에서 수집되어 가죽과 함께 라구사의 큰 선박들에 실렸다. 곡물은 콘스탄티노플의 매점의 대상이었다. 다음으로는 흑해를 통해서 수송되는 상품들이 있다. 중앙 아시아와 페르시아로 가는 상품도 있고, 반대로 그곳에서 카라반을 이용하여 콘스탄티노플과 서유럽으로 수입되는 상품도 있다. 불행히도 우리는 16세기에 대해서는 아시아와의 양방향 교역에 대해서 잘 알지 못한다. 다만 우리가 받는 느낌은 콘스탄티노플이 이런 원거리 교역과 흑해의 국내 교역을 모두 독점했으며, 이곳과 다른 지중해 지역 사이에 차폐막 역할을 했다는 것이다. 제국의 수도에서 접근하기 편한 흑해는 아주 중요한 공급지이기 때문에 만일 이곳이 없었더라면 제국의 생존이 불가능했을 정도였다. 발칸 반도의 공물(무엇보다도 양을 공급한다), 알렉산드리아 선단이 가져오는 밀, 쌀, 콩, 그리고 향신료와 약품들의 공급만으로는 태부족이었기 때문이다. 블롱 뒤 망은 "새로 벗겨

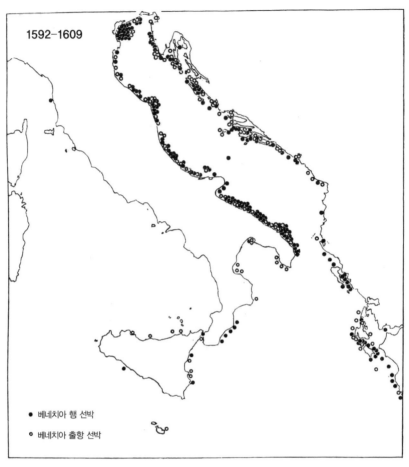

도표 8. 1592-1609년 중 베네치아로 향하다가 침몰한 선박들을 보면 연안 항해가 대부분이었음을 알 수 있다. A. Teneti, *Naufrages, Corsaires et Assurances maritimes à Venise*, 1959.

다듬은 암소와 수소 가죽 안에 넣어 끈으로 묶지도 않은 채" 밍그렐리아에서 콘스탄티노플로 운반하는 버터를 언급했다.[34] 이것은 아마도 흑해를 휘젓고 다니는 수많은 그리스 선박들이 실어왔을 것이다. 사실 이 배들은 자주 안개에 휩싸이는 험하고 위험한 이 바다[35]보다는 에게 해의 단거리 항해에 더 적합했다. 1575년 10월, 흑해에 폭풍우가 몰아치자 밀을 실은 이런 배 100여 척이 침몰한 적이 있다.[36]

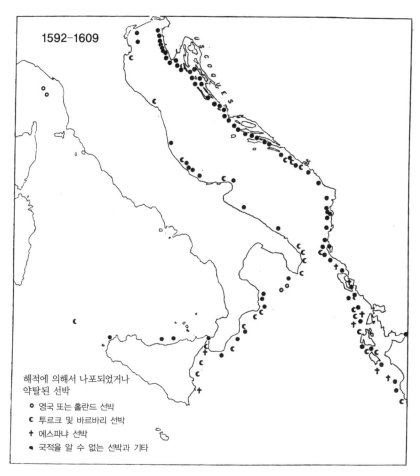

도표 9. 같은 기간 중 선박들의 나포 현황. 같은 책.

16세기에 흑해는 콘스탄티노플에 예속되어 있었다. 이는 과거에 밀레토스와 아테네, 그리고 1265년 이후에 이탈리아와 제노바에 매여 있던 상황과 유사했다.[37] 이탈리아인들은 크림 반도 남쪽의 안전 지역인 타나와 카파에 정주했는데,[38] 이 반도의 산들이 북쪽 스텝 지역 사람들을 막아주고 있었다. 그들은 또한 콘스탄티노플에도 정주했으며(1453년에 가서야 떠났다), 15세기 마지막 4분기에 투르크인들에 의해서 크림 반도의 항구들에서 축출

도표 10. 시칠리아 섬과 튀니지가 지중해를 두 구역으로 나눈다.

되었다. 카파는 1479년에 정복되었다. 그후 흑해에 이르는 육로들은 본격적으로 재조정되었다. 이 길들은 이제 크림 반도가 아니라 콘스탄티노플로 향했다. 몰다비아에서는 킬리아와 카타테아 알바로 가는 길들이 갈라츠로 가는 길로 대체되었는데, 이 길은 그후 다뉴브 지역, 그리고 그 너머 폴란드와의 교역에 기여했다.[39]

그후로 흑해는 콘스탄티노플의 확실한 곡창지대가 되었다. 그럼에도 라구사인들은 적어도 1590년대까지도 계속해서 이전 루트를 이용하여 바르나에서 가죽들(숫양, 암소, 물소)을 적재했다. 이들은 마르마라 해의 로도스토에서도 똑같은 일을 했다.[40] 혹시 관세를 피하기 위해서였을까? 그러다가 16세기 말에 라구사인들은 두 항구를 거의 동시에 포기했는데, 어떤 정황에서 그렇게 되었는지 우리는 알지 못한다. 결국 흑해는 서쪽 방향으로 굳게 문이 잠기게 되었다. 적어도 항해에 대해서는 완전히 폐쇄된 것이다. 아래에서 보겠지만, 이 시기에 육로가 해로에 대해서 완전히 승리를 거두게 되었다. 중세 말에 흑해가 행했던 "국제 교역의 요충지" 역할을 종식시키기 위해서 콘스탄티노플이 문호를 닫았기 때문일까?[41] 어쩌면 이런 문호 폐쇄에는 다른 더 먼 기원이 있지 않을까? 흑해는 트레비존드나 시노페로 연결되는 교역로들의 종점일 뿐만 아니라 일반적으로 비단길이라고 알려진 루트의 종점이기도 하다. 이 길이 14세기 이래 끊어졌다는 사실은 꽤 명확하다. 이 지역에 부를 안겨주던 교역은 페르시아로 방향을 바꾸었다. 투르키스탄이 최대 희생자 중의 하나였다. 한편 16세기에 러시아인들의 남하는 볼가 강을 따라 조직화되었다. 카라반 무역으로 부를 쌓아 러시아인들의 갈망의 대상이었던, 그래서 서쪽의 그라나다 왕국과 유사한 지위에 있었던 카잔 한국(汗國)은 반쯤 몰락한 후 러시아인들의 수중에 넘어갔다. 이런 쇠락을 가져온 곤경이 투르키스탄 루트의 중단에 뒤이은 것인지 아닌지는 명확치 않다. 이반 뇌제는 1556년에 아스트라한을 정복했다. 1569-1570년에 투르크의 회복 시도에도 불구하고 이때 문호가 굳게 잠겼는데, 그것은 잘

알려지지 않은 역사상의 큰 사건이다.[42]

에게 해, 베네치아인과 제노바인

"지구에서 가장 우호적인 바다"라고 하는 다도해[에게 해]는 사실 황량한 섬들 그리고 그보다 더 빈곤한 연안 지역들의 연속에 불과하다. 이 바다는 늘 하나의 대도시와 연결되어 있었다. 고대에는 이 지역이 아테네의 연병장과 나름없었다. 그후에는 비잔틴 제국의 근거지가 되었는데, 제국은 이 바다를 통제함으로써 에게 해를 지키고 잠시 크레타 섬에 들어왔던 이슬람 세력을 9세기에 축출했다. 또한 이 바다를 통해서 그리스와 시칠리아의 바다 그리고 아드리아 해와 교통할 수 있었다. 그 다음에는 베네치아가 상승했다.

수세기가 지난 후 에게 해는 베네치아와 제노바의 소유가 되었다. 두 라이벌은 중요한 섬들을 나누어 가졌다. 두 도시는 이곳에 도시 귀족, 제국의 보호자, 지주, 식민 거주민, 그리고 상인 등을 송출했는데, 이때 상인이란 사실 식민 귀족으로서 그 지역의 정교도 주민들에게는 낯선 이방인이었다. 주민들은 관습으로는 "라틴화"가 되었지만 이방인들에게 결코 완전히 동화하지는 않았다. 이는 흔히 있는 일이었으며, 그 결과 식민 거주민들끼리 연대가 강화되었다. 1479년에 키프로스에서 베네치아가 제노바를 대체했을 때, 두 도시의 식민 거주민들은 큰 어려움 없이 서로 접근했는데, 이는 계급적인 상황에서 나온 당연한 일이라고 할 것이다.

라틴인들은 흑해보다는 에게 해에서 훨씬 더 쉽게 그들의 지위를 수호했다. 오랫동안 그들이 상대보다 우월한 수단을 가지고 있었기 때문이다. 그러나 결국 1479년에 네그로폰테 섬이 정복되었다. 1522년에 로도스 섬이 함락되었고, 1566년에는 키오스 섬이 총 한 방 못 쏘고 정복되었다. 키프로스 섬은 쉽게 상륙을 허용했고, 1570-1572년 동안 니코시아와 파마구스타 두 곳이 포위된 후 정복당했다. 그리고 칸디아 섬[크레타 섬]은 25년 동안

전쟁을 치른 후 1669년에 적에게 넘어갔다.

그러나 에게 해의 갈등은 단지 일련의 총력전에 국한된 것이 아니라 일상적으로 일어난 사회 전쟁이기도 했다. 그리스인 "원주민"이 키프로스와 크레타에서 그랬던 것처럼 그들의 지배자들을 배반한 것은 한두 번이 아니다. 에게 해는 투르크의 승리에 협조했지만, 사실 그전에도 그리스 선원들은 투르크 선단에서 일자리를 구하고자 하는 유혹에 빠지곤 했다. 사실 투르크의 선원들 중에는 에게 해 출신이 많았다. 아마도 크레타인들이 매년 여름 시작되는 전쟁에서 선단에 참여하려는 경향이 가장 강했을 것이다. 선원 모집관들은 페라의 조선소 인근 술집들에서 희망자들을 찾을 수 있었다.[43] 이것은 크레타가 투르크의 수중으로 넘어가기 한 세기 전에 일어난 일이다.

콘스탄티노플은 그리스인들에게 군대의 일자리에 더해 흑해와 이집트 여행을 통한 이익을 얻을 수 있는 기회들도 제공했다. 곡물을 운반하는 카이크 선과 카라무살리 선,[44] 말과 목재를 운반하는 제르베 선뿐만 아니라 에게 해를 항해하는 모든 그리스 선박들에게 수도에 물품을 공급하는 기회가 열려 있었던 것이다. 여기에 종교적 유인도 더해졌다. 콘스탄티노플은 정교에서 로마 역할을 하기 때문이다.

16세기 초반 몇십 년 동안에 지중해 전역으로 그리스인들이 확산되는 새로운 단계가 시작되었다. 바르바로사 형제의 경력이 이를 말해준다. 레스보스 출신의 선원으로 시작하여 이슬람 교로 개종하고 제르바를 거쳐 지젤리에 정착한 후, 이베리아 반도를 떠나려는 에스파냐 무슬림들에게 교통 편의를 제공하다가 해적이 되고 결국 1518년에 알제의 지배자가 된 그들의 경력은 우연이 아니다. 또다른 그리스인인 드라구트[1500-1565. 투르크 해적]의 경력 또한 마찬가지이다. 그는 1540년대에 튀니지 해안에 모습을 드러냈고, 1556년에는 그보다 5년 전에 투르크인들이 축출한 몰타 기사단 대신에 그의 세력이 바르바리 지역의 트리폴리를 장악했다.

튀니지와 시칠리아 섬의 사이

아프리카와 시칠리아 섬 사이의 불명확하게 규정된 바다가 어떤 역할을 했는지 정확하게 밝히는 것은 쉽지 않다. 이곳에는 생선, 산호초와 해면이 많은 심해가 있고, 너무 작아서 대부분은 사람이 살지 않는 섬들이 산재해 있다. 그런 섬들로는 시칠리아 섬의 서쪽 끝에 있는 파비냐나 섬, 마레티모 섬, 레반초 섬이 있고, 중간 바다에는 몰타 섬, 고조 섬, 판텔레리아 섬이 있으며, 튀니지 해안 가까이에는 타바르카 섬, 잘리타 섬, 젬브레타 섬, 제르바 섬 그리고 카르카나 제도가 있다. 그 변경은 북아프리카와 시칠리아를 잇는 과거의 지질학적 "교량"의 경계에 해당한다. 즉, 동쪽으로 트리폴리에서 시라쿠사까지 연결하는 선, 서쪽으로는 본[알제리의 안나바]에서 트라파니에 이르는 선이다. 이 바다의 핵심 축은 시칠리아에서 아프리카까지를 잇는 남북 축이다. 동쪽에서 서쪽으로, 곧 레반트[Levant : 해 뜨는 방향, 곧 지중해 동쪽 지역]에서 포난트[Ponant : 해 지는 방향, 곧 지중해 서쪽 지역]로 항해하는 배들이 이곳을 지나기는 하지만, 일반적으로 이 항해는 북쪽의 메시나 해협을 관통하는 주요 루트로 합류한다. 이 동서간 항해는 시칠리아-아프리카를 연결하는 남북간 항해만큼 빈번하게 이용되지는 않았다.

이 남북간 항해의 흐름이 이 지역 역사 전체를 때로는 남쪽으로, 때로는 북쪽으로 추동한다. 827년 아글라브 왕조[800-909년 북아프리카를 지배한 무슬림 왕조]의 정복으로부터 1071년 팔레르모의 탈환까지는 무슬림 시기로서, 이때에는 이곳이 이슬람권의 수도 역할을 했다. 그 다음 11세기부터는 노르만의 시대가 찾아왔다. 혹은 그렇게 되어 갔다고 하는 편이 정확한 표현일지 모른다. 왜냐하면 나폴리에서 시칠리아로 이어지는 노르만 족의 정복은 이 섬의 재정복으로 끝나지 않고, 전쟁, 약탈, 교역, 이주를 통해서 아프리카 방향으로 확산되었다. 그후 앙주 가문과 아라곤인들이 근접성으로 인해 이곳에 끌려들어와 같은 정책을 지속했다. 그들은 여러 번 아프리카 해안을 공격했고, 튀니지의 에미르[emir : 원래 군 사령관을 의미하지만 더 일반적으로 지배자를 가리키기도 한다]에게서 조공을 받았으며, 1284년부터 1335년까지 제르바 섬을 지배했다. 그동안 기독교도 상인들이 사방에 퍼져나가 정주했다. 특히 튀니지와 트리폴리의 수크[souk : 아랍권 시장]에 정착하여 차례로 여러 특권들을 얻어냈다. 기독교 병사들, 특히 시칠리아의 지배자가 되는 카탈루냐 용병들—시칠리아의 만종(晩鍾) 사건은 1282년에 일어났다[이 해 부활절 월요일에 만종을 신호로 시칠리아인들이 지배자인 프랑스인들을 학살한 사건]—은 아프리카에서의 모험이 아시아에서만큼이나 수익성이 좋다는 것을 깨달았다. 일찍이 12세기부터 카탈루냐의 병사들은 타바르카의 산호초들에 자주 들락거렸다.

팔레르모인과 메시나인들은 16세기에도 계속하여 아프리카 정복 계획을 제안했는데, 이는 에스파냐령 시칠리아의 부왕들—후안 데 라 베가, 다음에는 메디나 셀리 공작, 그 다음에는 메르칸토니오 콜론나—의 허영과 식민주의적 야심에 비위를 맞추려는 것이었다. 이 계획은 이 해역이 중간 연계 성격을 띠기 때문에 꼭 차지해야 한다는 막연한 필요성에서 나온 것이었다. 다시 말하면, 이 지역의 해안과 섬들을 연결하고, 또 시칠리아의 밀, 치즈, 다랑어, 제르바의 기름, 남쪽 지방의 가죽, 밀랍, 양모, 그리고 사하라 교역에서 얻는 사금과 흑인 노예의 공급을 서로 연결해야 한다는 필요성을 반영한 것이다. 더 나아가서 이 해역 전체를 통제하고 해안 순찰을 확고히 할 필요성도 있었다. 다랑어 어선의 안전과 바르바리 지역의 산호초에서 트라파니의 어부들—무장이 신통치 않으면서도 16세기에 바르바리의 큰 해적선들을 주저치 않고 공격하는 반(半)카탈루냐인들—의 안전한 조업을 보장해야 했다. 마지막으로 시칠리아 밀을 운반하는 카리카토리 선(caricatori)을 주로 남쪽에서 공격해오는 해적으로부터 보호해야 했다. 다른 곳과 마찬가지로 여기에서도 해적은 역사의 진전 과정에서 파괴된 원래의 자연스러운 균형을 재확립하려는 경향을 반영한다.

시칠리아 섬이 계속 북쪽의 나폴리를 지향하는 것은 자연스러운 일이다.

사실 그 두 지역의 역사는 근본적으로 대조적이어서 나폴리의 흥기가 팔레르모의 쇠퇴를 가져오고 팔레르모의 흥기가 나폴리의 쇠퇴를 가져왔다. 이와 함께 이 지역과 북아프리카와의 연결을 밝히는 것은 중요한 일이다. 우리의 지식이 불완전해서든 혹은 주목하지 않아서든 지금껏 이름도 없이 남겨진 이 세계의 가치를 파악할 필요가 있다.

지중해 "해협"

지중해의 최서단은 두 개의 땅덩어리 사이에 위치한 독립적이고 좁은 지역인데, 좁기 때문에 인간이 쉽게 접근할 수 있다. 따라서 지리학자 르네 레스페스는 지중해 "해협"("Channel" méditerranéen)이라고 부른 바 있다. 이곳은 서쪽의 지브롤터 해협, 동쪽으로는 칵신 곶에서 나오 곳까지, 혹은 더 크게 잡으면 발렌시아에서 알제까지 연결하는 선 내부에 위치한 별개의 세계이다. 이곳에서 동서간의 항해는 결코 쉽지 않다. 동쪽으로 항해하는 것은 서부 지중해의 큰 해역으로 들어가는 것을 의미한다. 반면, 서쪽으로 항해하는 것은 그보다 더 큰 대서양 해역으로 들어가는 것을 의미하는 데다가, 더구나 빈번한 안개, 강력한 조류, 암초, 해안을 따라 포진한 사구(砂丘) 때문에 아주 위험한 해협을 통과해야만 한다. 돌출부가 그렇듯이 해협 또한 조류와 풍향의 변화를 초래한다. 이곳에서는 이런 현상이 더욱 두드러져서, 이곳을 지나는 것은 늘 복잡한 일이다.

이와 달리 남북간의 항해는 비교적 용이하다. 따라서 이 바다는 이베리아와 북아프리카라는 두 개의 거대한 대륙 덩어리 사이의 장벽이 아니다. 분리하기보다는 차라리 연결시켜주는 강 같은 역할을 하며 그래서 질베르토 프레이르가 이미지로 표현했듯이 남과 북을 일종의 이중-대륙(bi-continent)으로 만드는 것이다.[45]

시칠리아와 아프리카 사이의 통로와 마찬가지로 이 해협 역시 중세에 이슬람의 정복 대상 중의 하나였다. 정복은 10세기라는 비교적 늦은 시기에 일어났다. 이때 코르도바 칼리프 관할구가 갑자기 강력한 세력으로 성장했다. 움마이야드 왕조의 성공 덕분에 마그레브[모로코, 튀니지, 알제리의 총칭]로부터 밀, 인력 그리고 용병을 가져오고 반대 방향으로 안달루시아 지역의 도시들의 생산물을 수출할 수 있었다. 이 좁은 해로에 자유롭게 혹은 아주 쉽게 접근할 수 있게 되자 안달루시아 해상 활동의 중심이 이제 알메이라—활력 넘치는 조선소, 선박, 견직물 제조업을 자랑했다— 로부터 세비야로 이전되어 11세기에 지중해의 해운이 이곳에 집중되었다. 막대한 부를 얻은 과달키비르 강 하구의 항구 도시 세비야는 대륙의 옛 수도인 코르도바와 화려함을 겨루었다.

이와 유사하게, 지중해에서 무슬림이 우위를 차지한 후 곧 아프리카 해안에 큰 항구도시들이 상승하거나 확대되었다. 부지, 알제, 오랑이 그런 곳들인데, 이중 뒤의 두 도시는 10세기에 건설되었다. 그리고 11세기와 12세기에 두 번에 걸쳐 알모라비드 왕조와 알모하드 왕조 치하의 "아프리카 안달루시아"는 기독교권의 압박으로부터 "본래의 안달루시아"를 구해냈다.

이슬람 세력이 이베리아 반도를 지배하던 마지막까지, 그러니까 적어도 13세기 혹은 그 이후까지 "해협"은 이슬람권에 속했다. 그것은 포르투갈의 알가르베 지방 주변으로부터 발렌시아, 그리고 더 나아가서 발레아레스 군도까지 포함한다. 이슬람권은 시칠리아 주변 지중해보다 이 해협을 더 오래 소유했다. 1212년의 나바스 데 톨로사 전쟁[이베리아 기독교 세력들이 연합하여 이슬람 세력에게 승리한 전쟁], 혹은 적어도 1415년 포르투갈의 돈 후안과 그의 아들들이 세우타를 정복할 때까지 말이다. 이때부터 아프리카로 가는 길이 열렸으며, 그라나다에 남은 이슬람 공동체는 위험에 처했다. 그나마 생명이 연장된 것은 카스티야의 내분 때문이었다. 1487년 재정복의 마지막 국면인 그라나다 전쟁이 시작되었을 때, 가톨릭 공동 국왕[페르난도 2세와 이사벨 1세]은 비스케이 만의 선박을 이용하여 해안을 포위했다.

재정복 이후 기독교권의 승자들은 이베리아-아프리카 해협 남쪽의 해안 지역을 지배하게 되었지만, 그들의 노력에는 신념과 지속성이 부족했다. 그런 요소들이 갖추어졌더라면, 에스파냐가 최대의 이익을 얻었을 것이다. 1497년 멜릴라, 1505년 메르스 엘 케비르, 1508년 페뇽 데 벨레스 섬, 1509년 오랑, 1510년 모스타가넴, 틀렘센, 테네, 알제의 페뇽 등을 정복한 이후 에스파냐는 새로운 그라나다 정복 전쟁을 더 확고하게 추진하지는 않았다. 비록 보상은 없지만, 핵심적인 중요성을 띤 이 정복을 포기하고 이탈리아라는 허깨비에 매달리고, 또 상대적으로 손쉬운 아메리카의 이득을 바라고 전쟁을 포기한 것은 에스파냐 역사의 재앙이다. 어쩌면 너무나도 쉬운 이 초기의 성공—왕실 비서인 페르난도 데 사프라는 1492년에 국왕에게 "그 것은 마치 하느님께서 전하에게 이 아프리카 왕국들을 선물하시려는 것 같습니다" 하고 쓴 바 있다—을 더 발전시킬 능력이 없거나 혹은 그런 열의를 가지지 않은 것, 다시 말해 지중해 너머에서 전쟁을 더 추진하지 않은 것은 역사상 가장 아깝게 놓친 기회 중의 하나이다. 어느 작가가 썼듯이,[46] 반은 유럽이고 반은 아프리카인 에스파냐가 자신의 지리적 사명을 수행하는 데에 실패하자 역사상 처음으로 지브롤터 해협이 "정치적 국경"이 되었다.[47]

이 국경을 따라 늘 전쟁이 발발했다는 것은 시칠리아 섬과 아프리카 사이와 마찬가지로 이곳에서 핵심적인 연결선이 우연히 끊어졌다는 표시이다. 해협의 통과는 어려워졌다. 16세기 내내 위태로운 정복지였던 오랑에 대한 공급 상황을 보면 이를 쉽게 알 수 있다. 말라가의 큰 "배선(配船) 선착장"에서 조달 담당자들은 호송대를 조직하고 선박과 소형선을 빌려 요새에 보냈다.[48] 그들은 이 선단을 통상 겨울에 보냈다. 이 짧은 항해가 가능할 정도로 기후가 좋은 기간을 확보할 수 있었기 때문이다. 그러나 해적들은 이 수송선들을 나포한 다음 통상적인 협상을 거쳐 각신 곳에서 되팔았다. 1563년, 알제의 군대가 요새를 포위했을 때 봉쇄를 깨기 위해 발렌시아와 안달루시아에서 보낸 배들은 돛대 1개의 대형 어선 발랑셀 선(ballancelle)과 브리간틴 선(brigantine : 쌍돛대 범선)이었다. 1565년의 한 문건에서 이야기하듯이,[49] 이 작은 선박들은 "옛날에" 코르도바의 모자, 톨레도의 직물 등을 싣고 카르타헤나, 카디스, 말라가 등지에서 출항하여 북아프리카 항구들로 간 배들과 같은 유형이다. 혹은 세비야, 산 루카 데 바라메다, 푸에르토 데 산타 마리아 등지의 선원들이 타고 지브롤터 너머 대서양으로 나가 멀리 모리타니아까지 갔던 배들을 연상시키기도 한다. 이 배의 선원들은 일요일이면 모로코 해안의 포르투갈 요새에서 미사를 드리곤 했다.[50] 혹은 발렌시아에서 떠나 알제에 쌀과 에스파냐 향수 같은 것들을 수송하거나 금수 명령을 어기고 밀수 행위를 하던 작은 배들과 같은 종류이다.[51]

이 세기 말에 이르러 조용하던 이 해역들이 다시 극적인 사건들로 들썩거리기 시작했지만, 이번에는 에스파냐의 전통적인 라이벌들이 일으킨 사건들이 아니었다. 마르세유의 선원들은 원래 바르바리 지역의 항구들을 자주 왕래했고, 1575년 이후 새롭게 나타난 리보르노 선원들은 튀니지에 이끌려 그곳에 많이 머물렀지만, 때로는 그보다 멀리 라라슈[모로코 북부 대서양 연안 도시][52] 혹은 모로코의 수스 강까지 가곤 했다.[53] 새로운 현상은 이런 마르세유나 리보르노 사람들이 만든 것이 아니라 주로 1590년대 이후 북유럽 출신 선박들의 대규모 침입으로 생기게 되었다. 이 이방인들은 들어갈 때 한 번, 다시 나올 때 한 번, 이와 같이 두 번씩 해협을 통과해야 했다. 그들이 지중해에서 나오는 것을 미리 알 수 있었으므로 길목에서 지킬 수 있었다. 전에부터 그런 주장이 있어 왔듯이,[54] 네덜란드 선원들은 지브롤터 해협을 통과하는 다른 길을 발견했고, 나중에 그 길을 알제 해적들에게 가르쳐준 것일까? 백 퍼센트 확실치는 않지만, 그럴 가능성이 없지 않다. 어쨌든 에스파냐 측은 바다가 잔잔한 여름이면 갤리 선을, 폭풍우 치는 겨울이면 갤리온 선을 이용하여 그들을 감시하고 통과를 막으려고 지대한 노력을 기울였다. 포르투갈 해안의 상 비센트 곶으로부터 카르타헤나와 발렌시아,[55] 그리고 더 나아가서 메르스 엘 케비르, 세우타, 탕헤르, 1610년 3월 20일에 점령한 라라슈, 그리고 1614년 8월에 점령한 라 마모라에 이르기까지 이 넓은 지역에서 이루어진 감시, 경계, 순찰, 그리고 아무런 영광도 못 누린 채 18세기까지 지속된 전투 등을 상상할 수 있다.[56] 에스파냐의 지배자, 선원들, 조언자들은 늘 최종적인 해결책을 꿈꾸었다. 지나는 배들을 정확히 포격할 수 있는 강력한 포대를 지브롤터에 설치하자는 것,[57] 세우타 앞바다의 페레질 섬을 요새화하자는 것,[58] 그 외에도 에스파냐에 봉사하는 영국인으로 정신병자였으나 탁월한 모험가였던 앤서니 셜리의 조언대로 모가도르와 아가디르를 정복하여 에스파냐 국왕이 아예 "바르바리의 절대 군주"가 되자는 것 등이 그런 것들이다.[59] 1622년에 한 주장이다!

그렇지만 이 싸움은 결코 종결되지 않았다. 영국인, 네덜란드인, 알제리인 등의 적들은 지브롤터 해협을 통과했다. 그들은 겨울의 조용한 밤을 이용하여 몰래 통과하거나,[60] 혹은 무력을 이용하여 강압적으로 통과했는데, 대개 이때에는 적에게 배 한 척 넘겨주는 일도 없이 오히려 더 강력한 선박과 화기를 이용하여 경비선들에게 타격을 가했다. 이런 전투들은 화려하지도 않고 거의 알려지지도 않았지만, 이런 극적인 사건들이 지중해의 입구에서, 혹은 그 바깥에서 벌어졌던 사실을 기억해야 한다. 우리는 이에 대해서 더 많은 이야기를 할 필요가 있다.

티레니아 해

16세기 문서들에 "코르시카와 사르디니아의 수로들"이라고 기록되었던 광대한 티레니아 해는 주변 세계에 개방된 데다가, 부유하고 인구가 많은 지역들이 이웃하여 격변의 운명을 피할 수 없었다.

초기 역사를 보면 이 바다는 여러 민족들 사이에 분할되어 있었다. 토스카나를 지배하던 에트루리아인들, 그리스 제국과 시칠리아의 도시들, 별도의 세계를 구성하며 제국적인 힘을 키워가던 마르세유, 마지막으로 시칠리아 서부와 사르데냐 및 코르시카 해안 지역들—이곳에는 에트루리아인의 거주지도 존재했다— 에 정착했던 카르타고인들이 그들이다. 거칠게 정리하면 에트루리아인들이 중심부를 통제하고, 다른 민족들이 변경을 지배했다. 남부의 그리스인들은 레반트 루트를, 카르타고인들은 파노르모스[팔레르모]에서 드레파논[트라파니]을 통과하여 아프리카로 가는 루트를, 그리고 마르세유의 그리스인들은 에트루리아 바다와 서부를 연결하는 루트—바로 이곳이 리옹 만을 통과하여 에스파냐로 가기 위해 위해서 순풍을 기다려야 했던 지점이다—를 장악했다.

이런 초기 상황에서 이미 티레니아 해가 장차 지속적으로 유지할 항구적인 특징을 읽을 수 있다. 그것은 중심부의 "호수"와 그곳으로의 접근로가 가진 중요성을 의미한다. 너무나 광대하고 열려 있는 이 바다가 결코 하나의 세력, 하나의 경제 혹은 하나의 문명의 지배하에 들어가지 않는 이유가 여기에 있다. 로마 제국의 평등주의적 헤게모니만 예외일 뿐, 그 어떤 해군력도 이 바다에서 패권을 차지하지 못했다. 비잔틴이 굴복시킨 반달 족, 이탈리아인들이 결국 피하는 데에 성공한 사라센의 선단들, 비잔틴의 저항에 부딪친 바이킹, 이슬람 세력과 카탈루냐인의 저항에 부딪친 앙주 가문 등, 그 어떤 세력도 마찬가지이다. 피사 역시 제노바와의 경쟁에 직면했다.

16세기에 핵심 지위는 코르시카의 지배자인 제노바가 차지했다. 그러나 이들의 패권은 약점을 안고 있었다. 제노바는 점차 외국 선박들에게 의존했는데, 이는 쇠퇴의 첫 번째 징표였다. 다음으로 에스파냐가 또다른 적수로 떠올라 티레니아 해의 일부 요새들을 정복했다. 그 첫 번째 흐름은 아라곤인들로, 이들은 1282년에는 시칠리아를 정복했고, 1325년에는 제노바의 장기간의 저항을 누르고 사르데냐를 정복하여 시칠리아와의 소통로를 확보했다. 카탈루냐의 팽창은 독자적인 성격을 띠었으니, 그들은 발레아레스 제도로부터 사르데냐와 시칠리아를 지나 동쪽으로 뻗어갔다. 카탈루냐인들은 사르데냐의 알게로와 시칠리아의 트라파니에 진정한 의미의 해양 식민지들을 건설했다.

이 팽창은 영광스럽지만 국력을 탈진시키는 일이었는데, 뒤늦게 해운업과 해적행위를 결합하여, 자신의 자리를 지키기 위해서 투쟁을 벌여야 했다. 원래 팽창을 주도했던 바르셀로나는 점차 발렌시아에 지도력을 넘겨주었다. 따라서 발렌시아가 관대왕 알폰소 치하에서 나폴리 왕국을 정복하는 데에 성공했다(1455). 그러나 발렌시아의 정복은 시작하자마자 곧 종말을 맞았는데, 그 이유는 아라곤 왕실이 곧 카스티야의 통제하에 들어갔기 때문이다. 이탈리아 전쟁[1494-1559] 시기에 티레니아 해에서는 더 큰 변화가 일어났다. 나폴리와 시칠리아에서 군인 및 관리가 아라곤인에서 카스티야인으로 바뀐 것이다.[61] 이제부터 에스파냐는 갤리 선과 보병 연대를 이용하여 티레니아 해에 강력한 해상, 군사 그리고 대륙 세력으로서 압박을 가했다. 단 그것은 상업 세력은 아니었다. 오래된 상업 특권을 가지고 있었음에도 불구하고, 카를 5세 시대 이래 시칠리아와 사르데냐에 대한 카탈루냐의 직물 수출은 계속 감소했다. 다른 곳과 마찬가지로 이곳에서도 에스파냐의 이해관계에 태만한 황제는 제노바 상인들이 그들의 상품을 가지고 시장에 밀려들어 오는 것을 허용했다. 이를 두고 제노바가 복수를 하고 패권을 되찾은 것이라고 해석할 수 있을까?

그에 대한 답은 간단치 않다. 1550년경 제노바는 티레니아 해와 다른 해역에서 그들이 유지하던 해상 활동 중 일부를 라구사인들에게 빼앗겼다. 라구사 상인들은 시칠리아의 밀과 소금의 수출, 그리고 에스파냐, 대서양, 레반트 지역으로 가는 원거리 교역을 접수했다. 처음에는 소수였다가 1570년대 이후 훨씬 수가 증가한 마르세유인들이 아니라면, 그리고 뒤늦게 리보르노가 성장하지 않았다면(리보르노는 피사와 피렌체 역할을 모두 담당했기 때문에 마르세유인들의 등장은 한편으로 창조이고 다른 한편으로 복귀에 해당한다), 티레니아 해는 거의 라구사인의 호수가 될 뻔했다. 여기에 코지모 데 메디치의 계산된 정책도 작용했는데, 그는 일찍부터 제노바령 코르시카에 관심을 두고 있었다.[62] 마지막으로 시칠리아와 사르데냐 사이의 넓은 통로를 통해서 바르바리 해적이 침입했다. 이 해적들은 북쪽으로 상당히 멀리 진출하여 사보나, 제노바, 니스, 심지어 프로방스의 해안까지 기습했다. 포르토 페라이오 요새와 함께 엘바 섬에 설치한 토스카나의 저지대 요새는 그들을 저지하지는 못하고 기껏해야 경고를 주는 정도에 그치곤 했다.

이처럼 분열되고 복합적인 티레니아 해는 지중해의 모든 지역들과 긴밀히 연관되어 자신만의 독특한 특성을 띠기 힘들었다. 그렇지만 거의 전적으로 자체 자원만으로 살아갈 수 있었기 때문에 그 다양성은 상당한 자율성을 띠었다. 이곳의 도시들, 혹은 너무 인구가 과밀하거나 혹은 목축 위주여서 스스로 식량을 확보하지 못하는 지역들은 우선 시칠리아에서 곡물을 조달했고, 1550년부터는 프로방스에서도 가져왔다. 다만 프로방스에서 들여온 곡물은 대개 부르고뉴 혹은 그보다 더 먼 지역에서 생산된 것들이었다. 소금은 트라파니, 치즈는 사르데냐, 비노 그레코[이탈리아에서 로마 시대 이래 그리스의 달콤한 포도주를 흉내낸 포도주] 혹은 비노 라티노[라틴식 포도주]는 나폴리, 염장육은 코르시카, 견직물은 시칠리아와 칼라브리아, 멸치와 다랑어, 그리고 여기에 더해 과일, 아몬드, 호두는 프로방스, 철은 엘베 섬, 자본은 피렌체 혹은 제노바에서 왔다. 그 나머지 것들은 외부에서 왔다. 예컨대 가죽, 향신료, 염료, 양모, 그리고 조만간 소금까지 [에스파냐의] 이비사에서 왔다.

이처럼 내부와 외부의 네트워크가 서로 긴밀히 얽혀 있었지만, 내부 네트워크가 더 풍요로웠다. 그것은 사람, 문명, 언어, 예술의 융합을 설명한다. 또한 상대적으로 조용하고 안전한 이 해역이 왜 소형 어선들의 바다가 되었는지도 설명한다. 1609년 6월-1610년 6월의 1년 동안 리보르노 항구 한 곳에만 2,500척의 보트와 소형 선박이 입항했는데, 실로 엄청난 숫자이다.[63] 오직 작은 배들만 티베르 강을 거슬러올라가 로마와 그 외항인 리파 그란데[현재의 리페타]로 갈 수 있었다.[64] 로마 교황청에 도착하는 추기경의 가구와 소지품들, 혹은 어느 교회 고위 인사가 나폴리 왕국에서 조심스럽게 가져오도록 한 그리스 포도주 통들은 이렇게 수송되었다. 우리가 살펴

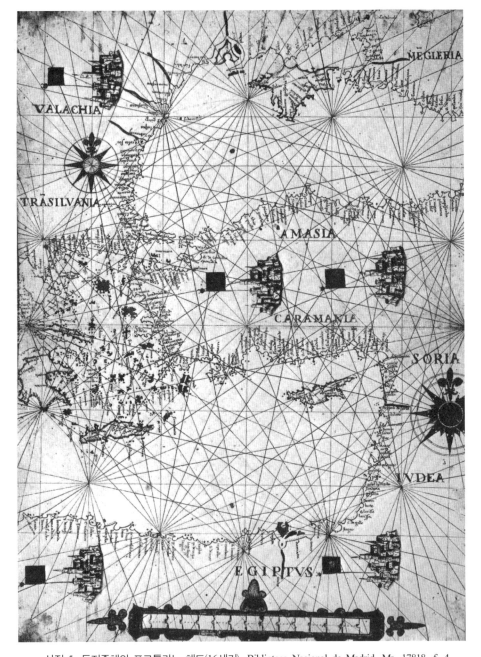

사진 5. 동지중해의 포르톨라노 해도(16세기). Biblioteca Nacional de Madrid. Ms. 17818, f. 4.

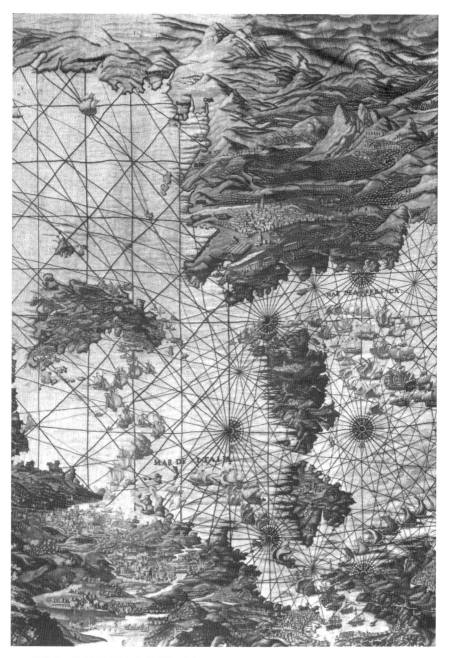

사진 6. 제노바와 튀니지 사이의 바다.
설명은 사진 7(p. 178)을 참조.

보는 이 시대에 풍부하게 남아 있는 리보르노의 통계 수치, 또 치비타베키아, 제노바, 마르세유 등지의 통계수치들은 이런 단거리 연결의 중요성을 잘 보여준다. 코르스 곶[코르시카 섬 북쪽의 반도]에서 리보르노나 제노바까지 목재를 운송하고 엘바 섬의 리오로부터 토스카나까지 철을 수송하는 것이 그런 사례이다. 소형선, 사에티아, 라우도, 타르탄, 프리깃, 폴라카 같은 작은 배들이 이런 항해에 이용되었다.[65] 제노바 세관 기록은 입항 선박들의 크기가 150칸타라(약 30돈)를 넘느냐 아니냐에 따라 베누타 마냐(venuta magna : 대형선)와 베누타 파르바(venuta parva : 소형선)로 나눈다. 제노바는 1년에 대략 수십 척의 "대형" 선박과 2,000척의 "소형" 선박들을 받는다. 대형 선박과 소형 선박이 1586년에는 각각 47척과 2,283척, 1587년에는 40척과 1,921척,[66] 1605년에는 107척과 1,787척이었다.[67](그런데 밀, 기름, 소금 등을 나르는 배들은 면세 혜택을 누렸기 때문에 관세를 내는 선박만을 기록한 이 수치는 전체 선박 수를 과소평가한 것이 분명하다).

　연안 항해는 모든 작은 해역에서 일상적인 활동이었으며, 교역의 큰 흐름에서도 핵심적인 것은 분명했다. 그러나 티레니아 해에서 이는 예외적으로 큰 수준에 도달했다. 문서가 남아 있다는 것 자체가 예외적인 일인데, 이런 기록을 통해서 우리는 다른 지역에서는 추측만 할 수 있는 내용을 명료하게 파악할 수 있다. 핵심은 경제 활동에서 소형 화물선이 대단히 중요한 역할을 했다는 사실이다. 코르시카의 소형 선박 선주가 몇 통의 염장육과 치즈를 싣고 리보르노에 들어오는 것은 흔한 일이었다.[68] 그는 아마 현지 상점주들의 항의에도 불구하고 이것을 길거리에서 팔았을 것이다.

　물론 소형 선박들이 모든 일을 다 하는 것은 아니다. "시칠리아 해역"에서 카르타고인들이, 티레니아 해 변경에서 마르세유인들이, 또 훨씬 후에 제노바인들이 그처럼 위대한 역할을 할 수 있었던 이유는 비달 드 라 블라슈가 언급하듯이[69] 동풍, 위험한 "레반트," 그리고 미스트랄에 맞서 서쪽으로 항해하는 난제에 대한 해결책을 찾았기 때문이다. 이 항해에는 거기에 맞는 배가 필요했다. 페르시아 전쟁 때에는 카르타고인들과 마르세유인들은 다른 해군보다 더 큰 배를 사용했기 때문에 성공을 거둘 수 있었다. 수세기가 지난 중세 말, 라틴 범포[삼각 범포]를 크게 만든 개선 덕분에 제노바는 원거리 항해의 문제에서 라이벌들보다 더 효율적인 답을 찾을 수 있었다. 이 도시는 자신의 발견을 활용하여 13세기 말 이후 지브롤터 해협을 넘어 멀리 플랑드르까지 항해할 수 있었다.[70]

제노바는 대형 선박을 계속 고집했다. 15세기에 키오스[그리스 동부]와 페라에서 플랑드르로 항해하는 장거리 항해에 제노바가 사용한 선박들 중에는 1,000톤이 넘는 배들도 있었다. 1447년 한 선장은 피렌체에 있는 친구에게 이런 편지를 썼다. "자네가 포르나라 호를 못 보다니 정말 유감이네. 이 거대한 배를 보았다면 정말 큰 즐거움을 느꼈을 걸세."[71] 당시 이보다 더 큰 배는 없었다. 1495년 마르텡 성인의 날[11월 11일]에 [나폴리 만의] 바이아 항구 앞에 두 척의 거대한 "제노바 범선"이 도착했는데, 이 배들은 "항구에 들어오지 않은 채 바다에 닻을 내렸다." 코민[1447?-1511. 역사가]의 말에 의하면, 이 배들만으로도 프랑스에게 유리하게 상황을 역전시킬 수 있었다. "왜냐하면 이 두 척의 배만으로도 충분히 나폴리를 재정복할 수 있었을 것이다. 크고 멋진 이 배들 가운데 한 척은 3,000보테, 다른 한 척은 2,500보테[botte : 배의 크기 단위, 3,000보테＝1,800톤, 2,500보테 ＝1,500톤]였는데, 각각 갈리엔과 에스피놀이라고 불렸다.……"[72] 그렇지만 이 배들이 바이아에서 이웃 도시로 가서 간섭하는 일을 하지는 않았다.

이런 세밀한 사실들은 보기보다 훨씬 중심적인 문제와 관련이 있다. 어느 해역의 해상 권력, 패권, 영향권 같은 문제는 범포, 노, 키, 선체 모양, 톤수 등과 같은 기술적인 디테일의 우위에 의존하지 않았던가?

아드리아 해[73]

아드리아 해는 아마도 지중해에서 가장 잘 통합된 해역에 속할 것이다.

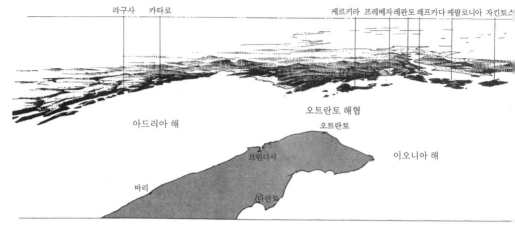

도표 11. 오트란토의 전면에서 코르푸 섬은 아드리아 해의 입구를 통제한다. 프레베자 해전[1538년 투르크가 신성 로마 제국 황제, 교황, 베네치아의 연합 함대를 깨뜨리고 지중해의 제해권을 가지게 된 해전], 레판토 해전[1571년 베네치아, 교황, 에스파냐의 연합 함대가 투르크 해군을 깨뜨리고 지중해의 제해권을 가지게 된 해전] 등 중요한 해전 장소들을 상기해볼 필요가 있다.

이곳은 그 자체든 혹은 유추해서든 지중해 전체의 연구와 관련된 모든 문제들을 제기한다.

넓다고 하기보다는 차라리 긴 이 바다는 사실 남북간의 통로이다. 북쪽에는 페사로와 리미니로부터 트리에스테 만까지 평평한 해안 지역이 펼쳐져 있으며, 이곳에서 포 평원이 지중해와 만난다. 서쪽으로는 이탈리아 해안 지역이 경계를 이루는데, 이곳은 내륙으로 약간만 들어가도 낮은 습지가 이어지지만, 바로 그 뒤에 소토벤토를 굽어보는 아펜니노 산맥이 달리고 있다. 이 산맥에서는 산들이 바다를 향해 돌출해 있는데, 그 가운데 특히 가르가노 산은 광대한 참나무 숲을 자랑한다. 동쪽으로는 달마티아 바위섬들이 연이어 있고 달마티아 해안 바로 뒤쪽에 발칸 반도의 황량한 산들이 솟아 있다. 디나르 알프스의 하얀 벽이 끝없이 이어지며 거대한 카르스트 고원의 구릉이 잇닿아 있다. 마지막으로 남쪽으로는 오트란토 해협을 지나 이오니아 해로 연결된다. 이탈리아 쪽의 오트란토 곶과 알바니아의 링구에

타 곳 사이에 있는 오트란토 해협은 아주 좁아서 지도상에서 확인해보면 겨우 72킬로미터에 불과하다. 일찍이 기원전 3세기에 렘보스 선[lembos : 고대의 소형 군함]은 순풍을 만나면 돛을 활짝 펴서 단 하루 만에 이 해협을 통과할 수 있었다.[74] 이와 마찬가지로 16세기에도 나폴리 부왕(副王)의 이름으로 코르푸 섬과 케팔리니아 섬의 소식들을 나폴리에 전하고 또 그 반대 방향으로 항해하는 임무를 수행하는 프리깃 함들 역시 하루만에 해협을 통과했다. 에스파냐의 한 보고서는 "오트란토 곳에서는 [대안의] 빌로네 만의 불빛이 보인다"고 했다.[75] 아테네 방향으로 비행기를 타고 가는 오늘날의 여행자들 역시 알바니아 해안, 코르푸 섬, 오트란토, 타란토 만을 동시에 볼 수 있다. 이 지역들은 거의 나뉘어 있지 않은 것처럼 보인다.

이렇게 남쪽으로 좁아진다는 사실이 이 해역의 핵심적인 특성이다. 이 특성이 통합성을 가능케 하는 요소이다. 그 좁은 통로를 통제하게 되면, 곧 아드리아 해 전체를 통제하게 된다. 그러나 정작 문제는 이 해협을 감시하는 데에 가장 적합한 지점이 어디냐 하는 것이다. 풀리아의 브린디시, 오트란토, 바르디 같은 활력 넘치는 항구들은 그런 지점이 아니다. 베네치아는 1495년과 1528년 두 번에 걸쳐 잠시 바리를 점령했는데, 다시 1580년에도 자신들의 상업 이익을 위해서 점령할 생각을 한 적이 있다.[76] 투르크인들 역시 1480년에 오트란토를 약탈한 후 잠시 점령한 적이 있는데, 이 사건은 전 이탈리아의 공분을 샀다. 그러나 아드리아 해의 입구는 이탈리아 쪽에서 통제할 수 없었다. 이곳에서 반도는 "바닷물의 깊이가 겨우 허리춤에 오는 정도이다." 그러므로 아드리아 해를 통제하는 것은 반대편인 발칸 해안 지역에서 가능하다. 그것은 마드리드 주재 프랑스 대사 생-구아르가 1572년 12월 17일에 샤를 9세에게 보낸 서한에서도 쓰고 있다. "만일 투르크 황제가 콰테로 만[현재의 코토르 만] 입구에 성채를 건설하여 콰테로를 쉽게 점령하려는 계획이 사실이라면, 곧 아드리아 해의 지배자가 되고 이탈리아로 쳐들어가 육상과 해상에서 포위할 힘을 보유하게 될 것입니다."[77]

그러나 사실 핵심 지점은 그보다 더 남쪽의 코르푸 섬이다. 베네치아는 1386년 이래 이 섬을 소유하고 있었다. 이 섬의 동쪽 해안은 빈곤했지만, 산악 지역이어서 보호 기능을 하기 때문에 이를 보호처로 삼아 해운을 집중시켰다.[78] 아드리아 해로 들어가거나 나온다는 것은 곧 코르푸를 지나 항해한다는 것을 뜻했다. 원로원의 위엄을 부리는 투의 문건(1550년 3월 17일)에 의하면 이 섬은 "해운을 비롯하여 그 어느 면으로 보나" 베네치아 국가의 "심장"이다.[79] 그러므로 베네치아 정부는 이곳에 많은 주의를 기울여서[80] 이 섬에 요새를 건설하는 데에 자금을 아끼지 않았고, 또 1533년 문건에서 읽을 수 있듯이[81] "이 돈을 보면 누구나 놀랄 정도의" 거액을 투자했다. 1572년에 이곳에 왔던 프렌-카네는 이 섬의 수도인 작은 그리스 도시 위로 거대하게 솟아 있는 성채에 감탄했다. 이곳에 설치된 700문의 대포의 사정거리는 알바니아 해안에까지 이르렀다고 한다. 그런데 바로 그 전 해에 투르크 군이 500명의 기병으로 공격하여 바로 그 성벽 아래까지 황폐화시켰다는 사실을 알고는 매우 놀랐다.[82] 그러나 코르푸 섬에서의 직무를 보고한 한 바일로[bailo : 콘스탄티노플 주재의 베네치아 외교관]의 1553년도 보고서를 읽었다면, 덜 놀랐을 것이다. 이에 따르면 새로운 포위전 및 전투 방식에 맞게 이 낡은 성채의 군사 시설을 보강하지 않을 때에는 모든 비용은 낭비되는 것이나 다름없었다. 그 일은 거의 시작도 하지 않았으며, 20만 두카트나 들었지만, 당시 상태는 여전히 비효율적이었다. 그것은 언제 완성될 것인가? 1576년의 보고서에서도 여전히 성채의 부적합성에 대해서 불만을 토로하는 것을 보면,[83] 그 일이 조만간 완수된 것 같지는 않다. 적들은 "칼에 손도 대지" 않은 채 들어와 해자의 끝 부분에 화기를 설치할 수 있었다! 이와 유사한 항의가 16세기 후반 내내 베네치아 관리들의 펜 끝에서 수없이 기록되었다. 베네치아 정부가 세운 인상적인 방어 시설은 낡아서 해적의 공격을 막을 수 없으며, 산은 물이 없어 피난처가 될 수 없고 그래서 불행한 코르푸 사람들은 성채를 이용하든 아니면 도랑을 이용해서든 알아서 자신의 목숨을 지켜야 한다. 투르크인들은 황폐한 시골이나 버려진 마을을 자유롭게 차지하곤 한다. 그 결과 "1537년 전쟁[투르크인들이 최초로 코르푸를 포위한 사건]" 이전에 4만 명에 달했던 코르푸의 인구는 1588년에 1만9,000명으로 줄었다.[84] 사실 베네치아는 이 섬의 방어를 주로 갤리 선에 의존했다. 황금색으로 뱃머리를 장식한 갤리 선들이 에게 해와 "베네치아 맨아드리아 해]"을 순찰하고 다녔다.

사실 베네치아는 코르푸 섬과 함께 함대로 아드리아 해 입구를 장악했고, 실로 아드리아 해 전체를 통제했다. 이 바다의 북쪽 끝에서는 도시 자체가 두 번째 요충지가 되었다. 그곳은 해로와 육로가 만나는 곳이다. 알프스 산맥이 가로막고 있다고 해도 육로들은 중부 유럽과 아드리아 해 및 레반트를 연결했다. 베네치아의 임무는 이 연결을 확보하는 것이었다.

아드리아 해는 베네치아의 바다요 "만"이었다. 베네치아는 원하면 아무 선박이나 나포했고, 상황에 따라 요령 있게 혹은 잔인하게 이 바다를 순시했다. 트리에스테가 골칫거리라고 생각하자 베네치아는 1578년에 이곳의 염전을 파괴했다.[85] 라구사가 골칫거리라고 생각하자 옛 라구사 해역에 갤리 선들을 보내 이 도시에 곡물을 공급하는 선박들을 공격했다. 또 1571년에는 신성동맹의 연합군을 동원하여 이 도시를 공격했다. 1602년에는 어업으로 유명한 라고스타 섬 사람들이 라구사에 대해서 봉기하자 이들을 지원했다.[86] 베네치아는 1629년에도 라구사 선박들을 나포했다.[87] 안코나가 골칫거리라고 생각하자 그들에게 맞서 관세 전쟁을 벌였다.[88] 페라라가 골칫거리라고 생각하자 이 항구를 점령할 계획을 세웠다. 투르크가 골칫거리라고 생각하자 큰 위험 부담 없이 원할 때면 언제나 주저없이 공격을 감행했다.[89]

황금률, 즉 "잘 알려진 원칙"은 단순했다. "상업의 5인의 현인"이 기록했듯이 "아드리아 해로 들어오고 아드리아 해로 나가는 모든 상인은 모두 베네치아를 거쳐 가야 한다," 즉 아드리아 해를 항해하는 모든 상품은 베네치아를 거쳐야 한다는 것이다.[90] 이는 권위적인 무역 집중을 목표로 하는 도시의 전형적인 정책이다.[91] 오직 베네치아 정부만이 적당하다고 판단할 때 예외를 인정해줄 수 있었지만, 그런 경우는 흔치 않았다.[92] 이것이야말로 자신의 이해에 따라 교역을 규제하고, 자신의 재정제도, 시장, 수출, 수공업 장인들, 그리고 자신의 해운을 지키는 방식이었다. 트리에스테로부터 철을 운반하는 두 척의 소형 선박을 나포하는 따위의 작은 일까지 포함하여[93] 베네치아가 하는 모든 행위는 계산된 정책의 일부분이었다. 1518년, 그들의 독점을 확고히 하기 위해서 베네치아는 크레타, 로마냐의 나폴리, 코르푸, 달마티아에서 떠나는 모든 배들이 베네치아로 상품을 가지고 온다는 사실을 보장하기 위해서 보증금을 내도록 조치했다. 서류상으로 이 조치는 완벽해 보였다. 그렇지만 이스트리아가 이 조치 대상에 빠져 있으므로, 이 구멍만으로도 충분한 우회로가 되었다. 이스트리아와 달마티아에서 제조하는 저품질의 직물들(rasse, sarze, grisi)이 자유롭게 빠져나가 레카나티 시장에서 대량으로 팔렸다.[94] 이 술래잡기 놀이에서 육상 혹은 강을 이용한 루트뿐 아니라 해상 루트에서도 밀수꾼들이 능숙하게 저항하고 있었던 것이다. 베네치아와 페라라 사이에 이루어지는 밀무역은 어떤 수단으로도 막아내지 못했다. 베네치아 주변의 작은 이웃들은 자신의 상황에 복종해야 했지만, 가능할 때면 언제나 속임수를 썼다.

그보다 더 강력한 이웃들은 목소리를 높여 반대 원칙을 천명했다. 에스파냐는 베네치아와 우선권을 놓고 자주 다툼을 벌였고, 특히 선박 나포 문제로 갈등이 잦았다. "오래 전부터 베네치아 정부는 아무런 근거도 없이 이 바다가 그들의 소유라고 주장해왔습니다. 마치 하느님이 다른 바다와 달리 이 바다는 모든 사람을 위해서 창조한 것이 아니라는 듯이 말입니다." 펠리페 2세의 베네치아 주재 대사인 프란시스코 데 베라는 이렇게 썼다.[95] 이런 주장에 대해서 베네치아인들은 금이 아니라 피로써 이 바다를 산 것이라고 지치지 않고 항변했다. 그들의 말로는 자신들이 "피를 철철 흘렸다"는 것이다. 그러나 베네치아 정부는 주변 강대국들이 아드리아 해에 묻이나

창을 여는 것을 완전히 막지는 못했다. 1559년에 투르크인들이 발로나에 들어왔고 에스파냐인들은 나폴리에 들어왔다. 교황은 안코나에 들어왔고 조금 뒤인 1598년에는 페라라로, 그리고 1631년에는 우르비노에 들어왔다. 오스트리아의 합스부르크 가는 트리에스테로 진입했다. 1570년부터 막시밀리안 2세는 베네치아에 대해서 "자유 항해 협상"을 요구했다.[96] 이는 이전에 교황청도 제기한 요구 사항이었다. 아냐델로 전투 이전의 혼란기인 1509년 2월 율리우스 2세는 만일 베네치아가 기독교권의 모든 신민들에게 아드리아 해의 자유 항행을 허락한다면,[97] 그들의 죄를 사해 주겠다고 제안했고, 이 제안은 그후에도 줄기차게 계속되었다.

마지막으로 상선대를 가진 라구사가 있다. 이 고집 센 "블라이세 성인의 공화국"[두브로브니크의 공식 명칭은 라구사 공화국이며, 블라이세 성인을 수호 성인으로 삼았다]은 교황청의 피보호자이면서 동시에 술탄의 봉신이라는 이중의 지위를 활용했다. 이런 중립적인 지위는 유용했다. 적대적인 지중해에서 라구사의 배들은 거의 아무런 피해를 입지 않고 통과했다. 따라서 베네치아는 무시할 수 없는 당장의 적으로는 안코나와 라구사를, 그리고 먼 미래의 적으로는 트리에스테를 꼽았다. 앞의 두 도시는 이 세기 초에 베네치아가 후추와 향신료 위기로 인해 곤경에 빠진 상황을 이용했다. 그러나 베네치아는 이 위기를 헤쳐나왔다. 사실 그 두 도시들로서도 해상 보험, 정화 송금, 혹은 수송 부문에서 베네치아에 의존하지 않을 수 없었다. 그들은 종종 베네치아의 하인처럼 굴었고, 아드리아 해의 한쪽에서 다른 쪽으로 가는 베네치아 선박의 단거리 항해 같은 것만 괴롭힐 뿐이었다. 그런 운송은 기껏해야 부차적인 사업이었다. 트리에스테의 철을 이탈리아에 가져가서 팔고, 서유럽의 직물, 풀리아의 양모와 포도주를 베네치아를 경유하지 않고 달마티아에 가져가는 정도의 일이었던 것이다. 베네치아 당국은 이런 "암시장"에서 거래하는 베네치아 주민들을 처벌하려고 노력했다. 그러나 그들이 이런 위협과 처벌을 자주 언명하는 사실 자체가 그 조치가 결코 효

율적이지 않거나 강력하게 시행되지는 않았다는 사실을 가리킨다.[98]

이런 것들은 일상적으로 행하는 단순한 경찰 행위였다. 물론 베네치아는 밀수꾼들과 라이벌들을 견제하는 데에 그친 것이 아니라, 아드리아 해의 풍요로운 교역에 이끌려 이곳에 출몰하는 해적들도 감시해야 했다. 풀리아와 로마냐의 밀, 알코올 도수가 높은 포도주, 기름, 달마티아의 고기와 치즈, 그리고 베네치아 정부의 원거리 수출입 상품을 운반하는 배들이 모두 해적의 목표가 되었다. 해적들에 대항하여 베네치아는 산발적이긴 하지만 끝없이 지속되는 전쟁을 벌였다. 한쪽 해역에서 쫓겨난 해적들이 곧 다른 해역에 나타나는 것은 단조롭고도 끈질긴 현상이었다. 15세기는 시칠리아를 근거지로 한 카탈루냐 해적들의 마지막 황금기였다. 베네치아는 필요한 경우 2-3척의 대형 상선에 무장을 갖추어 이 해적들을 공격하거나 최소한 무력화시키곤 했다. 회고해보건대 이처럼 큰 배로 수행하는 해적행위는 실제 위험한 행위라기보다는 장대해 보일 뿐이었다.[99]

16세기에는 투르크 해적이 증가했다.[100] 이들은 스타폴라, 발로나, 두라초 같은 알바니아 항구들을 통해서 아드리아 해로 들어왔다. 여기에 바르바리 해적들이 심각한 위협으로 부상했다.[101] 이제 해적에 앞서거니 뒤서거니 하며 투르크 대함대가 침입하자 상황은 더 위험해졌다. 그러나 이 위험을 과장해서는 안 된다. 16세기 마지막 4분기가 될 때까지 전반적으로 투르크와 바르바리인들이 "베네치아 만" 안으로 침입하는 경우는 매우 드물었다.[102] 다른 지역과 같이 아드리아 해에서 결정적인 변화가 일어난 것은 1580년 이후였다. 1583년 베네치아의 한 보고서는 이 변화를 이렇게 묘사한다. 얼마 전부터, 특히 풀리아 해안에 감시탑을 세우고 그곳에 설치한 화기를 이용하여 해안 지역과 그곳으로 피난해 오는 선박들을 보호할 수 있게 된 이후, 해적들은 만 안쪽으로 들어와서 훨씬 더 북쪽 지역들을 찾아가서 공격을 감행했다. 그들은 짧고 빈번한 공격을 가하여 갤리 선의 감시를 피했다.[103]

16세기의 전반부터 훨씬 더 심각한 위험이 더해졌다.[104] 이것은 세냐현지 이름으로는 세니와 피우메[현지 이름으로는 리에캐의 우스코크인의 항시적인 해적질이었다. 이 도시들은 알바니아와 슬라브인 모험가들이 모이는 곳으로, 베네치아 및 그 교역로와는 지척의 거리에 있었다. 이 경량급 적들은 분명 소수에 불과하여, 1598년 파견관인 벰보에 의하면 1,000명 정도였다.[105] 그중 400명은 투르크 황제 측으로부터 돈을 받았고, 600명은 "해적질을 하고 전리품으로만 먹고사는 용병이었다." 그러므로 이들은 한줌에 불과한 집단이지만, 황제의 보호를 받는 데다가 발칸 지역 무법자들이 "투르크에서 더욱더 많이" 끊임없이 와서 늘 강화되었다. 좌초 위험 때문에 갤리 선이 따라들어가지 않으려고 하는 섬 사이의 얕은 해협들로 들어가버리는 이 빠르고 가벼운 소형 선박들에 대해서 베네치아로서는 할 수 있는 일이 거의 없었다. 사실 그런 도적들은 어느 추적자들이든 쉽게 피할 수 있었다. 베네치아의 한 원로원 의원에 의하면, 해상에서 갤리 선으로 우스코크인을 잡는 것보다는 공중에 날아가는 새를 한 손으로 잡는 것이 더 쉬운 일일 것이다.[106] 거꾸로 만일 갤리 선이 대규모 매복 집단(600명)에 걸려들면 끝장이었다. 실제로 1587년 5월 17일에 나렌타 강(보스니아 헤르체고비나 어로는 네레트바 강) 입구에서 이런 일이 일어났다.[107] 배가 좌초하면 곧 그들의 먹잇감이 되고 말았다.

베네치아인들이 부르듯이 악마들, 도적들, "해적행위에 가담한 무리"는 그런 성공에 고무되어 신성한 것을 하나도 지키지 않았다. 모든 것이 그들의 사냥감이었다. 심지어 투르크인들도 그들에게 철저한 복수를 다짐했다. 라구사인들도 그들에 대해서 무기를 들고자 했다. 베네치아는 격노하여 피우메와 세냐를 포위하여 물레방아 바퀴에 이르기까지 그야말로 모든 것을 태워버리고 선장들을 교수형에 처했다. 그러나 이런 행위는 거의 효과가 없었다. 주모자는 세냐나 피우메가 아니라—피우메는 잠시 해적질로 얻은 상품을 매매하는 장소가 되려고 했지만 성공하지 못했다—그 배후의 트리에스테였다. 이 도시는 거대한 매매 혹은 재판매 중심지로서, 토스카나 대공이 갤리 선에 사용할 투르크인 노예, 혹은 베네치아인들에게서 훔친 섬세한 금박 직물이나 카믈로 직물 등을 거래하곤 했다. 트리에스테는 가공할 적이었다. 그 뒤에는 대공들, 빈의 합스부르크 가문 혹은 간접적으로 에스파냐의 합스부르크 가문이 있었다. 이탈리아와 베네치아 상인들은 [슬로베니아의] 크라니나 크로아티아 혹은 [오스트리아의] 스티리아에 찾아갔으나 헛수고에 그쳤다. 내륙의 상업 활동은 점차 떠돌이 농민 장사꾼들 혹은 보부상늘의 수중에 들어갔는데, 이들은 약탈자들이나 외부의 상인들과 접촉했다. 베네치아는 이런 다양한 위협에 맞서 곤경을 겪고 때로는 타협하고 때로는 놀라운 일들을 겪으며 자신의 특권을 유지한 것이다.

책 한 권을 쉽게 채울 정도로 많은 이러한 특징들은 모두 "만"의 통합성의 증거이다. 그 통합성이란 정치적인 것만큼이나 문화적이고 경제적인데, 그 지배적인 색채는 이탈리아적이다. 이 만은 물론 베네치아적이지만, 16세기에는 그 이상으로 승리를 구가하는 이탈리아적 특성의 영역이었다. 이탈리아 반도의 문명은 아드리아 해 동쪽 해안 지역에 치밀하면서도 찬란한 자수를 짜놓았다. 이 뜻이 곧 인종적 팽창주의자가 이해하는 것처럼 달마티아가 "이탈리아적"이라는 의미는 아니다. 배후지의 전체 해안에는 오늘날 슬라브계 주민들이 거주한다.[108] 또한 16세기에도 표면적인 외양과 관계없이 그러했다. 당시 라구사에서 이탈리아 문화는 일종의 상품이었다. 이탈리아 어는 지중해 전역의 상업 공용어였다. 여기에 패션과 속물근성도 더해졌다. 귀족 가문의 자제가 파도바에 가서 공부하거나 공화국의 비서들이 이탈리아 어와 라틴 어에 능통해야 한다는 것(라구사의 고문서들은 모두 이탈리아 어로 쓰여 있다)이 바람직한 일이었다. 교역과 정치를 관장하는 지배 계급 가문들은 주저 없이 자신들의 족보를 조작하여 이탈리아 가문이라고 주장했다. 사실 이런 지배 계급 인사들은 산악 지역의 슬라브인 출신이었고, 그들의 이탈리아 어화가 된 이름들도 슬라브의 기원을 보여준다. 해안 지역 사람들은 산악 지역에서 계속 충원되었으며, 슬라브 어는 구어로, 특히 여인들과 일반 서민들의 언어로 사용되었을 뿐 아니라 분명히 엘리트층의 언어이기도 했다. 라구사의 문서들에는 지방 장관 회의에서는 이탈리아 어만 사용하라는 엄격한 지시들이 기록되어 있는데, 그런 지시가 필요하다면 그것은 오히려 슬라브 어가 사용되었다는 증거이다.

이런 사실들에 근거할 때, 16세기에 아드리아 해는 이웃한 이탈리아 반도의 세련된 문명에 이끌렸고 그 궤도에 끌려들어간 것이 분명하다. 라구사는 이탈리아의 예술의 도시였다. 건축가 미켈로초 디 바르톨로메오[1394-1472]는 지방 장관 집무 건물을 지었다. 그렇기는 해도 "건너편 해안"의 도시들 가운데 오히려 이곳이 베네치아의 영향을 가장 적게 받은 곳이었다. 아주 단기간만을 제외하면 언제나 독립을 유지했기 때문이다. 자라, 스플리트, 케르소 섬 등지의 많은 문건들에는 이탈리아 출신 학교 선생, 사제, 공증인, 사업가, 심지어 유대인들이 등장하는데, 이들은 이탈리아 문명을 이곳에 들여오고 만들어가는 사람들이었다.[109]

그러나 아드리아 해가 전적으로 이탈리아적이기만 한 것은 아니다. 엄밀히 말하면 이 바다는 남북간이 아니라 남동쪽에서 북서쪽으로 방향이 나 있다. 말하자면 레반트 지역을 향해 있으며, 따라서 오래 전부터 교역과 국제 교류의 루트가 형성되어 있었고, 우리가 앞으로 보게 되듯이 동쪽의 질병과 전염병에도 열려 있는 곳이었다. 이 문명은 심층에서부터 융합적이다. 이곳에는 오리엔트가 확대되어 들어와 있고, 비잔틴이 계속 살아 있다. 이런 요인들이 합쳐져 이 변경 지역에 독자성을 주었다. 이 지역의 가톨릭은 산악 지역의 위협적인 그리스 정교 세계의 위협에 그리고 언제 들이닥칠지 모르는 투르크의 위협에 맞선 전투적인 종교였다. 그 모든 변전에도 불구하고 달마티아가 베네치아를 충실히 추종하는 이유는, 오래 전에 라만스키가 지적했듯이, 그 충성이 기본적으로 베네치아 정부를 넘어 로마 혹은 가톨릭 교회를 향하고 있기 때문이다. 자신의 이해에 그토록 투철한 라구사 같은 도시는 그리스 정교와 투르크 세계 속에 갇혀 있어서, 말하자면 이단과 이

교도들에 둘러싸여 있으면서도 놀라울 정도로 굳게 가톨릭을 유지했다. 이곳의 종교적 기반은 경제 구조만큼이나 흥미로운 연구 주제이다. 이들의 이해관계는 종교적 열정과 혼융되어 있었던 것이다. 로마에 대한 충성은 위협을 받는 변경에서 그들을 보호해주었다. 그것은 1571년의 가공할 위기 상황에서 분명히 알 수 있다. 찬란한 르네상스의 발전에 뒤이어—베네치아와 볼로냐처럼 이곳에서도 르네상스 현상은 뒤늦게 타올랐다—17세기에 심각한 성제적 후퇴가 이어지자, 그들은 교회에서 찬란한 경력을 쌓아갔다. 이제 과거의 상인과 은행가들이 교회의 추기경이나 사역자가 되어 프랑스에 이르기까지 기독교 세계 전역에 활동 범위를 넓혀갔다.

지리, 정치, 경제, 문명 그리고 종교가 모두 합쳐져 아드리아 해를 하나의 동질적인 세계로 만들었다. 이 세계는 해안의 경계를 넘어 발칸 대륙으로 들어가서 라틴 세계와 그리스 세계 사이의 경계 지역에까지 팽창했다. 서쪽으로는 이탈리아 반도의 미묘한 구분선에도 관련이 있다. 우리는 흔히 남부 이탈리아와 북부 이탈리아 사이의 뚜렷한 구분에만 관심을 기울이곤 한다. 그러나 티레니아 이탈리아와 레반트 이탈리아로 나뉘는 동서간의 구분은 덜 뚜렷해 보이지만, 분명히 실제적이다. 과거에 이 구분은 눈에 안 띄는 힘으로 작용했다. 오랫동안 동쪽이 서쪽에 대해서 우위를 차지했다. 그러나 르네상스를 만들어낸 것은 피렌체와 로마를 비롯한 서쪽이었고, 그것은 16세기 말이 되어서야 동쪽의 페라라, 파르마, 볼로냐, 베네치아에 도달했다. 경제 발전도 그와 유사한 진자 운동을 보인다. 베네치아가 쇠퇴하자 제노바가 흥기했다. 그후에 리보르노가 이탈리아 반도의 주도적인 도시로 성장했다. 이처럼 동쪽에서 서쪽으로, 아드리아 해에서 티레니아 해로 추가 움직인 것은 이탈리아의 운명뿐 아니라 지중해 세계 전체의 운명을 결정했다. 이탈리아는 그 양쪽의 세계 가운데에서 거대한 균형추 역할을 했다.

시칠리아의 동쪽과 서쪽

대형 선박들과 소형 선박들이 오가는 좁은 바다[해협]가 경제적으로나 인간적으로나 지중해의 핵심 지역이라고 말한 바 있지만, 그런 지역들 옆에 있는 광대하고 "적막한" 해역 역시 이 바다의 구조 중의 하나이다.

오늘날 여행의 기준으로 보면 지중해는 그리 큰 지역이 아니지만, 16세기에 지중해는 방대하고 위험하며 금지된 지역들을 포함하고 있었다. 이 무인 지역들이 이 세계를 구획했다. 이오니아 해는 이런 적대적인 지역 중 가장 넓은 곳으로서, 텅빈 해역이 남쪽의 리비아 사막으로 이어져 이중의 빈 공간을 만들어낸다. 그리하여 이곳은 해상으로나 육상으로나 동과 서를 나눈다.[110]

"시칠리아 해협" 너머 저쪽에는 시칠리아와 사르데냐 해안에서 발레아레스 제도, 에스파냐 그리고 마그레브 지역까지 또다른 광대한 바다가 뻗어 있다. "사르데냐 해"라고도 부를 수 있을 이 바다 또한 위험한 해안이 있으며, "북서"와 "동쪽"으로부터 강력한 타격을 받았다. 동서간 통행에는 많은 장애물들이 숨어 있다.

초기의 선박들은 이런 장애물들을 극복하고 동과 서를 연결시켰다. 이 지역 북쪽에서는 동쪽에서 서쪽으로 그리고 서쪽에서 동쪽으로 항해하는 배들은 발칸 지역 해안과 나폴리 해안에 바짝 붙어 운항하며, 위험이 더 큰 시칠리아 해협보다는 메시나 해협을 이용한다. 그것은 기독교권의 항로이다. 그보다 더 불편하고 그래서 이용도가 더 낮은 이슬람 루트는 시칠리아 해협을 대각선으로 관통한다. 이것은 투르크 함대가 알바니아 해안에서 발로나로, 발로나에서 나폴리와 시칠리아 해안으로, 시칠리아에서 비제르트 혹은 더 멀리 알제까지 갈 때 사용했던 길이다. 그러나 앞의 루트보다 이 루트가 덜 빈번하게 이용된 것은 분명하다.

남쪽에서는 아프리카 해안을 따라 가며 장애물들을 피한다. 이곳의 기독교권 해적들에 대한 보고가 있는 것을 보면 항해가 꽤 빈번했던 것 같다.[111]

문제는 해적들이 열린 바다에서 나타나서 이집트, 트리폴리, 제르바 그리고 알제에서 오는 선박들을 급습하는 것이다. 16세기 초에 베네치아의 갤리 선들은 여전히 바르바리 해안에서 호송 선단(muda)을 편성하고 있었다. 그 갤리 선들은 시칠리아 해안을 통과하여 이곳에 이르렀다. 이 세기 말에 잉글랜드와 네덜란드 선박들 역시 해안을 따라가는 항해를 했다. 지브롤터에서 아프리카 해안을 따라가서 시칠리아 해협에 이르렀고, 이 해협을 대각선으로 통과하여 시칠리아 해안에 이른 나음 그리스 해안을 지나 크레타, 에게 해 그리고 시리아까지 갔다. 이렇게 하는 이유들 중 하나는 분명히 메시나 해협에서 에스파냐의 감시를 피하기 위해서였다.

이 모든 경로들은 이오니아 해와 사르데냐 해를 지나지 않고 멀리 돌아갔다. 이 길들은 서부 지중해와 동부 지중해, 더 크게 이야기하면 동과 서의 연결선으로서 중요한 역사적 의미를 가졌다. 이와 함께 우리는 이탈리아를 통과하는 육상 교역을 고려해야 한다. 이탈리아 반도는 두 바다 사이의 지협 역할을 한다. 안코나와 페라라는 피렌체, 리보르노, 제노바와 연결된다. 베네치아는 제노바와 티레니아 해에 상품을 수출했다.……메시나 해협과 시칠리아 해협을 통과하는 교역에 이탈리아의 한쪽 해안에서 다른 쪽 해안으로 끊임없이 이어지는 노새 운송대가 연결되었다. 이런 보충적인 교역은 설사 정확한 통계 수치를 얻는다고 해도 오늘날의 기준으로 보았을 때 양으로 보나 가치로 보나 대단한 수준은 아닐 것이다. 그러나 16세기에는 결정적인 것이었다. 그것은 지중해 지역의 통일성에 큰 기여를 했다. 그것은 과연 어떤 종류의 통일성일까?

두 개의 해상 세계

동서 지중해 사이에 장애물들이 누적되어 서로를 분열시킨다고 주장한다면 그것은 과도한 지리적 결정론이 될 테지만, 여기에는 분명히 일말의 진실이 있다. 지중해의 한 쪽에서 다른 쪽으로 향하는 인간의 이주는 해상이든 육상이든 모두 갖가지 어려움에 봉착했던 것이 사실이다. 에밀-펠릭스 고티에의 시구를 자주 언급하는 브레몽 장군의 책은 7-11세기의 아랍의 침입은 인간의 관점에서 보면 북아프리카를 그리 크게 변화시키지 않았으며, 침입자들의 수가 그리 많지 않아서 비교적 용이하게 "흡수되었다"고 주장한다. 이것은 5세기의 게르만 족의 이동에 대한 한스 델브뢱의 주장의 변형과 같은 것이다. 이 문제는 일단 넘어가기로 하자. 우리가 관심을 두는 것은 육로든 해로든 동에서 서로, 혹은 서에서 동으로 인간이 이동할 때 마주치는 자연의 장애물이다. 그것은 마치 촘촘한 필터를 통과하는 것과 같다.

아마도 16세기에 서유럽 해안 지역에는 분명히 레반트인들이 존재했다. 그리고 리보르노에는 그리스인들이, 발레아레스 제도와 카디스에는 키프로스인들이, 모든 주요 항구에는 라구사인들이, 알제에는 레반트인과 아시아인들이 있었다. 바르바로사 형제와 알제리 출신 예니체리들은 에게 해와 소아시아에서 온 사람들이 아니었던가.[112] 반대 방향으로 동부에 라틴 식민화가 진행되었고, 상인들보다 훨씬 더 수가 많은 배교자들[기독교도였다가 이슬람 신자가 된 사람들]이 투르크 세계의 식민화에 기여했다. 그러나 이런 사소한 접목 현상은 실제 그리 큰 영향을 미치지는 않는다. 지중해의 양쪽 구역은 교역이나 문화적 교환에도 불구하고 각자의 독자성과 자체의 네트워크를 유지했다. 사람들 간의 진정한 융합은 개별 지역 내부에서 일어난 일이며, 이 경계 안에서 인종, 문화, 종교의 장벽에 도전했다.

이와 달리 멀리 떨어진 극점 간의 인간적 연결은 모험이거나 적어도 도박에 가까웠다.

그런 예들은 적지 않다. 고대에 페니키아인들은 카르타고에 정착한 후 그곳에서 대형 선박들을 이용하여 지중해의 서쪽 변경 방향으로 정복을 진행하면서 그들의 영향을 확대했다. 고대 그리스인들은 마르세유에 상륙한 후 이곳을 원정의 근거지로 삼아 확산해갔다. 이와 유사하게 비잔틴인들은 한때 시칠리아, 이탈리아, 북아프리카, 베티카[에스파냐 남부]를 통제했다. 7세기, 8세기, 9세기에 아랍인들은 북아프리카, 에스파냐, 시칠리아를 지배했다. 이 모든 위대한 승리의 사례들은 미래가 없는 현상이거나 혹은 전진기지의 군대와 본국의 수도 사이의 관계가 단절된 경우이다. 이는 마르세유, 카르타고뿐 아니라 무슬림화된 에스파냐의 운명이기도 하다. 그들은 10-11세기에 동쪽으로부터 시인, 의사, 교수, 철학자, 마술사, 심지어 붉은 스커트를 입은 무용수까지 포함해서 모든 문화적 자양을 받아들였다. 그후 본산지에서 분리되어 베르베르 아프리카에 남겨지자 이제 새로운 생활양식을 발전시켰다. 마그레브에 사는 사람들이 순례나 유학의 목적으로 동쪽으로 여행을 가면 "거의 이방인의 세계"에 들어간 것처럼 크게 놀라곤 했다. 어떤 사람은 "동쪽에는 이슬람 신자가 한 명도 없다"고 소리쳤다.[113] 이런 이야기는 투르크의 지배하에 있던 북아프리카가 오스만 투르크 제국에서 해방된 16세기에도 다시 반복된다.

지중해의 동쪽에서 전개된 십자군과 예루살렘의 라틴 왕국의 대칭적인 역사에 의해서 같은 내용을 역방향에서 검증할 수 있다. 그러나 이 점을 다시 재론할 필요는 없을 것이다.

투르크 제국과 에스파냐 제국의 이중의 교훈

각각의 바다는 독자적으로 살아간다. 지중해의 동서쪽 양쪽 해역 모두 자신의 선박들을 이용하여 자체적인 운항 시스템을 조직했다. 양쪽이 서로 소통하고 연결점들을 유지하긴 했지만, 자체의 폐쇄적인 회로를 만드는 경향이 강했다. 물론 상당한 정도의 접촉, 동맹, 그리고 상호관계가 없지 않았지만 말이다.

16세기의 정치를 보면 이 점이 아주 명확해진다. 우리는 15세기 중엽부터 16세기 중엽까지 에스파냐 제국주의의 신구 방향을 가리키는 화살표들, 서쪽의 바다를 통제하기 위해서 지배하고 이용하는 지점들 등을 그려 넣은 서부 지중해의 지정학 지도를 만들 수 있다. 실제로 에스파냐가 그런 과업을 이루지 않았던가! 1559년 이후 프랑스 함대의 쇠퇴, 프랑스와 투르크 제국 사이의 관계 약화 이후 서부 지중해는 명백히 에스파냐의 바다가 되었다. 무슬림들은 북아프리카라는 단 하나의 해안만 지배했는데, 그것은 분명히 최선의 지점은 아니었다. 더구나 그들은 해적들의 힘을 이용하여 이곳을 장악하고 있었을 뿐이고, 에스파냐의 요새 방어선에 의해서 압박을 받아 내외 양쪽에서 늘 위협을 받았다. 1535년 카를 5세는 튀니지에서 승리를 거두었으나 1541년에 알제에서 패퇴했다. 그러나 이 패배는 큰 충격이 아니었다. 마드리드의 군사회의는 레이스[re'is : 투르크의 해군 사령관]의 도시[알제]를 공격할 수 있는 계획안을 준비해두었다가 어느 날 곧바로 실천에 옮길 수 있었다. 실제로 돈 후안 데 아우스트리아의 시대에 그리고 다시 1601년에는 잔 안드레아 도리아의 급습에 의해서 이 계획은 거의 실현될 뻔한 적이 있었다.

반대로 이오니아 해, 즉 "크레타 해"는 오스만 제국의 바다였다. 1516년 시리아의 그리고 1517년 이집트의 점령 이후 동부 지중해 해안의 지배자가 된 투르크인들은 강력한 무장 선단을 만들어 이 바다들을 통제할 필요를 느꼈다.

이 두 개의 상이한 지중해 구역은 쌍둥이 제국주의의 매개체이자 창조자였다. 진카이젠은 투르크에 대해서 그런 말을 했지만, 이는 에스파냐에 대해서도 타당하지 않을까?[114] 16세기에 두 개의 지중해는 상이한 깃발 아래에 있는 두 개의 정치 영역이었다. 그러므로 페르난도 2세, 카를 5세, 술레이만, 펠리페 2세 시대의 중요한 해전들이 늘 그 두 바다의 접점 혹은 그 경계 지역에서 일어난 것이 놀라운 일이 아니다. 트리폴리(1511, 1551), 제르바(1510, 1520, 1560), 튀니스(1535, 1573, 1574), 비제르테(1573, 1574), 몰타(1565), 레판토(1571), 모돈(1572), 코로니스(1534), 프레베자(1538)의 해전들이 그것이다.

정치는 그 아래에 잠재해 있는 현실의 밑그림을 본따 그리는 일이다. 적대적인 지도자들이 지휘하는 이 두 지중해는 물리적으로, 경제적으로, 또 문화적으로 상이하다. 각각은 별개의 역사 영역이다. 물리적으로 동쪽은 대륙성 기후 성격이 강해서 더 극단적인 양태를 띤다. 서부보다 더 극심한 한발, 더 높은 여름 기온, 그리고 그 결과 더 황량하고 메마른(테오필 고티에라면 더 "야수적[fauve]"이라고 표현할 것이다) 땅을 가지고 있다. 반대로 해상 구역은 더 활기차다. 에게 해가 담당하는 탁월한 소통 역할을 주목해야 한다. 동쪽에서 항해가 더 쉽다는 점은 잘 알려져 있지 않아서 더욱 강조할 필요가 있다. 1559년의 한 문서는 이 점을 명료하게 지적한다. 한 의원은 [베네치아 공화국의] 산 마르코 의회가 여느 다른 베네치아령 섬들과 마찬가지로 키프로스 섬에서 상당수의 갤리 선의 의장을 갖추었으면 좋겠다는 의견을 제시한다. 통상 알렉산드리아와 로도스 섬에서 순찰 함대들이 발진하는 성 그레고리우스의 날(3월 12일) 이전에 이 배들이 크레타 섬으로 쉽게 넘어갈 수 있다는 것이다. 그 이유는 "이곳보다 그곳에서 좋은 날씨가 먼저 시작되기 때문이다."[115] 혹시 이것이 투르크 함대가 적에 비해 언제나 유리한 장점을 누리는 이유가 된 것이 아닐까? 빠른 공격이 가능한 것은 혹시 에게 해에서 날씨가 일찍 풀리기 때문이 아닐까? 계절의 리듬이 전쟁의 리듬을 좌우하던 시대에 그것은 아주 중요한 요인이 될 수 있었다.

정치를 넘어서

16세기에 두 지역 간의 지위가 역전되는 동시에 경제적, 문화적 차이가 갈수록 더 확대되었다. 13세기 이래 동부는 발전된 물질 문명, 기술적 우위, 대규모 산업, 은행업 그리고 금은의 공급 등 여러 부문에서 그들이 가지고 있던 우위를 하나씩 상실해갔다. 전례 없이 경제가 발전한 16세기에 드디어 최종 패배가 확인되었다. 대서양의 개방으로 수세기 동안 누려왔던 레반트의 특권이 파괴되었다. 이곳은 한때 "인도들[아시아 여러 지역들]"의 부의 유일한 보고였다. 이 시점 이후 기술적 그리고 산업적 진보에서 혁신을 경험하는 서방 세계와 그렇지 못한 동방 세계 사이에 생활수준의 차이가 갈수록 벌어졌다. 서방으로부터 생활비가 싼 동방 세계로 들어오는 화폐는 자동적으로 가치가 상승했고 더 큰 구매력을 가지게 되었다.

그러나 이런 수준 차이가 어떤 면에서는 두 지역 간의 경제적 통합성을 재창조했다. 정치적 장애를 비롯한 모든 장애를 극복하고, 심지어 해적까지 포함하여 가능한 모든 수단을 동원해서 통합을 이룰 필요성이 커져갔다. 전압의 차이가 전류를 결정한다. 차이가 클수록 흐름은 더 강력해진다. 동방 지역 주민들로서는 우위를 누리는 서방 지역과 연결되자 어떤 값을 치르더라도 부를 나누어가지려고 했다. 그들은 서부에서 귀금속, 곧 아메리카의 은을 들여와야 했으며, 유럽의 기술적 발전을 따라가야만 했다. 반대로 발전중인 서구 산업은 잉여 생산물의 시장을 찾아야 했다. 이는 아주 중요한 문제로서 우리는 아래에서 다시 검토해야 할 것이다. 왜냐하면 지중해 역사의 흐름을 유발하고 더 나아가서 원격 지배하는 것은 그와 같은 심층의 요구, 균형의 혼란과 회복, 필수적인 교환이기 때문이다.[116]

2. 대륙의 연안지대들

지중해는 언제나 항해인들의 성지처럼 거론된다. 이런 점은 수없이 반복되어, 마치 어디든지 해안선 한 곳을 떼어놓더라도 바로 거기에 선원들이 살고 있는 것처럼 여겨질 지경이다! 그러나 실제로 지중해는 북해 지역이나 대서양 지역처럼 수많은 해양민족들이 거주하는 곳이 결코 아니었다. 지중해는 오직 일부 지역에서 소수의 해양민족들만을 배출했을 뿐이다.

바다 사람들

그 이유는 명백하다. 그 이상의 많은 사람들을 유지할 수 없기 때문이다.

지중해 지역의 바다는 육지보다 결코 더 생산적이지 않다. 극히 자랑하는 해산물은 그저 소박한 양만 생산될 뿐이며,[117] 이곳의 어장은 산출이 그리 좋은 편이 아니다. 단지 코마키오 석호, 튀니지와 안달루시아의 연안(이곳에서는 다랑어 잡이를 한다)[118] 같은 예외적인 곳에서만 어업이 발달했다. 지반 붕괴에 의해서 해저가 깊이 함몰되어 있어 심해로 구성된 지중해에는 얕은 바다가 없다. 해양 생물들이 번식할 수 있는 수심 200미터 이내의 대륙붕이 없다. 거의 모든 곳에서 바위 덩어리나 모래로 덮인 좁은 해안에서 곧바로 광대한 심해로 이어진다. 지질학적 의미에서 아주 오래된 지중해는 해양학자의 말에 의하면 생물자원이 고갈된 곳이다.[119] 원양 어선단으로는 산호 채취용만이 있는데, 이 산호는 식용이 아니지 않은가! 이곳에서는 분명히 뉴펀들랜드나 아이슬란드를 찾아가는 원양 어선단이라든지 청어 잡이를 하는 북해 어장에 비견할 만한 것은 없다. 1605년 2월, 생선이 모자라자 제노바 정부는 사순절 기간 중 생선 소비를 제한하려고 할 정도였다.[120]

생선의 부족은 어부의 부족, 그리고 곧 선원의 부족을 초래했으며, 이는 지중해 세력의 대사업에 보이지 않는 브레이크 역할을 했다. 정치적 야망과 실제 사이에는 언제나 이 장애물이 놓여 있었다. 즉 배를 건조하고 의장을 갖추고 운영할 수 있는 인력이 부족했던 것이다. 리보르노의 상승이 어려웠던 원인 역시 여기에서 찾을 수 있다. 이 새로운 항구에 필요한 선원들을 모으는 데에는 코시모 데 메디치의 평생의 노력이 필요했다. 그는 지중해 전역에서 사람을 구해야 했다. 투르크가 함대를 만들고 알제의 해적들이 세력을 키우기 위해서는 지중해 전체의 도움이 필요했다. 지중해에서 벌어진 모든 전투를 책임진 갤리 선단을 만드는 데에는 무엇보다 인력 문제를 해결해야 했다. 노예, 전쟁 포로, 그리고 감옥에서 끌고 와 노에 사슬로 묶은 죄수들이 없었더라면, 갤리 선의 노꾼들을 어디에서 구한단 말인가? 16세기 중반부터 갤리 선 노수 지원자를 구할 수 없다는 불만을 제기하는 문건들을 많이 볼 수 있다. 1541년 베네치아의 제독 크리스토포로 다 카날에

의하면, 경기가 그럭저럭 좋았기 때문에 과거에 그랬던 것처럼 사람들이 자신을 노꾼으로 팔려고 하지 않았다.[121] 베네치아는 심지어 크레타 섬의 갤리 선단을 운용하기 위해서 민병대 체제를 도입해야 했으며 1542- 1545년 이후에는 그들의 갤리 선에 죄수들을 써야 했다. 노꾼만이 아니라 선원 역시 구하기 힘든 것은 마찬가지였다. 많은 문건들이 베네치아의 무능력과 저급한 조직을 거론한다. 이러저러한 점들을 고치면, 그리고 보수를 올리면, 베네치아 선원들이 다른 나라의 선박으로 옮겨가는 사태가 멈추리라는 주장이었다. 선원들이 심지어 투르크 함대나 서유럽 국가 함대로 옮겨가기도 했다는데, 이는 사실일 것이다. 하여튼 지중해의 전체 선박에 필요한 선원들의 전체 수가 부족했던 것은 분명했다. 그들은 당연히 최선의 조건을 찾아가려고 했기 때문에, 16세기에 자국의 필요를 충족시킬 만큼 많은 선원을 보유하고 있다고 자랑할 수 있는 나라는 하나도 없었다.

이 때문에 16세기 말에 지중해 국가들과 도시들은 북유럽 선원들을 모집하거나 혹은 그럴 계획을 세웠다. 1561년, 스코틀랜드의 한 가톨릭 신자가 갤리 선을 가지고 와서 에스파냐에 봉사하고자 했다.[122] 무적함대 이후 시기의 한 문서를 보면 펠리페 2세와 그의 자문관들은 실제로 영국 선원들을 채용하려고 했다![123] 리보르노에서 페르디난도 데 메디치는 지중해 지역만이 아니라 북유럽에서도 선원들을 불러들이려는 특별 정책을 썼다.[124] 16세기 말 이후 알제 역시 이런 방식을 따랐다.[125]

사정이 더 나은 북유럽으로부터 지중해는 인력만이 아니라 기술도 받아들였다. 예컨대 코그 선(cog)이 그런 사례이다. 이 배는 원래 하나의 마스트에 하나의 사각돛을 한 중(重)화물선으로 최악의 겨울 폭풍에도 항해가 가능했다. 지중해에 이 선박의 강점을 처음 선보인 것은 바이욘 출신의 한 바스크 해적이었다.[126] 이 배는 14-15세기에 발트 해와 지중해에서 사용된 전형적인 상용 라운드쉽이다. 다른 한편, 약 150년 후에 피에르 드 라 로셸 호가 단치히로 항해한 것은 이곳 시민들에게 새로운 유형의 선박을 선보인

사진 7. 지도 태피스트리.
빈 박물관이 소장한 이 명품 태피스트리의 일부는 카를 5세의 튀니지 원정을 보여준다(1535).
플랑드르 화가로서 카를 5세 원정에 동행했던 페르메이멘이 밑그림을 그렸다. 베르베르 해안
과 에스파냐의 해안을 볼 수 있다.(A.C.L. 브뤼셀)

놀라운 기회였다. 캐럭 선 유형인 이 배는 분명히 남쪽에서 코그 선을 개량
하여 만든 것으로, 여러 개의 마스트와 여러 개의 돛을 사용했으며─이것
이 지중해의 특징이다─특히 삼각돛과 사각돛을 모두 사용했다. 이 배는
남부 유럽의 선박이라기보다는 차라리 대양의 남쪽[대서양]의 선박이라고
하는 것이 정확하다. 이 배는 비스케이 만 지역 조선업자들이 개발한 후
1485년경부터 대서양과 지중해에서 사용하는 전형적인 상선이 되었다.[127]

그러므로 항해술의 개량, 혁명적인 변화는 대서양이 이룩한 성취임에 틀
림없다. 북유럽의 우위를 주장하는 한 사람은 심지어 지중해에서는 내해인
지중해 차원의 중요성 이상의 배는 전혀 개발하지 못했다고 주장했다.[128]

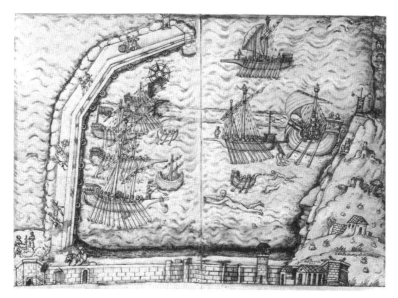

사진 8. 바르셀로나 항

부두도 그려져 있는데, 뒤에 그린 것이다(17세기 초). 갤리 선 한 척이 라운드쉽을 견인
하고 있고, 아랫부분에서는 해군 병기창을 볼 수 있다.

사진 9. 보스포러스 해협

이탈리아 포로가 그린 이 그림은 해협을 통제하는 두 성채를 나타낸다. 윗부분은 아나톨
리아 성채, 아랫부분은 유럽 측의 루멜리아(오스만 투르크의 유럽 측의 영토)의 성채가
전경에 그려져 있다. (A.d.S. Mantoue, Gonzaga EXXII. 3, Busta 795. 1573년경)

그러나 지중해와 대서양을 잇는 정규 직항로를 처음 개발한 것은 지중해의 선원들이었다. 14세기만 해도 분명히 그들이 앞서 있었다. 그러나 시간이 지나면서 점차 북유럽 선원들이 그들의 우위를 잠식했다. 우선 대서양 항해에서 그런 일이 일어났다. 15세기 혹은 그전부터 비스케이인들과 그들의 포경선, 또 브르타뉴인들과 플랑드르의 우르크 선(hourque)이 담당했던 중요한 역할을 기억할 필요가 있다. 우르크 선은 1550년부터 에스파냐와 네덜란드 사이의 교역을 독점했다. 또한 15세기 말부터 1535년까지 항해 여정 전체에서 북유럽이 우위를 차지하여, 이 기간에 많은 영국 배가 지중해에 나타났다가 잠시 소강상태 이후 1572년경부터 다시 항시적으로 항해를 했다. 이는 홀란드 선단이 지중해에 나타난 것보다 약 15년 정도 앞섰다. 결국 15세기 말부터 시작된 세계 지배를 향한 투쟁에서 지중해가 북유럽과 대서양의 선원들에게 최종적으로 패배한 것이다.

연안 지역의 취약점들

지중해에 선원이 적은 이유는 전통적으로 선원들을 배출하는 연안 지역 자체가 수적으로 적기 때문이다. 사실 대대로 사람들이 살아가는 그와 같은 연안 지역에서는 수온이 높은 바닷가에서 많은 사람들이 활발하게 활동하는 것처럼 보였기 때문에 선원도 많으리라는 환상을 심어주기에 족하지만, 문제는 그런 지역이 많지 않다는 데에 있다. 달마티아 연안, 그리스 연안 지역과 도서 지역들, 시리아 연안(사실 이곳은 16세기에 너무나 쇠퇴하여 이 목록에서 빼는 것이 나을지 모른다. 그리고 1550-1650년에 콘스탄티노플 주재 베네치아 바일로들의 서한에서는 베이루트에 선박이 한 척뿐이라고 전한다), 시칠리아 연안(특히 서부 연안), 나폴리의 일부 연안, 코르스 곶, 그리고 마지막으로 제노바에 이웃해 있는 연안 지역들과 프로방스, 카탈루냐, 발렌시아, 안달루시아 등을 들 수 있다. 이곳을 모두 합해 보아야 지중해 연안 전체의 일부에 불과하다. 이 지역들 가운데 제노바 연안처럼 거리에 사람들이 넘치고 수많은 종탑들이 보이는 지역들이 얼마나 되겠는가?[129]

긴 해안선 지역이라고 해도 그곳에서 실제 활동적인 곳은 서로 간에 상당히 떨어져 있는 작은 항구들에 불과하다. 라구사의 대형 상선의 선장은 대부분 인근의 비좁고 방어도 안 된 메초 섬 출신이었다.[130] 이 세기 말에 페라스토[131]에는 다 파티(da fatti : 무기를 들 수 있는 사람)는 4,000명에 불과했지만, 크고 작은 배가 50척이나 되었다. 사실 페라스토 사람들은 긴 카타로 만을 순시하고, 베네치아 대신 입구를 지켜주는 대가로 모든 세금을 면제받았다. 이들 덕분에 이 만은 사악한 인간들로부터 가장 안전했다. 나폴리 왕국에서는 널리 이름이 알려진 살레르노[132]와 아말피,[133] 혹은 연안의 칠렌토 지방의 산 마페오,[134] 아만테아,[135] 비에스트리스,[136] 페스키치[137] 같은 작은 항구들이 조용하게 그러나 지속적으로 활동하고 있었다. 특히 마지막에 언급한 페스키치는 나폴리의 솜마리아(Sommaria, 왕실 회계청)의 문서에 기록되어 있듯이 활기찬 조선 중심지인데, 특히 라구사의 고객들로 인해 한가한 때가 거의 없었다. 이곳의 연안에서 대형 선박들이 건조되었는데, 1572년에는 무게가 6,000살마(salma), 즉 750톤에 달하는 배도 만들어졌다.[138]

인구가 많든 적든 이런 해상 지역들의 태반은 지중해의 여러 반도들의 북쪽에 위치해 있다. 그뒤에는 일반적으로 삼림 지역이 존재한다. 남쪽의 산은 메마른 기후 때문에 숲이 크지 않아 조선에 불리하다. 부지 근처의 숲 정도가 예외에 속한다. 만일 이 숲이 없었다면, 이븐 할둔이 거론한 해군을 13-14세기에 어떻게 육성할 수 있었겠는가? 시리아 연안의 해상 활동이 쇠퇴한 것은 레바논의 삼림이 황폐해졌기 때문이 아닐까? 알제는 선원만 해외에서 구해 오는 것이 아니라 조선용 목재도 수입했다(물론 셰르셀 후방의 숲에서 나는 목재도 사용했다). 이곳에서 사용하는 노는 마르세유에서 들여온 것이었다.

모든 번성하는 항구들의 경우 우리는 문서들에서든(특히 리보르노와 베네치아처럼 조선소 문건들이 남아 있는 경우가 그렇다) 전승이나 항해에 관한 연구서들을 통해서든, 조선용 목재의 산지에 대해서 알고 있다. 포르투갈처럼 상선 건조에 전문화한 라구사는 [이탈리아의] 가르가노 산(산탄젤로 산으로도 알려져 있다)의 참나무 숲에서 목재를 구했다. 1607년의 한 연구서에 의하면,[139] 이런 것이 라구사가 포르투갈보다 앞서는 이유가 되었다. 만일 포르투갈이 산탄젤로와 같은 삼림 자원을 가지고 있었다면, 아마 이곳에서 세계 최고의 갤리온 선을 만들었을 것이다. 투르크의 가리무살리 선은 큰 플라타너스 재목으로 만드는데, 이 재목은 특히 물속에서 강한 것으로 알려져 있다.[140] 장기간 사용해야 하는 갤리 선은 각 부분마다 상이한 목재를 사용해야 했으므로, 참나무, 소나무, 낙엽송, 물푸레나무, 전나무, 너도밤나무, 호두나무 등을 모두 사용했다.[141] 최고의 노는 오드 강과 운하를 통해 나르본에 들여온 나무로 만들었다.[142] 1601년 4월과 8월 사이에 조선용 목재를 구하기 위해서 남부 이탈리아를 돌아다닌 라구사인들의 일지는 많은 사실을 알려준다.[143] 또 토스카나의 숲의 목재를 벨 권리를 에스파냐인들에게 허락했다가 다시 회수한 내용을 기록한 문서,[144] 역시 토스카나에서 제노바가 목재를 구입한 기록,[145] 나폴리에서 바르셀로나가 목재를 구입한 기록[146](그러나 사실 바르셀로나는 카탈루냐의 피레네 산지에서 나는 참나무와 소나무를 더 많이 사용했으며 그것들은 갤리 선 건조에 아주 유용한 것으로 알려져 있었다[147]) 등도 참조할 수 있다. 또 (나폴리에서 건조한) 왕실 갤리 선 공급업자인 피에르 로이세 숨몬테가 솜마리아와 체결한 계약서들도 흥미로운데, 여기에서 그는 네르티카로, 우르소마르소, 알토몬테, 산도나토, 폴리카스트렐로 등지에서 벤 나무들을 나폴리로 운송하기로 되어 있다.[148]

그러나 예외적 사례들보다 전반적 상황을 이해하는 것이 더 중요하다. 베네치아나 에스파냐 문서들로부터 추론할 수 있는 상황은 목재 부족, 그리고 지중해 서부와 중부 지역, 특히 나폴리와 시칠리아 지역의 삼림 황폐화이다. 바로 이곳이 펠리페 2세가 군함 건조 중심지로 삼으려고 노력했던 곳이다. 특히 선체를 만드는 데에 필요한 참나무가 부족해졌다. 15세기 말 이후 참나무가 귀해지자 베네치아는 아직 남아 있는 숲을 보호하기 위해서 일련의 극단적인 조치들을 취했다.[149] 다음 세기에는 베네치아 정부가 보기에 이 문제가 더욱 심각해졌다. 이탈리아에는 아직은 삼림 자원이 상당히 남아 있긴 했지만, 16세기 내내 벌채가 진행되었다. 우리는 삼림 황폐화가 빠른 속도로 진행되었다는 사실을 알고 있다. 산탄젤로 산은 아주 희귀한 예외에 속한다. 흑해와 마르마라, 그리고 콘스탄티노플 조선소 바로 맞은편에 위치한 니코메디아 만(이즈미트 만[150])에 숲을 보유한 투르크는 사정이 나은 편이었다. 레판토 해전 이후 베네치아는 신성동맹 측에 투르크 포로들 가운데 경험 많은 선원들은 아무리 많은 신속금을 낸다고 해도 모두 사형에 처해야 한다는 주장을 힘겹게 개진했다. 그 이유는 투르크는 목재와 돈 모두가 부족하지 않기 때문에 단지 "많은 인력을 모을 수 있다면," 더 많은 선박을 건조할 수 있기 때문이라는 것이다.[151] 오직 인력만이 필수불가결한 것이었다.

　지중해의 해상 세력들은 자신들의 숲에서 얻지 못하는 것을 점차 외부에서 찾기 시작했다. 16세기에 세비야에는 북유럽에서 판재와 들보만 가득 적재한 선박들이 도착했다. 무적함대를 건설하기 위해서 펠리페 2세는 폴란드에서 재목을 구매하고 또 그러기 위해서 벌채한 나무에 표시를 하려고 노력했다. 베네치아는 이전에 주민들에게 외부에서 목재를 사거나 혹은 선체 형태로 들여와 조립하거나 아예 완성된 선박을 구입하는 행위를 엄격하게 금지시켰지만, 이제 그 규제를 바꾸어야 했다. 1590년부터 1616년까지 베네치아는 홀란드에서 11척, 파트모스에서 7척, 흑해에서 4척, 콘스탄티노플, 바스크 지방, 지브롤터 지방에서 각각 1척씩 배를 수입했다.[152] 이 목재 위기가 지중해 지역에서 기술이 발전하고 해양 경제가 발전한 원인 중 하나인 것이 분명하다.[153] 배의 톤수가 줄고 건조 비용이 증가하고, 게다가 성공을 구가하는 북유럽과의 경쟁에 직면하게 된 것이다. 물론 여기에는 가격 동향이나 높은 인건비 같은 다른 요소들 역시 연결되어 있다. 정말로 모든 문제가 원재료에만 관련되지는 않았기 때문이다.[154]

해양 문명이 처음에는 해안의 산지에서 성장했다면, 그 이유는 단지 삼림 때문만은 아니고, 지중해 속의 항해의 최대 장애 요인 중 하나인 강력한 북풍을 막아줄 피난처를 제공하기 때문이기도 할 것이다.[155] "젊은 남풍과 늙은 북풍에 돛을 올려라"라고 에게 해의 속담은 말한다.[156] 또다른 설명은 산지 출신 이주민들로서는 당연히 해안으로 내려가서 항해를 통해 또다른 해안 지역으로 가는 것이 최선의 길, 어쩌면 유일한 길이라는 것이다.[157] 이처럼 바다의 삶과 산지 경제 사이에 연관이 이루어져 서로 소통하고 보충한다.[158] 그 결과 밭갈이, 시장 판매용 채소밭 재배, 과수원, 어업, 해상 활동의 놀라운 혼합이 이루어진다. 달마티아의 블레트 섬을 방문한 한 여행자가 관찰했듯이 오늘날에도 이 지역 주민들은 농사와 어업 사이에 시간을 나누어 쓴다.[159] 판텔레리아에서도 마찬가지이다. 이곳 사람들은 어업, 포도 재배, 과수 재배에 더해 훌륭한 노새 종을 사육하는 일을 한다. 바로 이것이 지중해 지역의 전통적인 삶의 지혜이다. 부족한 토지 자원에 부족한 바다의 자원을 더하여 살아가는 것이다. 오늘날에는 이런 방식이 점차 사라져가다 보니 어려움이 증대되고 있다. 필리온 산 지역의 그리스 어부들은 "점차 더 바다로 이끌려가서 이제 채소밭들을 포기하고 항구 지역으로 가족들을 이끌고 가야 한다." 그렇지만 이전의 균형이 잡혔던 전통 생활양식에서 멀어지자, 그들은 정부의 금지에도 불구하고 다이너마이트를 터뜨려 물고기를 잡는 불법행위를 일삼으려고 한다.[160] 바다만으로는 생활이 충분치 않기 때문이다.

황량한 산지에서는 땅만으로 생활하는 데에 충분치 않다는 점 또한 마찬가지이다. 해안 지역의 경제 발전에서 구식 농촌 마을이 중요한 역할을 한 이유를 여기에서 찾을 수 있다. 카탈루냐의 바다를 굽어보는 마을에는 나무들 사이로 흰 집들을 볼 수 있다. 산지의 언덕배기에 계단식 밭을 가꾸고 놀라운 원예술을 선보인 것이 바로 이런 마을 사람들이다. 이처럼 산지 마을과 해안 마을이 서로 소통하는 경우는 흔하다. 아레니스 데 마르, 아레니스 데 문테, 리에바네레스 아래쪽의 칼데테스, 카브릴스 아래쪽의 카브레라가 그런 예들이다.[161] 제노바 연안에서도 마찬가지로 산 위의 오랜 마을과 바닷가의 어촌에 선착장이 연결되어 있다.[162] 이것은 이탈리아 전체에서, 그리고 이 나라 외에서도 수백 건의 유사 사례들을 찾아볼 수 있다. 두 마을 사이에는 계속해서 당나귀들이 오르내린다. 대개 해안 마을은 산지 마을에서 떨어져나와 나중에 만들어진 곳인데, 두 곳은 서로 긴밀한 관계를 유지한다. 그러나 사실 그런 지역의 끔찍한 빈곤은 두 마을의 결합을 통해서도 쉽게 개선되지 않는다. 카탈루냐의 로사스 혹은 산트 펠리우 데 기홀스 같은 곳에서는 최근(1938)에도 시장에서 한 줌의 야채나 닭 1/4마리 같은 식으로 아주 소량의 먹거리를 거래하는 장면을 볼 수 있었다.[163] 1543년 카시스의 주민들은 선원이면서 때로 해적질도 마다하지 않았는데, 가난 때문에 어쩔 수 없이 "엄청난 위험을 안고 바다에서 거래를 하거나 고기를 잡아야 한다"고 불만을 토로했다.[164] 지중해의 수백 개의 마을들은 대개 산지의 황량한 배후지의 가난 때문에 만들어졌다.

대도시들

해안 마을들이 기본 단위이지만, 이것만으로 활력 있는 해안 지역이 만들어지지는 않는다. 활대, 범포, 삭구, 피치, 로프, 게다가 자본까지 제공하는 대도시가 필수적이다. 도시는 상인, 해운업 사무소, 보험업자를 비롯한 다양한 서비스를 제공한다. 바르셀로나의 장인들, 유대인 상인들, 군인 모험가들, 그 외에 산타 마리아 델 마르 지역의 다양한 자원들이 없었더라면, 카탈루냐의 해상 팽창은 생각할 수 없었을 것이다. 그런 성공에는 대도시의 긴밀한 움직임, 결속, 제국주의가 필요하다. 카탈루냐의 해안 지역이 **역사**

적으로 눈에 띄는 해상 활동을 개시한 것은 16세기이다. 그렇지만 진정한 해상 팽창이 이루어진 것은 바르셀로나의 흥기가 시작된 2세기 이후의 일이다. 그후 3세기 동안 카탈루냐 해안 지역의 작은 항구들로부터 많은 배들이 바르셀로나의 "해안"을 계속 왕래했다. 그곳에는 발레아레스 제도의 선박들만이 아니라 언제나 라이벌 관계에 있는 바르셀로나의 선박들도 들르고, 비스케이 만의 포경선들, 그리고 늘 중요한 고객인 마르세유와 이탈리아의 선박들도 왕래한다. 그러나 아라곤의 후안 2세와의 장기간의 투쟁 끝에 바르셀로나가 독립을 상실하고, 그로부터 20년 후 1492년에는 유대인 거리가 큰 타격을 입고, 마침내는 이 도시의 자본가들이 위험성이 큰 사업에 투자하는 대신 환어음 시장[165]의 안정적인 수입을 선호하든지 혹은 시이웃 지역의 토지에 투자하자 이 큰 상업 도시가 쇠퇴하기 시작했으며, 그와 함께 여기에 의존하던 카탈루냐의 해안 지역 역시 쇠퇴의 길로 들어섰다. 그 결과 카탈루냐의 교역은 사실상 지중해에서 사라졌고, 발루아 가문과 합스부르크 가문 사이의 전쟁 당시 프랑스 해적들이 공격해왔을 때 혹은 그 비슷하게 알제의 해적들이 공격해왔을 때—이 해적들은 아예 에브로 델타에 자리를 잡았었다—이곳 해안 지역은 아무런 방어도 하지 못할 정도였다.

마르세유, 제노바, 라구사 역시 유사한 방식으로 주변의 작은 항구들을 지배했다. 심지어 그런 대도시가 종속관계가 있는 해안에 위치하지 않는 경우도 있다.[166] 예컨대 베네치아가 이스트리아 해안, 달마티아 해안, 그리고 멀리 그리스 섬들까지 장악한 경우가 그런 예이다. 마르세유 역시 주변의 프로방스 해안 지역을 지배할 뿐만 아니라 코르스 곶 선원들을 대거 고용한다. 제노바가 라구사의 화물선을 이용하는 것도 마찬가지이다.

대도시의 매력은 지중해 지역 선원들이 언제든지 이주하려는 성향을 띤다는 데에서도 읽을 수 있다. 이는 지중해든 어디든 언제 어디서나 통하는 사실이다. 1461년 베네치아의 원로원은 선원과 갤리 선의 노 젓는 죄수들의 부족에 우려를 표하며 자세한 사실을 조사했다. 선원들이 "봉급을 잘 주는 피사로 가게 됨으로써……결국 우리에게 손해이고 그들에게 이득이 된다"는 설명이다. 많은 선원들은 빚에 시달리거나 5현인 회의 혹은 베네치아의 야간 순시 경찰이 부과한 과도한 벌금을 안고 있었다.[167] 1526년의 법적 다툼을 기록한 산타 마리아 데 보고냐 호의 회계 문서가 남아 있다. 이 문서를 보면 이 배는 대서양으로 항해하여 카디스에 잠시 머물고, 리스본과 상 토메 섬에 들른 후 노예들을 싣고 산토 도밍고로 갔다.[168] 이는 지중해를 벗어나는 이야기이긴 하지만, 이 배에 탄 선원들과 견습 선원 가운데에는 리파리, 시칠리아, 마요르카, 제노바, 사보나 출신 외에 일부 그리스인들도 있고 툴롱 출신도 한 명 있다는 사실이 흥미롭다. 그야말로 모험가들의 집합소인 셈이다. 1532년 5월, 헤이그에서도 유사한 불만을 담은 기록이 있다. 선원들은 "언제나 다른 곳으로 가려 하며" 특히 홀란드와 젤란드를 떠나 뤼베크로 가려고 한다.[169] 1604년에 베네치아 출신 선원들 한 무리가 "저임금 때문에 더 이상 베네치아 정부의 배에서는 생활할 수 없다"며 리보르노와 피렌체로 도주했다.[170] 이런 일들은 매일 일어나는 사소한 사건들이었지만, 상황에 따라서 이런 일들이 누적되면 거대한 변화로 이어질 수 있었다.

해양 지역의 운명의 변화

위에서 살펴본 선원들의 끊임없는 이주는 해양 세계에 대한 설명을 완결시켜주는 부분이다. 그들은 지중해 지역 전체의 운명에 직접 연관이 있다. 그들은 그 운명에 따라서 번성하거나 정체하거나 혹은 되살아난다.

다시 한번 카탈루냐의 예를 들어보자. 애초에 이곳이 성장한 데에는 주로 외부의 힘이 작용했다. 카탈루냐가 페드로 대왕[재위 1276-1285]의 영광의 통치기보다 200년 전에 활력 넘치는 해양 경제를 발전시킬 수 있었던 것은 11세기 이후 제노바와 피사 출신 이탈리아 이주자들의 가르침, 기술

덕분이었다. 역사의 선물은 조만간 다시 빼앗기곤 한다. 16세기에 바르셀로나의 쇠퇴가 뚜렷해졌지만, 사실 15세기에 이미 징조가 드러나기 시작했다. 이곳의 해운 활동은 마르세유나 발레아레스 제도에 배 몇 척을 보낼 정도로 감소했다. 이곳 배는 아주 예외적으로만 사르데냐, 나폴리,[171] 시칠리아, 혹은 아프리카의 요새로 갔다. 16세기 말에 다시 바르셀로나와 이집트의 알렉산드리아 사이에 항해가 일부 재개되었으나, 그때까지 이 도시의 활동은 완전히 정체 상태였기 때문에 1562년 펠리페 2세가 내핑의회에서 대선단 건조 계획을 결정했을 때에는 이탈리아에 주문을 해야 했다. 그리고 바르셀로나의 조선소를 되살리기 위해서 제노바의 산 피에르 다레나 조선소의 전문가들을 초빙해야 했다.[172]

수많은 해상 활동 종사자들이 차례로 흥망을 거듭하는 지중해에서 이런 종류의 급작스러운 쇠퇴는 다음과 같이 설명할 수 있다. 언제나 인력 부족을 겪는 해양 지역에서는 번영기라고 부를 수 있는 기간을 오래 감당하지 못한다. 사실 그런 시기는 고된 노동과 긴장의 시간이기 때문이다. 해상의 삶은 대개 프롤레타리아의 삶으로서 부유해지고 나태해지면 곧 부패한다. 1583년 베네치아 해군의 어떤 파견관은 선원은 생선과 같아서 물 밖으로 나오면 곧 썩는다고 이야기했다.[173]

긴장의 징후가 보이자마자 선원들은 곧 경쟁에 의해서 상황이 악화된다. 14세기 초반 바르셀로나 항구에 비스카야의 돛대 한 개의 범선 선원이 출현한 것은 이미 긴장이나 경쟁의 초기 징후이다. 제노바 역사의 맥락에서 보면, 16세기에 도미난테[Dominante : 제노바의 별칭]에 봉사하기 위해서 라구사의 선원들과 상인들이 몰려오는 것도 같은 의미이다. 그런데 라구사로서도 이렇게 얻은 성공은 곧 소진하고 만다. 라구사는 고작 몇 킬로미터의 해안과 그리 크지 않은 몇 개의 섬들만 가지고 있었기 때문이다. 1590-1600년 사이에 일어난 몇 개인가의 사건만으로도 그전에 다소 과도하게 누렸던 번영을 위태롭게 하는 데에 충분했다.

그렇다고 해서 불황기에 이런 지역의 해상 활동이 완전히 사라진다는 의미는 아니다. 단지 해상 활동이 소박한 일상의 생활로 축소되는데, 이는 거의 파괴가 불가능하다. 16세기에 시리아와 카탈루냐의 해안 지역은 활동이 위축된 조용한 리듬 속으로 잦아들어갔고, 시칠리아, 나폴리, 안달루시아, 발렌시아, 마요르카 해안의 해운 역시 쇠퇴했다. 마지막에 언급한 마요르카의 쇠퇴는 바르바리 해적의 준동과 관련이 크다고 말할 수 있다. 그래도 이곳은 우리가 가진 자료에서 얻는 정보를 통해서 그리는 이미지보다는 더 오래 버티며 활동적인 연안 항해를 수행했다. 이 세기 말에 알리칸테, 알메리아(오래된 어업의 중심지), 마요르카의 팔마 같은 곳에서 쾌속 해적선들이 등장하여 기독교권 전체를 위한 효율적인 복수를 했는데, 그것은 무에서 나온 것이 아니다.

이와 같은 조용한 활동의 존재를 말해주는 것은 역사의 이면에 존재하는 작은 사건들이다. 우리는 이미 트라파니의 산호 채취 어민들에 대해서 언급했다. 이들은 바르바리 해적들의 위협에도 불구하고 아프리카 해안의 산호초 지역을 찾아갔다. 1574년에 세워진 튀니스의 프랑스 영사관의 기록은 시칠리아의 소형 선박들뿐만이 아니라 나폴리의 소형 선박들 또한 자주 언급한다.[174] 반면 15세기에 사르데냐 섬의 산호초 지역을 정기적으로 찾아가곤 했던 나폴리의 산호 채취인들, 예컨대 토레 델 그레코의 산호 채취인들이 보이지 않는 것은 흥미로운 일이다. 여기에는 어떤 심각한 원인이 있을까? 로마, 치비타베키아, 리보르노, 제노바에 나폴리 선박들이 눈에 띄는 것을 보면 그런 것 같지는 않다.

이와 마찬가지로 에스파냐 남부 해안에서 북아프리카로 대형 어선, 소형 선박, 브리간틴 선도 빈번하게 찾아갔다. 1567년의 한 기록을 보면 알제에 존재했던 발렌시아 선원들을 거론하는데, 이들은 자유롭기 때문에 그곳에서 거래를 하고 있었음에 틀림없었다.[175] 이 세기 말에 다른 발렌시아 사람들이 알제 감옥에서 죄수들을 탈출시키는 모험 사업에 참가했다. 이 기록

중 일부는 세르반테스의 소설만큼이나 흥미진진하다.[176]

사실, 해안 지역의 표면적인 죽음은 단지 생활 리듬의 변화 정도에 불과한지 모른다. 연안 항해로부터 원거리 무역으로 전환하면 그것은 기록되지 않은 사건에서 기록된 역사 사건으로 넘어가는 것을 뜻한다. 그러다가 다시 일상 생활의 수준으로 되돌아가면 더 이상 우리의 주의와 호기심을 끄는 사건이 되지 않을 것이다. 그것은 마치 사람들과 바다의 삶의 주기를 결정 짓는 법칙인 것 같다.

3. 섬들[177]

지중해의 섬들은 통상 생각하는 것보다 더 수가 많고 더 중요하다. 사르 데냐, 코르시카, 시칠리아, 키프로스, 칸디아[크레타], 로도스 같은 일부 큰 섬들은 작은 대륙과도 같다. 작은 섬들은 이웃한 섬들과 합쳐져 제도 (archipelago)를 형성한다. 크든 작든 이 섬들은 해로 중간에서 만나는 육지 로서 중요할 뿐 아니라, 섬과 섬 사이든 혹은 섬과 해안 지역 사이든 상대적 으로 잔잔한 바다를 만들어 편안한 해로로 이용된다는 점에서도 중요한 의미를 띤다. 동쪽에는 에게 해의 섬들이 펼쳐져 있어서 바다와 섬 사이의 구분이 거의 불가능할 정도이다.[178] 중앙부에는 시칠리아와 아프리카 사이에 일군의 섬들이 놓여 있다. 북쪽에는 이오니아 해와 달마티아 해안의 섬들이 마치 16세기에 산 마르코[베네치아]의 깃발을 선미에 휘날리며 발칸 반도 연안 지역을 따라가는 작은 선단 같은 형상을 이룬다. 이것은 두 개의 작은 선단으로 나누어 생각해볼 수 있다. 하나는 이오니아 해의 섬들로서 자킨토스, 케팔리니아, 산타 마우라, 코르푸로 이루어져 있고, 다른 하나는 아드리아 해의 섬들로서 남쪽의 멜레다와 라고스타로부터 북쪽의 콰르네 로, 벨리아, 그리고 이스트리아 뒤쪽의 케르소에 이르는 달마티아의 섬들로 이루어져 있다. 두 선단 사이에는 중간에 상당히 긴 빈 구역이 펼쳐져 있으며, 여기에는 사람이 살기에 불편한 알바니아 해안과 라구사의 작은 영토가 포함되어 있다. 이 전체 섬들은 베네치아에서 크레타까지 이어지고, 크레타에서부터는 키프로스와 시리아까지 중요한 교역로가 펼쳐진다. 베네치아의 힘의 축을 따라 늘어서 있는 이 섬들은 탄탄한 선단과도 같다.

서쪽의 섬들의 집단 역시 중요하다. 시칠리아 섬 근처에는 스트롬볼리 섬, 에가디 제도, 리파리 제도가 있다. 훨씬 더 북쪽으로는 토스카나 제도가 있는데, 16세기 중에 코지모 데 메디치는 엘바 섬에 포르토페라이오의 요새를 건설했다. 프로방스 연안의 난바다에는 이에르 제도와 오르 제도가 있다. 더 서쪽으로는 지중해 서부의 광활한 바다 위에 발레아레스 제도, 마요르카, 메노르카, 이비사(소금 섬)와 거의 접근이 불가능한 암초에 가까운 포르멘테라 섬이 있다. 이 섬들의 집단은 오랫동안 상당한 중요성을 띠었다. 별개의 해운 부문이 이 섬들 주변에서 운용되었다.

이상에서 큰 섬들만을 거론했다. 작은 혹은 아주 작은 섬들—그 가운데에는 알제 앞바다의 작은 섬이나 베네치아, 나폴리, 마르세유의 섬들처럼 유명한 것들도 포함된다—을 모두 나열하는 것은 불가능한 일이다. 지중해의 연안들 중에 크고 작은 섬이나 암초나 바위로 나누어지지 않는 곳은 아마 없을 것이다.[179] 시칠리아 부왕은 한 서한에서 기회를 노리거나 물을 찾는 해적들을 시칠리아 연안에서 완전히 몰아내는 것을 "섬들의 청소"라고 했는데, 이는 고전적 매복 장소인 수십 개의 작은 섬들에서 정박하고 있는 배들을 조사하는 것을 뜻한다.

고립된 세계들?

다양한 크기, 다양한 모양의 섬들은 해양 역사 일반에 비해 아주 뒤처지거나 반대로 아주 앞서도록 만드는 비슷비슷한 압박을 받는 한에서는 큰 섬이든 작은 섬이든, 긴밀한 인간적 환경을 이룬다. 그 압박은 흔히 매우 과격하여 섬들을 아주 구식이 되도록 하거나 아주 혁신적이 되도록 양극화시킨다.

사르데냐는 평균적인 사례이다. 사르데냐는 상당히 큰 섬이지만, 당대의 지리학자나 사르데냐의 연대기 작가들이 무엇이라고 하든 16세기에 핵심적인 중요성을 차지하지는 못했다. 이 섬은 중요한 역할을 하기에는 너무 바다 한가운데에 떨어져 있다. 예컨대 시칠리아와 이탈리아, 아프리카를 잇는 중요한 연결로에서 멀리 떨어져 있다. 산지가 많고 극단적으로 분열되어 있으며 가난에 짓눌린[180] 이 섬은 자신의 언어,[181] 관습, 구식의 경제를 가지고 있으며, 널리 목축 생활이 영위되는 자체적으로 독립적인 세계이다—다른 많은 지역들이 그렇듯이 한때 로마도 그런 성격을 가지고 있었다. 사르데냐 섬이든 다른 섬이든 이런 시대에 뒤진 특징, 문명의 고대적 양식과 혼합적 민속을 수세기 동안이나 잘 보존하는 특이한 능력은 이미 너무나도 잘 알려져 있어서 여기에서 길게 다시 설명할 필요는 없을 것이다.[182]

그렇지만 이런 퇴행의 측면과는 정반대로 어떤 우연한 기회에 일어난 지배자의 교체나 운명의 변화는 섬의 해안 지역에 완전히 다른 문명과 생활방식을 불러들이기도 한다. 이때 섬 주민들이 받아들인 의상, 관습, 언어 등은 다시 수세기 동안 고스란히 보존되어 지나간 대변혁들에 대한 생생한 증거로 남는다. "고립"이란 상대적인 현상이다. 섬이 해로의 네트워크에서 벗어나 있다면, 그야말로 바다가 섬을 둘러싸고 나머지 세계와 단절시킨다는 사실이 뚜렷해질 것이다. 그러나 만일 어떤 이유에서든—대개는 외부적인 요인이고 특정 동기가 없는 경우이기가 쉽지만—섬이 네트워크의 연결고리가 되는 경우에는 반대로 외부 세계와 강하게 묶이게 되는데, 이때에는 접근이 힘든 산악 지대에 비하면 분리의 성격이 훨씬 더 약해진다.

다시 사르데냐의 예로 돌아가면, 중세에 이 섬은 차례로 피사와 제노바의 네트워크 속에 들어가 있었는데, 아마도 이곳의 금광이 중요한 원인이 되었을 것이다. 14-15세기에 카탈루냐가 동쪽으로 팽창할 때 이 섬에 근거지를 만들었다. 오늘날에도 섬 서쪽 해안 지역의 알게로에서는 카탈루냐어가 통하며, 박식한 사람들은 그곳에서 특이한 에스파냐-고딕 양식의 건축을 발견한다. 16세기 혹은 분명히 그 이전부터도 이 섬은 지중해의 중요한 치즈 수출 지역이었다.[183] 그래서 샤르데냐 섬은 칼리아리[섬의 한 도시]를 통해서 서구 세계와 접촉했다. 카발로 치즈 혹은 살소 치즈를 가득 실은 작은 배들과 갤리온 선들이 이웃한 이탈리아 연안 지역—리보르노, 제노바, 나폴리—으로 가거나 마르세유로 가서 밀라노 치즈 및 오베르뉴 치즈와 경쟁하고, 심지어 더 멀리 바르셀로나까지 갔다. 16세기에 지중해의 삶에 연결된 또다른 측면은 늘 바르바리 해적의 괴롭힘을 당했다는 것이다. 해적들이 늘 성공을 거두는 것은 아니었다. 자주 있지는 않았지만 가끔 해적들이 사로잡히기도 했다. 더 흔한 일은 사르데냐 출신의 어부나 연안 지역 주민들이 매년 바르바리 해적들에게 유괴되어 불행한 포로가 되거나 혹은 알제의 부유한 배교자 집단으로 변신하는 일이다.

뚫고 들어가는 것이 불가능하다고 묘사되곤 했던 사르데냐 역시 이처럼 창들이 열려 있어서, 이곳을 통해 마치 관측소에서 보는 것처럼 바다의 일반적인 역사 흐름을 관찰할 수 있었다. 역사가 P. 아마트 디 산 필립포는 16세기에 칼리아리에서 거래된 무슬림 노예들의 가격을 조사했다.[184] 그에 따르면 1580년 이후 노예 가격이 급락했는데, 이는 칼리아리에 노예 공급이 크게 늘었음을 의미한다. 1580년 이전에는 사르데냐 해안에서 난파를 당했거나 혹은 노략질을 하던 중에 주민들에게 사로잡힌 포로들만이 노예 시장에 나왔는데,[185] 1580년 이후에는 기독교도 해적선들, 특히 알메리아와 알리칸테의 가벼운 프리깃 선박이 노예를 끌고 와서 판매했다. 이들에게 칼리아리는 편리한 중간 경유지였던 것이다. 따라서 사르데냐는 활기찬 기독교도 해적의 부활의 영향을 받았다. 이것은 바르바리 해적들에 대한 반격으로서, 발레아레스 제도, 남부 에스파냐, 나폴리, 시칠리아 등지가 활발한 중심지가 되었다. 이것은 사르데냐 섬 전체보다는 칼리아리에만 깊이 관련된 일이라고 말할 수도 있다. 이곳은 이 섬의 다른 지역과 연관성이 거의 없이 격리되어 더욱 바다로 나아가는 경향이 강했다. 그러나 아무리 그렇더라도 칼리아리는 사르데냐의 도시이며, 이웃한 평야, 산지, 그리고 나머지 섬 전체와 연결되어 있다는 사실은 부인할 수 없다.

불안정한 삶

모든 섬들에는 칼리아리와 유사한 도시들이 있다. 수출과 수입을 담당하는 이 도시들은 바다의 영향을 받는 동시에 섬 내부와도 관련을 가진다. 정치사에만 주로 관심을 가진 역사가들은 처음에는 섬 내부의 측면을 잘 파악하지 못한다. 독 속에 갇힌 듯이 고립되고 불안정한 내부의 삶을 자연사학자들은 오래 전부터 알고 있었으나 정치사가들로서는 파악하기 힘들었을 것이다.[186] 대개 어느 섬이든지 인간적인 특이성 외에도 특이한 동식물들이 있게 마련이다. 이런 것들은 조만간 외부 세계에 알려진다. 1580년에 출판된 에티엔 신부— 그는 자신이 루지냥 왕실[예루살렘 왕국의 왕가로서 왕국이 멸망하자 키프로스 섬으로 이주했다]의 후손이라고 주장했다— 의 키프로스에 대한 저술[187]은 "특이한 풀" 혹은 이 섬의 "냄새"를 거론한다. 미나리의 일종인 흰색 아피움은 "설탕을 사용하여" 결정화하여 먹으며, 올다눔은 같은 이름의 증류주를 만드는 재료로 쓰이고, 키프로스 나무는 석류나무와 유사한데 꽃은 마치 포도처럼 송이를 이루고 그 잎을 증류하면 오렌지 색 염료를 얻는데, 이 염료로 귀족들이 타는 말의 꼬리를 물들이는 것이 "이 지방의 관습"이다. 또한 목면 종자를 건초에 섞어 동물 사료로 쓰는 것도 놀랍다. 약초 또한 얼마나 풍부한가! 신기한 동물로는 "야생 소, 노새, 돼지"가 있고, 멧새의 일종인 "식초새"는 말 그대로 식초에 절여 해마다 수천 통씩 베네치아와 로마로 수출했다.

이런 특이한 동식물이 곧 풍요의 표시는 결코 아니었다. 그 어느 섬도 미래를 확신할 수는 없었다. 결코 해결되지 않거나 고작 부분적으로만 해결된 중대한 문제는 그들의 재원, 곧 그들의 땅과 과수원, 가축만으로 어떻게 살아가느냐 하는 것이었는데, 그것이 불가능하다면 외부 세계로 눈을 돌릴 수밖에 없었다. 시칠리아 같은 소수의 예외만 빼고 대부분의 섬들은 기근의 현장이었다. 극단적 사례들로는 베네치아 소유의 레반트 섬들인 코르푸,[188] 크레타,[189] 혹은 키프로스 등을 들 수 있는데, 16세기 후반에 늘 기근의 위협에 시달렸다. 요새의 밀과 수수 저장소는 비어가는데, 트라키아에서 천금 같은 곡물을 싣고 오는 카라무살리 선이 제때 도착하지 않는다면 재앙이 벌어진다. 사실 레반트의 섬들 주변에는 암시장이 형성되었으며, 따라서 조사 보고서에서는 관료들의 끊임없는 오직 행위들을 찾아볼 수 있다.

모든 곳의 사정이 이처럼 불안정한 것만은 아니었다.[190] 그렇다고 해도 발레아레스 제도에서 군사 도시 혹은 상업 도시를 거의 유지하지 못하는[191] 이유는 토지 경작 기술이 거의 발전하지 않았기 때문이다. 메노르카 섬의 마온 배후에 있는 밭에서 돌을 제거하는 작업은 18세기가 될 때까지도 끝나지 않았다.[192] 그들은 시칠리아와 심지어 북아프리카에서 들여오는 곡물 수입에 의존해야 했다. 몰타에서도 식량이 부족했다. 시칠리아든 프랑스든 아무 곳에서나 밀을 수입해도 좋다는 특권을 부여받았지만, 몰타는 늘 곤경에 처해 있었으며, 따라서 여름에 몰타 기사단의 갤리 선들은 시칠리아에서 선적을 끝내고 출항하는 곡물 운반선을 나포하곤 했다. 트리폴리의 해적들과 다름없는 일을 했던 것이다!

기근 위협과 함께 바다로부터 오는 위협도 심각했다. 16세기 중반에는 특히 어느 때보다도 전쟁이 심각했다.[193] 발레아레스 제도, 코르시카 섬, 시칠리아 섬, 사르데냐 섬 등 우리가 잘 아는 섬들만 예로 들어보아도 이곳들은 모두 포위된 것이나 다름없었다. 따라서 늘 방어 채비를 갖추어야 했다. 초소를 세우고 요새를 세우거나 확대하고, 바깥에서 들여온 화기나 섬 안에서 종 제작자들이 초보적인 기술로 만든 화기를 배치했다.[194] 그리고 날씨가 풀려 전쟁 시즌이 시작되면 물론 해안 지역을 따라 주둔군 혹은 보충 부대를 배치해야 했다. 에스파냐로서는 사르데냐를 지키는 것이 쉽지 않은 것은 물론이고 그토록 가까운 곳에 위치한 메노르카 섬의 방어조차 확실치 않았다.[195] 카를 5세는 1535년에 마온의 약탈을 경험한 후에 더 이상의 위험을 방지하기 위해서 아예 메노르카 주민들을 모두 소개하여 더 큰 섬인 마요르카로 이주시켰다.[196] 토스카나 제도의 엘바 섬 역시 비극적이었다. 이 섬은 16세기에 바르바리 해적에게 잔혹한 기습 공격을 당했으며, 이후로도 최전선으로서 적의 지속적인 공격을 받았다. 해상 국경을 따라 있는 연안의 촌락들은 저절로 해체되었다. 코지모 데 메디치가 1548년에 포르토 페라이오 요새를 건설할 때까지 이곳 주민들은 내륙 산지로 피신해야 했다.

이런 취약성들이 모든 섬들의 역사의 핵심 사항인 빈곤을 설명한다. 그것은 가장 부유한 섬들도 마찬가지이다. 우리가 살펴본 코르시카와 사르데냐는 초보적인 목축 경제였다. 크레타와 마찬가지로 키프로스에도 산지에는 지중해에서 가장 특징적인 무인 지대가 전개되었는데, 이곳은 빈민, 도적, 무법자 등의 피신처가 되었다. 심지어 가장 부유한 시칠리아의 내륙에서도 도로가 없는 땅, 다리가 없는 강, 형편없는 목축을 관찰하게 된다. 이곳의 양은 너무나 품질이 좋지 않아 17세기에 베르베르의 양을 들여와 품종을 개량해야 했다.[197]

전체사를 향한 길

불안정하고 제한적이고 위협받는 삶, 이것이 섬 주민의 운명이었다. 적어도 내부적인 삶은 그러했다. 그러나 그들의 외적인 삶, 혹은 역사의 최전선에서 그들이 행한 역할은 그런 빈한한 땅에서 기대하는 수준을 훨씬 상회한다. 역사상의 큰 사건들은 흔히 섬에서 일어난다. 역사가 섬들을 이용했다고 표현하는 것이 더 타당할지 모르겠다. 작물 보급이라는 문제에서 섬이 행한 역할을 예로 들어보자. 사탕수수는 인도에서 이집트로 전해지고 다시 이집트에서 키프로스로 전해져 10세기에 이곳에 정착했다. 11세기에 이 작물은 키프로스에서 시칠리아로 갔고, 다시 더 서쪽으로 전해졌다. 항해왕자 엔리케[1394-1460]는 시칠리아에서 마데이라 섬으로 이 작물을 가져갔는데, 마데이라는 대서양 최초의 "설탕 섬"이 되었다. 사탕수수 재배는 마데이라로부터 아조레스 제도, 카나리아, 베르데 곶으로 전해졌고, 더 나아가서 아메리카로 전해졌다. 섬은 비단의 전파에서도 중요한 역할을 수행했다. 일반적으로 문화의 전파 움직임 중 일부는 지극히 복잡한 양태를 보인다. 중국 당나라의 비단이 서구에 전해지는 것은 마치 먼 별에서 지구에 별빛이 도달하는 것만큼이나 오랜 세월을 거쳤는데, 15세기에 키프로스 섬의 사치스러운 루지냥 왕실이 그것을 서구로 전하는 데에 중요한 역할을 담당했다. 앞이 길쭉하게 나온 신발과 원뿔꼴 모자는 프랑스 역사서에 잘 기록되어 우리는 바로 샤를 6세[1368-1422]의 경박한 궁정과 베리 공작[1340-1416]의 『시도서(時禱書 : *Très Riches Heures*)』를 머리에 떠올린다. 그런데 이는 중국에서 5세기에 유행했던 것이다. 이런 먼 과거의 유산은 키프로스의 왕들을 통해서 서구에 전해졌다.[198]

그것은 결코 놀라운 일이 아니었다. 섬들은 주요 해상 교역로에 위치해 있고 국제 관계에서 중요한 역할을 수행했기 때문이다. 이곳의 일상성에 위대한 사건의 역사가 더해진 것이다. 이 섬들의 경제는 흔히 이런 사건들의 영향을 크게 받았다. 섬들로서는 저항하기가 힘들었다. 얼마나 많은 섬들이 이국적인 작물의 침입을 받았던가! 그런데 그 작물의 존재 이유는 지중해 시장 혹은 세계 시장과의 관련 속에서만 결정된다. 수출용 작물은 흔히 섬 경제의 균형을 위협한다. 대개 이 작물들이 앞에서 거론한 기근 위험에 책임이 있다. 우리는 그 심각한 사례들을 "대서양의 지중해"[대서양에 위치해 있으나 지중해 성격이 강하다는 의미]의 섬들이라고 할 수 있는 마데이라 섬, 카나리아 제도, 상 토메 섬에서 아주 명료하게 볼 수 있다. 이 섬들은 모두 문자 그대로 사탕수수 단작(單作, monoculture)으로 인해 황폐화되었다. 후일 북동부 브라질의 식민지 경제가 직면했던 상황과 유사하다. 마데이라는 원래 목재의 섬이었지만, 사탕수수 공장의 연료 수요로 인해 곧 삼림이 사라졌다. 귀한 설탕에 대한 요구만을 강하게 제기할 뿐, 그 섬들 주민의 이익에 대해서는 일체 관심이 없었던 유럽의 수요에 맞춰 사탕수수의 혁명이 진행되었다. 사탕수수의 비극은 다른 작물의 윤작도 제약하고 식량 생산에 필요한 경지를 제한했다. 신작물은 이전의 균형을 완전히 파괴했으며, 그 위험은 16세기에 이미 이탈리아, 리보르노, 안트베르펜 등 여러 곳에 굳건히 자리잡은 강력한 자본주의로 인해 더욱 피할 수 없는 것이 되었다. 서항은 불가능했다. 일반적으로 섬 주민들로서는 이런 착취 상황에 저항할 수 없었다. 카나리아 제도에서 원주민인 관체 족이 사라지게 된 데에는 초기 유럽인 정착자들의 폭력만큼이나 설탕에도 책임이 있다. 또한 노예 노동 사용을 일반화시킨 것 역시 사탕수수 플랜테이션이었다. 그것은 우선 아프리카 해안 지역의 베르베르인들의 노예화를 초래했다. 카나리아 제도의 기독교도 해적들이 이들을 공격하여 끌고 간 것이다. 그 다음에는 기니와 앙골라의 흑인들이 16세기 중에 노예무역의 대상이 되어 아메리카로 끌려갔다. 이런 것들은 대서양의 사례들이지만, 전적으로 지중해에서 일어난 사례들도 결코 부족하지 않다. 시칠리아의 밀 재배 사례를 보자. 1590년 혹은 그 이후까지 시칠리아는 지중해 국가들에 대해서 일종의 캐나다 혹은 아르헨티나와 다름없었다. 키오스는 송진 형태든 음료수 형태든 매스틱[나무에서 얻는 수지. 향료 등으로 쓰인다]을 수출했고,[199] 키프로스는 면, 포도나무, 설탕을,[200] 크레타와 코르푸는 포도주를,[201] 제르바는 올리브를 수출했다. 이런 단일 작물 재배는 외부의 간섭의 결과로서, 독일 학자들이 말하는 국민경제(Volkswirtschaft)에 해악이 되었다.

키프로스의 경우, 이와 같은 성격은 1572년에 투르크가 베네치아로부터 이 섬을 빼앗을 때 명료하게 드러났다. 베네치아의 지배하에서 이 섬의 부는 주로 포도밭, 면화 플랜테이션, 그리고 사탕수수 밭으로 구성되어 있었다. 그렇지만 대체 그것은 누구의 부란 말인가? 그것은 베네치아와 제노바 귀족들의 소유였는데, 이들의 화려한 저택들은 오늘날에도 니코시아의 옛

시가지에서 볼 수 있다. 분명히 이 부는 그리스 정교 신자인 원주민들의 것은 아니었다. 이런 상황에서 투르크의 정복은 일종의 사회혁명을 의미했다. 우리는 1595년 한 영국인 선원의 기이한 기록에서 이에 관한 정보를 얻을 수 있다. 한 키프로스 상인이 한때 제노바와 베네치아 귀족들이 살았던 저택들을 가리키며 그에게 이 섬의 역사를 설명해주었다. 그 설명에 의하면 귀족들이 농민들에게 했던 터무니없는 요구에 대한 정당한 징벌로서 귀족들이 투르크인들에게 학살당했다고 한다.[202] 분명히 투르크인들의 침입 당시 시골에서나 도시에서나 베네치아인들은 그리스인들에 의해서 방기되었다. 1570년 투르크인들이 니코시아를 공격했을 때 "모든 주민들은 사회적 지위 고하를 막론하고⋯⋯거의 모두 집에서 잠을 자고 있었다."[203] 베네치아인들이 떠난 후 이곳의 원면과 면사의 수출이 급락하고 포도 재배가 몰락했다. 포도주를 생산할 때 사용하는 가죽 부대는 비싼 물품이었는데, 이제 더 이상 이 섬에서 필요 없게 되었으므로 베네치아인들은 협상을 통해 그것들을 수거해갔다. 그렇다고 키프로스가 쇠락한 것은 아니었다. 섬 주민들로서는 투르크의 지배로 인해 생활수준이 하락하지는 않았다.[204]

크레타 섬과 코르푸 섬 역시 비슷한 사례를 제공한다. 키프로스 섬과 마찬가지로 이 섬들에서도 포도 재배가 확대되었는데, 건포도와 말부아지[malvoisie : 영어로는 malmsey라고 한다]로 알려진 포도주를 생산하기 위해서이다. 코르푸에서 포도나무는 대지(臺地)와 산지로부터 재배가 더 용이한 평야지대로 확산되었다.[205] 결국 포도나무가 밀을 축출했다. 그런데 이런 단일작물 재배는 늘 잉여생산과 불황의 가능성을 안고 있다. 크레타에서 포도는 1584년 공식 주문에서 배제되었는데, 예상한 대로 분노의 함성이 터져나왔다. 희생자들은 심지어 "베네치아의 신민이 되든 투르크의 신민이 되든 상관하지 않겠다"는 선언을 할 정도가 되었다.[206] 이런 "식민지" 경제는 당연히 성공과 실패 가능성을 다 안고 있었다. 이 시스템이 잘 작동하려면 포도 재배인, 지주, 선원, 상인, 그리고 원격지의 소비자에 이르기까지 모든 사람을 연결하는 여러 조건들이 다 만족되어야 한다. 사실 포도주와 포도 교역은 역사가 아주 길며, 일찍부터 멀리 팔려갔다. 심지어 잉글랜드에서도 말부아지는 사치품으로 잘 알려져 있었다. 16세기에 그것은 오늘날의 포르토 와인에 해당했다. 반델로는 그의 소설 주인공의 입을 통해서 말한다. "그가 너무나도 낙담하자 그녀는 말부아지 한 잔을 건넸다."

단일작물 재배의 마지막 사례는 튀니지 해안 남쪽의 제르바 섬이었다. 베네치아 소유의 섬들이 포도주 섬이라면, 제르바 섬은 기름 섬이었다. 원인은 불확실하지만 튀니지 본토에서는 로마 시대 이래 풍부했던 올리브 나무들이 사라져갔는데, 제르바에는 여전히 많은 올리브 나무가 보존되어 있었다. 그 결과 이 자원은 16세기에 경제적으로 중요하게 되었다.[207] 이곳은 튀니지와 트리폴리 사이에 위치한 올리브 기름의 오아시스가 되었다. 일반적으로 이 지역들은 특히 남쪽으로 갈수록 신 버터를 많이 사용했다. 그런데 이 섬의 기름은 품질이 좋고 싼 데다가, 천과 옷의 처리에도 사용할 정도로 용처가 풍부했다. 그리고 이 세기 초에 레오 아프리카누스가 언급한 것처럼 수출하기에도 편했다. 1590년 이후에는 그때까지 에스파냐에서 기름을 공급받던 영국도 이 섬에서 기름을 구매했다.

그 동안 지리학에서 제르바 섬은 단지 조수가 흐르는 갯골이 있는 저지대의 섬으로만 기록되어 있고,[208] 사건사의 관점에서는 1510, 1520, 1560년의 전투 현장으로만 기록되어 있다. 사실 이 가운데 중요성이 가장 큰 마지막 전투에서 기름은 중요한 자리를 차지했다. 기독교 선단은 트리폴리까지 가는 대신 제르바 섬에 닻을 내렸다. 이들은 적이 접근한다는 경고를 미리 받았음에도 불구하고 피알레 파샤 함대의 기습 공격을 당했다. 그들이 이 섬에 머문 이유는 무엇보다 올리브 기름을 싣기 위해서였다. 그것은 사건이 일어난 후 기록된 순찰사 퀴로가의 보고에서 볼 수 있다.[209]

지나치게 가혹하게 단일작물 재배를 강요하지 않는 경우에는 그런 대규모 활동이 섬들의 부의 핵심 원천이 될 수 있었다. 물론 생존에 필요한 정도의 소득을 보장해주는 정도이긴 했지만 말이다. 그리고 섬에 확고한 명성을 안겨주었다. [에스파냐 동부의] 이비사 섬은 소금 생산지였다. 낙소스 섬 역시 소금으로 유명하며 여기에 더해서 "백포도주든 적포도주든" 포도주로 도 유명하다.[210] 엘바 섬은 철 생산지였다. 그리고 로멜리니 가문 소유였던 타바르카 섬은 우선 산호로 유명할 뿐 아니라 그 외에도 곡물과 가죽의 수 출, 그리고 이 섬에 피신한 죄수들의 몸값을 받아내는 것으로도 이름을 알 렸다. 바르바리 연안의 라 갈리트는 어업으로 유명하다. 달마티아의 레세나 섬 역시 어업으로 유명했으나, 1588년의 한 문서에 의하면 어느 날인가 정 어리 떼가 [이탈리아의] 펠라고사 암초 부근으로 이동했기 때문에 갑자기 어장을 잃게 되었다.[211] 로도스 섬은 자신의 위치를 잘 이용할 수 있었다. 처음에는 기사단의 시대에 그랬고 다음에는 1522년 이후 투르크의 시대에 "다른 모든 섬에 대한 지배권과 전 지중해 지역에 대한 제해권"을 확보했 다.[212] 에게 해의 파트모스 섬은 다른 대안이 없었으므로 "사모스 섬 주민들 다음으로 가장 악랄한 섬 주민들"이 되어 "기독교도든 투르크인이든" 모든 사람을 제물로 삼아 약탈하며 살아갔다.[213]

섬 주민들의 이민

섬이 외부 세계와 연결되는 가장 일반적인 방식은 이주였다. 이는 마치 산지 주민의 경우와 같은 방식인데, 사실 지중해의 많은 섬들은 산악 지대 라고 할 수 있다. 모든 섬들은 주민들을 송출했다.[214]

그리스인들의 이주가 크레타 섬을 비롯하여 에게 해 전체에 영향을 미친 점에 대해서는 거의 언급할 필요도 없다. 그렇지만 16세기에 이들의 이주 규모가 이주민의 대표격인 코르시카 섬만큼 큰 규모였는지는 의심스럽다. 섬의 자원에 비해 인구가 과밀했기 때문에 코르시카 주민들은 사방으로 무 리를 이루어 섬 밖으로 나갔다. 그 결과 지중해 세계에서 코르시카인들이 관계되지 않은 일들이 하나도 없을 정도가 되었다.[215] 코르시카인들은 그들이 증오하는 도미난테(제노바)로도 갔을 것이다. 어쨌든 먹고 살아야 하지 않겠는가. 베네치아에도 코르시카인들이 있었다. 그들은 이미 15세기에 토스카나의 마렘마 지역에서 일하고 있었다. 16세기에는 제노바의 괴롭힘을 당하던 니올로의 농민들이 열병이 들끓던 이탈리아나 심지어 사르데냐 땅을 찾아가서 거주했고, 사르데냐에서는 흔히 큰 돈을 벌었다.[216] 코르시카인들은 로마로도 많이 가서 일부는 가축 상인들이 되었다.[217] 그들의 작은 배는 티베르 상의 로마 항구, 치비타베키아, 리보르노에까지 갔다.[218] 알제에는 코르시카 이주민 집단들이 있었고, 특히 카포코르시니에 많이 모여 살았다. 1562년 7월, 삼피에로가 콘스탄티노플에까지 이어지는 극적인 여행을 하는 도중 이 도시를 방문했을 때 그의 동향인들이 항구로 몰려 나와 "그들의 왕"을 맞이하는 것처럼 경의를 표했다고 제노바의 한 문서는 이야기한다.[219] 제노바의 적이고 프랑스의 친구인 삼피에로 코르소는 술탄을 찾아가서 자기 동향인들을 도와달라고 애걸했는데, 하여튼 그가 자국민들로부터는 인기를 누리고 사랑받았던 것은 분명하다.

알제에 거주하는 코르시카인들은 누구일까? 그중 일부는 포로 출신이다. 다른 사람들은 선원과 상인들로 항구에서 일했다. 개중에는 이 도시의 배교자 집단 중 최고 부자의 반열에 오르기도 했다. 알제의 "왕들" 가운데 한 명이었던 하산 코르소가 대표적이다. 1568년경 에스파냐의 한 문서는 알제에는 배교자들이 모두 10,000명가량 있었는데, 이들 중 6,000명이 코르시카인이라고 했다.[220] 이곳에는 코르시카 출신 중개인들이 많았다. 제노바 문서들에 의하면 이들은 포로의 몸값을 거래하는 데에 아주 유능했으며, 또한 외세를 위한 비공식적인 중개인 역도 했다. 프란치스코 가스파로 코르소라는 신비의 인물이 한 사례이다. 그는 이론상으로는 발렌시아 주민이지만 발렌시아 부왕의 지시로 긴급하게 알제에 파견되어 1659년에 이곳에서 거주했다. 그라나다 전쟁에서 위기의 시기였던 이때 그는 가톨릭 왕(에스파냐 왕)의 이익을 위해서 알리를 설득하는 대화를 시도했다. 여러 이름을 가지고 여행하는 이 인물은 도대체 누구일까? 그는 에스파냐 법에서 금지된 소금, 철, 초석, 화약, 노, 무기 같은 "밀수품"을 제외한 다른 상품들을 싣고 브리간틴 선을 이용하여 발렌시아와 알제 사이를 왕래했다. 그의 형제들 중에는 알제에 한 명, 마르세유에 한 명—혹은 여러 명일지도 모른다— 그리고 카르타헤나에 한 명이 거주했다. 그래서 이들 간의 연락은 지중해 서부 지역 전체를 포괄했다. 혼란을 가중시킬지 모르지만, 알제의 감옥에서 임시 변호사의 입회하에 법률적으로 온전하게 정리된 한 문서에서 한 에스 파냐 죄수가 가스파로 코르소라는 인물이 밀수품을 거래했고 그가 이중 첩 자라고 고발한 내용도 참고할 수 있다.[221] 우리는 이 작은 미스터리를 완전 히 해결할 수는 없지만, 다만 이 놀랄 만한 섬 출신들이 지중해 각지에 분산 되어 있다는 사실을 기억할 필요가 있다.

그 외에 콘스탄티노플, 세비야, 발렌시아 등지에도 코르시카인들을 찾아 볼 수 있었다. 그러나 그들이 가장 선호하는 도시는 지금이나 마찬가지로 마르세유였다. 우리가 가진 문서들을 참고한다면, 이 도시는, 특히 항구 근 처 지역은 절반 정도의 인구가 코르시카인이었다.[222]

이러한 이민 흐름에 대해서 이 섬을 다스리는 제노바 지배자들에게 책임 을 돌릴 수도 없고 돌리지 않을 수도 없다. 분명한 일은 16세기에 코르시카 인들은 제노바 지배자들을 쉽게 용인하지 않았다는 점이다. 이들의 이주 행렬을 프랑스의 모략이라든지 발루아 가문의 금 같은 것으로 설명하는 시 도는 공평한지 아닌지 여부와 상관없이 설득력이 없는 것 같다. 다만 프랑 스와 이 섬 사이에 강력한 연계가 있었다는 점, 그리고 프랑스 특사들이 빈번하게 오갔으며 프리깃 함, 화약, 자금을 이 섬에 보냈다는 점은 부인할 수 없다. 코르시카에 대한 프랑스의 정책은 과거에 코지모 데 메디치가 펼 쳤던 정책과 거의 똑같다. 다만 그는 훨씬 더 외골수였고, 더 많은 자원을 투입했지만 그렇게 성공하지 못했다. 우리의 원래 주제로 돌아가서, 강조할 점은 프랑스의 정책이 의도치 않게 코르시카 산지 주민들을 자극하는 데에 성공했는데, 그것은 그 어떤 계획에 의한 것이라기보다 땅이 풍부한 프랑스와 사람이 많은 섬 사이에 결정적인 연결이 맺어졌기 때문이었다. 프랑스는 코르시카의 이주민에게 가장 넓고 가장 수확이 좋은 팽창 지역이었던 반면, 당시 이탈리아는 너무 인구가 많아서 오히려 코르시카에 사람을 입식시켜야 할 판이었다.

그렇다고 해서 코르시카인들이 해상에서 프랑스 왕의 효과적인 방어에 의해서 상당한 이익을 얻었다고 말하려는 것은 아니다. 단지 마르세유에 정착하면 그들은 프랑스 왕의 신민이 되었으며 그런 자격으로 1570년대 이후 이 항구 도시의 경제 성장에 참여했다. 17세기에 제노바의 로멜리니 집안 소유의 섬인 타바르카를 마주하고 있는 프랑스 성채에 코르시카인들이 있었는데, 한 문서에서는 이 섬의 해안을 "바르바리 지방에서 프랑스인들이 방위하고 있는 해안"이라고 썼다.[223] 이 산호 채취 섬에서 코르시카인들이 과거의 적인 지배자들을 타바르카 요새에서 마주한 것은 기묘한 일이다. 1633년 5월, 상송 나폴론은 이 요새를 공격하다가 죽음을 맞게 된다.

바다로 둘러싸이지 않은 섬들

극단적으로 구획된 지중해 세계에는 바다 외에도 사람들이 거주하지 않는 광대한 공간들이 펼쳐져 있어 섬 아닌 섬들이 존재한다고 말할 수 있다. 격절된 곳, 그리스와 같은 반도(반도라는 단어 자체가 의미심장하다[바다로 뾰족하게 튀어나와 섬처럼 된 곳이라는 의미이다]), 혹은 성벽 같은 땅으로 막혀 있고 오직 바다를 통해서만 외부와 소통이 가능한 곳들이 그런 곳들이다. 북쪽의 산지가 두터운 장벽을 이루어 로마와 분리된 나폴리 왕국은 이런 의미에서 섬 같은 곳이다. 교과서에서 우리는 마그레브 "섬"(Djezirat el Moghreb), 곧 해지는 섬이라는 표현을 본다. 이곳은 대서양, 지중해, 시르트 해 그리고 사하라 사막으로 둘러싸여 있다. 에밀-펠릭스 고티에가 지적하듯이 이곳은 급격한 변화의 세계이다.

롬바르디아에 대해서는 알프스 산맥과 아펜니노 산맥의 사이, 그리고 시골풍의 피에몬테와 반 정도 비잔틴 세계인 베네치아 사이에 끼어 있는 대륙성 섬이라고 말할 수 있을 것이다. 포르투갈, 안달루시아, 발렌시아, 카탈루냐는 카스티야를 통해서 이베리아 땅에 붙어 있는 변방의 섬들이라고 해도 과언이 아니다. 바다를 향해 열려 있는 카탈루냐는 역사의 바람에 맞추어 돛을 올린다. 카롤링 시대나 혹은 그 이후 음유시인과 궁정풍 사랑의 시대에는 프랑스를 향했고, 13세기, 14세기, 15세기에는 지중해를 향했다가, 마지막으로 18세기에는 아직 산업화가 되지 않은 이베리아 반도 내륙 지역을 향했다. 에스파냐 전체에 대해서 모리스 르장드르는 "섬 이상의 섬"이라고 묘사했는데, 이는 접근 불가능성과 환원 불가능한 독자성을 강조하기 위한 것이다.

지중해의 동쪽 끝으로 방향을 바꾸면, 사막과 바다 중간에 위치한 또다른 섬 시리아를 보게 된다. 이곳에서 사람, 기술, 제국주의, 종교 등 많은 것들이 흘러나왔다. 이곳은 지중해에 알파벳과 유리 공예, 옷감을 염색하는 보라색 염료, 그리고 페니키아 시대에는 건조농법의 비밀을 전해주었다. 로마와 비잔틴에는 심지어 황제들을 제공했다. 이 지역의 배들은 페니키아 해, 말하자면 역사상 최초의 지중해를 지배했다. 마지막으로는, 1516년[마르지 다비크의 싸움]—634년의 경우처럼—에 이 핵심 지역을 지배함으로써(7세기에는 아랍인들이었고 16세기에는 투르크인들이었다) 이슬람의 승리가 위대한 지중해 역사에서 큰 역할을 하게 되었다.

이상에서 우리는 섬의 성격을 과도하게 적용한 것이 분명했지만, 그것은 유용한 설명을 위해서였다. 지중해 지역은 서로 격리되었지만, 동시에 서로 소통하고자 하는 곳들의 집합이다.[224] 그래서 며칠씩 걷거나 항해해야 서로 만나게 되는 단절 상태에도 불구하고 늘 상호 왕래가 이루어졌으며, 이는 유목 성향의 사람들 덕분에 더 강화되었다. 그러나 그들에 의해서 이루어진 연결은 마치 전기와 같은 것이어서, 격렬하되 지속적이지는 않다. 지중해의 삶에 대해서 살펴볼 때 섬들의 역사는 확대 사진이 그렇듯이 가장 명료한 설명을 제공한다. 인종, 종교, 관습, 문명 등이 그처럼 비상하게 혼용되는 가운데에서도 지중해 각 지역이 어떻게 자신의 고유한 특성과 자신의 강렬한 지방색을 보존할 수 있었는지 쉽게 이해할 수 있도록 하는 것이다.

반도

시중해의 생명력은 자신의 궤적 안에 섬이라고 부르는 작은 조각들, 연안 지역이라고 부르는 띠 모양의 땅들만 거느리는 것이 아니라, 내륙 깊이에까지 영향을 미쳐서 바다를 향한 모든 지역들을 자신의 존재 속으로 쉽게 끌어들인다. 그중에는 다름 아닌 거대한 반도들도 포함하고 있는데, 반도들은 특히 자기 주변의 바다에 극단적으로 발전한 해안선을 제공한다는 점에서 중요하다. 반도는 독립적인 땅덩어리들이다. 이베리아 반도, 이탈리아 반도, 발칸 반도, 소아시아, 북아프리카 등을 보라. 마지막에 언급한 북아프리카 지역은 표면적으로는 대륙에 붙어 있으나 사실은 광대한 사하라 사막에 의해서 나머지 대륙과 단절되어 있다. 테오발트 피셔가 이베리아에 대해서 한 말, 곧 "이곳은 그 자체만으로 하나의 세계"라는 말은 다른 반도들에도 적용된다. 그곳들은 도처에 편재하는 산들, 평야, 고지, 연안 지역, 점점이 박힌 섬 등 동일한 요소들을 갖추어 유사한 특성을 지닌다. 그 경관들 사이에, 또 생활방식들 사이에 저절로 소통이 일어난다. "지중해성 기후" 혹은 "지중해의 하늘" 같은 말들은 멋진 이미지를 떠올리게 한다. 이것들은 거의 언제나 다소간 바다의 이미지에 연결되어 있는 이 거대한 땅덩어리들과 연관되어 있다. 바로 이런 땅들, 특히 이탈리아와 에스파냐를 통해서 서구의 여행자들은 지중해를 처음 접하게 된다. 그런 첫 인상만을 받아들여 그런 특권적인 지역들이 마치 지중해 전체라고 생각하면 잘못이다. 그런 곳들은 물론 핵심적인 부분이지만, 전체는 아닌 것이다.

반도들 사이에는 중간 접합 지역들이 있다. 리옹 만을 따라 가면 나타나는 하부 랑그도크와 론 강 하류 지역은 마치 네덜란드 같은 경관을 보여준다. 아드리아 해에는 하부 에밀리아와 베네치아가 있다. 더 동쪽으로 가면 흑해 북쪽에는 다뉴브 삼각주로부터 코카서스 산맥의 변경에까지 펼쳐진 광활한 땅들이 있다. 마지막으로 남쪽으로 가면, 끝없는 띠 모양의 황량한 해안 지역들이 있는데, 이는 시리아 남쪽에서 튀니지의 가베스와 제르바까지 이르는 곳으로, 지중해를 바라보고 있는 **이방인** 세계의 길고 곤궁한 연안 지역이다.

반도들은 지중해에서 가장 인력이 많고 가능성이 큰 곳이다. 지도적인 역할을 하는 이 핵심 지역들은 힘을 축적했다가 마음껏 발산하곤 한다. 미슐레가 프랑스에 대해서 한 말을 다시 사용한다면, 이곳은 마치 사람과 같다. 다만 자의식이 미약한 사람이다. 그들의 통합성은 분명하지만, 예컨대 발루아 왕조 지배하의 프랑스 같은 응집성이나 자신감, 또는 정치적, 민족적 열정을 분출하는 격렬함 같은 것은 없다. 따라서 예컨대 1540년에 적국인 합스부르크 가문과 협력하려고 했던 몽모랑시[1493-1567]의 축출,[225] 바르톨로메오 학살이 벌어졌으나 문제를 해결하지는 못한 1570-1572년의 위기, 혹은 그보다 더 강렬한 것으로는 앙리 4세의 전격적 승리를 가져온 세기 말의 위기 같은 프랑스적 현상들을 기대할 수는 없다.

그러나 아마도 반도의 통합성은 자연에 의해서 규정되는 것이지, 더 인위적인 프랑스의 통합성처럼 사람들의 열정에 의해서 만들어질 수는 없을 것이다.

그렇다고 하더라도 에스파냐 민족주의의 강력한 증거가 있다. 1559년에 펠리페 2세의 조력자들 중에서 에스파냐 출신이 아닌 자들이 중요한 자리에서 축출된 것은 민족주의 때문이었다. 당대 프랑스인에 대한 에스파냐인의 견해가 자주 반복되어 나타난 결과였다. 프랑스인들은 못 믿을 자들이고 잘 싸우고 논쟁 잘 하고 첫 실패로 쉽게 낙담하지만 패배나 양보 따위에 늘 다시 집착한다는 식이다. 이와 같은 에스파냐 민족주의는 동질적이지도 않고 널리 합의된 것도 아니었다. 다만 위대한 연대들이 차곡차곡 쌓여가며 점진적으로 공개되고 자신의 주제를 확정해가며, 또 제국의 이상 같은 환상에 현혹되어간 것이다. 이런 복합적인 형태의 민족주의가 카를 5세나 펠리페 2세 시대와 같은 상승기가 아니라 17세기 후반, 즉 제국이 이미 쇠퇴기에 들어선 때, "전 지구의" 왕을 표방하는 펠리페 4세와 그의 조력자인 올리바레스 백공작의 시대, 벨라스케스, 로페 데 베가, 칼데론의 시대에 널리 퍼졌다.

이탈리아에는 그와 같은 응집성이 없다. 그렇지만 이곳에서도 부인할 수 없는 민족주의, 혹은 적어도 이탈리아인이라는 자부심이 뚜렷하다. 모든 이탈리아인들은 자신들이 가장 영광스러운 유산을 가진 가장 문명화된 사회에 산다고 굳게 믿었다. 현재는 비참하다는 말인가? "에스파냐와 포르투갈이 신대륙을 발견했다는 말을 아침부터 밤까지 듣지만, 그 길을 처음 가르쳐준 것은 우리 이탈리아인들이라네"라고 반델로는 자신의 소설 속의 한 인물의 입을 통해서 주장했다.[226] 역사가 디 토코는 카토-캉브레지 조약 이후 이탈리아 반도의 자유가 사라지고 에스파냐가 최종 승리를 거두었을 때 이탈리아의 애국자들—시대를 앞선 표현이기는 하다—이 불러일으킨 불만과 분노를 모두 모아 표출했다.[227] 그리고 마키아벨리와 같은 인물의 열정적인 호소, 혹은 자신이 살아온 시대를 한 단위의 이탈리아 역사처럼 귀차르디니가 쓴 것[『이탈리아의 역사』] 같은 예에서 보듯이 통합을 달성하려는 많은 꿈들을 어찌 무시할 수 있는가?[228] 드물기는 하지만 이런 것들은 민족 의식 혹은 민족 통합의 분명한 표시이다.

또다른 중요한 표시는 토스카나 어의 확산이다(민족 정체성은 정치에만 국한되는 것이 아니다). 이와 유사하게 16세기에 이베리아 반도 전체에 카스티야 어가 퍼졌고, 카를 5세 시대부터는 아라곤 작가들의 문학 언어가 되었다. 펠리페 2세 시대의 아라곤의 한 귀족은 가족사에 관한 내용을 카스티야 어로 기록했다.[229] 심지어 카몽이스[1524-1580. 포르투갈의 국민 시인] 시대의 리스본의 문학 서클에도 이 언어가 들어갔다. 동시에 에스파냐 전체의 상층 계급이 수용했으며, 그와 함께 카스티야의 문학 주제만이 아니라 종교적 주제와 예배 형식도 이 언어로 이루어졌다. 마드리드의 농부 성인인 성 이시도르의 놀라운 이야기도 흥미롭다. 이 성인의 숭배는 멀리 카탈루냐에까지 퍼져 원래 그곳에 오래 전부터 공경 받았던 많은 신도단의 수호성인인 압돈과 센넨이라는 농민 신앙의 옛 성인들을 대체했다. 각 성당에는 여전히 이 과거 성인상들이 존재했으나, 농민들은 17세기부터 그들을 버리고 새 성인을 받아들였다.[230]

이런 예들을 통해서 반도의 경계 안에서 이루어지는 역사적 공간의 응집성에 주목하게 된다. 이 경계는 결코 통과 불가능한 것이 아니다. 라몬 페르난데스가 에스파냐를 둘러싼 국경에 대해서 "전기(電氣)의" 국경 같은 것으로 상상했지만, 그것은 오류이다. 피레네 산맥이나 알프스 산맥, 다뉴브 강, 발칸 반도, 아르메니아 산지(이곳은 소통로와 인종 혼합 지역이라고 할 수 있다), 타우루스 산맥, 아틀라스 산맥과 사하라 사막, 북아프리카의 남쪽 지역 등 어디를 보든 그런 식의 강력한 변경은 결코 존재하지 않았다. 그렇다고 하더라도 반도와 대륙 본토 사이에는 상호관계와 교환을 방해하는 장애물이 분명히 경계를 이루며, 반도는 바로 그 지점에서 돌출한 것이라고 할 수 있다. 이 점을 과소평가할 수는 없다. 메테르니히의 유명한 표현을 원용해서 오귀스탱 르노데는 분열되어 있고 윤곽이 불확실한—특히 피에몬테 방향에서 그런 경향이 더 강하다—16세기의 이탈리아를 두고 이탈리아는 단지 지리적 표현에 불과하다고 말했다.[231] 그러나 지리적 표현이라는 것이 정말로 그렇게 무의미할까? 그것은 역사적 실체의 표현이다. 그 안에서 사건들이 유사한 영향을 미치고, 또 그 사건들이 어떤 의미에서 그 지역 안에 포로처럼 갇혀 있어서 장애물을 넘어가려고 해도 쉽게 성공하지 못하는 그런 실체인 것이다.

조아키노 볼페에게 이것은 이탈리아의 통일을 의미한다. 이베리아에 대해서도 같은 말을 할 수 있다. 7세기 동안이나 진행된 무슬림의 지배와 그에 대한 재정복이라는 극적인 역사는 그 경계 안에서 일어난 핵심적인 드라마이다. 이것이 기본적인 통합성을 만들었고 외부에서 빌려온 요인들을 변화시킬 수 있게 만든 것이다. 유럽에서 고딕 예술을 수용하되 그 위에 플라터레스크 양식과 무어 양식을 더하는 것, 바로크 양식을 받아들이고 여기에서 추리게라 양식을 만들어내는 것이 그런 사례이다. 이슬람에게 정복된 북아프리카가 곧 여기에 자신의 특유의 억양을 더하고 이슬람 사제들에 의해서 점진적으로 "탈-이슬람화, 탈-오리엔트화, 베르베르화"를 한 것 역시 유사하다.[232]

높은 장벽으로 둘러싸인 각각의 반도는 독자성, 풍미, 특별한 억양을 지닌 주변부 지역이 되었다.[233]

반도가 정치적 통합성을 달성할 때면 언제나 그곳은 엄청난 변화를 선언했다. 고대에 마케도니아에 의한 그리스 세계의 통일이나 로마에 의한 이탈리아의 통일은 광범위한 영향을 끼쳤다. 16세기 초에 페르난도와 이사벨에 의한 에스파냐 통일이 시작되었을 때에도 그것은 폭발적인 힘을 발산했다.

반도들은 유럽, 아시아, 아프리카 같은 대륙 본토에 대해서 부분적으로 단절되었지만, 그 대신 바다를 향해서 열려 있었다. 그 결과 반도들은 강할 때면 공격했고, 반대로 방어 능력이 약해질 때에는 쉽게 정복당했다.

반도들이 둘씩 짝을 이루어 살아가게 되는 특이한 경향성은 그 때문일까? 로마 시대에 이탈리아가 다른 모든 곳을 지배한 것은 이탈리아가 바다의 지배자였기 때문이다. 그러나 그런 예외적인 위업은 결코 다시 반복되지 않았다. 일반적으로 반도에서 다른 반도로 정복을 진행하는 것은 그처럼 큰 규모가 아니다. 그것은 마치 한 배에서 다른 배를 갈아타는 것과 유사하다. 예컨대 14세기 말과 15세기 초에 소아시아가 광대한 발칸 반도를 장악한 행위는 투르크의 정복을 예비했다. 8세기에 북아프리카에서 이베리아 반도로 진출이 진행된 훨씬 더 신속한 정복을 보라. 이때 앞에서 언급한 이중 대륙(bi-continent)이 형성되어 장기간 지속된 것이다. 아나톨리아와 발칸 반도의 관계는 비잔틴 시대에 한 번 그리고 투르크 제국 때 다시 한 번 만들어졌다. 중세에 형성된 북아프리카와 이베리아 반도의 결합은 강력했으나,[234] 1492년의 단절[그라나다 재정복] 이후 수 세기 동안 사이가 크게 벌어졌다(그러나 아주 유용한 연결이었으므로 완전히 분리되는 일은 결코 없었다). 이 책이 다루는 시기 동안 두 번 더 그런 유사한 일이 일어났다. 이탈리아와 에스파냐의 결합은 비록 그 두 지역 사이에 가로놓인 서지중해라는 큰 바다와 또 그로 인한 적대성에도 불구하고 1559년에 봉합되어 이후 한 세기 동안 지속되었다.[235] 그리고 발칸 반도와 주인 없는 배와 같은 북아프리카가 결합했는데, 다만 투르크는 북아프리카를 절반 정도만 정복했다.

이처럼 연속적으로 만들어졌다가 다시 파괴되는 파트너십은 바다의 역사를 요약하고 있다. 차례로 정복자와 피정복자가 되는 반도들은 조용히 삶을 영위하는 시기에 장래의 폭발을 준비한다. 예컨대 8세기에 베르베르인에 의한 에스파냐 정복 이전에 마그레브의 인구가 급증했다. 그와 비슷하게 후대에 투르크가 발칸 반도를 정복하기 전에 소아시아는 점차 인구 과밀이 되고, 또 매우 중요한 징표라고 할 수 있는 움직임으로서 유목 생활에서 반(半)정주 생활로 변화했다. 반면 모든 정복은 힘의 소진으로 이어진다. 로마 제국이 지중해의 전 지역에 대한 괴물 같은 정복을 완수했을 때, 이탈리아의 인구는 감소하기 시작했다.

하나의 반도에서 다른 반도로 정치적 우위가 넘어가면 그와 함께 경제와 문화 같은 다른 부문의 우위도 넘어간다. 그러나 이런 전환이 동시에 일어나지는 않는다. 하나의 반도가 모든 부문에서 동시에 우위를 차지하는 것은 매우 드문 일이다. 그러므로 이처럼 늘 변화하는 사회들을 서로 대비시키며 구분하는 것은 불가능하다. 어떤 반도가 다른 반도보다 더 강력하고 더 뛰어나고 더 앞서 있다고 말할 수 있을까? 여기에 답할 수는 없다. 마그레브를 예로 들어보자. 이곳은 에밀-펠릭스 고티에가 자신의 책에서 묘사한 것처럼 영원한 지진아가 아니다. 이곳도 한때 찬란했던 시기, 더 나아가서 우위를 차지했던 시기가 있었다. 카르타고 문명, 8세기의 이슬람 정복, 9세기의 시칠리아 정복, 10세기의 이집트 정복을 두고 하찮다고 할 수는 없으리라. 종교의 관점에서 보면 아풀레이우스[로마 제정 시대의 시인]와 성 아우구스티누스[354-430]의 시대는 기독교 교회와 라틴 문화에서 가장 단단한 토대가 되었다. 그 당시 이탈리아는 훨씬 더 빈약했다.[236]

몰타 섬에 대한 중요한 발굴 결과를 가지고 우골리니가 다소 성급하게 정식화한 흥미로운 가정에 의하면,[237] 지중해 문명은 흔히 이야기하듯이 동쪽에서 유래된 것이 아니라 기원전 2000년대에 서쪽, 곧 에스파냐와 북아프리카에서 유래했다고 한다. 그곳에서부터 이 문명은 이탈리아로 전해지고 더 동쪽으로 확산되어갔다. 그리고 바로 그때 가서야 문명의 움직임이 동쪽에서 서쪽으로 방향을 바꾸었다는 것이다. 여기에서 말하는 그 루트가 정확한 것이 아니라고 해도 해안과 해로를 따라가는 이 릴레이 경주를 상상해보는 것은 흥미롭다. 섬에서 섬으로, 반도에서 반도로 횃불이 전해지다가 수백 년 혹은 수천 년이 지나 원래 횃불 릴레이가 시작된 곳으로 다시 돌아왔으나, 그 횃불은 원래의 그 횃불이 아니다.

이것은 아마 환상적인 이야기에 불과할지 모른다. 그렇다고 하더라도 오랜 과거의 한밤에 강제력이 있는 하나의 물리 법칙이 작용하는 것과 같다. 바다의 삶, 그 생명력은 가장 작은 곳, 가장 무게가 덜 나가는 부분을 먼저 통제한다. 그것은 섬과 일부 연안 지역으로, 마치 북유럽의 밀물과 썰물이 조약돌을 가지고 놀 듯이 이리 던지고 저리 돌리고 하는 것이다.[238] 점차 더 강해지고 더 강제적이 되자 이 힘은 자신의 궤도 안으로 더 큰 덩어리들인 반도들을 끌어들이는데, 이렇게 되면 바다의 역사는 한 수준 더 위로 상승한다. 그리고 가장 위대한 순간은 그 힘이 매우 강력해져서 드디어 대륙 덩어리 전체를 끌어들일 때이다. 카이사르[100-44 기원전]가 갈리아에 들어가고, 게르마니쿠스[기원전 15-기원후 19. 로마의 장군]가 엘베 강을 건너가고, 인도로 알렉산드로스[356-323 기원전]가 진군하고, 아랍인이 중국에 가고, 모로코인이 니제르 강 연안 지역으로 팽창했던 때이다.

그런 때에 역사적인 지중해는 무한한 팽창 가능성이 보인다. 그러나 도대체 어느 정도까지 확대하는 것이 정당할까? 그것은 힘들고 또 논쟁이 그칠 수 없는 문제이다. 그러나 우리가 지중해의 역사를 설명하고자 한다면, 그것은 우리가 묻고자 하는 가장 기본적인 문제가 될 것이다.

제3장

대(大)지중해 권역의 경계

　제3장에서는 여러 가지 어려운 문제들이 예상된다. 그러나 독자들의 입장에서는 이러한 문제들을 당장 알 수 없을 수도 있다. 독자들은 지중해 해안에서 멀리 떨어진 내륙 안쪽으로 이어지는 여행에 초대될 것이다. 멀리 여행할 수도 있겠거니 하고 단순히 생각할지 모르지만, 사실 그것은 관찰 영역이 지극히 확대된다는 것을 의미한다. **전체로서의 지중해는 16세기에** 아조레스 제도와 신대륙, 홍해 및 페르시아 만, 발트 해와 니제르 강의 만곡점에까지 도달했다는 주장은 지중해의 경계를 근거도 없이 지나치게 확대한 것으로 보일 수도 있다.

　이러한 접근법은 또한 기존의 경계를 부정하는 것이기도 하다. 지리학자들이 그린 경계선들은 우리에게 가장 친숙하면서도 또한 가장 제약적이기도 하다. 지리학자의 입장에서는 지중해 권역은 올리브 나무의 북방 한계선으로부터 야자나무의 북방 한계선까지이다. 남하하면서 마주치는 첫 올리브 나무[1]가 지중해 권역의 시발점을 표시하고, 마주치는 첫 야자나무가 종료점을 표시한다. 이러한 지리학적 정의는 기후에 맞추어져 있으며, 기후는 분명히 인간의 삶에서 중요한 요소이다. 그러나 이러한 기준을 수용하면, 우리가 살펴보려고 하는 대지중해(Plus Grande Méditerranée)는 존재하지 않는다. 또한, 지질학자들이나 생물지리학자들이 주장하는 범위를 수용한다면, 역시 우리가 살펴보고자 하는 대지중해는 존재할 수 없을 것이다. 지

도표 12. 지중해와 나머지 세계

방위를 뒤집어본 이 지도에서는 지중해가 대서양, 사하라, 인도양, 유럽과 각각 맺어지는 관계를 순차적으로 살펴볼 수 있을 것이다. 이처럼 특이한 방향을 택한 것은 어떻게 지중해가 거대한 사막 지대에게 압도당하는지를 보여주기 위해서이다. 사하라는 지중해 연안에서 아프리카의 열대 우림에까지 이른다. 지중해의 역할은 무인 지대인 땅과 (북유럽의 삼림에까지 이르는) 남유럽 사이의 경계를 이루고, 홍해, 인도양, 페르시아 만과 함께, 무인 지대를 관통하는 것이다. 작은 점들이 표시된 지역은 사람들이 아주 먼 옛날 처음으로 밀집하기 시작한 곳들을 표시하고, 이는 지중해의 반도들에 있는 고지대들이 인간이 살지 않는 것과 대조된다. 독자가 상상할 수 있는 모든 방향으로 이어지는 육상과 해상 연결로들이 우리가 대지중해 권역이라고 부르는 공간을 창조한다. J. Bertin의 지도 작성질학자들이나 생물지리학자들은 지중해 권역을 하나의 긴 띠, 즉 지구 표면 위의 광대한 하나의 선으로 간주한다. 지질학자의 입장에서 지중해 권역은 대서양에서 인도양까지 이어지는 긴 띠와 같은 지역으로 오래된 지각 균열과 근래에 이루어진 습곡으로 구성된다. 생물지리학자들의 입장에서 지중해 권역은 특정 위도들 사이에 있는 좁은 지역, 곧 특정한 식물과 동물이 흔히 발견되는, 아조레스 제도로부터 멀리 카슈미르 계곡에 이르는 지역을 지칭한다.

역사적 차원의 지중해

그러나 역사가들이 추구하는 바에 부합하고자 한다면, 더 큰 범위의 지중해, 곧 지중해 해안을 넘어 사방으로 확장된 권역을 받아들여야 한다. 비유하자면, 지중해 권역은 전기장이나 자기장이다. 더 간단하게는 빛이 퍼져나가면서 희미해지는 광원으로서 빛과 그림자의 정확한 경계선을 그을 수 없는 것과 같다.

식물이나 동물, 지리적 고저나 기후가 아니라 인간, 곧 어떤 경계선이나 장벽으로 막을 수 없는 인간을 연구 대상으로 삼을 때, 어떻게 인위적인 경계선을 그을 수 있겠는가? 지중해(그리고 지중해에 따른 대지중해 권역)는 사람들이 만든 것이다. 사람들의 운명이라는 수레가 지중해의 운명을 결정했고, 그 확장과 축소를 결정했다. 로마는 지중해를 사실상 하나의 폐쇄된 영역으로 만드는 데 성공함으로써, 지중해로 들어가고 나가는 모든 출입구마다 자물쇠를 걸어둔 것과 같았다. 따라서 유럽의 외곽 지역을 통제할 수 있는 가능성, 나아가서 인도양이나 아프리카 오지에 접근할 수 있는 그리고 이러한 먼 문명들과 자유롭고 유익한 교류를 할 수 있는 가능성을 포기했다(이는 어쩌면 로마의 실책이었을지도 모른다). 그러나 이때의 폐쇄는 상대적인 것이었으며, 실상 지중해의 역사에서 일반적 법칙은 아니었다. 일반적 법칙은 오히려 지중해 문명이 거대한 파도처럼 해안을 넘어 내륙으로 확장되고 또 계속적으로 돌아옴으로써 균형을 이루는 것이었다. 바다를 떠난 것은 다시 돌아오고 또다시 떠나는 법이다. 아메리카에서 채굴된 은은 에스파냐의 카스티야에서 8레알 은화로 제작되어 16세기 후반 지중해 시장을 휩쓸었다. 그런데 이 에스파냐 은화는 또한 인도와 중국에서까지 발견되었다. 지중해를 중심으로 사람과 유형무형의 재화는 지중해의 경계면에 따라 연속적인 동심원을 그리듯이 순환했다. 그리고 경계면은 하나가 아니라 100여 개, 즉 일부는 성지적 경계면이었으며 혹은 경제적, 문명적 경계면이었다는 점을 논해야 한다. 괴테가 이탈리아에 도착했을 때, 그가 말한 내용과는 상관없이, 지중해 권역에 들어서는 순간은 [티롤 지방의] 브레너 고개를 넘거나 토스카나의 아펜니노 산맥에 도달하는 순간이 아니었다. 오히려, 북쪽에 있는 레겐스부르크, 곧 가톨릭의 전초지이자 다뉴브 강이라는 거대한 문화적 경계면에 위치한 도시가 진정한 경계가 아니었을까? 혹은 훨씬 더 북쪽에 있는, 그의 여행의 출발지이며 [신성 로마 제국 황제를 선출했던] 뢰머(Römer) 의사당의 도시 프랑크푸르트가 아니었을까?

우리가 이러한 대지중해 권역, 즉 이렇게 확장된 영향권을 고려하지 않는다면, 지중해의 역사를 온전히 파악하기가 어려울 것이다. 축적되어 전달되고 때로는 영원히 상실되기도 하는 부와 교역이 집중되는 지중해는 자신의 보다 넓은 영향력에 의해서 그 권역이 규정될 수 있다. 지중해의 운명은 그 움직임이 이해하기 어려운 중심에서보다는 외곽에서 더 잘 드러난다. 지중해의 경제력은 일부 영역에서 좌절되면 다른 영역에서 필요한 보상을 받았다. 이는 균형의 법칙에 따라서 이루어지는 것이었으나, 당시 그 법칙은 사람들의 눈에는 띄지 않았고, 소수의 역사가들만이 언뜻 알아보았을 뿐이다. 15세기 오스만 투르크의 진출은 레반트 지역의 나라들에게 어려움을 주었기 때문에, 서구의 교역은 그 어느 때보다도 강하게 북부 아프리카에 집중되었다.[2] 마찬가지로, 16세기에 특정한 경제적 압박으로 인해 지중해의 경제력은 남부 독일과 중부 유럽과 동부 유럽으로 유도되었다. 아마도 이 역시 일종의 보상이었다. 1620년까지 또 이후로도 이어진 이탈리아의 생존은 북부와 북동부를 향한 모험 없이는 불가능했을 것이다. 베네치아는 오랜 기간 동안 이러한 기회들을 향하는 관문이었다. 지중해의 쇠퇴—상대적인 쇠퇴에 불과했지만—를 알려주는 첫 징표는 대서양과 지중해 사이의 장거리 무역에서 때 이르게 나타나기 시작했다. 결론적으로, 지중해의 역사는 가까이든 멀리든 이 바다를 감싸고 있는 육지와 더 넓은 대양 속에 다양한 형태로 기록되어 있다.

1. 사하라 사막, 지중해의 제2의 얼굴

지중해는 삼면으로 사막과 접하고 있다. 이 사막은 대서양 연안의 사하라로부터 북부 중국까지 서양 고대 세계의 넓이 전체에 걸쳐서 끊임없이 이어져 있다. 삼면을 구체적으로 보면, 리비아 해안 남쪽에는 사하라 사막이 있고, 안티-레바논 산맥 동쪽으로는 시리아 사막이 펼쳐져 있으며(시리아 사막은 "이 세상에서 가장 큰 유목민 문명 중의 하나"[3] 근방에 존재한다), 흑해 북쪽에는 남러시아 스텝, 곧 중앙 아시아의 관문이 있다. 이처럼 광대한 지중해의 얼굴을 따라서 수많은 대상(隊商)들이 지중해로 흘러들어왔는데, 이러한 대상 무역은 지중해 무역에 필수적이면서 또 지중해 무역에 의존하게 되었다. 지중해 무역과 대상 무역 사이의 접촉은 중요한 중심지—가령 16세기 레반트의 엄청난 무역이 통과한 이집트와 시리아—뿐만이 아니라 사막 주변 전체에 걸쳐서 이루어졌다. 1509년 에스파냐의 정복으로 북아프리카 알제리의 오랑은 내륙과 사실상 단절되었음에도 불구하고, 16세기 중반까지도 여전히 흑인 노예무역의 작은 중심지 역할을 했는데, 그것은 지방 관리들에게 상당한 고민거리가 될 정도였다.[4]

따라서 지중해의 역사는 유럽이라는 극(極)만이 아니라 사막의 극도 가지고 있었다. 지중해는 이처럼 황폐한 해안 지대에 이끌리는 동시에 그러한 해안 지대를 끌어왔다. 지중해의 고유하면서도 모순적인 특징은 그 바다가 사막을 따라 펼쳐져 있을 뿐만 아니라, 심지어 홍해와 인도양을 매개로 하여 거대한 대륙 한가운데로 교묘히 진입한다는 점이다.

사라하 사막 : 원근(遠近)의 경계선

대서양에서 중국으로까지 이어지는 일련의 사막들은 이란 고원을 기준으로 두 개로 나뉜다. 이란 고원 이서에는 뜨거운 사막이 있고 이북과 이동에는 한랭한 사막이 있다. 그러나 이러한 황폐한 공간과 그 공간을 가로지르는 대상 무역 사이에는 연속성이 있었다. 아나톨리아와 이란에서는 쌍봉낙타가, 중부 및 서부 사막에서는 단봉낙타가 대상 무역을 담당했다.

여러 사막들 가운데 지중해 지역에 특히 영향을 미친 것은 넓은 의미의 사하라 사막(이란과 아라비아 지역에까지 이어지는 뜨거운 사막)이다. 남부 러시아 스텝을 가로지르는 길은 중앙 아시아의 한랭한 사막으로 이어지는데, 말하자면 후문을 통해서만 지중해에 이른다. 중앙 아시아의 사막은 간헐적으로만 지중해에 영향을 미쳤으니, 예를 들면, 13세기부터 14세기까지 "몽골의 길"이 열린 번영의 시기가 그런 경우였다.[5]

넓은 의미의 사하라, 곧 아프리카와 아시아의 사막은 두 경계선 안에, 하나는 지중해와 가깝고 다른 하나는 지중해와 아주 멀리 떨어진 경계선 안에 있다. 우리가 살펴보고자 하는 주제를 이해하기 위해서는 먼저 이 두 경계선을 간단히 살펴볼 필요가 있을 것이다.

지중해 쪽에서 보았을 때, 비록 사막으로 넘어가는 지점이 극명히 표시되는 경우는 드물어도, 사막의 분계선은 대체로 소형 야자수 숲들이 있는 긴 지역의 북방 한계선과 겹치기 때문에 설정하기가 어렵지 않다. 야자수의 북방 한계선은 인도의 펀자브 지방에서 이라크, 시리아, 이집트 남부, 트리폴리타니아, 아틀라스 산맥 남쪽 경사면을 거쳐 대서양까지 동에서 서로 끊어지지 않고 이어진다. 대략적인 분계선으로서의 야자수 북방 한계선은

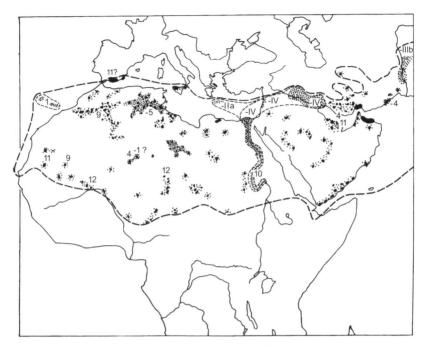

도표 13. 인더스 강에서 대서양까지 이어지는 야자수 밭의 분포도

로마 숫자는 천년의 단위를, 아라비아 숫자는 세기를 표시한다. 숫자 앞의 (-) 기호는 기원전을
표시한다. 이탤릭 체의 숫자는 야자수 밭의 첫 출현을 표시한 것이 아니라 처음으로 기록된
시기를 표시한다. 이 지도의 출처는 J. Hémardinquer, M. Keul, W. Randles의 『지도(l'Atlas)』이
다. 이 지도는 새로운 것을 창조하기 위한 인간의 인위적인 노력이 얼마나 더딘 속도로 이루어
지는지를 보여준다. 야자수 밭과 도로는 인더스 강에서 대서양까지 이어지는 대추야자의 광대
한 재배 지역을 통과하며 연결되어 있다.

건조 지수(乾燥指數)로부터 이끌어낼 수 있는 경계선만큼 신뢰할 만하다.[6]
위의 지도(도표 13)는 이를 분명히 보여준다. 이 지도에서 보이는 야자수
및 야자수 밭 지대는 모두 인간에 의해서 천천히 만들어졌다.

　그러나 거대한 사막 지대의 남쪽과 동쪽 한계선은 어디인가? 지중해에
서 수천 킬로미터 멀리 떨어진 것은 분명하다. 사막의 남쪽 및 동쪽 경계선
을 그리면, 우리는 니제르 강의 만곡점, 나일 강 상류, 에티오피아 산지,
홍해, 아리비아, 이란, 인더스 강, 투르키스탄, 인도 및 인도양으로 이어지
는 여정을 상상해보아야 한다. 이 사막 지대의 가장 놀라운 점은 그 규모가

엄청나게 방대하다는 점이다. 도시간의 여정은 지중해 지역에서는 하루 내지 일주일 거리이지만, 사막 지대에서는 몇 주일 혹은 몇 개월 걸리곤 했다. 1576년의 보고서[7]에서 베네치아 출신의 자코모 소란조는 페르시아를 설명하면서 거대한 공간을 한 문장으로 요약했다. "이 땅은 넉 달간 여행하고도 벗어나지 못할 수도 있다." 한 세기 전에 박식한 알로이스 슈프랭어가 쓴 책에 기록된 거리표[8] 역시 이를 분명히 했다. 그에 따르면, 지중해를 떠나 사하라 사막으로 진입하는 순간 모든 거리가 갑자기 길어지고, 측정 단위 역시 완전히 바뀐다. 교통수단이 최우선적으로 중요해지고, 다른 모든 고려 사항을 압도하게 된다. 디디에 브뤼농에 따르면, 사막을 가로지르는 이 끝없는 여정에서는 "바다 항해를 하듯이 나침반과 천체관측의를 따라야 한다."[9] 황무지가 압도적으로 많기 때문에, 사막지대의 사회와 경제는 영속적인 이동을 할 수밖에 없고, 그것은 다른 곳에서보다 더 큰 부담이 된다. 사람들의 극단적 이동성, 목축을 위한 이동 거리의 방대함, 오랜 대상 무역의 번영, 도시들의 활동 등은 모두 자연 환경의 피할 수 없는 요구에 맞춘 혹은 맞추고자 하는 대응이었다. 그 와중에 도시들은 스스로 피폐해지기도 했다. 유럽사에서 특징적인 현상 중 하나가 "버려진 마을들"이라고 한다면, 건조한 나라들의 역사에서 가장 두드러진 특징은 바로 버려진 도시들이다. 단몇 년 사이에 사구에서 불어오는 모래는 하나의 도성을, 그 주택, 거리와 수로까지 모두 묻어버릴 수 있다.[10] 이처럼 사막이라는 탐욕적인 공간은 마치 호메로스의 서사시에 나오는 "수확할 수 없는 바다"와 흡사하다. 사람은 오로지 "순례자 혹은 나그네"로 사막지대를 통과할 뿐이고,[11] 단지 잠시 머물 수 있을 뿐이다. "이곳은 물이 없는 바다"일 뿐만 아니라, 지중해 자체보다도 더 방대한 공간이었다.

궁핍과 빈곤

광대함과 무(無), 다시 말하면, 그것은 궁핍과 빈곤이다. 아랍 시가에 따르면, "내 굶주림을 내장의 주름 속에 가두어놓으리니, 능숙한 물레질 소녀가 실타래를 손가락 사이에 끼우듯 꽉 가두리라." 선지자 무함마드의 제자 아부 호라이아는 무함마드에 대해서 "선지자께서는 보리빵조차도 한번 배부르게 먹지 못하고 세상을 떠나셨다"고 말했다.[12] 심지어 가장 부유한 나라들의 심장부인 바그다드에서도조차 얼마나 많은 가난한 사람들이, 『천일야화』에 나오는 하층민들처럼, 흰 밀가루와 버터로 만든 케이크를 꿈꾸었던가! 심지어 호밀로 만든 검은 빵조차 어디서나 구할 수 있는 것이 아니었고, 마그레브 지역의 빈민들이 먹는 거친 쿠스쿠스—마아크—조차도 흔하지 않았다. 그나마 먹을 수 있었던 것은 거칠게 빻은 곡물로 만든 빵, 곧 원시적인 케세라뿐이었는데, 그것조차도 밀로 만드는 경우는 거의 없고 주로 보리로 만들었다.

물이 없는 빈곤한 땅, 사하라. 여기에는 우물도, 계곡도, 식물도, 나무도 거의 없다. 그나마 식물이 조금이라도 자라는 곳은 "목초지"라고 하는 허울 좋은 이름이 주어졌다. 나무라고는 거의 보이지 않는다. 이러한 건조 지대에서 진흙으로 만든 집들이 발명되었다. 인도로부터 열대 아프리카로 이어지는 촌락들은 사실상 "진흙으로 만들어진 야영지"라고 할 수 있다. 석조 건물이 존재하는 곳은 아주 예외적인 곳일 뿐만이 아니라 그것 자체로 하나의 걸작이다. 목재를 전혀 사용하지 않고 오직 돌 위에 돌을 쌓는 기술에 의해서 지은 건물들이었다. 나무가 없었던 것이다. 이슬람 지역에서는 귀중한 삼나무 장식함이 얼마나 값비쌌을까? 르네상스 시기 이탈리아에 만들어진 화려한 목재 가구, 그리고 에스파냐의 톨레도에서 장인들이 금과 쇠로 장식한 목재 궤 혹은 목재 책상과 비교해보면 되리라. 사막 지대에서는, 지중해에서처럼 갤리 선과 선박 건조용 목재의 부족이 아니라, 일상적인 요리, 곧 돌덩이 둘 사이에 지펴진 소박한 모닥불을 위한 땔감이 부족한 것이 문제였다. 모닥불을 지피기 위한 연료로 모든 재료가 동원되어야만 했다. 몇 조각 남지 않는 마른 땔나무, 마른 식물들, 짚 혹은 야자수, 야자수 껍질,

"햇빛에 말린 낙타, 말, 소의 배설물" 등이 이용되었다.[13] 심지어 특권적인 도시들조차 땔감 부족에서 자유롭지 못했다. 카이로 주민들은 땔감용으로 건조된 배설물, 사탕수수에서 뽑아낸 "짚," 소아시아에서 알렉산드리아로 갤리 선과 배편을 통해서 운반된 비싸고 귀한 나무 등을 사용했다. 상황은 언제나 위태로웠다. 1512년 11월,[14] 카이로의 장교용 식당조차 연료 부족으로 운영이 중단되었다. 도대체 카이로 근처 어디에서 연료를 구할 수 있었 겠는가?

이러한 적대적인 땅, 이 "가차 없는 땅"에서, 식물, 동물, 또 인간들은, 모든 어려움에도 불구하고, 살아남았다. 마치 자연이 물리적 공백 상태뿐만 아니라 생물적 공백 상태를 견딜 수 없는 듯이 보였다. 최소한 어느 지리학 자에 따르면 그랬다.[15] 실제로 신생대 제4기 동안의 거대한 지각 변동과 기후 변화에도 불구하고, 모든 생명체와 마찬가지로 인간 역시 충격과 궁핍 속에서 최선을 다해 적응해야만 했다. 아라비아의 아랍인들의 지역과 북아 프리카의 투아레그인들 지역에서도 거주지들이 발견되었다. 어쨌든, 오아 시스 지역을 제외하고는(오아시스는 거의 존재하지 않았다), 인간은 오직 소규모 집단으로만 존재할 수 있었다. 그것조차도 양 떼가 없었다면, 불가 능했을 것이다. 수천 년 동안 사막은 말, 쌍봉낙타와 단봉낙타의 고향이었 다. 특히 사하라에서는 단봉낙타가 압도적으로 많았다. "인간은 쌍봉낙타에 기생한다"라는 표현도 자주 인용된다. 사막의 대역사는 쌍봉낙타와 함께 시 작된 것이다. 그러나 반대로 "단봉낙타는 사람들이 유목생활을 영위할 수 있도록 하고, 따라서 특정 지역에 덜 매인 인간 정착지를 가능하게 함으로 써 사람들이 점점 더 확대되고 다양한 지역의 식물을 이용할 수 있는 능력 을 주었으며" 역시 어느 전문가[16]에 따르면, "오히려 그 때문에 단봉낙타는 사막화에 책임이 있는 매개체였다." 충분히 가능성이 있는 이야기이다.

그러므로 낙타를 부리는 사람들은 낙타로부터 얻는 우유, 버터와 치즈만 을 가지고 생계를 유지하기가 힘들었다. 낙타 고기를 먹는 경우도 거의 없었다. 또한 모든 "구황 작물"을 이용해야 했다. 북아프리카의 투아레그 족[17]은 야생 식물 20여 가지를 먹었는데, 특히 드린의 씨앗, 므로크바, 야생 포니오, 크람-크람, 타위트, 베르디의 뿌리줄기와 새싹 등이 포함되었다.[18] 그들의 이웃—이 이웃이라는 용어가 적절한 말인지도 사실은 의문이다—이라고 할 수 있는 티부 족의 경우에는 "대추 열매로 자신들의 빵을 만든다"고 전해졌다.[19] 여기에 보탬이 될 만한 것은 사냥으로 얻을 수 있는 먹거리 정도였다. 16세기에는 아직 야생 양, 당나귀, 황소, 낙타, 영양과 가지뿔 영양 등이 존재했고, 이란의 파르스 지역의 경우에는 능에와 꿩 사냥을 두고 심한 갈등이 생기기도 했다.[20] 어느 17세기 탐험가에 따르면,[21] "바빌론과 알레포 사이에는 모래 언덕 이외에는 고작 낙타의 먹이가 되는 케이퍼 수풀과 능수버들밖에 없다.……당나귀, 말, 영양과 수사슴 이외에 다른 야생 동물은 전혀 보이지 않는데, 가끔은 야생동물의 수가 너무 많아 우리 대상들이 이동하는 것을 가로막기도 했다." 시리아 사막 한가운데에서 가장 선호도가 높은 사냥감인 들쥐 고기는 별미로 간주되었다.[22] 이러한 삶이 고단하리라는 것은 쉽게 상상할 수 있다. 하지만 역시 나름의 매력이 있다—특히 시상(詩想)과 환상(幻想)의 도움을 받아—는 점 또한 인정해야 한다. 현대 이라크 출신의 작가는 "베두인의 음식을 먹어본 사람은 그 마력에서 벗어날 수 없다"고 말했다.[23]

유목민은 목초지에 매여 있기 때문에, 물을 구할 수 있는 장소들 사이를 이동해야만 했다. 그러나 건조기에는 어떤 동물 떼도 우물에서 50킬로미터 이상 떨어진 곳으로 이동할 수는 없었다. 타네즈루프트[건조한 지역]를 횡단하는 것은 험난한 여정이어서, 쌍봉낙타들은 여분의 풀과 물을 지고 가야만 했다. 또 가장 열악한 목초지의 소유권을 두고도 대립이 발생했다. 겉보기로는 무주공산 같아 보이는 이 땅들에서도 실상 확고하게 수립된 전통적인 소유권이 있었으나, 또한 싸움을 통해서 확보된 것이었던 만큼 분쟁과 습격은 지속되었다. 사실 정주민들을 공격하는 것이 가장 이익이 많이 남았다. 16세기 당시 시리아와 이집트에서는 마치 벌레에게 물리는 듯한 이러한 습격에 대해서 별다른 대응을 할 수 없었다. 1502년 이집트에 도착한 인문학자 페드로 마르티르 데 앙히에라—그는 에스파냐의 공동 국왕 페르난도와 이사벨의 명으로 수단에 파견되었다—는 단번에 이를 깨달았다. 만일 수없이 많은 이 민족들—"영원한 유목민, 항상 이동 중인 자들"—이 서로 분열되지 않았다면, 나일 강의 땅들을 쉽게 점령할 수 있었을 것이다.[24] 유목민을 토벌하러 나선 원정대들 대다수는 그저 빈손 혹은 약간의 포로, 곧 베두인 여자들이나 아이들만 잡아올 뿐이었다![25] 유목민들은 매일같이, 혹은 적어도 마음이 내킬 때마다, 알레포,[26] 알렉산드리아,[27] 혹은 카이로 성문에 도착하곤 했다. 1518년 11월 홍해 연안의 아카바로 부대가 파견되었는데, 이는 "지속적으로 증가하는 베두인 족의 약탈"로부터 순례자들의 짐을 지켜주기 위해서였다.[28]

그러나 현지 연구를 통해서 내부를 들여다보면, 이러한 사막지대의 사회들은, 얼핏 보기에는 단순해 보이지만, 실상 복잡한 조직, 위계, 관습 및 경이로운 법 체계를 갖추고 있다는 것이 드러난다. 그러나 외부에서 바라보면 사막지대의 사회들은 그저 바람에 흩날리는 인간 먼지에 불과한 듯이 보인다. 상대적으로, 지중해 지역에서 가장 정착성이 떨어져 보이는 사회들, 곧 산악지대의 사회들이 갑자기 육중하고 견고해 보인다.

대(大)유목민족

우리는 사막의 사람들 중에서 두 가지 유목민들이 있다는 사실을 구분해야 된다. 첫째는 산악지대의 유목민으로, 이들은 비교적 짧은 반경 이내를 이동했다. 이들은 겨울을 지내기 위해서 저지대로 이동하는데, 이러한 계절적 이동은 현재 오랑 남쪽의 울라드 시디 셰이크 족, 타실리 고원[알제리 남부 지역]과 아하가르 고원[사하라 사막 중북부 지역]의 투아레그 족, 남부 모로코의 "젬무르 절벽"으로 이동하는 레기바트 족도 여전히 지키고 있다.

둘째는 여름에 사하라를 떠나 인근 스텝으로 이동하는 유목민들이다. 이들은 흔히 매우 먼 거리를 이동했다. 르왈라 족의 경우에는 시리아 사막에서 지중해로 이동했고, 베니 라르바 족의 경우에는 계절에 따라 라그아를 떠나 오뉴월에 800킬로미터 떨어진 티아레트 고원에 도착했고 다시 돌아갔다. 무어인들은 지중해를 떠났다가 건조기에는 세네갈 강변으로 갔다.[29]

여기에서는 이러한 장거리를 이동하는 유목민들, 즉 계절과 함께 정기적으로 지중해로 돌아오는 유목민들에 대해서 살펴보겠다.

동절기마다 지중해에는 비를 동반하는 대서양 저기압이 침공한다. 남쪽과 동쪽 지역에는 해안 지역보다 더 깊숙한 내륙에도 비가 내린다. 메카 주변의 경우, 지중해의 겨울비는 짧고 격렬하게 내린다. 브레몽 장군은 "지다 거리에서 강수량이 1미터 이상이 되는 것을 본 적도 있다"고 했다. 물론 강수량은 결코 일정하지 않다. 이러한 호우(2년에 한번 혹은 아주 멀리 떨어진 지역의 경우 4년에 한번)는 거대한 방목이 이루어지는 목초지가 될 수 있는 스텝을 만들지만, 풀은 광범위하게 자랐다가 금방 사라진다. 와디의 저지대에서도, 많은 경우 수풀들은 20미터에서 40미터씩 서로 떨어져 있다. 겨울에 자란 풀은 봄이 끝나갈 때쯤부터 남에서 북으로 올라가면서 점차 말라 없어진다. 가축 떼가 풀들을 먹어치우면서 이동하여 추수기 이후에 지중해 연안에 도착한다. 양들은 마른 풀이나 풀뿌리를 먹는 데에도 전혀 불만이 없다. 여름이 끝날 때쯤이면 이 유목민들은 새로운 풀이 자라는 지역으로 돌아간다.

이러한 여정에는 많은 어려움이 따르는 법이다. 장거리 이동 중에 가을에 내리는 첫 비 혹은 봄에 내리는 마지막 비를 잘 노려야만 한다. 지중해 지역에서 우기는 겨울 이전에 시작되어 겨울 이후에 끝나기 때문이다. 경우에 따라서는 종종 우기가 지연되는 경우도 있고, 여정 도중에 방목이 불가능한, 아무것도 없는 마른 땅도 있다. 아주 건조한 해의 경우(1945년이 특히 심했다)에는 남부의 목초지들이 평상시보다 훨씬 더 빨리 말라버린다.

길에는 양들이 수천 마리씩 죽어 있고, 쌍봉낙타들의 봉은 위험할 정도로 수축되며, 유목민들은 생명의 원천이 되는 목초지를 찾아 평상시 다니는 길보다도 더 멀리 북상하게 된다.

16세기에는 지금보다는 훨씬 더 많은 수의 양치기 유목민들이 지중해 연안에 왔다. 연안 정주민들이 세운 장벽들은 현재 우리가 보기에는 탄탄하지만 당시에는 매우 취약했다. 유목민은 소아시아와 시리아 지역을 제집처럼 드나들었다. 블롱 뒤 망은 여름에 이 유목민들을 아다나[터키 남부] 근방에서 목격하기도 했다.[30] 마그레브 지역 전체에 걸쳐서 유목민들의 장거리 이동 경로가 남북으로 이어졌고, 특히 장애물이 없는 튀니지 스텝이나 오랑 후방의 서쪽으로 이어지는 거대한 건조한 고원을 횡단했다. 오랑에서 오랫동안 주둔군을 지휘했던 디에고 수아레스는 매년 6월 말경이면 울레드 압다라 족의 도착을 목격했다. 압다라 족은 작년 가을에 해안지역 일부에 곡식을 심었고 주변의 부족들로부터 자신들의 농산물을 지키려고 했다. 군인이자 연대기 작가였던 수아레스는 전시에 에스파냐의 화승총 병사들을 태웠던 쌍봉낙타들을 가진 아랍인들을 만났는데, 평시에도 이들을 면밀히 관찰하여 그들의 요리법, 고기에서 나오는 기름으로 튀겨서 그 고기를 보존하는 방법, 쿠스쿠스를 먹는 방법, 레벤트라는 신맛 나는 우유를 먹는 방법 등을 알게 되었다.[31]

튀니지에서도 양상은 비슷했다. 1573년 10월 돈 후안 데 아우스트리아가 큰 어려움 없이 튀니스를 점령할 수 있었던 이유는 유목민들이 이미 북부 튀니지의 해안 지방에서 떠났기 때문이었다. 반면에, 1574년 8월 투르크인이 라 굴레트 요새와 도시를 함락할 수 있었던 이유는 당시에 유목민들이 이미 투르크 편에 합류해서 토목공사와 수송을 위한 지원군이 되었기 때문이다. 수세기에 걸쳐 역사는 계속 반복되었다. 튀니지 군대에 소속되었던 유목민들은 이미 1270년 말에(성왕[聖王] 루이 9세가 사망한 직후에) "자신들의 관습대로 남부 목초지로 돌아가겠다"고 협박했다.[32]

스텝에서의 전진과 침투

유목민이 스텝에서 해안으로, 또다시 바다에서 사막으로 돌아가는 대규모 이동은 지중해의 역사에서 중요한 제약 혹은 달리 표현하면 일종의 리듬처럼 작용했다. 이러한 이동이 마치 파도처럼 주기적이었다면 모든 것이 큰 문제가 없었을 것이다. 그러나 예고 없이 찾아오는 건조기 외에도 유목민들이 자신들에게 할당된 지역에 불만을 품을 수밖에 없는 문제점들이 수백 가지가 있었고, 따라서 정주민들과 충돌할 수 있는 이유도 수백 가지였다. 기본적으로 유목민들은 목초지를 필요로 했지만, 또한 농작물을 경작할 수 있는 토지, 나아가서 자신들의 보급 기지 역할을 하고 정치 조직의 기반이 될 수 있는 마을도 필요로 했다.

한 가지 사례를 들어보자. 1550년대 남부 튀니지의 사막에서 샤비야 족의 작은 나라가 다소간 혼란스러운 역사를 경험했다.[33] 샤비야 족은 원래 단일 유목민 부족이었다. 현재 우리가 잘 알 수 없는 이유로 그들은 성공적으로 카이루안에 도착했다. 사하라 북방의 카이루안은 올리브 나무 숲을 비롯하여 밀과 보리 경작이 가능한 농경지가 있다는 점에서 진정한 지중해 지역이었다. 나아가서 카이루안은 무슬림들에게 성지였으며, 따라서 더욱 매력적인 도시였다. 샤비야 족은 이곳에 정착했는데, 정착이 가능할 수 있었던 것은 하프스 왕조의 혼란과 타락 때문이었다. 하프스 왕조는 13세기 이래 튀니지를 통치하던 왕조였다. 15세기 들어서는 북아프리카 지역의 경제적 쇠퇴와 외부 세력의 침입—처음에는 기독교 세력, 나중에는 오스만 투르크—에 의해서 점점 더 어려움을 겪고 있었다. 샤비야 족은 카이루안 이외의 지역들—가령 동쪽에 있는 사헬 지역의 조세 기반이 더 단단한 큰 마을들—을 점령하고자 했으나 실패했으며, 따라서 카이루안만을 통제했기 때문에 결국 1551년에 오스만 투르크와 드라구트[투르크의 해적]가 카이루안을 점령하면서 몰락했다. 샤비야 족은 자신들의 존재 기반을 상실하게 되면서 결국은 얼마 지나지 않아서 역사의 무대에서 사라졌다. 사료에 따르면 샤비야 왕조는 서부로 사라졌다고 하는데, 그 이상의 자세한 사항은 알 수 없다. 결국 그들이 남긴 것은 신성(神聖)의 흔적뿐이었다. 그 왕조는 아무도 알 수 없는 곳에서 갑자기 등장하여 짧은 시기 동안 정주민 생활을 하다가 다시 어둠 속으로 사라져버렸다.

위와 같은 사례는 역사적으로 자주 발견된다. 예를 들면, 16세기 트리폴리 근처에 있던 다른 유목민 국가들 역시 비슷한 조건에서 탄생했으며, 비슷한 속도로 어떤 성과도 이루지 못 한 채 금방 사라졌다. 사실 모로코 지역에 큰 영향을 끼쳤던 알모라비드 족, 메리니드 족, 힐랄리안 족 역시 규모만 다를 뿐 비슷한 형태를 보이지 않았는가? 알모라비드 족 역시 세네갈 강변으로부터 시작하여 에스파냐의 중심지까지 침투했고, 결국 엘 시드[1040-1099]가 지키던 발렌시아 성벽에까지 이르렀다. 그것은 사실 유목민들이 꿈꾸었던 가장 경이로운 성공이었다고 할 수 있다.

그러나 이러한 격렬하고 무력적인 사건들 이외에도 상대적으로 조용한 침략들도 있었다. 가령 중세 말기 아나톨리아 지방을 생각해보자.[34] 마르코 폴로가 이 지역을 여행했을 때, 아나톨리아 농민들은 그리스계 지주들이 거주하는 도시들에 반기를 들었다. 이들이 이슬람으로 개종하고 투르크 출신의 유목민들을 받아들였으며, 마침내 도시들마저도 이슬람 세력에 넘어갔을 때, 우리가 앞에서 살펴보았던 대격변은 이미 이루어지고 있었다. 유목민의 세계는 이러한 평화롭고 정주적인 삶의 방식에 적응하고 있었던 것이다.[35] 유목민들은 스스로 정착하기 시작했다. 그들은 오아시스 지역의 반(半)열대 농업 방식에 적응하기를 거부했지만, 지중해 지역 정주민들의 단순하고 때론 원시적인 농법은 기꺼이 받아들였다. 그 대표적인 사례가 모로코였다.

따라서 수백 년 동안에 걸쳐 스텝에서 지중해로 이동하는 경우는 여러 번 있었다. 오늘날 정주화는 크게 진전되었다. 따라서 스텝으로부터의 침입을 막는 장애물도 보강되었다. 그러나 1912년 무슬림 지도자였던 마 알 아이나인의 아들이자 "푸른 술탄"이라고 불린 아흐마드 알-히바 휘하의 사하라 사막의 부족들이 알모라비드 족의 위업을 재현하고자 하는 것을 막지는 못했다. 그들은 승전보를 울리며 마라케시까지 들어오기는 했지만, 프랑스군은 이들을 다시 사막으로 몰아냈다.[36] 1920년과 1921년에는 남부 알제리에서 프랑스 당국은 기근으로 죽어가고 또 가축의 3분의 2 이상을 잃은 라르바 족을 위한 대규모 수용소를 미리 준비했다. 만약 그대로 방치했다면, 굶주리고 있었던 라르바 족은 무엇을 했을까? 또 이와 비슷하게 1927년에 네지드 지역—아라비아의 유목민이 자동적으로 모여드는 지역이다—에서는 아라비아의 로렌스의 표현을 빌리면, 실직한 사막 부족들의 무리가 증가하면서 폭발 직전에 이르렀다. 알프레트 헤트너는 "영국 경찰의 통제가 없었더라면, 아랍인의 침입이 다시 재현되었을 것이다"[37]라고 했다. 특히 과거처럼 이들은 시리아로부터의 증원군을 부를 수 있었기 때문에 더욱 그럴 가능성이 컸다. 레바논 산악지대의 비교적 풍부한 강수량 때문에 시리아의 땅은 과거에도 현재에도 유목민의 큰 집결지였다.

이와 같은 극적인 사례들은 그 외에도 더 있다. 1940년부터 1945년 사이 북아프리카에서는 일상적인 수송 수단으로는 왕래가 불가능해지자 유목적인 방식의 수송이 증가하기 시작했다. 특히 북부 지역에서는 전쟁 이전보다 현저하게 증가했다. 석유 부족으로 화물차의 사용이 사실상 불가능해지자, 곡물은 과거의 방식으로 다시 널리 운반되기 시작했다. 즉, 사막의 여성들이 손으로 만든 낙타 가죽이나 염소 가죽의 큰 주머니 속에 곡물을 넣어 낙타 등에 걸고 운반했다. 한편 이러한 전통적 방식의 증가가 과거에 존재했던 많은 전염병들—가장 대표적인 것으로 발진티푸스—이 다시 북부 아프리카에서 유행하는 데에 기여한 것 역시 틀림없었다.

따라서 베두인 족과 정주민 사이의 관계는 단순히 끊임없는 분쟁 양상만을 띠는 것은 아니었다. 베두인 족은 종종 자신들이 몹시 가지고 싶었던 집들에 초대를 받는다. 지중해 지역에서 행해진 또 지금까지도 행해지고 있는 농업 방식은 토지를 빨리 피폐하게 만들며, 그 피폐 정도는 지력 소진의 원인으로 자주 지목되는 유목민의 양과 염소에 의한 피해보다 더 심각했다. 어쩌면 이 토지를 가축 떼에게 넘겨 목초지로 사용하는 것이 토지에 필요한 휴지기가 되었을지도 모른다. 한 지리학자는 지적했다.[38] "유목민과 정주민은 물론 서로 공존할 수 없는 적이다. 하지만 동시에 그들은 상호 보완적이며, 서로가 서로를 절실히 필요로 한다. 항상 똑같은 경작지를 경작하려는 우매한 집착—건조한 땅의 경우에는 더욱 우매한 집착이다—으로 인하여, 텔[알제리의 지중해 연안 지방] 너머까지 진출한 농부는 목자들이 침입할 길을 열어준다. 그러나 일단 이 유목민들이 자신들의 제국을 건설하면, 안전이 확보되고, 이동이 정규화되고 용이해지면서, 유목민들은 정주화된 삶에 끌리게 된다. 오늘날 튀니지 스텝에서 그와 같은 양상을 볼 수 있다." 농업의 개선, 즉 윤작과 경작지의 전환 같은 현대적 기술이 도입된 것은 분명히 유목 생활을 버리게 한다. 지난 수십 년 사이 티아레트 고원에서 식민 정착민들이 경작 기술을 도입해서 고원을 밀밭으로 전환시키면서, 과거 이곳으로 모여들던 낙타 목자들은 거의 모두 내몰렸다.

그러나 지중해와 주변 사막 간의 갈등은 단순히 가축과 쟁기 간의 대립 이상의 것이었다. 이는 두 가지 종류의 경제, 문명, 사회, 삶의 방식의 충돌이었다. 러시아의 역사가들은 스텝으로부터의 침략은 언제나 먼저 유목 문명의 변화, 곧 원시 단계에서 "봉건적인" 사회로의 이행 때문이라고 보았다.[39] 이슬람의 성공적인 정복 과정에서 종교적인 신비주의의 발흥이 기여한 바는 잘 알려져 있다. 인구 팽창의 역할 또한 마찬가지이다. 유목민들은 정착민의 모든 실패와 약점—농업에 관한 것이든 다른 종류이든—으로 이득을 보았다. 원하든 원하지 않든 정주 문명의 이와 같은 암묵적 동조가 없었다면, 그러한 드라마는 불가능했을 것이다.

에밀-펠릭스 고티에에 따르면, 16세기 북아프리카가 경험한 것은 일상적인 유목민의 침입만이 아니었다.[40] 당시 북아프리카는 일련의 위기 상황에 있었다. 사하라 사막의 교역이 혼란에 빠지면서 비롯된 경제적 위기, 그리고 포르투갈, 에스파냐, 투르크의 정복에 따른 외적의 침입 위기 등이었다. 특히 오스만 투르크의 정복은 마그레브 중부 및 동부 지역을 다시 안정시키기는 했지만, 저항이 없었던 것은 아니며, 장기적인 소요로 인해 불안한 격변 상황이 지속되었다. 안달루시아에서 탈출한 자들은 멀리 투아트 오아시스까지 피난갔고, 후일 사막의 종교 중심지들이 성전(聖戰)을 설파하고 또 실천하는 것을 도왔다. 마그레브 지역의 이슬람 종교 중심지들이 남쪽으로 이동한 것은 역사적으로 중대한 사건인데, 이는 특히 15세기에서 18세기 사이에 가장 두드려졌다.[41] 그 결과 예기치 않게 모로코가 다시 안정되었는데, 이는 수스 지역 출신 샤리프에 의해서, 달리 말하면 사막을 통해서 이루어진 것이었다. 16세기 말 알제리, 튀니지, 트리폴리 등지에서 발생했던 소요 사태들은 아랍계 유목민들—에스파냐 문헌에서는 알라브라고 불리는 사람들—과 연계되었는데, 그들은 도시의 무어인들과 연합하여 종종 오스만 투르크의 침략자에게 대항했다. 위와 같은 상황 때문에 16세기 말 지중해 남안 전역, 곧 지브롤터 해협에서 이집트에 이르는 전 지역에서 소요 사태들이 전염병처럼 유행했다. 따라서 북아프리카에서 유목민들의 역할이 점점 더 증가한 듯했는데, 어쩌면 정확히 말하자면, 전 지역이—정주 생활만큼이나 유목 생활도—당시의 역사적 움직임에 얽혀들었다고 해야 할 것이다. 그러나 종국에는, 유목민들은 오스만 투르크의 화승총과 포병대 혹은 모로코 샤리프들의 대포와는 대적할 수 없다는 사실이 증명되었다. 유목민들은 여전히 산발적으로 국지적인 승리를 거두고, 성공적인 기습을 하거나, 때로는 넓은 지역에 걸친 저항을 이끌 수도 있었다. 그러나 더 이상 유목민은 최종 승리를 거두지는 못했다. 군사적으로 이미 새로운 시대가 도래했던 것이다. 이전까지는 유목민은 우월한 기마술에 의해서 항상 승리했으나, 이제는 화약 때문에 패배했다. 이러한 사실은 볼가 강 유역 카잔의 유목민에게나, 북중국 몽골 족에게나, 아프리카와 중동의 부족들에

게나 마찬가지로 해당되었다.[42]

금과 향신료의 대상

유목민의 일상의 역사는 대상들의 대규모 행렬과 구분되어야 한다. 대상 무역은 사막들을 횡단하는 원거리 무역으로서, 수세기 동안 한편으로는 지중해를 동아시아와 연결시켰고, 다른 한편으로는 수단의 내륙, 즉 블랙 아프리카와 연결시켰다. 마치 연안 무역과 원거리 항해 무역이 다르듯이, 유목과 대상은 달랐다. 대상은 상인들의 사업이며, 따라서 도시의 사업이고, 곧 전 세계를 무대로 하는 역동적인 경제이다. 대상은 사치였고, 모험이었으며, 복잡한 과업이었다.

16세기는 이들 대상의 유산을 이어받았다. 16세기가 대상로를 새로 만들었던 것은 아니며, 대상로는 원래 있었던 것이고 그리고 크게 변하지 않은 채 후대로 전해졌다. 고비노, 슈바인푸르트,[43] 르네 카예, 브뤼뇽,[44] 플라샤[45] 등이 묘사한 내용은 사실 타베르니에가 기술한 것과 매우 비슷하다. 또 이들 기록은 모두 대체로 1586년 익명의 잉글랜드인이 메카를 향한 순례자들의 화려한 대상에 대해서 남긴 기록과 일치한다.[46] 이 잉글랜드인에 따르면, 대상은 라마단 이후 20일째 되던 날, 카이로에서 3리그 정도 떨어진 "비르카"에 집결했는데, 노새와 낙타 4만 마리 또 사람 5만 명으로 구성되었다. 선두에 선 상인들은 자신들의 상품을 지키며 나아가다가 때로는 여정 도중에 자신들의 비단, 산호, 주석, 밀 혹은 쌀을 팔기도 하지만, 특히 메카에서 팔았고, 후방에 선 순례자들은 소유물이 없기 때문에 자기 몸만 돌보면 되었다. 부자들과 빈자들을 포함한 이 행렬에는 군 지휘관과 대상들의 "대장"이 있었고, 길잡이도 몇몇 있었다. 야간에는 길잡이들이 마른 나무 횃불을 들고 길을 비추었는데, 이는 대상 행렬이 뜨거운 낮을 피하여 새벽 2시부터 해뜨기 전까지 이동하는 것을 선호했기 때문이었다. 홍해 연안을 지날 때는 아랍인의 약탈에 대비하여 호위대가 붙었는데, 호위대는 기병 200명, 병사

200명, 그리고 낙타 12마리가 이끄는 야포 6대를 가진 포대로 구성되었다. 야포는 베두인 족들에게 겁을 주고 또 메카에 성공적으로 들어서는 순간 꽹음을 울리기 위해서, 화자의 표현을 빌리면 "승전보를 울리기" 위한 것이었다.

반(半)종교적이며 반(半)상업적인 거대한 대상 행렬은 빠른 속도로 이동했다. 이 대상은 카이로에서 메카까지를 단 40일 만에 주파했다. 상상해보자면, 매번 엄청난 수의 짐바리 동물들(오스만 투르크의 군대는 식량 운반용으로 낙타 3만-4만 마리를 징발했다)과 많은 여행자들이 행렬의 엄정한 규율을 따르고, 각자 지닌 것으로 연명하며, 도중에 지나가는 지역들에 대해서는 최소한의 것—요리 내지 동물의 생존에 필요한 물과 연료—만을 요구하며 이동했다. 따라서 이처럼 비용과 힘이 많이 드는 작전을 결행하기 위해서는 이익이 상당한 상업적 거래가 전제되어야 했다. 사하라 사막의 경우에는 소금, 노예, 직물, 금 등의 교역이, 시리아에서는 향신료, 의약품, 비단 등의 사치품 교역이 전제되었는데, 모두 정규적인 교역이었다.

15세기와 16세기 동안에, 심지어 포르투갈의 대항해 이후 발전한 해양무역에도 불구하고, 사하라 대상의 무역량은 증가했을 것으로 추정된다. 물론 1460년대 이후 포르투갈이 서아프리카 기니 해안에 식민지를 건설하여 사하라 무역 일부를 탈취했고 그로 인해서 금 위기를 일으킨 것은 분명하다. 금 위기에 대해서는 다시 살펴보겠지만, 16세기에도 사하라의 큰 대상로들은 계속해서 귀금속을 북아프리카와 이집트로 운반했고,[47] 그 결과 이에 상응하는 상품과 사람들을 사하라 이남으로 끌어왔다. 금 수출의 중단 때문에 1556년 알제의 "왕"인 살라흐 레이스가 우아르글라까지 진격했다고 설명할 수 있지 않을까? 또 사하라 전체를 횡단했기 때문에 더욱 중요했던 원정, 곧 1591년 자우다 파샤가 이끄는 모로코인과 무슬림으로 개종한 에스파냐 병사들[48]이 톰북투를 점령한 사건 역시 금 수출 중단 때문이라고 설명할 수 있지 않을까? 이 원정 때문에, 3년 후인 1594년 잉글랜드인 매독

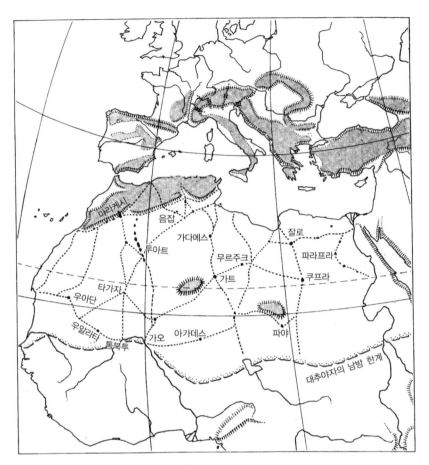

도표 14. 15-16세기의 사하라 대상 무역로

이 지도의 출처는 Vitorino Magalhaes Godinho의 *Os descobrimientos e a economia mundial* (1963)이다. 주로 15세기에 관한 정보를 담고 있다. 예를 들면, 16세기 대상로인 북아프리카를 가로질러 오랑에서 튀니스를 향한 대상로는 거의 표시되어 있지 않다. 알제리의 부상은 16세기 말에서나 현격해졌기 때문이다. 당연히 마그레브 지역에서 블랙 아프리카로 연결되는 대상로 역시 시대에 따라 변화했고 그 활동량에도 변동이 있었다. 에티오피아 방향으로는 나일 강이 주 대상로였다.

이 마라케시[모로코의 도시]에서 금을 가득 실은 낙타 서른 마리를 보았다고 설명할 수 있지 않을까?[49]

　우리가 가진 자료로는 이러한 단편적인 모습들밖에 알 수 없다. 마찬가지로 나일 계곡 상류 지역, 즉 에티오피아와 이집트를 잇는 자연스러운 무역로에서 정확히 어떤 무역이 이루어지고 있었는지는 알기 어렵다. 이 무역로를 통해서 오스만 투르크의 예니체리와 시파히[sipahi : 투르크 경기병]의 투구를 장식했던 타조의 깃털이 유입되었다.[50] 이 무역로는 또한 금이 수출되는 길이기도 했다. 16세기 이집트-에티오피아 무역로로 금이 수출된 기록이 있고, 17세기에 타베르니에 역시 이를 언급했다.[51] 펠리페 2세의 재위 시기, 즉 유럽이 아메리카 은 체제에 적응해가고 있었던 시기에, 오스만 투르크 지배하의 이슬람권은 여전히 아프리카 금에 의존하고 있었다. 그러나 오스만 투르크가 막대한 양의 금을 아프리카에서 받아들였다고 볼 수는 없을 것이다. 당시 이미 기독교권으로부터 점점 더 많은 귀금속을 수입하고 있었기 때문이다. 그럼에도 16세기 말에 오스만 투르크가 금 유통 지역으로 두각을 나타냈던 것은 흥미로운 현상이다. 특히 사파비 왕조[1502-1736]의 페르시아가 은 유통 지역이었다는 점과 비교하면 더욱 그렇다.[52]

중근동에서는 기본적으로 두 개의 대상 지대가 존재했다. 하나는 시리아 혹은 카이로에서 출발하여 메카로 이어지는 지대였고, 다른 하나는 알레포에서 티그리스 강까지 이르는 지대였다.[53] 타베르니에에 따르면, 유프라테스 강은 강안의 물레방아들 때문에 수운용 하천으로 이용되지 않았다고 한다. 최소한 1638년 투르크 군이 교통로로 사용하기 전까지는 그랬다.[54] 티그리스 강의 경우에는 바그다드 이남 지역에서만 배로 이동이 가능했다.[55]

이 두 대상로는 인도양으로 향했는데, 하나는 페르시아 만 방향으로, 다른 하나는 홍해 방향으로 이어졌다. 이집트의 항구인 토르와 수에즈를 종착지로 삼거나 더 멀리 제다를 종착지로 삼았다. 제다 항은 순례자들을 위한 항구이자 동시에 인도 및 동인도 지역에서 홍해로 이어지는 해상로의 종착지이기도 했다.[56] 이러한 항구들을 통한 대상로 및 해상로 간의 연결은 수백 년 동안 존재했고, 12세기, 13세기부터 시작된 번영은 16세기까지도 지속되었다. 이 항구들은 해상 교역과 대상 교역 사이의 연결점 역할을 했고,

비록 경우에 따라서 연결이 지연되거나 경쟁에 직면하는 경우도 있었으나, 이 체계 자체는 어떻게든 난관을 극복하고 계속해서 효과적으로 운영되었다. 그렇다고 지중해와 인도양으로 향한 그 연장선이, 야콥 부르크하르트의 우아하지만 과장된 표현처럼, "하나의 살아 있는 유기체"가 되었다는 것은 아니다. 이론의 여지없이 지리적인 특성에 따라 대상 무역의 경로가 결정된 것은 사실이다. 가령 시리아와 페르시아 만을 분리시켜놓았던 육상 협로, 그리고 너무 협소한 수에즈 지협 등이 결정적이었다. 하지만 자연적 이점이 모든 것을 결정하지는 않았고, 어느 경우든 사막지대를 횡단하는 것은 언제나 큰 장애였기 때문에 오직 막대한 노력으로만 극복될 수 있었다.

위와 같은 방식을 통하여 별개인 두 개의 경제권이 서로 연결될 수 있었으며, 이 두 경제권은 상호 조우를 통해서 큰 이득을 얻으면서 또한 상호 독립적으로 존재했다. 바스코 다 가마 이전에도 이후에도, 인도양은 독립적이면서 사실상 자급자족적인 세계였다. 인도양 경제권에서 곡식은 디우[인도 서부]에서, 면포는 구자라트[인도 서부]에서, 말은 호르무즈에서, 쌀과 설탕은 벵골에서, 상아, 노예, 금은 남아프리카 해안에서 각각 공급되었다. 인도양 경제권은 외부로부터 오직 사치품만을 필요로 했는데, 태평양권으로부터는 비단, 자기, 구리, 주석, 향신료를 수입했고, 유럽권으로부터는 직물과 은전(銀錢)을 수입했다. 이처럼 은전을 통해서 무역 수지가 균형을 유지하지 않았더라면, 인도양권의 무역 활동이 그토록 쉽게 유럽 방향으로 돌려지지 않았을 것이다. 지중해권에서는 후추, 향신료, 비단에 대한 매우 열광적인 수요가 있었다. 그러나 인도와 중국에서 은에 대한 열렬한 갈망이 없었더라면, 지중해의 수요는 충족되지 못했을지도 모른다.

레반트 지역의 무역은 엄청난 긴장의 산물이었다. 다시 말하면, 레반트 무역은 결코 물 흐르듯이 자연스러운 무역이 아니었다. 레반트 무역이 성립하기 위해서는 일련의 시도들과 단계들이 전제되어야 했는데, 이들 없이는 레반트 무역의 운영은 사실상 불가능했을 것이다. 한 차례의 격렬한 충격만으로도 이 체제 전체가 흔들릴 수 있었다. 상상을 해보자. 인도산 후추 한 포대 혹은 동인도 제도산 정향 한 포대가 우선 알레포, 다음에는 베네치아, 마지막으로 뉘른베르크의 상점에 도착하기까지에는 얼마나 많은 사람들의 손을 거쳐야 했겠는가?

오아시스

유럽인들이 보기에 건조 지역의 가장 두드러진 특징들은 인간과 가축이 함께 움직이는 유목 생활, 긴 대상 행렬, 방랑하는 부족민 등이다.

그러나 사막은 이동이 전부는 아니다. 이 사실을 망각할 경우, 부동의 도시들과 그 주위의 귀중한 토지들, 곧 하천과 우물 등에서 취한 수자원을 조심스럽게 사용하여 창조된 지혜로운 농촌 문명의 업적들을 무시하게 된다. 수천 년 전 중동인들이 자연을 상대로 거둔 이 승리는, 정확히 어디서 누가 시작했는지는 모르지만, 아주 오래 전에 이집트, 메소포타미아, 이란, 나아가 중앙 아시아와 인더스 강변 등에서 시작되어 후대로 전승되었고, 더욱 발전되고 풍요로워져서 북아프리카와 지중해 남부로까지 확산되었다.

오아시스는 사막 한 가운데에 존재하는 작은 섬들이었다. 16세기 당시 이집트에는 경작지가 2줄의 리본 형태로 되어 있었고, 삼각주 지역은 아직 사람에게 완전히 정복당하지 않았다. 메소포타미아는 고대 영광의 시기에는 20,000-25,000제곱킬로미터에 이르는 비옥한 땅이었는데,[57] 지도상에서는 표시되기도 어려울 정도로 작은 땅이었다. 그러나 오아시스 지역은 인구가 집중되어, 진정한 의미에서의 농업 도시들이 만들어지고, 도로가 관개수로와 평행으로 달리고 있었다. 오늘날 알제리 남부에 있는 과수원을 보면, 오아시스 도시가 어떤 모습이었을지 어느 정도 상상할 수 있을 것이다. 알제리 과수원들은 진흙 벽에 둘러싸여, 엄정한 물 관련 규정, 철저한 관리 감독, 지중해 평야보다도 더 집중적인 체제 등을 갖추고 있다. 롬바르디아의 벼농사에 필요한 엄격한 규율은 함무라비 법전에 비하면 느슨한 편이었다. 심지어 관개 때문에 엄정한 법이 적용된 발렌시아 등지에서도 약간의 자유를 주는 여지가 있었다. 그러나 오아시스는 완전한 규제를 강제했으며, 진정한 평야지대와 마찬가지로 많은 인력을 필요로 했고 실제로 소모시켰다.

이렇게 적대적인 기후 속에서는 인간은 쉽게 소모된다. 말라리아를 비롯한 각종 전염병에 쉽게 노출된다. 이집트에서 블롱 뒤 망은 얼굴에 모기 물린 자국이 너무 많아서 자신이 홍역에 걸린 것으로 착각했다.[58] 따라서 이러한 생활 조건에서는 계속해서 인력이 재공급되어야 했다. 아메리카에 상륙하기 훨씬 이전부터, 흑인 노예제는 사하라의 오아시스는 물론 이집트에서도 널리 시행되었다. 특히 이집트는 역사적으로 수단 및 에티오피아와 지속적인 교류를 유지했기 때문에, 나일 강 연안의 많은 "농부들"의 몸속에는 흑인의 피가 흐르는 것을 쉽게 알 수 있다. 메소포타미아의 경우 이 지역의 북쪽과 동쪽을 둘러싸고 있는 산지로부터 노동력을 제공받은 것 같다. 중세에 메소포타미아는 사실상 페르시아권의 일부가 되었다. 메소포타미아 지역에는 페르시아 문명의 꽃들이 활짝 피어났고 위대한 순례지들과 수도(首都)들이 형성되지 않았던가? 오스만 투르크가 메소포타미아를 정복한 후 페르시아 농원들은 방치되어 죽었다고 이야기한다. 실제로 메소포타미아가 이란에서 떨어져나가자 필수불가결한 인력 공급원으로부터 단절되었다. 베두인 족들은 죽어가는 이 땅 끝자락까지 가축 떼를 데리고 가는 데에 아무런 어려움을 겪지 않았고, 점차 초보적인 방식으로나마 농부로서의 삶을 배우기 시작했다.

이와 같이 평야에서든 오아시스에서든 농원이 가지고 있는 근본적인 취약점을 확인할 수 있다. 농원은 끊임없이 다시 만들어지고 외부의 적들로부터 보호를 받아야만 했다. 메소포타미아의 경우, 모래, 침니로 막힌 수로, 터지기 쉬운 제방뿐만 아니라, 마치 메뚜기 떼처럼 주변 스텝에서 침입하는 반(半)원시적인 유목민 등이 농원을 위협했다. 19세기 말경에도, 메소포타미아의 마을들 중에는 목자들의 침입을 경계하는 망대와 보초를 세워두지 않은 마을이 없었다.[59] 그러나 어느 경우든, 베두인 족이 과연 오아시스의 열대 기후와 채식 위주 식생활에 적응할 수 있었을까? 베두인 족은 긴 다리와 넓은 가슴을 가진 건장한 유목민—독일의 인류학자들이 가슴계 인종(Brustrasse)이라고 부르는—에 속했다. 반대로 오아시스 주민은 복부계 인종(Bauchrasse)이라고 불리는 농민으로, 마치 돈 키호테의 시중을 들던 산초 판차처럼 채식으로 배가 볼록 나온 사람들이었다. 오늘날 우즈베키스탄에 속한 페르가나[중앙 아시아 동북부] 지역의 역사에서 이란계 정착민들이 수행했던 역할이 좋은 비교 대상이다. 페르가나의 시르 다리아 계곡 지대를 개선한 것은 이란계 정착민들인데, 이들은 두터운 삼림으로 뒤덮여 있던 구릉 지대를 정리하고, 빽빽한 갈대밭을 이루던 습지의 물을 배수했다. 끊임없이 이동했던 유목민들과 반(半)유목민들이 아니라, 이란계 정착민들이 페르가나를 개간했던 것이다.[60]

크고 작은 오아시스들이 권력의 중심지들이었던 것은 자명한 사실이었다. "오리엔트 문명"은 일찍이 오아시스를 취해서 자신의 문명을 세울 비옥한 섬으로 삼았고, 이슬람 문명은 수천 년 후에 그것들을 물려받은 것에 불과하다. 오아시스는 오리엔트 문명의 첫 "낙원"으로 나무, 샘, 장미로 가득 찼다. 비록 오아시스에서 재배 가능한 식물들 혹은 쟁기와 같은 농기구가 최초로 발견된 것은 아닐지라도, 오아시스에서 가장 일찍이 이용되었던 것은 틀림없다. 그렇다고 알프레트 헤트너가 선언했듯이 오아시스가 오리엔트 문명의 탄생지는 아니다. 내가 보기에, 지리학자들은 사막 생활에서 상호 적대적이고 보완적인 두 가지 요소들을 마치 서로 다른 것처럼 간주해서 둘 중 하나만을 분석 틀로 삼는 경우가 너무 잦다. 마치 유목민들이 도시의 안정성을 필요로 하지 않는 듯이, 혹은 도시들이 유목민의 기동성을 필요로 하지 않는 듯이, 무엇보다도 마치 이 두 가지가 둘 모두를 초월하는 역사에서 서로 엮이지 않은 것처럼 취급하는 우를 범했다. 특히 사막의 후

손인 이슬람의 대단하고 특이한 역사를 이해하기 위해서는 두 가지 요소 모두를 함께 살펴보아야 한다.

이슬람의 지리적 범위

"이슬람 세계는 곧 사막이다"라고 평론가 에사드 베이는 선언했다.[61] 이슬람 세계는 사막의 공백이자, 금욕적 엄격함이자, 내재적 신비주의이자, 작열하는 태양에 대한 헌신이자, 신화가 세워지는 하나의 원리이자, 사람이 없는 땅에서 일어나는 수천 가지 결과들의 종합이다. 마찬가지로, 지중해 문명은 바다의 공백이 미치는 절대적 영향 속에서 자라났다. 지중해권이 선박과 작은 배의 항해로 활성화되었다면, 이슬람권은 대상의 순환과 유목민의 이동으로 활성화되었다. 바다와 마찬가지로 사막은 이동이다. 이슬람은 곧 이동이다. 바자르와 대상 숙소는, 비달 드 라 블랑슈가 말했듯이, 모스크와 첨탑만큼이나 이슬람 문명의 대표적인 특징이다.[62] 사막 지대의 사람들이 부인할 수 없는 동질성을 지니는 이유도 이와 같은 이동성 때문이다. 토트 남작이 썼듯이, "만주의 타타르인과 남부 아라비아의 타타르인을 비교하면, 이들 사이를 가르는 1,500리그 간극에 걸맞는 차이점을 찾기 어려울 것이다. 기후는 별반 다르지 않고, 통치 방식도 동일하다.……"[63]

그러나 실제로는 매우 복잡한 현상을 지나치게 단순화시키지 않도록 주의해야 할 것이다. 이슬람은 조화롭든 불일치하든 사막에 의한 인간 현실의 종합이며, 또한 지금까지 살펴본 지리적 문제의 총체였다. 다시 한번 나열하자면, 대상 무역로, 해안 지역(이슬람은 이러한 사헬[sahel : 변두리], 즉 지중해, 걸프 만, 인도양, 홍해, 또 수단 지역 등을 아우르는 정주 문명의 변두리에 자리잡았다), 오아시스와 오아시스가 축적한 힘(헤트너는 결정적인 요인이었다고 본다) 등의 총체였다. 이슬람이란 바로 이 모든 것, 다시 말하면 고대 세계라는 강력하고 견고한 덩어리를 관통하는 긴 통로였던 것이다. 로마가 지중해 세계를 통일했을 때도 이에 미치지는 못했다.

이슬람은 또한 7세기 이래로 고대 세계를 통일하는 역사적인 기회였다. 인구 밀도가 높은 권역들—곧 넓은 의미의 유럽, 중남부 아프리카, 동아시아—사이에서, 이슬람은 주요 연결로를 장악하고 매개자 역할로 이득을 보았다. 이슬람의 허락 혹은 의지 없이는 어떤 것도 여기를 통과할 수 없었다. 이 단단한 세계 내에서—지중해권과 달리 그 중심에 바다가 없어서 해로가 줄 수 있는 융통성 역시 없었다—이슬람은—마치 후일 승자인 유럽이 전 세계적인 규모에서 그랬듯이—지배적인 경제이자 문명이었다. 필연적으로, 이 우세에도 약점은 있었다. 만성적인 인력 부족, 불완전한 기술, 종교가 원인이자 구실에 불과했던 내적 분쟁, 또 적어도 이슬람 초창기에 겪어야만 했던 태생적 어려움으로서 한랭한 사막을 장악하거나 혹은 최소한 이란이나 투르키스탄 선에서 통제해야 하는 문제 등의 약점이 있었다. 특히 후자가 가장 취약한 지점이었다. 즉, 오늘날 중국 신장의 준가르 지역의 협곡 근방이나 후방에서 일어서는 몽골 족 및 투르크 족의 이중 위협이 있었다.

그러나 이슬람의 궁극적인 취약점은 곧이어 자신의 성공에 갇혔다는 것, 즉 세계의 중심이 되었다는 확신에 안주한 것, 다시 말하면, 모든 질문에 대한 해답을 구했고 따라서 다른 해답을 구할 필요가 없었다는 것이다. 아랍의 항해사들은 중남부 아프리카의 양안, 곧 대서양과 인도양의 전체적인 모습을 익히 알고 있었고, 대서양과 인도양을 연결하는 바다가 있을 수 있다고 생각했지만, 그 바다를 찾아 나서지는 않았다.[64]

바로 이 시점에서, 다시 말하면 15세기에, 오스만 투르크 제국이 결정적인 승리를 구가하게 되었다. 제2의 이슬람, 제2의 이슬람 세계 질서, 이번에는 육지와 기마병과 군인으로 연결된 이슬람이 등장한 것이다. 이 "북방" 이슬람은 발칸 반도를 통해서 유럽 내부로 깊숙이 침투했다. 제1 이슬람은 팽창을 끝낼 무렵 이베리아 반도에 도달했다. 제2의 이슬람인 오스만 제국의 팽창은 그 심장부가 유럽 내에 위치했고, 그 심장인 이스탄불은 오스만의 승리를 견인했지만 또한 배반했다. 이스탄불이 시도했던 정착, 조직, 계획 등은 모두 유럽식이었다.[65] 그로 인해서 오스만 투르크의 술탄들은 과거의 분쟁들에 휘말렸고 진정한 문제들을 외면했다. 1529년 오스만 투르크가 수에즈 운하 건설을 시작하고서도 완성하는 데에 실패했다는 사실이나, 1538년 포르투갈과의 전쟁에 총력을 기울이는 데에 실패하고 대신 무인 지대 한가운데에서 페르시아의 사파비 왕조와 종교 내전을 벌인 사실이나, 1569년 볼가 강 하류를 정복하여 비단길을 다시 개통하는 데에 실패하고 대신 지중해에서 쓸모없는 전쟁에 힘을 소진하여 악순환에 빠져든 사실이나, 하나같이 모두 기회를 놓친 일들이다.[66]

2. 유럽과 지중해

흑해에서 지브롤터 해협까지 지중해의 북쪽 연안은 유럽 대륙과 잇닿아 있다. 이번에도 역시 경계를 확정하자면, 역사가는 지리학자보다 더 망설이게 된다. "유럽은 혼란스러운 개념이다"라고 앙리 오제는 적었다. 유럽은 이중 내지 삼중의 세계이고, 역사적 경험이 서로 다른 사람들과 공간들로 구성되어 있다. 지중해는 남부 유럽에 지대한 영향을 미침으로써 유럽의 단일성을 방해하는 데에 적잖게 기여했다. 지중해는 유럽을 자신에게로 끌어오고 자신에게 유리하도록 나누었다.

지협과 경도를 따르는 통로들

유럽 대륙은 지중해의 푸른 바다와 북쪽의 내해들, 곧 발트 해, 북해 및 영국해협 사이에 위치해서 서쪽으로 갈수록 점차 좁아진다. 유럽은 경도를 따라 남북으로 이어지는 일련의 도로들, 곧 자연적인 지협들로 나뉘어 있는데, 이들은 오늘날에도 결정적인 영향을 미친다. 동쪽에서 서쪽으로 가면, 러시아 지협, 폴란드 지협, 독일 지협, 프랑스 지협이 있다.

맨 서쪽의 이베리아 반도 역시 여러 횡단 통로로 나뉘어 있는데, 이 경우

동쪽에서 서쪽으로, 바다에서 대양으로 향한다. 바르셀로나에서 에브로 강을 거쳐 나바라와 바스크 지방으로 가는 통로들, 발렌시아에서 메디나 델 캄포와 포르투갈로 이어지는 중요한 통로, 혹은 알리칸테와 말라가에서 세비야로 이어져서 지브롤터 해협을 피할 수 있는 육상 횡단로[67] 등이 있다. 이러한 에스파냐의 도로들은 이 장의 관심사는 아니다. 에스파냐 도로들은 그 방향성 때문에 크게 구별되고 아주 오래된 질문을 제기한다. 에스파냐는 전적으로 유럽인가? 지질학자들이 거론하는 비스케이 만에서 코카서스 산맥으로 이어지는 축선을 다시 생각해보자. 우리가 보기에 이 축선 이북의 도로들이야말로 유럽과 지중해 사이의 연결들과 관련하여 진짜 문제가 된다. 하나의 문제라기보다는 일련의 문제들이라고 해야 할 것 같다.

왜냐하면 지중해 공간의 북쪽에 있는 이 유럽은, 비록 지중해 지형과는 극명하게 대조가 되지만, 전혀 동질적인 지대가 아니기 때문이다. 남유럽의 과수원과 포도원에 비하면, 북유럽은 빽빽한 삼림[68]과 광활한 평야와 목초지와 항해 가능한 넓은 하천이 있는 땅이다. 그러나 먹거리가 열리는 나무나 식물—이는 지중해 생활의 안전판이었다—이 드문 땅이었다. 북유럽은 광대한 지역에 걸쳐 바퀴로 움직이는 교통의 땅이었다. 1522년 가을 폴란드의 외교관 단티스쿠스는 안트베르펜에서 브뤼헤와 칼레로 이동하던 중에 기록하기를, "안트베르펜부터는 여기 관습대로 마차로 이동했다."[69] 남유럽은 대조적으로 노새 행렬의 땅이었다. 1560년 1월 에스파냐의 왕비가 될 엘리자베트 드 발루아와 그 수행원들이 에스파냐 국경에 도착하자, 그들의 짐과 물건은 짐바리 동물로 옮겨져서 이베리아 반도 내륙까지 운반되었다.[70] 그와 같은 일은 반세기 전인 1502년 미남공 펠리페[막시밀리안 황제의 아들. 1504년 펠리페 1세가 된다]가 에스파냐를 처음 방문할 때 일어났다.

북유럽은 맥주 그리고 곡물을 발효시켜 만든 음료의 땅이었다. 이는 타키투스가 게르마니아에 대해서 이미 이야기한 바 있다. 16세기에 최초의 양조장이 콘스탄츠[서부 독일 남단]에 세워졌다.[71] 도미니크 수도사들이 로렌 지방에 맥주를 도입했다. 맥주는 곧 영국으로도 건너갔다. 당시 유행가가 전하듯이 호프와 함께, 그리고 종교개혁과 함께 맥주가 도착한 것이다.[72] 1590-1591년 겨울 서기관 마르코 오토본은 곡물 구매 임무를 맡아 베네치아에서 단치히로 파견되었는데, 이듬해 여름 홀란드 상선 200척이 상태가 빈약하고 장비가 열악했음에도 2급 곡물, 다시 말해서 "맥주용 곡물"을 하역하기 위해서 입항하는 것을 보고 놀라워했다.

지중해 출신 사람에게 북유럽의 나라들은 이상했다. (폴란드뿐만 아니라) 어디서나 포도주가 사치품이고, 터무니없는 가격을 주어야만 살 수 있었기 때문이다. 프랑스 국왕의 충성스러운 기사였던 바야르[1473?-1524]가 잠시 플랑드르 지역에서 포로로 잡혀 있던 1513년에, 그는 돈이 없었지만 훌륭한 식사를 계속했는데, "하루에 포도주 구매에 20크라운을 사용하곤 했다."[73] 북유럽에 도착한 외국인은, 다시 말해 지중해 출신 사람들은, 현지민들이 거칠고 상스러운 야만인들이라고 생각했을 것이다. 종종 선한 "야만인들"은 굉장한 종교적 열정을 보이기도 했고 (루터 출현 이전의 독일[74]이든 프랑수아 1세 시기의 프랑스[75]든) 정직하기도 했다(오토본은 폴란드에 대해서 "습격당할 위험이 없이 금을 지니고 다닐 수 있다고 했다). 그리고 북유럽에서 생활하는 것이 이탈리아에서 사는 것보다 훨씬 더 저렴하다는 이점이 있었다. 베네치아인 오토본이 적었듯이, "한 사람당 한 주일에 2탈러만 있으면 밤낮으로 잔치 같은 식사를 할 수 있었다."[76]

그러나 지나친 일반화를 경계해야 한다. 지중해는 짐바리 동물들만의 지역은 아니었고, 북유럽은 획일적으로 맥주와 짐마차 교통의 지대만은 아니었다. 프랑스를 비롯해서 여러 지역에서 많은 운송이 짐바리 동물을 이용해서 이루어졌다. 마차 역시 교통의 중심지인 도시들의 작은 반경 내에서 빈번히 사용되었고, 이러한 예외적인 지역들은 지중해 지역 내에서도 익히 찾을 수 있었다. 또 지중해에도 후진적 경제, 원시적 종교, 저렴한 물가의 지역들이 있었다.

다시 말하지만 유럽은 다양성 그 자체였다. 문명은 다양한 시기에, 다양한 경로를 통해서 유럽에 도달했다. 문명은 처음에는 남유럽에서 북쪽으로 이동해서 강한 지중해 영향을 보였지만, 나중에는 기독교권 서유럽으로부터 동쪽으로 평행하게 해상으로 (뤼베크[한자 동맹의 중심 도시]가 발트 해에 대한 지배권을 행사했듯이) 또 육상으로 (마그데부르크[동부 독일의 서부 도시]의 영향권이 서서히 확대되었듯이) 이동했다.

그러므로 지중해와 관련되는 유럽 속에는 일련의 서로 다른 지역들, 사회들, 문명들이 있었다. 이들 지역은 각기 그 기원에서나, 문화적 경제적 지위에서나 서로 닮지 않았다. 서로 피부색도 다르고, 연배도 다르고, 지중해의 매력도 서로 다른 방식으로 느꼈다.

대체로, 우리는 유럽을 **최소한** 네 개의 서로 다른 집단들로 구분해야 한다. 이들 네 집단은 지협들을 남북으로 종단하는 거대한 교통로들과 상통하고, 각기 풍요의 원천인 따뜻한 바다에 다소간 단단히 묶여 있는 네 개의 역사적인 지대로 이루어진다. 그러나 각 집단은 서로 연계되어 있기 때문에 관찰은 쉽지 않다.

러시아 지협 : 흑해와 카스피 해를 향하여

16세기에는 러시아 지협이 존재하지 않았다고 쉽게 말할 수도 있을지 모른다. 다시 말하면, 러시아 지협이 지중해와 연결 역할을 하고 지중해에 대해서 대규모 교환 활동을 하는 지협은 아니었던 것이다. 러시아 남부 전체는 버려진 땅이었고, 오직 타타르 족 유목민 무리들이 말을 타고 코카서스 산맥 북쪽 끝이나 카스피 해 연안으로, 혹은 모스크바—1571년 타타르 족은 이곳을 불태웠다[77]—를 향해서, 혹은 다뉴브 강 유역—이곳은 타타르 족에게 철저히 유린되었다[78]—으로 갔다. 18세기 말에 러시아 정착민들은, 유목민이 낙타 혹은 말을 기르는 일부 목초지를 제외하고는, 방치된 방대한

땅을 발견했다.[79]

해적선들이 바다의 인구를 증가시키지 않았듯이, 유목민 무리의 습격은 광활한 스텝 지대의 인구를 증가시키지 않았다(스텝 지대에는 도시가 전혀 없었다). 대신 스텝 지대를 위험한 지역으로 만들기에 충분했다. 험한 산세 때문에 내륙 쪽으로부터 보호를 받는 크림 반도에 기반을 두고, 또한 투르크의 보호를 받는 가운데(투르크는 카파를 비롯해서 크림 반도에 여러 거점을 가지고 있었나), 이들 남부 타타르 족은 카잔과 아스트라한의 타타르 족과 달리 모스크바 "대공"에게 쉽게 복속당하지 않았다. 투르크는 남부 타타르 족을 화승총과 대포로 무장시켜 러시아의 유일한 이점을 상쇄시켰다.[80] 대신에 타타르 족을 통해서 투르크인 마을과 가정들에 슬라브 노예들과 일꾼들을 제공했다. 다수의 러시아 노예들과 때로는 폴란드 노예들이 타타르 족의 포로가 되어 콘스탄티노플에서 상당히 높은 가격에 팔렸다.[81] 이러한 인신 매매의 규모는 워낙 거대해서, 1591년 조반니 보테로는 러시아 인구가 적은 까닭 가운데 하나라고 언급했다.[82] 17세기 초에 러시아의 무뢰배들, 곧 코사크들은 크로아티아의 우스코크와 헝가리의 하이두크처럼 가볍게 무장한 배들을 사용하여 흑해에서 투르크 해운을 훼방하기 시작했다. 이미 1602년에 일부 "폴란드" 코사크들은 다뉴브 강 하구에서 한 척의 갤리 선과 합류했다.[83]

러시아인들이 아직은 남부와 미약하게만 연결되어 있었다면, 이는 부분적으로 러시아인들이 남방 진출을 위한 심각한 노력을 별로 하지 않았기 때문이기도 했다. 왜냐하면 러시아는 원시적인 북방 영토를 통해서 발트 해의 경제적 성장에 이끌리고,[84] 서쪽 국경을 접한 폴란드와 독일 같은 유럽 국가들에 매료되었기 때문이다. 마지막으로, 러시아는 페르시아로 향하는 카스피 해에 초점을 두었기 때문이다. 러시아는 남쪽을 향하기보다는 동남쪽을 향했던 것이다.

러시아는 아직 유럽이 아니었다.[85] 그러나 유럽화되어가고 있었다. 서쪽의 도로들을 통해서, 알프스를 넘어, 보헤미아와 폴란드의 땅을 거쳐, 이탈리아의 석공과 건축공들, 곧 양파 모양의 돔의 건설자들이 모스크바에 도착했다. 또 서유럽으로부터 화약이라는 귀중한 비밀이 들어왔다. 폴란드인들은 언제나 이러한 교역의 위험에 대해서 항의했다.[86] 1558년부터 1581년까지 러시아의 차르가 나르바를 점령하여[87] 발트 해의 창구를 획득했을 때, 폴란드 국왕은 이것이 모스크바 공국에게 새롭게 열어줄 기회들을 두려워했다. 모스크바인들을 억누를 수 있는 유일한 방법은 그들을 "야만과 무지"의 상태에 묶어 두는 것이었다. 따라서 1559년 12월 7일 지기스문트 왕이 엘리자베스 여왕에게 전했듯이, 잉글랜드 상선들이 "나르바"로 향하는 것을 단치히인들이 저지한 것은 잘한 일이었다.[88] 이러한 논쟁은 계속 진행되면서 잉글랜드 이외에도 확대되었다. 1579년 6월에 프랑스 선박 에스페랑스 호가 디에프에서 출항하여 나르바로 향하던 중 단치히의 위장 사략선(私掠船)들에게 포획되었다.[89] 1571년 에스파냐 합스부르크 왕가의 위대한 장군 알바 공작은 독일제국 의회에 독일의 적들, 어쩌면 기독교권 전체의 적들을 무장시키는 데 이용될 수 있는 대포와 군수품을 수출하지 말라고 경고했다.[90] 이러한 사실들은 러시아 경제의 무게 중심이 점차 북으로 이동 중이었음을 보여주지만, 넓은 의미의 남방 특히 동남방은 여전히 중요했다.

모스크바에는 그리스, 타타르, 왈라키애[루마니아 남부], 아르메니아, 페르시아, 투르크의 상인들이 있었다.[91] 무엇보다도 볼가 강을 따라 행해지는 교역의 흐름이 있었다. 하류로는 군인, 대포, 곡물이 이동했고, 그 대가로 상류로는 소금 및 말린 철갑상어가 이동했다.[92] 러시아는 카잔[1551]과 아스트라한[1556]을 정복한 이후[93] 볼가 강 유역 전체에 대한 지배권을 확보했고, 이후 정규 무역은 오직 아주 간간이 코사크 혹은 노가이 타타르 족의 습격으로 방해받았을 뿐이다.[94] 그러므로 투르크가 타타르 족의 지원을 받아 아스트라한으로 진출하려고 했을 때(그 의도는 돈 강에서 볼가 강에 이르는 운하를 파서, 카스피 해를 통해서 페르시아와의 전쟁에 참전 중인 병사들에게 보급품을 제공하는 것이었다),[95] 투르크의 원정은 러시아의 강렬한 저항에 직면했고 1569-1570년의 완패로 종결되었다. 모스크바에게 이 남방 통로는 동남방의 유목민, 페르시아, 그리고 러시아에게 오랫동안 은의 원천이었던 지역과 접속하는 수단이었기 때문이다. 차르는 이 남쪽 지방들의 조공에 의해서 은을 취할 수 있었다. 북쪽 지방들은 주로 모피와 가죽으로 재정을 불렸을 뿐이다.[96] 모피는 러시아가 발칸 지역, 콘스탄티노플 및 페르시아와 상당한 무역을 진행할 수 있는 수단이 되었다.[97] 1570년 노보실초프의 대사관 개설 이후 투르크-러시아 관계가 개선되었다.[98]

역사적으로 더욱 흥미로운 사실은 잉글랜드가 1556년과 1581년 사이에 흑해가 아니라(오스만 투르크의 호수로서 빗장이 잘 처진 흑해로 진출하는 것은 별로 소득이 없는 일이었다) 카스피 해와 연결로를 만들려고 했던 것이다. 이는 지중해를 우회하려는 시도로서, 1498년 포르투갈이 성공했던 것[바스코 다 가마의 인도 항로 발견]과 같은 항로가 아니라, 육상과 해상을 혼합한 경로로 우회하려고 했던 것이다.[99]

잉글랜드 선박들은 사실 16세기 중반 지중해에서 사라졌고, 그로 인해 잉글랜드 상인들은 오리엔트 무역의 혜택을 상실했고, 따라서 지중해인들과 이베리아인들이 독점한 동인도와의 수익성 높은 무역에 더욱 더 절실하게 참여하기를 원했다. 런던의 모험상인조합(Merchant Adventurers)은 마젤란이 남반구를 이용한 동인도 항로를 찾았듯이 탐험가들과 선박들을 북극 지방으로 보내어 새로운 북방 항로를 찾기를 고대했다. 이러한 탐험선 가운데 하나는 한 대법관을 태우고 1553년 아르항겔스크에서 멀지 않은 성 니콜라이 만에 우연히 도착했다. 이곳은 곧 수익성 있는 무역로로 바뀌어, 이 지역의 자원들—고래 기름, 밀랍, 모피, 아마, 대마, 물범 치아, 목재, 대구 등—이 직물과 은과 교환되어 잉글랜드로 흘러들어가게 되었다.

동인도로 가는 길을 찾던 모스크바 회사의 원래 계획은 러시아 대륙을 횡단함으로써 이루어질 수 있고, 카스피 해를 통해서 향신료, 후추, 비단 등을 얻을 수 있다는 것을 깨달았다. 1561년 잉글랜드 상인이 상품을 가지고 페르시아에 도착했고 곧이어 정규적인 무역 관계가 열렸다. 수년간 오리엔트의 진기한 물품들이 볼가 강을 거슬러올라가서, 성 니콜라이 만에서 런던의 선박에 선적되었다. 그러나 수년간일 뿐이었다. 이 계획은 정치적인 이유뿐 아니라, 1575년 이후 잉글랜드가 다시 지중해 항로에 직접 접근할 수 있게 되었기 때문에 결국 무너졌다. 카스피 해와 페르시아에 이르는 긴 여정은 그 매력이 떨어졌다. 그러나 지속되기는 했다. 러시아인들은 오리엔트의 중요한 동맹국인 페르시아를 포기하지 않았다.[100] 1581년 나르바를 상실하게 되자, 러시아인들은 북방에 남아 있던 마지막 창구인 아르항겔스크에 관심을 가지게 되었고,[101] 곧이어 홀란드인들이 그곳에 선박을 보내기 시작했다.[102]

잉글랜드의 무역으로 돌아가면, 비록 무역량은 많지 않았지만(잉글랜드 상인들에게는 충분히 이익이 되었고, 런던의 에스파냐인들이 염려할 정도이기는 했다), 우리에게 몇 가지 유용한 정보를 제공한다. 그러한 사실은 지중해 생활 전반은 물론 대서양과 지중해 사이를 항해하는 어려움과 지중해가 다시 북유럽인들에게 열리게 된 계기 등을 우리에게 알려준다. 잉글랜드는 수년 동안 러시아를 통해서 지중해 무역에 진출하려고 했다. 원래 계획은 더욱 더 야심적이었는데, 은밀하게 한편으로는 포르투갈 무역을, 다른 한편으로는 시리아 무역을 빼앗으려고 시도했다. 1582년 런던에서는 잉글랜드-투르크 협정을 통해서 향신료 무역을 콘스탄티노플에 집중시켜 흑해를 경유하여 카스피 해로 우회시키자는 논의가 있었다. 잉글랜드가 부분적으로 독점을 추구하는 이러한 원대한 계획은 여러 가지 이유로 실현할 수 없었다. 흥미롭게도, 후일 1630년경 조제프 신부[외교관으로 활동했던 프랑스 신부는 러시아 우회로를 이용할 생각을 했다.[103] 물론 오스만 투르크와의 협정을 통해서가 아니라 반대로 러시아 우회로를 이용해서 투르크의 영토와 상업적 특권들을 회피하고자 했던 것이다. 이러한 계획은 앞에서 살펴본 잉글랜드의 계획과 마찬가지로 러시아 지협이 레반트에 이르는 경로로서 얼마나 유용했는지를 보여주고, 또한 지중해 역시 유럽 대륙 내부 역사와 얼마나 관련성이 높은지를 보여준다. 더 비교하자면, 러시아 우회로 의 중요성은 중세의 이탈리아인들의 신기한 계획[104]—잉글랜드의 계획보다 앞섰다[105]—에서도, 나중에 18세기에 있었던 계획들에서도 드러난다.[106] 언 제든 상황이 허락하면, 러시아 우회로는 지중해 전체를 통과하는 해운을 교란할 수 있었기 때문이다.

그리고 이러한 성보들이 러시아 경제의 변동을 결정했기 때문에 러시아 경제를 세계경제와 연계시켰다. 16세기 러시아에서의 가격 변동에 대한 최 근 연구가 이를 증명한다.[107] 러시아의 물가는 일반적인 유럽의 가격 변동 에 따라 바뀌었다. 우리가 추측성 가설을 세우자면, 이러한 연결이 확립되 었기 때문에 17세기의 대경기 침체는 어느 정도 러시아의 혼란과 관련이 있다고 할 수 있다. 당시의 러시아는 최소한 1617년 이후로는 사회적 소요 로 혼란에 빠졌고 대외적 악재에 노출되었다.[108] 이러한 어려움과 또 볼가 강 상하류에 걸친 코사크 무리들에 의한 대상의 습격에도 불구하고, 이 거 대한 러시아 루트는 끊임없이 하천용 배들, 짐바리 동물들, 그리고 겨울에 는 썰매로 북적였다.[109]

발칸 반도에서 단치히까지 : 폴란드 지협[110]

우리가 폴란드 지협이라고 부르는 것은 16세기에 이르면 더 이상 흑해가 아니라 발칸 반도로 이어졌다. 분명히 서쪽으로 더 편향된 폴란드 지협은 발트 해에서 다뉴브 강으로, 그리고 비정기적이지만, 콘스탄티노플로 (어쩌 면 그 너머로) 이어졌다. 그렇다면 흑해의 지배권이 제노바에서 오스만 투 르크로 이전되자, 폴란드는 흑해에 대해서 매력을 잃었단 말인가? 그렇기 도 하고 그렇지 않기도 하다. 투르크가 1475년 크림 반도의 카파, 1484년 몰도비아의 킬리아, 1484년 우크라이나의 몬크라스토를 정복하면서[111] 과 거 번성하던 상업이 중단된 것도 사실이지만, 또한 중동 무역의 위기도 감안해야 한다. 타타르 족의 습격 때문에 남방 무역로의 안전이 보장되지 않았다는 점도 한 역할을 했다. 따라서 13세기 이래로 흑해로부터 특히 카파를 통해서 주로 향신료와 후추 등 레반트의 산물을 폴란드로 가져다주던 장거리 육상 무역 역시 쇠퇴했던 것이다.

그러나 오래된 연결망은 계속 존속했다. 17세기 중반에 타베르니에는 50일 동안에 걸치는 바르샤바에서 카파에 이르는 짐마차 운송에 대해서 언급했다.[112] 그러나 폴란드가 몰도비아를 통해서 발칸 반도는 물론 투르크 및 레반트 상품과 가졌던 직접적인 접근을 과대평가해서는 안 된다. 기묘하게도 폴란드라는 나라가 일종의 자유무역 지대, 더 나아가서 관세와 통행료가 최소한에 불과한 자유통행 지대이긴 했지만 또한 "프랑스의 두 배"―1572년 발랑스 대주교가 샤를 9세와 카트린 드 메디시스에게 폴란드에 대해서 보고한 대로―에 이르는 광대한 나라라는 점을 기억해야 한다.[113] 육상 운송은 물론 끔찍하게 비쌌다. 폴란드의 크라쿠프와 리투아니아의 빌니우스 사이에 곡물 1라스트(last : 약 2톤)의 가격은 쉽게 두 배가 되었다.[114] 따라서 가능한 한 최대로 수로를 이용하고 정기적인 교통(예를 들면, 소금 무역)을 최대한 활용해야 하며, 그렇지 않으면 가볍지만 비싼 상품 위주의 교역에 치중해야 했다. 많은 장애물이 있었던 것이다.

무엇보다 폴란드는, 모스크바와 마찬가지로, 발트 해 경제권에 속해 있었는데, 발트 해 경제를 움직인 것은 네덜란드의 시장 수요였고, 이는 주로 밀, 호밀, 삼림 산물 등의 구입을 의미했다. 암스테르담이 원거리에서 가격과 시장의 변동을 결정했던 것이다.[115] 이러한 상황에서, 단치히의 역할은 동시에 확대되고 또 제한되었다. 단치히는 "덴마크 해협의 동쪽"에서는 가장 좋은 위치를 차지하고 가장 번성하는 상업 중심지였다. 1591년 어느 베네치아인의 조언에 따르면,[116] 물건을 살 의향이 있으면 주변의 작은 중심지인 쾨니히스베르크나 엘빙보다 단치히가 좋은데, 그 이유는 "거래에서 상대해야 할 사람들이 더 신뢰할 만하기 때문이다. 그들은 대체로 다른 곳 사람들보다 더 부유하고 덜 야만적이다." 그리고 어음을 환전하는 데에 단치히에서 열리는 성 도미니코 정기시, 그니에즈노에서 열리는 성 바로톨로메오 정기시, 혹은 포젠에서 열리는 성 미카엘 정기시보다 단치히가 비교적 편리했기 때문이다. 게다가 단치히에서는 빈, 브레슬라우, 크라쿠프에서도 효력이 있었던 뉘른베르크의 금융 편익들을 이용할 수 있었기 때문이다.

　그러나 단치히는 한편으로는 "자유시장과 자유무역"이라는 성스러운 원칙하에서 ㄱ 사신이 착취하고 있는 폴란드 및 주변 지역의 저개발 경제, 다른 한편으로는 자신을 지배하는 암스테르담 사이에 끼어서 제한적인 역할, 곧 그 자신을 압도하는 체제 속에서 중개인의 역할밖에 할 수 없었다. 단치히의 역할은 동절기 정기시에서 곡물(다른 상품도 있었지만 주로 곡물)을 구매하는 것이었고, 이는 주로 토룬과 루브린에서 이루어졌다. 이곳들에서 귀족들은 수확물을 판매했다(겨울에 타작하여 해빙 이후인 4-5월에 운송했다). 단치히에서 집산된 곡물은 품질 검사를 받고, 최대한 빨리 판매되었다. 왜냐하면 그것은 작년 곡물이었고 따라서 더 이상 보관하고 있을 수 없었기 때문이다. "그들은 돈이 필요했기 때문이다"라고 마르코 오토본은 덧붙인다. 그들은 새 상품 구매, 재투자, 심지어 뉘른베르크에서 지급할 선금 등을 위해서 현금이 필요했다. 후자의 경우 그들은 보통 3퍼센트 정도의 수수료를 챙겼다. 이런 이유로 단치히인들의 수익이 그토록 적었던 것일까? 그곳에서 7개월을 지낸 한 베네치아인에 따르면 그랬다. 게다가 그들은 곡물 판매자들의 요구와 곡물 구매자들―잉글랜드인, 네덜란드인, 프랑스인, 포르투갈인, 에스파냐인과 후일에는 지중해인들―의 요구 사이에 끼어 있지 않았던가? 사실상 단치히인들은 자신들에게 필수불가결한 금속 화폐를 제공할 수 있는 사람들에게 종속되었던 것이다. 왜냐하면 단치히인들이 여전히 구태의연한 폴란드와 그 주변 지역의 시장을 조종할 수 있도록 해주는 유일한 수단이 금속 화폐였기 때문이다. 오토본 역시 단치히 곡물 시장이 번영할 수 있었던 주요 조건 두 가지를 규정하면서 같은 이야기를 했다. 우선, 작년의 수확이 중요했다. 왜냐하면 오직 1년 된 곡물만이 판매 가능했기 때문이다. 다음으로, 포르투갈의 곡물 수요(나는 이베리아 반도의 수요라고 말하고 싶다)가 중요했다. 이베리아 반도의 곡물 수요가 지배적이었던 이유는, 단지 이베리아로의 항해가 상대적으로 짧고 거래가 현금으로 결제되었기 때문만이 아니라 구매량이 컸기 때문이다. 지중해로의 곡물 수출은, 16세기 말의 몇 년 동안의 위기 기간을 제외하고는, 이베리아 반도로 보낸 막대한 물량과는 비교가 되지 않았기 때문이다.[117] 마지막으로, 만일 단치히가 중개업자의 역할에 불과한 지위에 만족하고 자국의 해군이 쇠퇴하도록 내버려두었다면, 이는 이곳을 통과하는 엄청난 양의 곡물—예를 들면, 1562년 대략 8만 톤이었다[118]—에 대해서 약간의 수수료 수익을 얻기 때문이다. 어느 경우든 간에, 폴란드의 경제는 이 핵심적인 항구에 집중되어 있었다. 단치히는 폴란드가 세계를 바라보는 창이지만, 물론 폴란드에게 유리한 것만은 아니었다.

폴란드의 무게 중심은 서서히 북방으로 이동했다. 1569년 리투아니와 폴란드는 과거 공동 국왕의 신민이라는 연결을 공식 통합으로 탈바꿈시켰다. 1590년 폴란드-리투아니아 왕국의 수도는 크라쿠프에서 바르샤바로 이전되었다.[119] 15세기까지만 해도 공국의 중간급 시장 도시에 불과했던 바르샤바가 갑자기 수도가 된 것은 엄청난 경제적 및 정치적 격변의 징표였다. 16세기 말 수년간 폴란드는 스웨덴과 러시아를 상대로 "에스파냐 방식"의 투쟁을 벌였는데, 그 결과는 이미 패배로 예견되었다. 마치 펠리페 2세가 통치 말기에 프랑스와 잉글랜드를 동시에 극복하려고 시도했던 것과 같았다.

정치와 경제가 동일한 방향으로 진행되었다. R. 리바르스키의 연구[120]에 의해서 밝혀진 폴란드 무역 통계가 증명하듯이, 무역 수지는 폴란드에게 흑자였고, 자본의 축적은 귀족층(szlachta)에게 수익이 되었다. 귀족층은 영지의 밀, 호밀, 가축(겨울 동안 살이 찐 소, 소위 귀족의 소)을 판매하고,

심지어 농민이 마시는 값싼 맥주 판매를 포함한 모든 것으로부터 수익을 보았다. 모든 것이 폴란드로 하여금 자신의 문을 세계를 향해서 열도록 했고, 실제로 폴란드는 문을 활짝 열었다. 폴란드는 사치품 무역, 도시와 정기시를 빈번히 방문하는 외국 상인들, 스코틀랜드 출신의 행상인들, 곧 스즈코시(szkoci)[121]에게 개방되었다. 특히 스즈코시는 궁정을 따라 여기저기 이동하면서, 대귀족들의 보호를 받았는데, 이는 마치 과거 식민지 시절 브라질의 마스카테[mascate : 행상인]가 자신의 고객인 대지주들의 후견을 받은 것과 같을 뿐만 아니라, 브라질의 대지주들이 "가장 너그럽고 극도로 화려했듯이,"[122] 폴란드 대귀족들 역시 마찬가지였다.

이제 살펴보아야 할 남방으로 향하는 무역로는 두 개가 더 있다. 하나는 가까이에 있으면서 상당히 활성화되었고, 다른 하나는 더 멀리 있었고 더 통제하기가 어려웠다.

가까운 남방로에서의 주요 무역은 몰다비아 및 헝가리 포도주가 포도원이 거의 없는 폴란드로 정기적으로 유입되는 것이었다. 매년 새 포도주가 도착하면 사람들은 환희했다. 선술집 주인들의 사기를 방지하기 위해서, 크라쿠프의 모든 포도주 가게들은 간판에 밀짚단 혹은 초목 가지를 그려서 각기 몰다비아 혹은 헝가리 포도주를 판매한다는 것을 표시해야 했다.[123] 왈라키아 포도주는 남방에 세워진 헝가리 식민지에서 생산되었는데, 이 포도주는 리보프[우크라이나 서부]에 수송되었다.[124]

이 근거리 무역로는 또한, 특히 몰다비아로부터 직접 판매지로 가져와 도살하는 가축(주로 소)을 제공했는데, 이는 동유럽 평야지대의 수많은 양이 주로 콘스탄티노플의 무한한 식욕을 위해서 징발당했기 때문이다. 몰다비아산 소는 일종의 교환 화폐 같은 역할을 해서, 몰다비아의 농부들은 트란실바니아 혹은 폴란드의 도시들에서 제작된 일상생활에 쓸 직물과 필수적인 철제 도구들—쟁기, 풀베기용 칼, 큰 낫, 원형 낫, 못 등—그리고 실, 밧줄, 고삐, 마구 등을 구매할 수 있었다.[125] 이러한 교역은 국경지대 정기시에서, 특히 스냐틴, 시페니치, 린테스치에서 이루어졌다.[126] 그러나 몰다비아의 흰 소는 독일, 베네치아, 또 어느 역사가에 따르면, 단치히로도 수출되어, 15세기 이후로는 단치히에서 다시 잉글랜드로까지 수출되었다. 1588년 콘스탄티노플 주재 잉글랜드 대사는 잉글랜드산 직물과 "흰 소"를 교환하는 협정을 맺었는데, 흰 소는 단치히를 통해서 잉글랜드로 운송될 예정이었다.[127]

북방으로 가는 길에서 몰다비아의 가축은 포돌리아, 루테니아, 볼히니아, 리투아니아, 심지어 폴란드의 가축과 합류했다. 이 지역들의 공통점은 모두 정상적인 교통망이 빈약하여, 곡물은 자체 수요를 충족하는 정도만 생산하고 대신 가축을 수출했다는 점이다. 소들은 스스로 운송되는 이점이 있었다. 긴 가축 행렬이 서쪽의 도시들, 곧 포즈난에서 라이프치히뿐만 아니라 프랑크푸르트-암-마인까지 이동했다. 리바르스키에 따르면,[128] 매년 폴란드에서 4만에서 6만 마리의 소가 떠났다. 투르크-폴란드 국경과 관련된 기록들은, 약간의 과장은 있을 수 있지만, 수만 마리의 가축을 언급하는데, 엄청난 가축 떼가 움직이는 인상을 준다. 마치 식민지 아메리카에서처럼, 사람의 손길이 미치지 않은 광활하게 열린 공간, 곧 거대한 습지, 거대한 숲, 끝없는 여정, 그리고 끝없이 이어지는 가축 떼의 행렬이 연상된다.

남방으로 난 또다른 긴 무역로는 크라쿠프, 리보프, 갈라치를 넘어 전쟁이 빈발하는 헝가리를 우회하여 발칸 반도에 이르고 다시 발칸 반도를 넘어 콘스탄티노플로 이어졌다. 남쪽으로는 모피, 가죽, 약간의 호박, 저렴한 폴란드산 직물이나 재수출되는 고가의 직물, 철, 그리고 품질이 떨어지는 동전이 흘러갔다.[129] 그런 것들과 교환하여, 아르메니아인 혹은 유대인 상인들(특히 1550년 이후에)이 또 투르크 혹은 그리스 상인들(1534년 콘스탄티노플의 그리스 상인 안드레아 카르카칸델라가 술탄의 후원하에 폴란드 전역에서 자유롭게 무역할 수 있는 권리를 획득했다[130])이 말, 더 빈번하게는 향신료와 비단을 보냈다. 1538년 성 도마의 축일 전야에 크라쿠프에서 있었던 다툼은 우리에게 폴란드 상인 스타니슬라스 지제미자니의 거래에 대한 기록을 남겨주었다. 이 폴란드 상인은 투르크로부터 각기 1장이 10플로린으로 평가되는 40장의 캄로트[낙타, 양 등의 모피로 만든 조악한 모직물], 4플로린의 가치를 가진 작은 34장의 캄로트, 육두구 가루 102파운드, 육두구 24파운드를 가지고 왔다.[131] 아마도 이 다툼은 지제미자니가 크라쿠프를 출발할 때 채권자가 그에게 자금과 상품을 빌려준 일과 관련될 것이다.

1530년과 1531년에는 카미에니에크 출신 아르미니아 상인들이 투르크산 사프란과 쌀을 루브린의 정기시로 가져온 기록이 있다.[132] 1548년 루브린은 그리스와 투르크로부터 수입된 다양한 향료를 시험할 수 있는 특권을 얻었다.[133] 이후 이 소도시는 번영기로 들어섰는데, 그 정기시가 증거이다. 루브린은 남쪽으로는 리보프에서 또 바르샤바에서 단치히로 가는 여정의 좋은 쉴 곳이었고, 선매권이 없는 도시라는 이점이 있었다. 르빌과 같은 도시들에서는 선매권이 시행되었기 때문에 상인들은 도시로 들어서는 순간 자신이 가진 물품을 시민들이 구매할 수 있도록 내놓아야 했던 반면에, 리보프에서 상인들은 마음대로 상품을 수입하고 반출할 수 있었다.

리보프의 경우, 유대인, 레반트인, 이탈리아인 상인들이 모여들어, 남방 무역을 끌어들였다. 1571년 위로 상회—본래 발랑시엔 출신으로 안트베르펜에 자리잡은 상인 가문—의 대리인이 단치히를 통과해서 리보프를 거쳐 콘스탄티노플에 갔다.[134] 1575년에는 크라쿠프에 설립된 이탈리아 회사에서 일했던 한 이탈리아인이 맘지 와인과 모스카토 와인을 리보프에서 샀다. 그리스산 달콤한 포도주 등을 포함해서 이처럼 흔하지 않은 음료가 시내에서 소비되었다는 것은 동지중해 연안에서 왔음을 의미한다.[135] 그리고 리보프에는 상당히 정기적으로 소위 "폴란드 대상"이 통과하곤 했다. 일련의 상인들과 운반책들로 구성된 "폴란드 대상"은 도시들의 대상 여관에 머물면서, 당국의 보호를 받기도 하고 못 받기도 하며, 때로는 들판에서 야영을 하며 콘스탄티노플로 향했다. 그러나 보스포루스 해협을 향해 소나 말이

끄는 육중한 짐마차 속에 무엇이 운송되고 있었는지에 대해서 우리는 잘 알지 못한다.[136]

이 험한 길을 여행한 사람들 가운데에는 볼로냐의 상인 토마소 알베르티가 있는데, 그는 자신의 여행에 대한 너무나 간략한 기록을 남겼다. 그는 해상으로 콘스탄티노플에 도착했는데, 1612년 11월 26일 콘스탄티노플을 출발하여 아드리아노플을 통과하여 [불가리아와 루마니아의 경계인] 도부르자 강을 건넜다. 운송인들이 투르크인들이었기 때문에, 그들은 바이람 축제일에는 알베르티를 남겨둔 채 가까운 마을에 가서 잔치를 벌였다. 광활한 루마니아 평원을 보며 알베르티는 "마른 땅 위의 바다" 같다고 자신의 인상을 남겼다. 앞서 간 짐마차들의 흔적이 길을 가르쳐주지 않았다면, 방향을 잃기 쉬웠을 것이다. 그는 눈이 내릴 무렵 당시 몰다비아 공국의 수도인 야시에 도착했다. 6일 후 그는 리보프에 도착하여 물건을 판 뒤에 다른 것들을 사고, 봄이 되자 각각 말 6마리가 이끄는 짐마차 60대와 함께 콘스탄티노플로 다시 향했다. 1613년 5월 23일 발칸 반도를 횡단하던 중 짐마차 하나가 뒤집혔다. "그 안에는 에스파냐 레알 은화 포대가 30개 있었는데, 각 포대에는 레알 은화 500개, 흑담비 모피, 여타 물품이 들어 있었다." 이것들을 다 회수한 후, 6월 1일 행렬은 콘스탄티노플에 들어갔고, 알베르티는 21일 다시 출발했다. 그는 다시 7월 27일 리보프에 도착했고, 크라쿠프와 프라하, 뉘른베르크와 밀라노를 거쳐, 10월 25일 볼로냐로 귀환했다.[137]

이러한 다채로운 사실들과 폴란드가 남방과의 무역에서 명백히 적자를 냈다는 사실에도 불구하고, 이 남방 종단 무역량은 폴란드의 서방 횡단 무역량과는 비할 바가 못 되었다. 폴란드 무역은 가까운 독일, 또 프랑크푸르트-암-데어-오데르, 모피를 구매하는 뉘른베르크, 혹은 슐레지엔과 이루어졌다. 특히 슐레지엔의 무역에서는 브레슬라우 상인들의 야망 때문에 관세 분쟁이 빈번하게 일어났다.[138] 마찬가지로 폴란드의 서남방을 향한 무역, 곧 브레슬라우, 라이프니츠, 뉘른베르크, 아우크스부르크, 남독일을 거쳐 이탈리아와 베네치아에 이르는 대각선 무역과도 비할 바가 아니었다. 1564년 베네치아 정부는 폴란드 국왕의 대리인에게 몸통 갑옷 100벌, 화승총 500정, 미늘창 30개를 포함한 군수품을 위탁했다.[139] 이탈리아로부터 끊임없이 예술가, 상인, 장인이 폴란드로 들어갔다.[140] 1533년 이탈리아인 3명이 크라쿠프에 벽돌 공장을 세웠다.[141] 또한 사치품 혹은 준(準)사치품 성격의 직물도 들어왔다. 이것들은 주로 베네치아와 나폴리에서 생산되었는데,[142] 느슨하게 짠 후 약제에 담가 질감을 좋게 한 비단의 일종이었다. 이 비단은 "폴란드용 직물"이라고 불렸다. 1565년경[143] 폴란드 전역에 "이탈리아인 상점"이 15곳에서 20곳 정도 있었는데, 그중에는 아주 부유한 상인 가문인 소데리니 가문의 상점도 있었다. 한 세기가 지나는 동안, 이탈리아인들과 이탈리아 상품들은 폴란드에서 더욱 풍성해졌는데—아래에서 보겠지만 남부 독일에서도 비슷한 움직임이 있었다—마치 북유럽인들이 지중해를 침공한 것에 대한 보상으로 이탈리아인들과 상품들이 중부와 동부 유럽을 침공하는 것 같았다. 이탈리아 상인들은 폴란드 전역에 출현했는데, 크라쿠프, 리보프, 바르샤바, 루블린, 산도미에슈에 장기간 머물렀다. 이탈리아인들의 영향력이 가장 지대했던 기간은 16세기 말부터 17세기 중반까지였다.[144] 이러한 이탈리아 상인 가운데 한 사람이 남긴 장부(1645년도)에는,[145] 폴란드의 정기시들 특히 루블린에서의 활동이 드러난다. 그는 거래한 화폐, 가격, 물량, 운송 및 루블린에서 판매된 어지러울 정도로 다양한 산지의 직물들을 기록한다. 런던산 "밝은 녹색의" 타프타, 피렌체산 연녹색 벨벳 천, 나폴리산 검정 "카라바치아," 베네치아산 "연한 청색 수자직 천," 루카산의 "산호의 분홍색 직물," "검정 수자직 천" 등이 적혀 있다. 이러한 직물들은 생산지를 확인하기 어려울 뿐만 아니라 명시된 산지가 반드시 사실인 것도 아니다. 그러나 토마소 알베르티의 여행기처럼, 16세기 이후로도 이탈리아의 영향력이 폴란드에 지대했음을 보여준다. 주변의 트란실바니아에 대해서도 마찬가지라고 할 수 있어서, 여기에서도 이탈리아 출신 상인,

장인, 건축공, 석공, 군인 등이 널리 활약했다.[146]

지금까지 이야기한 간략한 설명은 폴란드의 전반적인 상황을 이해하는 데에 도움을 준다. 16세기에 부족한 것은 역동성이 아니라(이는 충분히 증명되었다), 적극적이고 광범위한 화폐 경제이다. 폴란드 국가 기구는 근본적으로 너무 취약했고, 국왕은 "권력을 행사하기보다는 상징하기 위해서" 존재했기 때문에,[147] 화폐 경제가 부재한 이유는 폴란드 "공화국"의 사회적, 정치적 체제, 그것이 수반한 중앙집권화의 좌절로 인한 자금 조달의 어려움, 그리고 이로 인한 근대적 군대 건설의 실패로 보아야 할 것이다. 투르크와 타타르 족의 국경 지역에서는 국경 방어가 코사크에게 맡겨졌는데, 에스파냐 문헌이 전하듯이 그들은 "모든 나라에서 모여든 도적떼"였고,[148] "호전적인 자들로서, 언제나 이동 중이고 정착하지 않으며, 잔인하고, 대단한 끈기가 있지만 또한 세상에서 가장 악랄한 자들이다." 어쨌든, 코사크는 자의적으로 행동하는 무리들이었을 뿐, 근대적인 군대는 아니었다. 1591년 1월 바르샤바에서 열린 의회는 모스크바와의 국경에 배치된 병사들에 대한 임금 지불 문제로 곤란한 처지가 되었다. 임금을 받지 못한 병사들은 국경을 넘나들며 무차별하게 약탈하며 살아가고 있었던 것이다.[149] 우리가 익히 알듯이, 이는 서양의 가장 부유한 국가들에서도 한때 있었던 일이다.

우리가 보았듯이, 무역이라는 경제적인 고려 때문에 폴란드의 대외 정책은 주로 북방에 초점을 두고 있었다. 특히 모스크바와의 분쟁은 두 나라 사이의 모호한 국경 확정 문제만큼이나 나르바와 발트 해 지배권에 대한 것이었다. 결과적으로, 폴란드는 남방에 대해서는 평화 정책을 고수했다. 투르크와 폴란드는 서로 대결을 원치 않았다. [1571년 교황 피우스 5세의 주도로 결성된] 신성동맹은 1572년에 폴란드에게 투르크 술탄과의 전쟁에 참여할 것을 요청했는데, 이는 소용없는 일이었다. 1573년에 투르크 역시 자신들과 친한 프랑스 왕가의 앙주 공작이 폴란드 국왕으로 선출되도록 지원했다. 1590년 투르크-헝가리 전쟁 직전에는 잉글랜드가 개입하여 투르크와 폴란드 사이의 평화 협정을 중재했다. 폴란드 스스로도 화해에 기울어져 있었다. 1591년 1월 투르크 술탄이 폴란드 코사크의 강제 징수에 대해서 불평을 하자, 폴란드 국왕은 의회 귀족들의 동의하에 3만 플로린 가치에 상당하는 "흑담비 100탐파니를 지불하기로, 아니 바치기로 결정했다. 이를 충당하기 위해서 1591년 1인당 1플로린의 세금이 폴란드 왕국의 모든 유대인들에게 부과되었다.[150]

이리하여 남쪽으로는 평화가 정착되었다. 그러나 이것만으로는 왜 폴란드 전역에 투르크 의복과 화려한 천막이 유행하기 시작했는지—오늘날에도 미술관에 견본들이 보존되어 있다—설명하기는 충분하지 않다. 우리가 폴란드와 남방 사이의 교역 관계를 과소평가했을 수도 있다.

독일 지협 : 개괄적인 구도

독일 지협은 넓은 의미에서의 중부 유럽을 의미한다. 즉 서쪽의 프랑스에서부터 동쪽의 헝가리와 폴란드에 이르는, 그리고 북쪽의 북해와 발트 해에서부터 남쪽의 아드리아 해와 티레니아 해에 이르는 지역을 의미한다. F. 폰 라우어의 지도[151]를 살펴보아도 알 수 있듯이, 독일 지협 전체는 국가들, 교역들, 교역로들의 경이로운 복합체이다.[152]

우리는 이 지역을 2개의 선을 통해서 규정할 수 있다. 하나는 제노바(더욱 엄밀하게는 마르세유)에서 런던에 이르는 선이고, 다른 하나는 베네치아에서 단치히에 이르는 선이다. 물론 그것은 자의적인 선들이지만 전반적인 형태를 살펴보는 데에는 적합하다. 중부 유럽이라는 대권역은 북과 남으로는 바다, 곧 북해, 발트 해, 지중해를 면하고 있다. 더 정확히 말하면, 이러한 결정적인 바다들은 또한 독일 지협의 연장선상에 있다. 우리는 독일 지협을 북해와 발트 해 너머로 확장해서 스웨덴(16세기 말과 17세기 초 베네치아 상인들이 스웨덴에 관심을 가지고 조사했다),[153] 노르웨이, 그리고 무엇보다 잉글랜드—비록 잉글랜드는 대서양 탐험에 주력했지만, 그럼에도 불구하고 유럽에 견고하게 매여 있었다—를 포함할 수 있다. 잉글랜드의 무역 활동 가운데 가장 중요한 것 중의 하나는 모직물이었고, 이는 상황에 따라 독일의 엠덴,[154] 함부르크,[155] 브레멘 혹은 저지대 국가들의 안트베르펜[156](그리고 때로는 루앙)으로 수출되었다. 그러므로 잉글랜드—모직물은 가장 좋은 사례일 뿐이다—는 16세기 동안에는 유럽 대륙과 연계되어 있었고 특히 우리가 지금 살펴보는 독일 지협에 연계되어 있었다. 독일 지협은 특히 활발한 지대로서, 육상 무역에 기반하여 발전한 경제의 가장 두드러지는 사례라고 할 수 있다. 16세기의 독일 지협은 12세기 및 13세기 상파뉴 정기시들의 역할—남북 접촉의 폭발적 형태의 초기 사례—에 해당하는 것이라고 볼 수 있다.

전체적으로 보았을 때, 이 지역은 매우 특이한 모양을 하고 있다. 북이탈리아 지역 쪽으로는 협소하지만, 알프스 이북부터는 거대한 대륙 공간으로 확대된다. 1522년 7월 25일 폴란드 왕은 안트베르펜에 서신을 보냈는데, 황제 카를 5세에게 파견된 폴란드 대사 단티스쿠스가 애타게 기다렸음에도 불구하고, 거의 50일이 넘은 9월 12일에야 서신이 도착했다.[157] 다른 방향을 살펴보면, 1590년 겨울 마르코 오토본은 베네치아에서 단치히로 이동했는데, 겨울임을 감안하더라도 휴식 기간을 포함해서 39일이 걸렸다.[158] 각기 항구 접근이 용이한 피에몬테, 롬바르디아, 베네치아의 평원들과 알프스 이북의 광대한 대륙 사이에는 어떤 공통 분모도 없었다. 남방에서는 도로들이 수렴하는데, 북방에서는 광범위한 지역으로 확산된다. 그러므로 알프스 산맥은 중부 유럽을 "길고 넓은 장벽으로"[159] 가르는데, 그 양편에 있는 지역들의 면적과 중요성은 시대에 따라 매우 다르다.

따라서 "독일 지협"은 이탈리아—특히 북부 이탈리아—알프스 산맥, 이어서 한편으로는 뫼즈 강 및 라인 강과, 다른 한편으로는 오데르 강과 비스툴라 강 사이에 있는 중부 유럽의 광대한 평원과 고원으로 구성된다. 이탈리아는 따로 소개할 필요가 없을 것이다. 이 책에서는 지중해 역사에서 결

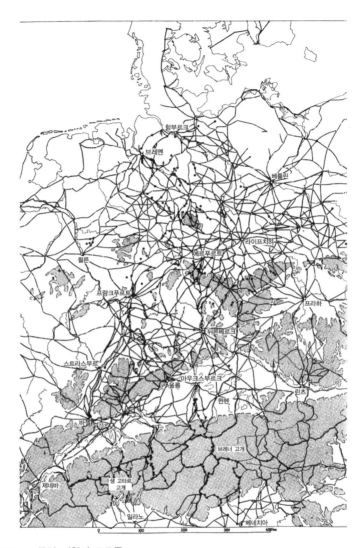

도표 15. 독일 지협의 도로들

이 지도는 F. 폰 라우어의 책에서 발췌하여 축소해서 표시한 것임에도 불구하고, 16세기 독일의 도로망의 밀집성과 알프스를 넘는 주요 도로들을 분명하게 잘 보여준다. 마찬가지로 복잡한 도로망이 이 지도의 서쪽 곧 프랑스에도 존재했으나, 이 지도에서는 최소한으로 표시되었다. 큰 검은 점은 운송인들과 운반책들의 마을을 표시하는데, 주로 알프스 산맥 도로상에 있는 것은 이러한 도로들의 중요성을 나타낸다. 이 지도는 또한 본문에서 언급하지 않은 프라하-린츠 연결로를 보여주지만, 이에 관한 훌륭한 설명으로는 다음 논문을 볼 수 있을 것이다. "Die Handelsbeziehungen zwischen Prag und Linz im 16. Jahrh." Josef Janaček, *Historisches Jahrbuch der Stadt Linz*(1960)

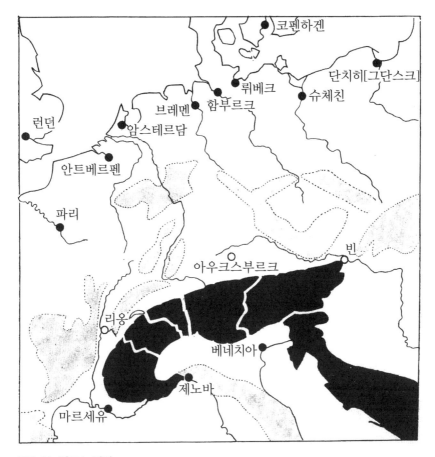

도표 16. 알프스 장벽

이 지도는 일부러 북이탈리아의 협소한 지역을 알프스 이북의 광활한 지역과 대비가 되도록 도식적으로 그려졌다. 북이탈리아는 서쪽과 북쪽과 동쪽(디나르 알프스)이 산맥으로 둘러싸여 있다. 알프스의 큰 도로들(몽 스니 고개, 심플롱 고개, 생 고타르 고개, 브레너 고개, 트레비소 기타)이 알프스 장벽을 뚫는다. 지도는 주요 하천에 관해서는 배를 운행할 수 있는 지점에서부터 표기한다.

정적인 이탈리아의 도시들과 지형들로 돌아올 기회가 많을 것이다. 그러나 알프스 산맥에 대해서는 지면을 할애할 필요가 있다. 마법 같은 알프스 산맥에서는 모든 일들이 자연스럽게 일어났다. 알프스 산맥은 중부 유럽에 대해서는 성벽 같은 장애물이었지만, 그 성벽은 일찍이 균열되었다. 알프스 산맥을 넘나드는 것은 험난했으나, 곧 교통망이 조직되었다. 알프스 산맥의 사회들과 마을들은 오직 산맥 횡단을 조직하고 남북으로 더욱 확대하여 그 교통으로부터 수혜를 보기 위해서 존재하는 것 같았다.

알프스 산맥

알프스 산맥 지역은 서로 다른 사회들과 서로 다른 경제적 단계들을 연계시키는 3차원의 기하학으로 이루어져 있다. 농사가 가능한 땅의 한계 고지대에는 집락과 마을들이 생겼고, 깊은 계곡에는 큰 마을들이 자리잡았다. 하천이 나타나는 지점에는 때로는 "롬바르디아인"의 상회와 몇몇 장인들의 공방이 있는 소도시가 존재했고, 마지막으로 산맥의 경계지, 곧 산자락이 평야나 호수와 하천 등의 수로와 만나 유통이 신속히 살아나는 지점에는 산록지대의 도시들이 있었다. 후자의 예로는, [스위스의] 제네바, 바젤, 취리히, [오스트리아의] 잘츠부르크, 필라흐, 클라겐푸르트, [이탈리아의] 수사, 베르첼리, 아스티, 코모, 베르가모, 브레시아 및 베로나, 그리고 정기시가 열리는 도시들(추르차흐, 할, 린츠, 볼차노), 종종 운송업자들의 중심지들(쿠어, 키아벤나, 플루스), 그리고 언제나 남과 북 사이의 "중간 지점"인 도시들이 있었다. 특히 중간 지점 도시들에서 산지에 거주하는 사람들이 일상에 필요한 물품들, 즉 "의복을 위한 보통 직물들, 도구를 만들기 위한 금속, 그리고 무엇보다도 목축업에서 필수적인 역할을 하는 소금"을 구할 수 있었다.[160]

알프스 지역에는 고유의 교통망이 있어서 사람, 동물, 가축, 상품 등이 이동했다. 이러한 일상적인 교통 위에 다른 종류의 교통이 덧붙여졌는데, 그것은 똑같은 사람들과 똑같은 수단을 이용하고 산맥의 끝에서 끝까지 관통했다. 알프스를 넘는 무역은 짐마차꾼과 운반책들의 마을 없이는 존재할 수 없었을 것이고, 각 마을들은 자신들이 도로에서 얻은 이익을 철저히 지키고자 했다. 비첸차, 알프스의 브렌타 강 계곡의 프리모랄노는 1598년경

가옥이 50채도 되지 않는 촌락이었는데, 그 "촌락민들은 거의 다 수레로 상품을 운반하고 받는 임금으로 먹고 살았다."[161] 수백의 다른 마을들도 비슷한 상황에 있었다. 관례에 따르면, 같은 도로상에 있는 일련의 마을들은, 새로 난 도로에서든 이미 있는 도로에서든, 서로 협력해서 일거리를 나누어 하루의 여정을 정하고, 여행객들과 상품의 안전한 통과를 보장하고, 때로는 추가로 대금을 지불하면 주야에 걸쳐 여행객과 상품을 직송했다.……스위스의 젭티머 고개의 도로가 대표적인 사례였다.[162]

이와 같이 조율된 이동은 마치 당연한 듯이 운영되었다. 심지어 겨울도 이런 이동을 중단시키지 못했다. 오히려 겨울은 썰매의 편리성을 선물했다.[163] 1537년 12월 16일 베르첼리의 운송업자는 제네바에서 물품 132개를 인수하여, 이듬해 1월 4일까지 "날씨를 무시하고" 이브레아에 42개를 배달하기로 약속했다. 1540년 12월 마르코 단돌로는 베네치아 정부를 대표해서 프랑스로 가기 위해서 들것에 실려 몽 스니 고개를 넘었다.[164] 단돌로에게 이는 좋지 않은 경험으로 기억되었던 것이 사실이고, 1577년 4월 몽 스니를 넘은 지롤라모 리포마노에게도 역시 마찬가지였다. "말과 노새들은 복부까지 눈에 빠져 아주 어렵게 빠져나올 수 있었다." 그러나 그는 덧붙이기를, "수많은 여행객들이 몽 스니를 지나 이탈리아로, 프랑스로, 잉글랜드로, 또 일부는 에스파냐로 향했다." 노발레자는 곡식을 심지도 포도원을 가꾸지도 않는 마을이었지만, 비공식적으로 안내인을 제공하게 되면서 일거리가 끊이지 않았다. 사부아 지역의 빈곤한 산악 지대는 참으로 이상한 땅이라고 리포마노는 생각했다. "해는 연중 3개월밖에 들지 않고, 밀밭의 산출률은 1 대 2밖에 되지 않고," 하산 여정은 랑슬레부르까지 심지어 멀리 생 장 드 모리엔까지 썰매로 이루어졌다.[165]

이러한 잘 알려진 증언들과 그밖의 여러 기록, 또 중세에 관해서 알로이스 슐테가 인내심을 가지고 수집한 증거들[166]로부터 어떤 결론을 내릴 수 있을까? 알프스 산맥을 넘는 고개 21개가 모두 이용 가능했다. 상황이 이를 허락하면 말이다. 성공, 절반의 성공, 시도, 실패 사례들이 무수히 기록되었다. 비교사와 방대한 문서보관소들이 우리의 호기심을 채우기 위해서 기다리고 있다. 자연히 도시들과 상인들도 일정한 역할을 했다. 13세기에 당시로서는 혁명적인 생 고타르 고개를 건설할 것은 밀라노의 상인들이었다. 그들은 이후 라인 강 상류 지대에 도달하기 위해서 슈플뤼겐, 말로야, 젭티머 등의 고개를 활용했는데, 이런 곳들은 후일 17세기의 정치사에서 발텔리나 시방 점령 시기에 유명해졌다. 이러한 통로들은 서로 너무 가까이 있었기 때문에 경쟁 관계에 있었고, 정치적, 재정적 상황 혹은 심지어 알프스로부터 멀리 떨어진 도로에서 일어나는 소요에 따라 서로 대체되었다. 1464년,[167] 리옹이 직접 후추와 향신료를 수입할 수 있는 허가를 프랑스 국왕으로부터 받은 후, 에귀모르트와 론 강 통로는 몽 제네브르, 몽 스니, 대(大)생 베르나르 고개 및 소(小)생 베르나르 고개에게 특권적 지위를 상실했다. 크고 작은 분쟁들은 면밀히 파헤쳐볼 만하다. 1603년 베네치아가 그라우뷘덴[스위스 동부]과 정치적 동맹을 맺은 후 모르베뇨에서 키아벤나로 이르는 통로가 완성되어 밀라노로 향하는 무역의 일부를 담당하게 되었고, 그것은 베르가모에게 유리하게 작용했다. 이러한 작은 사실에서도 베네치아가 알프스 교역을 얼마나 주의 깊게 관리했는지를 알 수 있다.[168]

이와 같은 변화는 하룻밤 사이에 일어나지 않았다. 지리 여건이 극복하기 어려운 장애물과 영구적인 이점 모두를 만들었다. 예를 들면, 알프스를 넘는 통로들은 이제르 강, 부르제 호, 제네바 호, 콘스탄스 호, 론 강, 라인 강, 인 강, 혹은 더 남쪽으로는 이탈리아의 호수들과 특히 아디제 강과 같은 호수와 하천 등의 수로와 연결되어야 했다. 아디제 강의 경우, 강을 따라 위치해 있는 행정 재판소들이 설치한 수중 사슬조차 짐을 실은 뗏목이나 나룻배를 막지는 못했다. 이러한 지리적인 특성은 영구적인 이점이었지만, 또한 서로에게는 경쟁 상대였다. 1534-1545년[169] 동안 안트베르펜에서 이탈리아로 향하는 수송 통계를 보면, 생 고타르 고개가 분명히 우세했다. 생

고타르 고개는 제노바 혹은 베네치아로 갈 수 있는 관문이라는 중심적인 위치를 차지했다. 더 동쪽에 있는 브레너 고개가 그 다음으로 중요했다. 브레너 고개는 모든 알프스 고개 가운데 가장 고도가 낮았고(1,374미터), 서로 다른 수로 2개, 곧 인 강과 아디제 강과 맞닿았고, 또 베네치아로 향하는 길이라는 이점이 있었다. 게다가 브레너 고개는 독일의 대형 짐마차—이탈리아에서는 카레토니라고 했다—도 다닐 수 있었다. 이 독일 대형 짐마차들은 포두 수확 이후 베네치아산 그리고 심지어 크로아티아의 이스트라산 새 포도주를 싣고 알프스를 넘었는데, 이는 매년 반복되는 거대한 교역이었다. (1597년[170]처럼) 베네치아는 이러한 교역을 금지할 수도 있었지만, 그것은 아주 드문 예외였다. 왜냐하면 베네치아는 강한 마르케[아드리아 해에 면한 이탈리아 중부 지방] 포도주나 아드리아 해 섬들의 포도주를 선호했기 때문이다. 포도주 무역 덕에 브레너 고개는 16세기 초부터, 또 16세기 말에 이르러서는 더욱더 알프스 통로들 가운데 가장 활발한 통로가 되었다. 그러나 브레너 고개에 도전장을 내민 통로가 없었던 것은 아니다. 1530년부터 잘츠부르크의 대주교[171]는 그전까지는 그저 노새가 다닐 수 있었던 좁은 산길에 불과했던 타우에른 길을 짐마차도 다닐 수 있는 도로로 변모시켰다. 브레너 고개를 방위하는 책임을 맡았던 티롤 지방의 신분의회는 당연히 잘츠부르크 대주교의 도로 개선을 반대했는데, 이를 위해서 '로마인의 왕'[황제로 선출되었으나 공식적으로 즉위하기 전 단계의 직위]인 페르디난트[뒷날의 신성 로마 제국 황제 페르디난트 1세]를 끌어들이려고 노력했으나 실패했다. 이 사례는 알프스 통로들의 가변성을 보여주기에 충분하다. 사람이 통로들을 만들었고 통로들을 유지했기 때문에, 필요가 생기면, 역시 사람이 통로들을 바꿀 수 있었다.

제3의 인물, 독일의 다양한 모습

알프스 넘어 북쪽에는 푸른 유럽, 곧 숲과 선박들이 다니는 넓은 하천 그리고 마차 도로가 있으며 겨울에는 한파에 시달리는 유럽이 있다. 1491년에는 폭설이 내려 뉘른베르크의 상인들은 눈썰매를 타고 제네바까지 갈 수 있었다.[172]

독일은 경도를 따라 남북으로, 또 위도를 따라 동서로 접근할 수 있다. 이처럼 바라보는 방법이 다양하듯이, 그 모습도 다양하다.

경도를 따라 이탈리아로부터 북방을 바라보면, 뉘른베르크, 프랑크푸르트, 심지어 교역로 측면에서 보면 쾰른까지 이르는 고지대 독일의 중요성이 부각된다. 고지대 독일은 철저히 이탈리아화되어, 알프스 이남 지역 생산 포도주의 고객이자, 수세기 동안 이탈리아 반도의 도시들, 곧 제노바, 밀라노, 피렌체, 무엇보다 베네치아, 또한 로마, 나폴리, 사프란 구매지인 아퀼라, 덧붙여 교역로상에 있는 모든 도시들과 접촉하고 있었다. 이러한 독일은 동남부 지역에 있는 [베네치아의] 독일 상관(Fontego dei Todeschi)에 이르게 된다.[173] 독일 상관은 일종의 독일 축소판이었는데, 통제되었으나 특권이 주어졌으며, 리알토 다리와 광장을 내다보는, 대운하에 위치한 거대한 건물이었다. 이 건물은 1505년 화재로 소실된 후 아주 장엄하게 재건축되었다. 독일 상인들은 상관 내에 사무소를 배정받았고,[174] 상품을 저장할 수 있었다. 때때로 독일 상관은 능직무명(아마와 면을 혼합해서 만든 혁명적인 직물)으로 가득 차기도 했다. 구리, 주석, 은, 철제물 등이 보관되었고, 향신료, 후추, 의약품, 면포, 남쪽 나라의 과일 등이 북방으로 보내졌다.[175]

베네치아는 독일에서 여행을 왔던 유명 인사들과 무명 인사들로 붐볐다. 성지로 떠나는 순례자들, 야콥 푸거처럼 무역을 배우러 온 상인들, 알브레히트 뒤러 같은 예술가들, 파도바 대학으로 향하는 학생들과 그들의 하인들 등이었다. 그 학생들 가운데 하나인 딜링엔 출신의 베르나르트 밀러는 등에 화승총을 매고 가다가 베네치아 경찰에게 체포되기도 했다.[176] 독일 군인들도 있었으나, 1559년 카토-캉브레지 조약 이후 (알프스 이남에서) 스위스나 뷔르템베르크 출신 용병들의 전성기는 저물었다. 종종 더 소박한 독일 사람들, 곧 제빵업자들, 하인들, 모직물 장인들, 여관과 주점의 종업원들 등도 있었는데, 이들은 피렌체 혹은 페라라 출신의 같은 업종의 종사자들과 경쟁관계에 있었다.[177] 베네치아에는 당연히 "흰 사자" 혹은 "검은 독수리" 등의 이름을 가진 독일인용 여관들이 있었고,[178] 이는 다른 이탈리아 도시들도 마찬가지였다. 1583년 페라라에는 "송골매" 여관이, 밀라노에는 "동방 박사 3인" 여관이 있었다.[179] 남부 독일은 북부 이탈리아의 영광의 그림자 안에서 성장하고 성숙했지만, 또 북부 이탈리아의 취약성 때문에 흔히 이점을 가졌다. 북부 이탈리아와 남부 독일 사이의 합작에서, 후자는 주로 부차적인 활동, 곧 면(綿) 짜기, 14세기의 에르자츠[대체품] 직물, 싸구려 직물 짜기 혹은 철, 주석, 피혁을 다루는 일 등을 맡았다. 남부 독일의 지속적인 도움 없이는 제노바와 베네치아의 무역이나 밀라노의 경제 활동은 불가능했을 것이다. 1509년 지롤라모 프리울리는 "독일인들과 베네치아인들은 우리의 오랜 거래 관계 때문에 모두 하나이다"라고 썼다.[180] 더 정확하게 말하면, 독일인들과 **이탈리아인들**이라고 해야 할 것이다.

이처럼 공유된 삶 덕분에 이탈리아 문명이 북방으로 놀랍도록 확산되어 오늘날에도 주택들의 외관에서 드러난다.[181] 또한 이탈리아가 독일을 어김없이 착취하는 결과를 낳았다. 그러나 때로는 이탈리아의 위기로 인해서 고지대 독일이 덕을 볼 때도 있었다. 이탈리아를 탈출한 신기독교도들이 북쪽의 뉘른베르크에 견직 양단 및 우단 기술을 가져왔다.[182] 14세기에 피렌체 은행들의 파산으로 독일 상인들이 이익을 보았다. 독일 문명 역시 남쪽으로 확장되어, 매우 급격히 아디제 강 상류 계곡에 침투하고, 주교좌인 트렌토 시까지 들어갔다. 1492년 트렌토 주교의 영접을 받은 베네치아인은 독일 문명의 영향을 목도하지 않을 수 없었다고 기록했다. 식탁 3개는 사각형의 희한한 독일식이었고, 식사도 독일 관습대로 생야채로 시작했고, 고기와 생선을 같은 접시에 담았고, 바이에른식의 통밀빵이 곁들여졌다.[183]

이제 독일을 위도에 따라서 살펴보도록 하자. 우선 라인 강을 따라 동쪽으로 가면 갈수록 독일은 점차 새로운 나라, 아직 개발되지 않은 나라처럼 보인다. 15세기에 또 16세기의 첫 수십 년간 채광업의 발달로 신생 도시들, 혹은 차라리 임시적인 도시들이 탄생했다. 이 도시들은 급속히 성장했지만, 아메리카 대륙의 은과의 경쟁에 직면하면서 1530년 이후 혹은 1550년 이후 쇠퇴하기 시작했다. 16세기 중반기의 경제 침체가 유일한 원인은 아니겠지만 말이다. 16세기 말 이후까지 지속된 경제 회복기에 독일, 나아가 중부 유럽 전체는 모든 방면에서 산업 활동의 부활을 경험했고, 그중에서도 보헤미아, 작센, 실레지아의 아마포 산업이 유일하지는 않았지만 가장 중요했다. 그러므로 1546년 루터의 죽음 이후 독일 (그리고 그 주변국들 역시) 쇠퇴기에 접어들었다는 것은 사실이 아니다.[184] [루터 파를 승인한] 1555년의 아우크스부르크 화의는 오랫동안 지켜지면서 상당한 혜택을 가져왔다. 심지어 가장 동쪽에 위치한 도시들도 건재하고 활력이 넘쳤다는 것이 이를 증명한다. 1574년 피에르 레스칼로피에는 트란실바니아 지방의 독일계 도시들에 감탄했고, 그가 처음 방문한 도시인 브라쇼프—"작센 사람들은 코로네슈타트라고 부른다"—는 "시내가 너무 아름답고, 주택들의 벽면도 색을 칠하여 빛났기 때문에 만토바에 입성하는 것" 같은 착각을 일으켰다고 했다.[185]

이러한 두 개의 광경은 두 개의 독일을 보여준다. 이외에 또다른 독일, 곧 저지대 국가들과 국경을 맞대며 엠덴, 브레멘 및 함부르크에서 북해에 면한 독일이 있다. 이러한 도시들은 대서양 무역으로부터 이익을 얻었는데, 이는 네덜란드의 인접성(처음에는 안트베르펜, 나중에는 암스테르담을 통해서), 도시들 자체의 강력한 경제력, 또 이로 인한 상호 알력 때문이었다. 세 도시 중에서 가장 활력이 넘치는 함부르크는 자신의 위대한 경력을 이어갔는데, 이는 30년전쟁조차 막을 수 없었다.[186] 함부르크 상인들은 네덜란드 독립 전쟁 덕에 이익을 보았는데, 이는 중립 정책 혹은 비글리우스 통령의 대리인이 전한 대로, "양다리를 걸침으로써, 함부르크 상인들은 막대한 수혜와 이익을 얻는다."[187] 더구나, 네덜란드와 북해를 면한 독일은 곧이어

272

굉장한 포획물이자 장차 독일을 깊이 흔들 포획물을 얻을 참이었다. 발트해 연안에서는, 여러모로 식민지적이라고 할 수 있는, 옛 질서가 아름다운 외관을 유지하고 있었다.

이러한 연속적인 이미지들은 이미 1908년 역사가 요한네스 뮐러가 제시한 해석에 드러나 있다.[188] 그의 견해는 다양한 독일들의 중심이 과거 라인 강변의 쾰른에서 동쪽으로 이동하여 뉘른베르크에 자리잡았다는 것이다. 뉘른베르크는 중부 독일의 심장부이자, 동과 서의 중간 지점이자, 이탈리아화된 남부 독일과 이미 근대 세계 및 대서양의 기운을 접한 북부 독일의 중간 지점에 위치했다. 다시 말하지만, 푸거 가문의 아우크스부르크가 아니라 뉘른베르크가 독일의 새로운 중심이 되었다. 역사가는 이런 식으로 말하고 싶은 유혹을 느낀다. 최근 연구서에서 장-프랑수아 베르지에 역시 이러한 유혹에 굴복했다. 그에 따르면, "남부 독일은 근대가 동 틀 무렵에 서양 세계의 진정한 중심이 되었다. 그것은 북부 이탈리아나 저지대 국가들이나 프랑스의 리옹 혹은 마르세유나 심지어 신성 로마 제국의 빈보다도 더 중심지가 되었다."[189] 이는 분명히 과장이다. 그러나 근대성의 시초를 오직 리스본, 세비야, 안트베르펜 등 바다의 특권적인 연안에서 나타난 상업 자본주의의 눈부신 성과들과 혁신에서만 찾으려는 것 역시 경계해야 한다. 16세기의 경제적 활황은 유럽 대륙 전역에 깊숙이 작용했다.

제노바에서 안트베르펜까지, 베네치아에서 함부르크까지—교통망의 조건들

이처럼 지중해의 삶은 당시로는 예외적이었던 육상 교통을 통해서 북방으로 재현되고 연장되었다. 그렇다고 해서 알프스 이북 지역, 곧 리옹에서 빈에 이르는 지역이 근대성 혹은 경제 활동이 최고조로 이른 지역이었다는 것은 아니다. 하지만 어쩌면 프랑스보다는 더욱 경제가 역동적인 지역이었던 것은 틀림없다. 특히 알프스와 긴밀히 연결된 리옹이나 론 강 계곡이

프랑스보다는 중부 유럽 지역에 포함된다고 생각하면 더욱 그렇다. 이 지역은 분명히 근대적인 특징들을 보여주었다. 수많은 상사들이 이탈리아 도시들에, 네덜란드에 또 이베리아 반도에 뿌리를 두고 이 지역에서 발전했다. 가족 기업 성격의 폐쇄적인 괴물 같은 대상사들(푸거 가문, 호흐슈테터 가문, 벨저 가문[이상 아우크스부르크], 아파이타티 가문[크레모나]) 대신에, 규모는 더 작고, 그 수는 더 많고, 무엇보다 전반적인 시대상보다 더 활동적인 상사들이 자리잡았다. 이탈리아 상사들의 이름을 일부만 거론한다면, 네덜란드의 델라 파유 가문(최근 이 가문에 대한 연구서가 출간되었다[190]), 뉘른베르크와 브레슬라우의 토리지아니 가문, 바르톨로메오 비아티스 가문(또 그 동업자 퓌르스트 가문), 빈의 페스탈로치 가문, 바르톨로메오 카스텔로 가문, 크라쿠프의 몬텔루피 가문[191] 등이 16세기 말에 외국 땅에 출현했다. 이 목록에는 더 많은 이름들이 추가될 수 있다.[192]

새로운 업무 형태가 출현했다. 상사들은 위탁 체제로 운영되어, 자신들을 대리하고 거래를 위임받아 진행하는 상인들을 이용하기 시작했다. 이로 인해 운영비를 줄일 수 있었다. 한 역사가에 따르면, "중간 규모 상인의 수가 엄청나게 증가한 것은, 16세기 상업 발전의 새롭고도 중요한 국면을 의미한다."[193] 이러한 경향은 중부 유럽 전역에 확산되고 있었다. 동시에 일부 상사들이 운송을 특화하기 시작하면서, 운송은 별도 분야가 되었다. 함부르크와 안트베르펜의 대형 물류 상사들의 기록이 남아 있다. 예를 들면, 레데러,[194] 클라인하우스,[195] 안노니[196] 등이 있었는데, 종종 알프스 산맥 출신들의 상사였다. 리옹[197]과 베네치아에서도 유사한 발전이 있었다. 17세기 무렵의 베네치아 문헌에 따르면, "베네치아에서 롬바르디아와 독일로 운송되는 상품은 운송업자들에게 위탁된다. 운송업자들은 합의된 금액으로 양측이 합의한 특정 기간 이내에, 정해진 목적지로, 양호한 상태로 상품을 배달하는 임무를 맡는다."[198] 이러한 운송업자들은 다시 짐꾼들을 이용했는데, 짐꾼들은 작은 배, 짐마차, 짐바리 동물 등에 물품을 실어서 한 여관에서

다른 여관으로 옮겼고, 흔히 여관 주인들이 필요한 동물과 짐마차 등을 제
공했다.[199] 한 가지 세부 사항을 덧붙이자면, 이러한 짐꾼들은 물론 운송업
자들 역시 베네치아인들이 아니라, 알프스 혹은 어쩌면 북유럽 출신의 "외
국인"이었다. 어쨌든, 분업, 합리화, 전문화가 분명히 이루어졌다. 마찬가지
로, 16세기에 우편 배달이 조직화되었는데, 이는 단지 크고 유명한 타시스
가문 곧 합스부르크 가문 영토에서의 우편 배달 독점권을 가진 가문에게만
국한된 것이 아니었다.[200] 우편 배달의 발전은 상업 활동을 더욱 활성화시
켰고, 더 적은 유동 자산을 가지고 사업을 시작하는 상인들에게 길을 터주
었다.[201] 마찬가지로, 이 중부 유럽 지역에서 원거리 시장과 연계된 자본주
의적인 직물업이 출현했다. 그것은 결정적인 중요성을 가지고 있었다.[202]
앞에서 언급한 작센,[203] 슐레지엔, 보헤미아 등지의 아마포 산업이 그 사례
이다.[204] 네덜란드 독립 전쟁의 틈을 타서, 견직물 및 유사 사치품[205]을 제작
하는 산업들이 독일과 스위스 각지에서 크게 발전했다.

장거리 교역은 불가피하게 운송비를 상쇄할 만한 가치를 가진 상품들로
한정되었다. 구리, 은, 철물, 후추, 향신료, 레반트 면직물(베네치아가 여전
히 주로 수입했고, 다시 북유럽으로 재수출했다), 비단, 남국의 과일 외에
무엇보다도 언제나 가장 중요했던 상품은 직물이었다. 한쪽 방향으로는 잉
글랜드산 모직물(이미 1513년 베네치아 문건에 따르면, "세계 무역의 가장
중요한 기반 중 하나이다"[206]), 아마와 목면 등의 직물, (옹드슈트[북프랑스],
다음으로는 레이덴의) 세르제, (릴의) 그로그렝, "혼합" 직물(퍼스티안, 부
르, 봄바진) 및 독일과 스위스 도시들의 직물이었다. 반대 방향으로는, 이탈
리아로부터 벨벳, 타프타, 고급 모직물, 금란 및 은란의 견직물, 사치품 직
물 등이 들어왔다. 안트베르펜의 상사 델라 파유는 베네치아에 지점을 설치
하고 이어 베로나에 또 하나의 지점을 설립했는데, 여기에서 생사를 직접
구매한 후 현지에서 직조한 비단은 품질이 타의추종을 불허했다고 한다.[207]
상사 회계 기록을 살펴보면, 교역이 쇠퇴하기는커녕 반대로 활황인 듯이

보인다.

상품의 이동은 곧 자금의 이동으로 이어져서, 북에서 남으로, 남에서 북으로 이어졌다.[208] 1585년의 대사건, 곧 상품의 정기시로만 알려졌던 프랑크푸르트-암-마인이 환어음 시장의 지위로 승격된 사건은 아주 시의적절했다. 이 사건은 일련의 다른 사건들, 곧 1609년 암스테르담 은행의 설립(세계사적으로 중요하다), 1619년 함부르크 은행의 설립, 1621년 뉘른베르크 은행의 설립으로 이어졌다.[209] 17세기 초에 이르면, 이러한 교역망은 개척 단계를 넘어서서 교역로, 교역 수단, 교역 중계지 등이 확정되는 단계에 이르렀다.

상인의 이주 및 무역수지

정치적이든 아니든 이상의 모든 현상들로부터, 또 정확한 파악보다는 고작 짐작만 가능한 정도이지만 모든 콩종튀르로부터 결산표를 만들어볼 수 있을까? 두 가지 일반적인 관측을 제시할 수 있다. 첫째, 무역수지는 분명히 남유럽에게 유리했다. 둘째, 독일 전역으로 이탈리아 상인들이 엄청나게 유입되었고, 이는 대략 1558년경부터 시작되어[210] 17세기 중반 30년전쟁이라는 재앙이 독일에 닥치기 전까지 계속되었다.

북유럽에게 불리한 무역수지는 전적으로 예상이 가능했다. 북유럽의 도시들, 상인들, 장인들은 마치 견습생처럼 남유럽 도시들만 바라고 있었다. 남유럽의 사업가들은 오랫동안 지역적인 무지와 후진성을 착취할 수 있었다. 마치 뉘른베르크 상인이 손 안에 중유럽을 쥐고 있듯이, 밀라노 혹은 베네치아 상인이 뉘른베르크와 여타 독일 도시들을 손 안에 쥐고 있었다. 도제 생활은 대가를 치러야 했고, 보통 그 기간은 꽤 길었다. 지중해의 산물들은 더 풍부하고 무엇보다도 단가가 더 비쌌기 때문에 북유럽에서 수입한 상품들의 가격을 능가할 수밖에 없었다. 이러한 무역 적자와 그에 따른 현금 지급에 대해서는 구체적인 증거들이 있다. 베네치아와 피렌체에는 언제나 구매자들을 위한 (북유럽용) 환어음이 준비되었고, 제노바인들도 이를 익히 알고 에스파냐 국왕과 맺은 단기 아시엔토 계약(asiento : 외국 회사와 맺은 신대륙에 대한 상품 공급 계약)에 따른 대금을 환어음을 통해서 북유럽에서 지불했다. 이는 이론의 여지없이 무역수지가 이탈리아에게, 최소한 베네치아와 피렌체에게 유리했다는 것을 방증한다. 17세기 독일 도시들의 항의는 더욱 확실한 증거를 제공한다. 1620년경 (즉, 꽤 늦게) 아우크스부르크의 상인들은 "이탈리아로 다량의 자금"을 보낸다고 비난을 받았다.[211] 후일 프랑크푸르트 상인들도 비슷한 비난을 받았다.[212] 그리고 다른 사례들도 있다.[213] 1607년 네덜란드인들이 베네치아에 왔을 때, 1607년에도 그들의 무역수지는 여전히 적자 상태였다고 베네치아의 5현인 회의는 전했다.[214]

그러므로 독일을 비롯해 전반적으로 북유럽은 이탈리아의 번영에 기여했다. 독일권은 이탈리아에게 지원과 이익을 제공하고 이탈리아가 자신의 경제 활동에 참여할 수 있도록 개방했다. 17세기 초 수십년간 이탈리아는 여전히 번영을 누리고 있었다. 아우크스부르크의 전성기는 1618년경에 도달했고,[215] 뉘른베르크 은행업의 성장은 1628년까지 지속되었다.[216] 그리고 베네치아는 계속해서 어음 결제소 역할을 했다. 한 이탈리아 상인(크레모나 출신)이 간명하게 설명했듯이, "프랑크푸르트에서 끌어다 쓰고……베네치아에서 지불했다."[217]

이탈리아 상인들, 특히 1558년 이후 베네치아인들이 독일 도시들로 침투한 것이 중요한 시금석이 되었다.[218] 그때까지 독일 상관의 독일 상인들은 독점적으로 알프스 이북에서 베네치아로 향하는 상품들—말, 무기, 식량은 제외되었다—을 독점 구매했다.[219] 16세기 후반에 이르면 과거의 규례는 무시되면서, 베네치아 상인들이 점차 독일의 여러 시장에 출현하기 시작했다. 이들은 베네치아 시 출신보다는 베네치아 배후지역 출신인 경우가 더 많았다. 즉, 새로운 세대의 무역업자들이었다. 베르가모 출신의 바르톨로메오 비아티스가 이러한 경우였다. 비아티스는 1550년 12세 나이로 뉘른베르크에 가서 살게 되었고 자력으로 코흐 가문과 함께 최상위급에 올라섰다.[220] 그는 대규모로 아마, 레반트 상품, 타조 깃털과 카모시카 피혁 등을 거래했다. 그는 독일 상관에 사무실을 소유했고, 마르코 오토본의 단치히 출장 당시에는, 자신의 이해관계를 뒤로하고 베네치아 정부가 자신의 방대한 신용을 이용할 수 있도록 했다. 1633년 비아티스가 많은 후손을 남기고 수를 다하여 생을 마감했을 때, 그가 남긴 재산은 100만 플로린어치가 넘었다고 한다. 모든 이탈리아 상인들이 이처럼 경이로운 성공을 이루지는 못했지만, (수다한 파산에도 불구하고) 쾰른이든 뉘른베르크든 프라하든[221] 혹은 아우크스부르크든, 또 당시 한창 상승가도를 타고 있던 프랑크푸르트와 라이프치히든 이탈리아 상인들의 자산은 상당했다.

이러한 이주 상인들은 자신들이 정착한 도시들이 17세기 독일의 "새로운 기본 방위", 곧 남과 북의 중간을 가로지르는 프랑크푸르트-라이프치히 축과 함부르크-베네치아 축에 적응하도록 도와주었다. 이탈리아 상인들이 지역 상인들을 상대로, 더 나아가서 네덜란드 상인들을 상대로—1593년 5월 라이프치히 소요는 칼뱅 교도들을 겨냥한 것이었다[222]—진행한 투쟁은 오랫동안 지속되었다. 1585년 프랑크푸르트에 환어음 시장이 형성될 때, 이것을 지지한 상사 82개 상사 가운데 22개 상사가 이탈리아 상사들이었다.[223] 한 세기가 끝나는 현상이자 다른 세기가 시작되는 현상이었다. 1626년 한 홀란드인의 보고서가 홀란드 주 신분의회에 제출되었는데, 베네치아인들이 단지 주변국들뿐만 아니라, "심지어 독일에서도 홀란드 상인들보다 저가로 레반트의 모든 상품을 제공하고 있다"고 지적했다.[224] 쾰른, 프랑크푸르트, 뉘른베르크, 라이프치히에서 이탈리아 상인들의 존재는 1580년 이후에 더욱 두드러졌고 1600년 이후까지도 계속 유지되었다. 1633년 스웨덴이 뉘른베르크를 점령했을 때, 베네치아인들은 자국의 상징인 산 마르코의 깃발을 걸어 자신들의 상점들을 보호하려고 했다는 사실은, 어쨌든 베네치아인들이 그때까지도 뉘른베르크에 거주하고 있었음을 보여준다.[225] 1604

년 베네치아는 독일의 퍼스티안 직물산업에 필요한 면화를 여전히 (혹은 거의) 독점적으로 제공하고 있었는데, 당시 독일로 향하는 운송 수단이 이탈리아로 돌아오는 운송 수단보다도 다섯 배나 더 필요했다.

그러므로 이탈리아는, 또 이탈리아를 통해서 지중해는, 오랫동안 북유럽의 광대한 공간을 향해서 열려 있었고 금융 중심지인 안트베르펜에서 확고하게 자리잡고 있었다. 안트베르펜은 참혹한 네덜란드 독립전쟁에도 불구하고 (혹은 그 덕분에) 금융 중심지로 남았다. 1603년 B. C. 스카라멜리의 사절단은 영국과의 외교 관계를 복원했다.[226] 곧이어 1610년 베네치아와 암스테르담 사이에 우호 관계가 수립되었다.[227] 1616년 함부르크의 지도자들은 베네치아에게 영사를 보내줄 것을 요청했다.[228] 일찍이 1559년 제노바 주재 함부르크 영사인 세바스티안 코흐는 자신이 동시에 단치히 선장들의 이해도 대변하겠다고 제안했다.[229] 요컨대, 비록 일부 묘사는 때때로 기만적일 수 있을지언정, 전반적으로 보면 중유럽 무역권은 17세기 초 이후에도 오랫동안 대서양과 지중해 양방향으로 문호를 개방하고 있었을 가능성이 높다.

루앙에서 마르세유에 이르는 프랑스 지협

프랑스 지협은 마르세유[230]에서 리옹[231]을 거쳐 부르고뉴를 통과하여[232] 파리에 이르고, 이어서 루앙까지 도달하는 길들을 바탕으로 이루어진다. 그러나 이러한 개관은 세밀한 검토를 하면 불충분한 것으로 드러날 것이다.

리옹에서 마르세유에 이르는 길은 네 개가 있었다. 우선 론 강을 타고 가는 뱃길인데, 보케르에서는 몽펠리에와 나르본을 거쳐 에스파냐로 가는 대로로 이어진다. 대로는 주로 짐을 실은 노새들이 다니는 육로로서 론 강 좌안을 따라 난 길이었다. 또다른 육로는 동쪽으로 틀어서 카르팡트라를 통과하여 엑상프로방스에 이르는 길이었다. 마지막으로 알프스를 넘는 길인데, 크루아-오트 고개와 시스트롱을 거쳐 다시 엑상프로방스에 이르는 길이었다.

리옹과 파리 사이에는 세 개의 길이 있었다. 하나는 리옹에서 루아르 강을 이용해서 로안을 거쳐 최소한 브리아르까지[233] 이른 후에 오를레앙을 거쳐 파리로 가는 길이었다. 그리고 다른 두 개의 지선이 있는데, 샬롱에서 갈라진 후에 디종과 트루아로 가든가, 오세르와 상스로 가는 길이었다.

게다가 이러한 길들은 북쪽과 동쪽으로 중유럽의 길들과 이어져 있었다. 리옹에서 이탈리아로 가는 길은 두 개가 있어서, 그르노블 혹은 샹베리를 거쳐 몽스니에서 합류한 다음에 "수사 고개"[루이 13세의 군대가 행군하여 유명해진 세구지오 협로]를 통과했다. 수사 고개는 상인들과 군인들 모두에게 이탈리아로 향하는 관문으로서 알프스 도로들 가운데 가장 번잡한 축에 들었다. 노새 행렬과 "거대한 짐마차들"이 끊임없이 오고가는 길목이었다. 리옹에서는 또한 쥐라 산맥을 넘어 라인 강에 이르는 길이 한두 개가 있었고, 또 로렌 혹은 샹파뉴를 거쳐 안트베르펜에 이르는 두 개의 갈림길이 있었다.

프랑스 지협의 도로망이 큰 교통량 탓에 동쪽으로 치우쳐 있었다는 것은 중요하다. 이를 뒷받침해주는 사례 두 가지를 제시할 수 있다. 첫째는, 1525년과 1535년 사이, 즉 아직 마르세유가 빈약한 항구에 불과하던 시절에 리옹이 몽스니를 통해서 대부분의 후추와 향신료를 받아들이고 있었다는 점이다. 둘째, 프랑스 상인들의 상품들이 안트베르펜을 통해서 분배 및 재분배되는 과정을 보여주는 지도가 있는데,[234] 그것은 안트베르펜과의 연결이 얼마나 중요했는지 극명하게 보여준다. 프랑스 상인들은 육상이나 해상을 통해서 들여온 상품 혹은 창고에 있었던 상품을 스헬데 강의 항구[안트베르펜의 항구]로 들여왔는데, 물론 때로는 프랑스산이 아닌 상품들도 있었다. 그러나 안트베르펜과의 연결은 분명히 이루어져 있었다.

프랑스의 도로망은 또한 남서부와 에스파냐로도 나 있었다. 우리는 이미 보케르를 통과하여 에스파냐에 이르는 길을 언급했다. 또한 리옹에서 리모

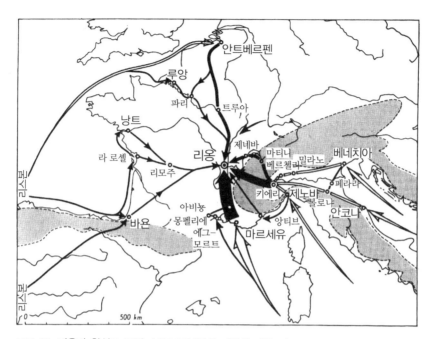

도표 17. 리옹과 향신료 무역. 1525-1534년의 계산에 따른 지도.
출처 : R. Gascon. "Le siècle du commerce des épices à Lyon, fin XVe-fin XVIe siècle," in *Annales E.S.C.*, July-August, 1960. 리옹에 집중되는 교역로들 중에서도 마르세유 루트 혹은 알프스 산맥을 넘는 키에리 루트가 우세하다는 점에 주목하라.

주를 거쳐 마시프 상트랄(중앙 산괴)을 가로질러 바욘에 이르는 길이 있었는데, 이 길은 파리에서 에스파냐에 이르는 주요 도로와도 이어졌다. 파리에서 에스파냐에 이르는 대로는 파리 시내의 생 자크 거리에서 시작되어 산티아고 데 콤포스텔라에 이르는 오랜 순례길일 뿐만 아니라 또한 16세기 후반 프랑스에서 가장 활발하게 이용되는 대로이기도 했다. 이를 뒷받침해주는 증거는 프랭크 스푸너의 책이다.[235] 대서양에 면한 프랑스의 서해안은 에스파냐 은의 손아귀에 있었고, 바욘은 국경 도시였기 때문에 은이 유입되는 주요 관문 중 하나였다. 그러나 유일한 관문은 아니었으니, 다른 하나는 렌이었다. 그것은 리스본과 세비야에 곡물을 수출하는 브르타뉴 상선들의 존재 때문이었다. 은화가 넘치는 프랑스 서부와 동전에 의존해야 했던 가난

한 프랑스 동부의 부르고뉴 사이에는 천양지차가 있었다.[236]

에스파냐 은의 유통로는 오랫동안 리옹에 큰 수익을 가져다주었다. 리옹은 단지 루이 11세의 고안으로 번성한 도시가 아니라[루이 11세가 리옹 시에 정기시를 개설하도록 했다], 제네바와 마찬가지로 이탈리아 자본주의가 만들어낸 도시였다. 다양한 직종이 번성하는 동시에 정기시가 열리는 도시로서, 현금을 모아 프랑스 거주의 이탈리아 상인들의 흑자 수지를 결제했다. 리옹은 이 돈이 유출되도록 활짝 열려 있는 대문과도 같았다. 이와 같은 역할은 다양한 활동의 결과였다. 프랑스 경제사의 주요 전환점 가운데 하나는 금융 중심지가 리옹에서 파리로 옮겨졌을 때이다.[237] 이러한 변화는 안트베르펜이 암스테르담에 우위를 내준 것과 마찬가지로 설명하기가 어렵지만, 매우 중요한 변화이다. 요컨대, 우리가 이미 보았듯이, 프랑스 지협에 대한 어떤 설명도 결국은 프랑스 전체에 대한 설명으로 이어질 수밖에 없다.

이렇게 간략한 개요를 마쳤으니, 특히 지중해에 관해서 중요한 론 강 유역으로 돌아가자. 방대한 교역량이 론 강을 따라서 남하했다. 론 강에서 조금 멀리 떨어져서 건설된 오랑주는 론 강 교역에 접하기 위해서 1562년경 카마레에 이르는 운하를 건설할 계획을 세웠다.[238] 론 강의 화물은 밀, 특히 부르고뉴산 밀이었는데, 이는 큰 통에 보관되어(역시 포도주 생산지인 토스카나 지방에서도 밀을 통에 보관했다) 아를을 향해서 운송되었다. 이러한 이유로 프로방스는 오랫동안 지중해 나라들로 밀을 수출하는 일을 주도했다. 프로방스산 밀을 이용해서 프랑스 국왕은 제노바에 압박을 가할 수 있었다. 그런데 1559년 이후로는 이러한 대규모 밀 수출이 이루어진 징표가 보이지 않는다. 단지 아비뇽에서 밀을 로마로 운반하는 소형 선박들이 예외적으로 보일 뿐이다. 그것은 1559년 이후 론 강 유역의 밀과 프로방스의 밀이 모두 자체적으로 소비되었다는 것을 의미하는가? 론 강의 운반선들은 곡물 통과 함께 석탄더미(아마도 알레스 분지에서 온 것으로 추정된다)를 운반했는데, 덕분에 16세기 마르세유는 지중해 도시들 가운데 유일하게도 석탄을 연료로 쓰는 특권을 누렸다.[239]

론 강 교역과 평행하게 역시 지중해로 향하는 육상 교역이 있었다. 이 교역은 리옹의 인쇄소들에서 출판되어 노새에 실려서 이탈리아와 에스파냐로 수출되었던 서적 교역이었다. 여기에 더해 온갖 종류의 직물들, 곧 잉글랜드산 직물[240] 및 플랑드르산 직물, 파리산과 루앙산 모직물 등이 수출되었다. 이는 아주 오래되고 잘 짜인 교역이었는데, 16세기에는 급격히 발전했다. 이 덕분에 프랑스 서부와 북부의 가내 수공업이 아울러 발전하여 카탈루냐산 직물과 이탈리아산 직물을 몰아냈다. 보부상 및 지방 상인들이 떼를 지어 남부의 도시들과 정기시들에 모여들었다. 랑그도크의 페즈나와 몽타냐크에서는 프랑스 북부산 직물이 끝없이 넘쳐났다. "파리와 루앙에서 온 직물, 적색, 흑색, 황색, 보라색, 혹은 회색의 비단"……오베르뉴, 베리, 부르고뉴, 특히 브르타뉴 지방의 아마는 "빈자들의 옷을 만들고, 외투 안감으로 쓰이고, 병원용 침구류를 만드는 데에" 쓰였다.[241]

론 강 상류로 올라가는 교역에서는 배들과 노새들이 협력했다. 론 강의 하천 운송업은 북유럽 나라로 보낼 다량의 소금을 취급했다. 루이 11세 시대부터 몽펠리에의 자본가들은 이처럼 수익이 남는 무역에 관심을 가졌고, 후일 심지어 프랑스 종교전쟁도 이 소금 무역을 중단시키지 못했다.[242] 수로를 통해서 랑그도크와 프로방스의 양모가 그리고 몽펠리에의 녹청이 운송되었다. 마르세유로부터 내륙으로 보내는 모든 상품들은 보통 사정이 열악하고 웅덩이도 많은 육로를 통해서 운송되었다. 향신료, 후추, 의약, 양모 및 바르바리산 피혁, 사르데냐산 치즈, 통에 절인 생선, 때로는 상자에 담은 대추야자, 이에르산 오렌지,[243] 투르크산 양탄자, 레반트산 비단과 쌀, 피에몬테산 강철, 치비타베키아산 명반, 맘지 포도주[244] 등이었다. 이와 같은 상품 목록을 작성할 수 있었던 것은 1543년의 마르세유 기록이 남아 있기 때문이다.[245] 이 기록에는 또한 이 상품들을 구매한 도시들이 적시되어 있는

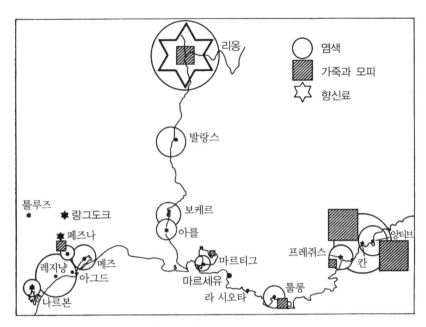

도표 18. 마르세유와 프랑스의 내륙 시장, 1543년.
교역량은 극히 대략적으로 계산된 것이다.

데, 이 도시들은 마르세유의 경제권, 곧 론 강 축을 중심으로 멀리 리옹까지 펼쳐진 지역에 산재해 있었다. 일부 상품은 툴루즈까지 발송되었으나 이는 드문 일이었고, 극히 일부는 멀리 파리까지 송달되었다. 전반적으로 마르세유의 교역은 일련의 중계 도시들을 통해서 내륙으로 확산되었다. 그 교역량은 북으로 갈수록 감소하여, 아를, 보케르, 페즈나 등지에 이르면서 사라지게 되어 리옹의 활동 반경 안에서 완전히 사라졌다. 이는 모든 지중해 도시들에게도 해당하는 사실이었다. 지중해 도시들은 내륙으로 보낸 상품들의 교역 종착지까지 통제할 위치에 있지 않았다.

1543년의 기록에 나타나는 마르세유 교역의 빈약한 규모에 대해서는 이론의 여지가 없다. 그럼에도 이 시기에 마르세유는 모두가 인정하는 프로방스의 중심 도시였다. 주변 항구들은 마르세유에 종속되어, 일부 항구들은 아를에서 곡물을 가져오고, 다른 항구들은 어획기가 시작되기 직전 프레쥐스에서 줄어에 꼭 필요한 통들을 가져왔다. 이 시기 이후로 마르세유는 코르시카의 코르스 곶에 대해서 강한 흡인력을 행사했다. 그러나 마르세유의 발흥은 1569년 프랑스와 오스만 투르크 사이의 협정 혹은 더 결정적으로는 1570–1573년의 전쟁[제4차 베네치아-오스만 투르크 전쟁]으로 베네치아의 교역 활동이 동결되고 레반트와의 관계가 크게 동요된 시기 이후의 일이다. 이와 같은 위기를 틈타 마르세유는 부를 축적했고, 마르세유 상선대의 항해가 증가한 동시에 론 강의 교역량도 상승했다. 왜냐하면 독일과의 교역 일부가 리옹과 마르세유를 통해서 우회되었기 때문이다.[246] 1580년경에 이르면 이 포카이아인의 도시[마르세유의 별칭. 고대 이오니아 지방의 포카이아인이 식민지로 건설한 도시]의 "소형 선박들"과 갤리온 선들은 지중해 전역에서 항해하고 있었다.

따라서 마르세유의 부는 단지 프랑스 지협의 도로망 덕은 아니었던 것이 분명하다.[247] 마르세유는 분명히 해상 무역을 통해서도 번영했던 것이다. 마르세유의 소형 선박들은 제노바, 리보르노, 베네치아, 에스파냐와 아프리카의 항구들의 교역을 감당했다. 라구사 선박들처럼 바다와 해상 교역을 통해서 돈을 벌었다. 특히 콜베르 같은 인물이 16세기에는 존재하지 않았기 때문에 그리고 마르세유를 뒷받침할 강력한 프랑스 산업이 없었기 때문에, 더욱 해상 교역에 의존했다. 그렇다고 하더라도 이미 프랑스라는 국가가 존재했고, 프랑스의 시장들이 존재했다. 프랑스 중앙을 관통하는 대로는 마르세유가 잉글랜드산 라사(羅絲)와 플랑드르산 세이에테가 지중해에 이르는 관문이 되도록 만들었다. 1563년 내전[위그노 전쟁]도 이러한 무역의 향배를 방해하지는 못했다. 1589년 이전까지는 장기적인 위기 내지 동요가 없었기 때문이다. 그리고 이러한 사실은, 필요하다면, 프랑스 국내 위기에 대한 전반적인 평가도 수정해야 할 만한 이유가 되기도 한다.[248]

그러나 대륙의 대로는 단지 무역로였던 것만은 아니다. 프랑스의 중앙축은 소금이 북상하거나 직물이 남하하는 통로일 뿐만 아니라 1450년대 이후 프랑스어의 개선 행진로이기도 했다. 프랑스어는 남쪽으로 침투하여 오크어(Langue d'Oc)와 오크 문명을 관통해서 지중해 연안에까지 이르렀다.[249] 16세기에는 이 중앙축을 통해서 온갖 종류의 이탈리아 이주민들이 떼를 지어 이동했다. 상인, 예술가, 도제, 장인, 노동자 등 수백의 아니 수천의 이탈리아인들이, 뛰어나지만 또 다투기를 좋아하는 사람들이 프랑스의 여관에 앉아서 엄청나게 먹어대서, 심지어 풍요한 나라 베네치아의 대사인 지롤라모 리포마노조차 황홀경에 빠지게 되었다. 파리에서 리포마노는 말하기를, "모든 가격대의 식사를 제공할 수 있는 여관 주인들이 있다. 1인당 1테스통[16세기 프랑스 은화], 2테스통, 1에퀴[금화], 4에퀴, 10에퀴, 심지어 20에퀴짜리 식사도 제공할 수 있다!"[250] 이러한 이탈리아인들은 역사의 한 장을 만들었다. 론 강의 저지대 계곡의 간척, 리옹의 은행과 상품 거래소의 발전, 르네상스와 반(反)종교개혁의 예술, 즉 지중해 문명의 강력한 전진 등이 이탈리아인들의 업적이었다.

프랑스 지협은 우여곡절을 겪었다. 12세기에서 13세기까지에는 샹파뉴 정기시들의 우위로 인해서 프랑스 지협은 서방 세계의 모든 경제 활동을 흡인했다. 그러나 이후 오랜 침체기를 거쳤다. 그러나 백년전쟁 말기 곧 1450년 이후 혹은 정확하게는 1480년 이후부터 프랑스 지협은 다시 활성화되었다.[251] 프로방스 및 마르세유 점령은 프랑스 왕실에게 지중해로 진출할 수 있는 큰 교두보를 제공했고, 지중해에 대한 프랑스의 영향력은 서서히 확대되었다.

이러한 영향력은 우선 정치적 강대국으로서의 영향력이었지만, 곧 이어서 프랑스 문화의 새로운 만개로 이어졌다. 비록 르네상스와 바로크의 세기에는 아직 약소했지만, 여러 세부 사항에서는 후일 압도적이 될 수 있는 영향력을 이미 보여주고 있었다. 예를 들면, 에스파냐의 펠리페 2세와 결혼한 엘리자베트 드 발루아 공주, 곧 "평화의 여왕"이 막 에스파냐에 도착해서 짐을 풀었을 때 에스파냐 궁전의 여인들이 황홀경에 빠졌다는 이야기나,

혹은 프랑스풍 의복이 심지어 베네치아에서조차 유행하기 시작했다는 사실이나(베네치아는 17세기까지도 남성적 우아함과 여성적 우아함의 수도로 간주되었는데도 불구하고),[252] 혹은 1559년 몰타 기사단장이 나폴리를 방문했을 때 가스트 후작 부인이 기사단장의 환심을 사기 위해서 애쓴 방식이 이를 보여준다. 몰타 기사단장 방문 당시 브랑톰에 따르면, "후작 부인께서는 기사단장을 프랑스식으로 맞이함으로써 방문행사가 시작되었습니다. 후작 부인은 자기 딸들에게 명하기를, 기사단장을 프랑스 방식으로 대하여, 마치 프랑스 왕궁에서 하듯이 겸손하고도 정확하게 춤추고, 놀이를 하고, 담소를 나누라고 했습니다."[253] 비록 16세기 말 사방에서 유행하던 이탈리아 오페라와 대적하기에는 아직 일렀지만, 프랑스 가곡을 선호하는 사람들이 남부에 나타나기 시작했다. 그런데 이러한 사례들은 아무래도 프랑스 문화 보급의 미약하고 피상적인 징후들이다. 그러나 16세기 이탈리아에서 상류 사회의 표본으로 프랑스인—온갖 몸짓을 보이고, 과도한 예절을 따르고, 바쁜 사교 생활을 영위하며, 종복들까지 지치게 만드는 부산한 프랑스인—이 간주되었다는 것은 중요하다고 할 수 있지 않을까?[254]

유럽과 지중해

유럽 지협들은, 우리가 지금까지 보았듯이, 지중해의 영향력이 전달되는 기본적인 선들을 보여주었다. 각 선들은 다소간 자율적인 대륙을 유지한다. 지중해에 면한 하나의 유럽이 아니라 복수의 유럽이 존재하며, 이들 사이에는 가로로 통하는 길들이 존재하나 규모도 작고 잘 연결되지 않는다.

남북의 길들은, 비록 중요했지만, 통과하는 모든 나라들과 사람들을 결코 전적으로 규제하지는 못했다. 원거리에 따른 어려움에 더하여 지형의 기복이 심했다. 지중해와 북유럽 사이의 장벽들은 부정적인 역할을 했다. 따라서 남유럽의 영향력은 지속적인 물결처럼 북유럽으로 퍼져가지는 않았다(비록 첫 인상은 파도처럼 보일 수 있었지만). 지중해의 영향이 유럽 어느 지역으로 깊숙이 침투할 때는 남쪽의 비좁은 방추형 지대를 통과해서 큰 통상로에 합류한 후 먼 내륙에까지 도달한다. 때로 우리는 지중해의 역사를 설명하기 위해서 이처럼 먼 내륙으로까지 가야 하기도 한다.

그러나 이러한 심원한 경로들은 흔히 완전히 외국의 땅—예를 들면, 러시아 땅—으로 들어가기 때문에 다소간 지중해 성격을 가진 유럽의 뼈대일 뿐이다. 지중해의 영향력은 중추 간선도로의 수많은 지선들을 통해서만 확산되고 확대되었는데, 이는 연안에서 멀지 않은 지역들에 한정되었다. 이 권역에서만 지중해가 진정한 의미에서 침투했다고 할 수 있다. 이런 곳들은 특권적인 권역이자 유동적인 권역이었다. 왜냐하면 지중해 권역의 경계는 종교적, 문화적, 경제적 요소 가운데 어느 것을 고려하느냐에 따라서 달라지기 때문이다. 경제사의 사례를 통해서 이를 분명히 볼 수 있다. 우리는 앞에서 마르세유에 대해서 언급했는데, 지중해 연안의 모든 무역항들도 마찬가지라고 할 수 있다. 즉, 지중해 항구들의 교역은 다른 도시들을 통해서 특정 지역으로 연결되었다. 서부와 중부 유럽에서 이처럼 내륙 도시들을 연결하는 선은 리옹에서 제네바, 바젤, 울름, 아우크스부르크, 빈, 크라쿠프 및 리보프로 이어졌다. 이 모든 도시들이 남유럽과 북유럽이 이상하게 뒤섞인 도시들이라는 점에 주목하지 않을 수 없다. 이 도시들의 이해관계와 성향은 북유럽의 거대한 내해들[북해, 발트 해]과 지중해 둘 다로 향했다. 이와 같은 중간 지대 축은 일종의 상처이자 유럽 복합체가 회전하는 중심축이었다. 궁극적으로는 지중해에 대해서 적대적이 되는 유럽이 이처럼 혼합된 문화를 가진 도시들 이북에서 시작되었다는 사실을 누가 부인할 수 있겠는가? 거기가 바로 종교개혁이 불타오른 유럽, 신생 국가들이 출현한 유럽,[255] 곧 오늘날 우리가 근대라고 부르는 시대의 개막을 알리는 공격적으로 전진하는 새로운 국가들의 유럽이 아니겠는가?

지나치게 도식적인 설명을 제시하려는 것은 아니다. 유럽은 북방의 바다, 광대한 대서양 또한 의미한다. 그리고 대항해 시대 이후, 유럽은 곧 정복자 대서양이며, 이는 곧 마젤란에 의해서 태평양과 연결되고, 바스코 다 가마에 의해서 인도양과 연결된다.

3. 대서양

지중해 권역의 범위에 대한 논의를 마무리하는 데 있어서 대서양을 논하는 것은 마치 대서양을 지중해의 부록으로 삼는 것처럼 역설적으로 보일 수 있다. 그러나 16세기에 대서양은 아직 완전히 독립적으로 존재하지 않았다. 이제부터 대서양은 파악되고 형성되었으며, 마치 로빈슨 크루소가 난파선에서 회수한 것들을 가지고 오두막을 짓는 것처럼 유럽에서 이룬 것들로 만들어갔다.

복수의 대서양

16세기의 대서양은 부분적으로 자립적인 여러 개의 권역들이 어느 정도 공존하고 연계되어 있는 공간이었다. 잉글랜드인[256]과 프랑스인이 횡단하는 대서양은 폭풍우에 흔들리는 항로들을 거느린 걸프 스트림이 중심축이며 뉴펀들랜드는 그들의 첫 기착지였다. 에스파냐의 대서양은 타원형 모양으로, 세비야, 카나리아 제도, 서인도 제도, 아조레스 제도를 경계로 삼았고, 이 섬들이 에스파냐 대서양의 주요 항구이자 또한 원동력이었다.[257] 포르투갈의 대서양[258]은 대서양 중부와 남부를 아우르는 거대한 삼각형 모양으로, 제1변은 리스본에서 브라질까지의 선이며, 제2변은 브라질에서 희망봉까지의 선이고, 제3변은 서인도 제도에서 돌아오는 범선들이 세인트 헬레나 섬에서 아프리카 연안을 따라 북상하는 선이다.

이렇게 서로 다른 대서양들은 각국의 역사에 연계되어 주요 역사가들의 연구 대상이 되었다. 그러나 지금까지 경시된 또 하나의 대서양이 있다. 경시된 이유는 이 바다가 다른 여러 대서양들을 연결시켜 주어서, 그 중요성은 아직 완성을 기다리는 총체적인 대서양 역사의 차원에서만 드러나게 되기 때문이다. 그러나 이는 가장 오래된 대서양, 곧 중세 및 심지어 고대 항해사들이 다니던 헤라클레스의 기둥[지브롤터 해협]에서 카시테리드 제도[영국의 실리 제도]에 이르는 대서양, 다시 말하면 포르투갈, 에스파냐, 프랑스, 아일랜드와 잉글랜드의 연안 사이에 폭풍우가 빈번히 일어나는 좁은 바다이며, 간단히 말해서 유럽 지협의 육로들과 경쟁하고 있는 남북간 해로이다. 15세기와 16세기의 다른 대서양들은 이처럼 지브롤터에서 북해에 이르는 이 북대서양에서 비롯되었다. 북대서양은 모든 대서양 개척의 못자리가 되었다.

실로 험난한 바다였고 항해는 어려웠다. 비스케이 만은 지중해의 리옹 만과 마찬가지로 거센 물결과 성난 파도로 악명이 높았다. 어느 선박도 지중해를 벗어난 후 영국해협으로 들어서는 입구를 놓치지 않으리라는 법이 없었다. 영국해협은 입구가 넓은 데도 불구하고 그러했다. 1518년 카를 5세의 동생인 페르디난트는 라레도[에스파냐 북부]에서 출발한 함대와 함께 의도치 않게 아일랜드 연안에 이르게 되었다.[259] 1559년 펠리페 2세처럼 북방에서 남하하는 해로를 이용해도, 에스파냐 북부 칸타브리아 해안의 항구들로 직행할 수 있다는 보장이 없었다.[260] 1522년 12월 카를 5세의 궁전에서 오랫동안 폴란드 대사로 활동한 단티스쿠스 역시 잉글랜드에서 이베리아 반도로 이르는 항해를 경험했다. 그는 지중해나 발트 해의 어느 곳도 "에스파냐의 바다"의 끔찍함에 비할 수 없다고 말했다. "세계 제국을 얻는 대가가 저런 항해라면, 나는 그처럼 위험천만한 모험을 다시는 하지 않으리라."[261]

진실로 유럽은 가까운 대서양과 비스케이 만의 위난에 목숨을 걸었던 대가로 "세계 제국"을 획득했다. 유럽은 이처럼 험난한 바다에서 가장 어렵고도 값진 항해를 수행했고 세계를 정복할 준비를 했다.

지중해로부터 배우는 대서양

이러한 대서양들은 어떻게 지중해에 영향을 미쳤고, 또 지중해는 어떻게 이처럼 광대한 대서양들에 영향을 미쳤는가?

전통적인 역사학은 이러한 대서양들 전체를 하나의 단위로 서술하며, 이 대서양 전체가 지중해의 주적으로서, 거대한 공간이 작은 공간을 지배하는 것으로 설명했다. 이는 지나친 단순화이다. 과장은 또 과장을 부르는 법이다. 마찬가지로 지중해가 오랫동안 대서양을 지배했고, 지중해의 쇠퇴 원인 가운데 하나는 이러한 지배력을 상실했기 때문이라고 한다. 역사는 지리적인 특성으로 결정되는 것이 아니라 지리를 통제하고 발견하는 사람들에 의해서 결정된다고 다시 한번 설명할 수 있다.

16세기에 지중해는 서쪽의 대서양에 대해서 분명한 특권을 누리고 있었다. 대서양 무역의 번영은 지중해에게도 득이 되었다. 지중해는 여기에 참여했다. 지중해는 뉴펀들랜드의 대구, 섬들(마데이라 섬, 상투메 제도 등)의 설탕, 브라질의 설탕과 염료용 나무, 에스파냐령 아메리카의 금과 은, 희망봉을 돌아서 온 인도양의 후추, 향신료, 진주, 비단 등 모든 외국의 부와 새로운 무역에 참여했다. 16세기 동안 지중해는 결코 경시된 빈곤한 세계가 아니었고 콜럼버스와 바스코 다 가마의 항해에 의해서 몰락하지도 않았다. 반대로, 지중해는 대서양을 만들었고 에스파냐령 신대륙에 자신의 이미지를 재발견하고 투사했다. 한 역사가는 이 책의 제1판에 대한 서평을 쓰면서, 지중해의 일상생활의 상징인 노새가 더 많이 다루어지지 않았다는 점을 우려한다고 말했다.[262] 멕시코에서 농민이 당나귀를 타고 지나가는 모습을 보면, 어쩔 수 없이 지중해의 풍경이 상기된다. 비록 노새가 충분히 다루어지지 않았더라도, 최소한 지중해를 상기시키는 광경은 수 없이 많았다! 지중해 곡물들은 거의 즉시 신대륙에서 경작되었고, 페루와 칠레에는 포도나무가 바로 심어졌고, 노새들의 행렬, 교회들, 에스파냐인들이 사는 도시들의 대광장, 이베리아 반도로부터 온 가축들―곧 야생에서 널리 확산되었다―을 볼 수 있었고 식민지 바로크 양식의 놀라운 개화가 이루어졌다. 이 새로운 문명 전체가 지중해에 뿌리를 두고 있었다.[263]

이러한 관계들과 16세기의 교환들은 대서양과 지중해 선박들에 의해서 이루어졌는데, 이는 그 자체로 중요한 문제가 되었다. 그러나 그것만으로는 모든 이해관계들에 대한 온전한 설명을 할 수는 없다. 대서양 선박과 무역업자가 지중해로 들어설 때마다 지중해가 손실을 입었다고 가정하는 것은 과장일 것이다. 예를 들면, 16세기 말 나폴리가 부상하여 북유럽 상품의 구매 중심지이자 지중해 상품의 수출 중심지가 된 것은 전적으로 대서양 선박들과 상인들의 도래 덕분이었다. 마찬가지로, 16세기 말 홀란드 선박들이 에스파냐산 양모를 직접 베네치아로 운송한 것이 베네치아의 직물업이 비약적인 발전을 하는 데에 일조했다.[264] 요컨대, 차변과 대변의 대차대조표를 작성하는 것은 간단치 않다.

16세기 대서양의 운명

우리의 목적에서는 지중해와의 관계라는 측면에서 대서양의 역사를 개괄하는 것이 더 유용할 것이다. 16세기 초부터 1580년경까지, 이베리아인들, 곧 지중해 사람들은 세비야와 서인도 제도 사이의 바다, 곧 피에르 쇼뉘가 "세비야의 대서양"이라고 부른 바다를 지배했다. 이베리아인들은 또한 리스본에서 포르투갈 영향권 속에 있는 대서양을 지배했다. 일부 프랑스 사략선들을 제외하고 다른 어떤 선박들도 이렇게 철통처럼 방어되는 바다로 항해하지 못했다. 다른 어떤 강대국도 이베리아인들의 경제적 성장을 훼방하거나 중지시키지 못했다. 파나마 지협을 통해서 세비야의 대서양은 페루 항로와 이어져서 포토시[볼리비아 서남부] 은광의 항구인 아리카까지로 연결되었다. 1564년 이후 마닐라 갤리온 선은 아카풀코에서 필리핀으로 태평양을 정기적으로 횡단하며 실질적으로 중국 경제와 연결되었다.[265] 포르투갈은 처음부터 자국 선박들을 인도로 보냈고, 이후에는 그 너머 동인도

제도, 중국 및 일본으로 보냈다.[266] 포르투갈 선박들은 또한 아프리카와 아메리카 사이의 대규모 노예무역을 조직했을 뿐만 아니라, 포토시의 은을 밀수출했는데, 그것은 브라질을 횡단하는 육로를 통하거나, 또 더 많게는 부에노스 아이레스와 리오 데 라 플라타의 소형선들을 사용했다.[267]

이 모든 것은 세계경제 전체에 접목된 방대하고 복합적인 체제를 이루었다. 몇 번인가 고장도 있었고, 몇 번인가 "감속(減速)"도 있었지만, 전체적으로 1580년까지 혹은 그 이후로도 이처럼 이베리아의 경제 발전은 유지되었다. 그 증거는 세비야에 들어오는 은의 분량뿐만 아니라 다양한 "인도산" 상품들―피혁, 브라질 실거리나무, 코치닐 등―의 증가에서 볼 수 있다. 특히 코치닐은 "왕실 상품"에 해당되어, 그 이익은 상인들 사이에 쟁투의 대상이었다. 또다른 증거는 [에스파냐의] 부르고스 영사관에 등재된 방대한 일련의 해상 보험 사례들이다. 이곳에서 대서양 무역의 보험료는 지중해 무역의 보험료보다도 상당 기간 동안 더 낮았다.[268] 그리고 1600년 이후에도 리스본은 향신료 무역에서 자신의 지위를 지켰다. 마지막으로, 프로테스탄트의 사략선들이 출몰하면서 전망이 어두워지기 시작했을 때, 두 강대국 에스파냐와 포르투갈은 합세했다. 1580년에 그 누가 이것이 기념비적인 두 약소국들의 연합이라고 생각했겠는가? [1580-1640년에 에스파냐와 포르투갈은 연합 왕국이 되었다.]

그러나 이처럼 낙관적인 상황에도 그림자들―아주 심각한 그림자들―이 이미 드리워지고 있었다. 가까운 대서양, 곧 유럽 남북을 잇는 대서양 항로를 북유럽에 빼앗기게 되었다. 이 항로는 수세기 전 지중해 항해사들이 개척했던 항로였다. 1297년 제노바 갤리 선들이 처음으로 브뤼헤로 직접 항해했고, 약 20년 후(1310년과 1320년 사이, 아마도 1317년)에는 베네치아의 상업용 갤리 선들과 다른 여타 선박들이 브뤼헤로 직접 항해했다.[269] 이러한 움직임은 (반드시 그 원인이거나 결과는 아니지만) 샹파뉴 정기시들의 번영이 종말을 고하는 것과 동시에 일어났다. 또한 많은 이탈리아 상인들이 네덜란드와 잉글랜드로 이동하여 마치 정복지에 온 것처럼 정착했다. 이러한 해상 승리는 곧 이탈리아의 우위로 이어졌다. 레반트 식민지들과 북유럽의 은행들을 통해서 이탈리아는 주변의 후진 경제로부터 탈피하여 가장 선진적이고 부유한 경제가 되었다. 또다른 예상치 못한 결과는 유럽의 대서양연안 혹은 최소한 그 일부인 안달루시아와 포르투갈 등지에 활기를 불어넣음으로써 대항해 시대의 서막을 준비했다는 것이다.[270]

15세기 중반에 점진적이지만 강력한 경제 성장이 시작되었을 때도 역시대륙적이면서 동시에 해양적인 이탈리아 체제가 가장 큰 이익을 얻었다. 베네치아와 제노바가 잉글랜드와 플랑드르의 시장을 지배했다. 16세기 들어서서야 이러한 체제가 흔들리기 시작했다. 1550년경, 북해, 포르투갈, 안달루시아 사이의 무역이 북유럽 선박들에게 넘어갔다.[271] 20년 후 1568-1569년에 잉글랜드와 에스파냐 관계가 극도로 나빠졌을 때,[272] 이베리아인들은 북방 항로를 거의 포기해야만 했다. 북유럽의 범선들은 일단 대서양연안 항로로 진출하자, 곧이어 지브롤터 해협에 이르렀고, 결국 1550년 이전에는 부분적으로밖에 이루지 못했던 지중해 정복을 성취했다. 그러나 그진행 속도는 더디었다. 1629년 에스파냐의 한 노인(87세였다)이 기록한 바에 따르면, 당시는 잉글랜드인들이 군함 15척을 유지하는 것도 버거웠던시절이었다고 했다.[273]

전반적으로 지중해 세계가 직간접적인 일련의 손실을 보기는 했지만 그렇다고 꼭 파국을 의미했던 것은 아니다. 에스파냐와 포르투갈은 중요한대서양 항로를 지키는 것을 최우선 과제로 삼아 그들의 군대를 동원했다. 비스카야 지방의 사례가 이를 잘 보여준다. 비스카야는 계속해서 인디아스항로(Carrera de Indias)에 최고의 갤리온 선들을 제공했지만, 대조적으로비스카야의 사브라 선들은 1569년 이전에는 북방 항로를 따라 에스파냐로부터 안트베르펜으로 양모나 은을 운송하는 일이 점점 드물어졌다. 그러나세비야와 북유럽 사이의 중요한 관계는 이러한 변화에도 불구하고 유지되었다. 북유럽 상선들은 곡물, 생선, 목재, 철, 구리, 주석, 화약, 비단, 면직물, 아마, 철물, 건조된 선박 등을 에스파냐로 가져왔고, 에스파냐로부터 소금, 포도주, 은 등을 가져갈 수 있었다. 이베리아 반도는 태평하게 북유럽 상선들을 이용하는 대가를 치를 만큼 부유했다.

따라서 전체적으로는 손실도 있었지만, 이탈리아 상인들은 그들에게 활짝 열려 있는 세계체제 내에서 충분히 보상을 받았다. 그들은 일찍부터 리스본과 세비야에 거주했다. 제노바인들이야말로 세비야의 부상을 주도했고, 대서양 양안 어디서나 모든 것을 가능하게 하는 필수적이고도 느린 자본의 회전을 확립하게 되었다.[274] 에스파냐 경제는 제노바인들에게 활동 기반을 제공했을 뿐만 아니라 피렌체인들에게 더 은밀하지만 중요한 공헌을 할 수 있는 기반을 제공했다. 이탈리아 자본가들, 곧 베네치아와 밀라노의 큰손들은 네덜란드 지역에 이르는 주요 무역로들에 참여하고 또한 지배하게 되었다. 이탈리아 출신의 상인들은 안트베르펜, 뉘른베르크, 심지어 세계 저편 끝인 페르시아의 호르무즈와 [인도의] 고아에도 존재했다. 요컨대, 지중해는 아직 실각하지 않았다. 사실을 말하면 지중해는 전혀 실각한 적이 없었다. 지중해는 제노바를 통해서 심지어 에스파냐의 제국 재정을 통제했고, 소위 브장송 정기시들을 통해서[275] 유럽 자본 전체의 움직임을 정상에서 지배했다.

이러한 체제는 오래 지속되었다. 지중해는 대파국에 이르지 않았다. 오로지 코르넬리우스 하우트만이 이끄는 홀란드 선박들이 1596년 출항 길과 1598년 귀항 길에 희망봉을 통과한 후에야 중요 영역에서 위협을 받기 시작했을 뿐이다. 이즈음 장기적 콩종튀르 역시 역전하기 시작했다. 이러한 반전의 시기에는 일반적으로 가장 경이로운 성취들이 가장 먼저 무너지기 마련이다. 그러나 이 경우에는 갑작스러운 변화가 없었다. 어쩌면 가장 확연한 시기는 1620년에서 1630년 사이, 곧 포르투갈의 마라노들이 에스파냐 재정의 핵심부를 차지했을 때였다. 마라노(marrano)는 진짜 개종했는지 다소 의심스러운 유대인 출신의 "새로운 가톨릭 신자"로서 흔히 북유럽 자본 주의의 하수인들이었다. 그들은 제노바의 중개인들과 어깨를 나란히 하는 결정적인 지위를 확보하게 되었다. 1628년 8월 8일 아바나 근방에 위치한 마탄사스 앞바다에서 누에바 에스파냐의 해군 및 민간 선박들이 피트 헤인이 이끄는 홀란드 함선들에게 포위되어 나포되었다.[276]

이러한 뒤늦은 연도들을 보면, 내 관점에서는, 에스파냐 무적함대가 패배한 1588년은 일반적으로 생각하는 것처럼 중요하지 않다. 그 이유는 여러 가지이다. 우선, 에스파냐는 1588년의 패배—잉글랜드 해군이 강력하기도 했지만, 풍랑과 북해의 사주(砂州)에 익숙한 조타수의 부족에 기인했다—이후에도 1597년[277]과 1601년[278]에 잉글랜드를 상대로 두 번의 원정대를 발진시켰을 뿐만 아니라, 아일랜드에서 양동작전을 하여 엘리자베스 여왕의 재정을 소모시켰다.[279] 두 번째로, 무적함대의 패배는 전반적인 번영의 시기의 일이었기 때문에 상처가 쉽게 아물었다. 셋째, 잉글랜드 사략선들의 활동도 자체적으로 축소되기 시작했다. 잉글랜드 사략선들은 에스파냐에 분명히 뼈아픈 타격을 가하기는 했지만(1596년 카디스의 함락은 에스파냐의 부를 빼앗기보다는 명성에 흠집을 냈다), 에스파냐 섬들과 연안은 점차 무장하기 시작했고 영국 역사가 보여준 것처럼 영국의 해적 행위는 하나의 산업이었으나, 점차 수익이 줄어들었다.[280] 예를 들면, 당시 컴벌랜드 백작은 15년간 에스파냐인들을 상대로 한 원정을 재정적으로 후원한 이후 빚에 파묻혀서 영지로 은퇴해야만 했다. "나는 앞으로 캐럭 선 나포보다는 밀을 심는 일에, 사략선을 준비하는 것보다는 양을 기르는 일에 집중해야 한다"고 그는 말했다. 넷째, 비록 잉글랜드가 에스파냐의 쇠퇴의 길을 준비했다고 하더라도, 잉글랜드는 즉시 그 수혜를 받지는 못했다. 잉글랜드는 1604년 에스파냐 국왕[펠리페 3세]과 평화 협정을 맺었는데, 이는 프랑스-에스파냐 평화 협정보다 6년이나 뒤늦은 것이었고, 네덜란드와의 평화 협정보다 겨우 5년 앞선 것이었다.

이러한 인상은 16세기 말 에스파냐 문건들에서 드러나는 것과도 상통한다. 잉글랜드와의 싸움은 종종 대양의 텅 빈 바다에서 이루어졌다. 영국해협을 지배하는 잉글랜드 함선들은 카스티야의 전방 총독(Adelantado)의 해군 전단들이 리스본 혹은 카디스에서 준비가 되기 이전에 영국해협에서 출발했다. 그들은 손쉽게 카나리아 제도 혹은 아조레스 제도, 심지어 에스파냐의 갤리 선, 갤리온 선 그리고 병사들이 지키는 지브롤터 해협까지 항해했다. 잉글랜드 함선들이 귀항하고 여름이 다 지나서야 에스파냐 함선들은 지브롤터 해협에서 북상하여 이베리아 반도 북부 엘 페롤로 항해했다. 그러니 에스파냐 함선들의 토벌 작전은 주로 텅 빈 바다에서 이루어졌다. 물론, 일부 교전이 있었던 것도 사실이지만, 때로는 서로 피해가 없는 교전들이었다. 예를 들면, 1602년 11월 에스파냐 갤리온 선 6척이 "라 코루냐[북부 갈리시아] 해역을 초계하기 위해서" 리스본을 출항했다. 그들은 실제로 적군 함선과 맞닥뜨렸는데, 적군은 에스파냐 함선들보다 더 함포를 잘 갖추고 대담하게 기동함으로써, 에스파냐 함선의 접근을 허용한 후 포문을 열어 몇 발 쏘고, "마치 놀이를 하듯이, 닻을 올리고 줄행랑을 쳤다"고 베네치아 문헌이 기록하고 있다.[281] 비용이 많이 드는 전쟁이었지만, 목숨을 건 전쟁은 아니었던 것이다. 그렇다고 항상 무의미한 전쟁도 아니었다. 잉글랜드와 네덜란드 함선들은 무력으로 지브롤터 해협을 통과하곤 했으나 이 일은 결코 쉽지 않았다. 잉글랜드 레반트 회사의 대표들에 따르면 잉글랜드 함선들은 지브롤터 해협을 통과할 때에는 일부러 겨울을 택했는데, 그곳은 "해협의 물결이 매우 험하고 에스파냐 순찰 갤리온 선들이 계류 중이라 그들과 조우할 가능성이 낮았기" 때문이다.[282] 매년 신대륙의 선단들은 더욱더 많은 부를 가지고 귀항했는데, 마치 "신의 손이 그들을 이끌어주는" 듯했다. 바로 이런 것이야말로 에스파냐와 에스파냐의 지중해 협력자들에게 정말로 중요한 것이었다.

뒤늦은 쇠퇴

따라서 대지중해 권역을 찾아나선 마지막 항해는 다른 항해들과 조화를 이룬다. 1600년까지는 대륙 사이에 낀 좁은 바다인 지중해는 활기차고 유연하고 지배적인 강력한 경제권이었다. 16세기 말에 역사가 갑자기 또 완전히 지중해를 버린 것은 아니다. 지중해의 진정한 쇠퇴는 더 늦게까지도 이루어지지 않았다. 이로써 우리는 지중해에 대한 전체적인 개괄을 하게 되었다. 이제 큰 그림과 함께 특히 세세한 부분들을 주의 깊게 살펴보아야 한다.

제4장

자연의 단일성 : 기후와 역사

……오디세우스의 유랑길, 어디로 가든 기후는 하나였다.

J. de. Barros, *Asia*, I, IV, p. 160.

지금까지 우리가 살펴본 지역, 이처럼 밀집되고 복합적이고 규정하기가 어려운 이 지역에 어떤 단일성(unité)이 있다면, 그것은 오직 사람들이 모여들고 역사들이 혼합된다는 것이다.[1] 그럼에도 불구하고, 중요한 사실은 사람들이 모여 만드는 지중해의 중심—대지중해 권역보다는 협소한 공간—에는 지중해를 하나로 만드는 강력한 자연의 단일성이 있었다는 점이다. 그것은 바로 기후이다. 기후가 지중해의 풍광과 삶의 방식을 하나로 만들었다. 대서양과 비교해본다면, 기후의 중요성은 더욱 분명해진다. 대서양 역시 분명히 사람들이 만든 하나의 집합체이자 현재 세계에서 가장 활력이 넘치는 곳이기도 하다. 대서양 역시 사람들이 모여들고 역사들이 혼합되는 곳이다. 그러나 대서양의 복합성에 부족한 것은 단색의 중심, 곧 지중해의 중심에서 밝게 빛나는 동일한 빛을 가진 세계이다. 북극에서 남극에까지 펼쳐진 대서양은 지구의 모든 기후들의 다양한 색채들을 다 가지고 있다.

올리브 나무의 지중해는 좁은 리본 모양의 대륙, 달리 말하면 바다에 붙어 있는 길고 협소한 땅에 불과하다. 이 공간이 역사적인 지중해의 전부는 아니지만, 지중해라는 유기체가 그 중심부에서 균일한 기후대와 생활권의

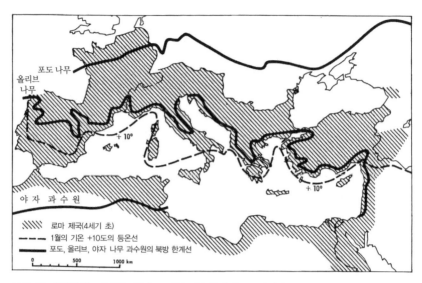

올리브
나무

포도 나무

+ 10°

+ 10°

야 자 과 수 원

\\\\\\ 로마 제국(4세기 초)
– – – 1월의 기온 +10도의 등온선
━━━ 포도, 올리브, 야자 나무 과수원의 북방 한계선

0   500   1000 km

도표 19. "진정한" 지중해. 올리브 나무 과수원에서 큰 야자나무 과수원까지
야자나무의 북방 한계선은 오직 밀집된 큰 야자나무들의 과수원을 가리킨다. 홀로 혹은 작은
숲을 이루는 대추야자나무는 훨씬 더 북방에도 존재한다. 도표 13. 참조

리듬을 가진다는 점은 여전히 결정적이다. 이 점이 너무 특징적이기 때문
에, 그러한 기후와 생활에 대해서 "지중해적(méditerranéen)"이라고 하는 형
용사가 사용된다. 지중해의 중심에 있는 이처럼 강력한 힘은 계속해서 영향
력을 가질 수밖에 없는데, 그것은 그 힘이 지중해에 들어가고 나가는 모든
움직임에 영향을 끼치기 때문이다. 더구나 이 기후대는 단순히 좁은 해안
지대에만 국한된 것도 아니었다. 이 해안 지대가 지중해 전체를 둘러싸고
있기 때문에 결과적으로 그 속에 있는 바다의 기후도 결정하기 때문이다.
서로 멀리 떨어져 있고 전체적으로는 서로 다른 여러 나라들—그리스, 에
스파냐, 이탈리아, 북아프리카 등—의 변방에서 거의 동일한 세계들이 발
견된다. 이 세계들은 동일한 리듬으로 살아가며, 한 곳의 사람과 물품이 다
른 곳으로 넘어가도 낯선 느낌이 들지 않을 정도이다. 이러한 생기 넘치는
동질성은 곧 바다가 제공하는 생기 넘치는 단일성을 뜻한다. 이것은 단순히
아름다운 배경 이상의 것이다.

1. 기후의 동질성

지중해 주변의 토지와 물 위에는 지중해의 하늘이 있다. 지중해의 하늘은 그 아래에 있는 지형과는 거의 아무런 관계가 없으며, 실제로 각 지역의 물리적 환경과는 독립해서 존재한다. 지중해의 하늘은 두 가지 외부 세력─동쪽에 있는 대서양, 그리고 남쪽에 있는 사하라 사막─에 의해서 형성된다. 지중해 자체만으로는 지중해를 밝히는 하늘을 책임질 수 없다는 것이다.[2]

대서양과 사하라 사막

경계가 없이 열려 있는 이 지역에서는 사하라와 대서양으로부터 오는 힘이 차례대로 위력을 발휘한다. 사하라 사막은 건조한 공기, 밝은 빛, 그리고 넓고 푸른 하늘을 가져온다. 대서양은 비와 구름을 몰고 오거나, 그렇지 않으면 "반년(半年)의 겨울철" 동안 지중해에 생각보다 많은 양의 회색 안개와 습한 공기를 몰고 온다. 초기의 오리엔탈리스트들이 그렸던 밝게 빛나는 작품들은 그 이후로도 오랫동안 유지된 잘못된 인상을 남겼다. 1869년 10월에 메시나에서 배를 타고 출발했던 외젠 프로망탱은 "회색 하늘, 찬바람, 그리고 비 몇 방울이 자신의 천막에 떨어진 것"을 목격하며 "슬프다. 발트 해에 온 기분이다"라고 썼다.[3] 이보다는 더 이른 시기, 1848년 2월에 프로망탱은 지중해에 만연한 회색 안개로부터 도망치기 위해서 사하라 사막으로 갔었다. 그는 "11월의 비와 겨울철의 심한 폭우 사이에는 사실상 휴지기가 없었다. 이 비는 하루도 쉬지 않고 3개월 반 동안 지속되었다"고 기록했다.[4] 알제리의 현지인들은 한두 번쯤은 새로 도시에 온 사람들이 갑자기 쏟아지는 장대비에 당황하는 것을 목격하기 마련이었다.

이 지역 사람들에게 이 비는 항상 삶의 일부였다. 한 회상록 작가의 기록을 보면, 1651년 1월 24일, "지속적으로 비가 오는 날씨가 5개월째 계속되고 있다."[5] 그 바로 전 해[6]에, [이탈리아 남부의] 카푸아는 역시 장대비로 도시가 휩쓸려 나가는 듯했다. 실제로 강이 범람하여 강둑을 파괴하고, 도시가 홍수의 위협과 파괴로부터 자유로웠던 겨울은 거의 없었다. 이러한 홍수로 가장 고생했던 곳은 물론 베네치아였다. 1443년 11월의 경우,[7] 베네치아의 피해는 너무나 커서 그 피해액은 "거의 50만 두카트"에 달했다. 1600년 12월 18일의 경우, 이와 비슷한 수준의 재해가 덮치는 바람에 모래 둡, 운하, 주택, 일층에 위치한 가게들, 소금, 곡물과 향신료를 판매하던 가게들이 모두 큰 피해―"백만금 어치의 피해"―를 입었다. 이는 그 사이에 물가 역시 상승했다는 것도 보여준다.[8]

동절기에, 조금 더 정확하게 말하면 9월 추분점부터 3월 춘분점까지는 대서양의 영향력이 압도적이다. 아조레스 제도 위에 형성되는 고기압권은 대서양에서 형성된 저기압이 들어올 길을 열어주며, 그에 따라서 차례로 지중해의 온난한 바다로 들어오게 된다. 이 저기압은 가스코뉴 맨[비스케이 만]에서 발생하여 아키텐 지역을 통해 들어오거나, 아니면 마치 배처럼 지브롤터 해협과 에스파냐의 해안을 통과하여 지중해에 도달한다.……어느 문을 지나 들어왔든 이 저기압은 서쪽에서 동쪽으로 지중해를 건너 빠른 속도로 이동한다. 이 때문에 겨울 날씨는 극도로 예측 불허 상태가 된다. 비를 뿌리는가 하면, 갑작스러운 바람도 일으키고, 바다까지도 불안정하게 만든다. 따라서 바다는 미스트랄[mistral : 프랑스의 중앙 산괴에서 지중해 연안을 향해서 부는 북풍], 북서풍, 혹은 보라[bora : 아드리아 해 연안의 북동풍]에 의해서 마치 채찍이라도 맞은 듯이 거품이 일어나며, 이 거품으로 인해 하얗게 변한 바다는 마치 눈 덮인 평야, 혹은 16세기의 한 여행객의 표현을 빌리면 "재를 흩뿌린 것"처럼 보였다.[9] 톨레도 북쪽에서 대서양으로부터 들어온 이 습윤한 공기는 다습한 겨울의 원인이 되었는데, 또한 엘 그레코가 그린, 험악하고 극적인 폭풍과 빛이 담긴 풍경의 원인이 되었다.

따라서 매년, 때때로 과하게, 대서양의 영향으로 인하여 사막은 점차 남쪽과 동쪽으로 쫓겨난다. 겨울철에는 알제리 지역에 또 때로는 사하라 사막의 심장부에까지 비가 내린다. 이 비는 심지어 서부 아라비아의 산지에도 내린다.……이 반(反)사막 세력은, 폴 모랑이 이전에 썼던 것처럼, 지중해의 산물이 아니라 대서양의 산물이다.

춘분기가 되면 다시 모든 것이 바뀐다. 마그레브 지역의 달력에서는 이때를 "나무를 접붙여야 할 시기이자 나이팅게일의 울음이 처음으로 들리는 시기"라고 기록했다.[10] 진짜 봄은 한순간에 불과하다. 아마도 갑작스럽게 잎사귀와 꽃이 나오는 짧은 한 주일 정도만 봄이라고 할 수 있을 것이다. 겨울비가 그치자마자 사막은 다시 활동을 시작하여 주변 산지의 가장 높은 곳은 물론 바다까지 장악하기 시작한다. 그리고 서쪽으로, 특히 북쪽으로 움직여 지중해 지역의 가장 먼 한계선까지 이른다. 프랑스의 경우에는 남쪽으로부터 올라오는 불타는 듯한 뜨거운 공기는 남부 알프스를 따뜻하게 하고, 론 강 계곡의 대부분을 점령하고, 아키텐 분지에 따뜻한 기류를 보내면서 지나가고, 흔히 가론 강을 넘어서 브르타뉴 남부 해안 지역에까지 가뭄을 일으킨다.[11]

이어서 지중해 지역의 중심에 뜨거운 여름이 굳건히 자리를 지킨다. 여름 바다는 놀라울 정도로 고요하다. 6월과 8월에는 바다가 마치 저수지 같다. 작은 배, 혹은 갤리 선이 아무런 두려움 없이 한 항구에서 다른 항구로 이동할 수 있다.[12] 여름철은 해운, 해적 행위, 전쟁을 수행하기에 최적의 시기였다.

이렇게 건조하고 뜨거운 여름이 생기는 원인은 자명하다. 태양이 북쪽으로 더 움직임에 따라서 아조레스 제도에 위치한 고기압권은 다시 확장된다. 이때 대서양에서 형성된 연속적인 저기압은 지중해로 진출할 수 있는 길이 막히게 되어 멈출 수밖에 없다. 저기압의 진출을 막는 빗장은 가을이 가까워지면 풀린다. 그리고 다시 대서양의 침입이 시작된다.

동질적인 기후

이러한 기후의 **최대 한계선**은 지중해 해안 너머 내륙 깊숙이까지 들어간다고 할 수 있다. 즉, 여름에 유럽 방면의 경우에는 사하라 사막에서 유래한 가뭄이 발생하는 지역까지 확장될 수 있고, 겨울에 아시아와 아프리카 방면의 경우에는 대서양 저기압으로 인한 강우가 발생하는 스텝 지역의 한가운데까지도 확장될 수 있다. 하지만 이처럼 광대한 한계선을 상정하는 것은 오해의 소지가 크다. 지중해성 기후라고 하는 것은 단순히 우리가 살펴본 두 가지 힘 중에서 하나만을 이야기하는 것은 아니다. 정확히는, 이 두 가지 힘이 서로 겹치는 부분, 즉 두 힘이 어우러지는 지역을 말하는 것이다. 둘 중에 한 요소만을 필요 이상으로 강조하는 것은 지중해성 기후를 곡해하는 결과를 나을 것이다. 즉 필요 이상으로 동쪽이나 남쪽으로 지중해성 기후 지역을 잡는다면, 사실상 스텝 내지 사막 기후와 차이가 없을 것이며, 마찬가지로 필요 이상으로 북쪽으로 잡으면 서풍의 영향이 압도적인 지역까지 무리하게 포함시키게 될 것이다. 진정한 지중해성 기후라고 할 수 있는 지역은 사실상 매우 좁은 지대이다.

물론, 지중해성 기후의 한계선을 설정하는 것은 쉬운 일이 아니다. 만약 설정하고자 한다면 우리는 가장 미세한 수치들까지 기록해야 할 것이며, 이는 물리적인 수치만 의미하는 것도 아닐 것이다. 왜냐하면 기후라고 하는 것은 흔히 알려진 온도, 기압, 습도, 바람, 비뿐만이 아니라 지상의 수천 개의 흔적들도 포함하기 때문이다. 실제로 앙드레 지그프리트가 아르데슈 지방을 분석할 때,[13] 레오 라르기에가 랑그도크와 로제르의 경계를 분석할 때,[14] 그리고 J. L. 보두아예가 프로방스 지방의 접경 지대를 분석할 때,[15] 모두 그렇게 살펴보았다. 그러나 이는 작은 세부 사항들이다. 전체적으로는, 지리학자들이 거듭해왔던 관찰들을 그대로 따라야 한다. 지중해성 기후 영역은 올리브 나무 과수원의 북방 한계선과 야자나무 과수원의 북방 한계선 사이이다. 이 두 한계선 사이에 위치한 지역들은 이탈리아 반도(정확히는 아펜니노 반도), 그리스 반도, 리비아 동부 해안, 튀니지 해안, 여타 지역의 폭 200킬로미터 정도가 넘지 않는 해안 등이다. 이렇게 제한되는 이유는 지중해성 기후 지역은 곧 산맥으로 막히기 때문이다. 많은 경우 지중해성 기후는 결국은 해안 주변의 구릉 지대와 연안 지대의 기후이다. 예를 들면, 크림 반도의 경우, 리본처럼 협소한 해안 지역에 무화과, 올리브, 오렌지와 석류 나무 등이 자유롭게 자라는데, 그것도 오직 크림 반도 남부에만 해당된다.[16]

그러나 이러한 제한된 틀은, 바로 그 제한성 때문에, 부정할 수 없는 동질성을 지니고 있다. 그것은 북에서 남으로나, 동에서 서로나 동질적이다.

북에서 남으로 볼 때, 지구적인 차원에서 보면 지중해는 바다의 강이라고 할 수 있을 정도로 매우 좁은 띠를 형성한다. 가장 넓은 구간조차 동일 경도상에서는 1,100킬로미터밖에 되지 않는데, 이는 곧 트리폴리의 해안에서 아드리아 해의 북쪽 끝 해안까지의 구간이다. 이 구간만 해도 예외적이다. 사실 동일 경도에서의 최대 폭은 동지중해에서는 대체로 평균 600킬로미터에서 800킬로미터 정도이며, 알제리와 마르세유 지역 사이에서는 740킬로미터 정도이다. 또 지중해성 기후대 전역은 위도상으로는 육지와 해안을 포함해서 북위 37도선과 38도선 상하에 걸쳐 있다. 위도상의 차이는 크지 않지만, 북쪽 해안과 남쪽 해안 사이의 온도 차이를 설명하는 데 충분하다. 남쪽 해안이 약간 더 따뜻한데, 예를 들면, 마르세유와 알제의 기온의 평균 차이는 섭씨 4도 정도이다. 1월 기준 섭씨 10도의 등온선은 전체적으로 바다의 축을 따라 진행하여 에스파냐 남부와 이탈리아 남부를 유럽 대륙으로부터 분할하는데, 실제로 이 두 지역의 기온은 유럽보다는 아프리카의 기온과 더 비슷하다. 종합적으로 볼 때, 지중해의 모든 지역들이 사실상 같은 "기하학적" 기후대에 속해 있다.

동서 간에는 기후 차이가 어느 정도 나타나는데, 동쪽으로 갈수록 대서양에서 유입되는 습기가 덜 심하고 또 더 늦게 도달하기 때문이다.

이러한 차이들은 모두 주목할 만하다. 최근 기후학자들은 세부적인 차이에 주목하는 경향이 있기 때문에, 그들이 보기에 지중해는 마땅히 서로 구별되어야 할 다양한 일군의 소기후대들로 이루어져 있다. 그렇다고 해서 이들 간의 유사성 혹은 부정할 수 없는 단일성을 지우지는 못한다. 반면에, 역사가의 입장에서는 거의 모든 곳에서 같은 기후, 같은 계절적 변동, 같은 식생, 같은 색채, 또 지형적 구조 덕분에 같은 풍경이 거의 강박적으로 반복되는 것은 결코 무시할 수 없는 현상이다. 궁극적으로는 삶의 방식이 같다는 것이다. 쥘 미슐레에게 있어서 랑그도크의 "돌이 많은 내륙부"는 팔레스타인 지역을 연상시켰다. 수많은 작가들이 보기에 프로방스는 그리스보다 더 그리스적이었다. 그외에도 시칠리아의 여러 해안에서 그리스를 재발견할 수 있지만 말이다. [프랑스 남동부 끝의 지중해의] 이에르 제도는 그리스의 키클라데스 제도의 일부라고 해도 이상할 것이 없으며, 차이가 있다면 조금 더 녹색이 많다는 정도일 뿐이다.[17] 튀니지의 석호(潟湖)는 키오자의 석호[이탈리아 북부]와 상당히 유사하다. 모로코는 사실상 불볕이 내리쬐는 이탈리아인 셈이다.[18]

어느 지역을 가더라도 역사와 기후의 산물인 삼위일체를 발견할 수 있을 것이다. 바로 밀, 올리브, 포도이다. 이 세 가지는 같은 농업 문명의 산물, 곧 사람이 자연 환경을 극복한 똑같은 승리의 결과이다. 따라서 지중해의 여러 지역들은 상호 보완적이 아니다.[19] 이 지역들은 같은 곡물 창고, 같은 포도주 저장고, 같은 착유기, 같은 도구, 같은 가축 떼, 종종 같은 농업 전통, 같은 일상적 고민거리들을 가지고 있다. 한 지역에서 번영하는 것은 다른 지역에서도 마찬가지로 번영한다. 16세기에 지중해의 모든 지역에서는 밀랍, 양모, 숫양과 암소의 가죽이 생산되었다. 모든 지역에서 뽕나무를 재배하고(그렇지 않으면 최소한 재배할 수 있었고) 누에를 키웠다. 모든 지역에서 예외 없이 포도원과 포도주가 있었는데, 이는 무슬림 지역에서도 똑같았다. 실제로 이슬람의 시들보다 포도주를 더 칭송한 시들이 있었던가? 홍해 연안의 엘 토르에도 포도원이 있었으며,[20] 심지어 머나먼 페르시아에도 포도원이 있었다. 특히 시라즈[이란 중남부]의 포도주가 유명했다.

이처럼 생산물이 같았기 때문에, 지중해의 한 나라에서 나는 것이 다른 나라에서도 날 수 있었다. 16세기에는 시칠리아의 밀이 있었고 트라케[발칸 반도 남부]의 밀도 있었다. 마찬가지로 나폴리에 그리스식 포도주와 라틴식 포도주가 있었는데, 후자의 생산량이 더 많았다.[21] 동시에 프롱티냥[남부 프랑스]의 포도주도 널리 수출되었다. 롬바르디아의 쌀도 있었는데, 동시에 발렌시아, 투르크, 이집트의 쌀도 있었다. 조악한 품질의 물품을 비교할 경우에는 북아프리카의 양모와 발칸의 양모가 있었다.

따라서 지중해 나라들은 서로 경쟁 관계에 있을 수밖에 없었다. 지중해 나라들은 기후대가 다른 역외 나라들과 교환 가능한 물품이 기후대가 같은 역내 나라들과 교환 가능한 물품보다 많았다. 그러나 16세기가 교역의 양이 적고, 교역 단가가 낮고, 교역 거리가 짧은 시대였다는 것도 사실이다. 노동력이 풍부한 지역들과 빈약한 지역들 사이의 교역을 어떻게든 조율해야 했는데, 가장 큰 과제는 도시들에 식량을 공급하는 것이었다. 도시들은 언제나 온갖 종류의 식량을 찾고 있었고, 특히 수송 과정에서 쉽게 부패하지 않는 식량에 관심이 컸다. 가령 프로방스 해안의 아몬드 포대로부터 이집트산 소금에 절인 생선, 다랑어 통, 콩 포대까지, 또 두말할 필요도 없이 가장 수요가 컸던 기름과 곡물을 구했다. 따라서 지중해 권역 내에서 생산물이 같았다고 하는 것은, 일반적으로 예상하는 것처럼, 교역을 제한한 것이 아니었다. 적어도 16세기에는 그랬다.

사람들에게 이러한 기후의 동질성[22]은 또한 여러 실질적인 결과를 의미하기도 했다. 가장 이른 시기에는 동일한 기후가 동일한 농업 문명의 탄생에 기여했다. 기원전 1000년부터 포도주와 올리브 나무를 바탕으로 하는 문명은 지중해의 동부로부터 서부로 퍼져나가기 시작했다. 이 근본적인 단일성은 인간과 자연의 합작물로서 아주 오래 전에 확립된 것이었다.

그 결과, 16세기에 지중해 출신이라면 어디에서 왔던지 간에 어디에서나 이국적인 느낌을 받지는 않았을 것이다. 물론 먼 옛날에, 고대 페니키아인들과 그리스인들의 초기 여행의 영웅적인 시기에 식민지 건설은 극적인 격변이었지만, 후일에는 그렇지 않았다. 후대 식민지 정착민들에게 이주란 그저 새로운 땅에서 같은 나무와 같은 식물, 식탁에서는 고국에서와 같은 음식을 보는 것에 불과했다. 같은 하늘 아래에 살고, 익숙한 같은 계절을 누리는 것을 의미했다.

다른 한편, 지중해의 토착민이 지중해를 벗어나면 그는 곧 불편함과 향수를 느끼게 된다. 예를 들면, 알렉산드로스 대왕의 병사들이 시리아 지역을 떠나 유프라테스 강 지역으로 진격했을 때 그러했다.[23] 16세기에 에스파냐인들이 저지대 국가들에 거주하며 "북부의 안개" 때문에 우울해했다. 알론소 바스케스와 동시대의(어쩌면 모든 시대의) 에스파냐인들에게 플랑드르 지방은 그야말로 "백리향, 라벤더, 무화과, 올리브, 멜론, 아몬드도 자라지 않는 지역, 파슬리, 양파, 그리고 상추가 단물도 단맛도 없는 지역, 음식물을 요리할 때, 도무지 이해할 수 없지만, 올리브유가 아닌 버터를 사용하는……땅"이었다.[24] 1517년 아라곤의 추기경은 자신의 요리사와 보급품을 직접 챙겨 네덜란드에 도착했는데, 역시 같은 생각을 하고 있었다. "플랑드르와 독일에서는 버터를 비롯한 각종 유제품이 너무나 많이 쓰이기 때문에, 이 나라들에서는 나병환자들이 넘쳐난다"고 결론을 내렸다.[25] 참으로 불가사의한 나라이다! 1529년 여름 노르망디의 바이유에서 발이 묶인 이탈리아 성직자는 그저 "땅 끝에 있다"고 생각했다.[26]

이러한 현상은 역으로 어째서 지중해 거주자들이 항구에서 항구로 쉽게 여행할 수 있었는지 설명해준다. 지중해 거주자에게 지중해 항구 간의 이동은 진정한 이식(移植 : transplantation)이 아니라 단순한 이전(移轉 : déména-gement)일 뿐이었고, 새로운 정착지에서도 마치 고향에 있는 것처럼 쉽게 적응할 수 있었다. 이와는 대조적으로 아메리카 대륙으로 이주한 이베리아 반도인들에게 신세계 정착 과정은 매우 고된 경험이었다. 전통적인 역사 기술은 페루 혹은 누에바 에스파냐[멕시코]에서 처음으로 밀, 포도, 올리브 재배에 성공했던 사람들의 이름을 상당히 정확하게 기록했다. 신세계로 이주한 지중해인들은 적지 않은 담력을 발휘하여 적대적인 기후와 토양과 싸우면서 열대 지역에 새로운 지중해 문명을 건설하려고 노력했다. 그러나 그 시도는 실패했다. 비록 간혈적인 성공 사례가 있기는 했지만, 고향 땅의 농업 및 음식 문화는 에스파냐령 아메리카와 포르투갈령 아메리카에 이식되지 않았다. 아메리카는 옥수수, 카사바 나무, 용설란 술, 또 머지않아 럼주의 지대였다. 에스파냐 및 포르투갈에서 대서양을 건너 신세계에 이르는 주요 식량 보급 사업 중 하나는 지중해의 음식 문명을 인위적으로 신세계에서 유지하는 것이었다. 다시 말하면, 세비야와 리스본에서 밀가루, 포도주, 올리브유를 가득 실은 배들이 대서양 저편을 향해 출항했다.[27]

그럼에도 불구하고 유럽인들 가운데서 거의 유일하게 지중해인들이 신세계로의 이식에서 살아남았다. 어쩌면 지중해인은 이미 한 기후대의 혹독함—사실 지중해성 기후는 인간 생명체에게 항상 이로운 것은 아니다—에 익숙해졌기 때문일 수도 있고, 나아가 풍토병 말라리아와 주기적으로 발생하는 페스트의 참화와 싸우며 저항력이 생겼기 때문일 수도 있다. 어쩌면 자신의 고향에서 이미 근검과 절약이 몸에 배었기 때문일지도 모른다. 사실 인간에게는 매우 관대하지 않은 지중해성 기후는 때때로 잔인하고 살인적일 수도 있다. 지중해성 기후는 일종의 필터 역할을 함으로써 머나먼 땅에서 온 사람들이 따뜻한 바다의 해안가에 정착하기 어렵도록 만들었다. 타지역 사람들은 정복자—과거에는 야만인들, 오늘날에는 부자들—로 왔지만, 과연 얼마 동안 "여름의 불볕 더위 그리고……말라리아"를 견딜 수 있을까?[28] 발터 바우어가 시칠리아에 대해서 썼듯이, "지배자들은 왔다가 가지만, 다른 사람들은 남는다. 그것은 무언(無言)의 연가(戀歌)이다."[29] 그 노래는 항상 같았다.

가뭄 : 지중해의 재앙

지중해성 기후가 인간의 삶에 주는 불리한 점은 연중 강수량의 분포에 기인한다. 비는 충분히 내린다. 지역에 따라서는 심하게 많이 내리는 곳도 있다.[30] 그러나 비는 가을, 겨울과 봄에 내리지만 주로 가을과 봄에 집중적으로 내린다. 넓게 보면, 이는 남아시아 등의 몬순 기후와 반대이다. 몬순 기후는 따뜻함과 습함이 적절하게 혼합되어 있다. 지중해성 기후는 삶에 중요한 이 두 가지 요소를 분리시켰는데, 그 결과는 예측이 가능하다. 여름의 "영광의 하늘"에는 상당히 값비싼 대가가 따른다. 모든 지역에 걸쳐서 가뭄이 발생하면서 물 부족과 관개의 중단이 벌어진다. 지중해 국가들은 와디[oued : 북부 아프리카의 겨울철 급류 하천]와 피우마래[fiumara : 남부 이탈리아의 겨울철 급류 하천]의 지역이 된다. 초본 식물의 성장은 불가능하기 때문에, 작물과 식물들은 가뭄에 적응해야 하고,[31] 나아가 귀중한 수자원을 가능한 한 신속하고 유리하게 사용하는 방법을 습득해야 한다. 밀은 "겨울 작물"[32]이기 때문에 조기에 자라 5월 혹은 6월이 되면 수확할 수 있다. 심지어 이집트와 안달루시아 지방의 경우에는 4월에도 수확이 가능하다.[33] 튀니지의 올리브들은 가을비를 맞으며 무르익는다. 먼 옛날부터 거의 모든 곳에서 건식 재배 방식이 사용된 것으로 보이며, 이는 단지 페니키아인들의 주도로만 이루어진 것이 아니다.[34] 먼 옛날부터 여러 형태의 관개 방식이 오리엔트에서 지중해 지역으로 보급된 것으로 보인다. 오늘날(K. 사퍼의 지도 참조),[35] 관개 기술의 북쪽 한계선은 지중해성 기후의 북쪽 지역과 일치한다. 초목이든 관목이든 진화 과정에서 건조 기후에 적응한 식물들은 관개 기술과 동일한 경로를 따라 지중해 지역으로 도입되었다. 우리가 앞에서 보았듯이, 서기 1000년 전부터 올리브와 포도 재배는 지중해의 동부로부터 서부로 대규모로 퍼져나가기 시작했다.[36] 지중해 지역은 기후 덕에 관목 재배가 발전할 수 있는 운명이었다. 지중해는 농원일 뿐만 아니라, 신의 뜻에 따라 과수 나무의 땅이다.

반면에, 지중해성 기후는 다른 평범한 나무나 삼림의 육성에는 큰 도움이 되지 않는다. 최소한 삼림을 보호해주지는 못했다. 먼 옛날부터 지중해 지역의 원시림은 인간의 공격을 받아 지나칠 정도로 축소되었다. 이후로 이 원시림은 느리게 복구되거나 아예 복구되지 않았다. 그 결과 많은 지역에서는 그저 열악한 삼림이라고나 할 수 있는 관목과 덤불만 남아 있게 되었다. 북부 유럽과 비교했을 때, 지중해 지역은 상대적으로 헐벗은 지역이 되었다. 샤토브리앙은 모레아 반도[펠로폰네소스 반도]를 통과하면서, "이 지역에는 나무가 거의 없다"고 기록했다.[37] 헤르체고비나의 돌투성이 구릉을 넘어 보스니아의 수목이 뒤덮인 산기슭으로 들어서는 것은 마치 다른 세상에 들어서는 것이 아닌가라고 장 브륀은 반문했다.[38] 어디를 가든 목재는 가격이 비쌌으며,[39] 많은 경우에는 너무 비쌌다. 메디나 델 캄포에서는 "나무 덮인 산보다도 정기시들이 더 흔해서" 인문주의자 안토니오 데 게바라는 자기 예산을 검토하면서, "결과적으로, 솥에 들어가서 요리되는 재료의 값만큼이나 땔감 비용이 들었다"고 평했다.[40]

　지중해성 기후로 말미암아 삼림 지대와 비슷할 정도로 찾기 힘든 것이 진정한 목초지이다. 따라서 농경에 사용될 수 있는 소의 숫자도 적다. 소의 거름을 이용하는 농법은 비로 인해서 토양의 영양분이 쓸려나가는 북유럽 나라들에서 특히 유용하다. 그런 점에서 지중해성 기후의 가뭄은 오히려 이러한 영양분을 더 잘 지켜주는 것이 사실이다. 따라서 소가 많은 지역은 이집트와 강수량이 많은 발칸 반도 지역, 지중해 지역의 북쪽 변두리, 혹은 다른 지역에 비해서 비가 많이 오는 고지대 정도뿐이었다. 지중해에서 양과 염소(특히 양의 경우는 식용보다는 양모를 목적으로 사육되었다)는 육류 부족을 해결해줄 수 없었다. 프랑스의 풍자시인 라블레의 이야기들 중에 등장하는 아미앵 출신의 수도사는 "화를 많이 내고, 인내심이 없는" 인물인데, 자신의 동료들과 함께 다니며 피렌체의 아름다움을 감상하다가 다음과 같이 불평했다. "아미앵이었다면, 우리가 지금까지 감상하면서 걸었던 땅의 사분의 일, 아니 오분의 일에 해당하는 거리만 걸었더라도, 아주 맛있고 향기로운 고기구이집 14곳 이상을 보았을 것이다. 여러분은 도대체 종탑 옆에 있는 사자들과 아프리카노스(호랑이를 일컫는 말인 것 같다)를 바라보거나 필리프 스트로치의 대저택에 있는 호저(豪猪)나 타조를 보고 신기해하면서 무슨 즐거움을 누리는지 도무지 모르겠다. 사실 나라면 차라리 꼬챙이에 달려 있는 살찐 거위를 보는 것이 훨씬 즐거울 것이다."[41] 한 지리학자는 지중해에 대해서 나에게 농담처럼 다음과 같이 써서 보냈다. 지중해는 "고기는 부족하고, 뼈는 넘쳐납니다."[42]

심지어 16세기에도, 북유럽인의 눈에는, 지중해의 가축은 열등해 보였다. 소는 종종 너무 말랐고 양들은 체중이 너무 가벼웠다. "1577년 몽모랑시와 그의 군대는 랑그도크 남부에서 구입한 양 8,000마리를 먹었다. 따지고 보면 이 양들의 **평균** 무게는 1마리 당 30리브르, 즉 현재 기준으로는 약 12킬로그램 정도였다. 이는 정말 비참하고 고기로서는 쓸모없는 것이었다. 결국 양 한 마리당 4리브르, 즉 1에퀴나 든다.……"[43] 1586년 6월 23일에서 12월 5일 사이 바야돌리드에서 양 11,312마리가 도살되었을 때, 한 마리당 고기 11.960킬로그램(26카스티야 리브르)이 나왔다는 계산이 있었다. 이와 비슷하게, 같은 시기에 소 2,302마리가 도축되었을 때, 한 마리당 고기 148.12 킬로그램(322카스티야 리브르)이 나왔다는 계산이 있다.[44] 가축의 무게는 가벼웠다. 말 역시 마찬가지였다. 지중해 지역에는 매우 좋은 말이 있었다. 가령 투르크 말, 나폴리의 에스파냐종 말, 안달루시아의 준마, 북아프리카의 바르바리 말 등이었다. 그러나 그것들은 모두 승마용 말이었으며 빠르고 민첩하기는 했지만, 17세기에는 점차 북부 지방에서 들어온 몸집이 큰 말, 나귀, 그리고 노새에 비해 상대적으로 인기를 잃었다. 흥미롭게도 이 시기에 점차 비중이 커진 우편 마차, 그리고 더욱 중요성이 커진 포가(砲架) 및 대포의 앞차를 끌기 위한 말에 대한 수요가 더 증가하면서 힘센 말의 중요성, 말 그대로 마력(馬力)의 중요성이 커졌다.……단티스쿠스는 1522년 12

월 4일 칸타브리아 해안의 코달리아에 상륙한 후 6두 마차로 레온으로 출발했는데, 기록하기를 "우리가 구한 말들은 우리가 크라쿠프에서 헝가리로 납을 운반했던 말들만큼 좋지는 않았다.……"라고 적었다.[45] 크라쿠프에서 헝가리로 납을 운반했던 말과 비교하는 대목은 너무 자연스럽기 때문에 실언이라고 할 수 없다. 그런데 남유럽의 이 말들은 무엇을 먹었을까? 귀리는 랑그도크와 같은 아주 특정한 지역에서나 겨우 보급되기 시작했고,[46] 보리는 말뿐만 아니라 사람도 먹어야 했기 때문에 귀했다. 바르텔레미 졸리에 따르면, 불쌍한 프랑스의 말들은 일단 에스파냐 국경을 넘어오면 절망적일 정도로 야위었는데, 그 말들이 먹을 수 있는 것은 "짧고 맛이 없는 짚"[47] 이외에는 없었기 때문이었다.

완전한 설명은 못 되지만 그래도 덧붙이자면, 지중해 지역에서 가벼운 쟁기가 지표를 조금밖에 긁어내지 못하는 데도 계속 사용된 것은 단지 지중해의 얕은 표토층이 워낙 약했기 때문만이 아니라 지중해 황소와 나귀가 힘이 충분하지 않았기 때문이다. 얕은 땅 갈이, 곧 "긁기"는 보통 1년에 7-8번씩까지 반복했다.[48] 그 이후의 시대에 실제로 증명되었듯이, 북유럽처럼 더 깊게 경작하는 것이 더 좋았을 것이다. 북유럽에서는 선회가 가능하고 견인차가 끄는 바퀴 달린 쟁기가 농업 발전의 큰 계기가 되었다. 랑그도크에서는 북유럽의 무거운 쟁기를 모방한 유사품 쟁기, 즉 무스가 있었으나 그렇게 깊게 땅을 갈지 못했고 따라서 별로 사용되지도 않았다.[49] 랑그도크의 가난한 농부들은 "휴경지의 지표를 끊임없이 긁었지만," 특히 일드 프랑스[파리 근교]나 피카르디에서 사용되는 무거운 쟁기와는 "비교가 되지 않았다."[50]

이상에서 볼 수 있는 자명한 사실은 지중해가 근본적인 가난에 끊임없이 대항해서 싸웠다는 점과, 이 가난이 주변의 환경에 의해서 전적으로 결정되지는 않았지만 더욱 악화된 것은 틀림없었다는 점이다. 눈에 보이는 또는 실질적인 이점들에도 불구하고, 지중해에서는 늘 불안한 삶이 이어질 수밖에 없었다. 필립손처럼 경험이 풍부한 지리학자도, 북유럽에서 찾아온 많은 여행객들과 마찬가지로, 지중해의 태양, 색깔, 따뜻함, 겨울 장미, 조생 과일 등에 매료되었다. 괴테는 비첸차를 방문하고 문이 열려 있는 상점이 있고 사람들이 붐비는 거리에 매료되어, 남유럽의 매력적인 공기 한 줌을 가지고 돌아가기를 꿈꾸었다. 지중해의 현실을 알고 있는 사람이라도 이렇게 빛나고 유쾌한 풍경들을 비참하고 육체적으로 고통스러운 장면들과 연관시키는 데에는 어려움을 느낀다. 실상, 지중해인은 일용할 빵조차도 고통스러운 노력을 통해서 얻는다. 척박한 땅은 거의 어디서나 격년으로 휴경해야 했기 때문에 높은 생산성을 기대할 수 없었다. 이러한 땅에서 사는 것이 근본적으로 혹독하다는 것을 가장 잘 이해한 역사가는 프로방스 출신의 미슐레였다.

지중해 지역의 만연한 가난을 뚜렷하게 보여주는 것이 있었으니, 바로 지중해인들의 근검절약이었다. 북유럽인들은 이를 보고 놀라지 않을 수 없었다. 1555년 플랑드르 출신의 외교관 뷔스베크는 아나톨리아를 방문하고서 다음과 같이 썼다. "나는 감히 말하건대, 우리 나라 사람이 하루 먹는 데 쓰는 돈이 여기 현지 투르크인들이 열흘 하고도 이틀 동안 쓰는 돈보다 많다.……투르크인들은 너무나 검소하고, 먹는 즐거움에 대해서 인색하여, 식탁에 빵, 소금, 마늘 혹은 양파, 그리고 그들이 요구르트라고 부르는 일종의 발효유만 있으면 더 바라는 것이 없다. 그들은 이 발효유를 찬물로 희석시키고 그 속에 빵을 부셔서 넣은 다음에 덥고 목마를 때 마신다.……이것은 먹기 쉽고 소화가 잘 될 뿐만이 아니라 갈증을 해소하는 효능도 있다."[51] 이러한 절제력이 참전 중인 오스만 투르크 병사들의 강점 가운데 하나로 자주 지적되었다. 투르크 병사들은 소량의 쌀, 햇빛에 말린 다진 고기, 모닥불의 재 속에서 설익은 빵에도 만족했다.[52] 유럽의 병사들은 더 까다로웠는데, 어쩌면 독일과 스위스 출신의 병사들이 많았기 때문일 수도 있다.[53]

그리스, 이탈리아, 에스파냐 등지의 농민들은 물론 도시민들조차 이러한 투르크의 병사들보다 더 많은 것을 바랐다고 할 수 없었다. 19세기 프랑스 문호 테오필 고티에는 1세기 전에 노 젓느라 근육이 튼튼해진 건장한 투르크의 사공들이 하루 종일 어선에서 날오이만 먹고 일했다는 사실에 놀랐다.[54] 알렉산드르 드 라보르드가 『에스파냐 여행 안내(*Itinéraire descriptif de l'Espagne*)』(1828)에서 적기를, "무르시아[에스파냐 남동부]에서는 여름에 하녀를 구할 수 없는데, 하녀로 있던 여자들도 날씨가 따뜻해지면 그만둔다. 그만두고도 쉽게 채소, 과일, 멜론, 특히 붉은 피망 등을 구할 수 있고, 이런 식료품만으로도 만족하기 때문이다."[55] 16세기의 문필가 몽테뉴는 "나는 모든 이들을 저녁에 초대했는데" 그리고 (루카 온천에서 있었던 일이라고) 덧붙이면서, "그것은 이탈리아에서의 만찬은 사실 프랑스 기준으로는 가벼운 식사에 불과하기 때문이다."[56]

반면에, 필리프 코민[15세기의 프랑스 역사가]은 베네치아의 풍부한 산물을 보고 황홀경에 빠졌다. 물론 그는 외국인이었기 때문에 그럴 수도 있었다. 또 사실 베네치아는 베네치아였으니, 식량에 관해서는 특권적인 도시였다. 반델로 역시 베네치아의 시장, 특히 "온갖 먹을거리가 크게 풍성한 것"에 감탄했는데,[57] 그는 신뢰할 만한 증인이다. 그러나 우리가 알고 있듯이, 이처럼 부유하고 위치가 좋은 도시에 있는 호화로운 시장에 대한 공급은 큰 문제였고, 베네치아 정부에 큰 불안감과 조바심을 안겨주었다.

지중해 문학에서는 잔치나 향연이 미미한 역할밖에 하지 못한다는 점이 지적된 적이 있었던가? 지중해 문학에서 식사에 대한 묘사―물론 군주들의 만찬을 제외하고―는 결코 풍성해 보이지는 않는다.[58] 반델로의 소설들에서 나타나는 좋은 식사란 야채 몇 가지, 작은 볼로냐 소시지 하나, 양고기 몇 점과 포도주 한 잔 정도이다. 16세기 에스파냐 문학의 황금 시대에서도 굶주린 배는 흔히 볼 수 있는 설정이다. 초(超)고전적인 인물인 라사리요 데 토르메스[1554년에 출판된 작자 미상의 『라사리요 데 토르메스의 행운과 불운의 생애(*La Vida de Lazarillo de Tormes y de sus fortunas y*

*adversidades)』*의 주인공] 혹은 그의 악당(picardía) 아우 격인 구스만 데 알
파라체[알레만의 소설 『악당 구스만 데 알파라체의 생애[*La Vida del pícaro
Guzmán de Alfarache*]』의 주인공. 피카레스크 소설이라는 명칭은 이 소설
에서 유래한다]를 보아도, 그들은 딱딱한 빵껍질의 가루 한 점도 개미에게
남기지 않고 먹는다.[59] 사람들은 또 구스만에게 말한다. "신이 당신을 카스
티야에서 남하 중인 흑사병으로부터 또 안달루시아에서 북상 중인 기근으
로부터 보호해주기를!"[60] 굳이 돈 키호테의 음식 목록 혹은 다음과 같은 속
담을 상기할 필요가 있겠는가? "종달새가 카스티야 상공을 날아갈 때에는
자신이 먹을 곡식 한 알도 자신이 챙겨 가야 한다."[61]

비록 채소밭과 과수원과 해산물이 다양한 음식물을 제공한다고 해도, 그
것들은 오늘날에도 필연적으로 검소한 식단 혹은 "많은 경우에는 영양실
조"에 가까운 식단을 제공할 뿐이다.[62] 이러한 검소함은 뷔스베크가 주장하
듯이 미덕이어서가 아니라 혹은 "쾌락 추구"가 부족해서가 아니라 궁핍해
서 생긴 것이다.

지중해의 토양 역시 지중해인들이 당하는 빈곤에 일조한다. 지중해의 토
양은 척박한 석회 토질이며, 많은 부분이 소금으로 훼손되었으며, 땅은 "초
석(硝石)"―이는 블롱 뒤 망의 표현이다[63]―으로 덮여 있었고 경작하기가
쉬운 땅은 드물며, 경작이 가능한 땅은 안전하지 못했다. 가장 단순한 목재
쟁기에도 쉽게 긁히는 얇은 표층은 바람과 홍수에 쉽게 쓸려나갈 수 있었다.
따라서 인간의 부단한 노력이 있어야만 토양이 계속 유지될 수 있었다. 이러
한 조건하에서 농민들의 노동이 장기간 방해를 받게 되면 농민들뿐만이 아
니라 비옥한 토양도 파괴된다. 그러나 30년전쟁[1618-1648] 기간 동안 독일
의 농민들은 많이 학살당했어도 토지 자체는 여전히 남아 있었고 다시 재생
될 수 있는 가능성도 역시 남아 있었다. 바로 이러한 점에서 북유럽이 우월
했던 것이다. 지중해 지역에서는 계속 경작하지 않으면 토양이 죽기 마련이
다. 사막은 경작지를 항상 노리고 있고 결코 놓치지 않는다. 토양이 농민들

의 노동력에 의해서 보존되거나 재생되면 그것은 사실상 기적이었다. 오늘날의 통계도 이를 증명한다. 1900년 무렵에 나라별로 국토에서 삼림, 목초지, 특히 불모지를 제외한 경작지의 비율은 이탈리아 46퍼센트, 에스파냐 39.1퍼센트, 포르투갈 34.1퍼센트, 그리스 18.6퍼센트였다. 로도스 섬의 경우 총 14만4,000헥타르 중 8만4,000헥타르가 현재도 여전히 미경작지이다.[64] 지중해의 남쪽 해안 지역에서는 수치가 훨씬 더 참담하다.

그런데 이 경작지들의 수확량은 얼마나 되는가? 얼마 되지 않는다. 예외적인 조건들(예를 들면, 관개 시설이 갖춰진 경우)이 있지 않는 한, 수확량은 아주 빈약한데, 이는 기후 탓이다.

지중해에서의 수확은 다른 어느 곳보다도 불안정한 요소들에 노출되어 있다. 추수 시기 직전에 남풍이 불면, 밀알은 완전히 여물어 정상적인 크기가 되기 전에 말라 비틀어져버린다. 만일 이미 다 여물었다면, 밀알은 바람에 의해서 이삭에서 떨어져나간다. 에스파냐에서는 농부들은 보통 서늘한 밤에 수확을 했는데, 이는 건조한 낮에는 낱알이 떨어지기 때문이었다.[65] 겨울철 홍수로 인하여 저지대가 잠기면, 파종에 문제가 생긴다. 이른 봄에 하늘이 너무 빨리 청명해지면, 이미 익은 곡식들은 냉해를 입어 때로는 회복 불가능한 상태가 된다. 최후의 순간까지도 수확을 확신할 수 없게 된다. 1574년 1월 말, 크레타 섬에서는 풍작이 예상되었다. 강수량도 충분했고, 평상시보다 파종도 더 많이 했다. 그러나 이러한 나라들에서 이러한 높은 기대들은 좌절되기가 일쑤인데, "곡식을 망치는 페스트 같은 안개"가 덮칠 수 있기 때문이라고 우리의 자료는 덧붙이고 있다.[66] 에게 해에서는 두려움의 대상인 남쪽에서 불어오는 폭풍이 종종 코르푸 섬의 익어가는 곡식을 망쳤고,[67] 오늘날에도 북아프리카의 곡물 재배지에서는 두려움의 대상이다. 이 바람은 시로코(sirocco)라는 남풍인데, 방비책이 전혀 없고 단 3일 만에 1년 농사를 망칠 수 있었다. 지중해 경작지가 처할 수 있는 위험들의 목록에 한 가지를 더 추가하자면, 바로 메뚜기 떼이다. 그것은 오늘날보다는 과

거에 더 큰 위협이었다.[68]

16세기에는 차례로 닥칠 수 있는 모든 위험을 피하고 수확하는 경우는 드물었다. 수확량은 적었고, 곡물 재배에 할당된 토지가 제한되었다는 점을 감안하면, 지중해는 항상 기근 일보 직전이었다. 기온이 약간 변하거나 강수량이 조금만 부족하여도 인간 생활이 위험에 빠질 수 있었다. 이러한 작은 변화는 모든 것에 영향을 끼쳤으며, 정치 역시 예외가 아니었다. 헝가리의 변방 지대의 경우, 보리 수확량이 좋을 것 같지 않으면(지중해의 경우, 보리는 북유럽의 귀리와 같은 역할을 했다), 사람들은 그해에 오스만 투르크가 전쟁에 나서지 않을 것이라고 예측할 수 있었다. 보리가 부족하면 경기병의 말들은 무엇을 먹을 것인가? 해군 보급용으로 할당된 서너 곳의 곡창 지대에서 밀 생산이 부족하면—이는 종종 실제로 벌어지는 일이었다—겨울과 봄 사이에 어떤 전쟁 계획이 세워졌던지 간에 수확 기간에는 큰 전쟁이 벌어지지 않았다. 수확기가 또한 고요한 바다의 계절이자 대규모 해전의 계절임에도 불구하고 전쟁은 벌어지지 않았다. 그리고 즉시 지상에서의 약탈과 해상에서의 해적질이 극히 활발해졌다. 사태가 이러하니, 일상생활 정보 가운데 유일하게 외교 서신에 정기적으로 포함된 것은 수확에 관한 정보라는 사실은 놀랄 일이 아니었다. 예를 들면, 비가 왔다, 비가 오지 않았다, 밀이 아직 충분히 발아하지 않았다, 시칠리아의 수확량은 기대가 되지만 투르크의 수확량은 기대 이하였다, 투르크 황제는 밀 반출을 허가하지 않을 것이다, 올해는 과연 식량난, 기근의 해가 될 것인가?

1558년 펠리페 2세의 집사인 프란시스코 오소리오는 북유럽에서 머물고 있던 펠리페 2세에게 이베리아 반도의 날씨에 대해서 상세하게 보고하는 서신들을 올렸다. 바야돌리드의 시민인 오소리오는 하늘의 색깔, 수확 상태, 빵 가격 등을 주의 깊게 기록했다. 1558년 3월 13일자 서신에서는 "······ 벌써 이틀 동안, 여기 날씨는 맑고 햇빛과 바람은 충분했습니다. 1월 중순 이후로 비가 내리지 않았습니다. 빵 가격은 조금 상승했으며 앞으로의 빵 가격을 고정시키기 위한 '실용적 조치'가 취해졌습니다. 며칠 전에 이 조치가 공표된 이후, 하늘에 다시 구름이 끼기 시작했습니다. 이는 분명히 4월에 비가 내리리라는 희망을 줍니다. 안달루시아와 에스트레마두라에서, 또 톨레도 왕국에서도, 이미 비가 내렸고 날씨 또한 매우 순조로워, 빵 가격이 급격히 떨어졌습니다."[69] 1558년 10월 30일자 서신에서는 "밀 수확이 좋아졌습니다. 왕국 전역에서 포도주 생산량도 평균적입니다. 사방에 파종이 많이 진행되었습니다. 10월 26일에는 오전 내내 눈이 내렸고, 눈발 역시 큰 편이었습니다. 그후에는 비가 많이 내려서, 파종도 매우 순조로울 것입니다. 여기 날씨를 보건대, 브뤼셀은 별로 따뜻할 것 같지가 않습니다. 왕국 전역에서 빵 가격이 떨어졌습니다."[70]

펠리페 2세가 이처럼 파종 시기 이후의 날씨 변화와 관련된 자세한 보고를 받았다는 사실, 빵 가격이 강수량에 따라서 오르고 내렸다는 사실, 외교 서신에 경제사와 관련된 다른 구체적인 수치들은 전무하지만 이러한 정보들만이 발견된다는 사실, 이 모든 것들은 16세기 지중해의 식량 공급 상태에 대해서 매우 중요한 점을 밝혀준다. 식량 공급은 단지 "경제적인" 문제가 아니라 생사가 걸린 문제였다.

왜냐하면, 기근—사람들이 기아로 거리에서 죽어가는 문자 그대로의 기근—은 현실이었기 때문이다. 베네치아인 나바제로에 따르면, 1521년에 "안달루시아 지방에 큰 기근이 발생하여, 수많은 동물이 아사하고 농촌이 완전히 황폐해졌다. 많은 사람들 역시 죽었다. 가뭄이 너무 심해서 밀은 다 죽고 밭에는 풀 한 포기조차 없었다. 그해 안달루시아의 말들은 대부분 멸종되어 오늘날(1525)까지도 완전히 회복되지 않았다."[71] 이것은 물론 극단적인 경우였다! 그러나 매년 우리는 이러한 식량 부족의 기록을 계속해서 찾아볼 수 있다. 모든 정부들은 곡물을 찾아나섰고 사람들이 아사하는 것을 방지하기 위해서 공적 배급을 조직해야 했지만, 이러한 조치가 항상 성공적이었던 것은 아니다. 16세기 후반, 특히 1586년부터 1591년 사이에 지중해 전역에서 특별히 심각한 식량 위기가 닥쳤는데, 이 위기는 북유럽 선박들이 지중해로 진출할 수 있는 길을 터주었다. 평년에도 생활은 결코 편안하거나 호사롭지 않았다. 16세기 말 토스카나인들은 경작지, 포도원, 뽕나무들을 소유하고서도, "이 모든 것이 있더라도 1년의 3분의 1은 식량이 없었다"는 것을 생각해보라![72] 혹은 구스맨[p. 316 참조]의 이야기에 등장하는 다음 글도 생각해볼 수 있다. "가뭄이 계속되어 그해는 흉년이었다. 세비야는 특히 심한 고통을 당했는데, 이 도시는 풍년에도 상당히 어렵게 보내야 했기 때문이다.……"

지중해 역사의 중심에는 항상 이중고, 곧 빈곤과 미래에 대한 불안이 있었다. 어쩌면 이 이중고 때문에 지중해 사람들은 조심스럽고, 검약하고, 부지런하게 되었는지도 모른다. 이 이중고가 동기가 되어서 지중해 나라들은 특정한 방식의 제국주의—거의 본능적으로, 때로는 그저 일용할 빵을 찾아나서는 것에 불과한—를 추구했는지도 모른다. 지중해는 내재적 약점을 보완하기 위해서 행동을 취해야 했고, 외국으로 나가야 했고, 먼 나라들의 협력을 구해야 했고, 그곳의 경제와 연결되어야만 했다. 이 과정에서 지중해의 역사는 더욱 확장되었다.

2. 계절

지중해의 기후는, 두 계절로 확연하게 구분되어, 지중해의 삶을 두 단계로 나눈다. 그 결과 지중해 사람들은 마치 매년 여름 주거지와 겨울 주거지를 오가며 사는 것 같다. 날씨에 대해서 남겨진 수많은 기록들은 굳이 해당 년도를 명시하지 않고도 분류할 수 있다. 계절에 관해서는 오직 달[月]만이 중요했고, 거의 변수 없이 항상 같은 이야기를 들려준다. "1년의 문들 (portes de l'année)"은 정해진 시간에 열리고 닫힌다. "1년의 문들"은 카빌리애[알제리 북부]에서는 춘분과 추분 그리고 하지와 동지를 가리키는 말이다. "매번 새로운 계절이 사람들에게 도래하고, 계절과 함께 올해의 운명이 다가온다. 보리 빵 아니면 기아이다."[73]

겨울의 휴지기

겨울은 일찍 시작해서 늦게 끝난다. 겨울이 오면 두려움에 떨고 겨울이 과연 끝나기는 할지 믿어지지 않는다. 겨울은 예정일보다 일찍 찾아올 것이라고 생각하는 것이 현명하다. 9월 9일, "이제 여름은 끝났다"라고 베네치아 원로원은 기록한다. 그리고 9월 20일, "이제 동절기가 오고 있다"고 한다. 그리고 9월 23일에는 "동절기에 다가서고 있다"고 한다.[74] ……왜 이러는 것일까? 이 경우 겨울이 다가오기 전에, 대형 갤리 선과 소형 선박과 소형 갤리 선을 뭍으로 올리고, 불필요한 병사들을 제대시키기 위해서였다. 겨울이 다가올 때는 모두가 건강을 챙길 때였다. "계절의 악의"로 몸이 쉽게 상할 수 있었기 때문이었다. 재난, 고난, 제약과 중지된 활동의 목록이 늘어난다. 왜냐하면 이는 "끔찍한 계절" 곧 사람과 사물에게 똑같이 어려움을 주는 시기였기 때문이다. 계속해서 내리는 비, "밤도 낮도," 도시도 시골도 놔두지 않는 물난리, 폭설, 폭풍, 바다의 태풍이 연속된다. 그리고 모두에게 특히 빈민에게 잔인한 추위는 "사람을 불편하게 하고 가난한 사람들을 극도로 힘들게" 한다.[75] 병원은 빈민으로 넘쳐나게 된다. 그리고 아무도 무슨 일이 일어날지, 심지어 나무에 꽃이 피기 시작하더라도, 혹은 몽펠리에 근방의 평야가 야생 수국으로 파랗게 뒤덮이더라도, 어찌 될지 몰랐다.[76] 1594년 4월 15일 볼로냐에서 부활절이 지난 닷새 후의 기록은 한탄하기를, "폭설이라니! 아름다운 봄이 시작되어 나무들이 다 꽃피기 시작했는데. 신이여 우리를 보호하소서!"[77] 1633년 5월 23일 피렌체에서는 이틀 전 비가 내린 후 갑자기 너무 추워져서, "마치 1월인 것처럼 불을 크게 피워야 했고" 산들은 눈으로 뒤덮였다.[78]

모든 부문이 다 움츠러들지만 그 가운데 가장 큰 영향을 받고 가장 비활동적이 되는 부문은 농업이다.[79] 아리스토파네스가 말하기를, 제우스 신이 땅을 적시는 동안, 농부는 부득이 쉬어야 한다.[80] 농부는 하늘이 맑은 겨울 날에는 10월에 미리 하지 않았다면 보리를 심고, 12월에는 밀을 심고, 봄이 막 시작하기 직전에는 옥수수를 심는다. 16세기에 옥수수는 막 아메리카 대륙으로부터 들어왔다. 그리고 이러한 작업은 가벼운 편이어서, 여름에 필요로 하는 대량의 노동, 품앗이 노동, 혹은 포르투갈에서 "호의로" 하는 작업이라고 하는 노동에 비할 바가 아니었다. 채소를 심고 약간의 밭갈이를 하는 일을 추가하더라도, 겨울은 여전히 여가와 축제의 시간이었다. 기독교 나라들에서는 12월이면 돼지 도살제가 있었는데, 이는 보카치오가 남긴 이야기들에서도 등장한다.[81] 1월 동지 때 카빌리아의 산지에서는 태양 주기의 경계를 표시하는 "한 해 보내기" 축제가 열려 밤늦게까지 잔치를 벌이고 비축했던 귀중한 식량을 모두 먹어치우곤 했다. 이러한 호사로운 향연은 다가올 새해를 맞이하기 위한 것이다.[82]

대부분의 산악지대가 눈으로 막히게 되면 양떼와 목자들은 저지대로 피신했다. 산지에 머무는 자들은 이미 가을 정기시에서 기를 수 없는 어린 동물들을 팔아버렸을 것이다. 이러한 현상은 오늘날 피레네 산맥 기슭에서도 여전히 일어나며,[83] 틀림없이 같은 이유로 1581년 몽테뉴가 루카의 온천지를 통과하던 때에 송아지와 새끼 양이 값싸게 팔리고 있었다.[84] 여행객은 목자들이 떠난 산을 대체로 피했다. 눈 덮인 고지대에서는 목숨이나 소지품을 잃을 가능성이 높았기 때문이다. 1578년 2월 콘스탄티노플 주재 프랑스 대사는, "전하, 이 지역에 50일 넘게 눈이 계속 내리면서 높이 쌓여 저는 눈에 갇혀 원래 결정했던 대로 지난 주일에 출발하지 못했습니다"고 썼다.[85] 1624년 알레포 주재 프랑스 영사인 "투르크인" 게도원은 겨울철 발칸 반도의 산악지대를 통과하는 여정에서 자신이 처했던 위험들에 대해서 설명했는데, 그는 동상에 걸려 죽거나 곰이나 늑대의 먹기가 되는 것을 겨우 면했다고 했다.[86] 모로코의 아틀라스 산맥에서는, 레오 아프리카누스에 따르면,

10월 이후 남방의 대추야자를 가져오는 상인들은 종종 모로코의 아틀라스 산맥의 극심한 폭설에 갇히기도 했다. 누구도 그런 폭설에서 탈출할 수 없었다. 심지어 나무들도 거대한 눈 더미 밑에 묻히곤 했다.[87]

저지대에서도 겨울의 교통 사정은 힘들었다. 지속적인 강우로 하천은 범람하여 다리를 쉽게 삼켜버렸다. 반델로의 이야기들 가운데 한 이야기의 첫머리에서, "강이 너무 심하게 범람하여, 포 강 건너편에 토지를 가진 만토바 시민들은 자기 땅의 보급품이나 식량을 이용할 수 없게 되었다"고 썼다.[88] 1595년 10월 강의 수위가 너무 올라가자, 한 베네치아인에 따르면 "봉기 중인 페라라인들이 자신들을 지키기 위해서 우리쪽 제방에 구멍을 뚫을 준비를 하고 있었다."[89] 티베르 강이 범람한 때도 있었다. 1598년 홍수가 나서 얼마 전인 1575년 보수되었던 에밀리우스 다리의 반이 유실되었다.[90] 1595년에는 아르노 강 차례였다. 그해 토스카나 지방에서는 수로들이 모두 얼고 과일 나무들이 서리를 맞았다.[91] 특히 한파가 심한 겨울에는 베네치아의 운하조차 얼었다.[92] 사정이 가장 좋을 때조차도, 16세기 여행자들은 물에 잠기고 군데군데 패이고, 따라서 눈이나 비가 계속 내릴 때는 통행이 불가능한 도로를 지나야 했다. 1581년 2월 에스파냐의 도로들이 그런 상태였고,[93] 1592년 12월 발칸 반도의 도로들이 그러했고,[94] 더 최근 기록에 따르면 도로가 "너무 진흙투성이가 되어 여행객의 옷 색깔을 구별하기가 어려웠다."[95]

항해의 중지

겨울철에는 바다 역시 가혹해진다. 과거에는 모든 항해가 정지되었다. 고대 로마 제국 시기에는 10월에서 4월까지는 법으로 선박 항해가 금지되었는데, 이는 항해사들의 신중한 조언에 따른 것이었다.[96] 사도 바오로의 항해로부터, 우리는 크레타 섬의 "양호한 항구"가 "월동"에 적합하지 않았다는 사실을 알 수 있고,[97] 그를 태울 알렉산드리아 소속 배가 겨울을 몰타 섬에서 보냈다는 사실도 알 수 있다.[98] 수세기 후에도 마찬가지 상황을 중세 도시들의 해양법에서 볼 수 있다. 1160년 피사의 "이용 규정"에 따르면,[99] "성 안드레아 축일[11월 30일]과 3월 초하루 사이에는 결코 배를 움직여서는 안 된다고 정해졌다. 이는 1284년 베네치아의 해양 규정[100]과 1387년 안코나의 해양 규정[101]에서도 마찬가지였다. 수세기 동안 입법자들은 경험에 의한 예방 조치와 금지령들을 유지했다. 18세기 말까지도 레반트의 선원들은 오로지 성 조르조 축일(5월 5일)과 성 드미트리 축일(10월 26일) 사이에만 바다로 나갔다.[102]

그러나 1450년 이후, 항해는 점차 겨울철 악천후를 극복하기 시작했다. 다만 이러한 극복 시도들은 아직 미완이었고 여전히 큰 위험 부담이 뒤따랐다. 매년 일어나는 참담한 난파 사태로 사람들은 겨울의 위력을 잊지 못하게 되었다. 심지어 1569년 베네치아는 과거의 동절기 항해 금지령을 좀더 완화된 형태로 다시 도입했다. 이제는 11월 15일과 1월 20일 사이, 곧 "한겨울"에만 항해가 금지되었다.[103] 그래도 이러한 사안에 대해서 시계를 되돌리는 것은 분명히 불가능했다. 새로운 금지령은 거의 지켜지지 않았으므로, 1598년 베네치아 정부는 다시 금지령을 선포해야 했다.[104] 금지령 재반포는 이후에도 겨울철 항해 사고가 많았음을 보여준다. 1521년 12월 1일 "그리스 바람"이 아드리아 해의 선박들을 난파시켰는데, 그중 한 선박은 바로 라구사 항구에서 곡물을 싣고 오는 중이었다.[105] 1538년 11월 11일 한 차례 폭풍우가 바르바로사의 갤리 선 38척을 연안으로 몰아갔는데, 배들은 성난 파도에 난파되었고, 생존자들은 알바니아인들에게 죽임을 당하고 화물은 약탈당했다.[106] 1544년 11월 9일 라구사 선박 7척이 폭풍우에 희생되었고,[107] 1545년 1월 "그리스 산바람"으로 인해 아드리아 해에서 50척이 침몰했는데, 그중에는 10만 두카트 어치의 화물을 적재하고 시리아로 향하던 베네치아 선박 3척이 포함되어 있었다.[108] 1570년 12월 29일, 아드리아 해의 "최대의 해난" 속에서 곡물을 가득 실은 선박 2척이 라구사 항구 안에서 침몰했다.[109] 이와 같은 사례들은 수없이 많았다. 예를 들면, 1562년 10월 라 에라두라 만에서 에스파냐 갤리 선단 전체가 침몰되었고, 1575년 10월 콘스탄티노플 앞바다에서 선박 100척과 갤리 선 12척이 성난 파도에 연안 으로 떠밀려왔다.[110]

겨울철에 항해하는 사람은 누구나 언제든 악천후를 만날 수 있다는 것을 알고 있었고, 항상 경계해야 했으며, 불길한 밤이면 구스만 데 알파라체가 언급했던 "풍랑 경고등"을 돛대에 올렸다.[111] 폭풍우 시기에는 여름철보다 항해 시간이 더 길고 더 사건 사고가 많았기 때문에 항해는 드물게 이루어 졌다. 심지어 19세기 초기에조차 10월 이후에는 베네치아나 오데사에서의 선박 출항은 감소했다.[112] 16세기에는 당연히 더욱 더 드물었다.

청명한 날에는 소형 선박들이 몇 시간에 불과한 단거리 항해를 시도하곤 했다. 대형 선박들은 겨울철을 더 잘 버틸 수 있었기 때문에, 계절적인 이유 로 더 이익이 큰 항해를 악천후에서도 수행할 수 있었다. 그러나 전반적으 로 항해는 감소되었다. 갤리 선들은 완전히 항구에서 휴지 상태로 있었다. 갤리 선은 조선소의 둥근 천장 밑에서 잘 보호받은 채로 휴항했고, 노꾼들 은 할 일 없이 소일했다. 마르셀 모스는 동절기가 종교 및 사회 생활에 미친 영향을 (비록 에스키모에 대해서였지만) 연구했는데, 아마도 샤토브리앙 의 『여행기(*Itinéraire*)』의 한 구절을 보았다면 아주 재미있어 했을 것이다. 샤토브리앙에 따르면 프랑스의 카푸친회 수도사들은 "나폴리(모레아의 루 마니아풍 도시)에 주 거주지를 두고 있는데, 이는 투르크의 지방 고관들의 갤리 선들이 겨울을 거기서 나기 때문이다.⋯⋯보통 11월에서부터 성 조르 조의 축일[5월 5일]까지 머물다가 다시 바다로 나서는 날이다. 그 갤리 선들 은 기독교도 포로로 가득 찼고 이들은 지도와 격려를 필요로 했다. 이 과업 을 아주 열성적으로 또 이문이 남도록 일하고 있는 사람이 바로 아테네와 모레아 지회의 수도원장인 파리의 바르나베 신부이다."[113] 이것은 1806년의 기록으로, 서양에서는 갤리 선이 사실상 사라진 뒤이지만, 몰타 섬이나 동

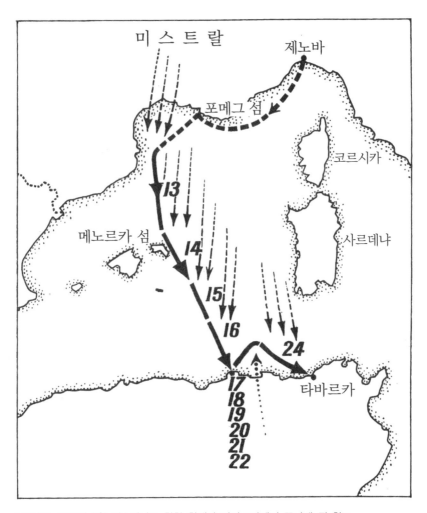

도표 20. 1597년 1월 에스파냐를 향한 항해가 타바르카에서 끝나게 된 항로

체사레 주스티니아노는 제노바에서 제노바 공화국 소속 갤리 선에 승선했다. 그는 마르세유 건너편에 있는 작은 섬인 포메그에 정박한 후 사자의 만을 횡단하던 중 크레 곶 근방에서 갑자기 미스트랄을 만났다. 그는 펠리페 2세를 알현할 제노바 공화국 대사로 에스파냐에 도착하는 대신(더구나 1596년 재정 파산 때문에 제노바 사업가 여러 명이 심각한 피해를 입은 상태였다), 폭풍우에 휩쓸려 남쪽으로 밀려났다. 갤리 선은 북아프리카 연안, 지젤과 콜로 사이에 사람이 없는 만에 상륙해서 6일 동안 탈없이 머물렀다. 북방 항로로 돌아가는 것이 불가능했기 때문에, 갤리 선은 제노바령 타바르카로 이동해야만 했다. 갤리 선은 사용할 수 없게 되었기 때문에 그는 상선에 승선해서 먼저 사르디니아로 이동한 후 마침내 에스파냐에 도착할 수 있었다. 체사레 주스티니아노의 서신, A.d.S Gênes, Lettere Principi.

방에 남아 있던 갤리 선들에게 지리적 운명은 여전히 오스만 투르크의 술레이만 대제[재위 1520-1566] 시대만큼이나 결정적인 영향을 미쳤다.

16세기에는, 에스파냐의 무적함대든, 포르투갈의 푸스태[돛과 노를 모두 사용하는 소형 범선] 함대든, 북아프리카 해적들의 갤리 선단이든 겨울에는 항구에 머물러야 했다. 어느 해(아마도 1580년) 12월, 아에도에 따르면 "모든 해적들이 알제에서 겨울을 나며 배를 항구에 정박시켰다."[114] 마찬가지로, 1579년 12월, 역시 아에도의 증언에 따르면, 마미 아르노 선장은 [북동부 알제리의] 세이부스 강의 하구인 보느 연안에서 겨울을 났다.[115]

해군 함대들의 경우, 에스파냐 정부는 투르크 함대가 항구에 머무는 것이 분명한 초겨울에 함대들을 적극 운용하려고 했다. 해적들 역시, 위험을 감수할 만하다 싶으면, 마찬가지였다. 따지고 보면, 겨울 바다가 여름에 대함대와 마주치는 것보다 더 두려워할 일은 아니었다. 그러나 에스파냐 해군 병사들은 계속해서 겨울철 항해에 대해서 저항했다. 1561년 8월 당시 펠리페 2세의 해군 대장이었던 멜피 대공은 다음과 같이 상소했다. "전하에 대한 충정 어린 말씀을 드립니다. 겨울에 갤리 선들에게 항해를 명하는 것은, 특히 항구가 몇 개밖에 없는 에스파냐 연안 항해를 명하는 것은, 그 배들을 잃을 수 있는 위험한 일입니다. 설사 군함들은 살아남더라도, 선원들을 잃을 수 있으며……제때[다음 항해철]에 전투를 수행할 수 있는 상태가 아닐 것입니다."[116]

갤리 선 전투는 실제로 겨울 동안에는 불가능했는데, 이 분야의 전문가들은 계속해서 이 사실을 정치 지도자들에게 설명해야만 했다. 그러나 그들은 듣지 않았다. 1564년 톨레도의 돈 가르시아는 해군 대장으로서 펠리페 2세에게 제노바가 요청한 코르시카 봉기 진압을 위한 함대 출격을 거절한 이유를 설명해야 했다. 돈 가르시아가 제노바 주재 에스파냐 대사인 피게로아에게 썼듯이,[117] "분명하게 확인된 사실은, 모든 동절기 항해는 돈 낭비라는 점입니다.……만일 계속해서 이 기간에 출항을 시도하면, 이미 이런 일

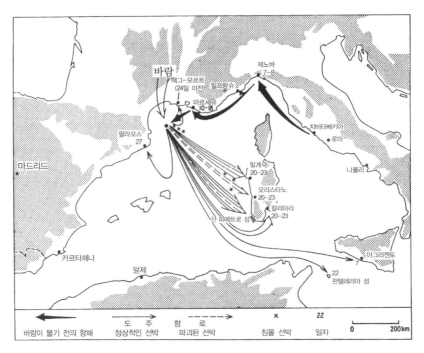

←	→	- - - →	×	22		0	200km
바람이 불기 전의 항해	도 주 정상적인 선박	항 로 파괴된 선박	침몰 선박	일자			

도표 21. 1569년 4월 19일 미스트랄의 타격

카스티야 총사령관 돈 루이스 데 레켄세스의 갤리 선 전대는 에스파냐 연안을 향해 이동 중이었다. 갤리 선 전대의 작전 목표는 그라나다 왕국의 연안, 곧 카르타헤나의 경계 남서쪽에 도착해서 전년도 성탄절 밤에 봉기한 무어인들에게 병사와 무기를 제공하는 바르바리 해적선들을 요격하는 것이었다. 그러나 사자의 만에서 마주친 미스트랄 때문에 갤리 선 대부분은 사르데냐 해안으로 밀려갔다. 주목할 만한 갤리 선 몇 척이 있었는데, 1척은 풍향을 거슬러 에그-모르트에 도달했고, 돈 루이스 데 레켄세스가 승선한 갤리 선은 4월 27일 팔라모스에 도착했고(그런데 마르세유에서 육로로 행군해서 에스파냐로 이동 중인 병사들보다 늦게 도착했다), 다른 갤리 선 1척은 판텔레리아에, 또다른 1척은 아그리젠토에 5월 7일 도착했다. 이 지도는 내가 시망카스 문서보관소에서 검토하고 요약한 기록에 토대를 두었고, J. 잔티 다 실바와 자크 베르탕이 제작했다. 또한 이 사고의 세부 사실들이 알려지고 또 보고된 방식에 대한 지도를 그릴 수도 있다. 이 사고에 대한 정보의 주 원천은 제노바였을 것이다.

은 여러 차례 있었고, 끝까지 계속 시도되겠지만, 우리는 아무런 소득 없이 자금만 허비할 것입니다." 더구나 (함대 병사들은 이미 페뇽 데 벨레스[북아프리카 연안] 작전에서 막 귀환했기 때문에 지쳐 있었다) 그림자를 쫓다가 봄 작전 능력에 타격을 입을 위험성이 높았다. 또는 돈 가르시아의 표현을

사진 10. 파도바의 성 안토니오 교회의 알레산드로 콘타니니 묘의 부조(1555)

빌리면, "비둘기를 머리째 낚을 수 있는 기회를 버리고 꼬리를 붙드는 형국"
이 될 수 있었다. 심지어 그저 무력시위를 위한 함대 출격이라고 하더라도
위험했다. 겨울철에 [이탈리아와 코르시카 사이의] 피옴비노 해협을 건너는
것은 "끔찍하게 길고, 불확실하고, 위태로운 작전이다."

이러한 법칙을 지키지 않는 갤리 선들은 재난을 당하기 일쑤였다. 갤리
선들은 흘수가 낮아서 동절기 폭풍우와 파고를 이길 수 없었다.[118] 1541년
10월, 왜 카를 5세가 알제리를 기습 정복하려고 했는지 추정하기는 어렵지
않다. 그러나 카를 5세는 자신이 선택한 계절의 희생자, 곧 "무어인들이 카

사진 11, 12 대서양이 지중해로 침입하고 있다.
이 두 장의 사진들은 1964년 9월 6일과 9월 9일에 미국의 기상 위성 님버스(Nimbus)가 촬영한 것이다.

심이라고 부르는, 항해하기 좋은 시절에서 나쁜 시절로 넘어가는 시점"의 피해자가 되었다.[119] 1554년 1월 피에로 스토로치[피렌체 용병대장]가 이끄는 프랑스 갤리 선들은 곡물을 선적한 소형 선박들을 대동하고 마르세유를 떠나 로마 연안으로 향했다. 바다 돌풍이 소형 곡물선 수척과 갤리 선 1척을 침몰시켰다. 나머지 갤리 선들과 선박들은 흩어진 채 노도 돛도 없이 마르세유로 귀환했다.[120] 1562년 10월 에스파냐 선단이 말라가 근방의 에라두라 만에서 당한 재난에 대해서는 나중에 더 살펴보겠지만, 동풍에 노출된

사진 13. 파도바의 성 안토니오 교회의 알레산드로 콘타니니 묘의 부조(1555)

말라가 협로는 동절기 내내 항해가 끔찍하게 위험해져, 어쩌면 리옹 만보다
도 더 위험했다. 겨울철에도 위험했지만, 심지어 봄에도 안전하지 않아,
1570년 4월 갤리 선 2척이 말라가 해안에서 좌초되었고 다른 3척은 바다로

내몰렸다.[121] 1566년에도 난파 기록이 있다.[122] 이듬 해 2월 27일 대부분 플랑드르 소속 선박들이 무기와 소금에 절인 고기를 선적한 채로 말라가 앞바다에서 침몰했다.[123] 악명 높은 리옹 만도 여전했다. 1569년 카스티야 기사단장이 이끄는 갤리 선 25척은 그라나다로 향하던 중에 강풍을 만나 흩어졌는데, 이 강풍은 너무나 거세어서 일부 갤리 선들은 사르데냐 연안으로 내몰린 반면 암브로시오 네그론이 탔던 갤리 선은 판텔레리아 섬에까지 가게 되었다.[124] 더 큰 재난이 될 뻔했던 것이다. 요컨대, 악천후에서는, 항구에 머무는 것이 가장 좋았다. 1603년 1월 카를로 도리아[이탈리아 출신의 에스파냐 해군 사령관]처럼, 항구로 돌아올 수밖에 없었는데, 도리아는 바르셀로나의 "해변"을 떠나려고 여러 번 출항을 시도했으나 매번 돌아올 수밖에 없었다. 그는 부러진 돛대와 활대, 그리고 노꾼 300명만 잃은 채 돌아올 수밖에 없었다.[125]

겨울 : 평화와 계획 수립의 계절

따라서 악천후는 필연적으로 대해전의 휴전을 의미한다. 동일하게 육상에서도 계절적 휴전이 있었다. 왜냐하면 "겨울을 등에 지고" 작전하는 것은 불가능했기 때문이다.[126] 적대 행위는 공식적으로 중단되지 않았지만, 그 여세는 분명히 꺾였다. 이러한 현상은 1578-1590년 극적인 페르시아 전쟁에서도 나타났고, 지중해권 혹은 준지중해권의 어느 전쟁에서도 볼 수 있었다. "카셈의 날(10월 26일 성 드미트리 축일)이 다가오면 일반적으로 투르크 군대의 육상 및 해상 작전이 종료된다"고 폰 하머는 오스만 제국에 대한 그의 아주 중요한 책에서 썼다.[127] 왜냐하면 전쟁에서는 군량을 현지에서 조달해야 했기 때문이다. 전쟁은 때를 기다려야 했다. 결정적으로 수확을 끝냈거나 수확이 막 시작될 때를 기다려야 했다. 투르크 영토 내에서도 예외가 아니었기 때문에, 역사가 진카이젠은 1456년 투르크 군대의 베오그라드 포위에 대해서, "6월 중에, 막 밀이 익기 시작할 때, 오스만 투르크 군대는 베오그라드 점령을 위해서 진군했다"고 했다.[128] 전쟁의 계절이 개시된 것이다.

요컨대, 동절기에 해당하는 반 년 동안은 평온하고 평화로웠다. 국가간 전쟁은 중지되고, 소규모 전쟁 역시 마찬가지였다. 다만 일부 기습 작전은 예외였는데, 이는 육상에서나 해상에서나 악천후가 기습에 특히 효과가 있었기 때문이다. 1562년[프랑스의 종교전쟁 당시] 신기독교도 부대들은 겨울을 틈타 루시용 외곽까지 진격했고, 1540년 9월에 알제리발 해적선들은 지브롤터를 기습 점령하려 했다가 퇴각하던 중 미스트랄을 맞아 고전했다. 포넨티니[ponentini : 서지중해인]는 겨울이 끝나갈 때 무장을 강화한 갤리온 선과 갤리 선을 이끌고 해적질하러 레반트의 거친 바다로 향했다.

"보고할 것이 없는" 달들에는 오로지 입과 펜만 바삐 움직였다. 1589년 3월 20일 베네치아 주재 에스파냐 영사인 후안 데 코르노사가 쓰기를, "우리는 투르크 군에 대한 정보가 전무하다. 겨울 때문에 도로는 폐쇄되었고……우리는 이처럼 정보 부족에 시달리던 때가 없었다."[129] 실질적인 정보는 부족했겠지만, 소문과 오보가 돌아다니는 것을 막을 길은 없었다. 겨울은, 항해를 느리게 하거나 중단시킴으로써, 잘못된 보고가 넘쳐나는 계절이자 멋대로 큰소리를 치는 시기였다. 교황청 대사가 신성 로마 제국 황제군에 관해서 보고하기를, "이제 겨울이다 보니, 황제군은 프랑스가 원하는 대로 큰소리를 치도록 놓아두고 있다.……"[130]

겨울은 각국 정부들이 계획을 수립하고 큰 회의를 개최하는 시기였다. 참모들의 업무량이 폭발적으로 증가했다. 겨울은 서류가 높이 쌓이는 계절이었다. 이렇게 생산된 문건들은 겨울 문서철이라고 불러도 될 것인데, 역사가들은 이 점을 주의해야 한다. 세상의 모든 일을 논의하고, 예견하고, 마침내 흑백 양단식의 계획을 세우는 데 시간이 넘쳐나기 때문이다. "이런 일이 일어나면 우리는 이렇게 해야 할 것이다. 그러나 만일 투르크가 혹은 프랑스 국왕이……." 그리하여 종이들은 잉크로 검게 변한다. 이러한 원대한 계획들과 훌륭한 작전들을 역사가들은 진지하고 확신에 차서 분석하지만, 사실 이 계획들은 종종 아늑한 방 안의 난로나 벽난로 곁에서 이루어진 공상에 불과하다. 마드리드(혹은 어디든 간에)에서는 바깥에 북풍이, 곧 산맥에서 불어오는 눈바람이 휘날리며 윙윙거리고 있던 시절에 말이다! 겨울 동안에는 그 어떤 계획도 너무 위험하거나 어려워 보이지 않았다. 네덜란드를 봉쇄하고, 소금 부족에 시달리게 하고, 한자 동맹 곡물을 전매하여 식량 공급을 끊고, 네덜란드 선박의 에스파냐 항구 출입을 금지하는 등의 계획들은 모두 겨울에 제안되었다. 1565-1566년 투르크 함대가 몰타 섬에서 크게 패한 이후, 모두가 아직도 여름에 겪었던 두려움의 여파 속에 있을 때, 이탈리아와 에스파냐 병사 12,000명을 라 골레타[튀니지 항구의 에스파냐령 요새]로 파병하자는 제안이 있었다.[131] 도대체 이 조그마한 기지에, 설사 1560년대에 확장 공사가 있었다고 해도, 어떻게 12,000명을 주둔시킨단 말인가? 이에 대해서, 병사들을 성벽 아래, 곧 본 곳 연안에 주둔시키면 된다는, 지도상으로나 가능한 해결책이 제시되었다. 이렇게 계획이 세워졌지만, 매번 그렇듯이, 전혀 실행되지 않았다. 이러한 측면에서 여름은 비록 더 합리적이지는 않았더라도 더 현실적인 시기였다. 혹은 정확히 말하자면, 여름에는 사건들이 정부의 통제 바깥에서 자체적으로 진행되었다.

그러나 동절기에는 한 가지 유일하게 긍정적인 활동이 있었으니, 바로 협상, 외교적 논의 및 평화적 해결이었다. 이러한 관점에서 겨울은 유익한 휴지기였다. 어쨌든, 이 책에서 살펴보는 모든 평화 협정들이 겨울철에 맺어진 것은 사실이다. 여름이 다시 격변과 돌이킬 수 없는 사건들을 만들기 전에 협정들이 체결되었던 것이다. [이탈리아 전쟁을 종료시킨 프랑스와 에스파냐 사이의] 카토-캉브레지 평화조약은 1558-1559년 겨울 동안 이루어진 논의의 결과였고, 1559년 4월 2일과 3일에 조인되었다. 투르크-에스파냐의 휴전들은 모두 한겨울에 이루어졌는데, 1581년 휴전은 2월 7일에 조인되었다. [프랑스 종교전쟁을 사실상 종결지은] 1590년 베르뱅 평화 협정은 5월 2일에 체결되었다. [1609년 네덜란드와 에스파냐의] 12년 휴전 협정은 4월 9일 헤이그에서 체결되었다.[132] 오직 1604년 잉글랜드-에스파냐 평화 협정만이 8월 28일 조인되었는데,[133] 이는 예외적이다. 그러나 이 협정은 1603년 3월 엘리자베스 1세가 서거한 이후부터, 이미 비야메디아나 백작 돈 후안 데 타시스가 잉글랜드로 떠나기 (1603년 5월) 이전부터 확정적이었다. 외교의 복잡한 실랑이를 그저 계절의 변화로 설명하려는 것은 아니다. 그럼에도 협정이 맺어지는 날짜들은 꽤 시사하는 바가 있다. 언제 체결되는가? 겨울이 시작될 무렵에는 아직 논의할 시간이 부족했고, 겨울이 끝나갈 무렵에는 격렬한 논쟁이 있었다. 그렇다면 다가오는 여름의 엄청난 군사비 지출에 대한 우려가 정부들을 더 합리적으로 만들지 않았을까?

겨울의 혹독함

따라서 지중해의 겨울은 평화와 휴식의 시간이었다. 이처럼 달콤한 이미지는 곧 여러 다른 이미지들을 상기시킨다. 코트 다쥐르 휴양지의 광고에 나오는 1월의 햇살, 혹은 마치 하늘에서 만나가 내리듯이 철새떼가 지쳐서 남쪽 땅에 착륙하는 이미지 등이 그렇다. 특히 블롱 뒤 망에 따르면,[134] 이집트에서는 농토들이 새들로 "하얗게" 뒤덮였는데, 당시에는 사람들이 과수원에서 과일을 따듯이 밭에서 메추라기를 주울 수 있었다고 한다.

사실 지중해의 겨울은, 유럽에서와 마찬가지로, 결코 매력적이지 않았다. 특히 도시들에서 겨울은 가난한 자들에게 어려움의 시기였다. 1572년 11월 6일에 잔 안드레아 도리아는 돈 후안 데 아우스트리아에게 쓰기를,[135] "전하께서 꼭 아셔야 할 것은, 제노바의 영토에는 곡물 수확이 전혀 없고, 다른 종류의 식량도 거의 없기 때문에, 그 결과 빈곤이 산악지대에서뿐만 아니라 도시 자체에서도 큰 문제라는 점입니다. 특히 빵도 부족하고 의복도 모자라고 일자리도 전혀 없는 겨울철이면 빈민들은 생존하기조차 힘들어합니다." 그리고 결론 맺기를, "따라서 제노바에서, 내년 봄을 대비해서, 갤리 선 10척에 필요한 노수로 자원할 죄수들을 구할 수 있을 것입니다.” 은행가들이 지배하는 제노바와 지중해의 겨울 둘 모두에 대한 환상을 깨뜨리는 문서이다.[136]

나는 지중해의 겨울이 빙하기 같다고 주장하려는 것은 결코 아니다! 그러나 일반적으로 생각하는 것보다는 덜 따뜻하고 종종 습윤하다. 무엇보다도 겨울은 불청객이다. 6개월간의 햇살 이후 갑자기 찾아오기 때문에, 지중해 사람들은 항상 대비할 줄도 몰랐고 대비할 수도 없었다. 마치 해마다 찬바람이 갑자기 바다에 불어닥치는 것과 같았다. 사실 지중해 주택들은 개방형으로 건축되고, 목재 대신 타일로 바닥을 깔고, 비록 난방이 가능하거나 실제 난방이 되더라도, 추위에 대비해서 지은 것은 아니었다. 반대로 오직 더위를 몰아내기 위해서 지었다. 아라곤의 페르난도 1세 국왕은, 일반적인 견해와는 반대로, 여름은 세비야에서 겨울은 부르고스에서 보내야 한다고 말하곤 했다.[137] 부르고스가 더 추울 수도 있지만, 최소한 거기에는 추위에 대한 방비가 있다는 것이다. 알제리나 바르셀로나에 있는 주택의 차디찬 방에서 떨면서 지중해에서 겨울이 이렇게 추운 줄 몰랐다고 느낀 여행객들도 그런 견해에 동의하리라!

여름과 분주한 생활

“나무들이 싹을 틔우는”……“격렬한” 바람이 불고 때때로 습기가 많고 따뜻하고 화사한 봄이 되면,[138] 그리고 길게 계속되지 않는(아몬드와 올리브 나무는 며칠 만에 꽃이 핀다) 봄이 되면, 삶은 새로운 리듬을 찾는다. 바다에서는, 위험에도 불구하고, 4월이 연중 가장 활동적인 달 가운데 하나이다. 뭍에서는 마지막 땅 갈이가 진행된다.[139] 곧 이어 일련의 수확이, 곧 6월에는 밀, 8월에는 무화과, 9월에는 포도, 그리고 가을에는 올리브의 수확이 이루어진다. 다시 쟁기질이 시작되면서 가을의 첫 비가 내린다.[140] 옛 카스티야 지방의 농민들은 10월 중에 밀을 심어야 서너 개의 잎들이 돌아나서 겨울의 서리를 버틸 수 있었다.[141] 단 몇 개월 사이에 농부의 달력에는 가장 바쁜 날들이 몰려 있다. 매년 농부는 서둘러서 봄의 마지막 비, 혹은 가을의 첫 비, 혹은 최초의 또 최후의 청명한 날씨가 주는 기회들을 놓치지 말아야 했다. 지중해 생활에서 가장 좋은 부분인 농업 활동은 분주함을 특징으로 한다. 모든 것에는 겨울에 대한 두려움이 팽배해 있다. 포도주 창고와 곡물 창고를 채우는 것은 필수적이었다. 심지어 도시 주택들에서도 포도주, 곡물, 난방과 요리를 위한 땔감 등을 안전한 곳에 별도로 보관했다.[142] 겨울이 다가오기 전인 9월 무렵에, 목초지 지대(地代)와 한 해의 비용을 지불하기 위해서 메디나셀리 등지의 에스파냐 목동들은 양털을 상인들에게 선매했다. 5월에 이들은 옥죄는 채권자들에게 서둘러 양털을 배달해야 했다. 대신 상인들이 미리 선매금으로 주었던 50만 두카트는 겨울 나기를 보장했다.[143] 알제리의 오랑 지방 아랍인들이 지은 지하 저장고나 풀리아와 시칠리아 농부들이 만든 구덩이들 역시 겨울을 대비한 것이었다.[144]

여름의 도래와 함께 전쟁은 모든 형태—지상전, 갤리 선 전투, 해적의 습격, 시골 산적 떼의 약탈 등—로 다시 활성화되었다.

도로들은 교역으로 번잡해졌다. 육상에서 여행객의 주적은 이제 땡볕이었다. 그 대신에 야간에 혹은 이른 아침에 이동할 수 있었다.[145] 바다에서는 사하라 사막으로부터 불어오는 뜨거운 바람이 화사한 날씨와 함께, 더욱 중요하게는, 안정적인 기후 조건을 가져다주었다. 5월에서 10월 사이에 에게 해에서는 에테지안 계절풍이 북에서 남으로 불다가[146] 초가을에 폭풍우가 다시 시작되었다.[147] 오스만 제국 땅을 두루 다녔던 토트 남작이 말하기를, 6월에 크레타 섬과 이집트 사이에는 "무역풍이 서에서 북으로 불고 파도가 높지 않기 때문에, 항해사들은 이집트에 도착할 시점을 계산할 수 있었다."[148] 우리가 이미 보았듯이, 1550년 블롱 뒤 망은 이러한 무역풍 덕에 로도스 섬에서 알렉산드리아까지 성공적으로 항해할 수 있었다. 여행 기간을 예측할 수 있었기 때문에 여행은 비교적 확실했으며, 모든 바다가 잔잔했다. 노년의 도리아 대공이 되뇌었듯이, "지중해에는 항구가 3개 있으니, 카르타헤나, 6월, 그리고 7월이 그것이다."[149]

항해는 이처럼 평온한 여름에, 특히 수확기에는 교역이 증가했기 때문에, 더 활성화되었다. 해운량이 절정에 이르는 시기는 밀을 거둘 때와 타작할 때, 과일을 딸 때, 포도를 수확할 때였다. 그해의 새 포도주가 나오는 시기는 큰 교역의 기회였다. 최소한 세비야에서는 새 포도주 매출이 정해진 날짜에 이루어져서, 일종의 포도주 정기시가 되었다. "10월 7일에서 19일 사이가 새 포도주 매출 시기로 알려져 있다"라고 1597년 메디나 시도니아 공작이 썼다.[150] 소금, 올리브 기름, 해외 상품만큼이나 안달루시아의 포도주를 구하기 위해서 북유럽의 상선들이 에스파냐로 왔다. 세르반테스는, 『개들의 대화(Coloquio de los Perros)』[151]에서, 부덕한 여인이 경찰과 짜고(뻔한 설정이다) 사기행각을 벌이는 이야기를 썼다. 이 여인은 "브르통인(Breton)"(브르타뉴인, 잉글랜드인 등 북유럽인들을 일컫는 말이었다)에게 사기치는 데 일가견이 있었다. 그녀는 한 친구와 함께, "외국인을 물색하고 다녔는데, 세비야와 카디스에서 새 포도 수확을 할 때가 되면 먹잇감들 역시 도착했다. 어느 브르통인도 그녀들의 손아귀에서 벗어날 수 없었다."

지중해 전역에 걸쳐서 포도 수확은 유흥과 방종의 기회, 곧 광란의 시간이었다. 나폴리에서 포도 수확자들은 길거리에서 마주치는 사람은 누구든지―남자든, 여자든, 수도사든, 신부든―시비를 걸어도 괜찮았다. 이는 여러 가지 악습으로 이어졌다. 나폴리 부왕(副王) 페드로 드 톨레도는 "정직(onestità)"의 수호자이자 이단적 관습의 적대자로서 이와 같은 불쾌한 관습에 대한 금지령까지 반포했다.[152] 이 법령이 성공적이었는지는 알 수 없다. 여름과 새 포도주의 결합에 저항할 방법이 어디 있겠는가? 무화과가 수확되는 곳[153]이든 무르시아 평야처럼 뽕잎 수확이 있는 곳이든[154] 집단적 흥겨움을 막을 길이 있겠는가? 라구사는 빈틈없는 도시이기도 하고 또다른 도시들보다 빈틈이 없을 수밖에 없는 도시였기 때문에, 시 당국에게 포도 수확은 경계와 경고의 시간이었다. 성벽과 성문에 대한 감독이 강화되었고, 외국인들—특히 풀리아 사람들—에 대한 무기 소지 검색이 이루어졌다. 1569년 8월 파견관들은 "풀리아인들에 대해서는 많은 시민들이 무엄한 자들이라고 생각했다······"고 말했다.[155]

여름은 또한 어부들에게 어획량이 풍부한 계절이었다. 특히 다랑어는 계절적 변동이 심했다. 여름이 되어야 다랑어 그물망이 투입되었고, 펠리페 2세 시대의 안달루시아 다랑어 어획 독점권을 가진 메디나 시도니아 공작은 모집책을 풀어서 일꾼들을 동원했다. 그는 마치 군대를 징집하듯이 일꾼들을 동원했다. 환절기, 곧 겨울 직전과 직후에 보스포루스 해협에서는 전설적인 어장들이 열렸다.[156] 역시 겨울의 끝 무렵이자 어획철이 시작되기 직전인 1543년 4월에 마르세유에 소금에 절인 물고기를 담는 통들을 가득 실은 배들이 프레쥐스로부터 도착했다. 17일에는 3척에 1,800통이, 21일에는 200통이, 26일에는 600통이, 30일에는 1,000통이 도착했다.[157]

여름의 전염병

그러나 날씨가 더워지면 겨울 동안에 일시적으로 진정되었던 풍토병들이 다시 창궐했다. 토트 남작이 언급했듯이, 흑사병은 "봄에 맹위를 떨치기 시작해서 보통 겨울 초까지 계속된다."[158] 지중해에서 돌던 모든 전염병에 대해서도 마찬가지로 말할 수 있다. 예외라면 북아프리카의 풍토병 발진티푸스인데, 주로 여름이 오기 전에 약화되었다. 역시 도시들이 가장 크게 전염병의 위협에 노출되었다. 여름마다 로마는 열병으로 큰 위험에 처했다. 그래서 추기경들은 모두 교외 저택, 자기 소유의 포도원으로 피신했는데, 이 저택들은 스카롱의 견해와는 반대로 단순한 사치는 아니었다.[159] 1568년 7월 로마에 프랑스 국왕의 대사인 랑부예 추기경이 도착했을 때, "페라라 추기경과 비텔리 추기경은 더위를 피하기 위해서" 도시를 이미 떠났고,[160] 다른 사람들 역시 마찬가지였다. 식스투스 5세 자신도 나중에 건강을 위해서 여름마다 교외로 나갔는데, 그의 별장—산타 마리아 마조레 근방 에스 퀼리누스 골짜기에 있었기 때문에[161] 사실 위치는 별로 좋지 않았다—이나 퀴리날레 언덕에 있는 신축 교황궁에서 보내곤 했다.[162] 여름이 절정에 이를 때, 심지어 최근에도, 로마는 텅 비고 "불타는 것처럼 덥고, 열병 때문에 저주 받은 곳 같았다."[163]

모든 곳에서—로마든, 아비뇽이든, 밀라노든, 세비야든—부자들은, 귀족이든 부르주아든, 평신도든 성직자든, 뜨거운 도시를 탈출했다. 펠리페 2세는 에스코리알 궁전에서 고독뿐만 아니라 카스티야의 무자비한 열기를 피해 시원함을 즐겼다.[164] 부자들의 재담꾼이자 식객이자 기록자인 반델로만큼 능력 있는 자들의 여름 대이동을 잘 설명해줄 사람이 어디 있겠는가? 여름의 더위가 기승을 부릴 때 밀라노의 베아트리체 성문 근방에 있는 정원에서 말랑말랑한 과일을 먹고 "맛이 깊은 귀중한 백포도주"를 마시는 것은 얼마나 좋았을까?[165] 그가 전하기를 "지난 여름, 밀라노의 끔찍한 더위를 피하기 위해서, 나는 영주 알레산드로 벤티볼리오 님과 그의 부인 이폴리타 스포르차 님과 동행하여 그들의 저택, 곧 아다 강 건너편에 있는, 사람들이 궁전이라고 부르는 저택에 가서 3개월간 머물렀다."[166] 또 한 번은, 브레시아의 반대편, 곧 산 고타르드 고개에 가서 식사 후에 "여자들 혹은 여자들에 대한 조롱거리"에 관해서 이야기할 기회가 있었다.[167] 반델로가 소설 속에서 묘사한 귀인들의 모임은, 피나루올로 근방에 달콤한 풀내음이 가득한 목장으로 피크닉을 간다가 근처 운하에서 시원하고 맑은 물이 흐르는 곳으로 피크닉을 간다. 다른 소설에서는 모임이 올리브 나무 아래에서 열리는데, 여전히 흐르는 물이 있는 샘 근처이다. 바로 300년 전 『데카메론』의 이야기들이 이미 묘사한 광경이 아닌가?

지중해 기후와 오리엔트

사막의 계절적 리듬은 지중해 생활의 리듬과 정반대가 된다. 사막에서는 활동의 둔화 혹은 정지는 겨울보다는 여름의 일이다. 여름의 압도적인 더위는 모든 것을 정지시키고 중단시킨다. 10월-11월 대추야자 수확을 마친 후에 생활과 상업은 새로 시작된다(메카 순례의 시기이기도 하다).

타베르니에는, 2월과 6월과 10월에 이즈미르에는 대상 행렬이 도착한다고 말했지만,[168] 이즈미르와 소아시아는 진정한 사막지대의 바깥이다. 9월-10월 이집트에 도착하는 낙타들[169]은 멀리서 왔을까? 4월, 5월, 6월에 진정한 의미의 대상들이 카이로에 도착했다.[170] (19세기의 증언이지만) 드 세르세는 여름에 바그다드와 알레포 사이의 사막을 건너는 것은 불가능하다고 주장했다. 1640년경 호르무즈 해협에서 출발하는 대상 행렬은 12월 1일부터 3월 사이에 움직였다.[171] 오랑 이남에서는 20세기에 들어와서도 11월의 대상이 가장 중요한 대상이었는데,[172] 이처럼 늘 반복되는 현상은 마치 지중해에서 4월에 대상 활동이 다시 시작되는 것과 같다.

따라서 사막 이북과 이서에서 모든 것이 동면에 들어갈 때 사막은 깨어나기 시작한다. 여름에 스텝을 떠난 가축 떼는 풀이 새로 돋은 목초지로 돌아오고, 대상들처럼 사막의 길로 나선다. 불확실한 시기가 지나가고, 삶은 동시에 더 편안하고, 풍족하고, 부지런해진다. 고고학자 사쇼는 쿠트[이라크 동부]에서 사람들이 겨울에 운하를 수리하고 야채를 기르는 모습을 보고 놀랐다.[173] 사실 그것은 완전히 정상적인 행위, 곧 스텝 지대의 관습적인 생활 리듬이었다.

계절의 리듬과 통계

우리는 그동안 역사서에서 다루지 않은 이러한 기후라고 하는 주요 문제를 더 면밀하게 살펴보아야 한다. 우리는 통계를 이용할 수 있을 것인가? 16세기의 경우에는 불완전하고 불충분한 것이지만, 그래도 들여다볼 가치가 있다.

나는 이미 1543년 마르세유의 하역 기록을 통해서 프레쥐스에서 오는

```
                          ×
                          ×
                          ×
                          ×
                          ×
                          ×
                   ×      ×
                   ×      ×
                   ×      ×
                   ×      ×
                   ×      ×
      ×            ×      ×
      ×            ×      ×
      ×            ×      ×                              ×
      ×      ×     ×      ×              ×        ×      ×      ×
      ×      ×  ×  ×      ×        ×     ×        ×      ×      ×
      ×      ×  ×  ×      ×        ×     ×  ×     ×      ×      ×
      ×      ×  ×  ×      ×        ×     ×  ×     ×      ×      ×
      ×      ×  ×  ×      ×  ×     ×     ×  ×     ×      ×      ×
      ×      ×  ×  ×      ×  ×  ×  ×     ×  ×     ×      ×      ×

      9      6  5  14     20 2  1  5     6  4     7      6
```

월별 기록. × = 보험 계약 1건 (라구사 문서보관소)

"소금에 절인 물고기"를 위한 빈 통들의 발송이 어획철이 오기 직전인 4월에 가장 많았다는 것을 보여주었다.

1560년 라구사에서 계약된 해상 보험 기록들[174]은 4월과 5월의 중요성을 보여준다. 익히 예상할 수 있는 대로, 긴 항해가 시작되기 직전에 선박 보험을 들었던 것이다.

리보르노의 입항 기록[175]은 하역된 선적물과 함께 입항한 선박의 선명과 출항지를 알려준다. 이러한 문서들은 견직물이 7월과 10월 사이에 도착했음을 알려준다. 알렉산드리아로부터 후추는 1월과 7월 내지 8월 사이에 도착했고, 사르데냐 섬의 치즈는 10월 이후에 도착했다. 이러한 작은 계절 적 변동은 모두 연구 대상이 될 만한 가치가 있다. 리보르노의 월별 변동은 다른 항구들의 월별 변동과 완전히 일치하지는 않는다. 심지어 가장 가까운

1578, 1581, 1582, 1583, 1584년 및 1585년 리보르노에 입항한 선박

연도	4월1일-9월 30일(하절기) 도착한 모든 선박	10월 1일-3월 31일(동절기) 도착한 모든 선박	합계
1578	171	126	297
1581	84	107	191*
1582	199	177	376
1583	171	171	342
1584	286	182	468
1585	147	160	307
합계	1,058	923	1,981

* F. Braudel and R. Romano, *op. cit.*, 부록 1.에 기록된 181은 오류이다.

1. 갤리 선은 제외함

같은 기간 리보르노에 입항한 선박의 월별 통계

연도	1월	2월	3월	4월	5월	6월	7월	8월	9월	10월	11월	12월
1578	27	40	40	49	24	27	30	26	15	6	7	6
1581	13	4	5	9	7	15	20	23	10	29	27	29
1582	27	27	33	38	29	44	52	19	17	17	37	36
1583	22	18	21	37	22	28	27	33	24	39	38	33
1584	57	36	31	36	46	55	46	72	31	21	30	7
1585	34	27	17	20	33	17	25	28	23	18	37	28
합계	180	152	147	189	161	186	200	201	120	130	176	139

1. 갤리 선은 제외함

같은 기간 리보르노에 입항한 나베 선과 갤리온 선의 월별 통계

연도	1월	2월	3월	4월	5월	6월	7월	8월	9월	10월	11월	12월	합계
1578	9	7	3	3	4	2	1	3	0	4	3	4	43
1581	11	4	3	4	6	3	0	4	2	8	4	3	52
1582	5	1	4	6	0	3	1	1	4	2	4	6	37
1583	0	2	5	1	1	3	0	3	0	2	1	3	21
1584	8	2	6	3	6	2	2	1	2	5	2	2	41
1585	1	7	9	2	0	2	3	0	0	2	2	3	31
합계	34	23	30	19	17	15	7	12	8	23	16	21	
다른 선박 들의 합계	146	129	117	170	144	171	193	189	112	107	160	118	

제노바와도 같지 않다.[176]

그러나 나는 이러한 문서들을 통해서 계절에 따른 경제적 변동을 확정적으로 파악할 수 있다고 보지는 않는다. 리보르노의 통계는 그처럼 단순한 해답을 주지 않는데, 그 이유는 문서들이 16세기의 통계들, 곧 불완전하고 계측이 표준화되지 않은 문서들이기 때문이다. 예를 들면, 가장 중요한 정보를 제공할 수 있는 월별 하역 화물의 총적재량을 계산하는 것은 불가능하다. 리보르노의 입항 기록은 서로 다른 적재량을 가진 배들의 입항을 기록하고 있다. 소형 선박, 곤돌라, 소형 갤리온 선, 스카피 선, 레우티 선, 펠루카 선, 사에티아 범선, 나비첼로 선, 카라무살리 선, 타르탄 선, 갤리온 선과 나베 선[16세기의 100톤 이상의 라운드쉽] 등이 입항했다. 마지막 2종류의 범선이 적재량이 가장 큰 선박들이었다. 각 선박을 마치 1개 단위인 것처럼 합계하는 것도 매우 비현실적인 수치이다. 그것은 마치 킬로그램과 톤을 나란히 더하는 것과 같다. 선박 종류별로 분류하는 것도, 대형 선박을 제외하면, 별로 도움이 되지 않는다. 그래서 여기에서는 갤리온 선과 나베 선만 가지고 통계를 내보도록 하겠다. 이러한 조건을 염두에 두고, 추출한 수치는 앞의 표에서 보는 바와 같다.

이러한 수치들은 불충분하고 불완전하다. 월별 통계에 따르면, 다음의 3개월이 다른 달들보다 바빴던 것 같다. 겨울이 끝날 무렵인 4월, 곧 재고를 처리해야 할 시기와 7월과 8월, 곧 곡물 수확 시기 이후이다. 가장 한가한 달은 9월과 10월이었다. 표에 따르면, 4월에는 입항 189건, 7월에는 200건, 8월에는 201건이지만, 9월에는 120건, 10월에는 130건으로 눈에 띄게 감소하고 있다.

나베 선과 갤리온 선의 기록은 대형 화물선과 장거리 항해를 가리킨다. 이러한 선박들의 활동은 적재량이 작은 선박들의 활동과 구분되어야 한다. 후자는 4월, 7월 및 8월에 분주했던 반면, 대형선(나베 선과 갤리온 선)은 7월에 최저 수치를 보여주고 1월에 최고 수치인 34건을 보여준 후, 3월에

30건, 2월과 10월 23건을 보여준다. 북유럽 선박들의 대규모 도착은 리보르노가 보여주는 이러한 불일치를 더욱 심각하게 했다.[177] 입항 기록에서 볼 수 있듯이, 단거리 곡물 운송은 소형선들을 통해 7월 및 8월에 이루어질 수 있었던 반면, 장거리 항해는 대형선들이 담당했고 이들 선박을 통해서 먼나라 상품들이 운송되었다. 리보르노의 통계가 반영하는 지중해 서역에서는—아마도 지중해 전역에서는—장거리 및 단거리 모두에서 겨울 항해의 어려움이 어느 정도 극복된 것 같다. 로도스 섬에서 겨울에는 항해가 이루어지지 않을 것이고 또 이루어져서도 안 된다는 가정하에서, 법으로 겨울철 해상 보험을 금지하던 시기는 이제 과거가 되었다. 15세기에 북유럽의 "코그 선"의 도래는 악천후에 대한 지중해의 승리의 시발점을 표시하는 것 같다. 베네치아의 갤리 선들은 이미 겨울철 항해를 감행하는 위험을 감수하고 있었고, 이러한 경향은 16세기에 더욱 강화되어, 17세기에 타베르니에는 "유럽의 바다들과 달리 인도양에서는 사계절 항해가 존재하지 않는다"고 말할 수 있었다.[178] 16세기에는 오로지 갤리 선들과 유사한 선박들만이 악천후 항해가 불가능했다. 다른 선박들의 경우, 특히 상인들의 대형 라운드쉽의 경우 악천후의 위험은 여전히 컸지만, 항해를 중단시킬 정도는 아니었다. 기술 발전으로 나날이 그 위험이 감소하고 있었다. 머지않아 갤리 선 자체가 사라지고 군함이 출현하여 악천후에서 항해도 전투도 할 수 있게 될 것이었다. 트리폴리의 해적선들은 16세기 이래로 겨울철 해적질에는 고속선을 사용하고 갤리 선은 여름에만 무장을 했다.[179]

이러한 방대한 문제들에 대해서 리보르노의 입항 기록은 별로 알려줄 수 있는 것이 없다. 게다가 단지 입항에 대해서만 알려줄 뿐이다. 해운의 나머지 반, 곧 출항에 대해서는 알 길이 없다.

우리가 1507년에서 1608년 사이 베네치아에서 성지로 떠난 독일 순례자들의 기록, 곧 뢰리흐트가 수집해서 편집한 귀하고 잘 조사된 대략 30여 건의 항해 기록에서 알아낼 수 있는 것에도 역시 한계가 있다.[180] 그럼에도

베네치아-성지 순례 여행 기간

출항 여정		귀항 여정	
1507	50	1507	86
1507	46	1507	152
1517	29	1519	79
1520	72	1521	92
1521	43	1523	101
1523	49	(키프로스 섬에서의 18일 체류 포함)	
1523	57	1523	90
1546	39	(예루살렘으로부터의 여정 포함)	
1549	33	1527	80
1551	35	1553	79
1556	40	1561	112
1561	47	1581	118
1561	62	[1587	73]
1563	26	1608	65
1565	40		
1565	38		
1583	26		
1587	40		
1604	49		
1608	44		
평균: 43일(반올림)		**평균 93일**	

동일 선박의 출항 및 귀항 항해 여정

출항 여정	귀항 여정	비율
1507 ························ 50일	86일	1.72
1517 ························ 29일	79일	2.7
1521 ························ 43일	92일	2.1
1523 ························ 49일	101일	2.06
1523 ························ 57일	90일	1.57
1608 ························ 44일	65일	1.47
평균 ························ 45일	평균 85.5일	1.9

출항과 귀항 여정의 기간 차이는 위 표의 평균 기간 차이(43-93일)와 거의 동일하다

이러한 항해들은 최소한 서로 비교가 가능하고 1세기에 걸친 사례들을 제공한다는 이점이 있다.

순례자들은 하절기 한가운데인 6월 혹은 7월에 출항했다. 출항 일자가 기록된 24건의 사례 가운데에는 출항이 5월 1건(20일), 6월 10건, 7월 11건, 8월 1건 및 9월 1건이었다. 순례자들은 사파 혹은 시리아의 트리폴리에 7월, 8월, 9월에 도착했다. 귀항 일자가 기록된 23건 가운데에는 6월 1건, 7월 7건, 8월 11건, 9월 10건, 10월 1건, 11월 0건, 12월 1건이 있었다. 해안에서 예루살렘까지의 왕복 여정은 예루살렘 체류 2-3일을 포함해서 매우 신속히 이루어져 3주일에서 1개월 정도 걸렸다. 순례자들은 보통 타고 왔던 배에 다시 승선했다. 사파, 베이루트 혹은 시리아의 트리폴리에서 출항은 주로 8월(12건 가운데 6월 1건, 8월 6건 9월 2건, 10월 3건)에 이루어졌다. 보통 12월에 순례자들이 다시 베네치아에 도착했다(13건의 귀항 가운데 11월 4건, 12월 7건, 1월 1건, 2월 1건).

이 숫자들로부터 여름과 겨울 항해, 또 출항과 귀항 여정 사이의 상대적 기간에 대한 정보를 구할 수 있다.

귀항 여정은 출항 여정의 거의 2배였다. 단지 계절 때문인가? 혹은 동일 항해로를 역방향으로 이동하는 데에 풍향과 관련된 어떤 어려움이 있었는가? 후자는 별로 설득력이 없다. 1587년에는 73일 걸린 항해 기록이 있는데, 내용을 검토해보면, 이는 귀항 여정이 아니라 출항 여정이었고 특이하게 여름이 아니라 가을에 출항한 경우였음을 알 수 있다. 선박은 1587년 9월 29일 베네치아를 출항해서 12월 11일에 트리폴리에 겨우 도착했다.[181]

얼마 안 되는 통계에 너무 크게 의존하는 것은 실수일 것이다. 다만 위 통계는 겨울 항해가 여름 항해보다 더 오래 걸렸다는 사실을 증명한다. 수치들은 우리의 가설 및 당대인들의 증언과 일치한다. 더욱 확실성을 기하기 위해서, 마지막으로 동일한 혹은 동일한 것으로 보이는 선박들의 출항 및 귀항 여정 기록을 표로 만들었다.

계절 결정론과 경제생활

이 책의 제1판에 제시되었던 위와 같은 계산들이 우리가 다루는 문제들에 대한 해답을 구하는 데에 충분하지 않다는 것은 너무나도 분명하다. 그후로 나는 리보르노의 입항기록 통계를 분석해보았으나, 이러한 논쟁에 대해서 새로운 것을 더 밝혀주는 것은 없었다.[182] 다른 항구들에도 기록은 존재한다. 바르셀로나의 기록은 접근이 어렵고, 라구사(두브로브니크)의 기록들은 1563년 이후에나 체계적이며 접근 가능하고,[183] 제노바의 기록들은 너무 방대해서 연구자들이 엄두를 내기가 어렵다.[184] 그러나 어쨌든 나는 이러한 기록들의 체계적인 연구가 논쟁을 결론짓는 데에 얼마나 도움이 될지에 대해서는 회의적이다. 틀릴 수도 있지만, 아마 맞으리라 예상하는 느낌은, 농촌 생활이 계절의 변화에 따라서 분명히 결정적인 영향을 받는 것과는 달리, 인간의 의지와 특히 도시들은 이러한 계절적 결정론에 끊임없이 저항했다는 것이다. 겨울의 바다는 장애물이었지만, 소형 선박들은 단거리에서는 극복할 수 있었고, 대형 상선들은 설사 폭풍우 가운데 양모 더미 혹은 곡물 통을 물에 던져버리는 한이 있더라도, 장거리 항해를 할 수 있었으며, 때로는 순간적으로 "돌고래 같은 속도로"[185] 파고를 넘을 수도 있었다. 동절기 산악지대는 분명히 장애물이었지만, 특히 알프스 산맥에서는 악천후에도 불구하고 정기적인 통행이 있었음을 보았다.

겨울에 사람들이 더 조용히 사는 것은 사실이다. 이를 뒷받침하는 증거는 넘쳐난다. 아마도 가장 생각하지 못했던 증거 중 하나는 나폴리의 은행들이다. 이들은 겨울 동안에는 고객들의 저축을 주로 "국채"에 투자했던 데에 비해 여름이 되면 나폴리 왕국의 농산물 매매 및 관련 투기에 사용했다.[186] 그러나 겨울은 또한 가내 수공업의 계절, 곧 직기가 바삐 돌아가는 계절이었다. 1583년 12월 8일 피렌체에 거주하는 에스파냐 상인인 발타사르 수아레스—그는 후일 결혼을 통해서 토스카나 대공의 친척이 되었다—는 그의 메디나 델 캄포의 거래 상대인 시몬 루이스에게 양모가 부족하다고

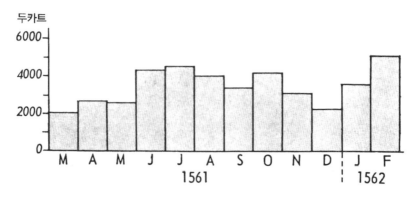

두카트

6000

4000

2000

0

M A M J J A S O N D | J F

1561 | 1562

도표 22. 베네치아 독일 상관의 계절에 따른 거래량의 움직임.
이 자료는 베네치아 정부에 지불되는 납부금에 의해서 만들어진 것이다. 인용할 수 있는 많은
다른 자료들처럼 이 자료는 동절기에 있을 수 있는 무역 활동 정지를 지적하는 어떤 분명한
계절적 변동을 보여주지는 않는다. 베네치아는 새해가 3월 1일에 시작된다.

불평했다(그는 그 직전에 양모를 공급받았었고 아주 좋은 가격에 팔았었
다). "이처럼 좋은 기회가 지나게 놔두다니, 매우 심기가 불편하다. 지금이
1년 중 가장 부지런히 일하는 시기인데, 양모가 없을 때에는 모든 것이 정
지된다."[187] 도시 당국 역시 동절기 생산량을 높이는 데에 크게 신경을 썼다.
1604년 10월 피렌체 모직물 조합들의 조합장들은 "이제 추운 날씨와 긴 밤
의 계절이 왔으니, 장인들이 양식 외에도 의복과 조명이 모자라지 않도
록……" 최대한 지원해야 한다고 말했다.[188]

따라서 수많은 예외가 발생했다. 인간의 생활은 환경의 명령에 응답하지
만, 그것을 회피하고 그것으로부터 해방되려고 시도하다가 또다른 그물에
갇히곤 한다. 역사가들은 이러한 점을 어느 정도 정확하게 복원했다.

3. 16세기 이후 기후는 변화했는가?

우리가 감히 마지막 질문—16세기 이후 기후는 변화했는가—을 제기하
고자 한다면, 우리는 신뢰성이 부족한 자료 더미를 개봉해야 하고 도리어

위험하기도 한 저널리즘적인 글들에 귀를 기울여야 한다.

그럼에도 불구하고, 모든 것이 변화하고, 심지어 기후도 변화한다. 오늘날 누구도 자연 지리학이 고정적이라고 믿지 않는다. 비록 미세한 변화이기는 하지만, 경도선 역시 변한다는 사실을 상기시킬 필요가 있을까? 게르하르트 졸레[189]는 동부 알프스 산맥이 바이에른 방향으로 움직이고 있다고 주장한다. 그 이동 속도(1년에 1센티미터)는 우스울 정도이지만, 특정 취약 지점에서는 눈사태, 산사태 등 알프스 산맥의 주요 재난을 일으킬 정도로 충분하다. 오랜 세월 동안 지리학자들은 지중해 해안선의 역사적 변화에 주목했다. 일부는 물론 델로스 섬과 같은 특정한 사례를 토대로 해안선이 거의 변하지 않았다고 주장한다.[190] 다른 한편에는, 테오발트 피셔, R. T. 귄터, 알프레트 필립손 등의 연구가 있다. 기본적인 문제는 관측된 변화들이 엄격히 국지적인지 아닌지 판별해야 한다는 것이다. 아고스티노 아리고[191]와 디나 알바니[192]의 연구에 따르면, 지중해 해안이 차례로 손상되고 또 메워지는 시기가 번갈아 있었다. 마찬가지로 시칠리아 동부 타오르미나 해안에는 설명이 불가능한 부식과 침전의 단계들이 15년 단위로 연속적으로 존재했다. 19세기 중반 이래로 바다는 점차 육지를 침범했고, 반대 방향의 움직임이 몇몇 있었지만, 1900년 이후 상황은 더욱 악화된 것 같다. 이는 아프리카 해안이든 몬테 가르가노 산 밑의 해안이든 나일 강의 삼각주 주변이든 마찬가지이다. 이와 같이 바다가 육지를 침범하는 경향이 언젠가 역전되지 않으리라는 증거는 없다. 이 모든 것은, 르 다누아가 대서양에서 추적하려고 했던 것처럼, 지중해에도 어떤 형태의 주기적인 변화가 있을 가능성을 제시한다.[193]

기후 역시 마찬가지일 수 있다. "모든 것이 변화하고, 기후 역시 마찬가지로 변화한다."[194] 그러나 기후가 변화한다면, 인간의 탓일 수도 있다. 기후 변화는 어떤 곳에서는 대규모 삼림 벌채 때문에, 다른 곳에서는 관개와 농경의 중단 때문에 일어날 수 있는데, 특히 건조 지대에서는 치명적인 재앙[195]이 될 수도 있다. 피셔는 시칠리아의 기후가 무슬림 정복 이후 더욱 건조해졌다고 확신한다. 그렇다면, 인간의 탓인가 자연의 탓인가? 괴츠는 귀중한 저서 『역사 지리학(*Géographie Historique*)』[196]에서 샘의 고갈 현상은 무슬림 정복에 앞서 일어났을 수 있었고, 이 경우 남쪽에서 온 정복자들은 수자원 위기를 해소할 수 있는 관개 기술을 가지고 왔을 수 있다고 보았다.

어쨌든, 역사상 또 현재에도 기후 변화가 있었으며 또 진행 중이라고 인정하는 많은 문헌들이 늘어나고 있다. 북극의 빙하는 1892-1900년 이래로 축소되어왔으며,[197] 사하라 사막은 남북 아프리카 두 방향으로 확대되었다고 한다.[198]

반대로 과거에 모든 책들과 연구서들은 기후는 불변적인 것이라고 단정했다. 그들의 주장이 완전히 설득력이 있다고 볼 수는 없다. 파르치에 따르면,[199] 튀니지 남부의 제리드 호수는 형태가 거의 바뀌지 않았는데, 현재의 호변에 위치한 네프타와 토주르가 고대 로마 시대의 네프타 및 투수루스와 일치하기 때문이라고 한다. 일설에 따르면,[200] 고대 나일 강의 범람은 오늘날의 범람과 비슷하다고 한다. 미노아 시대의 크레타 섬의 식물계는 (당대 예술을 토대로) 백합, 수국, 크로커스, 석죽 등이었고 오늘날 지중해의 봄의 식물계와 정확히 일치한다고 한다.[201] 또 16세기 바야돌리드 주변의 소나무 재조림은 전적으로 인간의 계획에 의해서 이루어졌다고 한다.[202]

이러한 주장들과 비슷한 성격의 다른 주장들을 우리는 결정적인 증거로 간주할 수 없다. 우선은 문제에 대한 불충분한 이해를 드러낸다. 과거 어느 시점의 기후가 오늘날의 기후와 동일하다는 것은 그 사이에 있었던 주기적인 기후 변동 여부에 대해서 증명해주는 것이 없다. 진정한 문제는 주기성이 있었는지 여부인데, 최근의 연구서들은 점점 더 주기성이 있었다는 가설에 힘을 실어준다. "대략 30년 주기는 매우 가능성이 있다"라고 한 전문가는 결론을 내린다.[203] 그리고 물론 다른 숨겨진 단기 주기와 장기 주기가 있을 수 있을 것이다.

그러므로 기후는 변화하기도 하고 또 변화하지 않기도 한다. 기후는 평형점과의 관계에 따라 변화하고, 그 평형점은 비록 변화하지는 않아도 아주 미세하게 움직이는 중이다. 이 점이 매우 중요하다. 프랑수아 시미앙의 A 국면과 B 국면에 더해서,[204] 역사가들은 대가뭄 혹은 다습, 고열 혹은 냉기의 단계들을 더할 수 있지 않을까? 예를 들면, 1450년에 대해서 르 다누아가 언급한 것이나, 가스통 루프넬이 "13세기와 15세기 사이에 유럽의 생활 조건을 변화시킨 심각한 기후 불안이 역사적으로 존재했다는 것을 인정하려고 하지 않는 역사가"[205]에게 반대하여 쓴 글을 보라.

그런 식으로 논쟁이 벌어지고 있다. 지중해에 관한 한 우리는 몇 가지 일반적인 정보와 한두 가지 가설에 한정해서 논의하겠다.

기후의 변동은 매우 가능성이 높다. 그 성격과 기간은 아직 확실하지 않다. 알프스 산맥의 경우, 어쨌든, 그 흔적이 드러나 있다. U. 몬테리니에 따르면,[206] 1300년 이후 산악지대는 더욱 건조하고 온난하게 되었고, 1600년 이후에는 반대로 점점 더 한랭해지고 다습하게 되어 결과적으로 빙하의 하강이 시작되었다. 그리고 1900년 이후에는 새로운 국면이 시작되었다. 알프스 산맥은 다시 건조해지기 시작했고 빙하는, 우리가 익히 알듯이, 전체적으로 축소되었다. [알프스 중부의] 호에 타우에른 산맥 지역에서는 현재 빙하의 축소로 고대 로마 시대에 그리고 다시 중세에 운영되었던 고지대의 금광들이 드러났다.[207]

그것은 에마누엘 드 마르톤이 주장한 30년 주기와는 거리가 멀다. 그러나 이러한 알프스 산맥의 기후사는 과학적 근거가 있는가? 우리는 확실하게 말할 수 있는 것이 없다. 빙하학자들은 일반적으로 문제를 이처럼 칼로 자르듯이 단정 짓지는 않는다(1773년 빈에서 출간된 발허의 『티롤 지방 빙하 연구(Nachrichten von den Eisbergen in Tyrol)』도 마찬가지로 단정 짓기를 거부한다). 더구나 알프스 산맥이 보여주는 기후 변동이 지중해 전체의 기후 변동을 반영한 것이거나 연계된 것이라고 주장할 수 있겠는가? 오늘날의 기후는 그렇다고 암시하는 듯하다. 왜냐하면 빙하는 알프스 산맥뿐만 아니라 카프카스 산맥에서도 후퇴하는 중이고,[208] 동시에 소아프리카[북아프리카] 남부에서는 사하라 사막이 확장하는 중이기 때문이다.

이러한 도식을 받아들인다면, 그 역사적 영향력은 예측이 가능하다. 1300년경에 곧 알프스 산맥 지역의 온도가 상승 중이라고 추정될 때에, 독일 정착민이 로자 산의 남쪽 경사면의 고지대에 자리잡았다는 사실[209]은 우연의 일치라고 하기는 어렵게 된다. 마찬가지로 1900년경과 이후 20년간 기후 조건이 비슷하던 시기에 이탈리아의 산악 마을에서 알프스 산맥과 아펜니노 산맥 북쪽의 높은 봉우리들(예를 들면 아푸안 알프스 산맥[아펜니노 산맥의 지맥]이나 발 베노스타 계곡 등지)로 이주하여 새로운 영구적인 마을들이 해발 1,500-2,000미터에 소위 스타볼리[Stavoli : 반 년 거주지] 지대에 생겼다는 것[210] 역시 우연이라고 하기는 어렵다.

나아가, 이것이 어느 정도 근거 있는 이론이며 따라서 1600년경 기후가 더욱 한랭하고 다습해졌다는 주장을 받아들인다면, 왜 당시 올리브 나무가 치명적인 냉해를 입었는지도[211] 설명할 수 있고, 왜 홍수가 그토록 빈번했는지는—예를 들면, 1585년과 1590년 토스카나 지방의 밀 수확을 망친 홍수들—물론이거니와 왜 습지가 확대되어 말라리아 발병이 그토록 확산되면서 인간 생활을 더욱 어렵게 만든 제반 조건들이 생겼는지를 설명할 수 있을 것이다. 여기까지 이르면 신중함을 넘어서는 것이라고 할 수도 있지만, 언급하지 않을 수가 없다. 16세기 말의 드라마에 대해서 설명하는 데에는 인구나 경제 요소를 드는 데에 어려움이 없다. 그렇지만 이때 기후가 분명히 어떤 역할을 했는지 확인할 수는 없고, 더 나아가서 기후가 일반적으로 역사의 변수라고 단정할 수는 없다. 그것을 확증하는 것은 어렵다. 몇몇 사례들이 이 점을 잘 말해준다.[212]

16세기에 론 강 분지에는 홍수가 무척 잦았다. 1501년 7월 론 강이 리옹에서 범람했고, 1522년 아르데슈 강이, 1524년 2월에는 역시 론 강의 지류인 이제르 강과 드라크 강이, 1525년 8월에는 다시 이제르 강이, 1544년 10월에는 비엔에서 지에르 강이, 1544년 11월에는 론 강과 뒤랑스 강이, 1548년 11월에는 다시 론 강과 뒤랑스 강이, 1557년 9월 9일에는 론 강이 아비뇽에서, 1566년 8월 25일에는 뒤랑스 강과 론 강이 아비뇽 주변 지역에서, 1570년 12월 2일에는 당대 론 강 최악의 홍수가 있었는데, 특히 리옹에서 심각했다. 1571년에는 다시 론 강이 범람했고, 또 1573년 10월에는 보케르가 잠겼다. 1579년 9월에는 이제르 강이 그르노블에서, 1580년 8월 26일에는 론 강이 아비뇽에서, 1578년에는 론 강이 아를에서 범람하며 10월부터 이듬해 2월까지 랑그도크 남부 일부가 침수되었다. 1579년에는 다시 아를에서, 1580년에는 또다시 아를에서 홍수가 났고(사람들은 생전에 론 강의 수위가 이때처럼 높았던 적이 없었다고 증언했다), 1581년 1월 5일에는 론 강과 뒤랑스 강 둘 모두 범람하여 아비뇽에서 홍수가 났고 2월 6일 재발했고, 1583년 론 강이 카마르그 지방이 침수되었고, 1586년 9월 18일에는 론 강이 아비뇽에서, 1588년 11월 6일에는 제에르 강이 범람했고, 1590년에는 다시 아비뇽에서 피해가 막심한 홍수가 났다[이 문단에 등장하는 강들은 모두 론 강의 지류이다].

이러한 기록들은 세기말로 다가갈수록 점점 더 홍수가 빈발했다는 인상을 줄 수 있다. 그러나 론 강의 홍수들은, 우리 입장에서 보면, 지중해성 기후의 부침을 보여주기에 좋은 지표는 되지 않는다. 그럼에도 불구하고, 당대인들의 증언을 믿는다면, 강수량은 16세기의 마지막 수십 년에 증가한 것으로 보인다. 1592년 루이 골뤼는 그의 『세쿠아니 공화국(*République Séquanoise*)』[세쿠아니인은 브장송 부근에 거주한 갈리아인이다]에서 대장간 주인과 더 많은 "신민……그리고 세금"을 탐하는 영주들이 삼림을 벌채한 탓에 홍수가 빈발했다고 썼다. 그리고 덧붙이기를, "……26년 동안 비가 더 자주, 더 길게, 더 많이 내렸다."[213] 이는 돌 지방에 대한 이야기였다.

1599-1600년 엑상 프로방스에서 뒤 에츠는 그가 집필하던 역사서에서 쓰기를,[214] "추운 날씨와 눈이 6월 말까지 지속되고, 그때부터 12월까지 비가 내리지 않았다. 그리고서는 눈이 다시 쏟아져서 마치 땅이 물에 빠진 것 같았다." 칼라브리아에서는 캄파넬라의 소위 "이야기(narrazione)"에 따르면, "1599년이 저물고 새해가 왔는데, 로마에서 티베르 강이 엄청나게 범람하여 성탄절을 기릴 수 없었고, 역시 롬바르디아에서는 포 강이 범람하여 마찬가지였고, 스틸로[칼라브리아의 마을]에서는 비가 너무 많이 내려 교회들이 모두 물에 잠겨 성 시마나의 축일을 기릴 수 없게 되었다"고 한다.[215] 페라라 출신으로 티베르 강의 범람을 목격한 사람이 도래하자,[216] 곧이어 모두가 산으로 피신하여 세상의 종말을 고하는 기적적인 징표들에 대해서 논했다. 세기 말이 다가오고 있어서 더 그렇게 보였고, "세기의 돌변"은 가장 냉정한 사람들조차도 흔들리게 했다. 이듬해 1601년 6월에는 발칸 지역에 폭우가 내려서 곡식을 망치고 "포 강과 롬바르디아의 큰 강들에서와 같은" 파괴적인 홍수가 났다는 증언이 있고,[217] 또다른 증언은 비가 억수같이 내려서 "대기가 부패했다"며 두려워했다고 한다.

이는 모든 사실인데, 그렇다면 어떤 결론을 내릴 수 있겠는가? 지중해의 기후가 16세기 말로 다가갈수록 변했다고 할 수 있겠는가? 여기에 제시된 증거들과 이런 결론 사이에는 여전히 큰 간극이 있다. 이 점은 받아들여야 한다. 모든 방면에 걸친 조사를 위해서는 모든 문헌들이 면밀히 검토되고 구체적 사실들이 제공되어야 한다. 비록 현재의 지식 상태에서는 해답을 제시할 수 없다고 하더라도, 문제는 여전히 남아 있고 또 제기되어야 한다. 역사가만이 기여할 수 있는 문제가 아니다. 역사가만이 아니라 다른 연구자들도 이 문제에 대해서 말하고 또 책임질 부분이 있다는 것을 인정한다면, 우리의 노력들은 헛되지 않을 것이다.

"부록"

1947년 이 책이 처음 출판되었을 때, 위의 섹션은 상당한 논란을 야기했다. 그럼에도 불구하고, 나는 지금까지 내용의 논지를 바꾸지 않았다. 독자 입장에서는 의아해 할 수 있지만, 당시 내 생각은 무모하다고 지적받았다. 1958년 출간된 최근의 논문에서, 구스타프 우터슈트룀[218]은 되돌아보건대 내 주장이 너무 소심했다고 평가한다. 연구의 길은 이와 같고, 누구보다도 나는 이에 대해서 불만이 없다.

중요한 사실은 지난 15년간 이러한 결정적인 문제에 대해서 계속 연구가 진행되었다는 점이다. 이보다 더 중요한 문제는 거의 없다. 기후 변동을 통해서 외부적인 힘이 인간에게 영향을 미치고 있고 그것은 가장 일상적인 설명의 일부가 되었다. 오늘날 기후 변동은 의심의 여지 없이 널리 받아들여진다.

서술적인 사실들을 모으는 내 원래 연구의 간명한 방법을 지속하여 나는 정보를 보충했다. 무엇보다도 세기말에 혹독한 기후가 증가했다는 점이다. 지속적인 강우, 파괴적인 홍수, 예외적인 혹한 등이 있었다. 예를 들면, 루이스 카브레라 데 코르도바의 연대기는 1602-1603년의 겨울에 대해서, "에스파냐 전역에 널리 한파와 서리가 내려 모든 지역들이 예외 없이 혹한에 대해서 불평했다. 심지어 세비야와 여타 해안 도시들조차 그렇다. 특히 세비야에서는 과달퀴비르 강이 얼었는데, 이는 전례 없는 일이라고 썼다. 겨울을 거의 감지하지도 못했던 작년과 너무 다르다.……"[219] 발렌시아[220]에서는 1589년, 1592년, 1594년, 1600년, 1604년에 냉해가 이어졌고, 지중해 전역에서 16세기 말과 17세기 초에 유사한 기록들이 많이 있다. 최근 에마뉘엘 르 루아 라뒤리의 연구 역시 비슷한 현상을 언급한다. "론 강이 꽁꽁 얼어붙어 노새, 대포, 이륜 수레 등이 건널 수 있었다. 1590년, 1595년, 1603년, 어쩌면 1608년, 1616년 그리고 1624년이 그러했다." 마르세유의 바다에서는 1595년과 1638년에 "갤리 선 주변의 물이 얼었다"고 한다. 랑그도크의 올리브 나무를 고사시킨 일련의 냉해는 1565년, 1569년, 1571년, 1573년, 1587년, 1595년, 1615년, 1624년에 이어졌다.[221] "올리브 나무의 떼죽음은 결국 재배자들을 크게 낙담시켰다."[222] 16세기 말의 마지막 몇 년간과 17세기 초의 처음 몇 년간 기후가 이전보다도 더욱 한랭해졌다는 것은 분명하다.

또한 비도 이전보다 더 많이 내렸다. 1590년과 1601년 사이 랑그도크에 대해서 한 역사가는 다음과 같이 지적한다. "뒤늦고 지속적인 눈이 봄까지 내리고, 심한 냉기가 아름다운 계절[여름]에도 일고, 지중해에는 엄청난 비가 쏟아지면서, 기근과 그 유명한 북유럽산 곡물의 지중해 '침입'이 수반되었다."[223] 다른 한편으로 1602년부터 1612년까지, 혹은 그 이후까지도, "마치 열과 빛이 폭발하는 듯한"[224] 건조한 날씨가 돌아왔으나, 그래도 비는 이전보다 더 불균등하게 내렸다. 바야돌리드에서는 비를 위한 특별 기도가 1607년, 1617년, 1627년에 있었고,[225] 1615년 11월 발렌시아에서는 "수개월 동안 비가 내리지 않았고," 1617년 10월과 11월에는 "비가 한 방울도 내리지 않았다."[226] 이그나시오 올라게의 주장처럼, 에스파냐가 장기간 가뭄의 피해로 인해 쇠퇴의 길로 접어들었다고 확신할 수는 없겠지만,[227] 라 만차의 풍경이 세르반테스의 생전에 더 푸르렀을 가능성은 분명하다.[228]

(지중해를 포함한) 유럽의 강수체계는 대서양 저기압대의 움직임에 따라 결정되는데, 그 이동 경로는 (1년 내내) 영국해협, 북해 및 발트 해를 따라 북으로 갈 수도 있고, 춘분점과 추분점 사이에 지중해를 통해서 남으로 갈 수도 있다. 구스타프 우터슈트룀의 가설에 따르면, 16세기에 북방에 강한 한기가 자리잡고 따라서 고기압대의 무거운 공기가 항구적으로 자리잡아 그와 같은 이중의 강우 이동이 가로막혔다는 것이다. 북방 경로가 저지되었기 때문에, 남방 지중해 경로가 상대적으로 평시보다 더 열려 있었다. 그러나 한 쪽 경로가 반쯤 폐쇄되었는데, 다른 쪽 경로가 개방될 이유가 있었을까? 그리고 이러한 변동이 있었다면, 그 지속 기간은 얼마나 되었을까?

이러한 논의들은 세부사항이자 단기적 설명들이다. 최근의 연구 경향은 진일보하여 두 가지 고무적인 조사를 진행하고 있다. 첫째는, 일련의 지표들을 만드는 것이고, 둘째는 관측 영역을 지중해뿐만 아니라 유럽, 나아가서 더 바람직하게는 지구 전체로 확대하는 것이다. 이러한 선구적인 연구들로는 특히 영국의 D. J. 쇼브 박사,[229] 지리학자 피에르 페들라보르드,[230] 역사학자 에마뉘엘 르 루아 라뒤리의 연구들이 있다.[231]

우리가 가진 정보를 체계화하고, 그 정보를 수립된 틀에 따라 적용하여, 각 세부사항이 각 범주에 속하도록 해야—예를 들면, 계절과 연도에 따른 습도, 건조도, 냉기, 더위 등을 분류해야— 우리는 묘사적인 역사에서 진정한 계량적인 역사 연구로 발전할 것이다. 그리고서 일련의 비교 가능한 사건들, 곧 포도 수확 일자, 시장에 그 해의 첫 올리브유, 첫 밀과 첫 곡물이 도착한 일자, 또 삼림의 벌채, 하천의 유량, 초목의 개화, 호수의 빙결 시기, 발트 해의 첫째 및 마지막 부빙, 빙하의 전진과 후퇴, 해수면의 변동 등이 제공하는 정보를 기록해야 장단기를 포함한 모든 기후 변동의 연대순 기록을 만들 수 있을 것이다.

두 번째 단계는 이러한 문제들과 정보들을 종합적인 가설과 확증에 의해서 통합하는 것이다. "제트 기류" 가설은 다른 여러 일반적인 설명들과 같은 운명을 맞을지도 모르고, 어쩌면 한동안 혹은 오랫동안 무대를 차지할지도 모른다. 제트 기류 가설에 따르면, 북반구에는 지상 20-30킬로미터 상공에 변화하는 속도로 움직이는 공기층이 있다는 것이다. 만일 속도가 증가하면, 마치 너무 큰 모자가 머리에 내려앉는 것처럼 기류는 팽창하며 적도 방향으로 내려오고, 속도가 감소하면 사행(蛇行)하며 크기가 축소되어 북극 방향으로 후퇴한다는 것이다. 우리의 관측이 정확하다면, 제트 기류는 16세기 말에 속도가 증가해서 적도 방향, 곧 지중해로 근접하면서 그에 따라 비와 추위를 남쪽으로 가져왔을 것이다. 물론, 일련의 증거가 있다면, 우리의 가설은 증명될 것이다. 지금까지 세운 논의 조건에 따르면, 16세기 중반에, 혹은 약간 전후에, 쇼브 박사의 말을 빌리면, "소빙하기"가 시작되어 루이 14세의 세기까지 지속되었을지도 모른다.

아직 답하지 못한 중요한 문제가 있다. 우리는 장기 국면에 들어와 있는 것인가? 그렇다면, 16세기는 장기적인 냉기와 강우의 상승기의 시발점이 될 것이다. 이에 대해서 나는 증명할 수는 없지만, 흥미로운 사실 하나를 언급하고자 한다. 그것은 베네치아 운하의 수위에 관한 것이다. 운하에 인접해 있는 주택들의 측면에 남겨진 검은 띠는 운하의 평균 수위를 나타낸다. 한 문건에 따르면, 이 띠는 1560년 이래로 3세기에 걸쳐서 계속해서 상승했다.[232] 이러한 관측이 사실이라면—더 분명한 정보와 확증이 필요하지만—일단 베네치아 석호의 수위가 국지적인 상황이 아니라 전적으로 대기의 강수량에 따라서 결정되는지도 확인해야 한다. 그러나 어쨌든 기억해 둘 만한 증언이다.

한 가지 문제가 더 남아 있다. 소빙하기가 유럽 및 지중해 생활에 궁극적으로 미칠 영향은 무엇인가? 역사가는 농업 생활, 공중 보건 혹은 교통 등과 관련된 문제들을 별도의 새로운 연구 분야로 양도할 것인가? 지혜를 모으자면, 이러한 영역에서는 지금까지는 시도되지 않은 대규모 집단적 연구가 필요할 것이다. 미리 앞서 나가서, 16세기 말 이후 목축업이 증가하고 곡물 재배가 감소했다고 진단할 수는 없는 법이다. 비와 추위가 끊임없이 지중해를 찾아오면서 특정 방식들을 교란했을 것 같지만, 아직은 과연 그런지 알지 못한다. 인간 역시 피할 수 없이 책임이 있지만, 그 책임 범위 역시 아직 알 수 없다. 르 루아 라뒤리가 보여주었듯이, 포도 수확 일자가 점차 늦어지는 것은 인간이 더 잘 익은 포도의 더 높은 알코올 농도를 선호하기 시작했기 때문이다.[233]

분명한 것은 기후의 역사는 북반구 단위의 단일한 역사라는 것이다. 그리고 이 점은 이 분야에서 가장 중요한 진전이다. 지중해의 사례는 동일한 단위의 다른 일련의 사례들과 연결되어 있다. 현재 진행 중인 알라스카 빙하의 후퇴(이는 과거 빙하의 전진에 의해서 묻혔던 고대 삼림의 흔적을 다시 드러내고 있다), 도쿄에서 벚꽃이 피는 정확한 연대순 일자(벚꽃 축제 기일로 기록된다), 캘리포니아 나무들의 나이테 등 모든 "사건들(événements)"은 단일한 기후사에 의해서 서로 연결되어 있다. 제트 기류든 아니든, 모든 것을 지휘하는 단일성이 있다. 16세기의 "전반부"에는 모든 곳이 기후의 덕택을 보았으나, "후반부"에는 모든 곳이 대기의 혼란으로 곤경을 당했다.

제5장

인적 단일성 : 길과 도시, 도시와 길[1]

우리가 초점을 기후에 의해서 정의(定義)된 엄밀한 의미로서의 실재의 지중해로부터 그 지중해의 영향력이 실제로 미치는 대지중해(Plus Grande Méditerranée)로 옮기면, 우리는 자연의 단일성(unité)으로부터 이 책의 주 관심 사항인 인간의 단일성으로 이동하게 된다. 이 인간의 단일성은 단지 단순한 자연의 결과, 곧 지중해의 바다 때문만은 아니다. 바다가 단일성의 바탕이자, 운송의 무대이자, 교환과 상호 작용의 수단이 되기 위해서는 사람이 노력과 대가를 치를 각오가 되어 있어야만 가능하다. 그러나 바다는 또한 거대한 단절이자 극복해야 할 장애물이기도 했다. 항해술은 먼 옛날, 어쩌면 에게 해와 소아시아 반도 해안 사이의 평온한 물가에서 혹은 가까이에 있는 홍해에서 처음 탄생했을지도 모른다. 확실하게 알 길은 없다. 그러나 분명한 것은 역사 이래 오랜 시간이 흐른 후에야 사람은 바다를 항해할 수 있게 되었다는 것이다. 서서히 작은 배들이 바다를 횡단하며 미약한 연결들을 만들며 점진적으로 인간과 역사의 지중해라는 일관된 실체를, 사람이 자신의 힘으로 만들게 되었다. 오늘날에조차, 곧 현대적인 운송 수단 덕분에 지중해를 그저 강과 별 다를 바 없이 쉽게 비행해서 횡단할 수 있는 시절에조차, 사람들의 지중해는 오직 인간이 창의와 노동과 노력을 통해서 계속해서 지중해를 재창조하는 한에서만 존재한다. 지중해의 여러 다른 지역들은 단지 물에 의해서 연결될 뿐만 아니라 바다의 사람들에 의해서 연결된 것이다. 이는 이론의 여지가 없는 사실 같지만, 여러 혼란스러운 공식과 이미지가 붙은 지중해 지역에 대해서는 거듭 이야기해야만 할 가치가 있다.

1. 육로와 해로

지중해의 단일성은 오직 사람들의 이동과, 그 이동이 함의하고 있는 관계와, 그 이동을 가능하게 한 길에 의해서 만들어진 것이다. 뤼시앵 페브르는 "지중해는 곧 여러 길들이다"라고 했다.[2] 곧 육로와 해로, 강변 길과 해안 길 등을 포함하는 방대한 정기적 및 비정기적 연결망의 종합이자 지중해 지역의 생명을 불어넣어주는 동맥이다. 우리는 지중해 연결망의 그림 같은 측면에 빠져들거나, 세르반테스와 함께 에스파냐의 노점(露店)에서 노점으로 이어지는 마차길을 경유하거나, 상선과 해적선의 일기를 보고 그 항로를 따라가거나, 베로나 남쪽에서 작업 중인 대형 화물선인 부르키에리 선(burchieri)을 타고 아디제 강을 따라 내려가거나, 몽테뉴의 소유물들과 함께 석호의 끝에 위치한 푸시나에서 "베네치아에 가기 위해서 배에 타는" 일을 해볼 수 있다.[3] 그러나 우리에게 주어진 과제는 이 연결망이 함의하고 있는 관계, 그 역사의 일관성, 곧 배와 운반 동물과 운반 기구와 사람들이, 국지적 저항에도 불구하고, 어떻게 지중해를 하나의 단위로 만들었는가 하는 것이다. 지중해 전체는 공간 속의 이동으로 이루어진다. 그 공간 속으로 들어가는 모든 것―전쟁, 전쟁의 그림자, 유행, 기술, 전염병, 가볍거나 무거운 혹은 귀하거나 흔한 상품―은 그 생명선의 흐름 속에 빨려들어 머나먼 곳으로 보내지고, 내려지고, 새로 전달되고, 끝없이 운반되고, 지중해 경계 밖으로까지 가게 된다.……

길은 물론 이러한 이동의 채널이다. 그러나 길은 단지 땅의 리듬, 바다의 항적(航跡), 알레포를 향하는 카라반, 스탐불리올(마리차 강을 따라 콘스탄티노플에 이르는 길)에 길게 늘어선 말과 노새와 낙타, 혹은 1555년 뷔스베크가 목격한 포로 행렬, 곧 오스만 투르크인이 헝가리에서 붙잡아 콘스탄티노플로 남자들, 여자들, 어린이들을 싣고 가던 수레 행렬만은 아니다.[4] 길은 머무는 곳 없이는 존재하지 않는다. 항구든 정박소든 대상 숙소든, 서유럽의 경우에는 외떨어진 여관 혹은 더 옛날에는 요새와 같은 머무는 곳이 반드시 있어야 한다. 그리고 대부분의 경우, 이러한 곳들은 도시들이었다. 다시 말하면, 번잡한 중심지, 곧 사람들이 서둘러 향했고 도착하면 기쁨이 넘치는, 어쩌면 감사함이 느껴지는 곳이었다. 구스만 데 알파라체가 사라고사에 들어갔을 때처럼 사람들은 거대한 기념비들, 효율적인 행정 기구들, 그리고 무엇보다 넘치는 물건들에 놀랐다. "무엇보다도 이렇게 가격도 좋고 게다가 이탈리아의 향기가 있다"라고 알파라체는 기록한다.[5] 그는 더욱 서두를 이유가 있었는데, 그것은 많은 경우 지중해의 길들은 마을에서 마을로 이어지지 않았기 때문이다. 오히려 마을들은 안전을 위해서 길에서 떨어져 있었다. 불가리아나 아나톨리아를 여행하는 사람들은, 심지어 오늘날에도, 황폐해 보이고 비어 있는 것처럼 보이는 지방을 지나게 된다.[6] 옛날 오리엔트를 향하는 대무역로는 오늘날의 고속도로처럼 도시들을 연결하지만, 마을들을 우회하는 고속도로 같다고 상상하면 될 것이다.

지중해에서 인간의 단일성이라는 것은 일정 지역의 도시와 길의 연결망, 곧 권력의 선과 중심지이다. 도시와 길, 길과 도시만이 지리적인 공간 위에 통일된 사람들의 구성체를 가능하게 하는 것이다. 지중해의 도시는 그 도시의 모습, 건축물, 혹은 그 도시를 밝혀주는 문명이 무엇이든지 간에, 길을 만들고 또 길에 의해서 만들어졌다. 비달 드 라 블라슈는 미국 도시에 대해서도 마찬가지 이야기를 했다.[7] 16세기에 지중해 권역(그리고 도시에 관한 그것은 지중해 권역의 최대치를 의미한다)은 끝없이 컸고 도를 넘었다. 16세기에는 세계의 다른 어느 권역도 이처럼 발달된 도시망을 가지지 못했다. 파리와 런던은 아직 근대의 명성에 다다르지 못했다. 네덜란드 지역의 도시들은 지중해의 상인과 항해사들에 의해서 경제적으로 부양되고 있었고, 남부 독일의 도시들은 지중해의 후광을 누리고 있었을 뿐이었다. 북유럽 한자 동맹의 도시들은 산업 기반은 있었으나, 소규모에 불과했다. 그리고 이들은 모두, 비록 번영하고 아름다웠지만, 지중해와 같이 촘촘하게 엮이고 복합적인 연결망을 구성하지 못했다. 지중해에서는 수많은 도시들이 끝없는 실타래로 엮였고, 간간이 대도시—베네치아, 제노바, 피렌체, 밀라노, 바르셀로나, 세비야, 나폴리, 콘스탄티노플, 카이로—가 위치했다. 특히 나폴리, 콘스탄티노플, 카이로는 인구과잉이었다. 콘스탄티노플의 경우 인구가 70만을 넘었는데, 파리 인구의 두 배이자 베네치아의 네 배였다.[8] 그리고 여기에 더해 국제 교류에 참여했던 다수의 소도시들이 있었다. 이들은 인구 규모에 비해 더욱 중요한 역할을 했다. 어쩌면 이와 같은 지중해 소도시들의 역동성과 활동은 극동과의 차이를 극명하게 보여준다. 동아시아의 도시들은 인구가 더 밀집하고 지중해의 대도시들보다도 더 인구가 넘쳤지만, 사실 역동적인 도시 연결망을 갖추지는 못했다. 그 도시들은 대도시의 추동력이 모자랐다. 그 도시들은 아시아의 경제 조직의 표현이라기보다는 인구과잉의 표현이었다.[9]

지중해는 도시들로 구성되어 있는 지역이다. 이와 같은 관찰은 수없이 이루어졌고 또한 별로 놀라운 발견도 아니다. 그러나 그 결과에 주목해야 한다. 지중해에서 사람들 사이의 지배적인 체제는 주로 도시와 길에 따라 결정되었고, 나머지는 그 필요에 종속되었다. 농업은 도시를 향해서 또 도시에 의해서 결정되었다. 대규모 농업은 당연히 그랬고, 심지어 소규모 농업도 그랬다. 도시 때문에 인간의 삶은 자연 조건의 제약을 넘어 가속화된다. 도시 덕분에 무역 활동이 다른 활동들보다 더 두드러지기 시작했다. 바다의 역사와 문명은 모두 도시에 의해서 빚어졌다. 페르디낭 로[10]가 고티에의 논지에 반론하며, 심지어 무슬림 침략도 도시에 연결되었다고 주장한 것은 정확하다. 모든 것이 도시에 연결되었다. 지중해의 역사는 주로 특정한 길, 특정한 도시가 또다른 길, 또다른 도시에 대해서 승리하면서 결정되었다. 심지어 16세기에 도시국가들이 제국과 영토국가에게 밀리는 듯하던 시절에도, 눈에 보이는 현상과 실재는 달랐다.

영양을 공급하는 길들

지중해의 교통로들은 먼저 바다의 길들로 이루어졌는데, 우리가 이미 보았듯이, 그 길들은 주로 해안을 따라 이루어졌다.[11] 그 다음에 수많은 육로가 있었다. 해안을 따라 항구에서 항구로 도로, 소도로, 좁고 위험한 길이 끊임없이 이어졌다. 예를 들면, 나폴리에서 로마, 피렌체, 제노바, 마르세유로, 이어서 랑그도크와 루시용으로, 에스파냐 연안을 따라 바르셀로나, 발렌시아, 말라가로 이어지는 육로들이 있었다. 다른 육로들은 해안과 직각으로 이어졌다. 예를 들면, 나일 강이나 론 강을 따라서 자연스럽게 형성된 도로들, 알프스 산맥으로 이어지는 도로들, 혹은 알레포에서 유프라테스 강 유역으로, 북아프리카에서 수단으로 이어지는 대상의 길들이었다. 이들에 더해 빅토르 베라드가 "지협로(地峽路, routes d'isthmes)"라고 명명한 육로들, 예를 들면 시리아에서 킬리키아 협곡을 통과하여 타우루스 산맥을 넘어 아나톨리아 고원을 횡단한 후 직접 에스키셰히르를 거치거나, 혹은 앙카라를 우회하여 콘스탄티노플에 이르는 남북로와 같은 육로들이 있었다. 혹은 대략 살로니카에서 시작하여 두라초, 발로나, 카타로에 이르는, 또 스코페에서 라구사로, 콘스탄티노플에서 스플리트로 이어지는 동서로들이 있었다 (16세기 말 스플리트가 급성장한 과정은 아래에 설명되어 있다). 혹은 아드리아 해에서 티레니아 해에 이르는 곧 이탈리아 반도를 가로지르는 일련의 도로들이 있었다. 예를 들면, (아리아노 고개[12]를 통과하는) 남부 대로 중에는 바를레타에서 나폴리와 베네벤토로 이어지는 도로가 가장 중요했다. 좀 더 북쪽으로는 토스카나의 상업축이라고 할 수 있는, 안코나에서 피렌체와 리보르노에 이르는 도로와 제노바 축에 해당하는 페라라에서 제노바로 이

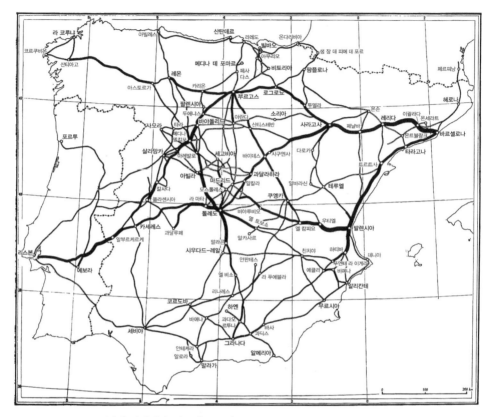

도표 23. 1546년경 이베리아 반도의 도로망

곤살로 메넨데스 피달의 『에스파냐 역사에서의 도로(*Los caminos en la historia de España*)』
(1951)에서 인용. 이 지도의 도로들의 선의 굵기는 발렌시아 사람인 후안 빌루가(메디나, 1546)
의 안내서에 인용된 횟수에 상응한다. 이를 통해서 톨레도가 교역의 중심이었고 따라서 이베
리아 반도에서 가장 다각적인 도시임을 알 수 있다. 다른 주요 교차 지점들은 바르셀로나, 발렌
시아, 사라고사, 메디나 델 캄포였다. 마드리드는 아직 영광의 시대에 이르지 못했다(마드리드
는 1556년에 수도가 되었다).

어지는 도로, 그리고 마지막으로 서쪽에는 바르셀로나에서 비스케이 만으
로, 발렌시아에서 포르투갈로 그리고 알리칸테에서 세비야로 이어지는 에
스파냐를 가로지르는 동서로들이 있었다. 예를 들면, 롬바르디아와 로마냐,
롬바르디아와 토스카나 사이에는 8개의 도로가 있어서 그 시대의 사람들은
선택할 수 있었는데, 그래도 아펜니노 산맥을 넘는 것은 매우 어려운 일이

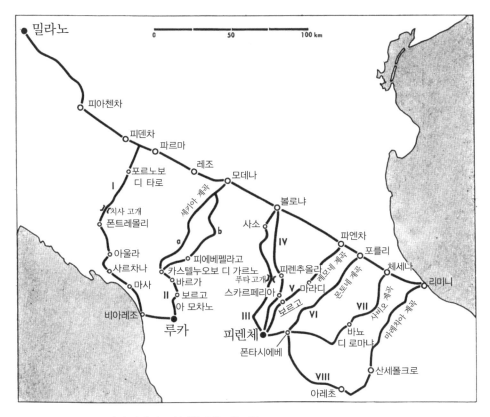

밀라노

0 50 100 km

피아첸차

피덴차
파르마
포르노보 레조
디 타로 모데나

세기아 계곡

치사 고개
폰트레몰리 사소

볼로냐

파엔차

아울라 피에베펠라고 IV 포를리
사르차나 카스텔누오보 디 가르노 피렌추올라 레모네 계곡 체세나
마사 바르가 푸타 고개 마라디 리미니
II 보르고 스카르페리아 V 몬토네 계곡
아 모차노 III 보르고 VI VII
비아레조 피렌체 바뇨 사비오 계곡
루카 폰타시에베 디 로마냐 산세폴크로
VIII 마레키아 계곡
아레초

도표 24. 토스카나 아펜니노 산맥을 넘는 육로들
리미니에서 밀라노로 이어지는 대로, 곧 과거의 에밀리아 도로는 아펜니노 산맥의 동쪽 기슭을
타고 있다. 여기에 직각으로 루카 혹은 피렌체로 이어지는 도로들은 이탈리아 반도를 가로지르
는 도로가 얼마나 많았는지 보여준다. 라 푸타를 거쳐 볼로냐에서 피렌체에 이르는 길은 20세
기의 고속도로와 겹친다.
내가 사용했던 자료에서는 피렌체와 루카에서 출발하여 아펜니노 산맥을 횡단하는 도로들만이
그려져 있었다.

었다. 가장 좋은 길, 포병대가 접근할 수 있는 유일한 길은 가장 남쪽 길인
데, 마레키아 계곡을 거쳐 아레초와 산세폴크로까지 가는 길이었다.[13]
　이에 더해서 하천로가 있었는데, 이 길들은 주로 지중해 세계의 외곽에
있었다. 예를 들면, 이탈리아 북부 지대의 수로들, 즉 아디제 강, 포 강, 그
리고 포 강의 지류들인 아다 강, 오글리오 강, 민치오 강이 있었다.[14] 또

"러시아"의 강들, 포르투갈의 수로들, 세비야에까지 또 세비야 넘어 코르도바에 이르는 과달키비르 강[15]이 있었다. 또 비록 반만 지중해에 속했지만, 방대한 양의 민물을 삼각지 너머로 "완전히 탁해지고 누렇게" 쏟아넣는 나일 강도 있었다.[16] 여객들과 아라곤의 밀을 발렌시아와 그라나다에 있는 강의 하류의 지대 토르토사까지 수송하던 에브로 강,[17] 이탈리아에는 아르노 강 하류 또는 티베르 강 하류 같은 진정한 지중해 수로들이 있었다. 특히 티베르 강 하류는 항해선들이 로마까지 이를 수 있고 그리고 가파른 강 암벽에 짐을 내릴 수 있도록 두 끝이 높이 올라가 있고 측타(側舵)를 가진 기묘한 작은 배들의 고향이었다.[18]

이 모든 길들은 에티엔,[19] 튀르케,[20] 레르바[21] 등이 쓴 안내책자들을 보고 지도에 표기할 수 있는데, 지중해의 전체적인 삶의 틀을 제공한다. 16세기에 이 길들은 고대 로마 제국이 확장한 길 혹은 중세의 길들과 별로 다르지 않았다. 그러나 장기적으로 변했든 변하지 않았든, 이 길들은 항상 지중해 경제 체제와 문명들의 영향력을 해안 너머 끝없이 반영했고 그 운명을 지배했다.

이러한 길들의 운명은 어떠했는가? 무역, 도시, 국가 등의 흥망성쇠에 대한 모든 위대하고 역사적인 기술에는 교통 사정의 파국과 사건들이 마땅히 포함되기 마련이다. 알프레트 필립손에 따르면,[22] 기원전 3세기 이후 동지중해 지역에 직선 항해로가 도입되면서, 일부 그리스 도시들은 더 이상 기항지 역할을 하지 못하여 쇠퇴하기 시작했다. 로마 제국 말기의 쇠퇴에 대한 설명으로는 과거에는 근동 지역의 주요 지점들이 정복당하면서 귀금속의 유통로가 변경되었기 때문이라는 설명이 있었고, 최근에는 다뉴브 강-라인 강 축에서 무역 활동이 증가하면서 지중해 내부의 상품 운송이 감소했기 때문이라는 설명이 제시되었다.[23] 8-9세기에 전반적인 운송이 이슬람의 통제하에 들어가면서 지중해 전체의 무게 중심이 동쪽으로 이동하자, 서방 기독교 세계는 필수 항로망을 상실했다. 마지막으로 이 책이 다루는 시기에는 대항해 시대가 대서양과 지구 전체에 이르는 길을 열고 또 대서양에서 인도양이 연속적으로 바닷길로 연결되면서, 번영하던 지중해 무역로의 등에 비수를 꽂았고, 장기적으로 지중해 전체가 취약하게 되었다. 이러한 길들의 중요성에 대해서 말하자면, 나는 이 책을 처음 집필할 때보다도 더욱이 교통로의 연결망의 중요성을 확신하게 되었다. 길의 연결망은 모든 일관된 역사의 하부구조이다. 그러나 그 정확한 역할을 평가하는 것은 쉬운 일이 아니다.

구식 운송 수단

언뜻 보아서는 1550년과 1600년 사이에 육상 운송이든 해상 운송이든 어떤 혁명적인 변화를 보였던 것 같지는 않았다. 예전과 똑같은 선박들이 있었고, 똑같은 동물들이 운반에 이용되었고, 똑같은 운송 기구들, 똑같은 교통로들, 똑같은 짐들이 있었다. 도로와 항해에서 일부 개선이 있었고, 우편물이 좀더 빠르게 정규적으로 배달되었고, 운송비가 감소했지만, 이러한 변화들은 혁명적인 차원은 아니었다. 운송에서 혁명적 변화가 없었다는 가장 확실한 증거는 16세기의 정치적, 경제적 변화에도 불구하고 부수적인 기항지인 소도시들이 생존했다는 점이다. 이 소도시들이 생존했다는 것은, 스탈당이 주장했듯이, 대도시들이 이상할 정도로 관용적이 되어 소도시들이 자기 삶을 영유하도록 허용했기 때문이 아니다. 소도시들은 스스로를 보호했고 무엇보다도 대도시들이 이러한 소도시들을 필요로 했기 때문이다. 마치 여정에 오른 여행객이 어딘가 말을 쉬게 하고 머리를 눕힐 곳이 필요했던 것과 마찬가지이다. 기항지로서의 소도시들의 생존은 지점간의 거리, 도로에서의 평균 운행 속도, 여정의 일반적 기간 등의 변수들을 계산한 결과였고, 이러한 변수들에는 특별한 기술적 진전이 없었기 때문에 과거의 도로들(로마의 고대 영광은 도로와 함께 16세기까지 살아 있었다[24])을 여전히 이용했고, 크기가 작은 배들(지중해의 대형선들도 1,000톤을 넘는 경우가 드물었다)이 주도했고, 여전히 마차 수송보다는 동물 이용의 수송에 의존했다.[25] 펠리페 2세의 세기에 수레 수송이 존재하지 않은 것은 아니었다. 1550년에서 1600년 사이에 짐마차 수송이 발전했지만 그것은 거의 무의미할 정도로 느렸다. 우리는 다음과 같은 사실을 기억할 필요가 있다. 1881년에도 모로코에서는 짐마차 수송이 전무했고,[26] 20세기에 들어서야 펠로폰네소스 반도에서는 짐마차 수송이 출현했다. 19세기 터키에 대해서 츠비이치가 말한 것처럼 짐마차의 출현은 이전 도로의 개량과 새로운 도로의 개설로 이어졌는데, 이는 거의 혁명과 마찬가지였다.[27]

그러므로 우리는 예단해서는 안 된다. 16세기 에스파냐는 아직 방울 소리를 울리며 달리는 노새의 승합 마차들의 나라가 아니었고, 이탈리아는 낭만주의 시대에 열렬히 사랑받던 대여 마차의 나라가 아니었다. 여기저기 말, 노새, 혹은 물소가 이끄는 마차(일부는 어느 정도 정교했지만, 대부분은 여전히 원시적이었다)가 도입되기 시작했다. 스탐불리올 가도,[28] 부르사 평야, 콘스탄틴 지방[알제리](레오 아프리카누스가 지적했다),[29] 브레너 고개,[30] 이탈리아 전역에 짐마차 수송이 이용되었다. 피렌체에서는 포도주통을 이룬 수레로 운반했고,[31] 세르반테스는 바야돌리드의 짐마차꾼들을 비웃었고,[32] 1580년 포르투갈을 침공했던[33] 알바 공작은 군용으로 많은 짐마차를 동원했다. 1606년 펠리페 3세의 궁정이 바야돌리드에서 마드리드로 이전할 때, 우마차를 이용했다.[34]

분명 짐마차 수송은 대도시 근방 그리고 대량 수송을 요구하는 군대 후방에서 이용되었지만, 다른 데서도 자주 이용되었을까? 1560년 나폴리에서는 풀리아 지방으로부터 곡식을 운반하는 데에 이탈리아 반도 남단을 우회하는 원거리 해로 대신에 육로를 이용하자는 논의가 있었다. 그러나 나폴리와 식량 생산지 사이의 운송을 감당하기 위해서, 펠리페 2세는 나폴리 부왕(副王) 알칼라 공작에게 "풀리아에서 아스콜리 근교로 통하는 도로들을 개선하도록 노력하라"[35]고 지시하며, 그러기 위해서는 현시점에서 "독일과 다른 데서 하는 것과 같이 짐마차가 다닐 수 있고, 이들 도로를 따라 나폴리로 식량을 운반할 수 있도록 해야 한다"고 명령했다.[36] "독일에서 하는 것과 같이" 한다는 것은 짐마차가 아직 남부 이탈리아에서 일반적으로 사용되지 않았다는 뜻이다. 비록 16세기 말에는 짐마차가 바를레타에서 나폴리에 이르는 도로에 이용된 것 같지만,[37] 이 경우에도, 1598년과 1603년의 공식 보고에서 드러나듯이, 이 도로상의 교역에 대한 통제권을 확보하고자 했던 교황령 베네벤토 시의 훼방 때문에 불완전하고 미완성이었다.[38] 심지어 프랑스에서도 짐마차 도로는 16세기 말까지 그렇게 흔하지 않았다.[39] 대부분의 지역에서는 여전히 짐바리 동물들이 주된 운송 수단이었다. 17-18세기 유럽에서 널리 부러움을 샀던 오스만 투르크 제국의 도로들조차 기병이 달릴 수 있는 1미터 너비의 좁은 포장 도로와 그 양편으로 가축 떼와 사람들이 다니는 10미터 너비의 비포장 도로였다.[40] 이러한 도로에서는 짐마차 수송이 전무하거나 거의 없었다.……

1600년경에는 육로의 중요성이 더 커졌던가?

그럼에도 불구하고 이러한 열악한 도로를 따라 교역은 계속되었고 세기말에 이르면 교역량이 증가하기까지 했다. 이러한 교역량 증가의 원인이자 결과는 노새의 증가였다. 적어도 유럽의 반도들에서는 그러했다. 에스파냐에서는 카를 5세의 동시대인인 알론소 데 에레라라는 농학자는 육로 교역량 증가 현상이 끔찍한 참사라고 생각했다.[41] 이탈리아 특히 나폴리에서는 말 사육을 유지하기 위해서 부유한 나폴리인들이 마차를 끄는 데에 노새를 이용하는 것을 금지했고 이를 어길 경우 중죄로 다스렸다.[42] 키프로스 섬에서는 1550년 이후 암컷과 수컷 노새의 사육으로 인해 말의 수가 급격히 감소했다.[43] 안달루시아에서는 말을 살리기 위해서 극단적인 조치들이 도입되었다.[44] 발칸 반도에서는 1593-1606년 투르크-헝가리 전쟁 중에 노새는 기독교도들이 포획한 전리품 중의 하나였다.[45] 아에도 역시 노새를 타고 알제에서 셰르셸로 이동하고 있던 무어인에 대해서 언급했다.[46] 1592년 시칠리아에서는 암컷 노새들을 보내 라 골레타에서 작업하도록 했다.[47]

16세기에 노새가 널리 운송에 이용되었다는 사실은, 비록 각국 정부들이 전쟁 준비를 이유로 들며 극렬히 반대했음에도 불구하고, 부인할 수 없다. 지중해에서 노새가 증가한 것은 엘리자베스 여왕 시대의 영국에서 (경작과 운송 둘 다를 위해서) 말이 증가한 것과 마찬가지로 아주 중요했다.[48] 노새는 에레라가 에스파냐에 대한 글에서 길게 설명했듯이, 단순한 농업용이 아니었다. 노새는 짐 운반에서 힘 세고도 말 잘 듣는 아주 경이로운 동물이었다. 세상 모든 일에 관심을 가졌던 라블레는 『제4서(Quart Livre)』[1552]에서, "노새는 다른 어떤 짐승보다도 힘이 세고, 튼튼하고, 열심히 일한다"라고 썼다. 에레라는 경작에 이용되는 노새가 60만 마리인 데에 비해, 40만 마리는 운송을 위해서 사용되었다고 추산했다.[49] 상상력을 조금만 발휘하면, 이와 같은 노새 운송의 증가는 18세기 에스파냐령과 포르투갈령 아메리카에서 사람 없는 내륙의 빈 땅을 사람 대신 끝없는 노새 행렬이 정복한 현상의 모델이었다고 할 수 있다.

그렇다면 다음과 같은 질문이 제기된다. 노새를 통한 육상 운송의 증가는 해상 운송의 감소를 야기했는가?

[코르시카 섬의] 코르스 곶에 있는 에르바룽가는 반쯤은 물 위에 세워진 큰 해안 마을이었는데, 선박들이 곶을 온전히 항해할 수 있도록 인도선을 제공하던 시기에는 작은 도시라고 해도 좋을 정도였다. 17세기에 곶의 목을 가로지르는 육로가 개발되면서 긴 항해로를 대체하게 되었다. 이후 에르발룽가는 급격히 쇠퇴했다.[50] 이와 같은 국지적인 사례는, 굳이 다시 언급하자면, 수로가 언제나 육로보다 유리하다는 광범위한 믿음에 대해서 경종을 울린다.

당연히 소식이나 편지는 주로 해로가 아니라 육로를 통해서 전달되었다. 해로가 우편물에 이용되는 경우는 매우 드물었다. 귀중품 역시 해로를 이용하기보다는 육로(육로 이용 역시 고비용이었다)를 이용할 가능성이 있었다. 16세기 말에 나폴리산 비단은 육로로 리보르노에 도착했고, 그곳에서 다시 여전히 **육로로 독일**[51]과 네덜란드[52]로 운반되었다. 역으로 온드스코트의 능직 역시 육로를 통해서 나폴리로 운반되었는데, 1540-1580년 나폴리에는 능직 재운반만을 전문으로 하는 업체가 60개가 넘었다.[53]

마지막으로, 16세기 말에 동지중해에서 새로 중요한 육상 교역의 증가현상이 나타났다. 라구사는 그동안 (흑해 무역을 포함한) 여러 장단거리 해상 무역을 통해서 생존했지만, 세기말의 막바지에 이러한 무역을 버리고 아드리아 해로부터 후퇴했다. 발칸 반도의 모피나 양모가 더 이상 라구사로 유입되지 않았기 때문이 아니라, 해로를 대체한 육로를 통해서 노비-파자르라는 큰 중계 도시로부터 유입되었기 때문이다. 마찬가지로, 17세기에 소아시아 반도 맨 끝에 위치한 이즈미르가 놀랍도록 번영한 이유는 육로의 승리 때문이라고 볼 수 있다.[54] 왜냐하면 이즈미르가 알레포의 거대한 운송 물량(특히 페르시아 무역) 일부를 획득했기 때문이고, 그럴 수 있었던 것은 새로운 육로가 서지중해로 가는 해로를 이용하는 데에 알레포보다 더 서쪽의 출발점에 가서 닿기 때문이다.

마찬가지로 육로 운송 물량의 증가로 스플리트 항구의 대사업이 진행되었는데, 일부 베네치아 학자들은 투르크와 관련된 일련의 사건들과 밀접하게 연관되었기 때문이라고 생각한다.[55] 베네치아는 발칸 지역의 대안(對岸)에 일련의 초소와 도시들 및 유용한 상업로 2개를 소유하고 있었다. 첫째 상업로는 겨울철 베네치아와 콘스탄티노플 및 시리아 사이의 우편물이 전달되는 카타로 방향의 육로였고, 둘째 상업로는 당시 네레트바 강의 하구—당시 베네치아 영토 바깥이었다—를 이용해서 발칸 지역으로부터 대상을 통해 들어오는 상품, 즉 양모, 모피와 발칸 반도의 가축 등을 수많은 소형선으로 운송하는 수로였다. 그러나 이러한 운송은 곧 위협을 받기 시작했다. 처음에는 우스코크인 해적들의 약탈 때문이었고, 나중에는 라구사와 안코나의 경쟁 때문이었다. 비록 베네치아가 베네치아—네레트바 무역로에 대한 독점권을 주장했음에도 불구하고, 라구사와 안코나는 베네치아의 무역을 위협했다. 이러한 상황에서 1577년 이후, 특히 1580년 이후 유대인 마카엘 로드리게스의 주장이 주목을 받기 시작했다. 베네치아에 거주하며 뛰어난 머리의 소유자였던 로드리게스는 스플리트 항구를 개발하고 스플리트와 베네치아 사이에 호송대 체제를 수립할 것을 주장했다. 스플리트는 당시 쇠퇴기에 접어든 작은 도시였지만, 여전히 훌륭한 항구와 발칸 내륙과의 연결망을 갖추고 있었다. 1591년 이후에나 로드리게스의 계획이 실행되었는데, 그전까지는 레오나르도 도나토라는 영향력이 크고 위험 감수를 기피하던 베네치아 원로원 의원이 반대했기 때문이다. 최소한 니콜로 콘타리니에 따르면 그러했는데, 어쩌면 그것은 사실일지도 모른다. 혹은 1591년까지 베네치아는 그런 조치를 취할 압박감을 느끼지 않았기 때문인지도 모른다.

그러나 위와 같은 해결책을 채택하는 순간, 상당한 후속 결과가 뒤따랐다. 베네치아인들은 스플리트에 완전히 새로운 도시를 건설했다. 세관, 창고, 상품을 소독하고 "투르크인들 사이에 만연하는 전염병"을 가진 사람들을 격리하기 위한 병원이 건축되었다. 도시 성벽과 요새들이 보수되었다. 투르크 역시 스플리트에 이르는 육로를 재정비하고 정해진 날짜에 상인들이 대규모 상단—"투르크에서는 이를 대상이라고 부른다"라고 콘타리니는 굳이 설명을 덧붙인다—을 구성해서 이동할 수 있도록 했다. 즉각적으로 부와 풍요가 이 달마티아 지역의 항구로 쏟아져 들어왔다. 해상에서 해적질이 증가하고 있었기 때문에, 이 새로운 육로에는 아주 먼 곳에서 오는 상품까지 나타나기 시작했다. 그전에는 해로를 통해서 시리아, 페르시아, 인도에서 운송되었던 물품들이 이제는 놀라울 정도로 긴 육로를 거친 후에 스플리트에 도착했다. 베네치아의 기획이 무역 혁명을 일으킨 것이다. 이어서 콘타리니가 설명하기를, "스플리트로부터……비단, 각종 향신료, 양탄자,

밀랍, 양모, 가죽, 낙타털, 면직류 등 오리엔트에서 생산되거나 만들어진 것들이 베네치아 도착하기 시작했다."[56] 그 대가로 베네치아는 금란(金襴)과 은란(銀襴)을 보냈다. 스플리트에서 베네치아에 가는 짧은 해로에는 대형 상업용 갤리 선이 이용되었다(과거에 베네치아에서 사우샘프턴[잉글랜드 동남부]까지의 여행에 사용되었던 배에 비하면 길이가 짧았고 흘수는 낮았지만,[57] 우스코크인의 작은 배들을 잘 대항할 수 있었다).

이후 베네치아의 경쟁자들과 적들은 베네치아에 타격을 주기 위해서는 스플리트를 공격해야 한다는 것을 알았다. 1593년 여름 라구사인들은 이 새로운 무역로에 의해서 자신들의 무역이 위협을 받았기 때문에 투르크인들 사이에 베네치아인들에 대한 불신을 키우려고 했다. 라구사는 보스니아의 파샤에게 파견된 대사에게 스플리트 사업 전체를 "규탄하고" 그리고 "베네치아인들의 최종적인 목적과 의도는 투르크인들과 투르크 황제의 신하들을 이 항구로 끌어들임으로써, 전시에 그들을 포로로 잡아놓을 수 있을 것이다……"라고 설명하라고 지시했다. 1596년[58] 클리사 분쟁(우스코크인이 배신하여 이 작은 투르크 요새를 탈취했지만, 투르크는 금방 수복했다. 이 때문에 투르크가 헝가리와의 전쟁에 필요한 자원을 전용해야 했던 사건) 당시, 또 황제파와 교황파가 베네치아를 투르크에 대한 전쟁에 끌어들이려고 했던 당시, 또 클리사 분쟁 이래 달마티아 지역 베네치아령에서 분쟁들이 있었을 당시, 나폴리 부왕 올리바레스 백작은 스플리트에 봉기를 사주하려고 했거나 최소한 봉기 모의를 했던 것이 분명하다. 클리사 분쟁이 있었던 해는 베네치아에게는 불안한 일들이 연속되던 한 해였으며, 스플리트 항구에는 많은 어려움들이 있었던 한 해였다. 그것은 베네치아에게 레반트 무역의 이 육로가 얼마나 중요했는지를 극명하게 보여준다.[59]

스플리트 대사업은 임시적인 성공이 아니라 영속적인 연결이 필요했다. 스플리트는 달마티아와 베네치아 사이의 관계에서 중계 기지가 되었는데, 그 관계를 보여주는 통계가 몇 개 있다. 매년 발송된 상품량의 평균을 보면, 1586-1591년 11,000콜로, 1592-1596년 16,460콜로,[60] 1614-1616년 14,700콜로, 1634-1645년 15,300콜로였다.[61] 물론 콜로(collo)라는 단위는 단지 큰 꾸러미를 의미하기 때문에 측량의 단위로 받아드릴 수는 없고, 스플리트를 통과한 무역량 역시 베네치아와 달마티아 사이의 전체 무역량과 제대로 구분되지 않았다(5현인 회의가 1607년 7월 스플리트에서만 12,000 발라(balla = collo)의 상품이 "일부 현금 이외에도" 도착했다고 언급한 적이 있다).[62] 문건들에 따르면 대상들의 말이 수백에 이르렀고 곧이어 수많은 상인들—부르사인,[63] 아르메니아인, 유대인, 그리스인, 페르시아인, 왈라키아인[루마니아인], 또 보그다나[몰다비아]와 보스니아 사람들까지 밀려왔다.[64] 베네치아가 이런 가까운 연결로들을 주의 깊게 보호했다는 사실—예를 들면, 1607년 여름 스플리트에 흑사병이 돌았을 때[65] 취한 조치나 모레아와의 거래를 강화한 것—은 발칸 반도와의 관계가 안정되었고 더 이상 임시적인 해결책이 아니라 영구적인 해결책이 되었음을 의미했다.

베네치아가 이 발칸 무역을 확보해야 했던 정확한 이유는 무엇보다도 해적질—우스코크인이든 기독교도든 이슬람 해적이든—에 주요 원인을 돌릴 수 있다. 니콜로 콘타리니는 그의 저서『역사(Histoire)』에서 지중해 전역의 해적행위의 증가가 육상 무역의 번영을 결정지었다고 적절하게 얘기했다.[66] 그러나 해적들이 유일한 이유는 아니었다. 육로가 점점 더 또 이상할 정도로—콘타리니에 따르면 "지금까지는 통상적으로 사용되지 않았던" 육로들이—각광을 받은 데에는 다른 이유들이 분명히 있을 것이다. 상사들이 물가 상승과 아마도 무역량 증가에 직면하게 되면서 가격과 상업 조건은 어떤 변화를 보였을까? 비용 측면부터 보면, 안전이 중대 사안이 되었음이 틀림없다. 우리가 다시 보겠지만, 세기 말에 이르면 베네치아 상선들은 저임금 선원들과 저비용 용선료에도 불구하고 해상 보험료 때문에 타격을 받았다.[67] 투르크 지역이 유럽보다 전반적인 물가 상승을 더 늦게 경험했기 때문에 투르크 지역을 통과하는 대상들의 운송비가 낮았을 가능성도 고려

할 수 있다.[68] 투르크 역사가들의 연구에 따르면, 낮은 육상 운송비도 변수였을 수 있다.[69]

어느 경우든, 16세기 말과 17세기 초에 발칸 반도의 육로 교역량이 증가했다는 점에 대해서는 증거가 부족하지 않다. 라구사의 경우를 보면, 1590-1591년 상업 문건들[70]은 스플리트가 급성장하기 직전의 라구사와 발칸 반도 내륙간의 무역량이 어느 정도였는지를 보여준다. 라구사 근방에 투르크 상인들을 위한 새로운 시장을 세운 것도 마찬가지였다. 1628년 라구사 항에는 보다 널찍한 전염병 환자 격리용 건물들이 세워졌다.[71] 이러한 사실들은 개별적으로는 별 의미가 없어 보이지만, 종합해서 보면, 이러한 육로 교역이 시리아와 이집트에 있는 기항지의 수나 오리엔트에서 이탈리아에 이르는 원거리 항해를 수적으로 줄이거나 없앴다는 것을 암시한다. 육로 운송은 레반트로부터 상인들과 상품을 서쪽으로 이동시켰다. 베네치아의 조반니 데콜라토에 있는 투르크 상관은 1621년에 설립되었다.[72] 라구사 항구 역시 다수의 유대인 및 투르크인 상인의 유입을 경험했다.[73] 따라서 17세기에 특히 이탈리아에서 그리고 요리오 타디치가 주장하듯이 흑사병이 특히 이탈리아에서 그리고 발칸에서 재발하기 시작했다면,[74] 어쩌면 이러한 흑사병의 재발과 육로 운송의 부활 사이에는 인과관계가 있을지도 모른다.

육로의 내재적 문제

발칸 지역에서 육로 교역의 증가는 그 자체가 광범위한 문제들을 제기한다. 장기 지속적인 구조와 관련된 문제들도 있고 단기적인 상황과 관련된 문제들도 있다. 이러한 문제들은 16세기 말에 명백하게 드러나기 시작했지만, 더 이른 시기에 이미 나타나고 있었고 한참 이후에도 재발했다. 운송 수단들 사이의 경쟁은 모든 시기에 공통적으로 일어난다. 그러나 근대 초기의 역사가들은 자동적으로 해로나 하천로가 육로보다 우위에 있었다고 잘못 생각해왔다. 우리는 해로에 도전하는 육로는 쇠퇴할 수밖에 없었다고 단정했다. 사실 바퀴 달린 기구들과 짐바리 동물들은 우리가 인정했던 것보다 더 경쟁력이 있었고 쉽게 사라지지 않았다.

예를 들면, 15세기 이후 독일 지협의 번영은 다른 이유들보다도 짐마차의 근대화 및 고속화 덕이라는 점은 부인할 수 없다. 르네 도에르는 심지어 15세기 말과 16세기 초 안트베르펜이 "내륙을 통해" 부를 축적한 것 역시 짐마차 운송이 앞서기 시작했기 때문이고, 그 덕에 안트베르펜이 독일을 통해서 또 간접적으로는 이탈리아와 폴란드를 통해서 신속한 물류에 편승할 수 있었기 때문이라고 보았다.[75] 안트베르펜의 번영은 이전 세기 브뤼헤가 "바다를 통해" 부를 축적한 것, 곧 브뤼헤가 지중해 선박들의 북상을 위한 항구로서 기능했기 때문이라는 것과 비교된다. 진실로, 북유럽과 지중해 사이에는 육로와 해로가 공존했고 서로 경쟁했으며, 운송 물품은 항상 그렇지는 않았더라도 주로 무겁고 값싼 것은 한쪽으로, 가볍고 비싼 것은 다른 쪽으로 이동했다.[76] 지중해에서 북유럽에 이르는 운송 체계는 발칸 지역보다 더 광대하면서 동시에 더 접근 용이한 권역에서 이루어졌다. 나는 더 이상 제1판을 집필했을 때와 같이, 16세기 말 대서양 무역로와 차후 논의할 북유럽 선박들의 "남하"가 즉각적이고 영구적으로 지중해로 향하는 독일과 프랑스의 육로들을 능가했다고 생각하지는 않는다. 나의 수정된 견해를 뒷받침해주는 증거들이 블프리드 브륄레가 안트베르펜의 델라 파유 상회에 대해서 쓴 책에 일부 제시되어 있다.[77] 1574-1594년 이탈리아와의 교역에서 델라 파유 상회는 열 번 중 아홉 번은 해로보다 알프스 육로를 더 선호했다. 이 상회가 후자보다 전자를 선택했다는 사실은 아주 중요하다. 상회의 회계 기록을 자세히 살펴보면, 그렇게 하는 것이 유리했다는 것을 알 수 있다. 육로는 단점이 없었던 것은 아니지만, 상대적으로 신뢰할 만했고 평균 수익(16.7퍼센트)도 긴 해로의 평균 수익(12.5퍼센트)보다 더 높았다. 더구나 해로의 수익은 가변폭이 엄청나서 수익이 때로는 0퍼센트(실제로는 마이너스)에서 200퍼센트에 이르렀다. 육로 선택이 훨씬 더 현명했던 것이다(최대 30퍼센트의 수익).

이와 같은 사례는 물론 사치품에 대한 것이다. 대서양 항로와 유럽을 남북으로 종단하는 육로를 전체적으로 비교했을 때 전자가 후자보다 더 많은 상품을 운송했다(혹은 운송하지 않았다)는 증거는 없다(분명히 운송 총량은 해로가 더 많았지만, 운송물의 총가치도 그렇다고 볼 수는 없다). 어쨌든 교역은 콘스탄티노플에서 스플리트로, 함부르크에서 베네치아로, 리옹에서 마르세유로 이어지는 육로를 통해서 계속 이루어졌다. 17세기가 되면 북유럽 선박들이 진출하고, 해상 보험이 일반화되고, 역시 북유럽에서 강력한 무역 회사들이 설립되면서 항로가 더 중요해졌던 것은 틀림없다.

이와 같은 일반적인 결론은 그 나름으로 중요하다. 그 자체로는 지중해에 대한 우리의 문제들을 해결할 수는 없지만, 그 문제들을 조명할 수는 있을 것이다.

베네치아의 증거 두 가지

지금까지 살펴본 것처럼, 16세기 후반에 육상 교역량이 증가했고 일부 버려졌던 도로들이 재정비되어 재사용되었다는 것은 분명하다. 그렇다면 동시대 해상 교역은 어떠했는가? 육로를 통한 교역량의 증가를 상쇄해주는 해로를 통한 교역량의 감소는 나타나지 않았던 것 같다. 도리어 반대로, 해상 교역 역시 증가하면서 둘 사이에 일정한 균형이 이루어진 것 같다.

베네치아의 사례가 이를 보여준다. 스플리트 대사업과 동시에, 또 훨씬 더 이전에, 베네치아 선단의 수가 대폭 감소한 것은 분명하다. 이것은 베네치아의 쇠퇴에 대한 논의에 일조했다. 도메니코 셀라는 쇠퇴가 1609년경에 시작했다고 본다.[78] 알베르토 테넨티는 1592년이 기점이라고 암시한다. 둘 다 어쩌면 필요 이상으로 비관적이라고 할 수 있다. 왜냐하면 베네치아 항의 교역량은 최소한 1625년까지 동일하게 유지되었다. 최소한 셀라 본인이 제시한 통계에 따르면 그렇다. 1607-1610년, 평균 94,973콜로(그중 15,000

콜로 정도가 달마티아 항구들과 발칸 반도 육로를 통해서 왔다)였고, 1625년에는 99,361콜로, 1675년에는 68,019콜로, 1680년에는 83,590콜로, 1725년에는 109,497콜로였다고 한다. 외국 상선들이 베네치아 선단의 부족분을 채운 것이 분명하다. 테넨티의 연구는 이러한 결론을 뒷받침한다.[79] 그는 베네치아의 공증인 두 명이 남긴 기록을 분석하여 베네치아 선단의 감소를 보여준다. 공증인 안드레아 스피넬리와 조반 안드레아 카티는 해운 전문가로서 거의 모든 베네치아 고객들을 상대하고 있었다. 해상에서 상선이 사고를 당했다는 사실이 알려지는 순간, 관계 당사자들은 즉각 보험금을 청구하기 위해서 보험 장부에 기록했다. 1592-1609년 결정적인 18년 사이에 1,000건이 넘는 해상 사고가 기록되었는데, 그중 660건(매년 거의 37건)이 난파 혹은 해적에 의한 나포였고, 나머지는 "사고" 혹은 정도의 차이는 있었지만 화물의 손상으로 기록되었다.

이처럼 참으로 세밀한 조사는 우리가 익히 알고 있던 베네치아 선단의 쇠퇴는 물론이거니와 베네치아에 도착하는 북유럽 상선들의 수가 증가했음을 의미한다. 북유럽 상선들은 서지중해에서 베네치아로 들어왔거나 아니면 귀로에, 다시 말해서, 이미 레반트 무역에 참여하고 귀환 길에 베네치아에 입항했다는 것이다. 우리는 분명히 **해상 세력으로서의** 베네치아의 쇠퇴를 말할 수 있지만, 베네치아를 입출항하는 교역량의 축소를 말할 수는 없다. 그런데 우리의 관심 사항은 후자이다. 작지만 예상치 못했던 사실은, 이 어려운 시대에, 해상 보험료가 바뀌지 않았다는 것이다.[80] 최소한 1607년까지 베네치아 상선들에 적용된 보험료는 불변했다.[81] 이는 다음 두 가지 가운데 하나를 의미한다. 베네치아에서 해상 보험 시장을 지배하고 사실상 압력 단체가 되었던 제노바 및 피렌체의 교활한 금융가들이 자신들의 이익에 눈이 멀었다가 돌연 순전히 박애주의적인 의도에서 상품, 선박, 용선 계약에 보험을 들어주었거나, 아니면 우리의 계산이 틀렸다는 것이다. 예를 들면, 평균 보험료가 5퍼센트였다고 가정해보자(이는 전혀 무리한 수치는 아니다). 보험사 입장에서는 해운 사고 1건당 온전한 해운 20건의 보험이 필요하다. 논지의 편의상 모든 상선들이 동일하다고 간주하고, 21번째 상선의 사고는 전파였다고 간주하자. 물론 이것은 지나친 단순화이다. 첫째, 보험사도 항상 보험을 들기 때문에 상선이 전파당해도 손해 전체를 보지는 않는다. 재보험을 드는 것이다. 둘째, 보험사는 난파선에서 회수한 상품에 대한 소유권을 가진다. 셋째, 보험사가 피해자를 보상하는 경우에는 일반적으로 총 보험액 가운데에서 삭감했다. 넷째, 손해와 수익이 서로를 상쇄한다면, 보험사는 보험이 유지된 동안 받은 금액에 대한 이자를 취할 수 있었을 것이다. 이러한 사실들은 문제를 복잡하게 만들지만, 문제 해결을 불가능하게 만들 정도는 아니다. 요약하자면, 그리고 이것이 내가 중요시하는 점인데, 해상 사고가 일어났다고 해도 안전하고 성공적인 항해로 인해 보상되었다고 간주하는 것은 전혀 부조리하지 않다. 매년 37척이 난파당했다면, 아마도 매년 740건의 안전한 항해가 있었을 것이다.[82] 사실, 베네치아 항은 그동안 생각했던 것보다 더 활기를 띠었다. 소위 재앙의 시기였다는 16세기 말에도 해운은 부진과는 거리가 멀었다. 1605년 베네치아 소속 대형선이 27척에 불과했다는 것은 사실이지만,[83] 대형선 대 소형선의 비율이 다른 곳과 같았다면(10 대 1), 베네치아에는 200척이 넘는 소형선이 있었을 것이다. 어쨌든, 정박선(停泊船) 목록에 따르면(1598년 9월 1일-1599년 9월 1일[84]), 아마도 베네치아 소속으로 생각되는 마르칠리아네 선(marciliane)이 46척이 있었고 더 작은 상선들도 있었다. 물론 1598-1599년의 정박선은 오직 200여 건의 실제 정박료 지불을 기록하고 있지만, 각 지불 건은 1건 이상의 항해를 의미할 수 있고, 소형선들은 지불을 면제받았다. 따라서 "한 번의 지불이 몇 번의 항해를 의미할 수 있는가?"라는 문제에 대해서 확정적인 연구가 있다면, 보험료의 문제, 곧 베네치아 해운량의 문제를 해결할 수 있을 것이다. 하지만 아직 이에 대한 연구가 없는 불완전한 정보 상황에서도, 발칸 반도의 육로 교역량 증가에도 불구하고, 아드리아 해와 지중해의 해운이 감소했다고 가정하는 것은 틀리지 않을까? 오히려 반대로, 내가 생각하기에는, 지중해 무역량은 세기 말에 엄청난 수준에 이르렀다는 것이다. 그렇지 않고서야 어떻게 해적질이 계속해서 이문이 남는 직업으로 번성했겠는가? 라구사의 경우, 라구사 소속 상선의 수가 감소한 것은 사실이지만, 이 작은 도시의 법무 부서 기록에서 임의로 뽑은 등록 기록만 보아도 영국인, 마르세유 출신의 프랑스인, 심지어 선장이 분명한 카탈루냐인 한 명이 등장한다.[85] 새 상선들이 과거의 상선들을 대체했던 것이다.

최소한 16세기 동안에는 해상과 육상 교역 사이의 경쟁에서 확실한 승자는 없었다. 전반적인 번영이 둘 모두에 유리하게 작용했다. 전체적으로 보면, 각 운송 수단이 누린 상대적 지위는 대체로 일정하게 유지되었다. 적어도 해로와 육로의 상대적 가치는 변하지 않았다.

베네치아는 해로와 육로 사이의 경쟁에 대해서 한 가지 사례를 더 제공한다. 다행히도 1508년에서 1606년 사이에 "서쪽에서," 곧 에스파냐에서 베네치아에 도착하는 양모의 양을 기록한 문서가 남아 있다.[86] 바다를 통해서 도착한 양모는 이탈리아를 횡단하는 육로를 통해서 온 것과 구분되었다. 1598년 해로로 도착하는 양모에 대해서는 사실상 무관세가 적용되어 해로 이용이 권장되었다. 이러한 직접 운송은 홀란드 상선이 담당했다. 그렇지만 이와 같은 관세상의 이점과 홀란드의 우세한 상선들에도 불구하고, 제노바를, 특히 리보르노를 경유하는 육로 수송은 해로 수송과 동급을 유지했고 심지어 이점을 누리기도 했다. 어떻게 이럴 수 있었을까? 그 이유는 짐작하기 어렵지 않다. 우선, 관성의 법칙과 기존 이익 집단의 힘을 생각할 수 있다. 제노바 및 피렌체 상인들은 에스파냐에서 양모 구입에 대한 사실상의 독점권을 가지고 있었다. 시몬 루이스의 통신이 증명하듯이,[87] 즉, (일종의 원격 조정의 신용 대부를 통해서) 메디나 델 캄포에서 피렌체에 이르는 일련의 지불 라인이 존재했던 것이다. 베네치아 상인들은 수수료를 지불하고 즉, 피렌체로부터 얻은 신용 대부를 통해서 양모를 구매했고, 따라서 1급 양모는 피렌체에 남았고, 2급 양모가 베네치아에 가공을 위해서 보내졌다. 이와 같은 피렌체의 중개지로서의 역할 때문에 육로가 자주 이용되었다. 또한 세기 말에 피렌체 모직업의 때이른 쇠퇴로 양모 수요가 감소하면서 베네치아에 도착하는 양모의 양이 증가했을 수도 있다.

따라서 이와 같은 사례들은, 비록 그 자체로는 문제를 결론짓기에는 부족하지만, 육로와 해로 사이의 경쟁에는 비탄력적이고 복합적인 변수들이 있음을 잘 보여준다. 그러나 해로와 육로 사이에 지속적인 구조적 관계를 포착할 수 있고, 이를 작업 가설로 설정할 수 있을 것이다.

교통과 통계 : 에스파냐의 사례

광대한 지역을 포괄하는 또다른 사례로는 카스티야가 있다. 카스티야는 바다와 내륙의 세관들로 둘러싸여 있었다. 세관은 해안과 육지의 국경을 따라서 산재되어 있었는데, 메마른 (내륙) 항구(puertos secos)라는 것은 나바라, 아라곤, 발렌시아의 경계상에 있는 39개 세관으로 카스티야로 접근하는 주요 및 부속 도로의 입구를 통제했다. 위쪽의 항구(puertos altos)는 나바라와 아라곤의 경계에 위치했고, 아래쪽의 항구(puertos bajos)는 발렌시아 쪽의 무역을 통제했다. 포르투갈 항구(puertos de Portugal)는 별로 중요하지 않은 몇 개까지 포함하면 대략 46개에 이르렀는데, 포르투갈에 이르는 육로를 통제했다. 비스케이 만과 발렌시아에서 포르투갈에 이르는 해안의 2개의 바다 국경을 따라서 한쪽에서는 바다의 십일조(diezmos de la mar), 곧 1559년에 왕권 통제하에 있었고(그 이전에는 카스티야 대원수의 가문이 통제했다).[88] 반면에, 세비야에는 광범위한 세무 제도인 대관세(Almojarifazgo Mayor)에서 비롯되는 특권적인 관세들이 징수되었다. 이미 무어인의 왕정 시기부터 존재했던 이 제도는 모든 해상 수입을 통제했고, 때로는 내륙에 위치한 세관을 이용하기도 했지만, 주로 일련의 항구들(세비야, 카디스, 산 루카르 데 바라메다, 푸에르토 데 산타 마리아, 말라가 등)을 통해서 통제했다. 이러한 오랜 특권들에 더하여 인도 관세 다시 말하면 서인도, 곧 아메리카 대륙을 오가는 상품만을 대상으로 하는 관세가 덧붙여졌다.

따라서 카스티야는 시망카스의 세관으로 대표되는 몇 개인가의 세관으로 둘러싸여 있었는데, 시망카스에 남아 있는 엄청난 양의 문서와 통계는 최근의 라몬 카란데[89]와 모데스테 우요이[90]의 연구 덕분에 좀더 접근이 용이하게 되었다. 이 기록들은 육상 및 해상 운송의 상대적 비율을 측정할 수 있는 근거를 제공할 수 있을 것인가? 그 답은 반반이다. 상대적으로 연속적이고 또 양이 방대해서 오류를 방지할 수 있기 때문에 답을 줄 수 있어야 하겠지만, 반면에 카스티야의 재정 체제는 별도로 육상과 해상 운송을 구분하지 않았기 때문에 그 유용성이 반감된다. 무엇보다도, 카스티야의 경제 활동 전반은 대서양 무역에 지배되었고 지중해 무역에 등을 돌렸기 때문에 카스티야의 사례는 지중해의 육상 및 해상 무역에 대해서 알려주는 바가 적다. 그럼에도 불구하고, 우리는 카스티야의 문서들을 통해서 어느 정도 육상과 해상 무역의 규모와 그 비교에 대한 답을 구할 수 있다.

첫 번째 자명한 결론은 무역과 그에 따른 관세가 상당히 증가했다는 점이다. (1) 1544년경의 인도 관세가 100이라면, 1595-1604년 사이에는, 곧 반세기 후에는 666에 달했다. 위게트 쇼뉘와 피에르 쇼뉘의 공동 연구도 이런 사실을 뒷받침한다. (2) 1525년의 대관세가 100이라면, 1559년에는 300, 1586-1592년에는 1,000에 이르렀고, (인플레이션에 의해서) 1602-1604년에는 1,100에 이르렀을지도 모른다.[91] (3) 바다의 십일조 세금의 경우, 1561년이 100이라면, 1571년에는 300에 이르렀고, 1581년에는 250, 1585년에는 200, 1598년에는 200이 조금 넘었다. 예상 가능한 대로, 16세기 동안의 해상 무역의 증가는 에스파냐 남부에서 주로 목도되었다. (4) "메마른 항구"에서 걷은 관세는 1556-1557년 100이었다면, 1598년에는 277이었다. "포르투갈 항구"의 관세의 증가량은 좀더 둔해서, 1562년에 100이라면, 1598년에 234였는데, 이 지역은 또한 밀수로 악명이 높았다는 점을 감안해야 한다.

그러나 육로와 해로를 통한 관세의 상대적 증가를 측정하기 위해서는, 각 관세 기록의 연수가 서로 다르기 때문에, 1560년경을 100으로 삼아야 한다. 1560년을 기점으로 하면, 육상 무역이 3,800만 마라베디인 반면, 해상 무역은 1억1,500만 마라베디, 곧 비율이 1 대 3이다. 1598년 동일한 통계를 내자면, 육상 9,700만 대 해상 2억8,200만, 곧 1 대 3의 비율이 유지된다. 그러므로 16세기 후반 카스티야의 경우 육상과 해상 무역 사이에는 어떤 구조적인 변화가 있었던 것 같지는 않았다. 둘 모두 동일한 속도로 증가했고 그래프상에서 유사한 곡선으로 나타난다. 이것은 육상과 해상 무역 사이의 관계에 대한 앞에서 살펴본 비교 사례들보다는 더 분명한 증거가 된다. 전반적으로 육상과 해상 사이의 상대적 비율은 크게 바뀌지 않았다.

장기 연구의 이중적인 문제

지금까지 살펴본 시공간상의 몇몇 특정 사례를 가지고 우리는 결론을 내리거나 일반화를 하기는 어렵다. 이 분야에서의 연구는 육상과 해상 무역의 실제 규모를 보여주었다기보다는 육상과 해상 무역이 발달하고 서로 관계를 맺으며 발전한 방식을 보여주었다. 어떤 정확한 결론을 위해서는 너무 방대하고 다양하다고 하더라도 이 책이 다루는 50년이 넘는 기간, 어쩌면 수세기에 걸친 기간, 최소한 15세기에서 17세기나 18세기에 이르는 기간에 더해서 지중해보다 더 넓은 지역을 다루어야 할 것이다. 헤르만 반 데어 베[92]가 제시한 매력적인 가설은 이 논쟁이 다루어야 할 범주를 잘 보여준다. 반 데어 베는 15세기의 유럽과 지중해 권역에서는 베네치아에서 브뤼헤에 이르는 해상 무역이 증가했고, 16세기에 이르러서야 이와 같은 외적인 자극이 "대륙 횡단" 경제에 활력을 불어넣었으며, 이에 따라 해로와 육로 둘 다 동일한 속도로 발전했다고 주장한다. 17세기에는 경제적으로 번영한 지역들은 또다시 주로 항구와 해안 지역이었고, 18세기가 되어서야 다시 해상과 육상 무역이 함께 발전하기 시작했다는 것이다.

나는 지중해의 해상과 육상 무역 사이에도 이와 비슷한 변동이 있었다고 믿는다. 어쨌든 이러한 변동은 최소한 이후의 조사를 위한 틀을 제공한다. 이러한 이론에 따르면, 우리가 살펴보는 16세기의 경우 양쪽 모두 기회를 누렸다. 그러므로 육상 무역의 증가는 대체로 해상 무역의 증가를 수반했고 역으로도 마찬가지였다고 가정하는 것이 옳다. 해로가 지배하는 경우는 15세기 이탈리아 해운 및 17세기 네덜란드 해운의 경우에만 해당된다고 보아야 할 것이다. 이러한 이론이 옳다면, 물론, 구체적인 지역 연구가 이를 확인해주어야 할 것이다. 그러나 모든 곳에 동시에 이와 같은 변동이 정확히 나타날 것이라고 기대할 수는 없다. 네덜란드의 해상 우위의 시대가 자동적으로 일부 육로의 부활을 방해하거나 활동을 억제한 것은 아니었다. 5현인 회의의 기록을 보면,[93] 1636년 5월 8일의 기록에는 "해로로 올 만한 많은 상인들이 제노바와 리보르노에서는 육로로 왔다"고 한다. 그러므로 1636년에조차 일부 지역에서는 육로가 여전히 해로와 맞먹는 역할을 했다. 전반적인 이론의 단순화된 이미지들은 오로지 그것을 뒷받침하는 확실한 증거가 있을 때에만 받아들여져야 할 것이다.

2. 해운 : 적재량과 콩종튀르

우리는 지중해의 상선 수천 척에 대한 기록, 곧 선명, 적재량, 화물, 경유지 등에 대한 정보를 가지고 있다. 그러나 이와 같이 방대한 양의 증거들을 의미 있고 질서 있게 제시하기는 쉽지 않다. 그렇기 때문에, 내가 독자에게 이해를 구하는 바는 우리가 다각도에서 이 문제를 살펴볼 수밖에 없다는 것이다. 그래서 우선 시기적인 범주를 15세기에서 17세기까지로 확대하고, 다음으로는 대서양과 지중해를 하나로 함께 다룰 것이다. 이와 같이 해야 하는 이유는, 이어지는 논의에서 드러나겠지만, 일단 논의를 분명하게 하기 위해서 서너 가지 일반 법칙을 언급해야 하기 때문이다.

1. 지중해 항해는 대서양 항해와 근본적으로 다르지 않았다. 항해 기술, 해상 보험료율, 항해의 순환 기간 등은 다를 수 있지만, 기본 도구, 곧 바람의 힘을 이용해서 앞으로 나아가는 목선이라는 점에서 동일한 기술적 한계가 있었다. 배의 크기, 선원 수, 돛의 표면적, 항해 속도 등에 일정한 제약이 있었다. 또다른 통일성의 요소는 새로운 종류의 선박이 대서양에 출현하면 곧이어 지중해에서도 비슷한 선박이 나타났다는 점이다. 심지어 베네치아조차 비록 고유한 종류의 선박을 소유하고 쉽게 새로운 종류를 도입하지 않았음에도, 15세기 말 마리노 사누도 2세[베네치아의 역사가. 1466- 1536]의 젊은 시절에도 캐러벨 선이 있었고, 16세기 말 이전에도 갤리온 선과 베르토니 선(bertoni)이 있었다. 심지어 투르크도 16세기 말에 이르러서는 원양 갤리온 선을 이용하고 있었다.[94] 1581년 콘스탄티노플 등지를 다닌 독일 여행객 슈바이거는 이러한 투르크의 원양 갤리온 선을 "육중한 배이자 화물선" 곧 가장 큰 상선이라고 설명했다.[95]

2. 지중해에서와 마찬가지로 대서양에서도 적재량이 적은 상선들이 압도적으로 대다수였다. 소형선들은 신속하게 화물을 적재할 수 있었고, 바람이 조금만 불기 시작해도 출항할 수 있었다. 바다의 프롤레타리아인 소형선들은 대체로 운송비도 저렴했다. 1663년 6월 리스본에서 영국으로 돌아오는 두 카푸친회 수도사에게 소금과 레몬을 실은 옹플뢰르 출신의 나비구엘라 선(naviguela : 35톤 선박)의 선장은 1인당 8파운드의 가격으로 칼레까지 데려다주기로 했다.[96] 1616년 4월 에스파냐로 향하던 베네치아 대사 피에로 그리티는 제노바에서 돛대가 둘인 프로방스의 펠루카 선(felucca)에 승선했다. 그는 신속하게 서지중해를 횡단하고 싶었기 때문에, 가족은 알리칸테로 향하는 큰 배를 예약했다.[97] 펠루카 선은 "모든 노 젓는 배 중에서 가장 작은 배이다"라고 비네 신부는 1632년에 썼다.[98]

따라서 소형선들이 대다수였고, 소형선들의 이름은 항구, 지역, 시대에 따라 이름이 다양했다. 아드리아 해에서는 그리피, 마라니, 마르칠리아네라고 했고, 프로방스에서는 펠루크, 타르타네라고 했는데, 때로는 항구 기록에는 별 다른 설명 없이 소형선이라고 표기되었다.……이러한 소형선들은 보통 적재량이 100톤 또는 심지어 50톤 이하였지만, 지중해뿐만 아니라 대서양에서도 운항했다. 1598년과 1618년 발렌시아의 기록에 따르면, 소형 상선 대 대형 상선의 비율은 10 대 1이었다.[99] 1599년 베네치아에 31척의 나베 선(즉 31척의 대형 상선)이 있었다는 기록이 있다면,[100] 그 주위에 수백 척의 소형선들이 있었다고 상상할 수 있다.

3. 16세기의 적재량에 대해서는 결코 정확하게 알 수 없다는 점을 받아들여야 한다. 각 항구에 입출항하는 선박들의 수를 알고 전체 적재량을 알면 선박들의 평균 적재량 역시 계산할 수 있다. 나는 안달루시아 항구들의 통계 기록을 바탕으로 평균 75톤[101]을 제시했지만, 이는 아마 너무 높은 수치일 것이다. 더구나 기록된 적재량이 전혀 정확하지 않다. 전문가는 선박의 수치(높이, 너비, 길이)를 바탕으로 하여 적재량을 계산하는데, 다른 나라에 상선을 대여해주는 경우, 특히 그 고객이 에스파냐일 경우, 적재량은 과대 포장되었다. 또 설사 모든 기록이 정확하다고 가정하더라도, 여전히 살마, 스타라, 보테, 칸타라, 카르래[모두 적재량의 단위들] 등을 오늘날의 수치로 바꾸어야하는 어려움이 있다. 이는 아주 난처한 문제이다. 명목 가격을 실제 은의 무게로 산출하는 것보다도 더 난처하다고 할 수 있다. 16세기 세비야의 "명목상의" 적재량은 급감했고, 위게트 쇼뉘와 피에르 쇼뉘는 이로 인해서 여러 가지 문제에 부딪쳤다. 나는 한동안 프랑스 영사관 기록(A. N. série B III)을 통해서 18세기 외국 항구에 도착하는 상선들과 그 화물을 추적해보았다. 그런데 여러 번 동일한 배가 똑같은 선장, 똑같은 선명에 똑같은 항로를 경유하고, 똑같은 화물을 적재했음에도 불구하고 항구와 영사관에 따라 적재량이 다른 것으로 공식 문서에 기록되어 있었다. 요컨대, 우리

는 단지 대략적으로 계산할 수 있을 뿐이며, 그에 따른 몇 가지 불리한 점을 받아들여야 한다.

4. 수많은 증거는 어김없이 대형 및 초대형 선박과 관련되어 있다. 중형선과 대형선 사이의 경계선이 아니라 초대형, 곧 1,000톤급 내지 심지어 2,000톤급 선박에 대한 증거들이 있다. 사실 1541년 알제 원정 당시 그랬던 것처럼,[102] 에스파냐의 왕실 상인들은 30톤급 브르타뉴의 어선 혹은 겨우 말 10마리밖에 싣지 못하는 캐러벨 선에 대한 출항 정지를 할 가능성이 별로 없었다. 징발 대상은 주로 대형선이었고, 게다가 대형선은 사람들이 말하는 것 이상으로 출항 정지 명령을 따랐다. 그것은 에스파냐 당국이 전리품 일부를 보장해주고, 상당한 용선료를 지불하고, 넉넉하게 보급을 준비했기 때문이다.

이 시기에 1,000톤급 선박은 괴물 같은 선박이었고 또 희귀했다. 1597년 2월 13일 토마스 플라터[103]라는 바젤 출신의 의사는 막 몽펠리에에서 학업을 마치고 마르세유에 머물고 있었다. 그가 항구에 대해서 기록한 것은 오직 얼마 전에 마르세유인들이 나포한 거대한 제노바 선박에 대한 것이었다. "지중해에서 건조된 가장 거대한 선박 가운데 하나였다. 마치 바다 한가운데에 거대한 5층 저택이 솟아 오른 것 같았다. 내가 보기에는 적재량이 최소 15,000퀸탈[대략 800톤]이었을 것이다. 경이롭게도 높은 돛대 둘에 여덟 개나 열 개의 돛이 있었고, 그중 하나에 나는 밧줄 사다리를 이용해서 올라갔다. 돛대 위에서 나는 멀리 이프 성까지 바라볼 수 있었는데, 성 부근에서는 마을의 풍차와 비슷한 풍차가 돌고 있었다." 이러한 사례가 수백 개가 있다.

5. 평균 혹은 대략적인 평균을 잡고 이를 기초로 총량을 구하고자 할 때에도 문제는 대형 선박들만 알 수 있다는 점이다. 우선 새겨두어야 할 점은 다음과 같다.

a) 최대 적재량은 연속적으로 커지지는 않았다는 점이다. 18세기에나 있

을 법한 성과에 버금가는 놀라운 기록들이 15세기에 보이는 것이 혹시 오류가 아닐까 생각할 수 있겠지만, 나는 이것이 분명히 오류가 아니라고 확신한다.[104]

b) 대형선들은 장거리 항해와 관련되었고, 오랫동안 이러한 장거리 항해를 독점했다. 더구나, 대형선들의 배후에는 갖가지 요구와 자원을 가진 국가들, 도시들 및 부유한 선주들이 있었다.

c) 이러한 대형 상선은 주로 단위 당 가격이 낮고 따라서 수상 운송을 필요로 하는 무겁고 부피가 큰 화물을 운송했다. 따라서 운송료 또한 저렴했다.

d) 해군의 대포에 의해서 혁명이 일어나기 전까지는—혁명은 아주 느렸지만—이러한 바다에 떠 있는 거대한 요새들은 안전 그 자체였다. 대형선은 비록 취약한 소형선과 마찬가지로 악천후의 위험에는 노출될 수밖에 없었지만, 적의 공격은 얼마든지 물리칠 수 있었다. 어떤 해적선이 이처럼 많은 선원, 군인, 창병, 궁수를 태운 군함을 공격하려고 했겠는가? 부자에게는 대형선이 가장 좋은 경찰이었다. 1460년 베네치아 정부가 매우 큰 돈을 주고 천천히 건조하고 있던 대형선 2척은 그 건조 목적 자체가 "모든 해적들이 두려워하게 하는 것"이었다.[105]

e) 적재량이 큰 선박들은 부자들과 상업 도시들의 후원과 낭비벽이 많은 정부들에게 매력적이었음에도 불구하고(1532년 프랑스 국왕[프랑수아 1세]은 르 아브르에서 "너무 거대해서 항해가 불가능할 것" 같은 선박을 건조했다[106]) 경쟁자들을 모두 물리치지는 못했다.

f) 특정 시기에는 대형선들이 모든 운송을 독점하는 경우도 있었다. 15세기 초에는 법적이든 실제적이든 독점의 시대였고, 16세기에는 에스파냐령 아메리카 무역과 포르투갈령 동인도 무역에 다시 독점권이 도입되었다. 그러나 이러한 독점권이 어떤 이유에서든지 간에 무너질 경우 즉시 투입될 준비를 갖춘 다수의 중소형선들이 존재했다. 이와 같은 소규모 적재량 상선

들의 귀환은 거의 언제나 무역 확장 시기에 이루어진 것 같다. 무역 기록에서 대형선들만 존재한다면 아마도 콩종튀르가 악화되었다는 반증일 것이고, 대형선들에 소형선들이 수반되어 있다면 콩종튀르는 아마 아주 호기였을 것이다. 이것은 여러 모로 신뢰할 만한 지표인 듯하지만, 차후에 더 논의해야 할 것이다. 독자들이 일단 받아주기를 청할 뿐이다.

15세기의 대형선들과 소형선들

15세기부터 지중해에서는 대형선들이 수적으로 많아졌다. 지중해 선박들은 이미 지중해 한 쪽 끝에서 다른 쪽 끝까지 항해하고 있었고, 그 다음으로는 런던과 브뤼헤에까지 항해하고 있었다. 최장거리 노선에서 활약한 것은 제노바인이었다. 이 때문에 제노바인들이 대형선 건조 경쟁에서 한발 앞섰다.[107] 더구나 제노바가 사실상 부피가 큰 화물의 수송, 특히 소아시아 포챠에서 명반 그리고 레반트 섬들에서 포도주를 수송하는 것에 특화했기 때문이다. 제노바 캐럭 선은 거의 1,000톤급이었고, 1,000톤급 이상도 상당했는데, 이는 오랫동안 어려운 기술적 문제를 합리적으로 해결한 선박들이었다.

한참 후에야 베네치아인들도 이 움직임을 뒤따랐다. 첫째로 베네치아는 제노바보다 레반트와 가까웠고 무역 활동의 중심도 레반트에 있었고, 둘째로 베네치아는 국가가 효율적으로 조직한 국영 갤리 선 운송 체제[108]를 통해서 특정 항로의 교역을 통제했다. 타나이스, 트레비존드, 루마니아, 베이루트, 알렉산드리아, 에그-모르트, 플랑드르, 바르바리, 트라페고(trafego : 북아프리카 해안) 항로에 갤리 선단이 있었다. 이 체제로 인해 베네치아 상선들은 항해의 어려움과 위험을 분산했고, 또 제노바인들의 방식인 레반트에서 브뤼헤에 이르는 직항로를 금지하여 모든 화물이 베네치아를 경유함으로써 베네치아 정부에 관세를 내야 했다. 또한 베네치아에게는, 제노바와 달리, 중유럽과의 육로 무역축이 더 핵심적이었을 가능성도 있었다. 요컨대, 이러한 복합적이면서도 언제나 개선해나가는 체제가 장기간 지속된 이유가 있다면, 그것은 경기 침체기인 14세기의 곤경 속에서 1339년에 탄생한 까닭에 위험한 항로들에 대해서 국가의 보조금을 지급하는 방식이었기 때문이다. 어쨌든, 국영 갤리 선 운송 체제는 세기 말에 겨우 200톤 내지 250톤에 이르렀을 뿐이다.[109] 더구나 호위 상선단은 오로지 고가 품목, 곧 후추, 향신료, 고급 직물, 비단, 맘지 포도주만을 운송했다. 따라서 여러 가지 화물들을 적재하여 위험을 분산하는 이점이 있었다. 오로지 북유럽에서 귀항하는 플랑드르 갤리 선들만 빈 배로 돌아가지 않기 위해서 모직물과 호박(琥珀) 이외에도 잉글랜드산 양모, 납과 주석을 운송했다. 그러나 한편으로는 흑해에 이르는, 다른 한편으로는 잉글랜드에 이르는 장거리 항해 경험 때문에, 베네치아도 갤리 선의 적재량을 증대시키고(14세기에는 단지 100톤급밖에 안 되었다), 그 수도 늘리기 시작했다.

베네치아에는 국영 갤리 선 운송 체제 이외에도 자유 항해 혹은 부분적으로만 통제를 받는 해운 분야가 존재했다. 이것은 거대한 배인 "코그 선," 곧 키프로스 혹은 시리아에서 부피가 큰 목화 부대를 수송하는 상선들이었다.[110] 이미 13세기부터 목화는 수요에 못 미치는 양모 생산을 보완하면서 주요 직물로 부상했고 퍼스티안(아마와 목면의 혼합 직물)이 발전하면서 수요가 증가했다. 목면은 매년 두 차례 수송 기간에 보내졌다. 첫 번째이자 더 대규모는 2월에(6척), 두 번째는 9월에 대형 상선 두 척뿐이었다. 큰 목면 부대들은 큰 공간을 필요로 했다. 1449년 12월 1일자 동업자 조합 기록의 한 문건에 따르면,[111] 1450년 2월 상선단을 구성할 화물용 범선 6척의 선명과 적재량을 기록하고 있다. 1,100, 762, 732, 566, 550 및 495보테, 즉 대략 250톤에서 500톤급이었다. 이는 15세기 기준으로도 상당한 적재량이었다.

대형선의 또다른 이점은 해적에 대항할 수 있다는 것이었다. 1490년 8월,[112] 카탈루냐의 2,800보테(약 1,400톤급)의 나베 선은 바르바리 갤리 선들을 추적했는데, 이 갤리 선들은 시라쿠사 항으로 도피했다. 1497년[113] 사누도는 3,000보테급 베네치아의 나베 선, 3,500보테급 프랑스의 "소형선," 4,000보테급의 네그로나 호라는 제노바 나베 선을 언급하고 있다. 2년 후인 1499년[114] 사누도는 프랑스 함대에 참가할 베네치아 선박들의 수치를 기록했다. (외국 선박 7척을 포함한) 30척의 평균 적재량은 675보테 곧 약 338톤이었는데, 16세기 전공 역사가의 입장에서는 비정상적으로 높아 보인다. 추가로 비교하자면, 1541년 7월[115] 카를 5세의 알제리 원정 직전에 카디스와 세비야에서 52척이 출항했는데, 총적재량이 1만 톤 이상, 곧 선박 당 200톤에 이르렀다. 따라서 15세기에도 18세기의 기록적 적재량만큼 적재량이 큰 선박들이 존재했다는 사실을 받아들여야 한다. 18세기에 "중국" 무역을 담당하던 몇 척의 동인도 무역선(Indiamen)[116]도 2,000톤 정도였을 뿐이었다.

소형 범선의 첫 승리

15세기와 16세기 사이의 어느 시점에서인가 대형 범선이 감소하고 소형 범선들이 급격하게 증가했다. 이러한 변화를 추적하면 15세기 중반, 역시 베네치아로 향하게 된다. 이미 1451년 베네치아 원로원 회의록[117]에는 시리아 및 카탈루냐 항로에서의 소형선 수요에 대한 언급이 있다 : 시리아와 카탈루냐로 가는 데에는 모두가 작은 배를 더 원한다. 대서양에서 지중해로 들어오는 소형선들도 15세기 중반 이후로 증가하기 시작했다. 1502년 10월 21일자의 흥미로운 베네치아 원로원 회의록에 따르면, 바스크, 포르투갈, 에스파냐의 침입자들이 "예전과는 달리 지브롤터 해협을 거쳐서 왔다"고 했다.[118] 이 시기에는 예상치 못한 일이었다. 베네치아의 기록에 따르면, 베네치아는 거의 형언할 수 없는 재난에 직면해 있었다. 베네치아의 대형 범선의 수는 "1420년에서 1450년 사이에" 300척(과장이다)에서 16척으로 줄어들었는데, 대체로 적재량은 400보테 정도였다. 나머지 대부분은 폐선들이었다고 한다. 이 대형선들 외에 소형선들은 심지어 달마티아의 캐러벨 선과 마라니 선까지 포함해서 몇 척이 있을 뿐이었다고 한다.

이와 같은 위기에 대한 설명은 끝이 없다. 해운 관세는 너무 높았다. 그러나 용선료는 어처구니없이 낮았다. "리옹 만"에서 랑그도크의 소금 적재가 금지되었다. 외국 상선들이 크레타에서 직접 포도주를 적재할 수 있게 되었다. 그리고 지브롤터 해협을 통과한 침입자들이 "소도시들뿐만 아니라 국가까지도 위험에 빠뜨려 갤리 선의 수송 기간과 우리 나라의 선박들을 제물로 삼아 돈을 벌었다." 이 새 침입자들은 소형선들이었다.

마찬가지 상황이 대서양, 영국해협, 북해에서도 일어나고 있었다. 이는 알로이스 슐테[독일 역사가]의 책 『라벤스부르크의 대상회(*Grosse Ravens-burger Gesellschaft*)』(1923)에서도 나타날 뿐만 아니라, 이 경이로운 책에서 우리는 구하고자 하는 모든 정보를 찾을 수 있다.[119] 대형 화물용 범선 혹은 제노바와 다른 지중해 도시들의 나오 선들은 세상의 새로운 젊음과 희망이었던 가볍고 세련된 캐러벨 선들에게 추월당했다. 1478년 안드레아 사틀러는 브뤼헤에서 "소형선들이 대형선들을 완전히 쫓아냈다"고 편지에 썼다. 두 범주 간의 차이는 엄청나게 컸다. 1498년 안트베르펜에서 대형 범선 4척이 9,000퀸탈의 물품을 실은 반면, 캐러밸 선 28척은 1,150퀸탈밖에 싣지 못했다.

지중해에서의 소형 범선이 대형 범선들에게 승리한 것, 다시 말하면, 더 빠르고 더 저렴한 상선들이 화물 적재에 시간이 많이 걸리고 독점 특권을 가지고 있었던 거대한 선박들을 물리친 것은 대서양과 지중해 둘 모두에서 일어나고 있던 대변혁의 시작을 알려준다. 이러한 경향은 1530년대까지 계속되었다가, 1550년경 (최소한 지중해에서는) 주춤하다가, 1570년대 이후 다시 강력하게 시작되어 16세기 말 이후에도 지속되었다.

16세기의 대서양에서

일반적으로 16세기 대서양 해운의 문제는 잘못 제기되었다. 문제 자체를 제대로 제기하려면, 우리는 이베리아인이 독점하고 있었던 두 개의 항로— 곧 세비야에서 출발하는 서인도 항로와 리스본과 동인도 사이의 장거리 항로— 를 구분해야 한다.

이러한 특권적인 두 항로에서는 탐험가들의 소형선들은 곧 사라졌다. 콜럼버스의 선단 3척 가운데 산타 마리아 호는 280톤이었고, 핀타 호는 140톤, 니나 호는 겨우 100톤이었다. 50년 후, 1552년 칙령에 따르면 적재량 100톤 이하에 선원 32명 이하의 선박은 아메리카 대륙행의 경우에는 제외되었다. 1587년 3월 11일 펠리페 2세의 결정에 따르면 최소 적재량이 300톤으로 인상되었다.[120] 그러나 16세기 말에는 서인도 제도 항로의 선박 중에는 500톤 이상은 거의 없었는데, 400톤이 넘는 범선은 세비야 남쪽 과달키비르 강의 산 루카르 데 바라메다 사주(砂洲)를 건너는 데에 어려움을 겪었기 때문이다. 700톤에서 1,000톤급 갤리온 선들이 흔해지기 시작하고,[121] 서인도 통상원[Casa de la Contratación : 신대륙과의 교역 및 항해에 관한 사무를 담당한 기관]을 더 이상 선박이 접안할 수 없었던 세비야에서 카디스로 옮기는 문제와 서인도와의 무역독점권 문제가 예리하게 제기된 것은 17세기 후반이 되어서였다.[122]

리스본의 경우 항구 접근성에는 문제가 없었기 때문에 16세기에도 적재량이 큰 선박이 흔히 입항했다. 1558년 부왕 콘스탄티노 데 브라간사를 포르투갈령 동인도 제도로 태우고 간 대형 범선 가르사 호의 경우 1,000톤급 선박이었다. 사실 당시 가르사 호는 동인도 항로에 출현한 가장 큰 함선이었다.[123] 1579년 베네치아 대사에 따르면 리스본의 대형 범선은 2,200보테 (1,100톤) 이상이었다.[124] 16세기 말에 이르면 종종 이보다 큰 함선도 많이 나타난다. 1592년 [잉글랜드의] 클리포드 선장이 나포한 마드레 데 디오스 캐럭 선은 깊은 흘수 때문에 런던 항에 입항할 수 없었기 때문에 다트머스

항으로 인도되었다.[125] 이 캐럭 선은 적재량이 1,800톤을 넘었고, 물품 900톤에, 주철 대포 32문, 승객 700명을 실을 수 있었다. 이물에서 고물까지 이 캐럭 선은 166피에[1pied는 약 32.4센티미터]가 넘었고, 너비는 가장 넓은 지점, 곧 3층 갑판 가운데 두 번째 폭이 46피에 10푸스였으며, 흘수는 30피에, 용골은 100피에 길이였으며, 주돛대는 120피에 높이에 지름이 10피에였다. 잉글랜드인들은 같은 해 9월 15일 경매에 부쳐진 적재품 목록을 보고 더욱 경탄했다. 40년 후 포르투갈은 여전히 이와 같은 규모의 캐럭 선들을 건조하고 있었다. 1604년 리스본을 방문한 여행객은 항구에서 건조 중이던 1,500톤급의 캐럭 선에 감탄을 표했다.[126] "과거 포르투갈인들은 이러한 캐럭 선을 더욱 많이 지었다. 캐럭 선 하나를 짓는 데에 들어가는 목재의 양은 엄청났다. 몇 리그[1league는 약 5킬로미터]의 숲으로는 2척을 감당하기도 불충분했다. 인부 300명이 1년 내내 일해도 1척을 완성하기가 쉽지 않다. 못을 비롯해서 선박 건조에 필요한 금속 제품만 해도 500톤이 넘는다. 이러한 캐럭 선들은 원래 2,000-2,500톤급이었다. 돛대를 위해서는 가장 크고 굵은 소나무 8본을 선별해서 철사로 연결한다. 승무원은 900명이 필요하다."

1664년에도 바레니우스는 『지리총서(*Geographia Generalis*)』에서 이베리아인들이 가장 큰 선박들을 건조했다는 점을 인정했다. "오늘날 가장 큰 것은 캐럭 선이라는 에스파냐와 에스파냐 서부[포르투갈]의 선박이다."[127] 그러나 이미 오래 전부터 중량급 선박들은 경량급 네덜란드 상선들에게 전투에서 패배하고 있었다.

16세기가 되면 대형선의 쇠퇴와 소형선의 보급이 시작되었다. 우리는 특히 후자에 관심이 있다. 16세기 잉글랜드의 위대한 해상 업적들은 이 선박들을 이용함으로써 가능했다. 지리상의 대발견을 위한 탐험선이든 사략선이든 100톤급이 넘지 않았다.[128] 1572년 드레이크 선장이 탑승한 파스카 호는 70톤에 불과했고,[129] 1585년 런던의 프림로즈 호는 150톤에 불과했다.[130]

1586년 캐번디시의 함선 3척 역시 각기 140, 60, 40톤이었다.[131] 1587년 에
스파냐는 런던의 강에 정박 중인 함선 14척에 대한 정보를 획득했는데, 전
부 80톤에서 100톤 사이였다.[132] 심지어 1664년 프랑스는 모두 30톤이 넘는
선박을 수천 척 보유했는데, 이중에 겨우 400척이 100톤이 넘었고, 단지
60척만이 300톤이 넘었다.[133] 발트 해와 관련된 해운의 대부분은 30톤과 50
톤 사이의 선박들이 감당했다. 16세기 바다와 대양은 17세기와 마찬가지로
소형 범선들로 가득 찼다. 바쉬의 연구와 계산에 따르면 1560년과 1600년
사이 뤼베크의 조선소는 2,400척의 선박을 건조했는데, 평균 적재량은 60
라스텐(lasten), 곧 120톤이었다.[134] 그럼에도 뤼베크에서 건조된 대형선에
대한 기록들이 있다. 1595년 봄 카디스 만에는 그랑 바르크라는 600톤급
선박이 로크레스바르트 선장의 지휘하에 정박하고 있었고, 같은 시기에 산
루카르 항에는 요슈아라는 이름의 300톤급 선박이 정박하고 있었다.[135] 한
자 동맹 소속 도시들은 대형선들을 건조해서 에스파냐로 파견했는데, 그
선박들을 사거나 빌려서 세비아인은 신세계 항로에, 포르투갈인은 브라질,
인도양 항로에 투입했다. 1595년 3월 카디스 항에는 에스페란자라는 160톤
급 선박이 정박했다. 함부르크에서 건조되어 요한 "네베" 선장의 지휘하에
함포 20문을 갖춘 이 함선은 "포르투갈 왕의 식민지에 식량을 보급하는 계
약"에 따라 브라질로 향할 계획이었다.[136]

따라서 바쉬가 제시한 평균 적재량, 곧 120톤은 에스파냐로 항해할 준비
가 된 수많은 소형선들이 있었다는 사실을 의미한다. 1538년의 선박 목록
에 따르면 아스투리아스의 항구들에는 40척의 크고 작은 선박들이 정박하
고 있었고, 평균 톤수는 70톤이었다고 한다.[137] 1577, 1578, 1579년의 기록
에 따르면,[138] 안달루시아에 도착한 외국 선박은 800척에 총톤수 60,000톤
이었으니, 겨우 평균 75톤급이었다.

병사 수송을 위해서 징발된 대형 외국 선박들을 포함할 경우 자연히 수
치는 증가한다. 예를 들면, 1595년 산 루카르 항과 카디스 항에서 작성된

세 가지 서류가 존재한다. 첫 번째의 1595년 3월 29일자 목록에 기록된 28척은 평균 200톤이었고,[139] 두 번째 8월 3일자 목록에 기록된 37척—3월 29일자의 선박 일부 혹은 전부를 포함해서—은 총 7,940톤, 함포 396문, 선원 665명으로,[140] 평균 214톤에 함포 10문과 선원 20명(정확히는 18명)이었다. 단순화하면, 함포 1문이 20톤, 선원 10명과 상응한다고 볼 수 있다. 세번째 목록은 총 8,360톤에 선박당 평균 154톤이었는데,[141] 이와 같이 낮은 수치는 가을 해운 때문이 아니라 이 목록이 우르크 선[urca : 북유럽의 대형선]에서부터 흥미롭게도 필리보테스(filibotes)라고 기록된 소형 범선들까지 모두 포함하기 때문이다(filibotes의 어원은 '해적질하다'라는 뜻의 프랑스 어 flibuster[영어 filibuster]와 동일하다). 예를 들면, 스톡홀름에서 온 황금견호, 80톤, 덩케르크의 행운호, 스톡홀름의 성모호, 쾨니히스베르크의 성 베드로 호, 덩케르크의 자선호, 스톡홀름의 추적자호 등 노르웨이, 덴마크, 한자 동맹의 도시들 및 에스파냐령 네덜란드에서 온 선박들이 세비야와 인접 항구들에 정박해 있었다. 이들 북유럽 선박들은 1586년 에스파냐의 가톨릭 국왕이 프로테스탄트 잉글랜드와 네덜란드의 선박들을 이베리아 반도에 입항 금지한 이후, 돛, 목재, 판목, 들보, 곡물 등을 가득 싣고 잉글랜드 해군이 순찰하는 영국해협을 피해 스코틀랜드 북쪽으로 돌아서 에스파냐에 도착했다.

그러나 잉글랜드와 네덜란드 선박들도 이베리아 반도에 입항 금지당한 이후에는 더욱 더 거세게 해적질을 하기 시작해서, 대서양을 헤집고 다니고, 방어가 취약한 해안을 약탈하며, 서인도 무역로에 있는 육중한 함선들을 공격하기 시작했다.

위와 같은 조우에서는 주로 소형선들이 더 성공적이었다. 소형선들은 빠르고 기동성이 높았을 뿐만 아니라, 또한 후일 1626년 리슐리외 추기경의 동시대인이 설명했듯이,[142] 옛날과 달리 오늘날에는 "200톤급 선박도 800톤급 선박만큼이나 함포를 탑재하는" 것이 가능하게 되었다. 이와 같은 발명,

곧 "바다의 정수(精髓)"와도 같은 소형선들은 마치 곤충 떼와 같이 거대하고 육중한 이베리아 반도의 함선들을 공격할 수 있게 되었다. 그리고 소형선들은 그런 바다에 떠 있는 요새를 나포하면 대개 약탈한 다음에는 불태워 버렸다. 왜냐하면 계속 신속한 해적 행위를 하는 데 방해가 되기만 했기 때문이다. 1594년 잔 안드레아 도리아는 서인도 함대를 앞으로 보다 작고 빠른 함선으로 구성할 것을 조언했다.[143] 1591년 복수호의 나포[144] 이전부터도 에스파냐 해군 사령부는 경험에 입각해서 경량선박을 건조하기 시작했던 것은 분명하다. 이러한 변화에 대해서 리포마노는 베네치아 원로원에 보고했고, 베네치아 주재 에스파냐 대사는 그 보고 내용을 요약해서 다시 펠리페 2세에게 올렸다. 이에 따르면,[145] "가톨릭 국왕은 잉글랜드 원정을 계속하기로 결심하셨고, 이를 실행에 옮기기 위해서 과거의 실책을 거울 삼아, 장거리 경량 함포를 갖추고, 더욱 가볍고, 대서양 항해에 적합한 선박들을 건조하실 것입니다." 펠리페 2세는 "더욱 가볍고, 대서양 항해에 적합한 선박들"에 밑줄을 치고, 옆에다가 "내가 생각하건대, 우리는 뒷걸음질 치고 있으니, 페드로 메넨데스 마르케스[무적함대 재건의 명을 받은 해군사령관]에게 이 점을 상기시켜야 할 것"이라고 적었다. 그러므로 이베리아 함대의 문제점들이 무적함대의 패배 이후 바로 해결되지는 않았다고 하더라도, 어쨌든 고위층에서는 인지하고 있었다.

마찬가지 상황이 상인들이 주도하는 해운에서도 일어났다. 소형선들이 대형선들을 평화적으로든 폭력적으로든 몰아내고 있었다. 1579년 8월 비스카야 "정부"는 이 문제를 논의하고 있었다.[146] 비스카야는 아주 작은 주였지만, 주요한 대서양 연안을 관할하고 있었다. 관례적으로 자국선 및 대형선들이 외국선이나 소형선보다 선적 우선권을 부여받았다. 따라서 "정부"는 장고를 해야 했다. 여기서 우리가 배울 수 있는 것은 비스카야의 철이 전부 소형선을 통해서 수출되었다는 것이다. 왜냐하면 소형선들은 대형선들이 시도조차 할 수 없는 곳에서도—"작고 물이 얕은 프랑스와 갈리시아의 항

사진 14. 대서양형 범선.
1512년 8월 10일. 브레스트 만 입구에서 전소한 소형 범선 라 코르들리에르 호(혹은 라 마르샬르 호) B. N. FR 1972, f° 9 v°.

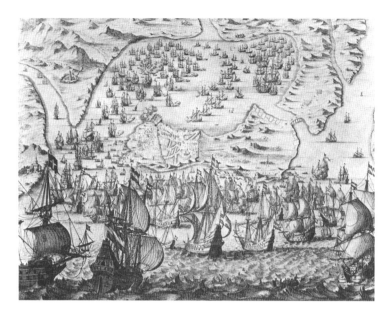

사진 15. 영국군의 카디스 점령(1596). B.N. Paris, 13702

사진 16. 대형 범선과 소형 범선.
말라카 앞바다에서 영국과 네덜란드의 소형 범선의 공격을 받은 포르투갈의 대형
범선(1602년 10월 14일). J. Th. de Bry, Indiae orientalis pars septima, Francfort,
1606, pl. XII. B.N. Rés. G 412.

사진 17. 대서양의 갤리 선과 대형 나베 선.
1585년의 아조레스 제도의 원정. 엘 에스코리알 궁전의 프레스코 벽화, 육지에 보이는 사람들
은 하선한 병사들이다.

구들에서"[147]—선적 및 하역을 할 수 있었기 때문이다. 대형선은 많은 적재
량을 모두 채우기까지 오랫동안 항구에 머물 가능성이 있었지만,⋯⋯소형
선들은 더 빈번하게 출항할 수 있었다. 대형선은 예기치 못한 사태를 야기
할 수 있었다. 1591년 여름 단치히에 주재하고 있던 베네치아 관원 마르코
오토본은 베네치아로 곡물을 보내기 위한 용선 협상 때, 120-150라스트
(240-300톤)의 선박을 선호했다. "이러한 소형선은 흔할 뿐더러, 비록 용적
은 적지만, 그 덕분에 도중에서 곡물이 상할 가능성도 적다.⋯⋯ 더구나

사진 18. 대형 나베 선.
카를 5세가 알제를 방문했을 때에 탄 배와 비슷한 모델(1541). 바이에른 국립 미술관.

우리는 보험을 들지 않았기 때문에 잠재적 피해량도 더 적을 것이다."[148]
무엇보다도 "규모가 소박한 선박들은 대형선들보다 빨리 항해를 종료한
다."[149] 곧 소형선들이 대형선들보다 더 신속하게 항해를 "해치우기" 때문

이었다. 또 하나의 중요한 사항은 곡물을 직접 선창에 적재할 수 있었기 때문에 자루나 항아리가 필요가 없었다.……소형선들은 모든 면에서 더 유리했다![150]

지중해에서

대서양의 상황을 길게 언급한 이유는, 그것이 지중해에서의 해운의 역사를 조명하여 그 발전을 예시하거나 확인하는 데에 도움을 주기 때문이다.

문제를 약간 단순화하여, 우선 기술 혁명의 문제부터 다루어보도록 하자. 이것은 주로 베네치아에 대한 것이지만, 베네치아는 베네치아였기 때문에 적지 않은 중요성을 지니고 있었다. 이미 15세기부터 강력한 경쟁에 직면했던 갤리 선은 16세기의 첫 30년 동안에[151] 사실상 나베 선에 의해서 사라지게 되었다. 즉, 돛을 단 대형 상선이 오랫동안 강자였던 노젓는 배를 대체한 것이다. 비록 후자는, 이유는 정확히 모르겠지만, 한동안 완전히 사라지지는 않았지만 말이다. 반델로의 생애[152] 동안에 베이루트의 갤리 선들은 여전히 베네치아 삶의 전형적인 특징 가운데 하나였다. 갤리 선은 1532년까지 바르바리 항로에서, 그리고 이집트 항로[153]에서 적어도 1569년 갤리 선 2척이 알렉산드리아와 시리아로 떠나기까지[154] 운행되었다. 16세기 말에 갤리 선은 여전히 베네치아-스플리트 왕복로에서 운행 중이었는데,[155] 이 단거리 항로에는 스스로 항로를 선택할 수 있고 우스코크인의 해적 위협으로부터 자신을 보호할 수 있는 함포와 병사를 갖춘 선박이 필요했기 때문이다.

선두에서 밀려나면서 갤리 선은 대형선들에 자리를 내주었다. 대형선들은 한동안 선두를 지키며, 평균 600톤 크기를 유지하며,[156] 잉글랜드로 포도주를 또 지중해 내에서는 곡물과 소금을 운반하며, 시리아에 대한 항해를 지배했다.

1525년 베네치아 대사 나바제로는 제노바에서 에스파냐로 이동하는 과정에서 신형 제노바의 나베 선, 곧 15,000-16,000칸타르(1,300-1,400톤급, 1cantar는 89킬로그램이다)의 대형선을 탔다.[157] 1533년 투르크인들은 라구사의 1,200보테(600톤)의 라운드쉽을 나포했는데, 뒤에 키오스 항에서 석방했다.[158] 1544년 지중해에서 운항 중인 가장 큰 선박(가장 큰 선박이라고 했지만, 정확한지는 알 수 없다)이 메시나 만에서 불타고 있었는데, 이 선박도 1,200보테였다고 한다.[159] 1565년 3월 8일 알리칸테 항에서 베네치아의 대형 나베 선이 징발당했는데, 이 선박은 6,500살마(대략 975톤) 크기였고 함포 60문을 탑재하고 있었다.[160] 같은 시기에 450톤급 제노바 상선과 225톤급 포르투갈 선박 역시 징발되었다.[161] 1561, 1568, 1569년 나폴리의 『솜마리아 문서(Sommaria)』[162]에 등재된 일련의 새로 건조된 나베 선들에 대해서(그중 5척은 라구사 소속이었다) 신뢰할 만한 적재량이 기록되어 있는데, 이를 역순으로 보자면, 1,000톤, 700톤, 675톤, 450톤, 300톤, 270톤 및 190톤 급 선박들이다. 1579년 리보르노 항에 등록된[163] 나베 선들의 적재량은 다음과 같다. 마르세유발 베네치아행 비단 무역선 90톤, 나폴리행 우르크 선(hourque) 195톤, 베네치아 나베 선 165톤, 알리칸테행 에스파냐 나베 선 165톤, 마지막으로 제노바행 라구사 소속 선박 산토 스피리토 에트 산타 마리아 디 로렌토 호(선장 안토니오 디 벨리아, 적재품 소금과 양모) 1,125톤이었다. 1583년 산타 크루스 후작이 아조레스 제도로 이끌고간 함대에는 각기 733톤인 카탈루냐 소속 나베 선 3척, 726톤인 라구사 소속 나베 선 7척, 586톤 베네치아 나베 선 4척, 449톤 제노바 나베 선 2척이 포함되어 있었다(개별 적재량은 각 소속군의 총적재량으로부터 평균을 낸 수치이다).[164] 여러 기록들을 더 살펴보자. 1591년 기록에 따르면 375톤급 라구사 선박,[165] 1593년에는 앙티브에서 건조된 450톤급 나베 선,[166] 1596년 10월에는 카르타헤나 항에 화약과 화승총의 도화선을 적재하고 입항한 750톤 라구사의 나베 선,[167] 역시 1596년 투르크인들이 라구사인들로부터 6만 악체를 받고 넘겼던, 전년도에 치갈래[기독교인 치갈라의 아들. 투르크 해군 제독]에게 나포된 350보테의 선박, 곧 175톤급 선박,[168] 1599년 트라파니에서 정박 중이던 240톤 급 라구사의 나베 선,[169] 1601년 소금을 가득 실은 산타 마리아 디 몬테네그로 호[170] 등이 있었다.

이러한 기록들은 15세기의 기록들과 극히 대비가 된다. 베네치아에서, 라구사[171]에서, 실로 지중해 전역에 걸쳐서, 소형선들이 점차 우위를 점하는 가운데 대형선들의 위기가 있었던 것은 틀림없다. 1573년 투르크와의 전쟁 이후 베네치아에서는 터무니없는 물가 상승 때문에 민간인들이 대형선을 건조하기가 불가능해졌다. 이러한 상황은 공식 문서들에서 분명해진다.[172] "1573년부터 현재[1581년 11월 4일]까지 가격이 너무 상승해서, 모두가 알다시피, 사람들은 대형 선박을 건조하는 위험을 감수하려고 하지 않는다. 우리에게는 현재 7척뿐이다." 그 이후로 대형선은 오로지 국가 보조금을 통해서만 건조될 수 있었고, 보조금은 점차 증가했다. 500보테 이상의 선박들의 경우 보조금 2,700두카트가 지급되었는데, 1581년에는 3,500두카트로, 이후에는 4,000두카트로 증가했고, 나중에는 400톤급 선박을 건조하는 데에도 4,500두카트를 지급했다. 1590년대 이후 800-1,000보테의 선박을 건조하는 데에도 8,000, 9,000, 심지어는 10,000두카트까지 지급되었다.[173] 이것이 우리가 앞에서 언급한 세기 말의 위기이다. 크레타 섬에서도 마찬가지 위기가 있었다고, 1577년 퇴임한 포스카리니 지방 감독관은 증언했다.[174] 과거 크레타인들은 삼각 돛을 갖춘 거대한 갤리온 선들로 항해했다. 크레타는 갤리 선을 다룰 수 있는 "훌륭한 선원들을 양성하는 학교와 같았으나" 요즘은 "사각 돛으로 항해하는" 나빌리 선(navili)이 대세였다는 것이다.

크레타에서만 이러한 소형선들이 출현한 것은 아니다. 곧이어 지중해 전체가 소형선들로 가득 찼다. 예를 들면, 리보르노의 사각 돛 범선 영국 선장인 로버트 토턴이 전문가로 정평이 나 있었다.[181] 소형선들은 해운업에 널리 이용되고 있었는데, 지역에 따라서 매우 다른 형태를 띠었다. 아드리아

항구	날짜	선박 수	1척의 평균 톤수
카디스발[175] 알제행 선단	1541년 6월 27일	12	170
카디스와 세비야발[176] (나오 선과 우르크 선) 알제행 선단	1541년 7월	52	202
말라가발[177] 알제행 선단	1541년 9월 14일	24	170
카디스, 산 루카, 푸에르토 데 산타 마리아발[178]	(1550년) 1541년 추정	27	190
세비야발 "세비아 항의 나오 선들"[179]	1552년 4월	23	267
기푸스코아 및 비스케이 만의 모든 항구들[180] (새 선박)	1554년	31	237

해역에서는 마르칠리아네 선(marciliane)이 소형 갤리 선인 그리피 선(grippi)을 물리치고 우위를 차지했다. 그리피 선은 사누도의 시절에[182] 크레타에서 베네치아로 새 포도주를 22일 여정으로 운반하던 소형 갤리 선이었다. 혹은 마라니 선(marani)은 원래 15세기에는 이스트리아로부터 땔나무와 건축용 석재를 운반했고 나중에는 장거리 해운에도 투입되었던 갤리 선이었다. 이에 비해 승자인 마르칠리아네 선은 나베 선보다는 낮고 묵직했지만, 나베 선과 같은 모양의 돛을 달고 선미는 사각형이고 선수는 거대했다. 1550년경 이후로 마르칠리아네 선은 풀리아로부터 곡물과 올리브유를 운반하는 항로에 투입되었다. 마르칠리아네 선은 나베 선보다는 적재량이 적었지만, 16세기 말에 이르면 아드리아 해 무역 대부분을 담당하고 있었고, 점차 더 멀리 베네치아령 섬들로까지 운항했다. 1602년 베네치아는 마르칠리아네 선 78척을 보유했는데, 그중 일부는 돛대를 4개나 갖추고 적재량이 140-150톤[183] 심지어 250톤급도 있었다.[184] 중요한 사실은 오직 마르

칠리아네 선만이 접안할 수 있었던 페라라 공국이 굳이 항구를 확장하려고 하지 않았다는 점이다.[185] 그러나 베네치아 정부는 1589년부터 이러한 소형 선들에 대한 제약을 가하기 시작해서,[186] 1602년에는 [그리스의] 자킨토스 로 항해하는 것을 금지했다. 1619년에 이르면, 베네치아 소속 마르칠리아 네 선은 38척으로 감소했다.[187] 이러한 조치들은 베네치아가 모든 도전으로 부터 자신의 대형선들을 보호하기로 결심했다는 증거이다. 뒤늦은 1630-1632년 스토쇼브는 레반트 여행 도중 언급하기를,[188] 베네치아 상선들은 "너무 육중하고 다루기 어려워서 미풍에서는 항해할 수 없고 종종 콘스탄 티노플에 도착하는 데에 삼사 개월이 걸린다. 반면에 프로방스 지방의 선박 들은 작고 가벼워서 최소한의 바람만 받아도 곧 출항할 수 있다.……"

　　1570년대 이후 마르세유의 호경기에는 여러 가지 원인이 있다. 론 강을 따라 남하하는 프랑스, 잉글랜드 및 독일의 상품들을 비롯해서, 1570-1573 년 베네치아가 투르크와 전쟁에 돌입하여 교역을 하지 못하게 된 상황, 그 리고 프랑스 국왕이 투르크 및 바르바리 나라들과 맺은 협약에 의해서 근근 이 작용하는 특권들이 있었다. 또한 마르세유와 프로방스 선박들의 설계 구조 덕도 있었다. 이러한 선박들은 리보르노의 선박 등록지에는 나베 선, 갤리온 선, 타르탄 선 및 사에티아 선, 소형선이라고 명명되었지만, 이름에 오도되어서는 안 된다. 예를 들면, 1597년에 기록된 나베 선인 생트-마리-보나방튀르 호는 700칸타르(약 60톤)의 적재량을 가진 것으로 기록되어 있 고,[189] 나비르(navire)라고만 기록된 생트-마리-보나방튀 호(마르세유에서 가장 흔한 선명이었다)는 150톤이었다. 1596년 5월 5일 트라파니에서 페드 로 데 레이바가 나포한 "산호 등속을 운반하는"[190] 나베 선은 대형선이 아니 었다. 1591년 시리아의 트리폴리로 향했던 마르세유의 갤리온 선의 크기는 알 수 없지만,[191] 니콜라 시카르 선장의 라 트리니테 호든(1591년 5월 5일 자), 조르주 드 벨레 선장의 라 포이 호든(1581년 4월 5일자), 혹은 알렉산 드레타에서 선적했던 생-빅토르 호든(1594년 5월 7일자) 간에, 결코 과거

프로방스 공작이 보유하던 화려한 갤리온 선에 비할 것들은 아니었다.[192] 1612년 시리아 주재 베네치아 영사는 마르세유의 60보테의 선박을 언급하고 있다.[193] 마르세유 선박의 한 선장이 말했듯이, 이러한 선박들은 [사르데냐 섬의] 칼리아리와 리보르노 사이에서 콩, 가죽, 치즈 등을 운반하는 소형 갤리온 선일 뿐이었다.[194] 16세기 말경 마르세유의 사에티아 선은 30-90톤급이었다.[195] 1593년 여름 앙티브에서 3,000살마(450톤)의 대형선이 건조되었는데, 제노바인 조반니 바티스타 비발도가 지분의 일부를 소유하고 있었다는 점을 유의해야 한다.[196]

16세기를 거치며 마르세유의 소형선들인 타르탄 선, 사에티아 선, 그리고 갤리온 선, 소형 갤리온 선, 나비르 선, 나베 선이 점차 지중해를 지배했다. 에스파냐든, 이탈리아든, 북아프리카든 마르세유의 상선들이 부두에서 짐을 하륙하지 않는 항구는 찾을 수가 없었다. 1560년대부터 베네치아도 마르세유 해운을 이용하지 않을 수 없었다. 지중해 전역에 걸쳐 마르세유 상선들은 선단을 이루어 항해하면서 대형선들의 분노를 샀다. 1572년 라구사 상선이 마르세유의 나베 선을 나포하여 선적물을 모두 약탈하고, 선박을 침몰시키고, 미성년 선원까지 전부 익사시켰다면,[197] 이는 단지 물욕이 아니라 복수심에서 비롯되었던 것이 아닐까? 왜냐하면 라구사의 대형 해운선사들은 운송 위기를 겪고 있었기 때문이다. 라구사 상선들은 여전히 레반트에서 서유럽까지, 시칠리아에서 에스파냐까지 바다를 누비고 있었다. 특히 16세기 말 펠리페 2세의 무적함대가 패배한 이후 대서양으로 진출했으나 이 세기가 끝남과 동시에 소멸되었다. 이후 10년도 20년도 채 지나지 않아, 라구사는 베네치아와 마찬가지로, 아니 베네치아보다도 더 심하게, 아드리아의 평온한 바다로 후퇴했다.

이 모든 것은 전혀 불가사이하지도 예외적이지도 않은 리듬에 따라 일어났다. 그때마다 시대와 콩종튀르가 요구했던 것이다. 16세기 말에 마르세유는 선박은 많았지만 전부 중소형일 뿐이었다. 반면에 1526년 마르세유가 프랑수아 1세에게 올린 청원서에서 자신의 항구는 시리아, 이집트 및 바르바리와 교역하는 "거대한 네프 선, 나비르 선, 갤리온 선"을 위한 시설을 갖추고 있다고 자랑했다.[198] 따라서 16세기를 거치면서 마르세유 항구는 변화했던 것이다. 그러나 한 증언에 따르면, 1574년 라구사는 여전히 아드리아 해에서 가장 큰 선박들을 보유하고 있었으나,[199] 오랜 침체기를 거친 후, 18세기에야 다시 세계 해운에 참여했다. 이때 라구사는 수십 척의 소형선들로 이루어진 선단을 갖추었고, 이 선단은 1734-1744년부터 아드리아 해 안팎의 항로들에 출현했다. 선단은 나베 선, 폴라카 선, 프레가톤 선, 마르칠리아네 선, 펠루크 선, 파타슈 선, 바체트 선, 타르탄넬르 선, 트라바콜리 선 등으로 구성되었는데, 역시 명칭, 형태, 의장, 선박 등이 바뀌었다.[200]

사실 16세기에 소형선들은 무역의 확대에 상응하여 각지에서 출현했다. (마르세유뿐만 아니라) 프로방스 지역의 소형선과 마찬가지로 그리스 섬들의 경량선들이 있었다. 1559년 베네치아에서 정박비를 지불한 그리스의 카라무살리 선 8척[201] 중 최소한 5척의 선장들은 미틸리니 섬[레스보스 섬] 출신이었다. 더 중요한 것은, 북유럽의 소형선들이었는데, 그것들은 주로 베르토니 선(bertoni)이라고 불렸다. 북유럽 소형선들은 두 차례에 걸쳐서—처음에는 1550년 이전, 다음에는 1570년 이후—지중해로 밀려들었는데, 첫 침입과 두 번째 침입 사이에 20년의 간격이 있다는 점이 신기한 일이다.

그러나 북유럽 상선의 침입의 진정한 국면은 오직 서서히 나타났을 뿐이다. 거의 모든 것—물가 상승, 생활수준 향상, 귀로의 화물, 경기 변동 등—이 일조를 했다. 최소한 익명의 베네치아인이 작성한, 비록 연도가 명확하지는 않지만 17세기 초기가 분명한 이 문서에 따르면 그러했다.[202] 이 문서의 주장대로라면, 옛날에는 "적당한 이익"을 취하는 정직한 사람들이 있어서 모든 것이 더 좋았다. 모두가 자기 이익만을 추구하는 오늘날과는 달랐다. "요즘 가격이 100두카트인 것들이 당시에는 25두카트에 불과했다." 그 결과 더 이상 대형 베네치아 선박들이 존재하지 않게 되었다. 프랑스인, 잉글랜드인, 네덜란드인들이 "소형 선박들로" 항구에 침입했다. 그들은 상품을 필요 이상의 가격으로 구입하여 다른 사람들의 사업을 망쳤다. 키프로스 섬에서 이들을 제지할 수만 있다면, 키프로스산 소금과 목화를 신의 선물처럼 귀로의 바닥짐으로 이용할 수 있을 텐데! 그때에는 대형 선박들이 있었고 항해가 5개월에 끝나는 시절이었는데……! 내가 심하게 요약한 이 문서는 베네치아인이 자신의 모국이 지중해의 장거리 무역권과 독점권을 상실하게 되는 역사를 어떻게 느꼈는지 보여준다. 또한 너무 오랫동안 중단 없이 진행된 전반적인 물가 상승을 어떻게 느꼈는지도 보여준다.

그러나 실제로 베네치아 해운의 쇠퇴가 곧 베네치아 경제의 하강을 의미하지는 않았다. 오히려, 16세기에 지중해에 떼지어 침입한 소형선들은 바다의 번영, 곧 대서양의 프롤레타리아들을 모집하고 고용할 수 있는 지중해의 능력의 표시였다. 이 중요한 문제에 대해서는 차후에 더 논의할 것이다.[203]

3. 도시의 기능

지중해의 도시들이 아무리 명망이 높다고 해도 다른 모든 도시들과 같은 규칙성을 따라야 했다. 어느 도시나 마찬가지로 지중해 도시들도 주변 공간의 통제를 통해 살아갔다. 이러한 통제는 자신을 중심으로 하여 확산되는 도로망, 무역로들의 교차점, 새로운 조건에 대한 지속적 적응, 그리고 완만하거나 급격한 발전 경로를 통해서 이루어졌다. 벌집과 같은 지중해 도시들은 분봉(分蜂)해서 나가기도 하며 때로는 아주 멀리 가기도 했다. 어느 라구사인은 [볼리비아의] 포토시에 있었고, 또다른 라구사인은 [인도의] 디우에 있었으며,[204] 수천 명의 라구사인들이 전세계에 흩어져 있었다. 속담에 따르면, 또 아마 실제로도, 온 세상 어느 곳에나 언제나 피렌체인이 있었다. 한 마르세유인이 트란실바니아 지방에,[205] 몇 사람의 베네치아인이 호르무즈 해협에,[206] 몇 사람의 제노바인이 브라질에[207] 있는 식이다.

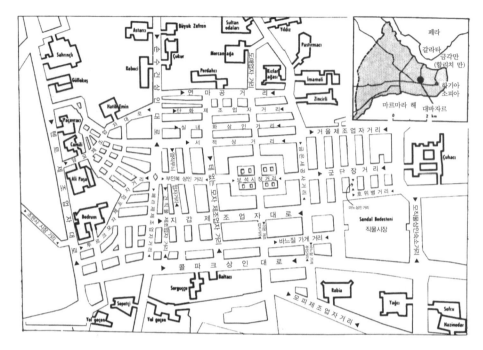

도표 25. 16-17세기 콘스탄티노플의 대(大)바자르

대바자르(bazaar : 大市場)는 콘스탄티노플 상업 활동의 심장이었다. 오늘날의 대바자르와 같은 장소에 존재했다. 대바자르는 기본적으로 2개의 시장(Bedesten, 이는 Bezzazistan이라는 단어에서 유래했고, 그래서 Bazestan 등의 여러 철자가 존재했다. 이 단어의 어근은 bex 곧 아마였고, 원래는 아마포 상인들의 시장을 의미했다)으로 구성되었다. 옛 시장은 콘스탄티노플 점령[1453년 5월 29일] 이후 정복자 메메트 2세에 의해서 건축되었다. 도표상에서 보석 시장이라고 표기되어 있고, 4대 관문과 2대 대로를 갖춘 건물이다. 새 시장은 산달 베데스테니(Sandal Bedesteni : 명주를 섞어 짠 직물인 산달에서 유래했다)이었다. 이 두 건물 주위로 일련의 상점들과 공예품 가게의 거리들이 있었다. 굵게 표시된 이름들은 여관인 한(han : 서양에서는 일반적으로 캔[khan]이라고 부른다)의 마당들이다. 여기에는 술탄의 궁전과 도시를 위한 식량 재고가 보관되는 창고들이 엄격한 통제하에 있었다. 이 도표는 오스만 에르긴(1945)이 만들었고 내가 자주 인용한 로베르 망트랑의 콘스탄티노플 관련 책에 수록되었다.

도시와 도로

시장과 도로가 없으면, 도시도 없다. 도시에게 움직임은 필수적이다. 콘스탄티노플의 심장은 바제스탄[bazestan : 대바자르][208]이었다. 바제스탄은 관문 4개, 대형 벽돌 아치, 식료품 시장과 귀중품 시장, 노예 시장 등을 갖추고 있었다. 특히 노예 시장에서는 노예로 판매되는 사람들이 마치 품평회에 끌려온 가축처럼 다루어졌다. 노예 구매자들은 노예에게 침을 뱉어 문질러 보고 혹시 노예 상인이 판매 노예를 건강하게 보이려고 진하게 화장을 시키지는 않았나 확인하기도 했다.[209] 바자르가 도시 한가운데 있는 것은 중요하지 않았다. 한가운데가 아니라면 언제나 가장 지대가 낮은 지역에—마치 모든 것이 자연스레 시장으로 흘러들어가야 한다는 것처럼—있거나 도시 밖에 있었다.[210] 후자의 예로, 디나르 화를 쓰는 투르크인 지배 지역들의 도시들, 곧 [보스니아-헤르체고비나의] 모스타르, 사라예보 등에서, 또 최근까지 탕헤르에서도 이러한 "시외의 바자르"[211]가 있었다. 위치와 형태가 어떻든 시장 혹은 도시는 경제 활동들이 수렴되는 곳이다. 알제에는 당나귀들이 주변 아틀라스 산맥에서 다량의 목재를 등에 싣고 하산하여 북문인 바브-엘-쿠에드로 들어섰고,[212] 낙타들이 미티자 평원과 먼 남방에서 북상하여 남문인 바브-아준 앞에 대기했고, 해적선과 상선들은 본[알제리의 안나바]의 풍미가 강한 버터, 마르세유의 아마포, 비단, 목재, 제르바의 올리브유, 에스파냐의 향수를 싣고 왔다. 물론 지중해 전역에서 약탈한 기독교도들의 상품은 말할 것도 없고 발렌시아, 제노바 등지에서 지불한 몸값 등을 가득 싣고 돌아왔다. 알제 시는 이 모든 것을 자양분 삼아 세워졌고 성장했다. 모든 도시들의 기반은 교역을 흡수하고, 자기 목적을 위해서 이용하고, 이어서 다시 내보냈던 것이다. 경제 활동을 상기시키는 이미지들은 모두 활동, 도로, 여행의 이미지이다. 16세기 저자들은 심지어 환어음도 선박이나 선박의 화물에 비유했다. 그래서 위험을 안고 다닌다는 점에 착안해서 해상 보험 아지오[agio : 安心]도 위험 정도에 따라 계산되었다.

교통망이 끊기면 도시가 침체하거나 죽음에 이를 수 있었다. 1528년 피렌체가 이러한 경우였다. 피렌체는 1527년의 "로마 약탈" 이후 남방과의 연결을 상실했기 때문에, 매주 로마인들과의 교역으로 벌던 8,000두카트는 물론 나폴리인들과의 교역으로 벌던 3,000두카트까지 손실을 보고 있었

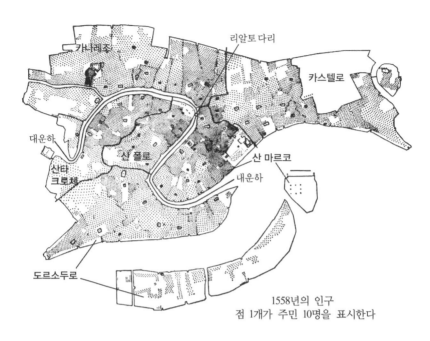

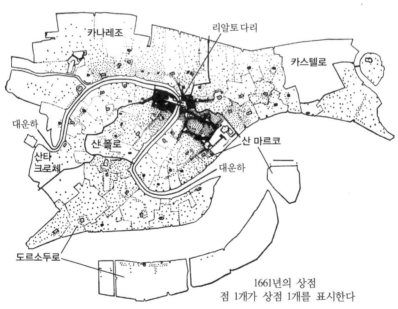

1558년의 인구
점 1개가 주민 10명을 표시한다

1661년의 상점
점 1개가 상점 1개를 표시한다

다.[213] 또한 북방과의 연결도 제노바가 프랑스와의 교역을 차단하고 베네치아가 독일로 연결되는 도로들을 봉쇄하면서 곤경에 빠졌다. 따라서 피렌체는 금사(金絲)[214]의 고급 의상의 생산량을 줄여야만 했고 생존하기 위해서 밀수꾼들의 우회로를 이용해서 바다를 통해 프랑스와 리옹으로, 아솔라를 넘어서 만토바 심지어 트리에스테로, 그리고 육로를 통해서 독일로 상품을 수출해야 했다. 넓은 지역을 통제하는 영토국가들의 강점은 자의적으로 도시국가들의 교통을 방해해서 원거리에서 도시국가들의 미묘한 균형을 깰 수 있는 능력을 가졌다는 것이다. 제노바는 프랑스가 코르시카 반란군을 돕고 있다고 비난했지만, 1567년 2월 푸르크보가 분개하며 적었듯이, 프랑스가 제노바를 해하고자 했다면, 그처럼 간접적인 수단을 사용할 필요가 없었다. 프랑스는 그저 프랑스 내에 비단을 비롯한 다른 제노바산 제품의 사용을 금지하고, 프로방스 지방 상인들이 제노바와 제노바 해안 지역과 무역하는 것을 금지하고, 제노바로 곡물과 포도주를 수출하는 것을 중지시키면 그만이었다.[215] 1575년 제노바 반란이 일어났을 때, 최악의 사태를 걱정한 에스파냐가 취한 첫 번째 조치 가운데 하나는 시칠리산 곡물의 공급을 중단시키는 것이었다.[216]

←도표 26. 베네치아의 중심부

D. 벨트라미, 『베네치아 인구사(*Storia della popolazione di Venezia*)』(1954) 39쪽 및 53쪽에 수록된 지도 2개는 동일한 문제, 곧 도시 공간을 어떻게 조직할 것인가를 제기한다. 대운하를 방향추로 삼으면, 그 중앙에 흐르는 선이 베네치아의 여러 지구를 가른다. 대운하의 작은 네모는 대운하를 가로지르는 유일한 다리인 리알토를 표시한다. 그 남동쪽으로 산 마르코 광장이 있고, 동북쪽의 흰 공간이 해군 조선소이고, 남쪽으로는 자테레 운하를 넘어 산 조르조 섬과 쥬데카가 있고, 대운하와 자테레 운하 사이에 세관이 있다. 베네치아의 6대 지구는 산 마르코, 대운하 우안 리알토 좌편의 산 폴로, (해군 조선소가 있는) 카스텔로, 산타 크로체(대운하 우안 세 번째 지구), 유대인 구역인 게토를 포함한 북쪽의 카나레조 그리고 도르소두로이다. 베네치아의 중심부는 리알토 다리와 산 마르코 광장 사이이다. 두 번째 지도에서 리알토 다리 건너편의 상점들이 집중된 지역 중앙에 있는 흰 구역, 곧 리알토 광장은 매일 상인들이 모이는 곳이었다. 베네치아 북서쪽에 있는 유대인 구역인 게토는 격리 조치 때문에 비정상적으로 높은 인구 밀도를 보였다. 베네치아의 6대 지구들은 각기 여러 형태로 교구로 나뉘었는데, 두 번째 지도에 더 잘 드러난다.

도로를 통해서 물질적인 것이든 비물질적인 것이든 모든 상품들이 도시로 흘러들어온다. 우리는 이미 반은 독일적이고 반은 이탈리아적인 도시 아우크스부르크를 언급했지만, 건축의 관점에서 보면 아우크스부르크에는 레히 강 옆에 베네치아풍의 거리와 베르타흐 강 옆에 제노바풍의 거리가 있었다. 피렌체 르네상스는 토스카나 지방 전역에서 예술가들이 피렌체로 유입된 결과였고, 로마 르네상스는 피렌체와 움브리아[이탈리아 중부]의 예술가들이 영원의 도시[로마]로 흘러들어온 결과였다. 이처럼 널리 퍼진 예술가 집단이 마을에서 마을로, 도시에서 도시로 방랑하며, 한 곳에서는 미완의 프레스코 벽화를 완성하고, 다른 곳에서는 그림이나 제단화를 그리고, 최초의 건축주가 포기한 교회의 돔을 완성하지 않았더라면, 이탈리아 르네상스는 매우 달라졌을 것이다. 후일 이탈리아 바로크 양식이라고 알려진 건축 요소들은 알프스 지방의 석공들이 남하하면서 가져온 것이고,[217] 그들이 석재 건축을 위해서 장거리 이동도 마다하지 않으며 마을과 도시에 장식 모형들을 남겨두어 후대 조각가들이 이용할 수 있었기 때문이다.

예상대로, 도시들의 지도는 전체적으로든 세부적으로든 도로의 지도와 서로 일치한다. 타란토에서 바리를 거쳐 안코나로, 이어서 볼로냐, 모데나, 파비아, 피아첸차를 거쳐 포 강 유역에 이르는 이동축에는 또 일련의 도시들이 있다. 그리고 좀더 흥미롭지만 덜 언급되는 또다른 도로 체계가 매우 활발한 네 도시, 곧 메디나 델 캄포, 바야돌리드, 부르고스 및 빌바오를 이었는데, 이 네 도시는 각기 정기시들의 중심지, (1560년까지) 펠리페 2세의 수도, 양모 무역의 본거지, 그리고 선원과 운송업자들의 항구였다. 이 도로는 마치 공정(工程)을 분배한 생산 라인처럼 도시들을 연결했다.

틀림없이 서지중해에서는 대도시들이 모든 길 가운데 가장 중요한 해로에 접하여 해안에 위치했다. 내륙에는 대도시가 별로 없었는데, 교통량이 상대적으로 적을 수밖에 없는 육로로만 연결되었기 때문이다. 그러나 지중해 남쪽과 동쪽에서는 이슬람권의 내륙 대도시들이 있었는데, 이 도시들은 사막을 통과하는 육로의 필요에 따라서 생성된 것이 분명하다.

운송 방법이 변경되는 지점

대도시들은 모두 교차점에 위치하는데, 반드시 교차점 때문에 성장한 것은 아니지만(비록 피아첸차의 경우 포 강과 에밀리아 가도의 교차점에서 탄생했지만), 교차점 덕분에 생존한 것은 사실이다. 교과서에 있는 대로, "대도시들의 중요성은 지리적인 상황에서 기인한다." 노선 두 개가 교차하는 지점은 운송 수단의 변경, 곧 불가피한 정지를 의미할 수 있다. 아를에서 론 강의 소형선들은 마르세유로 향하는 마르티그, 부크 및 프로방스의 해안 소형선들과 합류한다. 베로나에서 아디제 강이 운항 가능해지면서 브레너 고개를 넘어온 노새들과 짐마차들이 운반한 화물을 수송할 수 있게 되었다. 대상들은 트리폴리, 튀니스 혹은 알제에서 바다에 이르렀다. 알레포는 그 지역에 있는 자원들 덕택보다는 지중해와 페르시아 만 사이의 중계지가 필요한 덕택에 존재했다.[218] 자크 가소가 말했듯이,[219] 알레포는 동방의 상품들이 "서방에서 온 직물, 모직물, 기타 상품"을 만나는 곳이었다. 바로 알레포에서 바그다드에서 출발한 대상들이 레바논 산맥을 앞두고 멈추어, 노새, 말, 당나귀로 구성된 다른 대상들의 상품을 받아 출발했다. 이러한 대상들이 또한 서양의 순례자들을 예루살렘과 자파[텔아비브] 사이를 안내하며 오갔다.

모든 항구들은, 정의상, 육지와 바다가 만나는 지점에 위치한다. 거의 모든 항구들은 육로 혹은 내륙 수로의 종착점에 세워졌고, 지중해의 경우에는 일반적으로 육로의 종착점이었다. 지중해의 하구들은 강물이 충적토를 조수가 없는 바다에 운반하여 만든 퇴적층이 쌓여 있어서 해운에 위험했다. 그리고 지중해 해안선 바로 뒤에 위치한 산맥이 장벽처럼 둘러막고 있으나, 지중해 항구 가운데 내륙 쪽으로 산맥의 틈이 없는 경우는 거의 없다. 제노바는 근방의 아펜니노 산맥에 있는 일련의 틈들, 특히 데이 죠비 고개 덕분에 존재했다. 제노바는 거칠고 굴곡진 해안에 위치하여 수세기 동안 작은 어촌들이 존재했던, 오랫동안 마을보다 좀더 큰, 매우 작은 도시일 뿐이었다. 비록 제노바는 만의 가장 끝 지점에서 파도로부터 보호된 지점에 위치하기는 했지만, 유럽 대륙의 다른 곳과는 단절되어 있었고 중세의 대무역로, 곧 아펜니노 산맥 북방을 거쳐 로마에 이르는 프란치제나 도로[프랑스에 이르는 도로]와 떨어져 있었다. 제노바는 11세기에 가서야 일류 도시로 등장했는데, 이는 바다에서 사라센의 우위가 사라지면서, 유럽 무역에 관심이 많고 산길 개척에 전문가인 북방인들(특히 아스티인)이 수익이 큰 해상 무역을 위해서 제노바로 남하했기 때문이다. 제노바는 이처럼 내륙이 바다로 진출하고 데이 죠비 고갯길이 개통되면서 탄생했다.[220] 육상 교역로는 계속해서 제노바의 운명에 지대한 역할을 했다. 바다로 오는 길 곁에는 항상 땅으로 오는 길(Venuta di terra)이 있었고 양방향으로 이문이 남는 무역이 있었다. 제노바는 단지 선박들뿐만 아니라 노새들 덕에 존재하기도 했다. 제노바에서 노새들은 포장도로의 중앙 부분 길처럼 전용 벽돌길을 이용했다.

제노바처럼 모든 항구들은 두 개의 얼굴을 가지고 있다. 마르세유는 론 강을 따라 내려오는 길과 연결되었고, 알제는 마그레브 중부와 관계가 있었고, 라구사는 이론의 여지없이 바다 덕분에 탄생한 도시였지만 철저히 발칸 반도 해안과 내륙 덕분에 번영했다. 한때 라구사는 세르비아 은광에 관심이 있었기 때문에 채굴 중심지에 식량 공급을 했고, 여기에 더해 주변 도시와 시장, 곧 [마케도니아의] 스코피에, [마케도니아의] 프리레프, [코소보의] 프리즈렌, [코소보의] 페츄에 식량을 공급했다.[221] 16세기에 라구사의 육상 무역은 상당 부분 동쪽으로 확장되었다.[222] 라구사 상인들은 보스니아와 세르비아를 통과해서 멀리 [불가리아의] 비딘까지 진출했고, 다뉴브 강 지역들에서 활동했고, 콘스탄티노플행 여정의 출발점인 스코피에에서는 긴밀한 집단을 구성했다.[223] 라구사인들은 이전까지는 흑해 지역 제노바 상인들의 활동 때문에 가로막혔던 불가리아로 진입하게 되었고, 벨그라드에서 헝가리와의 전쟁에서 돌아오던 투르크 장교들에게 잉글랜드산 모직물을 판매했고, 아드리아노플에서 여행 길의 기독교 국가들의 대사들을 환영했으며, 당연히 콘스탄티노플에서도 활동했다. 16세기 라구사인들의 경이로운 영향력은 발칸 반도 내륙 전역에 만들어진 무역 식민지들, 현금이나 신용 거래를 통해서 잉글랜드산 모직물, 베네치아산과 피렌체산 모직물을 판매하는 수백 개의 상점들, 그리고 직접 양치기들로부터 가죽과 양모를 구매하던 상인들의 여정들과 긴밀히 연결되어 있었다. 그들의 폭이 좁고 길이가 긴 장부들 일부는 라구사의 문서보관소에 보관되어 있다.

라구사의 활동 전체는 대개 열악한 상태의 육로들이 없이는 불가능했을 것이다. 이 육로들은 북으로 사라예보 혹은 몬테네그로 고지대와 알바니아 고지대를 통과하여 동방으로 가는 관문인 스코피에 이르렀다. 라구사는 두 가지 움직임, 곧 발칸 반도 내륙의 육로와 제한이 없는 해로가 만나는 지점에 있었다. 특히 16세기에 라구사인들은 예외 없이 지중해의 모든 나라들은 물론, 때로는 인도까지, 흔히 잉글랜드까지, 그리고 적어도 한 경우에는 페루까지 이동했다.

도로에서 은행업으로

도로와 도로가 가능하게 만들어준 교환은 서서히 분업을 야기했고, 도시들은 이러한 분업을 통해서 주변 지역과 스스로를 어렵사리 구별지으며 성장했는데, 이는 끊임없는 투쟁의 대가를 통해서만 이루어졌다. 이러한 투쟁은 도시 내에서도 영향을 미치게 되어 다른 활동들을 조직했고, 내부적으로 변화를 일으켰는데, 그 패턴은 오직 아주 넓은 의미에서만 일정했다고 볼 수 있다.

이러한 도시화 과정의 시발점은, 물론 지극히 다양하지만, 자연히 상업 활동, 곧 언제나 존재하고 가장 중요하며 모든 경제적 조직의 원천인 상업 활동이었다. 베네치아, 세비야, 제노바, 밀라노, 마르세유의 경우에는 분명히 그러했다. 특히 마르세유의 경우는 직물업[224]과 비누 생산이 유일한 제조업이었다. 베네치아의 경우도 마찬가지로 상업이 주원천이었다. 왜냐하면 비록 자체 생산하는 모직물과 비단을 동방으로 수출했지만, 그와 함께 피렌체산 벨벳, 플랑드르산 직물 및 잉글랜드산 모직물, 밀라노산과 독일산 퍼스티안, 역시 독일산 아마포, 철제물, 구리 등을 수출했기 때문이다. 제노바의 경우, 중세 속담에 따르면, "제노바인은 곧 상인이다." 따라서 우리는 "상업 자본주의(capitalisme marchand)"라는 용어를 16세기 경제 활동이 보여주는 경쾌하고, 이미 근대적이며, 이론의 여지없이 효과적인 형태를 지칭하는 데에 사용한다. 모든 활동이 상업 자본주의의 발전에 기여한 것은 아니지만, 많은 활동이 상업 자본주의의 역동성과 매력에 의지했다. 대규모 장거리 상업의 절대적 필수 조건, 곧 자본의 축적이 상업 자본주의의 원동력이었다. 제노바, 피렌체, 베네치아 및 밀라노 등지에서 공업 활동은 상업 경제가 규정한 공간 내에서 부양되었고, 특히 새롭고 혁명적인 직물업, 곧 면직물과 견직물의 경우가 그러했다. 폴 망투의 고전적인 이론, 곧 공업은 상업에 의해서 창출되고 육성된다는 이론은 이미 16세기에도 사실이었다. 어쩌면 교환, 운송, 재판매가 일상 활동에서 핵심적이었던 지중해에서는 특별히 더 진실이었다.

번성하는 상업 활동은 마치 바람이 씨앗을 멀리 운반하듯이 산업 활동의 싹을 퍼트렸다. 그러나 싹이 항상 좋은 땅에 떨어지는 것은 아니다. 1490년 피렌체의 피에트로 델 반텔라는 라구사에 "고급 모직물의 제조 기술"을 도입했다.[225] 또 1525년 루카 출신의 니콜로 루카리가 비단 만드는 기술을 라구사에 도입했다.[226] 그러나 라구사에서 모직물 및 견직물 산업은 둘 모두 번성하지 못했다. 라구사는 직접 소비를 위한 직물 일부를 생산하고, 라구사를 거치는 직물들을 염색 혹은 재염색하는 데에 만족했다. 마찬가지로 1560년경 마르세유에 견직물 및 모직물 산업을 도입하려는 시도들이 있었지만, 조바니 보테로에 따르면, 견직물의 경우,[227] 좋은 수질의 물이 부족했기 때문에 실패했다.

가장 일반적으로 말하면, 공업 기능은 공산품에 대한 수요를 창출하는 상업 활동을 통해서 존재하게 된다고 말할 수 있다.[228] 따라서 공업 기능은 (여러 다른 조건에 더해서) 어느 정도의 경제적 성숙도를 전제로 한다. 남부 프랑스의 공업 중심지는 몽펠리에였다.[229] 몽펠리에는 과거의 전통, 다량의 축적된 부, 투자처를 찾는 자본, 외부 세계와의 활발한 접촉 등을 갖추고 있었다. 17세기에 콜베르가 꿈꾸었던, 프랑스가 레반트 무역에 필요한 상품을 공급할 토착 직물 산업은 이미 상황의 힘에 의해서 오래 전에 실현되어 있었다. 베네치아의 공업은 13세기에 처음 개발되었지만, 베네치아의 상업 활동이 더 빠른 속도로 성장하면서, 이 중세 공업은 외부 무역량에 비하면 무의미하게 되었다. 베네치아의 진정한 공업적 성장은 나중에 15세기 특히 16세기에 이루어졌다. 베네치아 경제 활동의 무게 중심이 서서히 회계실에서 작업장으로 이동했기 때문인데, 이는 의식적으로 의도하지는 않았지만 일반적인 상황이 안내하고 또 강요한 변화였다. 베네치아는 공업 항구로 변모하는 중이었는데, 만일 17세기에 프랑스와 북부 유럽이 공업적으로 성공하지 않았더라면, 변신은 완전하게 이루어졌을지도 모를 일이다.[230]

대규모 공업이 도시의 경제 활동의 두 번째 단계라면, 은행업은 세 번째 단계이다. 도시의 초기 기원에서부터 금융을 포함한 모든 형태의 경제 활동이 태동하기 시작하는 것은 틀림없다. 그러나 일반적으로 후기 단계에 이르러서나 금융거래가 독립적이고 온전한 활동으로 확립된다. 초기 단계에서 경제적 기능은 여전히 혼란에 빠져 있었다. 상품, 공장, 은행은 섞여 있고, 하나의 손 안에 모아졌다. 피렌체의 경우, 귀차르디니 코르시 가문은 갈릴레오에게 돈을 빌려주었을 뿐만 아니라 또한 시칠리아 곡물, 직물 및 후추 무역에도 참여하고 있었고, 카포니 가문도, 비록 장부가 남아 있지는 않지만, 환어음을 발행하고 할인했을 뿐만 아니라 포도주 운송과 해운 보험도 다루었고, 메디치 가문도 그들의 업무의 반 이상이 은행업이었지만 15세기에는 비단 공장을 또한 소유했다.

이와 같은 다방면에 걸친 사업은 오랫동안 확립된 원칙이었다. 여러 사업에 참여하는 것은 위험을 분산시키는 합리적인 방법이었다. 돈 놓고 돈을 버는 것, 곧 사적인 대부(교회가 고리대금업을 금지했기 때문에 대체로 위장해서 이루어졌다), 도시 혹은 군주들을 상대로 한 공적인 대부, 투자(피렌체에서는 아코만디테[accomandite]라고 했다), 해상 보험 등 온전한 금융 거래는 다른 상업 형태와 구분 짓기가 쉽지 않다. 17세기 말 암스테르담에서만 금융이 가장 정교한 형태로 출현하기 시작한다.

그럼에도 불구하고, 심지어 16세기에도, 금융 거래가 고도화되면서 거의 전문가 수준의 은행가들, 곧 에스파냐에서 "실업가(hombres de negocios)"라고 불리는 사람들이 다수 출현하기 시작했다. 이들은 18세기 프랑스에서 공무에 참여했던 "재정가(financier)"에 해당한다. 이와 같은 현상은 오직 완전한 성숙기에 이른 몇몇 오래된 상업 도시들에서만 나타났다. 베네치아의 경우 은행과 은행가들은 14세기, 심지어 13세기까지 거슬러올라갔고, 피렌체의 경우 대은행가들은 13세기 이래로 유럽과 지중해에서, 잉글랜드에서 흑해까지 영향력을 행사했다. 무엇보다도 제노바의 경우, "도시이기 이전에 은행이다"는 미슐레의 주장은 과장이라고 하더라도,[231] 산 조르조 은행(Casa di San Giorgio)이 중세의 가장 정교한 신용 체계를 운영한 것은 사실이다. 상세한 연구에 따르면,[232] 제노바는 15세기에 시대를 앞서 이미 근대적이어서, 매일 환어음의 이서와 역환어음(ricorsa) 계약을 다루고 있었다(후자는 오늘날 은행업자들의 표현을 빌리면, 일종의 융통 어음 발행 기법의 초기 형태였다). 제노바는 일찍이 세비야와 신세계 사이의 중계 역할을 담당하고 1528년 에스파냐와의 공식 동맹을 맺으면서 금융 도시로 변신하게 되었다. 16세기 후반 물가 상승과 번영 속에서 제노바는 전 세계에서 가장 앞서가는 금융 도시가 되었다. 16세기는 곧 제노바의 세기였고, 제노바는 상업이 도리어 부수적인 활동이 되었던 도시였다. 옛 귀족층은 때로는 명반, 모직물, 에스파냐산 소금에 대규모 투자를 하기는 했지만, 전반적으로 무역은 새 귀족층에게 맡기고 자신들은 대부분의 노력을 금은 투기, 국채 투기, 에스파냐 국왕을 상대로 한 대부 투기에 쏟았다.

그러나 이런 단순한 이미지와는 겉보기에는 모순되지만, 유럽에서 많은 금융거래소가 거의 새롭게 등장한 도시들에 출현했다. 그러나 보다 면밀하게 이러한 갑작스럽고 상당한 발전상을 살펴보면, 사실은 이탈리아 은행업의 이주 전통의 결과였다. 샹파뉴 정기시들의 시절에 이미 시에나, 루카, 피렌체 혹은 제노바 출신 은행가들은 환전상의 천칭을 소유했고, 바로 이 도시들이 15세기 제노바의 번영과 후일 안트베르펜, 리옹, 메디나 델 캄포 등의 번영을 견인했다. 다시 1585년 프랑크푸르트가 환어음 거래의 정기시를 설립할 때에도 일조했다. 사정을 모르는 사람들에게 이탈리아 은행가들의 거래는 사악하지는 않더라도 분명히 의심스러웠다. 1550년 한 프랑스인은 놀라움을 금치 못하면서 말하기를, "이들 외국인(즉, 이탈리아인) 상인들과 은행가들"은 빈손으로 오는데, "자기 나라로부터 아무것도 가져오지 않고, 오직 약간의 예금과 펜과 종이와 잉크, 그리고 어디에서 돈이 가장 귀한지에 대한 정보를 바탕으로, 한 나라에서 다른 나라로 소위 환어음을 매매하고, 전환하고, 조작하는 기술만을 가지고 올 뿐이다."[233]

요컨대, 유럽 전역에서 정보에 밝은 소수의 인물들이 적극적인 통신을 통해서 연락망을 유지하며, 환어음 및 현금의 교환 네트워크 전체를 통제하며, 상업적 투기의 영역을 지배했다. 그러므로 우리는 "금융업"의 확대에 크게 놀랄 필요가 없다. 금융 시장들은 서로 정도와 수준의 차이가 컸다. 일부는 전반적으로 상업 중심적이었고, 다른 일부는 공업 중심적이었고, 또 다른 일부는 금융 중심적이었다. 1580년 포르투갈이 [펠리페 2세에 의해서] 에스파냐에 합병되었을 때, 에스파냐 사업가들은 전적으로 상업 중심이었던 리스본 금융 시장의 기술적 후진성에 놀랐다. 17세기 초 마르세유에 대한 투자는 여전히 리옹, 몽펠리에 및 제노바의 자본의 몫이었다. 상업적으로 번성하던 라구사는 금융적으로는 이탈리아 도시들에 종속되어 있었다. 17세기 라구사의 부는 전부 나폴리, 로마 혹은 베네치아 국채에 투자되었다. 베네치아의 경우는 더욱 더 시사하는 바가 많다. 1607년 1월 5현인 회의의 긴 보고서에 따르면[234] 모든 소위 "자본주의적인" 활동은 피렌체인들과 세노바인들의 손아귀에 있었다. 전자는 시내 부동산을 소유하고 후자는 은을 제공함으로써 모든 환어음을 통제했다. 베네치아에 대해 어음을 "발행하여", 제노바인 및 피렌체인들은 베네치아 투자자들의 풍부한 자금을 끌어들여 (실제로는 피아첸차에서 열리는 소위 브장송 정기시들에서) "환어음" 투기를 했다. 따라서 제노바 및 피렌체 사람들은 베네치아의 가용 현금을 "포획했다." 1589년 피에몬테의 조반니 보테로는 이러한 사정을 이해했기 때문에 제노바와 베네치아를 비교하고는 후자를 선호했다. 제노바에서는 금융가들의 부가 극도로 발전했지만, 도시의 다른 생산적 활동에 악영향을 끼쳤다. 제노바의 공업(직물업과 조선업)은 힘이 부쳤거나, 이미 가난한 제노바의 평민들에게 맡겨진 기술이었다. 호적수인 제노바와 비교해서, 베네치아는 변화가 덜 이루어진 도시로서 모든 경제적 기능들이 계속 작동하게 되었다. 베네치아의 평민들은 따라서 제노바 평민들보다 덜 비참하게 살았고, 빈부격차가 덜 심했다.[235]

도시의 순환 과정과 쇠퇴

도시의 생애가 단계별로 발전한다면, 쇠퇴 또한 단계별로 이루어진다. 도시들은 경제생활의 박동에 따라 흥성하고 쇠퇴한다. 쇠퇴하는 과정에서 도시들은 자신들의 힘의 원천을 차례차례 포기해야만 한다. 제노바에서 나타난 쇠퇴의 첫 징조(곧 라구사 화물선의 출현)가 도시의 부의 원천이 해운과 관련되어 있다는 것을 보여주는 것은 우연이겠는가? 마찬가지로, 가장 마지막에 발달한 은행업이 가장 오랫동안 지속된 분야라는 점 역시 우연이겠는가? 제노바와 베네치아는 18세기에 둘 모두 쇠퇴의 바닥에 이르렀을 때에도 여전히 금융 중심지였다. 16세기 바르셀로나의 불운은 어쨌든 과거의 유산, 곧 이른 성공에 사로잡혀 은행업을 발전시키지 못한 대가가 아닌가? 캅마니에 따르면, 16세기 바르셀로나가 마비된 이유는 현금과 환어음 등이 부족했기 때문이다.[236]

이와 같은 주장을 끝까지 밀고 나가면, 도시의 생애에서 공업 발전 단계는 종종 무역 기능이 어느 정도 어려움에 처했다는 것을 의미한다고 할 수 있지 않을까? 다시 말하면, 어떤 의미에서 공업은 곧 무역의 쇠퇴에 따른 대응이라는 것이다. 이것이 가능한 가설이든 아니든, 공업이 주로 바다로부터 멀리 떨어진 도시들, 곧 지리적으로 교역의 요충지 기능을 할 수 없는 도시들에서 가장 번성한다는 사실은 이러한 특징적인 현상을 반영한다고 볼 수 있다. 예를 들면, 루카가 견직물의 본고장이 되었거나, 밀라노, 코모, 피렌체 등이 직물업의 중심지가 되었다는 점을 보면 말이다. 16세기에 공업은 수송이나 상품이 위협을 받은 도시들, 곧 베네치아나 피렌체 같은 곳에서 발달했다. 심지어 더 나아가서 은행업은 상업과 공업이 어려움에 처할 때 그 중요성이 증가한다고 말할 수 있다. 즉, 금융, 공업, 상업의 세 가지 경제 활동은 꼭 서로 조화를 이루면서가 아니라 서로 다른 경제 활동을 희생시키면서 발전한다고 말할 수 있지 않을까? 이러한 질문을 제기하는 것은 전반적인 해석을 시도하기 위해서가 아니라, 짧게나마 도시의 역동성이 지닌 문제들의 복합성을 온전히 지적하기 위해서이다.

매우 불완전한 유형학

위에 제시한 도시들의 유형학은 어쩔 수 없이 불완전하다. 도시들의 생애는 복잡하다. 도시는 일정한 경제적 틀 안에 있었다. 국지적 수준에서 그것은 주변 교외와 주변 도시들과의 관계에서 누가 지배적 혹은 종속적 역할

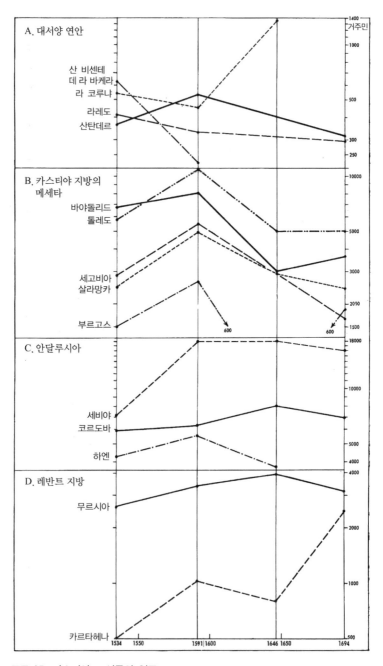

도표 27. 카스티야 도시들의 인구

을 했는가에 달려 있었다. 국가적이고 국제적인 수준에서 그것은 지중해 내에서의 거리 혹은 심지어 대지중해 권역 내에서의 거리에 따른 관계를 의미했다. 마지막으로, 정치적 변화가 있었다. 16세기에 정치적 변화는 도시국가의 오랜 독립성을 파괴하고, 전통적인 도시 경제의 기반을 흔들고, 새로운 구조를 창출하고 또한 부과했다.

16세기 카스티야의 도시들의 유형학에 대한 연구를 완성한 한 역사가[237]는 다음과 같은 구분법을 수립했다. 우선, 그라나다와 마드리드와 같은 관료 도시들이 있었다. 특히 마드리드는 너무 급속히 성장해서 비생산적인 인구를 위한 식량 공급 체제가 일상적으로 제 기능을 하지 못했다. 1615년의 한 통신에 따르면, "수일 동안 빵이 부족하여, 거리에서는 사람들이 손에 돈을 들고 '신이시여'라고 외치며 빵을 찾고 구걸했다."[238] 다음으로, 톨레도, 부르고스, 세비야 같은 상업 도시들이 있었다. 또한, 코르도바나 세고비아 같은 공업 도시들이 있었다(근대 공업이 자본주의적 선대제 수공업[Verlagssystem]의 자본주의적 형태로 시작되었다는 의미에서 그렇다는 것이다. 선대제 수공업의 자본주의적 형태는 독일 특유의 현상만은 아니었다). 그리고 쿠엥카처럼 공업 생산이 주로 장인들의 손에 있었던 도시들이 있었다. 추가로, 살라망카나 헤레스 데 라 프론테라처럼 주변 농촌에 의존하고 심지어 잠식당하는 농업 도시들이나, 과달라하라 같은 성직자 도시들, 소리아 같은 목양 도시들이 있었다. 또한 군사 도시들이 있었는데, 16세기에는 군사 도시들은 일반 상선을 군함과 구분 짓기 어려웠던 것처럼 다른 일반 도시와 구별 짓기가 쉽지 않았다. 이와 같은 분류법은 도시 유형학이 얼마나 복잡한 문제인지를 보여준다. 여기에 더해서 여전히 1급 및 2급 도시들을 구분하는 문제 그리고 (유럽이라는 특유한 구조 속에서) 대도시와 덜 중요한 주변 도시들 사이의 상호 작용을 연구할 필요가 있다.

추가로 한 도시가 이렇게 분류되는 순간에 그 특징이 변모하기 시작한다는 문제가 있다. 세비야는 뒤늦게 금융이 발달했는데(비록 시내에 은행이 있기는 했지만), 관료들의 도시이자 금리 생활자의 도시이자, 장인들의 도시라고 할 수 있었다. 또 사치의 도시였으며, 사치의 유지를 위해서 빈민층이 필요한 도시였다. 빈민층이 세제와 비누를 만드는 트리아나 지구[239]처럼 여러 가난한 가족들이 한 집에 함께 사는 모습을 상상할 수 있다. 살라망카는 전원 도시였지만 또한 위대한 학문의 중심지이기도 했다. 역시 대학 도시로 유명한 파도바 역시 거대한 전원 도시였다. 과거에(1405년 이전에) 파도바를 지배하던 카르라라의 영주들은 베네치아와의 싸움에서 "적의 물가가 높게 유지되도록" 파도바에서 수출되는 모든 암탉, 수탉, 오리, 계란, 비둘기, 야채 및 과일에 세금을 매겼다. 도시들의 이러한 보수주의—그 증거는 많다—때문에, 이러한 세금은, 비록 베네치아의 이익에 부합되지 않았음에도, 1460년까지[240] 파도바가 산 마르코 공화국[베네치아] 지배하에 들어간 이후에도 유지되었다.

그러나 파도바는 계속해서 농업 활동에 투신했는데, 1509년에 바야르와 그의 동료들은 파도바가 농업에 종사하고 있는 것을 보았다. "매일 같이 다량의 건초를 수확했고" 또한 "그 지역에서는 수레의 건초더미가 너무 거대해서 거의 문을 통과하지 못할 정도였다"라고 『충실한 가신(*Loyal Serviteur*)』에 썼다.[241] 브레시아에서도 마찬가지 광경을 목도할 수 있어서, 브롤레토[Broletto : 담장이 있는 경작지]에 이르는 산 스테파노 문은 너무 좁아서 "짚이나 땔감을 실은 수레가 지나갈 때면, 사람들은 통과할 수 없었다."[242] 비록 동일하지는 않더라도 마찬가지 상황이 풀리아 지방의 작은 도시이자 정기시가 번영했던 루체라에서도 발견된다. 루체라에는 비코 후작이 임명하는 행정관들이 있었는데, 이들은 루체라 시민들에게 큰 불평의 대상이 되었다. 행정관들은 살인, 절도, 도박을 저질렀으며, 가장 비열한 행위는 "정해진 날짜 이전에 루체라의 주변 지역으로 다수의 돼지를 내보내서 다른 루체라 시민들에게 불편을 끼쳤을 뿐만 아니라…… 농작물, 하천, 목장 등에 크나큰 피해를 입혔다."[243] 다시 말하면, 도시의 성벽 안에서 다수의 돼지를 키우고 있었다는 것이다. 이와 같은 농업 생활의 광경들은 종종 군사적 방위 혹은 권력자들의 정직성에 위배되었을 뿐만 아니라, 16세기 도시들이 얼마나 어쩔 수 없이 주변 시골에 열려 있었는지를 보여준다. 그렇지 않고서야 어떻게 도시들이 존재했겠는가?

4. 도시, 시대의 증인

이제 이러한 다양한 도시들의 공통성을 살펴보고자 한다. 도시들은 각기 특정한 경제활동의 균형을 이루었지만, 또한 **반복되는** 특징들을 지니고 있었는데, 모든 도시들이 16세기 후반 지중해 전역에 동일하게 혹은 거의 동일하게 작용하던 콩종튀르에 종속되었기 때문이다. 대부분의 증거들은 서로 일치한다. 도시 인구는 증가했다. 비록 도시들은 언제나 일상적으로 위기에 처했지만, **장기적으로는** 발전하고 있었기 때문에 인구가 증가했던 것이다. 어쨌든 도시들은 위기와 어려움을 극복했다. 그러나 모든 도시들은 거의 예외 없이 영토국가의 확장에 따라 도시의 자치권이 감소되는 경험을 했다. 영토국가들은 도시들보다 급격히 확장되면서 도시들을 포위하고 복속시키고 심지어 내치기도 했다. 새로운 정치적, 경제적 시대가 도래하고 있었던 것이다. 이러한 점에서 지중해는 시대를 앞서가고 있었다.

인구 증가[244]

16세기의 도시 인구 변동에 대해서 역사가들이 발굴할 수 있는 증거 가운데 우리는 아직 천 분의 일조차도 알지 못한다. 그러나 전반적인 상황에 대해서 꽤 신뢰할 만한 윤곽을 잡는 것은 가능하다. 더 정확한 상을 위해서는 카스티야 도시들의 인구 변동을 보여주는 <도표 27>을 참조하기 바란다.[245] 경향은 분명하다. 모든 인구 변동 곡선—법칙을 반증하는 일부 예외를 제외하고—은 16세기가 끝나기 몇 년 전까지 안정적인 증가를 선명히 보여준다.

이탈리아[246]와 유럽 및 아시아의 투르크 영토[247]의 인구 변동도 비슷한 곡선을 보여줄 것이다. 우리는 이슬람 지역이든 기독교 지역이든 지중해 전역으로 널리 확대하여 같은 상황을 볼 수 있다고 가정할 수 있다. 인구 증가는 "긴 16세기"의 근본적인 특징이었고, 모든 것 혹은 거의 모든 것이 의존했던 기반이다.

모든 범주의 도시들은 이러한 인구 증가를 보여주었다. 매우 작고 미미한 도시들이든 중요한 대도시들이든, 공업, 수공업, 관료, 상업이 특징인 도시들이든 차이가 없었다. 이는 17세기의 인구 감소 국면과 비교되는데,[248] 당시 파리, 런던, 마드리드, 심지어 콘스탄티노플 등 특정 특권 도시들은 인구 증가 혹은 인구 안정을 경험한 데 반해, 다른 모든 도시들은 전반적인 인구 감소의 영향을 받았다. 16세기에 모든 도시들에서 활동 증가를 목격하는 것은 놀라운 일이 아니다. 베로나는 물론 베네치아, 파비아 심지어 밀라노에서 공적 및 사적 건설 현장이 생기고, 쿠엥카는 물론 세고비아에서 수공업 생산이 증가하고, 나폴리의 만드라키오는 물론 소렌토와 아말피의 해안에서 조선소들이 북적댔다. 16세기 후반은 모든 도시들이 참여했던 전반적인 번영의 시기였다. 따라서 도시들 간의 위계, 도시들 사이의 상호 관계와 행태 등은 거의 변하지 않았다. 1591년 그라나다 왕국의 도시 생활수준을 보여주는 도표는, 비록 세금 목록(millones)에 의존했기 때문에 불완전하지만, 이처럼 바꾸기 힘든 도시 안의 지정학을 잘 보여준다.[249] 대도시들은 고물가, 고임금, 다수의 고객층의 이점을 누리며 지배적인 지위를 유지한 반면, 위성 도시들은 대도시를 둘러싸고, 대도시를 향하고, 대도시를 받들고, 또 대도시에게 이용되었다. 행성 체계와 같은 이러한 도시 위계는 유럽[250]과 지중해의 특징이었고, 거의 변함없이 지속되었다.

그럼에도 불구하고, 무시할 수 없는 눈에 띄는 변화들이 일어났다. 이들도 상당히 논리적인 패턴을 따른다.

우선, 인구 증가는 결코 일방적이지 않았다. 도시를 강화시킬 수도 약화시킬 수도 있었고, 균형을 가져올 수도 깰 수도 있었다. 여러 가지 오랜 문제들이 지속되거나 때로는 악화되었다. 16세기는 그 모든 것을 해결할 능력도 의지도 부족했다. 다음으로, 도시들은 더 이상 나홀로 세계의 지배자들이 아니었다. 도시들의 우위는 11세기부터 14세기까지 유럽과 지중해의 초기 상승 동안에는 계속되었지만, 근대 초기에 들어서면서 영토국가들의 도전에 직면했다. 영토국가들은 이전 세기들을 거치면서 서서히 발전했지만, 근대에 이르러서 갑자기 앞서 나가기 시작했다. 16세기에 시골 인구는 도시 인구보다 천천히 증가했을지도 모른다. 비록 정확하게 수치로 나타낼 수는 없어도, 도시 인구가 먼저 성장한 것은 틀림없다.[251] 그러므로 도시들은 최고점에 도달했고, 약간 불안정한 상태가 되었다. 17세기에 인구가 감소하기 시작할 때, 베네치아와 같이 통계가 보전된 경우,[252] 도시들은 주변 시골보다 더 빠르게 감소했음을 볼 수 있다. 18세기에 이르면서 상황은 다시 변했을까? M. 모오[253]는 18세기 프랑스에서는 시골이 도시보다 빠르게 인구가 증가했다고 주장한다. 이렇게 간략히 살펴본 비교들을 바탕으로, 우리는 16세기 도시들이 처한 결정적이면서도 취약한 운명을 이해할 수 있다.

오래된 어려움들, 새로운 어려움들 : 식량난과 밀 문제

16세기는 도시에게 항상 호시절은 아니었다. 식량난과 전염병은 끊임없이 도시를 공격했다. 운송은 속도가 느리고 비용이 높았고 수확은 불확실했기 때문에 어느 도시든 연중 어느 때나 식량난을 겪을 수 있었다. 약간의 교란도 곤란을 야기할 수 있었다. 1561년 트렌토 공의회가 세 번째이자 마지막으로 열렸을 때 (그리고 트렌토가 바이에른 밀이 때로는 베로나로 운송되는 브레너-아디제 축에 있었음에도 불구하고), 공의회 참석자들이 가장 먼저 봉착한 문제는 식량을 확보하는 것이었고 바티칸은 마땅히 긴밀히 신경을 쓰고 있었다.[254] 지중해 지역 내외에서 식량난은 흔히 볼 수 있는 재난이었다. 1521년 카스티야의 기근은 프랑스와의 전쟁과 지방 도시민들의 봉기인 코무네로스(Comuneros) 봉기와 동시에 발생했다. 귀족과 평민 모두 식량 부족으로 공황 상태에 빠졌고, 포르투갈에서 1521년은 대식량난의 해로 기억되었다. 1525년 안달루시아가 심각한 가뭄으로 피폐해졌다. 1528년 토스카나는 식량 부족의 공포를 경험했다. 피렌체는 주변 지역에서 유입되는 허기진 농민들을 막기 위해서 성문을 폐쇄했다. 1540년 비극은 다시 일어났다. 역시 피렌체는 성문을 잠그고 주변 지역을 운명에 맡기려고 했는데, 레반트에서 곡물을 운반하는 선박들이 리보르노 항에 도착함으로써 토스카나는 살아나게 되었다. 이는 기적에 가까운 일이었다.[255] 1575년 루마니아는 곡물이 풍부한 지방인데도 3월에 사람 어깨 높이까지 내린 눈 때문에 가축이 떼죽음을 당했고, 지친 새를 손으로 잡을 수 있을 정도였다. 루마니아 주민들 역시 빵 한 조각을 위해서 이웃을 죽이는 지경에 이르렀다.[256] 1583년 이탈리아가 재앙에 휩싸이면서, 특히 교황령 지역에서 사람들이 굶어 죽었다.[257]

그러나 더 흔한 일은 지역 전체가 기근에 빠지기보다는 특정 도시가 기근을 당하는 일이었다. 1528년 토스카나 식량 부족의 놀라운 점은 기근이 피렌체 주변 지역 전체를 휩쓸어 성문이 폐쇄된 피렌체로 농민들이 몰려들기 시작했다는 점이다. 마찬가지로, 1529년 페루자에서도 50마일 반경 이내에는 식량이 없었다. 그러나 이러한 재난은 매우 드물었다. 평상시 농민들은 자신들의 농지에서 생존에 필요한 약소한 생필품을 모두 얻었다. 반면에 16세기에 도시 성벽 내에서의 기근은 지극히 흔한 사태가 되었다. 피렌체는 분명히 특별히 빈곤한 지역에 위치하지 않았음에도 불구하고 1375년과 1791년 사이에 111번의 기근을 경험했고 오직 16번의 풍년을 기록했을 뿐이다.[258] 심지어 메시나 혹은 제노바 같은 밀 수출항조차도[259] 끔찍한 기근을 겪곤 했다. 17세기 초에조차 베네치아는 매년 식량을 확보하기 위해서 수백만의 금화를 지출해야 했다.[260]

도시들은 수요와 자원이 있었기 때문에 소맥 무역의 대고객들이었다. 베네치아 혹은 제노바의 소맥 정책에 대해서는 한 권의 책을 쓸 수 있을 것이다. 제노바는 식량 공급원을 확보할 수 있는 기회가 있으면 놓치지 않고 포착해서, 15세기 중에 프랑스, 시칠리아, 북아프리카 등지로 진출했다. 베네치아는 레반트 소맥 무역에 참여하여 1390년 이후부터는 투르크와도 협상했고, 추가로 풀리아와 시칠리아 등지의 공급원을 확보하고자 노력했다. 베네치아는 또한 영구적인 규제들이 있었다. 특히 1408년, 1539년, 1607년, 1628년에[261] 베네치아는 아드리아 해 지역 밖으로의 소맥 수출을 전면적으로 금지했다.

16세기 주요 도시들 가운데 희한하게 근대적인 이름을 가진 베네치아의 소맥관리청(office du blé : 불행히 우리가 관심을 가진 연도에 관한 이 기관의 기록들은 없어져버렸다)에 해당하는 기관을 가지지 않은 도시는 없었다. 소맥관리청은 경이로운 기관이었다.[262] 그 기관은 베네치아로 수입되는 곡물과 밀가루뿐만 아니라 시내 시장에서의 밀과 밀가루 판매도 통제했다. 밀가루는 오로지 "공공장소" 두 군데에서만 판매될 수 있었다. 한 곳은 산 마르코 광장 근방이었고 다른 하나는 "리보알토"였다.[263] 베네치아의 도제는 창고의 재고에 대한 보고를 매일 받았다. 창고의 재고가 1년 내지 8개월 치 이하로 떨어지는 순간, 도제는 동업자 조합에 통보해야 했다. 한편으로는 소맥관리청이 조치를 취해야 했고 다른 한편으로는 즉시 선수금을 지급받은 상인들이 행동을 개시해야 했다. 제빵업자들 역시 감독을 받았다. 제빵업자들은 "좋은 밀," 곧 흰 밀가루로 만든 빵을 시민에게 제공해야 할 의무가 있었고, 빵의 무게는 밀 공급이 풍부한가 부족한가에 따라서 달라질 수 있어도 빵의 단위당 가격은 일정하게 유지해야 했다. 이는 유럽의 거의 모든 도시에 해당되는 법칙이었다.

모든 도시에 이와 같은 소맥관리청이 있었던 것은 아니었다. 베네치아의 소맥관리청과 꼭 같은 기관이 있는 것은 아니었지만, 거의 모든 곳에서 이름과 조직은 달랐지만 밀과 밀가루를 규제하는 관청들이 있었다. 피렌체에서는 메디치 가가 (해외 곡물 수입권을 획득한 후) 식량청(Abbondanza)을 개편했는데, 1556년의 금지령 이후에는 일반적으로 식량청이 폐쇄되었다고 간주되지만, 실제로는 그 이후로도 미미한 기능을 수행하며 존재했다.[264] 코모에서는 이러한 사무는 시의 전원 위원회, 식량청 및 비축 사무소가 담당했다.[265] 별도 기관이 없을 경우, 소맥 정책은 도시의 통치와 행정을 담당하는 사람들의 몫이었다. 라구사는 불리한 지리적 위치로 인해서 식량 부족을 자주 겪었기 때문에, 라구사 공화국 수장들이 직접 담당했다. 나폴리에서는 부왕(副王) 자신이 몸소 곡물 문제를 책임졌다.[266]

식량난의 위협이 도래했을 때 도시들이 취한 조치는 어디서나 동일했다. 나팔 소리가 울리면 밀을 도시 밖으로 유출하는 것이 금지되었고, 감시병들이 배로 증가되었고, 가택 수색과 모든 가용 식량에 대한 재고 조사가 시행되었다. 위협이 증가하면 더 엄정한 조치들이 취해졌다. 식량 수요를 감소시키기 위해서 성문을 폐쇄하거나 외지인들을 추방했다. 베네치아는 통상적으로 이러한 조치를 취했는데, 예외는 자기 가속이나 직원들을 먹이기에 충분한 밀을 직접 가지고 오는 경우였다.[267] 1562년 마르세유에서는 위그노들이 추방되었는데,[268] 위그노들을 반대하던 시 입장에서는 일석이조였다. 1591년 나폴리의 식량난 도중에는 나폴리 대학이 주로 피해를 입었다. 대학은 폐쇄되고 학생들은 고향으로 돌아가야 했다.[269] 이러한 조치로도 부족하면, 1583년 8월 마르세유에서처럼 일반적으로 배급제가 시행되었다.[270]

그러나 도시들은 이러한 조치들을 시행하기 전에 당연히 어떤 대가를 지불해서라도 식량을 확보하고자 했는데, 우선은 통상적인 공급지에서 구하려고 했다. 마르세유는 자신의 배후지에서 식량을 구하거나 프랑스 국왕의 은혜를 요청하거나 "친애하는 친구들"인 아를의 집정관들에게 호소하거나 심지어 리옹의 상인들에게 부탁했다. 리옹 이북에 있는 부르고뉴의 곡물을 취득하여 하천로를 이용해서 마르세유로 실어 나르기 위해서 "손 강과 론 강"의 선박들은 불어난 물에도 불구하고 "큰 위험에 빠지지 않고⋯⋯다리"

를 통과해야 했다.[271]

1557년 8월 바르셀로나에서 이단 심문관들은 펠리페 2세에게 최소한 심문관들이 사용할 약간의 밀을 루시용으로부터 보내줄 것을 간청했다.[272] 다음해에 발렌시아의 이단 심문관들[273]은 카스티야에서 밀을 수입할 수 있는 허가를 구했고, 이어 1559년에 다시 요청했다. 베로나는 수확량 부족을 예상하고 베네치아 정부에게 바이에른 밀의 구매 허가를 요청했다.[274] 마찬가지로 라구사는 헤르체고비나의 산자크[Sanjak : 오스만 투르크의 지방관]에게 곡물 구매 허가를, 베네치아는 오스만 투르크 술탄에게 레반트 곡물 선적 허가를 요청했다.

그때마다 그것은 협상, 군대의 파견, 방대한 지출뿐만 아니라 상인들과의 약속 및 웃돈을 의미했다.[275]

모든 것이 실패할 경우 마지막 조치는 바다로 눈을 돌려 혹시 곡물선이 지나가지 않는가 살펴보고, 우선 나포한 다음에 나중에 화물 주인들에게 보상했으나, 문제가 없는 것은 아니었다. 어느 날 마르세유는 별 생각 없이 입항한 제노바 선박 2척을 나포했다. 1562년 11월 8일 마르세유는 한 척의 프리깃 함에게 난바다에서 밀을 적재한 선박을 발견하면 모두 조사하도록 명령했다.[276] 1557년 10월 메시나의 관헌들은 풀리아와 레반트에서 곡물을 운반하던 선박들에게 화물 하역을 명령했다.[277] 식량 공급이 넉넉하지 않았던 몰타 기사단은 정기적으로 시칠리아 해안을 배회했다. 이와 같은 기사단의 행위는 사실 트리폴리의 해적선과 거의 다를 바가 없었다. 그리고 이러한 달갑지 않은 행위를 가장 잘 하는 도시는 베네치아였다. 베네치아는 식량 재고가 위협을 받는 순간, 아드리아 해역에서 항해하는 곡물 운송 선박 전부를 나포 대상으로 했다. 베네치아는 라구사 베키아 외곽에 갤리 선 한두 척을 배치하고 주저 없이 라구사인들의 눈앞에서 볼로스, 살로니카 혹은 인근의 알바니아 항구에서 라구사가 구매한 밀을 실은 선박들을 나포했다. 혹은 풀리아 해안을 운항하던 곡물선들을 찾아내어 코르푸, 스플리트, 혹은 직접 베네치아에서 하역하게 만들었다. 물론 베네치아가 풀리아 연안에 두 번이나 확보했던 교두보를 유지하지 못함으로써 풍족한 밀과 올리브유와 포도주 산지를 상실했던 것도 사실이다. 그렇다고 베네치아가 필요할 때, 평화적으로든 폭력적으로든, 풀리아 지방으로 재진출하기를 꺼려한 것도 아니었다. 이러한 베네치아의 행태에 대해서 나폴리는 에스파냐의 후견 하에서 지속적으로 또한 정당하게 항의했으나 효과가 전혀 없었다. 베네치아가 나포한 선박들은 보통 나폴리가 자신의 식량 수송을 위해서 빌렸던 선박들이었다. 베네치아가 나폴리 곡물선을 나포하면, 빈민이 넘쳐나는 나폴리에서는 소요가 일어날 위험이 컸다.[278]

이 모든 것은 크나큰 재정적 부담이었다. 그러나 어느 도시도 그 부담에서 벗어날 수 없었다. 베네치아 곡물청은 곡물 상인들에게는 엄청난 웃돈을 주기까지 하면서 종종 입수한 밀과 밀가루를 일반 가격보다 낮은 가격에 판매해야 했기 때문에 엄청난 손실을 감수해야 했다. 나폴리에서는 손실이 더 심각했는데, 당국이 민란이 두려워서 밀을 넉넉한 정도를 넘어 낭비하듯이 풀었기 때문이다. 피렌체에서는 대공이 손실분을 메웠다. 코르시카 섬의 아작시오 시는 제노바로부터 대출을 받아서 메웠다.[279] 마르세유는 지출을 아주 엄격하게 통제하면서 필요에 따라 돈을 빌렸지만, 언제나 앞을 내다보며 수확 직전에는 곡물 수입을 금지하고 우선 남은 재고가 있으면 이를 전부 소진했다. 많은 도시들이 이와 같이 했다.

이러한 정책들은 시행하기도 어렵고 효과도 불확실했다. 그 결과는 고난과 혼란이었다. 빈민층에게, 때로는 도시민 전체에게 고난이었고, 기관들과 도시 생활의 기반 자체를 혼란에 빠뜨렸다. 이처럼 소규모 단위와 중세적인 경제로 새 시대의 압력에 대응할 수 있었을까?

오래된 어려움들, 새로운 어려움들 : 전염병

지중해의 불청객 흑사병에 대해서는 불완전하지만 의미가 확실한 지도를 그릴 수 있었다. 만일 모든 도시 옆에 흑사병이 창궐한 연도를 표기하는 지도를 그린다면, 16세기의 어떤 도시도 예외 없이 표시가 되었을 것이다. 흑사병은 말하자면 16세기의 "구조"였다. 오리엔트의 도시들이 다른 지역보다 더 자주 흑사병에게 당했다. 아시아로 진입하는 위험한 관문인 콘스탄티노플에서 흑사병이 항구적으로 발생했기 때문에, 콘스탄티노플은 서쪽으로 흑사병이 확산되는 진원지가 되었다.

흑사병 재난은, 기근과 함께, 끊임없이 도시 인구를 갱신시켰다. 1575-1577년 베네치아에서의 흑사병 창궐은 너무 끔찍해서 약 50,000명, 곧 도시 인구의 4분의 1 내지 3분의 1이 사망했다.[280] 1575년과 1578년 사이에 메시나에서는 40,000명이 죽었다. 1580년 흑사병 이후 이탈리아에는 치명적인 가축 유행병이 수양과 거세한 양에게 발생하여,[281] 사람들도 간접적인 위협을 받았다. 당대인들이 남긴 기록은 종종 과장되었지만, 이러한 어려움이 일으킨 공포심을 보여준다. 반델로는 루도비코 스포르차[1451-1508]가 통치하던 밀라노에서 23만 명이 죽었다고 말한다![282] 1525년 또다른 증언에 따르면, 로마와 나폴리 인구의 90퍼센트가 사망했다.[283] 1550년에는 밀라노 인구의 절반이 다시 이 전염병에 당했다.[284] 1581년 마르세유에서 살아남은 사람은 5,000명에 불과했으며[285] 로마에서는 60,000명이 죽었다.[286] 이러한 수치들은 정확하지는 않지만, 위생과 의학에 대한 지식이 불완전하여 전염병 예방법이 전무하던 시절에는 틀림없이 도시 인구의 4분의 1에서 3분의 1이 갑자기 사라질 수 있음을 보여준다.[287] 그리고 이러한 기록들에서는 공통으로 거리에 시체들과 시체를 운반하는 수레들이 넘쳐났으며 결코 전부 매장할 수 없었다고 증언한다. 이러한 흑사병의 창궐은 도시를 완전히 파괴하거나 변모시킬 수 있었다. 1577년 베네치아에서 흑사병이 드디어 잦아들었을 때, 새로운 지도자들과 함께 상당히 다른 모습의 도시가 나타났다. 완전한 교체가 일어났던 것이다.[288] 1584년 3월 나폴리에서 성 도미니코 수도회 수도사가 "지난 수년간 베네치아는 경솔하게 행동했는데,

이는 젊은이들이 노인들을 대체했기 때문이다"라고 설교하고 다닌 것은 단순한 우연의 일치일 뿐일까?[289]

상처는 대체로 금방 아물었다. 1576년 이후[290] 베네치아가 결코 완전히 회복되지 않았다면, 그것은 17세기의 장기적인 콩종튀르가 베네치아에 불리했기 때문일 것이었다. 사실 흑사병과 다른 전염병들은 오직 식량이 부족하고 물질적 어려움이 있었던 시기에만 심각했다. 기근과 전염병은 함께 출현했고, 그것은 유럽이 옛날부터 경험해왔던 오래된 진리였다. 모든 도시들은 전염병 방역을 위해서 방향성 약초를 기초로 한 소독제를 사용하고, 흑사병 피해자들의 소지품을 불태우고, 사람과 물품에 대한 격리조치를 시행하고(베네치아는 이 방면에서는 선구자였다), 의사를 모집하고, 보건증, 즉 에스파냐에서는 cartas de salud, 이탈리아에서는 fedi di sanità을 도입했다. 부자들은 항상 몸을 피함으로써 목숨을 구하고자 했다. 전염병 발생의 징조가 나타나는 순간 부자들은 주변 도시로 도피했는데, 주로 자신들의 시골 별장으로 도피했다. 1587년 마르세유에 도착한 토마스 플라터는 "이처럼 농장과 교외 저택으로 둘러싸인 도시를 본 적이 없다"고 썼다.[291] "그 이유는 흑사병이 도래했을 때(모든 나라에서 온 수많은 사람들 사이에서 흑사병이 빈번하게 발생했다) 주민들이 교외로 피난가기 때문이다." "주민들"은 "부자들"을 의미했다. 왜냐하면 빈자들은 언제나 전염병이 도는 도시 안에서 포위된 채, 의심의 눈초리를 받으며, 또 소요를 일으키지 않도록 넉넉히 식량을 제공받으며 남아 있었기 때문이다. 르네 바렐이 지적했듯이,[292] 이는 오래된 갈등이었고, 계층간 적개심의 원인 중 하나였다. 1478년[293] 베네치아는 흑사병에게 당했는데, 역시 시내에서 약탈이 즉시 시작되었다. 바라스트레오 집안의 한 집도, 포스카리 집안의 가게도, "리보알토"에 있는 상인 대표들의 사무소도 역시 털렸다. 이는 "흑사병이 돌 때 도시를 떠날 능력이 있는 모든 사람들은 도시를 떠났기 때문이다. 집을 폐쇄하거나 하녀나 하인들과 함께 집을 포기했다. 1656년 제노바에서도, 카푸친회 수도사의

증언에 따르면, 상황은 토씨 하나 다르지 않게 똑같았다.[294]

그러나 17세기 초의 대규모 전염병들, 곧 1630년 밀라노 및 베로나, 1630-1631년 피렌체, 1631년 베네치아, 1656년 제노바, 심지어 1664년 런던에서 발생한 전염병은 이전 세기보다 훨씬 더 심각했던 것 같다. 그러나 16세기 후반에 도시들은 상대적으로 덜 타격을 받은 것으로 보인다. 이러한 현상을 설명할 만한 이유들 몇 가지가 쉽게 떠오른다. [소빙하기에 따른] 냉기와 습기의 증가 및 [대항해 시대에 따른] 이탈리아와 오리엔트의 관계가 더 직접적이 된 것이 원인일 수 있다. 그러나 왜 같은 시대에 흑사병이 오리엔트에서 더 많이 발생했을까?

16세기 도시들을 가격한 전염병은 흑사병만이 아니었다. 성병, 속립열(粟粒熱), 홍역, 이질, 발진티푸스 등도 도시에 창궐했다. 질병은 움직이는 도시와 같았고 도시보다도 취약했던 군대도 가차 없이 공격했다. 헝가리 전쟁(1593-1607) 도중에 일종의 발진티푸스인 헝가리 병[295]은 독일 병사들을 다량 살상했지만, 투르크인과 헝가리인은 살려두었다. 이 헝가리 병은 유럽 전역을 거쳐 멀리 잉글랜드까지 전파되었다. 도시들은 이러한 전염성 질병이 확산되는 자연적인 중계지가 되었다. 1588년 인플루엔자 발병은 베네치아가 근원지였다. 이 인플루엔자는 베네치아 인구 전체를 감염시켰지만, 전멸시키지는 않았다. 그러나 대평의회의 의원들을 몰살시켰는데, 흑사병에 의해서도 이런 일은 일어나지 않았었다. 이 병은 밀라노, 프랑스, 카탈루냐, 그리고 바다를 넘어 아메리카로 확산되었다.[296]

이러한 전염병의 유행은 도시 생활의 불안정성과 18세기에 가서야 겨우 종식되는 빈민의 "사회적 학살"에 책임이 있다.

필수불가결한 이주민

지중해 도시의 일상적인 특징들 가운데 하나는 도시 하층민의 인구는 지속적인 이주 없이는 증가되기는커녕 유지되기도 어렵다는 점이다. 도시는 온갖 종류의 노동력을 끊임없이 제공하는 인근의 산악 이주민들뿐만 아니라, 도시 수요를 충족할 수 있는 프롤레타리아 혹은 모든 무늬의 모험가들을 끌어들일 의무와 능력이 있었다. 라구사는 주변 산지에서 노동자들을 고용했다. 『외국 잡기록(*Diversa de Foris*)』을 보면, 가내 도제 계약서 사본이 많은데, 이에 따르면 도제들은 1550년 기준 평균 연 3두카트 금화의 임금을 받고(보통 계약 종료 시 임금을 받는 조건이다) 1년, 2년, 3년 혹은 7년 수습 계약을 맺는 것을 볼 수 있다. 어떤 도제는 주인을 투르크인 거주 지역에서 섬기기로 계약을 맺기도 했고, 모든 계약에는 의식 제공 및 주인의 가업을 배우거나[297] 5년, 8년 혹은 10년 계약을 마칠 때 금화를 지불받는다는 조건을 포함했다.[298] 비록 문건에는 나타나지 않지만, 이러한 도제들 가운데 얼마나 많은 수가 도시민이 아니라 라구사 영토 농민들의 자녀들 혹은 심지어 투르크 신민이나 다를 바 없던 달마티아 지방 촌민들이었을까?

마르세유로 오는 전형적인 이주민은 코르시카인이었고, 특히 코르스 곶의 사람들이었다. 세비야로 오는 일반적인 이주민은 (사방에서 서인도 제도로 가기 위해서 온 사람들을 제외하면) 영원한 프롤레타리아인 모리스코[Morisco : 기독교로 개종한 에스파냐의 무어인]였다. 세비야의 모리스코들은 안달루시아에서 왔는데 16세기 말에 이르면 그 수가 너무 많아 당국은 산악 지대에서의 봉기가 아니라 잉글랜드인의 상륙과 맞물린 도시에서의 봉기를 두려워하기 시작했다.[299] 알제에 새로 도착한 사람들은 기독교인으로서 해적들과 포로들의 인구를 두텁게 했다. 이들은 (15세기 말과 16세기 초에 왔던) 안달루시아와 아라곤의 탈주민들, 또 장인들과 상점 주인들이었고, 그들의 이름들은 오늘날에도 타가린 지구에서 발견된다.[300] 그렇지만 알제로 유입된 외부인들 대다수는 주변의 카빌리아 산지에서 온 베르베르인들이었고, 이들이 알제의 기초 인구를 구성했다. 아에도는 부자들의 농원에서 일하는 그들의 비참한 생활을 썼는데, 이들이 먹는 걱정을 하지 않을 유일한 방법이자 야망은 민병대 병사로 편입하는 것이었다고 설명한다. 오스만 투르크 전역에 걸쳐 어떤 도시도, 국가 통제와 금지 또 동업 조합들의 경계에도 불구하고, 빈곤하고 인구 과잉인 시골로부터 이주민을 끊임없이 받아들이지 않은 경우는 없었다. "이처럼 절망적이며 불법적인 노동력은 부자들에게는 호재였으니, 자신들의 농원, 마구간, 저택 등을 위한 값싼 하인들을 얻을 수 있기 때문이었다.……" 이처럼 비참한 사람들은 심지어 노예 노동과도 경쟁 관계에 있었다.[301]

리스본에서는 끊임없는 인구 유입이 있었는데, 가장 처지가 열악한 것은 흑인 노예들이었다. 1633년 도시 인구 총 10만 명 가운데 1만5,000명 이상이 흑인 노예였고, 성모 설지전(聖母雪地殿) 봉헌기념일[8월 5일]에 화려한 의복에 허리띠를 하고 시내를 행진했다. "흑인들의 신체는 백인의 신체보다 더 잘 발달되었고 더 아름답고……나체의 흑인이 옷을 갖춰 입은 백인보다 더욱 수려하다"고 카푸친회의 한 수도사가 지적했다.[302]

베네치아로 이주한 사람들은 주변 도시들에서 왔거나(16세기 중반 작가 코넬리오 프란지파네는 베네치아에 가서 알아주는 사람도 없이 무시당하는 실망이 어떤 것인지를 장문으로 썼다)[303] 주변 산악 지대나 농촌에서 왔다(화가 티치아노는 카도레 출신이었다). 프리울리 출신들이 가내 노동과 중노동과 교외 농사일을 하는 선량한 사람들이었다면, 적지 않은 범죄자들은 모두 혹은 거의 모두 로마냐와 마르케 출신이었다. 1587년 5월 보고에 따르면,[304] "모든 악질은 혹은 거의 대부분의 악질은 로마냐와 마르케 사람들이다." 불청객이자 불법적인 방문자들은 주로 밤에 정규 노선을 이용해서 베네치아로 진입했다. 흔히 화승총으로 무장한 이들의 승선을 곤돌라 선원들은 거부할 수 없었고, 이들의 요구에 따라 곤돌라는 주데카, 무라노 혹은 다른 섬으로 이동했다. 이러한 무뢰배들의 방문을 금지하면, 범죄율은 낮아졌겠지만, 그렇게 하기 위해서는 끊임없는 경계와 수많은 현지 정보원이 필요했을 것이다.

베네치아 제국과 주변 지역 역시 이주민 다수를 제공했다. 싸우기를 좋아하고 위험할 정도로 시기심이 많았던 알바니아인, "그리스 국민"이라는 명예로운 상인인 그리스인들,[305] 혹은 초기 도시 정착의 어려움을 극복하기 위해서 아내와 딸들을 매춘으로 내모는 손쉬운 삶에 맛을 들인 불쌍한 악마들이 있었다.[306] 디나르 산맥 출신의 달마티아인들에게 베네치아의 "리바 델리 스키아보니," 곧 슬라브인들의 해안은 단지 어선을 띄우는 출발지가 아니라 이주의 목적지이기도 했다. 16세기 말 베네치아는 페르시아인들과 아르메니아인들[307] 또 투르크인들이 도래하면서 더욱 동양적인 색채를 띠었다. 투르크인들은 16세기 중반까지는 마르코 안토니오 바르바로 가문의 대저택 부속 가옥에 거주하다가[308] 17세기에 투르크 상관이 세워지면서 옮겨왔다. 베네치아는 또한 포르투갈 출신의 유대인 가족들이 북유럽(플랑드르 혹은 함부르크)에서 오리엔트로 이동하는 과정에서 일시적으로 머무는 중간 도착지 역할도 했다.[309] 베네치아는 또한 망명객들과 그 후손들의 피난처가 되었다. 1574년에는 위대한 스칸데르베그[1405-1468. 알바니아의 독립을 위해서 투쟁한 민족 영웅]의 후손들이 살고 있었다. "부끄럽지 않은 삶을 영위하며……일족이 살아남았다."[310]

이처럼 없어서는 안 될 이주민들이 항상 미숙련 노동자들이거나 재능이 없는 자들은 아니었다. 종종 이주민들은 자신들의 존재만큼이나 도시 생활에 필수불가결한 새로운 기술을 가지고 왔다. 빈곤이 아니라 종교적 신념 때문에 쫓겨난 유대인들은 이러한 기술 전파에서 특출한 역할을 했다. 에스파냐에서 추방된 유대인들은 처음에는 테살로니키와 콘스탄티노플에서 소매상으로 시작해서 점차 사업을 확장하여 곧 라구사인들, 아르메니아인들, 베네치아인들과 성공적으로 경쟁하게 되었다. 테살로니키와 콘스탄티노플로 유대인들은 인쇄술, 양모, 견직물 산업을 가져왔고,[311] 이러한 증언들을 믿는다면 포가(砲架) 제작 비밀도 가져왔을 것이다.[312] 참으로 유용한 선물이었다! 교황 바오로 4세에 의해서 안코나에서 추방된 유대인들 몇몇 덕분에 투르크 항구 발로나가 번영—상대적이었지만—을 누리게 되었다.[313]

또다른 양질의 이주민은 이곳저곳을 이동하는 예술인들 혹은 상인들이었다. 성장 국면의 도시들은 공공 건물을 확장하면서 예술인들을 끌어들였고, 상인들, 특히 이탈리아 상인들과 은행가들은 리스본, 세비야, 메디나 델 캄포, 리옹, 안트베르펜 등의 도시에 활력을 불어넣어 실로 도시를 재창조했다. 도시 사회는 부자들뿐만이 아니라 온갖 종류와 조건의 사람들을 필요로 한다. 도시는 서로 다른 이유이기는 하지만 빈민들을 끌어들이듯이 부자들을 끌어들였다. 역사가들이 널리 논의한 도시화[314]라는 복합적인 과정을 통해서 가난한 농민들만이 도시로 온 것이 아니라 귀족, 부자, 지주들 또한 도시로 유입되었다. 브라질의 사회역사학자인 질베르토 프레이르의 뛰어난 연구는 중요한 비교점을 시사하고 있다. 브라질의 중요한 도시들은 궁극적으로 대농장주들과 그들의 저택들까지 끌어들였다. 도시로 통째로 이주한 것이다. 지중해에서 역시 도시가 영주와 영지를 동시에 흡수한 것과 같았다. 반델로가 묘사했듯이, 시에나의 영주는 마렘마에 교외 저택을 두고 시에나 시내에 대저택을 가졌는데, 대저택의 1층은 거의 사용되지 않았으나 화려한 방들에는 처음으로 비단이 선보이기 시작했다.

이러한 시내 대저택의 출현은 이 시대의 특징이었다. 그런 시기가 끝난 뒤에는 부자들이 도시를 탈출하여 밭과 과수원과 포도원으로 돌아가고 "부르주아"가 신선한 공기를 찾아 시골로 가는 현상을 베네치아,[315] 라구사,[316] 피렌체,[317] 세비야[318]에서 분명히 볼 수 있었는데, 16세기에는 전반적인 현상이 되었다. 사실 도시를 탈출하는 것은 계절적인 현상이었다. 시내에 대저택을 지은 영주는 자주 교외 저택을 방문하더라도 결국은 도시 거주민이었다. 교외 저택은 그저 또 하나의 사치품, 이제는 유행의 문제일 뿐이었다. 1530년 베네치아 대사 포스카리는 이렇게 썼다. "피렌체인들은 세계로 나아간다. 2만 두카트를 벌면 그들은 1만 두카트는 교외에 대저택을 짓는 데 사용한다. 이웃의 사례를 따라한다.……그들은 교외에 모두 장엄하고 화려한 대저택을 너무나 많이 지어 그 저택들만으로도 제2의 피렌체가 될 만하다."[319] 세비야에서도 유사한 사태가 일어났다. 16-17세기의 소설에는 교외 저택과 그 저택의 화려한 잔치에 대한 언급이 자주 나타난다. 나무와 수로가 있는 리스본 교외의 저택들 역시 마찬가지였다.[320] 이러한 기호와 변덕은 더 중요하고 합리적인 결정으로 이어지기도 했다. 베네치아의 경우, 17세기에 시작해서 18세기에 더욱 강화된 경향은, 도시의 부유한 주민들이 부동산의 가치에 대해서 다시 관심을 가지게 된 것이다. 골도니[1703-1793, 희극 작가]의 시대에 베네치아에서는 아름다운 시내 대저택들은 방치되어 황폐화되었으나 모든 돈은 브렌타 강변의 대저택에 집중되었다. 여름에는 오직 빈민들만이 도시에 남았고, 부자들은 자신들의 교외 소유지에 머물렀다. 유행과 기호는, 부자들의 경우에는 언제나 그렇듯이, 단지 부분적인 현상일 뿐이었다. 지주가 머슴들과 함께 사는 교외 저택—프로방스에서는 바스티드[bastide : 작은 별장]라고 불렀다—은 도시의 자금이 농촌을 사회적으로 지배하게 되는 과정의 일부였다. 이러한 대규모 이동은 농민들의 비옥한 농토를 그냥 두지 않았다. 농민들의 많은 계약서가 공식 문서들로 남아 있는 라구사는 물론, 랑그도크에서도, 프로방스에서도 틀림없이 이런 일이 일어났을 것이다. 로베르 리베의 박사 논문에 수록된 프로방스 지역 뒤랑스 강변에 있는 한 읍의 지도가 이를 한 눈에 보여준다. 로뉴 마을 주변의 토지는 15세기부터 시작해서 수많은 바스티드가 있었는데, 꽤 넓은 사유지로 둘러싸여 있었다. 이 현상은 뒤로 갈수록 더욱 심해졌다. 16세기에 그 주인들은 "포렝(forain), 곧 로뉴에 살지 않는 지주들이었다. 대부분은 엑스 출신" 다시 말하면, 엑상프로방스의 신진 부유층이었다.[321]

그러므로 도시와 시골 사이에서는 조수의 간만과도 같은 교대가 있었다. 16세기와 17세기에는 사람들이 시골에서 도시로 흘러들어왔고, 이는 부자들의 경우도 마찬가지였다. 귀족들의 도시가 되어가던 밀라노는 그 성격이 바뀌었다. 같은 시기에 치프틀리크[čiftlik : 제II부 470-471쪽 참조]의 투르크인 지주들은 마을과 농노들을 버리고 인근의 도시로 이주했다.[322] 16세기 말 다수의 에스파냐 귀족들은 자신들의 영지를 떠나서 카스티야의 도시들, 특히 마드리드로 이주해서 살았다.[323] 펠리페 2세와 펠리페 3세의 통치 시기에 있었던 기후 변화는, 많은 변동의 원인이 되었지만, 에스파냐 귀족들이 이전까지는 오직 임시 거처로만 삼았던 도시로 이주했다는 사실과 연결될 수 있다. 이것이 신중왕[펠리페 2세]의 후계자 치하에서 일어났던 소위 봉건 반동을 설명할 수 있을까?

도시의 정치적 위기

위에서 살펴본 문제들, 곧 도시의 위기라는 암울한 역사는 16세기가 진행되면서 모든 도시들이 여지없이 차례로 빠져들었던 정치적 위기들과 같은 극적인 매력은 없다. 그러나 정치적 위기와 같은 역사의 극적인 광경들만 과장해서는 안 된다. 무엇보다 우리는 역사를 당시 사람들의 감정에 의해서 평가하려는 경향을 주의해야 한다. 특히 사형 집행인들이나 희생자들의 감정, 예를 들면, 피사가 피렌체를 단죄했던 혹독한 평가와 같은 감정에 근거해서는 안 된다. 도리어 우리는 당시의 인간들을 분쇄하거나 분쇄한 것처럼 보이는 과정을 이해하는 것을 목표로 해야 한다. 왜냐하면 비록 영토국가들이 승리했어도, 도시들은 살아남았고 복속된 이후에도 복속되기 이전만큼이나 여전히 중요했다.

연대기들과 정치사는 지루하게 이어지는 도시 파국의 연속을 이야기해준다. 그 피해는 단지 제도, 관습, 지방적 허영심뿐만이 아니라 경제, 창조적 능력, 심지어 도시 공동체의 행복이었다. 그러나 무너진 것들은 애초에 매우 견고한 것들이 아니었다. 갈등은 종종 폭력을 사용하지 않고도, 극적인 반전 없이도 해결되었고, 새롭고 때로는 쓴 열매는 익기까지 오랜 시간이 필요했다.

최초의 징후들을 찾아보자면 15세기 초까지 거슬러올라가야 한다. 최소한 이탈리아의 경우 놀라울 정도로 시대를 앞서갔기 때문이다. 단지 수년의 짧은 기간 사이에 베로나가 베네치아에게 패망했고(1404년 4월),[324] 피사가 피렌체에게 항복했고(1405년),[325] 파도바가 베네치아에게 함락되었고(1406년 11월),[326] 이어서 베네치아는 1426년에 밀라노의 국경선에 있는 브레시아를, 또 1427년에는 베르가모를 점령했다. 이 도시들은 그때부터 베네치아의 육지의 서쪽 교두보로서 항상 경계 상태를 유지하게 되었다.[327]

세월이 흘러서 내부적 위기, 끊임없는 분쟁, 그리고 그 위기와 분쟁의 전후에 있는 경제적 어려움 등으로 인해서 제노바조차 흔들리기 시작했다. 1413년부터 1453년의 40년 사이에 제노바에서는 혁명이 14번 일어났다.[328] 제노바는 탐이 나는 물건이었다. 1458년에는 프랑스 국왕[샤를 7세]이, 1464년에는 [밀라노 공작] 스포르차 가문이 점령했다. 제노바인들은 자신을 해방시켰으나, 다시 옛 주인들을, 처음에는 스포르차 집안을, 다음에는 프랑스 국왕들을 불러들였다. 그러는 사이에 제노바의 흑해 제국은 서서히 망해가고 있었다. 본국 가까이에서는 리보르노를 상실했다. 이러한 타격에도 불구하고 제노바는 기적적으로 회복되었다.[329] 자신을 프랑스와 프랑수아 1세에게 거의 바쳤다가, 안드레아 도리아와 손을 잡고 1528년 에스파냐를 끌어들였고, 이후 과두 지배 체제를 채택했다.[330] 그러나 이 시기 이전에 제노바는 자신의 영토를 지키고 다른 도시들의 영토를 탈취할 만큼 강해졌다. 1523년 제노바의 민병대는 사보나를 함락시켰고, 1525년에서 1526년 사이에는[331] 사보나를 쉴 틈 없이 공격하여 방파제를 파괴하고, 항구를 매립하고, 반란을 무산시킨 후—사보나는 스스로를 투르크에게 바칠 의향이 있었다[332]—1528년 성탑을 무너뜨리고, 요새를 세웠다.[333] 이즈음이면 이미 엄청난 파국이 일어난 뒤였다.

1453년 콘스탄티노플이 패망했는데, 그것은 여러 가지로 상징적인 의미를 띠었다. 1472년 바르셀로나는 아라곤의 후안 2세가 이끄는 군대에게 항복했다. 1480년 프랑스 국왕은 평화롭게 프로방스와 마르세유를 지배하게 되었다. 1492년 그라나다가 함락당했다. 이 시기는 도시국가들이 붕괴하는 시기였다. 도시국가들은 영토국가의 맹공격에 저항하기에는 그 영토가 너무 좁았으며, 이후 영토국가들이 주도적인 역할을 수행하기 시작했다. 16세기 초에 일부 도시들은 다른 도시들을 점령하며 자신의 영토를 확장 중이었다. 베네치아는 육지 영토(Terra Ferma)를 만드는 중이었고, 밀라노는 밀라노 공국을 만들었고, 피렌체는 토스카나 공국이 되어가는 중이었다. 그럼에도 16세기부터 정복자들은 투르크인들, 아라곤인들, 프랑스의 국왕, 아라곤-카스티아 연합왕국의 공동 국왕들이었다.

때때로 도시들이 반격했지만, 잠시뿐이었다. 피사는 1406년 정복되어 1494년 해방되었다가 1509년 다시 복속되고, 이후 주민들은 피사를 버리고 대거 사르데냐, 시칠리아 등지로 이주했다.[334] 여타 지역에서는 새로운 불이 타올랐다. 1521년 빌랄라 전투로 카스티야의 당당하고 역동적인 도시들이 항복했다.……1540년 페루자가 불명예로운 조세 전쟁이었던 소금 전쟁(Guerra del Sale)의 결과로 교황에게 굴복했다.[335] 동시에 1543년경 나폴리의 도시들은 파국적인 부채 때문에 마지막으로 남은 자유조차 위태로워졌다.[336] 아브루치 지방의 아퀼라도 이미 난도질당한 시체와 같았다. 최소한 1529년 필리베르 드 샬롱이 아퀼라의 귀중한 성채와 40마일 반경 이내에 대한 징세권을 빼앗은 이후로는 그러했다.[337] 17세기 초에 소수의 에스파냐 병사를 거느리고 아퀼라에 주둔했던 알론소 데 콘트레라스[338]는 시 지도자들을 수치스러울 정도로 모욕했다. 이 사건은 서열에 대한 논란에서 비롯되었는데, 어쩌면 2세기 넘게 도시국가와 영토국가 간에 타올랐던 불의 마지막 불꽃이었다고 묘사할 수 있을지도 모르겠다.

이 길었던 위기 과정에서 사라진 것은 무엇이었던가? 중세의 도시는 하나의 도시국가로서 자신의 운명을 스스로 결정하고 주변의 채소밭, 과수원, 포도원, 밀밭, 해안, 도로 등을 지배했다. 이러한 중세의 도시가 사라진 것이다. 그리고 역사적인 풍경이나 실체가 사라지면 그렇듯이, 중세 도시의 몰락은 놀라운 유적을 남겼다. 베네치아의 육지 영토는 각 지역의 자유, 조세권, 및 준독립권을 가진 도시들의 연합으로 존속했다. 루카 역시 마찬가지였다는 사실을 몽테뉴의 증언—몽테뉴는 이 지극히 작은 공화국의 군사력에 대해서 지나치게 호감을 가졌다—을 통해서 알 수 있다. 더 위대한 유산을 보자면, 라구사의 경우를 살펴보면 된다. 16세기 중반에 라구사는 13세기 베네치아의 생생한 복사판이었다. 곧 과거 이탈리아의 연안 무역로 상에 있었던 여러 도시국가들 가운데 하나와 같았다. 라구사의 오랜 도시 제도들은 그대로 존속했고, 그 제도들에 관한 귀중한 문서들은 오늘날에도 완벽하게 정리되어 있다. 역사가들은 16세기 문서들이 결코 제자리에 있지 않다고 자주 불평하는데, 주로 무관심, 화재, 파괴, 약탈 등이 한몫을 했고 또 마땅히 이런 것들을 탓할 수 있다. 그러나 더 근본적인 탓은 도시국가로부터 영토국가로의 이행과 그에 따른 제도적 격변이라고 해야 할 것이다. 당시 철저한 행정규율을 가진 도시국가들은 지배력을 상실하고 있었는데, 영토국가들은 아직 그 도시들을 대체하지 못했던 것이다. 예외가 있다면 토스카나 지역인데, 이는 메디치 가의 "계몽 전제군주정"이 영토국가로의 이행을 촉진했기 때문이다. 그러나 변하지 않는 도시 라구사는 모든 것이 총독 궁전에 그대로 질서정연하게 보존되어 있다. 법원 서류, 증명서 서류, 재산권 증서, 외교 문서, 해상 보험증, 환어음 사본 등이 그대로 있다.……16세기 지중해를 이해할 수 있는 가능성이 있다면, 라구사를 통해서일 것이다. 더구나 라구사는 그 상선들이 바다 전역으로, 이슬람권에서 기독교권까지, 흑해에서부터 지브롤터 해협까지, 그리고 그 너머로까지 항해했다는 이점까지 있다.

그러나 라구사가 보여주는 모습은 현실인가 허상인가? 사실 라구사는 투르크에게 조공을 바치기로 동의했다. 그 덕분에 라구사는 발칸 전역에 산재해 있던 자신들의 상회들을 살릴 수 있었고, 따라서 라구사의 부(富)도, 라구사의 제도들의 정확한 메커니즘도 보존할 수 있었다. 라구사는 중립을 택했고, 따라서 16세기의 분쟁의 와중에서도 좋은 위치를 유지할 수 있었다. 중립을 지키면서도 영웅적이고 능란했다. 라구사는 자신을 방어하고, 자신의 주장을 관철하고, 로마와 기독교권을 위해서 기도하는 열성적인 가톨릭 도시가 아니었던가? 투르크에게 라구사는 의연하게 말했다.…… 한 라구사 선장은 알제 해적들에게 부당하게 배를 나포당한 후, 하도 불평하고 소리 지르고 논쟁을 해서, 해적들이 목에 돌을 달아 바다에 던져버렸다고 한다.[339] 아무리 중립이어도 언제나 모든 일에서 성공할 수는 없다.

루카의 경우는 의심할 바 없이 허상이다. 루카의 독립성은 실제로는 루카가 밀라노 공국 영토에 있는 에스파냐의 보호령이라는 사실을 위장하고 있었다. 세르반테스가 솔직하게 말했듯이, 루카는 이탈리아 전역에서 에스파냐인들이 환영받은 유일한 도시였다.[340]

그러나 이러한 예외는 단지 법칙을 증명할 뿐이다. 도시들은 15세기와 16세기의 지난한 정치적 위기들 속에서 온전하게 살아남을 수 없었다. 도시들은 대격변의 고통을 당했고 또 스스로 적응해야 했다. 도시들은 제노바처럼 차례로 항복하고, 배신하고, 협상하고, 정체성을 잃었다가 회복하고 자신을 힘 있는 자들에게 바치거나 팔 수도 있었고, 피렌체처럼 냉정보다는 열정을 가지고 투쟁할 수도 있었고, 베네치아처럼 초인적인 노력을 통해서 곤경에 처했다가 다시 확고히 일어서기도 했다. 그러나 어쨌든 모든 도시들은 적응해야 했다. 적응은 생존의 대가였다.

돈을 가진 특권적인 도시들

영토국가들은 모든 것을 통제하고 감당할 수 없었다. 그 국가들은 새로운 초인적인 과업들을 수행하기에는 부적당한 둔중한 기계였다. 교과서적인 의미에서의 "영토" 경제는 "도시" 경제를 억누를 수 없었다. 도시가 여전히 경제의 추동력이었다. 국가는 자국 속의 도시들을 용인하고 또 그들을 지원해야 했다. 그리고 가장 독립적인 도시들조차 영토국가의 공간을 이용해야 할 필요가 있었기 때문에, 둘 간의 협력은 더 자연스럽게 이루어질 수 있었다.

 토스카나 전체조차 외부의 도움 없이는 대부호 메디치 가의 피렌체를 지탱할 수 없었다. 토스카나는 피렌체의 연중 곡물 소비량의 3분의 1조차 생산하지 못했다. 양모 조합의 도제들은 토스카나의 구릉 지대뿐만 아니라 제노바, 볼로냐, 페루자, 페라라, 파엔차, 만토바 등지에서 왔다.[341] 1581-1585년까지 피렌체의 자본투자(합자회사)는 유럽 전역으로 흘러들었고 심지어 동방에도 유입되었다.[342] 피렌체 상인들의 집단 거주지는 거의 모든 중요한 시장이 있는 곳에 존재함으로써, 에스파냐에서는 일반적으로 간주되는 것보다도 더 중요했고, 리옹에서는 지배적이었고, 베네치아에서는 심지어 17세기 초에도 지도적인 지위에 있었다.[343] 1576년 페르디난도 대공이 등장한 후에는, 새로운 투자처를 찾기 위한 더 명시적인 노력들이 있었다. 그 결과 흥미롭게도 피렌체 자금은 생테티엔의 갤리 선의 항해와 네덜란드의 브라질 및 서인도 제도 진출에 투자되었다.[344]

 16세기의 이런 대도시들은 민첩하고 또한 위협적인 자본주의를 통해서 전 세계를 통제하고 착취할 수 있는 위치에 있었다. 베네치아는, 비록 집요하게 착취한다고 해도, 후방 육지 영토 혹은 도서와 연안으로 이루어진 해상 제국만으로는 단순하게 설명할 수 없었다. 베네치아는 마치 담쟁이덩굴이 자신이 달라붙은 나무로부터 영양분을 얻듯이 오스만 투르크 제국에 기생해서 번영했다.

 제노바 역시 동서로 뻗은 빈약한 연안 지대에 의지하거나 혹은 귀중하지만 다루기 어려운 소유지였던 코르시카 섬에만 의지해서 자신의 배를 채울 수 없었다. 15세기 및 16세기의 진정한 드라마는 제노바의 정치적 운명이 아니었다. 정치적 운명은 그저 결과물이거나 종종 외관일 뿐이었다. 진정한 드라마는 제노바가 한 제국을 상실하고서도 또다른 제국을 확보했고, 두 번째 제국은 첫 번째 제국과는 완전히 달랐다는 점이다.

 제노바의 첫 번째 제국은 본질적으로 상인 집단의 식민지들로 구성되었

사진 19, 20. 15세기의 제
노바.
바다와 산으로 둘러싸인
이 도시는 인구 밀도가 높
고, 건물들이 높다. 크리스
토포로 그라시의 Vedute
di Génova(1485)의 일부.
Civico Museo Navale de
Pegli(Gênes).

사진 21. 베네치아의 조선소(1500).
야코포 디 바르바로의 도면에 의한 것이다.

사진 22. 콘스탄티노플 ➡
골든 혼에서 바라본 시가지. B.N. Paris.

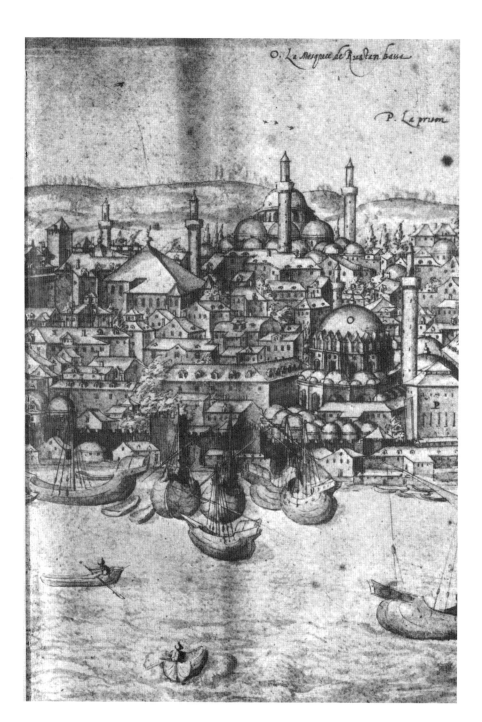

O. La Mosquée de Rustan bassa

P. La prison

사진 23. 카이로.
그다지 정밀하지 않은 데생. 위가 동쪽, 아래가 서쪽이다. 따라서 피라미드의 위치는 정확하다.
줄리오 발비노의 *De' desegni deille piu illustri città e fortezze del mondo*(Venise, 1569)에 의한
것이다(파리 국립 도서관).

사진 24. 베네치아 전경(16세기).
시우다 레알의 산타 크루스 후작의 저택. 목조 리알토 다리. 초기 조선소. 산 조르조 마졸레
섬, 주데카 운하, 자테레에 주목할 것(Barcelona).

다. 이 문제에 관해서는 좀바르트의 이론은 잠시 제쳐두어야 한다. 좀바르트[1863-1941]는 중세 이탈리아 도시들이 봉건적, 농업적 확장을 통해 방대한 영토적 소유권을 확보했다고 보았는데, 이는 1566년까지 제노바인이 머물렀던 시리아, 크레타, 키프로스, 키오스 등지에서는 분명한 사실이었다. 그러나 제노바의 기본적인 부는 콘스탄티노플을 넘어 비잔틴 제국의 가장자리에 세운 식민지들, 곧 카파[페오도시야], 타나[타나이스], 솔다이아[수다크], 트레비존드에 세운 식민지들이었다. 이들은 해외 상관들이었다. 제노바의 로멜리니 가문이 세운 북아프리카 해안의 타바르카 역시 해외 무역 상관인데, 16세기에도 여전히 번성하던 산호 채취업의 놀라운 수익을 제노바로 전달하는 특이한 상업 요충지였다.

제노바의 두 번째 제국은 서쪽으로 향했는데, 아주 오래된 거점들, 곧 밀라노, 베네치아, 나폴리 등에 있는 유서 깊고 강력한 상인 식민지들을 유지하는 데에 기반하고 있었다. 1561년 메시나에서 제노바 식민지는 밀, 비단, 향신료 무역 수익의 큰 부분을 가져갔다. 영사관의 사료에 따르면 공식적으로 연 24만 크라운에 이르렀다.[345] 지중해 전역에 이러한 제노바 식민지가 10개, 20개, 30개 산재해 있었다.

그러나 제노바가 15세기 말 오리엔트에서 상실한 제국을 보상해준 두 번째 제국은 에스파냐의 영토, 곧 세비야, 리스본, 메디나 델 캄포, 바야돌리드, 안트베르펜 및 아메리카에 세워졌다. 1493년 제노바와 카스티야-아라곤의 가톨릭 국왕들이 조인한 협약이 그 제국 건설 허가증이었다고 할 수 있다.[346] 제노바 식민지들이 직접 자신들의 영사를 선출하고 또 뜻대로 바꿀 수 있는 권한을 인정했다. 이처럼 서쪽에 자리잡은 제노바인들의 식민지는 에스파냐가 아메리카로 진출하던 시기에 에스파냐 재정 및 금융에 지대하고 깊은 영향을 미쳤는데, 다른 제노바 식민지들과 성격이 매우 달랐다. 이 식민지들은 사실 은행가들의 식민지였다. 제노바는 오리엔트에서의 상업적 패배를 서방에서 금융의 승리로 보상받았던 것이다.

제노바인들이 세비야의 거래를 아메리카로 향하게 할 수 있었던 것은 환어음 기술을 통해서였다. 제노바인은 소금과 양모 독점권을 일찍이 확보할 수 있었고, 16세기 중반 이래로 펠리페 2세의 정부를 압박할 수 있었다. 이것은 제노바의 승리였는가? 온전히 그렇다고 할 수는 없다. 1579년 피아첸차 정기시들의 설립으로 제노바의 금융 제국은 19세기 런던 증권거래소와 마찬가지로 서양 세계 전역에 확대되었는데, 그 금융 제국은 제노바의 것이라기보다는 대귀족 가문들, 곧 제노바의 구귀족(Nobili Vecchi)의 피조물이었다. 1528년 이래로 제노바는 구귀족들의 불행한 포로였다. 신귀족의 존재, 대중의 정열, 1575년의 큰 기회[펠리페 2세의 지불 정지에 따른 금융 위기]에도 불구하고, 제노바는 구귀족의 굴레를 벗어나지 못했다. 제노바의 비범한 금융 귀족이 기존의 알려진 세계를 집어삼킨 것은 16세기 어느 도시도 하지 못한 거대한 사업이었다. 제노바는 기적의 도시와 같았다. 제노바는 자신의 상선단, 최소한 제대로 된 상선단도 없었지만, 라구사 화물선들과 마르세유의 소형선들의 시기적절한 등장으로 덕을 보았다. 제노바는 흑해 식민지들을 잃고, 다음으로 1566년 레반트 무역 활동의 중심축 역할을 하던 키오스 섬을 잃었다. 그러나 1550-1650년의 상선 소유권에 대한 기록에 따르면 제노바는 13-14세기에 그랬던 것처럼, 중앙 아시아로부터 비단을, 러시아와 "카자리아"로부터 백랍을 받아들이고 있었다.[347] 투르크는 더 이상 제노바에 대해서는 소맥 무역을 허락하지 않았지만, 제노바는 여전히 투르크 소맥을 때때로 소비하고 있었다. 17세기는 경제적 쇠퇴기였지만, 제노바는 여전히 강력하고 공격적이어서, 1608년 자신을 자유항으로 선포했다.[348] 이러한 기적들은 전부 돈에 의해서 일어났는데, 결코 간단한 기적은 아니었다. 모든 것이 이 부자들의 도시로 흘러들어오는 것 같았다. 한 라구사 선박의 소유권의 일부가 팔린 일이 있었는데,[349] 그 선박은 제노바를 위해서 일하게 되었다. 마르세유에 자금을 약간 투자하자, 프로방스 연안 전체의 소형선들이 제노바를 위해서 일했다. 아시아 내륙으로부터 비단이 제노바로 오지 않을 어떤 이유가 있었던가? 대가는 그저 약간의 귀금속뿐이었다.

1570-1580년 이후 제노바는 아메리카 은이 재분배되는 중심지 역할을 했는데, 이 과정은 제노바의 금융 지배자들, 곧 그리말디 가문, 로멜리니 가문, 스피놀라 가문 그리고 다른 많은 가문들의 통제하에 있었다. 제노바의 금융 지배자들은 자금을 자신들의 크고 화려한 저택에 투자하거나, 밀라노, 나폴리, 그리고 내륙의 몬테페라토 지방(제노바 주변의 빈곤한 산지는 별로 안정적인 투자처가 아니었다)에 혹은 에스파냐, 로마, 베네치아의 국채에 투자했다.[350] 에스파냐에서는 이 거만한 상인들을 본능적으로 싫어했고, 펠리페 2세는 때로는 이들을 하인처럼 다루었고 체포하기도 했다.[351] 그들이 저지른 악행들의 기록은 아직 다 작성되지 않았다. 한 마르크스주의 사학자에 따르면,[352] 뉘른베르크의 상업 자본주의에 의해서 약탈당한 보헤미아, 작센, 슐레지엔은 외부 세계와 단절된 채 뉘른베르크라는 중개인에게 악용당하면서, 결국 경제적, 사회적 후진성을 벗어나지 못했다고 본다. 마찬가지 비판을 제노바와 에스파냐의 관계에 대해서 제기할 수 있다. 제노바는 에스파냐 자본주의의 발전을 훼방했다. 부르고스의 말벤다 가문이든 메디나 델 캄포의 루이스 가문이든 오직 이류였고, 펠리페 2세의 재정 자문관 에라소와 가르니카는 물론 새로운 작위와 수입과 직책을 얻은 아우뇽 후작은 모두 소인배들, 곧 매수 가능하고 또 매수된 자들이었다.

따라서 영토국가들과 제국들은 공간을 완전히 획득했어도, 그에 따른 거대한 경제 단위를 자신들의 힘만으로 이용할 수 있는 능력이 없었다. 이러한 능력 부재는 도시들과 상인들에게 다시 기회를 주었다. 도시들과 상인들이야말로 복종이라는 허울 뒤에서 번영을 누리고 있었다. 심지어 영토국가들이 자국 영토 내에서 자국 신민들을 이용해서 주인이 되기가 가장 쉬운 상황에서도 그럭저럭 타협을 해야 했다. 특권을 가진 도시들을 보면 이를 알 수 있다. 에스파냐 국왕의 지배 하에 있는 세비야와 부르고스,[353] 프랑스 국왕의 지배 하에 있는 마르세유와 리옹 등이 그러하며 다른 도시들도 마찬가지였다.

왕국의 도시 및 제국의 도시

따라서 16세기의 도시들이 영토국가에게 합병당했음에도 불구하고, 경제적 콩종튀르의 이점과 국가들이 도시들에게 맡겼던 기능 덕분에 여전히 사람과 부를, 때로는 경이로울 정도로 끌어들였다는 사실은 놀라운 일이 아니다.

마드리드의 사례를 살펴보자. 마드리드는 1560년 바야돌리드를 대체하면서 뒤늦게 수도가 되었으나 1601년과 1606년 사이에는 수도 자리를 바야돌리드에게 마지못해 잠시 내주어야 했다. 그러나 마드리드는 오직 펠리페 4세[재위 1621-1665]의 장엄하고 강력한 통치 하에서만 영광을 누리게 되었다. 최근에 출간된 로마의 역사에 대한 통찰력이 있는 책에 따르면,[354] 로마의 경우는 여러 모로 예외였다. 악마, 곧 영토국가와 검은 거래를 한 도시들로는 나폴리와 콘스탄티노플의 경우가 훨씬 더 전형적이었다. 이 도시들은 일찍이 영토국가들과 거래해서, 나폴리는 최소한 [나폴리-시칠리아] "왕국"이 탄생하던 시기부터[1128년경], 분명히 페데리코 2세(1197-1250)[355]가 서양에서 최초로 "계몽 전제 군주"로서 혁신적인 통치를 펼치던 시기부터, 콘스탄티노플은 1453년[오스만 투르크의 점령] 이래로 영토국가와 협약을 맺었다. 이는 잉글랜드가 튜더 왕조[1485-1603] 치하에서 강력해지고, 프랑스가 루이 11세[재위 1461-1483] 치하에서 재건되고, 에스파냐가 공동 국왕 페르난도와 이사벨의 통치 하에서 급격히 확장되기 이전이다. 오스만 투르크 제국은 영토국가로서 처음으로 강대국의 지위에 오르는 데 성공했고, 보기에 따라서는 1480년의 오트란토[이탈리안 남단]의 약탈에 의해서 이미 샤를 8세보다 14년 앞서 이탈리아 전쟁[1494-1559]을 개시했다고 볼 수 있다. 마지막으로, 나폴리와 콘스탄티노플은 지중해에서 가장 인구가 밀집된 2대 도시들, 곧 괴물 도시이자 기생 도시였다. 런던과 파리가 이러한 대도시로 출현한 것은 이보다 더 뒤였다.

이 도시들이 기생적이라고 말하는 이유는 국가가 돈과 자원을 집중시키고 수도는 이렇게 한 곳에 집중된 돈과 자원에 의해서 생존하기 때문이다. 수도는 국가의 하인이자 어느 정도는 연금 생활자이다. 교황 식스투스 4세[재위 1585-1590]는 비현실적이게도 최상의 기생 도시인 로마를 생산적인 도시로 전환하려고 했다.[356] 그러나 이러한 전환이 불필요했다는 증거는 17세기에도 로마가 여전히 다른 지역들의 소득을 바탕으로 살아가면서도 여전히 힘들이지 않고 성장하고 있었다는 사실이다.[357] 로마는 생산적인 노동이라는 엄격한 규율에 복속되어야 할 이유가 없었다.

기독교권에서는 나폴리와 같은 경우는 없었다. 1595년 나폴리 인구는 28만이었는데, 이는 베네치아의 2배, 로마의 3배, 피렌체의 4배, 마르세유의 9배였다.[358] 이탈리아 남부 전체가, 부자들도, 흔히 거부들도, 절망적으로 비참한 빈자들도 모두 나폴리로 몰려들었다. 대규모 인구 덕분에 나폴리에서는 온갖 사치품이 생산되었다. 16세기 나폴리산 제품들은 오늘날 특제품이라고 할 만한 것들, 곧 레이스, 장식용 줄, 주름 장식, 트리밍, 비단, 가벼운 직물, 온갖 색채의 비단 리본과 코케이드, 고급 아마포 등이었다. 이러한 제품들은 멀리 쾰른까지 많은 양이 수출되었다.[359] 베네치아인들은 나폴리 노동자들의 5분의 4가 견직업에 종사했다고 주장했고, 산타 루치아의 기술의 명성은 널리 드높았다. 소위 산타 루치아 비단이라고 불렸던 나폴리산 비단은 심지어 피렌체에서도 거래되었다. 1642년 에스파냐에서 제안되었던 사치 단속법은 나폴리산 비단과 견직물의 수출을 금지하여 335,220두카트에 해당하는 세수입을 위태롭게 했을 것이다.[360] 하지만 나폴리에는 이미 여러 다른 산업들도 자리잡고 있었고 이 산업들도 방대한 노동력 유입에 일조했다.

농민들은 나폴리 왕국의 목가적인 산악 지대들 전역에서 나폴리로 몰려들었다. 그들은 나폴리에서 모직물과 견직물 기술에 매료되었다. 그들은 페드로 디 톨레도가 시작하여 이후로도 오랫동안 계속된 공공사업(1594년에조차 공공사업은 미완 상태였다[361])의 일용직으로, 귀족이 도시에 거주하고 부를 과시하는 것이 유행이 되면서 귀족 저택의 집안 하인으로, 또 최악의 경우 도시에 산재한 종교 기관들의 종사원이나 부양인으로 살아갈 수 있었다.[362] 농민들은 "사계절 언제나" 노동력을 필요로 하는 나폴리에서 일자리를 구함으로써 무거운 봉건적 의무들로부터 해방될 수 있었다. 더구나 나폴리의 봉건 영주들은 영주로서의 작위와 영지를 물려받았을 뿐만 아니라, 제노바 상인들이 자주 그랬듯이 구매하기도 했다. 나폴리 왕국에서 작위와 영지는 항상 매매가 가능했다. 격언대로, "도시의 공기는 자유를 가져온다"고 하지만, 반드시 행복이나 배부름을 주는 것은 아니었다. 도시는 계속해서 커져갔다. 1594년의 어떤 보고서[363]에 따르면, "30년 동안……주택과 주민의 수는 증가해서, 도시의 반경이 2마일 커졌고, 새로운 지구들은 옛 지구들만큼이나 건물들로 가득 찼다." 그러나 1551년에조차 투기꾼들은 산 조반니 아 카르보나라 문에서 알리페 왕자의 궁정 정원 근방에 있는 산텔모에 이르는 신축 성벽 양편의 공지에 관심을 보였다.[364]

필연적으로 이와 같은 규모의 도시 집합체에서 가장 우선적인 문제는 식량 공급이었다. 나폴리 부왕은 1550년대 이래로 임명된 조달청(Annona) 청장(사실 청장은 식량공급 담당 대신으로서, 곡물과 기름을 구매하고, 재고를 유지하고, 제빵업자들과 기름 행상들에게 재판매하는 일을 담당했다)을 통해서 엄격하게 이 공공 기능을 직접 통제했다.[365] 시 정부는 항상 손실을 보며 운영되었던 식량 공급 사업을 통할할 능력이 없었다. 1607년에 기록된 신뢰할 만한 문건에 따르면, 시 정부는 매월 45,000두카트를 지출했던 반면, 수입은 25,000두카트 이하였다.[366] 곡물과 기름은 종종 손해를 보고 소매상에게 넘겨야 했다. 부족분은 대출을 통해서 메웠지만, 대출 조건이 어떠했는지는 알 수 없다. 나폴리가 존재할 수 있었던 비법은 부분적으로 이와 같은 적자 덕이었다. 적자는 1596년 300만 두카트, 1607년에는 900만 두카트에 이르렀다.[367] 그렇다면 적자를 매운 것은 나폴리 왕국의 예산이었는가?(사실 이 시기에는 왕국의 예산도 개선되지 않았다) 아니면 여전히 단순하고 강건한 도시 경제의 힘이었는가? 아니면 북유럽 선박들이 북해의 어물과 북유럽의 밀을 가져오면서[368] 나폴리의 일상생활을 보다 용이하게 만들어서 나폴리의 경제활동에 활력을 불어넣었기 때문인가? 사실 나폴리의 일상생활은 여러 가지 문제로 시달리고 있었는데, 심지어 식수(1560년 포르말레의 수원에서 끌어왔다),[369] 길거리 청소, 항구의 교통 통제 등도 문제였다. 16세기 말에 이르면 나폴리의 부두는 쓰레기, 하수구 배설물, 주택과 공공건물 건설업자들이 버린 흙 등으로 뒤덮여서, 1597년 당국은 부두의 이물질을 제거하느니 아예 새로운 부두를 건설하는 계획을 심각하게 고려하기도 했다.[370] 나폴리는 모든 면에서 과잉이었다. 나폴리는 매년 다른 곡물은 제외하고도 풀리아산 밀만 40,000살마를 소비했고, 1625년에는 믿기지 않을 정도로 많은 양의 설탕과 꿀, 곧 설탕 30,000칸타르(약 1,500톤)와 꿀 10,000칸타르를 수입했다. 이중 대부분은 여러 가지 제품(시럽, 케이크, 설탕 제품) 형태로 재수출되었으나, 두말 할 것도 없이 빈민들의 입으로는 거의 들어가지 않았다.[371]

이러한 활동에 대해서 추측할 수 있는 것은 별로 없다. 에스파냐 당국은 이 거대한 도시의 성장을 제한하고자 했지만,[372] 어떤 구체적 조치도 결정하지 못했던 것 같다. 사실 끊임없이 들끓었던 나폴리 왕국에게 꼭 필요했던 이 "안전 밸브"를 막는 것이 과연 현명한 일이었을까?[373] 나폴리는 계속 과잉 인구에 소요 조짐이 있는 도시로 남았다. 질서 유지는 끝내 이루어질 수 없었고, 밤이 되면 강자들과 약삭빠른 자들의 법이 있었을 뿐이었다. 물론, 언제나 자랑하기를 좋아하는 에스파냐 병사들의 과장을 감안하더라도,[374] 나폴리가 세상에서 가장 경이롭고 가장 환상적이며 화려한 도시인 것은 틀림없었다. 나폴리는 흔히 들었던 악평에 비하면 훨씬 더 열심히 일하는 도시였지만, 악평이 결코 근거가 없었던 것은 아니다. 어떤 경우에는 나폴리를 거의 장악했던 부랑자 무리에 대한 진압이 필요했고,[375] 또다른 경우에는 이미 최하층민의 조합 같던 조직 무뢰배들에 대한 진압이 필요했다.[376]

나폴리가 이탈리아 남부와 나폴리 왕국의 차원에 상응하는 도시였다면, 콘스탄티노플은 매우 급격하게 형성된 거대한 투르크 제국의 이미지가 형상화된 도시였다. 콘스탄티노플 전체는 투르크 제국과 동일한 속도로 발전했다. 콘스탄티노플의 인구는 투르크의 점령 이후 1478년의 8만 쯤에서, 1520-1535년에는 40만, 세기 말에는 유럽인들에 따르면 70만이었다.[377] 콘스탄티노플은 17세기 및 18세기 런던과 파리의 발전 경로, 곧 특권적 도시로서의 정치적 우위 때문에 모든 종류의 경제적 모순—특히 자신의 수입과 내적 생산이 허용하는 것보다도 훨씬 높은 생활수준을 영위하는 모순—을 누릴 수 있었던 도시의 모습을 미리 보여주었다. 실로 런던과 파리와 같은 이유로 콘스탄티노플은 쇠퇴하지 않았다. 오히려 반대로 17세기와 18세기에도 성장했다.

콘스탄티노플은 단순한 하나의 도시가 아니었다. 콘스탄티노플은 괴물 도시, 곧 복합 대도시였다. 콘스탄티노플은 지리적으로 분단된 도시였는데, 이는 콘스탄티노플의 위대함의 원천임이 확실했고 또한 어려움의 원인이기도 했다. 콘스탄티노플과 그 후계자인 이스탄불[이렇게 불리다가 1930년에 공식 명칭이 되었다]은 금각만—항상 악천후에 노출되었던 마르마라 해와 "지독한 바다"로 정평이 났던 흑해 사이에 있는 유일한 안전항—과 보스포루스 해협 없이는 상상할 수 없는 도시였다. 그러나 이러한 지리적 이점 때문에 콘스탄티노플은 연속적인 바다로 분리되어 있고 긴 해안을 포함했다. 일군의 사공들과 선원들이 수천 척의 소형선, 곧 카이크 선, 나룻배, 마온 선, 거룻배, 병력 수송선 등을 운행했다. (스쿠타리[Scutari : 콘스탄티노플의 아시아 쪽]에서 유럽 쪽으로 가축을 운반하기 위한 것들이었다) "보스포루스 해협 남쪽에 있는 루멜리 히사르와 베식타쉬는 나룻배 뱃사공들의 부촌이다."[378] 후자는 화물 선착장이었고, 전자는 승객 선착장이었다. 콘스탄티노플이 하나가 되기 위해서 불가결했던 이 끝없고 피폐한 운송 노동은 언제나 일손을 필요로 했다. 1574년 봄 콘스탄티노플에 도착한 피에르 레스칼로피에는 "나룻배들에는 몸값을 벌기 위해서, 주인들의 허락을 받고 일하는 기독교도들[노예들]이 있었다"고 썼다.[379]

세 대도시 중 가장 큰 것은 콘스탄티노플, 다시 말해 스탐불 혹은 이스탄불이다. 이는 금각만과 마르마라 해 사이에 있는 땅이며, 육지 쪽으로는 이중 성벽으로 닫혀 있는 삼각형 모양의 도시였다. 콘스탄티노플의 성벽은 "상태가 열악했고"[380] "사방에 무너진 곳들이 있었다"고 한다.[381] 콘스탄티노플의 둘레는 13-15마일 정도였는데,[382] 베네치아의 둘레는 8마일에 불과했다. 그러나 시내에는 수목, 정원, 분수대가 있는 광장,[383] "목초지," 산책로 등이 많았고, 납 지붕의 사원이 400개가 넘었다. 각 사원 주변에는 광장이 있었다. 술레이만 대제의 모스크, 곧 술레이마니예는 부속 대로(大路), 도서관, 병원, 순례자 숙사, 학교와 정원 등을 갖추어 그 자체로 한 구역을 형성했다.[384] 마지막으로, 주택들은 밀집되어 있었고, 낮았고, "투르크식으로" 목재와 "토벽"[385]과 조악한 벽돌로 건축되어, 외관은 "파스텔톤의 연한 청색, 분홍색, 황색으로 칠해졌다."[386] 거리는 "좁고, 구불구불했으며, 바닥은 울퉁불퉁했다."[387] 꼭 포석이 깔린 것은 아니었고 종종 경사가 져 있었다. 사람들은 맨발로 혹은 말을 타고 다녔지만, 마차로 다니는 일은 거의 없었다. 화재가 자주 발생했고, 대궁전이 불타기도 했다. 1564년 가을 대화재는 7,500개 목조 상점을 파괴했다.[388] 이처럼 위대한 도시 안에도 역시 대바자르(bazestan)가 있어서, 레스칼로피에는 감탄하기를, "마치 생 제르맹 정기시와 같았고……거대한 석조 계단이 있는 아름다운 상점들이 금과 비단을 사용한 의복과 면직물을 판매하며……모든 종류의 아름답고 매력적인 물건들이 있었다."[389] 또다른 주요 시장은 아트바자르(Atbazar), 곧 말시장이었다.[390] 마지막으로, 가장 화려한 곳은 도시 남단에 있던 술탄의 대궁전, 곧 일련의 궁궐, 궁루, 정원으로 구성된 지역이었다. 콘스탄티노플은 투르크인들이 다수인 도시였기 때문에, 그들의 백색 터번이 다른 모자들을 압도했다. 16-17세기에 인구의 58퍼센트가 투르크인이었다. 그러나 또한 청색 터번을 두른 그리스인들, 노란 터번을 두른 유대인들, 게다가 아르메니안들과 집시들이 있었다.[391]

금각만의 반대편은 갈라타였다. 갈라타는 남쪽 연안을 따라 카심 파사 조선소에서부터 토파네 조선소에 이르는 지역을 포함했는데, 카심 파사에는 "100여 개의 긴 석조 아치들이 있는데, 그 아래에서 각기 갤리선 한 척을 만들 수 있다."[392] 그 조금 남쪽에 있는 토파네에서는 "화약과 함포를 만들었다."[393] 갈라타는 서양 선박들만 자주 입항하는 곳이었다. 항구에는 유대인 상회, 상점, 창고, 포도주와 아라크 술을 판매하는 유명한 주루 등이 있었다. 그 뒤편 구릉 지대에는 페라의 포도밭이 있었는데, 이곳에 서양 외교관들의 선임 대표인 프랑스 대사가 관저를 지었다. 페라는 부자들의 도시로서 "꽤 크고, 북적거리며, 프랑스식으로 건설되었고," 유럽과 그리스 상인들이 거주하며, 특히 그리스 상인들은 거부들로서 투르크식 의복을 입고 대저택에 살며 부인과 딸들을 비단과 보석으로 치장했다. 특히 그리스 거부들의 아내들은 교태가 넘쳐 "실제보다도 더 아름답게 보이는데, 얼굴에 가능한 한 최대로 화장을 하고 가진 돈을 전부 옷, 반지, 머리 장식용 보석—주로 가짜가 많았다—에 사용했기 때문이다."[394] 갈라타와 페라는 일반적으로 방문객들에게는 같은 마을로 이해되었는데, "오를레앙과 비슷한 도시"라고 할 수 있다.[395] 그리스인들과 유럽인들은 갈라타의 주인들이 결코 아니었지만, 자신들이 원하는 대로 종교를 지키고 살 수 있는 자유를 누렸다. 특히 "가톨릭 전례가 완전히 자유롭게 수행되어, 이탈리아 출신 고행자들의 행진도 허가되고, 성체 성혈 대축일에는 길거리 장식도 몇 푼의 악체은화를 받은 예니체리의 감시 하에서 가능했다."[396]

아시아 쪽의 스쿠타리(위스퀴다르)[397]는 다른 두 시가지와는 별개인 제3의 시가지처럼 존재했다. 스쿠타리는 콘스탄티노플로 향하는 대상들의 종착점, 곧 아시아를 횡단하는 대무역로의 출발지이자 도착지였다. 스쿠타리에 있는 수많은 카라반세라이[대상이 무료로 숙박하는 공공시설]와 여관은 물론 말시장이 이를 증거했다. 바닷가에는 파도로부터 보호된 항구가 없었기 때문에, 상품은 신속하게 선적되고 행운에 맡겨야 했다. 투르크인들이 다수인 스쿠타리에는 정원과 호화로운 저택들이 즐비했다. 술탄 역시 이곳에 궁전을 하나 두었고, 술탄이 대궁전을 떠나 프리깃 함을 타고 아시아쪽으로 "여가를 즐기러" 오는 광경은 일대 장관이었다.[398]

콘스탄티노플 전체에 대한 설명을 완성하자면, 콘스탄티노플의 가장 중요한 교외 지역인 에유프를 언급해야만 한다. 에유프는 유럽 쪽의 담수가금각만과 만나는 곳에 있다. 이곳은 보스포루스 해협 양안의 그리스인, 유대인, 투르크인 마을들이 길게 늘어서 있는데, 정원사들, 어부들, 선원들의 마을이자 뒤이어 부자들의 여름 별장이 출현한 곳이다. 에유프의 여름 별장들은 석조 토대에 2층 목재 구조였고, "창살 없는 많은 창문들"[399]이 몰지각한 이웃이 없는 보스포루스 해협을 향해 열려 있었다. 이러한 "여가와 정원을 위한 저택들"[400]은 피렌체 교외의 별장들과 무리 없이 비교할 만하다.

이 모든 것이 거대한 복합체를 이루었다. 1581년 3월 이집트에서 밀을 가득 실은 선박 8척이 도착했으나, 그것은 겨우 1일치 식량에 해당할 뿐이었다.[401] 1660-1661년 또 1672-1673년의 문건들[402]에 의해서 콘스탄티노플에 필요한 식량을 대강 파악할 수 있는데, 사정은 16세기에도 비슷했을 것이다. 그 주민들은 매일 300-500톤가량의 밀을 소비했는데, 133개의 제빵소가 있었고(콘스탄티노플 자체만 보면, 84개 제빵소 가운데 12곳이 흰빵을 구웠다), 매년 대략 20만 마리의 소를 소비했고, 이중 35,000마리 정도가 염장육 혹은 훈제육을 만드는 데 사용되었고, (믿기지 않아서 두세 번거듭 확인하게 되는데) 대략 400만 마리의 양과 300만 마리의 새끼 양을 소비했다(정확한 수치는 3,965,760과 2,877,400이다). 꿀, 설탕, 쌀, 치즈, 캐비어가 있었으며, 녹인 버터 12,904칸타르, 곧 7,000톤가량이 해운을 통해서 수입되었다.

이와 같은 수치들은 정확하다고 보기에는 너무 구체적이고, 전적으로 거짓이라고 하기에는 너무 공식적인 수치이지만, 어쨌든 식량 공급 사업의 규모를 알 수 있게 해준다. 이론의 여지없이 콘스탄티노플은 오스만 투르크 제국의 무궁무진한 부를 흡수했고, 이것은 철두철미하고, 권위주의적이며, 통제경제적인 정부가 만든 시스템을 통해서 이루어졌다. 투르크 당국은 운송 수단의 편이성에 맞춰서 공급 지역을 결정했고, 가격을 고정시켰으며, 필요하면 강제 징발했다. 또 엄격한 규정을 만들어서 콘스탄티노플 항구의 어느 부둣가에서 어떤 상품을 하역할 수 있는지를 정해놓았다. 예를 들면, 운 카파니에서는 흑해산 곡물이 하역되었다. 그러나 물론 모든 무역이 이처럼 공식 경로를 통한 것은 아니었다. 이 도시는 그 규모만으로도 엄청난 흡인력을 가지고 있었다. 곡물 무역에 관해서 흑해의 중소 해운업자들을 착취한 대상인들의 역할 그리고 보스포루스 해협의 유럽 쪽에 있는 예니쾌이와 갈라타 부둣가 근방 토프 하네의 그리스 및 투르크 선장들의 역할이 주목할 만하다. 특히 후자는 중개업자이자 운송업자로 활동하면서 거대한 부를 모았는데, 드물지 않게 에게 해의 섬들로부터 소맥을 서방으로 밀반출하는 데에도 관여했다.[403]

그러므로 콘스탄티노플은 오스만 투르크 제국의 수천 가지 상품을 소비했을 뿐만 아니라 또한 서양의 직물과 사치품을 소비했다. 그 대가로 그 도시가 수출한 것은 전무하거나 거의 없었다. 기껏해야 약간의 양모와 양, 황소, 들소의 가죽이 반출되는 항구였을 뿐이다. 이 도시는 알렉산드리아, 시리아의 트리폴리, 그리고 나중에 스미르내이즈미르] 같은 주요 수출항과는 전혀 비교할 바가 아니었다. 수도는 부자들의 특권을 누렸고, 다른 사람들은 수도를 위해서 일했을 뿐이다.

수도들을 위해서

그러나 거대 도시들에 대해서 지루한 소송을 무리하게 할 수는 없다. 혹은 기소하더라도 반드시 거대 도시들의 존재이유를 지적하지 않을 수 없고, 역사가의 입장에서는 얼마든지 이처럼 경탄할 만한 정치적, 지적 수단에 대해서 무죄를 선고할 만하다. 거대 도시는 모든 문명의 온실이기 때문이다. 더구나, 거대 도시들은 하나의 질서를 창출한다. 그러나 유럽의 몇몇 활력적인 지역에서는 이러한 질서가 매우 부족했다. 독일의 경우, 권역이 너무 방대해서 어느 도시도 지배권을 행사할 수 없었다. 이탈리아의 경우, 여러 도시들의 "극(極)"들 사이에서 분열되어 있었다. 반면 국가 혹은 제국 단위로 형성된 도시들은 이어서 결정적인 질서를 창출했다. 런던이나 파리의 경우를 보면, 거대 도시의 역할이 미미하다고 할 수 있을까?

에스파냐의 경우, 이베리아 반도에는 강력한 수도가 부재했다. 1560년 바야돌리드를 떠나 자의적이고 "기하학적인" 의지의[선택된] 도시 마드리드로 천도한 것은 최상의 결정은 아니었을지도 모른다. 역사가 J. 구농-루방[404]은 오래 전에 펠리페 2세의 최대 실수는 리스본을 수도로 삼지 않은 것이라고 주장했다. 펠리페 2세는 1580년부터 1583년까지 리스본에 머물렀으나, 이후 다시는 찾지 않았다. 그가 리스본을 수도로 삼았다면, 리스본은 나폴리나 런던에 비교될 만한 도시가 될 수도 있었다. 그의 비난은 내게 매우 인상적이었다. 사실 펠리페 2세가 마드리드를 수도로 삼은 것은 후일 다른 나라 정부들이 "의지의[선택된] 도시"에 수도를 세우는 정책을 연상시킨다. 에스코리알 궁전에 있는 펠리페 2세는 베르사유 궁전에 있는 루이 14세이다. 그러나 역사를 다시 쓰려고 시도하는 것은 결국 게임에 불과하며 우리가 이해할 수 없는 거대한 주제에 대해서 논증하고, 더 나은 방법이 없어서 친숙해지려는 논증의 한 방법일 뿐이다.

이러한 특별한 도시로서의 수도는 16세기에 출현하기 시작했지만, 17세기에 들어서서야 두각을 나타낸다. 아마도 전반적인 경제 하강 국면의 한가운데에서 근대국가만이 시대를 거슬러서 번영하고 승리할 수 있었기 때문일 것이다. 16세기 말부터 가시적인 쇠퇴의 징후들이 나타나자, 도시들은 두 부류로 나누어지기 시작했다. 어떤 상황에서도 식량 공급을 보장할 수 있는 도시들과 오직 자신들의 노동에만 의존해서 생존해야 하는 도시들로 나누어졌다. 후자의 도시들은 이미 경제가 수축되면서 일어나는 장애들을 경험하게 되어 마치 도시들의 물줄기는 줄어들고 도시들의 바퀴는 느려지는 것과 같았다.

벌써 콩종튀르로

어쨌든, 도시 역사의 역동성은 우리를 원래의 주제의 바깥으로 데리고 간다. 제I부의 목적은 논의의 초점을 지속적이고 안정적인 특징들, 우리가 잘 알고 있는 정상적인 통계들, 반복적인 현상들, 지중해 삶의 기반들, 지중해의 진흙 바닥과 잔잔한 물 — 우리가 잔잔하다고 상상하는 물 — 에 두는 것이었다. 도시들은 내연기관과 같아서, 회전하고, 활력을 띠고, 헐떡거리다가 다시 전진한다. 내연기관의 고장 그 자체도 우리를 변동의 세계로 이끄는데, 그것은 제II부의 주제이다. 고장은 우리에게 진화와 콩종튀르를 말해주고, 우리에게 운명선을 예감하게 한다. 16세기 말에 이미 여러 징후가 나타나기 시작한 쇠퇴는 17세기 들어서서 더욱 급격해졌다. 1500년과 1600년 사이에 도시라는 내연기관은 일찍이 시동을 걸고 달리기 시작했지만, 세기가 바뀌기 전에 가속기는 작동하지 않게 되었다. 설사 계속 달리고는 있어도 고장과 경고음이 늘어나기 시작했던 것이다.

주

문서보관소 약어

1. A.C. 코뮌 문서보관소
2. A.Dép. 도립 문서보관소
3. A.d.S. Archivio di Stato
4. A.E. 파리 외교부 문서보관소
5. A.H.N. 마드리드 국립 문서보관소
6. A.N.K. 파리 국립 문서보관소, K 계열
7. B.M. 런던 대영박물관
8. B.N. 국립 박물관, F(피렌체), M.(마드리드), 다른 설명이 없으면 (파리)
9. C.S.P. 영국 공문서 기록부
10. CODOIN 에스파냐 역사 관련 미간행 문서집
11. G.G.A. 알제리 Ex-Govenment Général de l'Algérie
12. P.R.O. 런던 공문서 기록소
13. Sim. 시망카스
14. Sim. E° 시망카스 국가 계열

제I부

1. Fernand Braudel, "Histoire et sciences sociales, la longue durée", in: *Annales E.S.C.*, oct.‒déc. 1958, pp. 725‒753.

제1장

1. 여기에서 논란이 많은 이 문제를 자세히 논하지는 않겠다. A. Philippson, *Das Mittelmeergebiet, 1904* 4° éd., Leipzig, 1922는 너무 오래된 자료이다. 이와 관련하여 좀더 최근의 지질학적 설명을 원하는 독자는 다음과 같은 고전적인 저작들을 보라. Serge von Bubnoff의 *Geologie von Europa*, Berlin, 1927; W. von Seidlitz의 *Diskordanz und Orogenese am Mittelmeer*, Berlin, 1931. 제목이 주는 인상과는 달리 일반적인 정보를 담고 있는 중요한 저작들이다. 또는 H. Stille의 *Beiträge zur Geologie der westlichen Mediterrangebeite*, hsrg. im Auftrag der Gesellschaft der Wissenschaften Göttingen, 1927‒1935 등의 저서를 읽어볼 것을 추천한다. 구체적인 연구로는 H. Aschauer와 J. S. Hollister

의 *Ostpyrenäen und Balearen(Beitr. zur Geologie der westl. Mediterrangebiete*, no. 11), 208
p. Berlin, 1934; Wilhelm Simon의 *Die Sierra Morena der Provinz Sevilla*, Frankfurt, 1942
가 있으며, Paul Fallot, A. Marin의 리프 산지의 코르딜레라 산계(山系)에 관한 매우 새로
운 연구(에스파냐 지질학 및 광산학 연구소 발간, 1944년. 과학 아카데미 1944년 4월 24일
의 회의에서 행한 M. Jacob의 연구 발표)를 참고할 수 있을 것이다. 그 외에도 P. Birot,
J. Bourcart, G. Lecointre 등 언급해야 할 학자와 저서들이 너무나도 많다. 그럼에도 불구
하고 내가 사라진 육교와 대륙을 논하는 오래된 이론을 다시금 참고하게 된 배경에는
Édouard Le Danois의 *L'Atlantique, histoire et vie d'un océan*, Paris, 1938이 있다. Raoul
Blanchard는 그이 명쾌하고 지적 자극을 주는 저서 *Géographie de l'Europe*, Paris, 1936에
서 지중해 산들의 가족 유사성을 지적하며 여기에 Dinarides라는 명칭을 부여했다. 본래의
Dinarides에 대한 자세한 설명은 Jacques Bourcart의 *Nouvelles observations sur la structure
des Dinarides adriatiques*, Madrid, 1929를 참고하라. P. Termier, *A la gloire de la terre*,
제5판은 서부 지중해에 대한 지질학적 정보를 포함한다. 이미 언급했다시피 나는 여기에
서 지중해의 지질학적 및 지리학적 문제 전반을 다루지는 않을 것이며, 이에 대해서는
시중의 일반 서적을 참고할 것을 권한다. 현재 이 분야의 연구 실적과 출판 목록은 P.
Birot와 J. Dresch의 *La Méditerranée et le Moyen-Orient*, 2 vol., Paris, 1953-1956에서
확인할 수 있다.

2. Dinarides라고 불리는 이 산들의 밀집된 특성에 대해서는 R. Blanchard, *op. cit.*, pp. 7-8
   그리고 M. Le Lannou, *Pâtres et paysans de la Sardaigne*, Paris, 1941, p. 9에 자세히 설명
   이 되어 있다.

3. Strzygowski의 표현이다. A. Philippson, *op. cit.*, p. 42에 따르면 그리스에서는 산을 타고
   계속 올라가면 오렌지 나무와 올리브 나무 지대, 그 다음으로 유럽의 모든 식생대를 만난
   다음 만년설에 다다른다.

4. Leo Africanus, *Description de l'Afrique, tierce partie du Monde*, Lyon, 1556, p. 34.

5. Président Charles de Brosses, *Lettres familières écrites en Italie*, Paris, 1740. I, p. 100.

6. 이런 사례들을 얼마든지 찾을 수 있다. 니스 후방의 메르캉투르 지역, "초록빛이 도는
   눈의 왕관"을 쓴 올림푸스 산. W. Helwig, *Braconniers de la mer en Grèce*, Leipzig, 1942,
   p. 164, Eugène Fromentin이 그의 여행기에서 언급한 시칠리아의 눈. *Voyage en Egypte*,
   Paris, 1935, p. 156, 그리고 Sercey 백작이 "장대한 눈의 사막"이라고 표현한 Erzéroum
   부근의 아르메니아의 산들이 모두 이에 속한다. *Une ambassade extraordinaire en Perse
   en 1839-1840*, Paris, 1928, p. 46. Raffet가 콘스탄티누스의 은거를 주제로 제작한 석판화
   도 참고해볼 만한데, 이 작품의 배경을 러시아로 착각할 수도 있을 것이다. Gabriel Esquer,
   Iconographie de l'Algérie, Paris, 1930. 또한 H. C. Armstrong은 1914-1918년 전쟁 당시
   투르크-러시아 국경의 산지에서 얼어죽은 30,000명의 투르크 병사들에 대해서 서술한 적
   이 있다. Grey Wolf, *Mustafa Kemal*, 1933, p. 56. 나중에 러시아 정찰병이 그들을 발견했
   을 때 그들은 체온을 유지하기 위해서 서로 꼭 붙어 있는 상태였다. 북아프리카의 만년설
   에 대해서는 P. Diego de Haedo가 *Topographia e historia general de Argel*, Valladolid,
   1612, p. 8 v°에서 쓴 내용을 살펴보자. "쿠코와 라베의 가장 높은 산에는……(한 해 내내

눈이 있다)." 1568년 12월의 폭설 덕분에 그라나다가 무사했다는 이야기도 있다. (Diego de Mendoza, *Guerra de Granada, Biblioteca de autores españoles*, t. XXI. p. 75)

7. Don Carlos에 관한 가장 좋은 책은 역시 Louis-Prosper Gachard의 *Don Carlos et Philippe II*, 1867, 2nd éd., 2 vol이다. Ludwig Pfandl의 *Johanna die Wahnsinnige*, Fribourg-en-Brisgau, 1930, p. 132 et *sq.*도 같은 문제를 다룬다. Viktor Bibl의 책 *Der Tod des Don Carlos*, Vienna, 1918에서 제기된 이론은 수용하기가 어렵다.

8. *Voyage faict par moy Pierre Lescalopier*, manuscrit H. 385, Ecole de Médicine de Montpellier, f° 44 et 44 v°. Edouard Cléray가 "Le voyage de Pierre Lescalopier Parisien de Venise à Constantinople l'an 1574"라는 제목으로 *Revue d'Histoire diplomatique*, 1921, pp. 21-25에 요약본을 게재한 바 있다.

9. Salomon Schweigger, *Ein newe Reissbeschreibung auss Teutschland nach Constantinopel und Jerusalem*, Nürenberg, 1639, p. 126.

10. Belon du Mans, *Les observations de ⋯⋯singularités*, Paris, 1553, p. 189.

11. G. de Busbecq, *Lettres du Baron de Busbec*, Paris, 1748, I, p. 164; II, p. 189.

12. S. Schweiger, *op. cit.*, p. 125.

13. J. Sanderson, *The Travels of John Sanderson in the Levant (1584-1602)*, 1931, p. 50, n. 3.

14. B. M. Add. 28 488, f° 12, 1627년경.

15. A. N. A. E. B1 890, 1754년 6월 22일.

16. 아이스크림과 셔벗에 관해서는 Alfred Franklin, *Dict. Hist. des Arts*, p. 363-364; *Enciclopedia Italiana, Treccani*의 "Gelato" 항목 참고.

17. Jean Delumeau, *La vie économique à Rome*, 1959, I, p. 398. 눈에 세금을 부과하자는 제안에 대해서는 A.d.S. Naples, Sommaria Consultationum, 7, f° 418-420 (1581년 7월 19일) 참고.

18. Ortega y Gasset, *Papeles sobre Velásquez y Goya*, Madrid 1950, p. 20.

19. Petrus Casola, *Viaggio a Gerusalemme*, 1494 (édit. Milan 1855), p. 55.

20. Museo Correr, Cicogna 796, *Itinerary of Gradenigo*, 1553.

21. Villegaignon이 1552년 프랑스 왕에게 보낸 서신: "가에타에서 나폴리, 또 나폴리에서 시칠리아에 이르는 해안지역 전부가 높은 산지로 둘러싸여 있으며, 산기슭의 바닷가는 온갖 바닷바람에 노출되어 있는데, 이는 프랑스의 피카르디 해안이 해풍에 노출되어 있는 것과 유사하지만 후자는 뒤에 강을 끼고 있는 반면 전자는 그렇지 않다는 점이 다릅니다." 수도원장 Marchand의 communication "Documents pour l'histoire du règne de Henri II", *Bulletin hist. et phil. du Comité des travaux hist. et scient.*, 1901, pp. 565-568. 중에서 발췌.

22. V. Bérard, *Les Navigations d'Ulysse, II, Pénélope et les Barons des îles*, 1928, pp. 318-319. 지난날뿐만 아니라 현대사에도 이런 산사람들을 발견할 수 있다. 참조. 지난 세기 미국으로 이민 온 몬테네그로 사람들, 또 20세기에 무스타파 케말과 함께 투르크 독립 전쟁에 참가한 병사들이 그런 예이다. 이들을 생생히 묘사한 H. C. Armstrong에 따르면

Edhem의 "녹색 부대" 의용군은 "사나운 얼굴을 한 자들"이었으며, 흑해 남부의 Lazzes 산지 부족에서 차출된 무스타파의 경호원들 역시 "검은 눈에 고양이처럼 사납고 날렵한 자들"이었다(Grey Wolf, *Mustafa Kemal, op. cit.*, pp. 117, 124). Lazzes의 원주민에게는 자신들의 전통 의상과 춤, 특히 Zebek 춤을 보존할 수 있는 특권이 주어졌다. 곡물보다 겨가 더 많이 들어간 비스킷과 염소 치즈를 먹으며 검은 천막에서 살던 쿠르드 족의 예 역시 살펴볼 만하다. 이 민족의 생활에 대해서는 Comte de Sercey, *op cit.*, pp. 216, 288, 297를 통해서 더 자세히 알 수 있다.

23. Jules Blache, *L'homme et la montagne, op. cit.*, p. 7 "서문" 인용.

24. Pierre Vilar, *La Catalogne dans l'Espagne moderne, I*, 1962, p. 209. Arthur Young의 말은 *ibid.*, vol. 11, p. 242에서 인용했다.

25. Rif와 Atlas 산지에서는 "밀가루와 콩, 기름이 들어간 든든한 죽을 주식으로 삼는다." J. Blache, *op. cit.*, pp. 79-80.

26. 여호수아 2:15-16. 피렌체에서 도모한 음모가 실패하자 Buondelmonti는 토스카나의 아펜니노 산맥으로 피신했다(Augustin Renaudet, *Machiavel*, 1941, p. 108). 크레타인들 역시 해적과 투르크 선박을 피해 섬 속의 산 속으로 도망쳤다(B. N. Paris, Ital. 427, 1572 f° 199 V°).

27. Paul Vidal de la Blache가 *Principes de géographie humaine*, Paris, 1922, p 42에서 밝힌 관점이다. Blache가 든 예시 중에는 루마니아인들이 정착한 트란실바니아의 알프스 산맥, 좀더 작은 규모이지만 마찬가지로 불가리아인들이 정착한 발칸 반도에, 카프카스 산맥 등이 있다.

28. André Blanc, *La Croatie occidentale*, 1957, p. 97.

29. Benjamin de Tudela, *Voyage du célèbre Benjamin autour du monde commencé l'an MCLXXIII*, 불역, Pierre Bergeron, La Haye, 1730, p. 10.

30. Victor Bérard, *La Turquie et l'hellénisme contemporain*, 1893, p. 247.

31. F. C. H. L. de Pouqueville, *Voyage en Grèce*, 1820, t. III, pp. 8, 13; V. Bérard, *op. cit.*, pp. 79-83, 247. 발라키아와 아로마니에 대해서는 많은 문헌들이 존재한다. J. Blache, *op. cit.*, p. 22와 J. Cvijić, *La Péninsule balkanique*, Paris, 1918, p. 115, 178 (note 1), pp. 202-203을 참고하라.

32. Luca Michieli, 1572년 10월 25일, Relazioni, A.d.S. Venice, Collegio Secreta, filza 18

33. 『돈 키호테』의 Cardenio의 에피소드. "당신이 야생 동물처럼 고독 속에서 살다가 죽도록 이끈 이유는 무엇인가" 하고 기사는 묻는다.

34. *Discorso sopra le due montagne di Spadan e di Bernia* (1564 또는 1565), Simancas E° 329. 다음 문서와 연관하여 읽어볼 만하다. B. N. Paris, Esp. 177: *Instruccion a vos Juan Baptista Antonelli, para que vays a reconoscer el sitio de la Sierra de Vernia* (s.d.).

35. 참조. Sierra da Estrela에 대해서는 Paul Descamps, *Le Portugal, la vie sociale actuelle*, 1935, pp. 123-124, 북부에 비해 목축이 덜 발달해 있다는 점을 이야기하고 있다.

36. 이 문제에 대해서는 다음 책의 빛나는 두 페이지를 보라: Vidal de la Blache, *op. cit.*, pp. 188-189. J. Cvijić의 견해는 불어로 쓴 다음 책에 나와 있다: *La Péninsule balkanique*,

1918. 산촌 마을에 대해서는 Vidal de la Blache가 주를 붙였다: "Constantine Porphyrogenetes 가 이 사람들에 대해서 쓰기를 그저 서로 붙어 있는 두 채의 오두막 말고는 잃을 것도 없다," *op. cit.*, p. 188.

37. "Grundlinien der Geographie und Geologie von Mazedonien und Alt-Serbien" in: *Petermanns Mitteilungen aus J. Perthes Geographischer Anstalt*, Ergänzungsheft no. 162, 1908.

38. 그리스의 "마을과 도시"에 대한 훌륭한 묘사로는 다음을 보라: J. Ancel, *Les peuples et nations des Balkans*, 1926, pp. 110-111. 다음 연구에 좋은 증거가 제시되어 있다. Martin Hurlimann, *Griechenland mit Rhodos und Zypern*, Zurich, 1938, p. 28을 참조하라. 그리스 의 Arakhova 마을의 장엄한 사진을 볼 수 있다. 이 마을은 해발 942미터에 위치해 있으며, 파르나수스 산 경사면에 계단식 경작지를 굽어보고 있다. 이 마을은 직물로 유명하다.

39. Paul Arqué, *Géographie des Pyrénées françaises*, 1943, p. 48. 프랑스 쪽 피레네 지역의 경작지는 총감찰관 티에리의 계산에 의하면 평균적인 데파르트망(道) 수준이다. 아주 흥미로운 관찰이다.

40. 코르시카에 대해서는 F. Borromeo 가 아작시오 주교에게 보낸 1581년 11월 14일자 탄원 서한을 보라. ed. Vittoria Adami, 'I Manoscritti della Biblioteca Ambrosiana di Milano, relativi alla storia di Corsica', in: *Archivio storico di Corsica*, 1932, 3, p. 81. 이 질책의 문건들을 통해 주교가 대상을 이용하여 산을 넘어 돌아다니는 삶의 모습을 알 수 있다. 이는 1580년 알프스에서 비슷하게 힘든 삶을 살았던 성 보로메오, 혹은 에스클라보니의 눈 덮인 산들을 넘는 닥스 주교와 비교할 만하다(1573년 1월에 국왕에게 보낸 편지, Ernest Charrière, *Négociations de la France dans le Levant, 1840-1860, III*, pp. 348-352). 근처의 라구사의 산 속에서 여행하는 것은 최고의 고통이며 "그 결과는 대개 건강에 아주 안 좋고" 치명적일 수도 있다 (1593년 11월 12일). in: Vladimir Lamansky, *Secrets d'État de Venise*, 1884, p. 104. 1923년에도 Vianna에서 리마 근처의 Castelo까지 물자를 운반하는 데에 사흘이 걸렸다(P. Descamps. *op cit.*, p. 18).

41. René Maunier, *Sociologie et Droit romain*, 1930, p. 728에서는 카빌리아의 부계 가족 중에서 가부장제적 가문의 예를 찾고 있다. 그리고 훨씬 더 변화하기는 했지만, 로마의 씨족과 유사한 성격이라고 말한다. 경제적 관점에서 산지의 후진성에 대해서는 Charles Morazé, *Introduction à l'histoire économique*. 1943, pp. 45-46. J. Cvijić가 디나르 지역의 "완성된 형태의 가부장제"라고 부른 실체에 대해서는 *La Péninsule balkanique, op cit.*, p. 36. 나는 그의 "산지의 섬"이라는 표현을 좋아한다(*ibid.*, p. 29). 몬테네그로의 거대한 요새, 그 외의 다른 고지는 "사회적 관점에서 보면 섬과 같다"고 그는 썼다. 또 다른 경제 적 후진성의 예인 zadruga[남슬라브 사람들의 부계적 대가족 제도]에 대해서는 R. Busch-Zantner, *Albanien*, Leipzig, 1939, p. 59.

42. *Barockplastik in den Alpenländern*, Vienna, 1944. 알프스의 사회적 환경에 대해서는 A. Günther의 논쟁적인 훌륭한 저서를 보라. *Die Alpenländische Gesellschaft*, Jena, 1930. 이 와 관련하여 몇 가지 흥미로운 지적을 다음에서 찾을 수 있다. J. Solch, "Raum und Gesellschaft in den Alpen", in: *Geogr. Zeitschr.*, 1931. pp. 143-168.

43. 다음의 탁월한 연구를 보라. J. Puig I Cadafalc, *L'arquitectura romanica a Catalunya*

(공저), Barcelona, 1909–1918; *Le premier art roman*, Paris, 1928.

44. P. Arqué, *op. cit.*, p. 69.

45. [안달루시아의] Baetica 지방에서 로마는 고원보다는 저지대, 특히 강변 지역들에서 훨씬 더 성공적이었다. G. Niemeier, *Siedlungsgeogr. Untersuchungen in Niederandalusien*, Hamburg, 1935, p. 37. 에스파냐 북서부의 산지에서는 거리가 먼 어려움이 더해져서 로마의 정복은 지체되었고 거의 성공을 거두지 못했다. R. Konetzke, *Geschichte des spanischen lind portugiesischen Volkes*, Leipzig, 1941, p. 31.

46. Albert Dauzat, *Le village et le paysan de France*, 1941, p. 52.

47. Comte de Sercey, *op. cit.*, p. 104: "쿠르드의 여인들이 춤추는 것을 보면, 비록 무슬림이지만 갇혀 살지는 않는다는 것을 알 수 있다."

48. 모리스코에 대해서 설명하는 장들 참조, 제II부 제6장의 "모리스코 문제들", 제III부 제3장 참조.

49. 뤼베롱 산지의 Lourmarin, Cabrières, Mérindol 그리고 그 외 20여 곳은 멧돼지, 여우, 늑대 같은 야생 동물이 득실거리는 곳인데, 이런 곳들은 프로테스탄트 지역이었다. J. L. Vaudoyer, *Beautés de la Provence*, Paris, 1926, p. 238. 사부아와 나폴리 왕국의 아펜니노 산지에 왈도 파가 있다는 사실을 주목하라. 마르크 블로크에 의하면 "카타르 파의 교의는 산지의 소수의 양치기들에게만 남아 있었다", *Annales d'hist. sociale*, 1940, p. 79.

50. Muridism, Cf. L. E. Houzar, "La Tragédie circassienne", in: *Revue des Deux Mondes*, 15/6/1943, pp. 434–435.

51. Francisco Bermúdez de Pedraça, Granada, 1637 f⁰ 95 v⁰. Reinhart–Pieter A. Dozy가 번역하고 인용했다. 이 아름다운 텍스트를 발견한 것은 그의 공로이다(*Histoire des Musulmans d'Espagne*, 1861, II, p. 45, note 1). 그렇지만 Vayrac 주교에 의하면(*État present de l'Espagne*, Amsterdam, 1719, I, p. 165) 알푸하라스 주민들이 기독교도인 것은 맞지만, 그들은 모리스코들이며 "그들의 생활 방식, 의상, 특이한 언어 등은 아랍과 에스파냐의 괴상한 혼합이었다."

52. 테레사 성녀는 어린아이였을 때 순교하기 위해서 오빠와 함께 산으로 갔다. Gustav Schnürer, *Katholische Kirche und Kultur in der Barockzeit*, 1937, p. 179; Louis Bertrand, *Sainte Thérèse*, 1927, pp. 46–47.

53. E. Baumann, *L'anneau d'or des grands Mystiques*, 1924, pp. 203–204.

54. 코르시카의 신앙의 문제점들에 대해서는 자료가 많다. 특히 투르농 추기경이 바오로 4세에게 보낸 1556년 5월 17일자 개혁을 촉구하는 내용의 편지가 그런 사례이다. Michel François, "Le rôle du Cardinal François de Tournon dans la politique française en Italie de janvier à juillet 1556", in: *Mélanges ·····de l'École Française de Rome*, vol. 50, p. 328; Ilario Rinieri, "I vescovi della Corsica", in: *Archivio storico di Corsica*, 1930–1931, p. 334 et sq. Père Daniele Bartoli, *Degli uominie e de' fatti della Compagnia di Gesù*. Turin, 1847, III, 57–58; Abbé S. B. Casanova, *Histoire de l'Église corse*, 1931, p. 103 et sq.

55. R. Montagne, *Les Berbères et le Makhzen dans le Sud du Maroc*, 1930, p. 83.

56. 고산 지역의 민속 이야기들을 어디에서 찾을 수 있을까? 예컨대 카빌리아에 관해서는

Leo Frobenius, *Histoire de la civilisation africaine*, 1936, p. 263 et *sq*.에 나오는 tériel 족에 관한 이야기를 들 수 있다. 여기에서 우리는 농경이 아니라 사냥에 더 집중하는 카빌리아의 먼 과거 상황을 볼 수 있다. 또 산지의 노래들 모음 같은 것은 어디에서 찾을 수 있을까? 알프스 산지의 종교 생활이나 이단 문제에 대해서는 다음 책을 보라. G. Botero, *Le relationi universali*, Venise, 1599, III, 1, p. 76. 보로메오 추기경의 메솔리나 지방의 순회에 대해서는 *ibid.*, p. 17.

57. IV, 2nd part, *Novelle*, London edition, 1791, II, pp. 25-43. 이 이야기는 브레스키아의 Val di Sabbia를 배경으로 한다.

58. Emmanuel Le Roy Ladurie, *Les paysans de Languedoc*, Paris, 1966, p. 407.

59. A. S. V. Senato, Dispacci Spagna, Madrid, 1611년 6월 6일, Priuli가 도제에게 보낸 편지.

60. 당대인들의 관찰 기록이다. Loys Le Roy, *De l'excellence du gouvernement royal*, Paris, 1575, p. 37에는 "산과 바위와 숲이 많은 나라는 방목에 유리한데, 그런 나라는 빈민들이 그득하다. 스위스의 상태가 이와 비슷하며 이런 나라는 민주주의가 적합하다.······ 평지는 부자들과 귀족들이 많으므로 귀족정이 유리하다." Jean Bodin, *Les six livres de la Republique*, 1583, p. 694에서는 레오 아프리카누스가 Megeza 산지의 사람들의 큰 체격에 놀란 반면 평지 사람들은 작다고 하는 이야기를 전한다. "이런 힘과 정력이 산지 사람들이 자유를 사랑하도록 만든다. 이는 스위스와 Grison인들에 대해서 말한 바와 같다." Lorenzi de Bradi, *La Corse inconnue*, 1927, p. 35에 의하면 코르시카의 중세는 위대한 자유의 시기이다. "코르시카는 노동의 산물을 빼앗아가는 것을 용인치 않는다. 그들의 염소 젖, 그들의 밭에서 나는 곡물은 그들의 것이다." H. Taine, *Voyage aux Pyrénées*, 1858, p. 138에서는 "자유는 아주 먼 과거에 뿌리를 내렸다. 그것은 공격적이고 야성적인 자유이다."

61. Arrigo Solmi, "La Corsica" in: *Arch. st. di Corsica*, 1925, p. 32.

62. 이 주제에 대해서 일반적인 연구로는 명료하지만 법제적 측면에 주목한 다음 책을 보라. Jacques Lambert, *La vengeance privée et les fondements du droit international*, Paris, 1936. 미슐레는 도피네 지방에 대해서 같은 종류의 아이디어를 제시했다. 이곳에서 "봉건제는 프랑스의 다른 어느 지역과 같은 정도의 무게를 가지지 못했다." 또한 Taine, *op. cit.*, p. 138, "베아른 지역의 재판 구역에서는 옛날부터 이곳에는 영주가 없었다는 말이 있다." 몬테네그로와 알바니아 고지대의 유혈 복수에 대해서는 Ami Boué, *La Turquie d'Europe*, Paris, 1840, II, pp. 395, 523.

63. Marc Bloch, *La société féodale*, 1939, I, p. 377. 블로크의 정당한 다음 코멘트도 보라. "La Sardaigne" in: *Melanges d'histoire sociale*, III, p. 94.

64. Maurice Le Lannou, "Le bandit d'Orgosolo", *Le Monde*, 1963년 6월 16-17일. 영화는 Vittorio de Seta의 것이며, 인류학적 고찰은 Franco Caguetta의 것으로서 불역본은 다음과 같다: *Les Bandits d'Orgosolo*, 1963; 언급한 소설은 다음과 같다. Grazia Deledda, *La via del male*, Rome, 1896; *Il Dio dei viventi*, Rome, 1922.

65. *Ibid.*

66. Fernand Benoit, *La Provence et le Comtat Venaissin*, 1949, p. 27.

67. 말라네 고지대에 대해서는 S. Pugliese, "Condizioni economiche e finanziarie della

Lombardia nella prima meta del secolo XVIII" in: *Misc. di Storia italiana*, 3° serie, vol. xxi, 1924.

68. *Memoires sur les Turcs et les Tartares*, Amsterdam, 1784, II, p. 147 "자유의 망명지 혹은 전제정의 소굴." 이는 크림 반도에 정착한 제노바인들에 관한 이야기이다.

69. *Ibid.*, I, p. XXI.

70. 참조. Franz Spunda, in: Werner Benndorf, *Das Mittelmeerbuch*. 1940, pp. 209–210.

71. A. Philippson, "Umbrien und Etrurien", in: *Geogr. Zeitung*, 1933, p. 452.

72. 또다른 예로는 나폴레옹이 조직적으로 공략했음에도 끝내 패주병들의 은신처인 제노바 근처의 산지를 통제하지 못한 것을 들 수 있다(Jean Borel, *Gênes sous Napoleon 1er*, 2nd ed. 1929, p. 103); 1828년경, 투르크의 경찰들은 아라라트 산지 주민들의 강탈 행위를 막을 수 없었다(Comte de Sercey, *op. cit.*, p. 95); 심지어 오늘날에도 가축들로부터 삼림 자원을 보호하는 일을 하지 못하는 것 같다. (Hermann Wenzel, "Agrargeographische Wandlungen in der Turkei", in: *Geogr. Zeitschr.* 1937, p. 407). 또한 모로코에서도 "실제로 는 모로코 남부 지방에서 술탄의 권위는 평지에서 멈춘다." R. Montagne, *op. cit.*, p. 134.

73. *Ibid.*, p. 131.

74. M. Le. Lannou, *Pâtres et paysans de la Sardaigne*, 1941, p. 14, note I.

75. J. Blache, *op. cit.*, p. 12. 이와 같은 대조에 대해서는 Pierre Gourou, *L'homme et la terre en Extrême-Orient*, 1940, 그리고 이 책에 대한 다음 서평을 보라. Lucien Febvre, in: *Annales d'hist. soclale*, XIII, 1941, p. 73. P. Vidal de la Blache, *op. cit.*, p. 172.

76. R. Montagne, *op. cit.*, p. 17.

77. 특히 내가 염두에 둔 것은 식스투스 5세가 젊었을 때와 중년에 했던 여행이다. Ludwig von Pastor, *Geschichte der Papste*, Freiburg-im-Breisgau, 1901–1931, X, 1913, pp. 23, 59. 이를 이용하여 대체적인 그림을 그려볼 수 있다.

78. W. Woodburn Hyde, "'Roman Alpine routes", in: *Memoirs of the American philosophical, society, Philadelphia*, X, II, 1935. 이와 마찬가지로 피레네 산맥 역시 흔히 생각하듯이 장애물이 아니었다(M. Sorre, *Géog. univ.*, vol VII, 1st part, p. 70; R. Konetzke, *op. cit.*, p. 9).

79. Richard Pfalz, "Neue wirtschaftsgeographischen Fragen Italiens", in: *Geogr. Zeitschr.*, 1931, p. 133.

80. A. Philippson, *Das Mittelmeergebiet, op. cit.*, p. 167.

81. Victor Bérard, *La Turquie et l'hellénisme contemporain, op. cit.*, p. 103, 그는 알바니아를 떠나며 "사흘 동안의 염소 치즈 후에……"라고 썼다.

82. P. Arqué, *op. cit.*, p. 68.

83. *Op. cit.*, f °44 and 44 v°.

84. 베수비우스 산의 경사지에는 숲이 있었다. 이 숲에 대해서는 다음의 기록이 늘 유용한 참고가 된다. Theobald Fischer, dans, *B. zur physischen Geogr. der Mittelmeerländer besonders Siciliens*, 1877, p. 155 et *sq.* 1558년의 나폴리, 칼라브리아, 바실리카타의 숲들 에 대해서는 Eugenio Albèri, *Relazioni degli ambasciatori veneti durante il secolo XVI*,

Florence, 1839-63, II, III, p. 271을 참조하라. 심지어 오늘날에도 과거의 대삼림의 흔적들을 찾을 수 있다. 코르시카의 경우에 대해서는 Philippe Leca(A. Albitreccia의 서론)의 *Guide bleu de la Corse*, Paris, 1935, p. 15; 또한 이 저자의 다음 책도 참고하라. *La Corse, son évolution au XIXe siècle et au début du XXe siècle*, 1942, p. 95 et sq.

85. Comte Joseph de Bradi, *Mémoire sur la Corse*, 1819, p. 187, 195 et sq.

86 P. Vidal de la Blache, *op. cit.*, pp. 88, 139, 178. 다음 자료에 탁월한 코멘트가 실려 있다. D. Faucher, *Principes de géogr. agraire*, p. 23. 루카 근처에서 "사람들은 나무에서 나는 빵을 먹는다." Montaigne, *Journal de voyage en Italie*, éd. E. Pilon, 1932, p. 237.

87. Montaigne, *ibid.*, p. 243.

88. *Relacion de lo que yo Fco Gasparo Corso he hecho en prosecucion del negocio de Argel*, Simancas E° 333 (1569).

89. R. Montagne, *op. cit.*, pp. 234-235.

90. Franceschi Carreras y Candi, *Geografía general de Catalunya*, Barcelona, 1913, p. 505; Jaime Carrera Pujal, *H. política y económica de Cataluña*, vol. 1, p. 40. Belon, *op. cit.*, p. 140, v°는 예루살렘의 산들에는 과거에 계단식 밭들이 있었지만, 그가 보았을 때에는 폐허가 되어 있었다고 기록한다.

91. 여러 가지 사례들 중에서도 프로방스 고지대의 생활이 내가 생각하는 사례이다. Marie Mauron("Le Mas provençal", in: *Maisons et villages de France*, 1943, préface de R. Cristoflour, p. 222) "긴 겨울, 눈사태의 공포, 눈으로 막힌 창틀만 보며 몇 달이나 지속되는 실내 생활을 견디며, 비축되어 있는 음식만 먹으며 불가에서 일을 한다."

92. Maximilien Sorre, *Les Pyrénées méditerranéennes*, 1913, p. 410.

93. 이처럼 평지로 내려가는 잉여의 사람들에 대해서는 다음의 지리학적인 조사 연구에 기록되어 있다. H. Wilhelmy, *Hochbulgarien*, 1936, p. 183. 사는 것이 즐겁든 않든, 다른 동기도 있었을 것이다. cf. A. Albitreccia(Philippe Leca, *La Corse……*, *op. cit.*, p. 129에서)는 코르시카에 대해서 이런 기록도 하고 있다. "다른 곳처럼 길이 있어서가 아니라 길이 없어서 떠난다."

94. J. Blache, *op. cit.*, p. 88, Philippe Arbos, *L'Auvergne*, 1932, p. 86에서 인용.

95. 미사를 가리킨다.

96. *Promenades dans Rome*, éd. Le Divan, 1931, I, pp. 182-183.

97. *Ibid.*, p. 126. 유사한 그림, 코카서스에 대해서는 *Souvenir*, Comte de Rochechouart, 1889, pp. 76-77. 리슐리외 공작이 아나파를 점령했을 때의 이야기가 나온다. 철갑을 하고 활로 무장한 코카서스 병사는 13-14세기를 연상시켰다.

98. Victor Bérard, *La Turquie et l'hellénisme contemporain*, *op. cit.*, passim.

99. *Voyage en Espagne*, 1845, p. 65, 106. 수확 일꾼이자 이주민인 갈리시아 사람에 대해서는, *Los Españoles pintados por si mismos*, Madrid, 1843. 이 모음집 중에서 특히 *El Indiano*, Antonio Ferrer Del Rio, *El segador*, *El pastor transhumante* 그리고 *El maragato*, Gil y Curraso, *El aguador*, Aberramar.

100. 톨레도의 세비야인의 저택에는 두 명의 갈리시아 처녀가 있었다(*La ilustre fregona*).

갈리시아와 아스투리아 사람들은 에스파냐에서 힘든 일, 특히 광산 일을 많이 했다. J. Chastenet, *Godoï*, 1943, p. 40. 18세기 카스티야에서 일하는 갈리시아 사람들에 대해서는 Eugenio Larruga, *Memorias politicas y económicas sobre los frutos, comercio, fabricas y minas de España*, Madrid, 1745, I, p. 43.

101. Diego Suárez, Algeria 총독부의 원고. Jean Cazenave는 친절하게도 이 문서의 복사본(f° 6)을 제공했다.

102. 제II부 제1장의 "육상 수송"을 참조.

103. Jesús García Fernández, *Aspectos del paisaje agrario de Castilla la Vieja*, Valladolid, 1963, p. 12.

104. Matteo Bandello, *Novelle*, VII, pp. 200-201. 스폴레토 사람들은 특히 외국 군대의 용병으로 많이 일했다. L. von Pastor, *op. cit.*, XVI, p. 267. 그들의 교활함에 대해서는, M. Bandello, *ibid.*, I. p. 418.

105. M. Bandello, *op. cit.*, II, pp. 385-386. 베르가모 사람들이 이주하는 것은 가난 때문이었다. 고향에서는 검소했지만, 타향에서는 늑대처럼 탐욕스러웠다. 전 세계 어디에든 이 지방 사람이 꼭 존재하는 말이 있었다. 나폴리에서 베네치아인이라면 대개 이 베르가모 사람들이었다. E. Albèri, *op. cit.*, Appendice, p. 351(1597).

106. Jacques Heers, *Gênes au XVe siècle. Activite économique et problèmes sociaux*, 1961, p. 19. M. Bandello, *op. cit.*, IV, p. 241. 마찬가지로 스포르차가 복귀한 후 밀라노에 온 사람들 중에는 브레스키아 농민들이 많았다.

107. *Op. cit.*, IX, pp. 337-338.

108. L. Pfandl, *Philippe II* (불역) 1942, pp. 353-354. 유명한 Colleoni 그리고 예수회원으로 *L'histoire des Indes*, Lyons, 1603의 저자인 Jean-Pierre Maffee 역시 베르가모 출신이다.

109. *Op. cit.*, IV, p. 335. 그는 브레시아 출신으로 베로나에 정착했다.

110. 개인적인 조사 결과이다. 사실 저지대와 고지대 간의 대립은 북쪽에서 더 심하다. Gaston Roupnel, *Le vieux Garain*, 1939은 부르고뉴 고지대의 제브레와 누아-생-조르주 근처 지방에 대해서 기술하고 있다. 1870년대에 "산골 사람들"은 저지대로 갈 때 여전히 블루즈[헐렁한 윗]를 입었다.

111. P. George, *La région du Bas-Rhône*, 1935, p. 300: 17세기 초에 사부아인들은 수확기에 집단을 이루어 아를 지역으로 가서 일했다.

112. Grotanelli, *La Maremma toscana, Studi storici ed economici*, II, p. 19.

113. P. George, *op. cit.*, p. 651.

114. Fernand Benoit, *op. cit.*, p. 23.

115 Emmanuel Le Roy Ladurie, *op. cit.*, p. 97 et *sq*.

116. 알려진 모든 사례들을 열거하기란 불가능하다. 에스파냐에서 대개 빈민들과 산지인들로 병사를 충원한 사실에 대해서는 Ramón Carande, *Carlos V y sus banqueros*, Madrid, 1949, p. 14(발렌시아의 고지대와 레옹의 산악 지대들). Th. Lefebvre, *Les Pyrénées atlantiques*, 1933, p. 286(3,000명의 기푸스코아 출신과 나바르 출신 병사들이 파비아 전투에서 싸웠다). 아라곤의 피레네 산맥에 대해서는 Fernand Braudel, *La Méditerranée*……1st

éd., pp. 47, 48.

117. Piero Pieri, *La crisi militare italiana nel Rinascimento*, 1st éd. Naples, 1934, p. 523.

118. H. de Maisse가 국왕에 보낸 편지, Venise, 1583년 6월 6일 A.E. 31, f° 29 v° and 30.

119. 서지 사항에 대해서는 R. Busch-Zantner, *Albanien*, 1939. 중세에 기근 때문에 Metohidja 와 Podrina 평원으로 이주해간 알바니아인들에 대해서는 J. Cvijić, *op. cit.*, p. 150. 19세기 에 투르크 제국에서 그들이 거둔 환상적인 성공에 대해서는 *ibid.*, p. 17. 팔레르모 시립 도서관에 있는 미출간의 Mongitore Antonino, *Memoria de Greci venuti dall' Albania in Sicilia*, Qq E 32, f° 81. 알바니아인들의 과도한 음주에 대해서는 Bandello, *op. cit.*, IV, pp. 350-351. 기독교를 추구하는 알바니아인들의 태도에 대해서는, e.g. Joan de Pallas, consul à Raguse, au Grand Commanderur de León, Naples, 3 avril, 1536, A.N., K. 1632.

120. Victor Bérard, *La Turquie······op. cit.*, p. 164.

121. 키프로스에서 그들은 대를 이어 병사가 되었다. Fr. Steffano Lusignano di Cipro, *Corograffia et breve historia universale dell' isola de Cipro*, Bologna, 1573(B.N. Paris, 4° G 459).

122. 그들은 베네치아 군대의 상당한 부분을 이루었다. 이에 대한 일련의 문서들은 다음 자료를 보라. V. Lamansky, *op. cit.*, p. 549, note.

123. M. Bandello, *op. cit.*, III. p. 329 et *sq.*

124. 1598년 풀리아의 알바니아 마을에 대해서는 Museo Correr, D. delle Rose, 21, f° 80. 이 세기 초에 그들은 공포의 대상이었다. 그들은 무장한 채 요새와 마을을 벗어나는 것을 금지당했다(1506년 6월 3일). Ludwig von Thallóczy, "Die albanische Diaspora", in: *Illyrisch-albanische Forschungen*, 1916, p. 339.

125. O. de Torne, "Philippe et Henri de Guise", in: *Revue Historique*, 1931, II, p. 324.

126. En 1540; G. Lefèvre Pontalis, *Correspondance politique d'Odet de Selve*, 1888. pp. 64, 65, 351, 354.

127. A.H.N. L° 3189, 1565, 바야돌리드의 종교재판소에서 있었던 Guillermo de Modon에 관한 이상한 사건.

128. D. Haëdo, *Topographía······*, p. 121 v°에서 알제의 아르노 마미를 거명하고 "알바니아인 과 아르노도 배교자이다"라고 썼다. p. 122 v°.

129. Victor Bérard, *La Turquie······*, *op. cit.*, p. 26.

130. *Itinéraire de Paris à Jérusalem* (ed. 1831) I. pp. 111 and 175.

131. *La Corse inconnue*, p. 44, 섬 외부에서 이름을 날린 코르시카 사람들의 목록.

132. 예컨대 Hasan Corso, J. Cazenave, "Un Corse roi d'Alger, 1518-1556", in: *Afrique latine*, 1923, pp. 397-404.

133. Giuseppe Mellerio, *Les Mellerio, leur origine, leur histoire*, 1895. 밀라노 알프스 산맥으 로부터의 이민에 대해서는 Carlo Antonio Vianello, "Alcuni documenti sul consolato dei Lombardi a Palermo", in: *Archivio storico Lombardo*, 1938, p. 186.

134. A. Vianello, *ibid.*, p. 186.

135. *Ibid.*, p. 186

136. *Ibid.* p. 187.

137. *Ibid.*, p. 187.

138. 롬바르디아 영사 G. F. Osorio가 밀라노 상공회의소에 보낸 편지, 나폴리, 1543년 9월 27일, A. Vianello, *ibid.*, p. 187.

139. A.d.S. Naples, Sommaria Partium 240, f° 111-113, 1544년 1월 15일, 무라토리(석공)의 이름이 쓰여 있다.

140. A.d.S. Venise, Notatorio di Collegio 13, f° 121, 1486년 10월 12일

141. 다음의 신문 기사 참조, "Eriwan, die Haupstadt der Armenier", in: *Frankfurter Zeitung*, 1940년 8월 9일.

142. Jean-Baptiste Tavernier, *Les six voyages qu'il a faits en Turquie, en Perse et aux Indes*, Paris, 1681, I, p. 380 et *sq.*

143. "당시"는 17세기를 말한다. 16세기에 콘스탄티노플과 동지중해에서는 아직 아르메니아가 전성기를 맞이하지 못했다. N. Iorga, *Points de vue sur l'histoire de commerce de l'Orient à l'époque moderne*, 1925, p. 23. 반면 17세기에 아르메니아인들은 서지중해까지 상업 활동 영역을 넓혔다. "상업 아르메니아"라는 이름의 배는 리보르노에 곡물을 공급했다(Mémoires du Chevalier d'Arvieux, 1735, I, p. 13). 1621년 성지들에 대한 갈등에서 아르메니아인들이 행한 역할에 대해서는 Gérard Tongas, *L'ambassadeur L. Deshayes de Cormenin(1600-1632)*, 1937, p. 132. 현재의 아르메니아인들의 이산(離散)에 대해서는 다음 책에 약간의 정보가 있다. Werner Sombart, *Vom Menschen*, 1940, pp. 178-179.

144. 이 북유럽 도시를 위한 아르메니아 어로 쓰인 상업인의 지침서가 있다.

145. 타베르니에는 이렇게 첨언한다. "아르메니아인들이 교역에 그토록 적합한 이유는 그들이 절약하고 검소하기 때문이다. 그것이 미덕인지 탐욕인지는 모를 일이다. 그들이 고향을 떠나 먼 여행을 할 때에 그들의 식량은 비스킷, 훈제 물소 고기, 양파, 조리한 버터, 밀가루, 포도주, 건과 등에 불과하다. 그들이 허락된 날에 신선한 육류를 구입하는 것을 보면 산지에서 몇 마리의 양이나 염소를 싼 가격에 사들였을 뿐이다." *Op. cit.*, I, p. 380.

146. 줄파의 아르메니아인들의 부와 사치에 대해서는 J.-B. Tavernier, *op. cit.*, I, p. 380.

147. *Ibid.*, II, p. 3.

148. 산지는 "이주의 구역이다." Pierre Deffontaines, Mariel Jean-Brunhes-Delamarre, P. Bertoquy, *Les problèmes de géographie humaine*, 1939, p. 141. 지중해 지역에서 산지-평지 간의 대조적 특징에 대해서는 Charles Parain, *La Méditerranée: les hommes et leurs travaux*, Paris, 1936, p. 191; Jules Sion, *La France méditerranéenne*, Paris, 1934, p. 44 et *sq.*

149. Jules Blache, *op. cit.*, p. 15. P. George, *op. cit.*, p. 352에도 같은 내용이 나온다.

150. P. George, *op. cit.*, p. 237; V. L. Bourilly and R. Busquet, *Histoire de la Provence*, 1944, p. 7: "프로방스에서 최초의 거주민은 방투산 부근, 보클뤼즈의 산지, 뤼베롱 산의 남쪽 지역, 뒤랑스 강의 오른쪽 계곡, 베르동 강의 합류점이 만나는 곳에서 찾을 수 있다. 이곳들은 규석과 단단한 돌들이 강물에 실려와 많이 싸인 곳일 가능성이 있다." Louis Alibert, "Le Génie d'Oc.", in: *Les Cahiers du Sud*, 1943, p. 18에서 같은 의견이 제시되었다. "지중해 지역 산지의 핵심 골격은 선주민 혹은 역사 초기 주민들의 영구적인 정주에 유리했다."

151. P. George, *op. cit.*, pp. 310–322.

152. H. Lautensach, "Die länderkundliche Gliederung Portugals", in: *Geogr. Zeitschrift.* 1932, p. 194.

153. A. Philippson, "Umbrien und Etrurien", in: *Geogr. Zeitschrift.*, 1932, pp. 455, 457, 461, 462.

154. *Ibid.*, p. 457.

155. Alfred von Reumont. *Geschichte Toscana's*, Gotha. 1876, pp. 366–367.

156. *Ibid.*, p. 368 et *sq.*

157. A. Philippson, *Das Mittelmeergebeit*, p. 20.

158. 그리고 여기에 더해 펠릭스 고티에는 이와 같은 북아프리카의 척추의 역할을 자주 강조했다. E. Félix Gautier, *Le Passé de l'Afrique du Nord*, 1952, p. 115.

159. Georges Marçais, in: *Histoire d'Algérie*, par Gsell, Marçais and Yver, 1927, p. 121.

160. "Umbrien⋯⋯", *art. cit.*, p. 450.

161. Jules Sion, *Géogr. Univ.*, VII, 2, 1934, p. 326.

162. P. Vidal de la Blache, *op. cit.*, p. 85

163. N. Krebs, "Zur politischen Geographie des Adriatischen Meers", in: *Geogr. Zeitschr.*, 1934, p. 375.

164. 나는 투를로[이탈리아 남동부의 풀리아 지방의 원추형 지붕의 가옥]를 염두에 두고 있으나, 고원-평야의 관개 시스템인 "풀리아의 수도(水道)" 역시 마찬가지이다. Fritz Klute, *Handbuch der geogr. Wissenschaft*, Berlin, 1914, p. 316는 이에 대한 자세한 다이아그램을 제시하지만 그 역사에 대해서는 언급이 없다.

165. A.d.S. Naples, Dipendenze della Sommaria, Fascio 417, fasc. I°, 1572.

166. A.d.S. Naples, Sommaria, Consultationum, II, 237–241.

167. Georg Friederici, *Der Charakter der Entdeckung und Eroberung Amerikas durch die Europäer*, I, Gotha, 1925, 특히 pp. 174–179.

168. *Le licencié de verre*, dans les *Nouvelles Exemplaires*, éd. de la Pléiade, 1949, pp. 1270–1271.

169. Ortega y Gasset, *España invertebrada*, Madrid. 1934, Unamuno, Machado, Pidal 등도 유사한 언급을 했다.

170. A. Schulte, *Geschichte der grossen Ravensburger Gesellschaft*, 1923, 특히 I, p. 285 et *sq.*, p. 295.

171. E. Albèri, *Relazioni*, I, V (Francesco Morosini), p. 293.

172. P. Vidal de la Blache, *États et Nations de l'Europe*, 1889, p. 358.

173. M. Sorre, *Les fondements biologiques de la géographie humaine*, Paris 1943, p. 386: "낮은 산지와 첫 번째 고원은, 적어도 지중해 지역에서는 저지대에 비해 기후가 양호하다." André Siegfried, *Vue générale de la Méditerranée*, 1943에는 산 주변 지역, 혹은 쥐라 지역의 용어를 그대로 일반화하면 대지(revermont)에 대한 좋은 개관이 제시되어 있다. 나는 르베르몽이라는 단어로 피에몬테의 지그재그 모양의 대지를 포함하여 모든 언덕에

대해서 사용하고자 한다. 이는 특히 안달루시아에서 매우 중요한 의미를 가진다. G. Niemeier, *op. cit.*, p. 109.

174. *Op. cit.*, pp. 92–93.

175. 이 문제에 대해서는 J. Cvijić, *La péninsule balkanique*(불역 1918)가 훌륭한 연구를 제공한다. 환경과 색깔에 대해서는 R. Gerlach, *Dalmatinisches Tagebuch*, Darmstadt, 1940. 지리적 서술에 대해서는 Milojević, *Littoral et îles dinariques dans le Royaume de Yougoslavie* (Mém. de la Soc. de Géographie, vol. 2), Belgrade, 1933.

176. "북방에의 이주(metanastasic)" 운동에 관한 선행하는 언급은 J. Cvijić의 책을 보라. 그의 제자들은 슬라브 산악 지역의 이주에 대해서 연구를 지속했다. 예를 들면, J. Mal, *Uskoke seobe i slovenske pokrajine* (우스코크인의 이주와 슬로베니아 지방), Ljubljana, 1924는 이 이주의 물결이 투르크, 베네치아, 오스트리아의 군사 지역 형성에 이용되었음을 보여준다. R. Busch-Zantner, *op. cit.*, p. 86은 알바니아의 압박에 의해서 세르비아인들의 북쪽 방향의 이주가 이루어진 것이지 투르크의 압박이 아니었음을 주장한다.

177. J. N. Tomić, *Naselje u Mletackoj Dalmaciji*, Nich, 1915, vol. I, 1409–1645 달마티아의 베네치아 소유지에서의 농민들의 인신적, 경제적 종속 관계에 대한 작은 연구이다. 이 체제는 섬들과 이스트리아 내부로 확산되었다. 투르크의 위협이 초래한 인적 손실은 보스니아와 헤르체고비나 출신 세르비아인 이주로 메울 수 없는 정도였다. 이 때문에 투르크인, 해적 혹은 산적의 공격에 대비하는 민병대를 강제로 조직해야 했다. 16세기 베네치아령 달마티아에 대해서는 V. Lamansky, *op. cit.*, 특히 p. 552, 여기에서는 달마티아 군인이 멀리 잉글랜드까지 송출되었으며, 베네치아의 육군과 해군뿐 아니라 외국 선박에도 고용되었다는 점, 이때 베네치아 함대보다 더 좋은 조건을 제안받았다는 점을 설명한다.

178. 베네치아 국립 문서보관소에서 읽은 문서, 레퍼런스를 노트하지 않았다.

179. H. Isnard, "Caractère récent du peuplement indigène du Sahel d'Alger", in: 2ᵉ *Congrès des Soc. sav. d'Afrique du Nord*, 1936.

180. 이 주제에 대해서는 G. Millon, "Les Parlers de la région d'Alger", in: *Congrès des Soc. sav. d'Afrique du Nord*, 1931을 참조하라.

181. M. Dalloni, 'Le problème de l'alimentation en eau potable de la ville d'Alger', in: *Bulletin de la Soc. de Géogr. d'Alger*, 1928, p. 8.

182. Bernardo Gomes de Brito, *Historia tragico-maritima*, Lisbon, vol. VIII, 1905, p. 74.

183. René Baehrel, *Une croissance: la Basse-Provence rurale, fin du XVIe siècle-1789*, Paris, 1961, p. 125.

184. Marciana Library, Venise, 5838, C II, 8, f° 8.

185. E. Le Roy Ladurie, *op. cit.*, p. 223 et *sq.*

186. *Plaisir de France*, 1932, pp. 119–120: "남프랑스 지방의 정신은 구릉의 경사면에서 형성된 것"이지 "가난하고 때로 버려졌던 산에서 만들어진 것이 아니다." 구릉의 사람들에 대해서는 Isabelle Eberhardt, *Notes de route*, 1921, 튀니지의 사헬에 대해서는(p. 221), 또는 Marcel Brion이 토스카나에 대해서는 그리고 "인간적 차원의 풍경"에 대해서는 *Laurent le Magnifique*, 1937, p. 282

187. Anon. (Claude de Varennes), *Voyage de France, dressé pour l'instruction et la commodité tant des Français que des étrangers*, Rouen, 1647, p. 136.

188. *Op. cit.* pp. 56‒57.

189. B. N. Estampes (Od. 13. pet. in‒fol): *Les moeurs et fachons de faire des Turcz*‥‥‥ *contrefaictes par Pierre Coeck d'Alost l'an 1533.*

190. Philippe de Canaye, sieur de Fresne, *Le Voyage du Levant*, 1573, éd. H. Hauser, 1897, p. 40.

191. V. Bérard, *La Turquie*‥‥‥, p. 93 참조. 알바니아 산지, "격렬하게 토양을 쓸어가는" 강. 병사가 지키는 고개가 있는 알바니아와 평화롭고 안개에 싸여 있는 마케도니아를 대비시키고 있다. Cf. Paul Bourget, *Sensations d'Italie*, 1891, pp. 89‒90은 토스카나에서 움브리아로 가는 여정을 제시한다. 토스카나는 황량하지만 공기는 신선한 반면, 움브리아의 밤나무와 포도나무 밭에는 안개와 열병의 기운이 도사리고 있다.

192. 작은 규모의 평야를 인간이 지배한 데 대해서는 다음 저자의 견해에 동의한다. H. Lehmann, "Die geographischen Grundlagen der kretisch‒mykenischen Kultur", in: *Geogr. Zeitschr.*, 1932, p. 337. 이와 유사하게 소규모 오아시스에서 인간의 거주가 먼저 시작되었다고 추론하는 것이 타당할 것이다.

193. Pierre Vilar, *op. cit.*, I, p. 223.

194. *Op. cit.*, p. 243 et *sq.* G. Marçais, "Tlemcen, ville d'art et d'histoire", in: *2ᵉ Congrès des Soc. sav. d'Afrique du Nord*, vol. I, 1936.

195. G. Niemeier, *op. cit.*, p. 28. 그의 견해는 더 멀리 나아간다. 농촌의 공간은 마을 혹은 도시라는 중심지로부터 시작되거나, 또 그 기능에 맞추어 조직된다.

196. Julien Franc, *La Mitidja*, Algiers, 1931, E. F. Gautier, "Le phénomène colonial au village de Boufarik", in: *Un siècle de colonisation*, Algiers, 1930, pp. 13‒87.

197. J. Ancel, *La plaine de Salonique*, 1930.

198. 에브로 델타에 대해서는, E. H. G. Dobby, "The Ebro Delta", in: *Geogr. Journal*, Londres 1936년 5월호. 폰티노 습지에 대해서는, Schillmann, "Die Urbarmachung der Pontinischen Sümpfe", in: *Geogr. Wissenschaft*, 1934.

199. P. George, *op. cit.*, pp. 296‒299, 310‒322, 348. 12-16세기에 카마르그 지방은 갈수록 건강에 더 좋지 않은 지방이 되었다. p. 606.

200. J. Lozach, *Le delta du Nil*, 1935, p. 50.

201. *Op. cit.*, I, pp. 142‒143. 또다른 예는 아드리아노플 근처의 수많은 작은 강들이다(*ibid* II, 10); Ignacio de Asso, *Hist. de la economía política de Aragon*, 1798(1947년 재판) 참조. Benavarre의 늪지대에 관한 상세한 설명(p. 84), Huesca 평원(pp. 72‒73), 사라고사(p. 94 et *sq.*) 그리고 Teruel(p. 186)의 평야에 관한 상세한 설명이 있다.

202. B.N. Paris, Ital., 1220, fol. 35.

203. Philippe Leca, *La Corse*‥‥‥ *op. cit.*, pp. 213, 270; J. de Bradi, *op. cit.*, p. 25.

204. 우기에 평야는 호수가 되거나 뻘밭이 된다(J. J. Tharaud, *La Bataille à Scutari*, 1927, p. 53, 알바니아 평원); 보야나 강이 넘쳐 진흙밭과 늪지대를 만든다(*ibid.*, p. 148).

205. 1940년 에스파냐 남부, 1941년 1월 포르투갈, 2월 시리아, 1940년 10월 에브로 강 하류 지역이 그러했다(신문 기사). 1554년 12월 31일과 1555년 1월 1일 코르도바에서 홍수가 졌다. Francisco K. de Uhagon, *Relaciones históricas de los siglos XVI y XVII*, 1896, p. 39 et *sq.*

206. Gen. Éd. Brémond, *op. cit.*, p. 17; 같은 저자의 *Yemen et Saoudia*, 1937, p. 11, note 6.

207. 말라리아에 대해서는 유용한 연구들이 많다. 서지학적 안내로는, Jules Sion, "Étude sur la malaria et son évolution en Méditerranée", in: *Scientia*, 1938. M. Sorre, *Les fondements biologiques de la géogr. humaine*, 1942, 그리고 다음의 탁월한 논문을 보라. M. Le Lannou, "Le rôle géographique de la malaria", in: *Annales de Geographie*, XLV, pp. 112-135. 키니네가 부족했던 지난 번 세계대전 당시 지중해 지역에서 말라리아 발병의 증가를 확인해보면 흥미로울 것이다. 이에 대한 가장 중요한 업적들은, Angelo Celli, "Storia della malaria nell'agro romano", in: M. R. *Ac. dei Lincei*, 1925, 7th série, vol. I, fasc. III; Anna Celli-Fraentzel, "Die Bedeutung der Malaria für die Geschichte Roms und der Campagna in Altertum und Mittelalter", in: *Festschrift B. Nocht*, 1927,2 pl., 1 지도, pp. 49-56; "Die Malaria im XVIIten Jahrhundert in Rom und in der Campagna, im Lichte zeitgenössischer Anschauungen", in: *Arch. f. Geseh. der Medizin*, XX, 1928, pp. 101-119; "La febbre palustre nella poesia", in: *Malariologia*, 1930. 크림 반도의 말라리아에 대해서는, Comte de Rochechouart, *Mémoires, op. cit.*, p. 154 참조.

16세기의 이 질병에 대해서 몇 가지 지적할 사실들이 있다. 키프로스는 열병으로 악명이 높아서 순례자들을 성지로 데려가는 계약을 할 때 선장들은 이 섬에 사흘 이상 기항하지 않기로 약속해야 했다. Reinhold Röhricht, *Deutsche Pilgerreisen nach dem Heiligen Lande*, 1900, p. 14. G. Botero, *op. cit.*에 의하면 Salses 근처에 열병이 만연한 늪지대들이 있었다. 위험한 도시들로는 브린디지, 아퀼레이아, 로마, 라벤나, 이집트의 알렉산드리아 등지가 있었다. I, 1, p. 47. 제노바 해안의 Albenga는 아주 부유한 평야였지만 "페스트성(性)의 나쁜 공기"가 충만한 평야가 있었다, p. 37. 폴라의 주민들은 열병 때문에 여름에 집을 떠났다가 겨울에 귀환했다. Philippe Canaye, *Le voyage du Levant, op. cit.*, p. 206. 1566년 8월에 에스파냐 왕비가 고통스러워한 것은 말라리아 때문이었을지 모른다. Célestin Douais, *Dépêches de M. de Fourquevaux, ambassadeur de Charles IX en Espagne, 1565-1572*, Paris, 1896-1904, III, p. 10; 펠리페 2세는 Badajoz에서 열병에 걸렸다. M. Philippson, *Ein Ministerium unter Philipp II*, Berlin 1895, p. 188.

208. M. Sorre, *op. cit.*, p. 388. 1566년 9월, 에스파냐 전역이 열병에 시달렸다(푸르크보에서 여왕에게. Segovia, 1566년 9월 11일, Douais, *op. cit.*, III, 18)

209. *Op. cit.*, p. 263.

210. Jules Leclercq, *Voyage en Algérie*, 1881, 그는 알제리 저지대가 말라리아에 심각한 피해를 입는 사실에 충격을 받고 이렇게 썼다, p. 178: "만일 유럽인들이 계곡에서 살 수 없다면, 왜 산지 마을들을 건설하지 않는가?"

211. 비교적 최근 일로서, 투르크의 수도를 앙카라로 정할 때 제기된 많은 문제점들 중에는

저지대의 말라리아 문제도 있었다. Noëlle Roger, *En Asie Mineure*, 1930, p. 46.

212. M. Sorre, *Fondements biologiques*, p. 344에서 인용.

213. W. H. S. Jones, *Malaria, a neglected factor in the history of Greece and Rome*, London, 1907.

214. P. Hiltebrandt, *Der Kampf ums Millelmeer*, 1940, p. 279. 사냥을 좋아하던 레오 10세도 말리리아를 앓은 것으로 보인다(Gonzague Truc, *Léon X*, 1941, p. 71, 79). 단테 그리고 그보다 20년 전에 귀도 카발칸키 역시 말라리아로 죽은 것이 아닐까?(L. Gillet, Dante, 1941, p. 340) 이는 명확한 사실은 아니다.

215. P. Hiltebrandt, *op. cit.*, p. 279.

216. Bernardo Segni, *Storie florentine dall'anno 1527 al 1555*, 1723, p. 4.

217. J. B. Tavernier, *Voyages*, I, p. 110은 1691년의 알렉산드레타의 늪지대에 대해서 거론한 다.

218. K. Eschmid, in: Werner Benndorf, *Das Mittelmeerbuch*, Leipzig, 1940, p. 22. 말라리아의 확산과 관련하여 스탕달의 다음 글의 이면에는 어떤 사정이 있는 것이 아닐까?(*Promenades*, II, 164) "저명한 의사이자 재기가 가득찬 M. Metaxa 씨는 열병의 공격을 받는 지역들의 지도를 작성했다."

219. A.d.S. Venice, Brera 54, f° 144 v°.

220. Francesco Guicciardini, *La historia d'Italia*, Venise, 1568, p. 2 (평화로운 이탈리아는) "평야와 풍요로운 지역과 똑같이 산이 많으며, 불모의 땅도 경작한다." 참조. Montaigne, *op. cit.*, p. 237의 다음과 같은 놀라운 코멘트를 보라. 루카 근처에서 약 50년 전부터(1581) 산지에서 "나무와 밤나무" 대신에 포도나무를 심었다. "그리고 산꼭대기에까지 이르는 그들의 경작 방법"(p. 248); 그래서 나는 미슐레의 멋진 서술에 동의한다. Michelet, *La Renaissance*, Paris, 1855, p. 31-32. Ph. Hiltebrandt, *op. cit.*, p. 268, 그는 역시 나와 같은 방식으로 문제를 보고 있다. 베네수엘라가 "작은 베네체아"라는 데에서 알 수 있듯이 이탈리아인들이 대발견 사업에 참가하지 않은 것은 아니지만, 그들에게는 이 시대에 공간이 부족하지 않았다. 이 나라 부르주아지들은 지중해 너머를 보려고 하지 않았다. 마지막으로 그들에게는 영국인이나 네덜란드인들을 해외로 내몰았던 종교적 갈등이 없었다.

221. Herbert Lehmann, "Die Geographischen Grundlagen der kretisch-mykenischen Kultur," in: *Geogr. Zeitschr.*, 1932, p. 335.

222. Auguste Jardé, *Les Céréales dans l'Antiquité grecque*, 1925, p. 71, 스트라본을 참고하고 있다. A. Philippson, "Der Kopais-See in Griechenland und seine Umgebung," in: *Zeitschr. der Gesellschaft für Erdkunde zu Berlin*, XXIX, 1894, pp. 1-90. P. Guillon, *Les Trépieds du Ptoion*, 1943, pp. 175-195.

223. M. R. de la Blanchère, "La malaria de Rome et le drainage antique," in: *Mélanges d'Arch. et d'hist.*, p.p. l'Ecole française de Rome, II, 1882, p. 94 et *sq.*

224. 1598년에 교황의 의뢰를 받고 교황 대사가 페라라에 보낸 사람들이 물을 퍼내기 위해서 풍차를 이용할 계획을 세웠는데, 혹시 이들이 첫 번째 네덜란드인 엔지니어, 즉 댐 건설자들이 아니었을까? *Correspondance de Frangipani*, published by Armand Louant,

1932, Vol. II, Brussels, 1598년 6월 13일, 6월 17일, 7월 25일, 8월 13일, pp. 345, 348, 362-363, 372.

225. Montaigne. *op. cit.*, p. 138.

226. A. von Reumont, *Geschichte Toscana's*, I, p. 358 et *sq.* 같은 주제에 대해서 O. Corsini, *Ragionamento istorico sopra la Val di Chiana*, Florence, 1742; V. Fossombroni, *Memorie idraulico-storiche sopra la Val di Chiana*, Florence, 1789; Michelet, *Journal inédit*, pp. 169-170. 16세기에 카스틸리오네 호수를 개간하려고 시도했으나, 실패했다. A. von Reumont, *op. cit.*, I, p. 369.

227. I, p. 366 et *sq.*

228. A. Zanelli, *Delle condizioni interne di Brescia, dal 1642 al 1644 e del moto della borghesia contro La nobiltà nel 1644*, Brescia, 1898, pp. 242-243.

229. A. von Reumont, *op cit.*, I, pp. 363-364. 역시 토스카나에서 1550년경에 안세도니아 늪지대를 개선하려는 계획이 있었다(G. Venerosi Pesciolini, "Una memoria del secolo XVI sulle palude di Ansedonia" in *La Maremma*, VI, 1931). H. Wätjen은 토스카나에서 페르디 난도 대공 통치 하의 주요 과제는 늪지대의 배수라고 지적했다. *Die Niederländer im Mittelmeergebiet*, 1909, p. 35. 1556년에 프랑스 국왕에게 제안된 시에나 마렘마 개선 계획에 대해서는 Lucien Romier, *Les origines politiques des guerres de religion*, 1913-1914, II, pp. 397-398 참조.

230. Hansjörg Dongus, "Die Reisbaugemeinschaft des Po-Deltas, cine neue Form kollektiver Landnutzung", in *Zeitschrift für Agrargeschichte und Agrarsoziologie*, 1963, 10, pp. 201-202; C. Errera, "La bonifica estense nel Basso Ferrarese", in: *Rivista Geogr. ital.*, 1934, pp. 49-53.

231. 피우스 5세 시대의 교황령의 개선 작업에 대해서는 V. Pastor, *op cit.*, XVII, p. 84.

232. B. N. Paris, Esp. 127, f° 20 v° and 21. 이것은 1594년 의회가 검토한 계획안인데, 결국 포기했다. 그렇지만 올리바레스 백작이 큰 관심을 기울였다. 당국은 이 토지를 임차 하려고 했다.

233. 아킬레이아의 배수 사업안에 대해서는 총독 Giacomo Soranzo에게 보낸 빈의 1561년 8월 7일 편지, G. Turba, *Venet. Depeschen*, 13, p. 191.

234. Richard Busch-Zantner, *Agrarverfassung, Gesellschaft und Siedlung in Südosteuropa*, Leipzig, 1938, 이 책은 정보가 너무 많아 모호한 측면이 있지만, 나는 그와 같이 해석한다. 그는 Cvijić와는 달리 치프틀리크가 중세까지 거슬러올라가는 오랜 과거의 마을이 아니라 (pp. 104-105) 16세기에 건설되고 17세기에 더 확대된 것으로 본다. 그러므로 그것은 근대 의 식민과 토지 개선에 의해서 태어난 마을이라는 것이다. 그곳들은 일반적으로 평야 아 래쪽, 호수 근처에 위치하며 빈번하게 홍수 피해를 입었다(p. 124). Omer Lutfi Barkan은 내 의견에 동의했다.

235. R. Cessi, "Alvise Cornaro e la bonifica veneziana nel sec. XVI", in: *Rend. R. Acc. Lincei, Sc. Mor., St. e Fil.*, VIth series, vol. XII, pp. 301-323. F. Braudel의 서평. in: *Ann. d'Hist. Sociale*, 1940, pp. 71-72.

236. E. Le Roy Ladurie, *op. cit.*, p. 442 et *sq.* Adam de Craponne, 1519-1559는 자신의 이름을 딴 운하를 건설했는데, 이 운하는 1558년경 뒤랑스 강과 론 강 사이의 크로 지방에 물을 댈 수 있었다.

237. A. Zanelli, *op. cit.*, p. 243.

238. A.d.S. Venise, *Annali di Venezia*, 1593년 4월 11일 이후.

239. I. de Asso, *op. cit.*, pp. 72-73.

240. P. George, *op. cit.*, pp. 292-294.

241. 베가 게이트 방향, 세고비아의 새 다리 방향, Manzanares 너머의 지역, 펠리페 2세가 개수한 캄포 왕궁 주변 등지가 그런 곳들이다. 다음 자료를 보라. Simancas, 국왕 보호령, 매매 증서, notes 3142에서 3168까지 보라.

242. Pierre Imbart de la Tour, *Les origines de la Réforme*, I, Melun, 1949, p. 218. 여기에서는 본래의 개선 사업과 새로운 땅에 대한 일반적인 식민화를 구분해야 한다. 잉글랜드와 마찬가지로 프랑스에서 토지 개간 움직임은 15세기 중엽에 시작되었다(René Gandilhon, *Politique économique de Louis XI*, 1940, p. 147). 사부아 지역의 개선 계획들에 대해서는 다음 책에 재인용 방식으로 간략히 소개되어 있다. F. Hayward, *Histoire des ducs de Savoie*, 1941, II, p. 40.

243. E. Le Roy Ladurie, *op. cit.*, pp. 86-87.

244. 이것은 바르셀로나 경제의 비극 중 하나가 아니었을까? 부르주아들은 해상 사업에 투자하지 못하는 돈을 토지에 투입한 것이 아닐까?

245. "암탉의 발(pieds de gélines)"에 의한 배수에 대해서는 Olivier de Serres, *Pages choisies*, 1942, p. 64.

246. "Vita di D. Pietro di Toledo" in *Archivio Storico Italiano*, IX, pp. 21-22.

247. F. Carreras y Candi, *Geografía General de Catalunya*, Barcelona, 1913; pp. 471-472.

248. 특히 I de Asso, *op. cit.*, p. 94 et *sq.*

249. 아래 내용은 주로 다음 논문에 따른 것이다. S. Pugliese, "Condizioni economiche e finanziarie della Lombardia nella prima metà del secolo XVIII", in *Misc. di st. it.*, 3rd series, vol. XXXI, 1924, pp. 1-508, 이 논의 앞부분에서는 롬바르디아에 대한 훌륭한 지리적 서술 외에 16세기에 대한 정보를 많이 제공한다.

250. A. Fanfani, "La rivoluzione dei prezzi a Milano nel XVI e XVII secolo", in *Giornale degli economisti*, 1932년 7월호.

251. E. Lucchesi, *I Monaci benedettini vallombrosani in Lombardia*, Florence, 1938.

252. S. Pugliese, *art. cit.*, pp. 25-27.

253. G. de Silva가 국왕에게 보낸 편지. 1573년 4월 17일, Simancas E° 1332.

254. A. Schulte, *op. cit.*, I, 252는 벼 재배가 1475년 이전에 에스파냐에서 롬바르디아로 들어왔다고 본다. 바젤 주민인 Balthasar Irmi라는 인물이 쌀을 독일로 처음 수출했다. 루이 12세에 의한 벼 도입에 대해서는, Marco Formentini, *Il Ducato di Milano*, Milan, 1876, II, p. 600 et *sq.* 일반적인 사항들에 대해서는, S. Pugliese, *art. cit.*, p. 35.

255. Maurice Paléologue, *Un grand réaliste*, Cavour, 1926, p. 21. 평야에서 농업 노동자들을

필요로 하는 더 일반적인 문제에 대해서는 예컨대 랑그도크의 사례가 있다(Georges Lefebvre, *La Grande Peur de 1789*, Paris, 1957, p. 17); 프랑스 혁명기에 하부 랑그도크의 농업 노동자들은 코스와 몽타뉴 누아르에서 왔다. 또다른 예로 트라키아의 사례를 보면 농업 노동자들은 고지대 불가리아에서 왔으며 17세기까지도 그러했다. Herbert Wilhelmy, *Hochbulgarien*, Kiel, 1936, p. 325. Volos를 통해서 곡물을 수출한 테살리아는 그리스 중부 지역, 심지어 아티카 지방에서 노동자들을 충원했다. Vandoncourt, *Memoirs on the Ionian Islands*, 1816, p. 215. 이런 발칸의 두 지역의 사례에 대해서는 R. Busch-Zantner, *op. cit.*, p. 94.

256. S. Pugliese, *art. cit.*

257. P. George, *op. cit.*, p. 354.

258. 평야는 아직 개척되지 않았을 때에도 귀족 소유 혹은 대토지 소유였다. 이는 현재까지도 크게 다르지 않았다(R. Pfalz, *art. cit.*, in *Geogr. Zeitschrift*, 1931, p. 134): 최근의 개선 이전의 캄파냐의 토지의 38퍼센트는 4명의 지주 소유였다. 일반적으로 산지는 소토지 보유지가 다수였다(*ibid*). Jules Sion, *La France Méditerranéenne*, 1934, p. 143는 완화된 구분을 한다. "가장 세분화된 지역은 구릉 지대인데 상대적으로 구식이고 가난하다(오늘날에도 그렇다). 평야에는 대토지가 일반적이고 소출도 더 많은데 특히 근자에 큰 비용을 들여 늪지대를 개간한 땅이 더 그런 경향이 강하다." 이 주제에 대해서는 G. Niemeier, *op. cit.*, pp. 29–30, p. 59, 대토지가 많은 옛 중심지인 코르도바와 18세기에 새로 건설된 곳으로서 땅이 잘게 세분된 카를로타를 비교해보라. 나는 개인적으로 단일 경작, 예컨대 과거에는 밀만 재배하는 방식이 중요한 역할을 했으며, 이것이 대토지 형성을 가능하게 했다고 믿는다.

259. P. Descamps, *Le Portugal. La vie sociale actuelle*, Paris 1935, p. 14. the Minho 지방의 Vieira 근방에서는. "산지는 민주적이다. 그러나 아래로 내려가면, 비에이라에 가기만 해도 구귀족 가문의 피달고(귀족)를 볼 수 있다. 비에이라와 몇몇 교구에는 아직도 귀족의 저택이 있다."

260. M. Bandello, *op. cit.*, I, Novella 12.

261. *Op. cit.*, p. 48.

262. J. Cvijić, *op. cit.*, p. 172. 15세기의 불가리아의 농민들과 그들의 노동, 그들의 상대적인 풍요, 소나 물소 두 마리가 끄는 우마차 등에 대해서는 Ivan Sakazov, *Bulgarische Wirtschaftsgeschichte*, Berlin–Leipzig, 1929, p. 197; 산골 혹은 도시 사람들에 비해 농촌 사람들은 환경에 더 매여 있다. 나일 델타에 대해서는 J. Lozach, *op. cit.*, p. 38. 16세기에 델타가 황폐화된 데 대해서는, *ibid.*, p. 50.

263. *Pyrénées méditerranéennes*, p. 245. NB 카마르그 지방에서 유사한 사례가 있는데, 혁명 전에 말타 기사단이 대토지들을 소유하고 있었다. J. J. Estrangin, *Études archéologiques, historiques et statistiques sur Arles*, 1838, p. 307.

264. F. Benoit, *op. cit.*, p. 26.

265. Pierre Vilar, *op. cit.*, I, p. 575 et *sq.*

266. 앞의 주 58.

267. Daniele Beltrami, *Forze di lavoro e proprietà fondiaria nelle campagne venete dei secoli XVII et XVIII*, 1961, p. 67는 1574년이라고 이야기하지만, 다음의 정보를 고려할 때 1566년이 맞는 것 같다. Andrea da Mosto, *Archivio di Stato di Venezia*, 1937, I, p. 168: Provveditore(농업 개선 감독관)는 재배와 관개를 감시하고 토지 "회사들"과 협의하여 농업 활동을 장려하기 위해서 두어진 것 같다.

268. 캄포는 일반적으로 헥타르보다 약간 더 큰 것 같지만, 지역에 따라 차이가 있다. Vicentino에서는 3,862제곱미터에 해당했다. D. Beltrami, *op. cit.*, p. 53, no. 2.

269. Senato Terra 32, 1560년 9월 16일; 1560년 11월 29일.

270. *Ibid.*, 27, 1558년 5월 9일 이전.

271. *Ibid.*, 25.

272. *Ibid.*, 32.

273. *Ibid.*, 67.

274. *Ibid.*, 23.

275. *Ibid.*, 31.

276. 이 책 95-96쪽.

277. Domenico Sella, *Commerci e industrie a Venezia nel secolo XVII*, 1961, p. 87 et *sq.*

278. 이 큰 문제에 대한 선구적인 연구로는 Daniele Beltrami, *Forze di lavoro e proprietà fondiarie nelle campagne venete dei secoli XVII et XVIII*, 1961 참조.

279. 나는 다음 연구서가 제시하는 요약을 따랐다. M. Sorre, *Les fondemenrs biologiques de la géographie humaine*, p. 379 et *sq.* 다음 연구도 참고하라. C. de Cupis, *Le Vicende dell'agricoltura e della pastorizia nell'agro romano e l'Annona di Roma*, Rome. 1911; Pfalz, *art. cit.*, pp. 133-134, 그리고 특히 Jean Delumean, *op. cit.*, II, p. 521 et *sq.*

280. *Vita di benvenuto Cellini scritta da lui medesimo*, [불역] Paris, 1922, II pp. 240-246.

281. C. Trasselli, "Notizie economiche sui Corsi in Roma (secolo XVI)" in *Archivio storico di Corsica*, X, 1934 10-12월호, p. 576 et *sq.*

282. *Lettres d'Italie, op. cit.*, I, p. 312-313. 이 지역의 사람이 살지 않는 지역에 대해서는 브로스는 "오늘날 사비네 지방과 아브루치 지방에서 가끔 농민들이 내려와 이곳 공지에 파종을 하고는 산으로 돌아갔다가 수확철에 다시 온다"고 이야기한다. 그러나 그가 거론한 인구 부족의 원인, 특히 식스투스 5세에게 책임을 돌리는 것은 수정이 필요하다. 파스토르는 삼림 벌채가 말라리아 창궐의 원인이라고 말한다. 사실 식스투스 5세 당시 비적들을 막기 위해서 그들의 은신처 역할을 했던 숲을 불태워 조직적으로 없앴다.

283. M. Sorre. *op. cit.*, p. 398.

284. E. Quinet, *Mes vacances en Espagne*, 1881, p. 320는 과달키비르 강의 "늪지대"에서 받은 강한 인상을 기록하고 있다. 라스 마리스마스의 습한 라티푼디아에는 반쯤 야생으로 돌아간 소들이 노닐고, 광대한 지역에 봄꽃이 피었다.

285. E. F. Gautier, *Genséric, roi des Vandales*, Paris, 1932, p. 109.

286. 이 문제들과 관련하여, 다음의 세밀한 연구에서 과달키비르 강 너머에서 재정복 운동이 초래한 파괴를 설명한다. Georg Niemeier, *op. cit.*, p. 37. 56-57. 안달루시아의 체계적인

식민화는 카롤루스 3세 이전에는 거의 시작되지 못했다. 그것은 독일인 이주민에 의해서 처음 시작되었다(p. 57). 1767년에도 여전히 공지가 남아 있다는 사실에 대해서 같은 책의 도표 8, p. 62를 보라. 16세기에 알려진 식민화의 사례는 단 하나이다. 하엔의 스텝 지역에 1540년에 건설한 라 만차 레알이 그것이다. 100페이지에 소유 상태에 대해서 이 시대가 가진 중요성, 곧 역사의 중요성에 대해서 매우 중요한 코멘트를 하고 있다. 이와 관련하여 공동체 도시인 코르도바와 1767년에 새로 만들어진 공동체 카를로타를 비교한다. 세비야에서 수출하는 60,000~70,000켕탈의 기름에 대해서는 Pedro de Medina, *Libro de grandezas y cosas memorables de España*, 1548, f° 122.

287. G. Botero, *op. cit.*, p. 8.

288. Baron Jean-François Bourgoing, *Nouveau voyage en Espagne*, 1789, III, p. 50.

289. 이 책 제II부 제3장 "첫 번째 위기 : 북유럽의 밀이 리스본과 세비야로 들어오다" 이하 참조.

290. 이목에 대한 역사 문서들에 토스카나의 목축 관련 문서들을 추가할 수 있다(Sim. Secretarias Provinciales de Napoles, legajo no. I, 1566년 1월 25일; 1566년 2월 20일; 1566년 3월 5일; 1566년 3월 15일). 에스파냐인이 세운 연안 지역의 요새까지 이동하는 가축들에게 토스카나가 부과하는 관세 문제에 대해서는 알칼라 공작이 피린체 대공에게 보낸 편지(copy, Simancas, 1055, f°37)와 그에 대한 답장(*ibid.* f° 66)이 있다. 펠리페 2세에게 이탈리아어로 쓴 연대 미상의(아마도 1566년일 것이다) 서한은 목양업자들이 해안의 요새 근처의 따뜻한 지역에 매력을 느끼고 있다고 이야기한다. 이 초지로 가는 데에 대해서 부과하는 세금은 100마리당 10리라였다(Simancas, E°. 1446, f°45). 이 초지의 위치에 대해서는, cf. 1587년 8월 24일, A.d.S. Naples, Sommaria, fasc. 227. 이목에서 Foggia의 관세가 가지는 엄청난 중요성에 대해서는 B.N. Paris, Esp, 127, f° 61 그리고 61 v°(1600년경) 그리고 이 관세의 대상이 되었던 어떤 자작농, 즉 팔루다 후작과 관련된 과도한 관세 부과와 장기간의 재판 관련 문서가 있다.

많은 지리학 문헌들도 참고할 수 있다. 이목의 기원에 관한 Deffontaines의 이론에 Jean Brunhes, *Géographie humaine*, 1935년도 제4판, p. 184); P. George, *op. cit.*, (355 et *sq.*); Jules Blache의 책, 특히 p. 18 et *sq.*, pp. 21, 31; P. Arqué, *op. cit.*, p. 43. 1938년의 상황을 보여주는 지도가 덧붙은 지중해의 문제에 대한 탁월한 요약을 제시하는 다음 논문을 보라. E. Müller, "Die Herdenwanderungen im Mittelmeergebiet", in *Peterm. Mitteilungen*, 84, 1938, pp. 364-370. 이 논문의 서지는 특히 다음 연구를 거론한다. J. Frödin, *Zentraleuropas Almwirtschaft*, 2 vols., 1941 및 Merner, *Das Nomadentum in Nord-Westlichen Afrika*, Stuttgart, 1937. 이목의 형태를 정리하는 것만 어려운 것이 아니라 범위를 확정하는 어려움 또한 크다. 북쪽으로는 알프스 유형의 목축에 대해서, 남쪽으로는 사하라 사막 유형의 유목에 대해서 그 범위를 어떻게 정하느냐가 문제이다. 이는 지중해 지역의 경계를 구분하는 문제가 될 것이다. 이에 대한 최근의 X. de Planhol의 연구는 결정적인 공헌을 했다. 이에 대해서는 아래에서 다시 다룰 것이다(이 책의 주 301, 325-327을 보라).

291. J. J. Estrangin, *Études archéologiques, historiques et statistiques sur Arles*, 1838, p. 334 et *sq.*

292. Fernand Benoit, in *Encyclopédie des Bouches-du-Rhône*, vol. XIV, p. 628. "자본가들"의 역할에 대해서는 간단하지만 유용한 정보를 다음에서 찾을 수 있다. Albitreccia, *op. cit.*, p. 256 et *sq.*

293. G. Desdevises du Dézert, *Don Carlos d'Aragon, Prince de Viane, Étude sur Espagne du Nord au XVe siècle*. 1897, p. 27.

294. Buschbell, (서지 사항 불명), p. 7, 주 1.

295. Jules Blache, *op. cit.*, p. 22 et *sq.*

296. M. Le Lannou, *op. cit.*, p. 62.

297. M. Sanudo, *Diarii*, II, column 577.

298. M. Sanudo, *op. cit.*, I, column 898, Pisa, 1498년 3월 1일.

299. *Ibid.*, XL, p. 816, Zara, 1526년 2월 1일.

300. *Recueil des Gazettes*, année 1650. p. 88, Venise, 1649년 12월 26일.

301. Xavier de Planhol, *De la plaine pamphylienne aux lacs pisidiens. Nomadisme et vie paysanne*, 1958, p. 194.

302. Th. Sclafert, *Cultures en Haute-Provence, Déboisements et pâturages au Moyen Âge*, 1959, p. 133 et *sq.*, 특히 pp. 134-135의 지도.

303. Josef Ivanic, "Über die apulischen Tratturi in ihrer volkswirtschaftlichen und rechtlichen Stellung" in *Illyrisch-albanische Forschungen*, 1916, p. 389, et *sq.*

304. A.d.S. Naples, Sommaria Consultationum, 2, f°s 12 vo to 15, 1563년 3월 13일; 11, fos 61 v° and 64 v°, 1591년 10월 10일. Puglia의 양의 관세는 1561년에 164,067두카트, 1564년에 207,474두카트, 그리고 1588년 6월에는 310,853두카트에 달했다(*ibid.*, 2, f°s 78-83, 1564년 10월 8일 그리고 9, f°s 426, 1588년 6월 4일).

305. G. Coniglio, *Il Viceregno di Napoli nel secolo XVII*, 1955, p. 28.

306. G. M. Galanti, *Nuova descrizione storica e geografica delle Sicilie*, vol. II, Naples 1788, pp. 287, 303, 305, 더 나아가서, A.d.S. Naples Sommaria Consultationum 41, f°s 99-101, 1637년 10월 17일.

307. Marciana, 5838, C II, 8.

308. A.d.S. Venise. Cinque Savii, 9, f° 162, 1605년 3월 2일.

309. Guillaume Bowles, *Introduction à l'histoire naturelle et à la géographie physique de l'Espagne*, Vicomte de Flavigny 자작의 에스파냐어 번역, Paris, 1776, p. 470.

310. Modesto Ulloa, *La hacienda real de Castilla en el reinado de Felipe II*, 1963, p. 222, 그리고 탁월한 장(pp. 215-223)을 보라.

311. Julius Klein, *The Mesta: a study in Spanish Economic History 1273-1836*, 1920; A. Fribourg, "La transhumance en Espagne" in: *Annales de Géographie*, 1910, pp. 231-244 참조.

312. Jacob van Klaveren, *Europäische Wirtschaftsgeschichte Spaniens im 16. und 17. Jahrhundert*, Stuttgart, 1960, p. 200 et *sq.*

313. Roberto S. Lopez, "The origin of the merino sheep" in: *Jewish Social Studies Publication*,

vol. 5. New York. 1953. pp. 161-168.

314. Jacob van Klaveren, *op. cit.*, p. 200 et *sq.*

315. Wolfgang Jacobheit, *Schafhaltung und Schäfer in Zentraleuropa bis zum Beginn des 20. Jahrhunderts,* Berlin, 1961.

316. Marie Mauron, *La transhumance du pays d'Arles aux grandes Alpes,* 1952.

317. J. F. Noble de la Lauzière, *op. cit.,* p. 461, 1632.

318. B.N. Esp. 127 f° 61 및 61 v°, 17세기 초.

319. 도표 7 참조.

320. 앞에서 인용한 그의 연구 외에도 다음 논문도 매우 중요하다. Xavier de Planhol, "Caractères généraux de la vie montagnarde dans le Proche orient et dans l'Afrique du Nord", in: *Annales de Géographie,* 1962, no. 384, pp. 113-129; "Nomades et Pasteurs", I 및 II in: *Annales de l'Est,* 1961, pp. 291-310, 1962, pp. 295-318. 나는 이 탁월한 연구에서 많은 도움을 받았다.

321. 다음 연구의 정보에 근거한 것이다. Emil Werth, *Grabstock, Hacke und Pflug,* 1954, 특히 p. 98의 정보에 의지했다.

322. British Museum, Royal 14 R XXIII, f° 22(1611년경).

323. J. Savary des Brulons, *Dictionnaire universel de commerce*……, 1759, I, column 804.

324. X. de Planhol, *art. cit.,* in *Annales de Géog.* 1962.

325. X. de Planhol, *art. cit.,* in *Annales de Géog.* 1962, p. 121.

326. X. de Planhol, *De la plaine pamphylienne. op. cit.,* p. 202.

327. 지금까지의 상세한 설명은 모두 다음 연구에서 취한 것이다. X. de Planhol, "Géographie politique et nomadisme en Anatolie", in: *Revue internationale des Sciences sociales,* XI, 1959, no 4.

328. François Savary, comte de Brèves, *Relations des voyages de monsieur*……*tant en Terre Saincte et Aegypte, qu'aux Royaumes de Tunis et Arger,* 1628, p. 37.

329. Fernand Braudel, "Les Espagnols en Algérie, 1429-1792", in *Histoire et Historiens de l'Algérie,* 1931, pp. 245-246.

330. 이 책 제I부 제3장의 "대(大)유목민족"을 참조하라.

331. Henry Holland, *Travel in the Ionian Isles, Albania, Thessaly, Macedonia during the years 1812 and 1813,* London, 1815, pp. 91-93.

332. *Op. cit.,* I, p. 144.

333. *Op. cit.,* I, p. 31.

334. *Mémoires,* IV, p. 76.

335. *Op. cit.,* pp. 109, 112, 251, 295.

제2장

1. Éric de Bisschop, *Au delà des horizons lointains,* I, Paris, 1939, p. 344. 세르반테스의 말을 보라. "외해로 나가지 않고 육지에서 육지로 항해한다," *Nouvelles exemplaires.* I, p.

254. 이는 제노바에서 에스파냐로 가는 여행이었다.

2. Pierre Martyr가 Tendilla 백작과 Granada 대주교에게 보낸 편지, Alexandria in Egypt, 1502 년 1월 8일, 편지 no. 231, Luis Garcia y Garcia, *Una embajada de los Reyes Católicos a Egipto*, 1947, p. 55, note에 재수록.

3. *Costeggiare*라는 말은 "연안을 따라가다" 그리고 동시에 "조심하며 가다"라는 뜻이었다. 베네치아의 도제는 페라라 공작에게 연안을 따라가라고 조언했다, A.d.S., Modena, Venezia 77 IX, f° 43, J. Tebaldi가 공작에게 보내는 편지. Venise, 1526년 4월 29일. 그 반대로 "찾아오다"라는 말은 "프랑스 식으로(a camin francese)"라고 표현했다. 해군 대위, Tommaso Contarini는 1558년 7월 10일 코르푸 섬에서 다음과 같이 써서 보냈다. "……쓴 바와 같이 밤에 레반트인은 다른 장소에 머물다가 프랑스 식으로 내가 있는 곳으로 찾아왔다." A.d.S. Venise, Proveditori da Terra e da Mar, 1078. 정확하지는 않으나 또다른 표현으로는 "venire de lungo(시간이 걸려 도착한다)"가 있다. A.d.S. Venise Senato Mar. 19, f° 34, 1517년 12월 28일. 키프로스에서 선적한 곡물 수송선은 "코르푸 섬에 기항했다가 시간이 걸려 도착한다." 에스파냐어의 "a largo mar(긴 바다)"라는 표현도 참고하라. CODOIN, LV, p. 8 (1628).

4. Archives, Ragusa, 정확한 서지 사항 불명. Bertrand de la Borderie, *Le Discours du Voyage de Constantinople*, Lyon, 1542, p. 6; Pierre Belon(*op. cit.,* p. 85)은 마그네시아 곶을 아주 가까이 지나감으로써 "우리 배에서 육지까지 돌을 던질 수 있을 정도였다." 해안 지역을 벗어나지 못하는 배들에 대해서는, *Saco de Gibraltar*, pp. 134-136.

5. J. de Barros, *Da Asia, Dec.,* I, livre IV, ch. XI, (édition A. Baião, p, 160): "한 항구에서 점심을 먹고, 다른 항구에서 저녁을 먹는다."

6. Damião Peres, *História de Portugal*, 1928-1933, IV, p. 214; Thomé Cano, *Arte para fabricar……naos de guerra y merchante……*Seville, 1611, p. 5 v°. Escalante de Mendoza, 1575는 다음과 같은 구분을 한다. "연안 항로의 선원과 기타 외양 항로의 선원." 비스케이에서 프랑스로 가는 사람이든, "레반트로" 가는 사람이든 원양 항해 선원은 아니다. Henri Lapeyre, *Une famille de marchands: les Ruiz*, 1955, p. 194.

7. *Op. cit.,* p. 25.

8. 참조. 루돌프 대공과 에르네스트 대공의 항해(E. Mayer-Loewenschwerdt, *Der Aufenthalt der Erzherzöge R. und E. in Spanien, 1564-1571*, Vienna, 1927) 혹은 카밀로 보르게제 추기경의 항해(A. Morel Fatio, *L'Espagne au XVIe et au XVIIe siècle*, 1878, pp. 160-169). 그는 1594년에 리보르노, 사보나, 팔레르모, "카탈루냐-리비에라에 잇대어 있는" 바르셀로나를 방문했다. 마리 드 메디시스는 리보르노에서 마르세유까지 가는 데에 1600년 10월 13일에서 11월 3일까지 22일이 걸렸다. Agrippa d'Aubigné, *Histoire universelle*, édit. pour *Société de l'Histoire de France* par A. de Ruble, 1886-1897, IX, pp. 338-339.

9. La Prevesa, Lepanto……La Hougue, Aboukir, Trafalgar 해전도 있었지만, 대양 한복판에서 해전을 벌이는 것은 오늘날에 와서의 일이 아닐까? R. La Bruyère, *Le drame du Pacifique*, 1943, p. 160.

10. Paul Masson, *Histoire du commerce français dans le Levant au XVIIe siècle*, 1896, pp.

487-488. 이는 오래된 마르세유 루트이지만, 오직 13세기에는 중간에 그런 곳을 들르지 않고 메시나에서 시리아로 직항하는 배들이 소수였다는 점이 다르다.

11. Belon, *op. cit.*, p. 81 v° et *sq.*

12. Ugo Tucci, "Sur la pratique vénitienne de la navigation au XVIe siècle" in *Annales E.S.C.*, 1958, pp. 72-86.

13. Simancas E° 1392, Figueroa가 국왕에게 보낸 편지. Genoa, 1563년 4월 30일; 모나고 공작은 토르토사에서 양모를 싣고 오던 세 척의 수송선을 통과세를 내지 않았다는 이유로 나포했다. 화물은 피렌체에 주재하는 에스파냐 상인들에게 가는 것이었다. 공작은 자신의 특권이 카를 5세 당시 확인받은 것이라고 주장했다. A.d.S. Genova, L. M. Spagna, 10 2419: 1588년 10월, 사부아의 갤리 선이 기름을 싣고 가던 소형 선박들을 나포했다. 나포가 이루어진 곳은 제노바 근해로서 육지에서 1마일 떨어진 곳이었는데, 이 배들이 빌프랑슈에서 입항세를 내지 않았기 때문이었다. 1558년까지 거슬러 올라가는 빌프랑슈의 세관에 대해서는 Paul Masson, *Histoire du commerce français dans le Levant au XVIIe siècle*, 1896, pp. 72-73, *Histoire du commerce français dans le Levant au XVIIIe siècle*, 1911, pp. 192-193: C.S.P. VII, p. 229, 1560년 6월 25일; A. N., Marine B 31; Genoa, Manoscritti no. 63, 1593; A.d.S. Florence, Mediceo 2842, 1593년 8월 11일; A.N., Foreign Affairs B1, 511, Gênes, 1670년 6월 17일; *Lettres de Henri IV*, VI. p. 126.

14. 피옴비노(Piombino: 지배 가문이 있는 독립 영주국이었지만, 1548-1557년에 메디치 가문이 정복했다) 한 곳만 지배해도 모든 이탈리아 선박의 항해를 저지할 수 있는 것으로 여겨졌다. 어떤 이유로든 제노바가 에스파냐와 관계를 끊는다면 이탈리아와 에스파냐를 연결하는 유일한 항구는 피옴비노가 된다. 당시 리보르노는 좋은 항구 시설을 갖추지 못했고, 모나코는 "참으로 적당하지 않았다"(J. de Vega가 Pedro de Marquina에게 한 지시, Buschbell, *art. cit.*, p. 338, 1545년 9월). Arch. Hist. Nacional, Madrid, Catalogue no. 2719, H. Lippomano가 도제에게 보낸 편지(A.d.S. Venise)에는 많은 피옴비노 관련 문서들이 있다. Madrid. 1587년 1월 26일: 토스카나 대공은 요새들 중 적어도 한 곳에만 대해서도 백만의 금화를 주려고 했다. 그러나 펠리페 2세가 거절했다. "카탈루냐의 일부와 에스파냐의 모든 해안까지 중요하지 않은 항구가 어디 있단 말인가?"

15. Richard Ehrenburg, *Das Zeitalter der Fugger*, 1922, I, 373; Paul Herre, *Weltgeschtichte am Mittelmeer*, 1930, pp. 229-231.

16. P. Gaffarel, *Histoire du Brésil français au XVIe siècle*, 1878, pp. 100-101.

17. A.d.S. Venise, Lippomano가 도제에게 보내는 편지. Madrid, 1586년 11월 19일.

18. A.d.S. Florence, Mediceo 2079, f°ˢ 337 and 365. 아마도 이탈리아 선박들이었을 것이다. 브라질에서 리보르노로 직항한, 아마도 포르투갈 소유였을 것 같은 선박에 대해서 Mediceo 2080, 1581년 11월 29일. 1609년에 신대륙 발견을 위해서 페르디난드 대공이 "두 인도로" 보낸 배에 대한 언급은 Baldinucci Giornaledi ricordi, Marciana, VI, XCIV. 연도에 오류가 있는 것은 아닐까? 17세기 초에 페르디난드 대공은 네덜란드인과 합의하여 브라질 일부를 식민화하려고 했다. Giuseppe Gino Guarnieri. *Un audace impresa marittima di Ferdinando I dei Medici, con documenti e glossario indocaraibico*, Pisa, 1928,

p. 24 notes.

19. J. Cvijić, *La péninsule balkanique*, 1918, p. 377.

20. Édouard Petit, *André Doria, un amiral condottière au XVIe siècle, 1466-1560*, 1887, p. 175. Belon은 (*op. cit.*, p. 92) 다음과 같이 썼다. "옛사람들은 현재 우리가 겪는 것보다 항해에 더 어려움이 많았으며 육지를 시야에서 놓치지 않았다. 그러나 이제 모든 사람들이 천연 자석의 미덕을 알기 때문에 항해가 쉬워졌다." 그리고 그는 해적선이 천연 자석을 사용하고 있다고 지적한다. 물론 해적선은 외해로 나가서 다른 배를 갑자기 공격해야 하기 때문에 육지에서 멀리 떨어져 항해해야 했다. 나침반은 12세기에 중국으로부터 지중해로 전해진 것으로 보인다. 이것은 사실일까? F. C. Lane, "The Economic Meaning of the Invention of the compass" in *The American Historical Review*, vol. LXVIII, No.3, 1963년 4월, p. 615.

21. 지중해 쪽의 에스파냐의 메마르고 사용하기 어려운 해안에 대해서는 Bisschop, *op. cit.*, p. 332 참조. 지중해의 황량하고 흔히 버려진 해안에 대해 Siegfried, *op. cit.*, p. 319, 그리고 유사한 기록들을 다음에서 볼 수 있다. R. Recouly, *Ombre et soleil d'Espagne*, 1934, p. 174; 수백 킬로미터를 항해하는 동안 마을이나 도시를 볼 수 없다. 이런 지역은 황폐하고 피난처도 없다. 팔로스 곶에서 살론 곶까지 육지에서 불어오는 바람을 피할 수 있는 피난처는 발렌시아와 알리칸테 외에는 없었다(Instructions Nautiques, no. 345, p. 96). 에스파냐 지중해의 모든 해안에서 해풍을 피할 피난처가 없었다(*ibid.* p. 1). 프로방스의 산지 성격의 해안에 대해서는 Honoré Bouche, *Chorographie, ou des descriptions de la Provence……*, 1664, p. 18.

22. Richard Hennig, *Terrae Incognitae*, 2° éd., 1953, III, p. 261

23. João de Barros, *Da Asia*, *Déc.* I, I, ch. 2, Venise 1551, p. 7.

24. Georg Friederici, *Der Charakter der Entdeckung und Eroberung Amerikas Durch die Europäer*, 1936, II p. 23.

25. Vitorino Magalhães-Godinho, *L'Économie de l'Empire portugais aux XVe et XVIe siècles. L'or et le poivre. Route de Guinée et route du poivre*, Paris, 1958. Thèse dactylographié, Sorbonne. p. XLVIII et *sq.*

26. Y. M. Goblet, *Le Temps*, 1938년 4월 30일.

27. 다양한 색깔을 하고 높은 뱃전을 가진 에게 해의 선박들에 대해서는 W. Helwig, *Braconniers de la mer en Grèce*, (불역) 1942년, p. 133. 발레아레스 제도 근처에서는 오렌지를 수송하는 우아한 스쿠너 선들을 아직도 볼 수 있다. R. Recouly, *op. cit.*, p. 179.

28. Emmanuel Grévin, *Djerba l'île heureuse et le Sud Tunisien*, 1937, p. 35.

29. Théophile Gautier, *Voyage à Constantinople*, 1853, p. 36 Cf. 오늘날의 카발라 항의 현재의 광경을 보라(M. N. "Kawalla die Stadt am weissen Meer." *Kölnische Zeitung*, 1942년 7월 16일). 이 배들은 담배, 올리브, 건오징어 등을 싣고 항해한다.

30. Cdt. A. Thomazi, *Histoire de la Navigation*, 1941, p. 23.

31. 개별적인 서술 중에서 나폴리 만에 대해서는 *Instructions Nautiques*, no 368, p. 131; 볼로스 만과 주변의 여러 섬들에 대해서는 Helwig, *op. cit.*, p. 16; 콰르네로 만에 대해서

는, H. Hochholzer, "Die Küsten der Adria als Kultur-Siedlungs-und Wirtschaftsbereich 참조," in: *Geogr. Zeitschr.*, 1932.

32. Dolu가 Dax의 주교에게 보내는 편지, Constantinople, 1561년 2월 18일, E. Charrière, *op. cit.*, II, pp. 650-652: 타나에 대한 모스크바 공국의 공격에 관해서 거론한다. 그들은 강의 결빙을 이용했다가 봄에 귀환했다(cf. *ibid.*, pp. 647-648, 671-672, 2월 5일, 8월 30일). 러시아 해적에 관해서는 1608년의 기록이 있다. Avisos de Constantinople, 1608년 7월 12일, A.N., K 1679. 흑해 지방의 총독은 모스크바인에게 대항하여 갤리 선을 보내려고 생각했으나, 갤리 선이 경장비 선박에 대해서 무력하다는 보고를 들었다. 그래서 "중간 규의 배를 보내기보다는 쾌속선"을 보내기로 했다. 1622년, 폴란드에 봉사하는 코사크 기병들이 흑해 항구들을 공격했다. 그리고 "타타르의 수도" 카파가 약탈당했다. Naples, Storia, Patria, XXVIII, B 11, f⁰ˢ 230, 230 v°; 1664, J. B. Tavernier, *op. cit.*, p. 274.

33. Tavernier(*op. cit.*, I, p. 275, 1664년), 밍그렐리아는 늘 투르크와 우호적인 관계를 유지했는데, "투르크가 사용하는 강철과 철의 대부분이 흑해를 통해서 들어오는 밍그렐리아 산품이기 때문이다."

34. Belon du Mans, *op. cit.*, p. 163.

35. "그 분노한 바다는……," 1579년 5월 19일, E. Charrière, *op. cit.*, III, p. 799. 흑해의 선박들은 흔히 바닥짐을 잘 싣지 않았다. 판재를 수송하던 선박의 침몰 사건에 대해서는, Tott, *Mémoires, op. cit.*, II, p. 108.

36. Avisos de Constantinople, 1575년 10월 17, 18, 24일, Simancas E° 1334.

37. 비잔틴 제국의 정치적 쇠퇴에 의해서 흑해는 1265년경에 개방되었다: G., Bratianu, *Études byzantines*, 1939, p. 159.

38. A. Philippson, "Das Byzantinische Reich als geographische Erscheinung", in: *Geogr. Zeitschrift*, 1934, p. 448.

39. I. Nistor, *Handel und Wandel in der Moldau*, 1912, p. 23.

40. 흑해에서의 서유럽 교역은 큰 주제이다. 라구사의 교역에 대해서는 이 책 419-421쪽 참조. 간혹 베네치아는 멀리 흑해에까지 선박을 보냈다(H. F°가 도제에게 보낸 편지, Pera, 1561년 5월 25일, A.d.S. Venise, Seno. Secreta, Const. Fza 3C). 이 문건은 밍그렐리아까지 간 베네치아의 작은 배를 언급한다. 피렌체와 콘스탄티노플 사이에 이루어진 항복 조약에서 피렌체는 흑해에서의 항해 자유를 1577년 요구했다. (A.d.S. Florence, Mediceo 4274)

41. G. I. Bratianu, "La mer Noire, plaque tournante du trafic international á la fin du Moyen Âge", in: *Revue du Sud-Est Européen*, 1944, pp. 36-39.

42. 이 책 제III부 제3장의 "그라나다 전쟁의 전환점" 참조. 돈 강과 볼가 강을 연결하는 운하 문제에 대해서는 J. Mazzei, *Politica doganale differenziale*, 1931, p. 40; 더 유용한 연구로는 W. E. D. Allen, *Problems of Turkish power in the Sixteenth century*, 1963, p. 22 et *sq.*

43. J. W. Zinkeisen, *Geschichte des osmanischen Reiches in Europa, 1840-1863*, III, p. 299 et *sq.*

44. Robert Mantran, *Istanbul dans la seconde moitié du XVIIe siècle*, 1963은 투르크의 소형선

의 유형을 제시하는데, firkata(프리깃 함), zaïka(사이크 선), kalyon(갤리온 선) 같은 것들로 구분할 수 있다, p. 318, note 2; 에게 해와 마르마라 해에서 밀을 운반하던 그리스형 선박인 사이크 선과 마르마라 해에서만 사용하는 카라무살리 선("이 배를 건조한 이즈미트[니코메디아] 근처의 항구 이름"에서 유래했다고 한다)을 구분해야 한다. pp. 488-489: 절반만 갑판을 하고 세 개의 범포와 노를 사용하는 배? 서구의 자료는 여기에 동의하지 않는다.

45. Casa Grande e senzala, *Rio de Janeiro*, 5° éd. 1946, I, p. 88; Paul Achard, *La vie extraordinaire des frères Barberousse, op. cit.*, p. 53.

46. Gonzalo de Reparaz, *Geografiá y política*, Barcelona, 1929, passim.

47. Émile-Félix Gautier, *Les siècles obscurs du Maghreb*, 1927, p. 280.

48. 시망카스에 있는 카스티야 국가에 관한 자료. 이 책 제II부 제7장의 "1. 함대들과 요새화된 국경들" 참조.

49. 1565년 3월 14일, Simancas E° 146.

50. R. Ricard, "Les Portugais au Maroc", in *Bulletin de l'Ass. Guillaume Budé*, 1937년 7월호, p. 26.

51. D. de Haëdo, *Topographia……, op. cit.*, p. 19 V°.

52. F. Braudel, R. Romano, *Navires et marchandises à l'entrée du port de Livourne, 1547-1611*, 1951, p. 45.

53. *Ibid.*, p. 45.

54. J. Denucé, *L'Afrique au XVIe siècle et le commerce anversois*, 1937, p. 12.

55. 펠리페 2세가 카스티야의 아델란타도(Adelantado, 전방 총독) S. 로렌소에게 보낸 편지. 1594년 9월 4일, Simancas E° Castilla 171, f°, 107, 세우타에서 함대와 함께 있던 아델란타도가 멀리 St. Vincent 곶까지 순찰을 한 후 리스본으로 가고 싶어 했다.

56. Ustariz, *op. cit.*, pp. 260-261(1724).

57. A.d.S. Venise, Alvise Correr가 도제에게 보낸 편지. 마드리드, 1621년 4월 28일. 베네치아인의 기록에 의하면 "해협의 한쪽 끝에서 다른 쪽 끝까지 거리가 너무 멀어서" 성공하기가 힘들 것 같다는 것이다.

58. Xavier A. Flores, *Le 'Peso Politico de todo el mundo" d'Anthony Sherley*, 1963, p. 176.

59. *Ibid.*, p. 111.

60. A.d.S. Venise, Lippomano가 도제에게 보낸 편지. Madrid, 1586년 11월 19일, 알제의 해적 왕 아무라트가 "심야에" 이곳을 지나가는 문제에 관하여.

61. R. B. Merriman, *The Rise of the Spanish Empire*, 1934, IV, pp. 248, 434. R. Konetzke가 주장하듯이 작은 문제들에 너무 매여 있는 아라곤인들의 잘못일까? *op. cit.*, p. 148. 나는 그의 설명을 받아들이고 싶지 않다.

62. Giovanni Livi, *La Corsica e Cosimo dei Medici*, Florence, 1885.

63. A.d.S. Florence, Mediceo, 2080.

64. Jean Delumeau, *Vie économique et sociale de Rome dans la seconde moitié du XVIe siècle*, I, 1957, p. 128.

65. Danilo Presotto, *Venuta Terra* et *Venuta Mare* nel biennio 1605-1606, thèse dactylographiée, Facultié d'Economie et Commerce de Génes, 1964, p. 31 et *sq*.

66. Giovanni Rebora, *Prime ricerche sulla "Gabella Caratorum Sexaginta Maris"*, thèse dactylographiée, Facultié d'Economie et Commerce de Génes, 1964, p. 31.

67. Danilo Presotto, *op. cit.*, p. 53.

68. A.d.S. Florence, Mediceo 2080.

69. *Principes de géographie humaine*, p. 432.

70. 이 책 제I부 제5장의 "15세기의 대형선들과 소형선들" 참조.

71. Jacques Heers, *Gênes au XVe siècle*, 1961, p. 275.

72. *Mémoires de Messire Philippe de Comines, augmenté par M. l'abbé Lenglet du Fresnay*, éd. Londres et Paris, 1747, IV, p. 103. 이 배들의 크기는 최대 2,100톤과 1,750톤으로 계산되는데, 실제로는 아마도 1,500톤과 1,250톤일 것이다.

73. Mapa del Mar Adriatico, 1568, Sim. Eo, 540. 이 주제에 대해서는 연구서들이 대단히 많다: Le Danois, *op. cit.*, p. 107; A Philippson. *op. cit.*, pp. 40-41; J. Boucard, "L'histoire récente de l'Adriatique", in: *C.R.S. de la Soc. géologique de France*, no. 5, 1925년 3월호 참조. H. Hochholzer, *art. cit.*, in: *Geogr. Zeitschrift.*, 1932, pp. 93-97는 몇 건의 상세한 측량치를 제시한다. 베네치아에서 오트란토 곶까지 아드리안 해는 길이 700킬로미터이며 면적 14만 평방킬로미터인데 핀란드 만의 1/6 크기이다. 이 지역을 원으로 환산하면 지름이 492킬로미터인 셈이다. 이곳의 대륙 및 섬 연안은 각각 3,887킬로미터와 1,980킬로미터, 합계 5,867킬로미터이다. 베네치아와 알바니아 연안을 제외하면 10미터 깊이의 해저 연안이 둘러싸고 있다.

74. Maurice Holleaux, *Rome, la Grèce et les monarchies helléniques*, 1921, pp. 176-177.

75. B.N. Paris, Esp. 127, f° 7. 17세기 초.

76. E. Albèri, *Relazioni degli ambasciatori veneti*, II, V, p. 465.

77. B.N. Paris, Fr. 16, 104.

78. 서해안에 항구가 부족하다는 점에 대해서는 *Instructions nautiques*, no. 408, p. 32.

79. A.d.S. Venise, Senato Mar, 15, f° 2.

80. 베네치아는 투르크의 위협에 대비하여 코르푸 섬의 방비를 강화하기로 결정했다, Dax의 주교가 교황에게 보낸 편지. Venise, 1559년 7월 29일과 8월 12일, E. Charrière, *op. cit.*, II, pp. 600-601.

81. V. Lamansky, *op. cit.*, p. 610-611.

82. P. Canaye, *op. cit*, pp. 190-192, 1573년.

83. V. Lamansky, *op. cit.*, p. 611.

84. Correr, D. delle Rose 21, f° 29.

85. Felice Toffoli, "Del commercio de Veneziani ai tempi della Repubblica, con accenni a Trieste", 1867, p. 24, extrait de *l'Osservatore Trieste*, 1867년 5월.

86. Serafino Razzi, *La storia di Raugia*, 1595, éd. 1803, p. 260.

87. A.d.S. Venezia, *Cinque Savii alia Mercanzia*, Busta 4, copie (extraits de l'histoire de Gio.

Batta Nani). 그 이전에 수많은 사건들이 있었다. 라구사 감독관이 베네치아 주재 라구사 영사에게 보낸 편지. (1567년 1월 16일), Corzola 백작은 자신이 획득한 많은 물품에 대해서 10퍼센트의 관세 수입을 원했다(Archives, Ragusa L.P., I, f° 34, A.d.S. Venice, *Cinque Savii*, Busta 3 copy, 1597년 8월 10일).

88. A.d.S. Venise, *Cinque Savii alla Mercanzia*, Busta 3, 5현인 회의가 도제에게 보낸 편지. 1634년 12월 29일, copy. 앙코나와 이곳의 가죽 제품 거래에 대한 다툼은 루마니아에서 들어오는 오배자[염료의 일종]에 대한 관세의 철폐 형태로 벌어졌다(1545-1572).

89. 1559년, 두라초[알바니아의 두레스]에서 심각한 사태가 벌어졌다. 지방 감독관 Pandolfo Contarini 가 투르크 해적을 추격했는데 이들이 두라초로 피신한 것이다. 베네치아는 그곳에 포격을 가했다. *Campana, La vita del catholico……Filippo II*, 1605, II, XI, pp. 82-83, 그리고 Dax 주교가 국왕에게 보낸 편지. 1559년 4월 30일과 5월 20일, E. Charrière, *op. cit.*, II, p. 573-575. 1560년에는 평화적으로 문제가 해결되어서, 두라초는 투르크가 빼앗았던 Sebenico 근처의 33개의 마을을 되돌려받았다(Dolu가 Dax 주교에게 보낸 편지. Constantinople, 1560년 9월 21일, E. Charrière, *op. cit.*, II, 625-628).

90. A.d.S. Venise, *Cinque Savii*, 9, f° 175.

91. 이런 정책은 특히 아드리아 해의 제염업 혹은 더 먼 곳에서의 소금 수입을 베네치아가 완전히 장악한 데에서 뚜렷하다. 물론 그것은 필수적인 정책이었다. 1583-1585년의 베네치아의 해상 수출액은 "코르푸 섬까지의 범위"에서는 160만 두카트, 그외 지역에서 60만 두카트였다(A.d.S. Venise, Papadopoli, codice 12, f° 22 vo.). 이 수치는 당대 자료에서 나온 것이며 상품에 대한 5퍼센트의 수출세를 적용한 것이다. 아드리아 해에서는 소금이 실제로 화폐 대용이었다는 점에 대해서는 Fernand Braudel, "Achats et ventes de sel a Venise(1587-1793)" in *Annales E.S.C.* 1961, pp. 961-965 참조. 이 논문의 지도도 참고하라. 베네치아는 소금으로 발칸의 목축업자를 통제했다.

92. A.d.S. Venise, *Cinque Savii*, 1514년 5월 13일: 기름, 아몬드, 호두, 밤 등을 싣고 이집트의 알렉산드리아로 직접 갈 수 있는 권리.

93. A.d.S. Venise, *Senato Mar*, 186, 1610년 3월 6일.

94. *Ibid.*, 1520년 6월 19-20일.

95. Francisco de Vera가 펠리페 2세에게 보낸 편지. 1589년 10월 7일, A.N., K 1674.

96. 황제가 Dietrichstein에게 보낸 편지. 1570년 5월 2일, P. Herre, *Europäische Politik im cyprischen Krieg, 1570-73*, 1902, p. 148; 빈과 베네치아 사이의 다툼과 협상에 대해서는 G. Turba, *op. cit.*, XII, p. 177 note (1550년 11월 23일) XIII, p. 148 (1560년 6월 9일). 독일은 "카를 6세의 치세 이전에는 아드리아 해의 자유 통행이 불가능했다." Krebs, *art. cit.*, pp. 377-378, 그리고 J. Kulischer, *Allgemeine Wirtschaftsgeschichte*, 1928-1929, II, pp. 236-237.

97. A. Le Glay, *Négociations diplomatiques entre la France et l'Autriche durant les trente premières années du XVIe siècle*, I, 1845, p. 232.

98. E.g. A.d.S. Venise, Cinque Savii, 2, 1536년 2월 26일, 당시 베네치아인과 외국인을 위해서 레반트에서 베네치아 선박에 화물을 싣고 아드리아 해 지역의 도시들로 직접 가서 하

역하는 것은 금지되었다. 달마티아로 가는 풀리아 포도주에 대해서는 the report of Giustiniano, 1576, B.N. Paris, Ital. 220 f° 72, 사본. 일찍이 1408년 10월 5일에 "만(灣)" 너머의 곡물 수출은 공식적으로 금지되었다(Cinque Savii 2).

99. 많은 문건들이 있다. 예컨대 A.d.S. Venise, Senato Terra 4, f° 123 v°, f° 124, 1459년 9월 27일; Senato Mar 6, f° 89 vo, 1459년 9월 28일. 제노바의 해적에 대해서는, Senato Mar 6, f° 196 v°, 1460년 6월 16일.

100. 투르크 해적들이 처음 등장한 데에 대해서는 A.d.S. Venise, Senato Mar 18, f°, 119 v°, 1516년 9월 9일; Curthogoli라는 해적이 12-15척의 배를 가지고 만 입구에 나타났다.

101. 1553년 잘못된 기동 작전에 의해서 발로나 근처에서 베네치아 갤리언 선 두 척이 바르바리 해적선 12척 선단의 수중으로 넘어갔다, Giuseppe Cappelleti, Storia della Repubblica di Venezia del suo principio al suo fine, Venice, vol. VIII, 1852년, p. 199.

102. 1570년 이래 사정이 악화되었다, Museo Correr, D. delle Rose, 481, 1570년 10월 1일: 해적들은 76,000두카트에 해당하는 포도주와 기름을 가지고 도주했다.

103. V. Lamansky, op. cit., pp. 600-601.

104. Giacomo Tebaldi가 페라라 공작에게 보낸 편지. A.d.S. Modène Venezia, 1545년 3월 28일. A.d.S. Modena, Venezia XXIV, 2383/72 "어떤 악마 우스코크인들은 어떻게 해서라도 베네치아인인 것처럼 위장하여 몇 척인가의 호화로운 배들을 습격하여 화물을 빼앗았습니다."

105. Correr, D. delle Rose, 21, f° 78.

106. Correr Cigogna, 1999 (s.d.).

107. A.d.S. Venise, Papadopoli 12, f° 25.

108. 참조. H. Hochholzer, art. cit., p. 150의 증언. Attilio Tamaro, L'Adriatico golfo d'Italia, 1915에서는 많은 부분이 과장되어 있지만, 다음 논문의 가치는 매우 높이 평가할 만하다, "Documenti inediti di storia triestina, 1298-1544" in Archeografo triestino, XLIV, 1931, 그리고 Storia di Trieste, 2 vols, Rome, 1924. 다음 연구는 몇 가지 흥미로운 주제를 다룬다, Bozzo Baldi, L'isola di Cherzo, 서문. R. Almagliâ, fasc. 3, Studi geografici pubblicati dal Consiglio Nazionale delle Ricerche, 1934; 이 섬의 이탈리아주의의 기반, 즉 사회적, 경제적 기반은 대토지와 해운이었다.

109. Antonio Teja, "Trieste e l'Istria negli atti dei notai zaratini del 300" in: Annali del R. Ist. Tech. Rismondo, 1935; Silvio Mitis. Il governo della repubblica veneta nell'isola di Cherzo, 1893, p. 27.

110. A. Philippson, "Das byzantinische Reich als geographische Erscheinung" in Geogr. Zeitschr., 1934, pp. 441-455.

111. 해적 단속을 위한 갤리 선단의 사령관에게 Pandolfo Strozzi가 내린 지시. 1575년 4월 1일, A.d.S. Florence, Mediceo 2077, f° 540 and v°. 이 공격은 다음 루트를 따라 행해졌다: 메시나, 파세로 곶, 미수라타 곶, 레반트에서 트리폴리, 튀니스, 본, 알제로 가는 배들이 미수라타라고 하는 아프리카의 곶 근처를 지나가기 때문이다.

112. 지중해의 한쪽 끝에서 다른 쪽 끝으로 이주하는 문제에 관련하여, 두 명의 그리스인이

무르시아에서 1554년 5월 14일 화형에 처해진 사건이 일어났다(A.H.N. Lo. 2796). 마드리드로 여행하는 그리스인들(Terranova가 국왕에게 보낸 편지. Palermo, 1572년 12월 20일, Simancas E° 1137). 16세기에 리보르노에는 많은 그리스인들이 살고 있었다. 카디스의 그리스인 한 명이 1574년 알제의 투르크인들에게 포로로 잡혔다. D. de Haëdo, *op. cit.*, p. 175 v°. 마요르카 섬의 한 키프로스인. 1589년 2월 19일, Riba y Garcia, *El consejo supremo de Aragon en el reinado de Felipe II*, 1914, p. 285. 에스파냐 해군에서 근무하는 그리스인들; Tiepolo가 도제에게 보낸 편지. 1560년 8월 19일, Calendar of State Papers (Venetian) VII, 247.

113. J. Sauvaget, *Introduction à l'histoire de l'Orient musulman*, 1943, pp. 43-44.

114. Pedro Navarro의 원정들 시기인 1509-1511년에 에스파냐 국왕 페르난도 2세의 목표는 단지 마그레브 해적들을 진압하거나 혹은 그라나다에서 새 전쟁을 시작하여 아프리카를 획득하자는 것(이는 그가 아니라 이사벨 여왕이 꿈꾸던 것이다)이 아니었다. 그것은 무엇보다 에스파냐 남부로부터 곡물이 풍부한 시칠리아까지 연안 지역에 근거지들을 만들어 항해로를 확보한다는 것이었다. 1509년에 오랑을 획득하고, 1511년에는 에스파냐 선단이 바르바리의 트리폴리를 점령했다. 이렇게 빨리 일이 진행된 것은 그 임무의 성격을 말해준다(Fernand Braudel, "Les Espagnols et l'Afrique du Nord", in: *Revue Africaine*, 1928). Lucien Romier는 카를 5세가 프로방스를 공격한 것도 유사한 목표 때문이라고 생각한다.

115. V. Lamansky, *Secrets d'État de Venise*, St. Petersburg, 1884, pp. 563-564, 1559년의 베네치아 보고서.

116. 내 주장을 확인해주는, 고대 로마 시대의 동방 세계와 서방 세계 간의 큰 대립에 대해서는 G. I. Bratianu, *Études byzantines*, 1939, pp. 59-60, 82-83. Jacques Pirenne, *Les grands courants de l'histoire universelle*, 1944, I, p. 313. Pierre Waltz, *La Question d'Orient dans l'Antiquité*, 1943, p. 282을 참조하라.

117. R. Pfalz, *art. cit.*, p. 130, n.l. 1928년에 제노바 근처에서 10,280켕탈의 생선이 잡혔지만 이 도시에서 필요로 하는 양은 20,000켕탈이었다. 이탈리아 어부의 소득은 프랑스 어부의 1/4, 영국 어부의 1/8에 불과했다. 그러나 프랑스와 영국에서 생선 값은 이탈리아보다 비싸지 않았다.

118. 다랑어 조업에 대해서는 펠리페 2세가 알바 공작에게 보낸 편지. 1580년 5월 4일, (CODOIN, XXXIV, p. 455) 1580년 5월 19일, (*ibid.*, p. 430) 4월 18일, (*ibid.*, XXXII, p. 108). A. de Morales, *Las antigüedades de las ciudades de España*, Madrid, 1792, f° 41 v°, 1584년 다랑어 어업은 메디나 시도니아 공작과 아르코스 공작에게 70,000두카트의 소득을 가져다주었다. 이에 관한 흥미로운 일화: "tocase a tambores y hazese gente para yr a su tiempo a esta pesqueria con el atruendo y ruydo que se aparaja una guerra." 콘실에서 5-6월에 어업을 하는 때는 바다가 피로 붉게 물든다. Pedro de Medina, *Libro de grandezas y cosas memorables de España*, éd. augmentée par D. Perez de Messa, 1595, p. 108.

119. E. Le Danois, *op. cit.*, pp. 197-198.

120. Danilo Presotto, *op. cit.*, p. 364.

121. Alberto Tenenti, *Cristoforo da Canal*, 1962, p. 82.

122. 펠리페 2세의 면허장, 1561년 10월 1일(이교도를 공격하기 위해서 출항하는 스코틀랜드인 Chasteniers를 위한 면허장), B.N. Paris, Fr. 16103, f°s 69, 69 v°.

123. A.d.S. Florence, Mediceo(서지 사항 불명).

124. G. Vivoli, *Annali di Livorno*, IV, pp. 10-11.

125. *Ibid.*, IV, p. 10.

126. F. C. Lane, *Venetian ships and shipbuilders ofthe Renaissance*, 1934. pp. 37-38.

127. *Ibid.*, p. 42.

128. B. Hagedorn, *Die Entwicklung der wichtigsten Schiffstypen*, Berlin, 1914, pp. 1-3, 36; F. C. Lane, *op, cit.*, p. 41의 참고 문헌.

129. *Instructions Nautiques*, no. 368, pp. 66-70; Andrea Navagero. *Il viaggio fatto in Spagna*, 1563, p. 2(1525); 제노바와 라팔로 사이의 도로들은 끔찍한 수준이지만 주변 지역에는 인구가 많았다.

130. V. Lisicar, *Lopud. Eine historische und zeitgenössische Darstellung*, 1932; Lopud는 메초 섬이다.

131. Museo Correr, D. delle Rose, 21, f° 17(1584), f° 19(1586), f° 70 v^o(1594).

132. A.d.S. Naples, Sommaria Partium, volume 559, f° 158, 1567년 10월 9일, 예를 들면.

133. *Ibid.*, 532, 1551년 11월 5일.

134. *Ibid.*, 560, f° 209, 1568년 6월 10일.

135. *Ibid.*, 543, f° 128, 1568년 1월 10일.

136. *Ibid.*, 575, f° 40, 1567년 7월 17일.

137. *Ibid.*, 577, f° 37-39, 1568년 10월 10일; f° 89-93, 1569년 1월 21일.

138. *Ibid.*, 596, f° 193-6, 1572년 7월.

139. Bartolomeo Crescentio Romano, *Nautica mediterranea* ······, 1607, p. 4.

140. *Ibid.*, p. 4.

141. *Ibid.*, p. 7.

142. Fourquevaux, *Dépêches*, I, p. 12, Quillan 숲에서 나는 목재.

143. Archives de Ragusa, Diversa de Foris X, f° 81 v° et *sq.*: Conto di spese di me Biasio Vodopia······

144. A.d.S. Florence, Mediceo 4897 bis., f° 6, 6 v°, 1566년 1월 15일.

145. *Ibid.*, 2840. f° 3, 1560년 7월 23일.

146. Simancas E^o 1056, f° 185, 1568년 8월 22일.

147. *Geographia General de Catalunya*, p. 336.

148. A.d.S. Naples, Sommaria Partium, 562, f° 83, 1567년 9월 10일.

149. F. C. Lane, *op. cit.*, p. 219 et *sq.*

150. Robert Mantran, *Istanbul dans la seconde moitié du XVIIe siècle*, 1962, p. 445 note 2, passim.

151. V. Lamansky, *op. cit.*, pp. 83-89 Simancas E^o 1329, Venise, 1571년 11월 25일. 베네치

아의 노력은 성공적인 것 같지 않다. 만일 그 정책이 실제 수행되었다고 해도 효과가 있었을지 의심스럽다. 1572년 5월 8일자 콘스탄티노플 주재 프랑스 대사의 보고에 따르면 5개월 후 투르크는 선박 150척을 건조했고 모두 무장하고 선원들을 갖추었다. E. Charrière, *op. cit.*, III, p. 269.

152. F. C. Lane, *op. cit.*, p. 232.

153. C. Trasselli, 'Sul naviglio nordico in Sicilia nel secolo XVII', 미간행 논문, Vicens Vives 헌정 논문집에 실릴 논문.

154. 선박 건조 비용을 계산하는 것은 대단히 어렵지만 불가능하지는 않다. 북유럽 목재 가격에 대한 중요한 정보에 관해서는 *Dispacci scritti of Senato dal Secretario Marco Ottobon, da Danzica dalli 15 novembre 1590 sino 7 settembre 1591*, copie A.d.S. Venise, Secreta Archivi Propri, Polonia 2.

155. *Instructions Nautiques* no. 368, p. 7. 니스와 제노바 사이의 해안에서 기후가 아주 나쁜 경우는 별로 없다. 로사 항은 남풍 외의 다른 바람에 대해서는 대비가 되어 있는데, 남풍은 자주 불어오지 않는다: *Instructions* no. 345, p. 135. 앙티브 항이 늘 조건이 양호하다는 점에 대해서는 *Instructions* no. 360 p. 175. 발렌시아(발렌시아 만을 말한다)에서는 미스트랄이 매우 강하다. 미스트랄이 불더라도 연안에서는 항해가 위험하지 않으나, 먼바다에서는 발레아레스로 피신해야 한다. *Instructions*, no. 345, p. 12.

156. Werner Helwig, *Braconniers de la mer en Grèce*, 불역, 1942, p. 199.

157. 심지어 오늘날에도 리구리아 해안의 일부 지역은 바다를 통해서만 접근할 수 있다. R. Lopez, "Aux origines du capitalisme génois", in *Annales d'hist. écon. et soc.*, IX, 1937, p. 434, no. 2. 이와 비슷하게 철도와 도로도 카탈루냐의 "황량한 해안"을 피한다.

158. 시칠리아에 대한 흥미로운 구절, Paul Morand, *Lewis et Irène*, 1931, p. 17.

159. E. Fechner, in: Benndorf, *Das Mittelmeerbuch*, p. 99.

160. Werner Helwig, *op. cit.*, passim.

161. Pierre Vilar, *op. cit.*, I, p. 249.

162. 마을과 마을 간을 오가는 당나귀의 행렬에 대해서는 P. Vidal de La Blache, *Principes de Géographie humaine*, 1948, p. 86.

163. 미슐레 역시 "피폐한 리구리아 해안"에 대해서 같은 말을 했다.

164. A. C., Cassis, B.B. 36. Biens communaux 1543년 9월 24-25일. 조사에 의하면, "포도밭은 많으나 소출은 적고, 올리브 나무는 때로 가뭄 때문에 5년 동안 열매를 맺지 못하기도 했으며, 땅은 경작이 불가능할 정도이다……" Jules Sion 역시 이렇게 말한다. "지중해의 프로방스 지역은 좋은 땅이 부족하고 연안 지역의 정주 형태의 특징으로 인해서 주민들이 거의 바르바리 해적처럼 살아가게 되었다", *France Méditerranéenne*, 1934, p. 110.

165. A. P. Usher, "Deposit Banking in Barcelona 1300-1700" in *Journal of Economics and Business*, IV, 1931, p. 122.

166. 코르시카 섬의 해양 인구를 측정하려고 하면 다음 연구를 참고하라. Jean Brunhes, *op. cit.*, p. 69. 섬 외부에 거주하는 선원들을 고려하지 않는 것은 현명치 못한 일이다. 오늘날에도 마르세유에는 코르시카 출신 선원들이 많다.

167. A.d.S. Venise, Senato Mar, 7, f° 2 v°.

168. Archivio General de Indias, Seville, Justicia, legajo no. 7. 1530년의 재판. 이 문건은 동료인 Enrique Otte가 친절하게 알려주었다. 선원들의 출신지는 그들의 이름에 따라 파악했다.

169. R. Häpke, *Niederländische Akten und Urkunden*, 1913, I, p. 35.

170. Domenico Sella, *Commerci e industrie a Venezia nel secolo XVII*, 1961, p. 24, note 1.

171. 16세기 초에 내가 본 나폴리 문건들은 카탈루냐 선박들보다는 나폴리에 사는 카탈루냐 상인들을 훨씬 더 많이 언급한다. 카탈루냐 선박에 대한 예는 시칠리아에서 곡물을 싣고 나폴리로 온 Joanne Hostales의 사례를 들 수 있다(1517년 4-5월, A.d.S. Naples, Dipendenze della Sommaria, fascio 548). 이 세기 중엽 이후는 이런 언급들이 줄어든다.

172. Simancas E° 331, Aragon, 1564: 제노바에서 바르셀로나로 갤리 선 건조를 위해서 보낸 16명의 전문가들, 목수, 코킹 전문가, 갤리 선 전문가 등.

173. V. Lamansky, *op. cit.*, p. 564.

174. 시칠리아의 소형선들에 대해서는 P. Grandchamp, *La France en Tunisie, à la fin du XVIe siècle*, Tunis, 1920, pp. 32, 36, 46, 63, 81, 95; 나폴리의 경우에는 *ibid.*, pp. 30, 31, 33.

175. 1560년 1월 24일, A.N., K. 1494, B. 12, no. 18.

176. 이 책 제II부 제7장의 "기독교도들의 사략."

177. 섬에 관해서는 Ratzel의 영향을 받은 Franz Olshaussen의 기묘하고 강력한 논문이 있다. "Inselpsychologie" in *Kölnische Zeitung*, 1942년 7월 12일. 그의 주장의 시발점은 칠레의 Mas a Tierra 섬[판 페르난데스 제도]인데, 이곳은 로빈슨 크루소 이야기의 원래 무대이다.

178. Archipel이라는 단어의 어원에 대해서 생각해보라.

179. 작은 예로 보니파치오 해협의 섬과 작은 섬들을 들 수 있다. *Instructions Nautiques*, no. 368, p. 152 et sq. 더 큰 지역과 관련해서는 북아프리카 해안의 섬들을 생각해볼 수 있다: *Instructions*, no. 360, pp. 225, 231, 235, 237, 238, 241, 242, 244, 246, 247, 257, 262, 265, 266, 267, 277, 282, 284, 285, 287, 291, 297, 305, 308, 309, 310, 311, 313, 314, 331.

180. E. Albèri, *op. cit.*, I, III, p. 267, 싼 생활비와 "야비한" 주민들에 관한 내용. 1603년에 이곳 인구는 66,669가구, 따라서 한 가족의 평균 구성원 수인 4를 대입하면 266,676명이 된다. Francesco Corridore, *Storia documentata della populazione di Sardegna*, Turin, 1902, pp. 19-20.

181. 사르데냐어와 세 종류의 방언에 대해서는 Ovidio and Meyer Lübke, in: *Grundriss der romanischen Phil.*, de. G. Groeber, 2° édit., p. 551.

182. 키오스 섬은 1566년에 투르크의 지배하에 들어간 후에도 오랫동안 가톨릭 지역으로 남았으며, 그래서 레반트의 "작은 로마"로 불렸다. 샤토브리앙은 19세기에도 이곳에 이탈리아 성향이 남아 있다는 점을 거론했다. 반대로 말타 섬은 기사단의 땅이었으나 판탈레리아 섬은 오늘날까지도 아랍 사람들과 그 방언을 유지하고 있다. 또 루터 시대까지도 고딕 방언이 계속 사용되었던 크림 지방과 대비할 수도 있을 것이다. 그러나 크림은 섬이

아니므로 이 경우 우리의 검증은 불완전하다.

183. 리보르노와 정규적 연결이 있었다. 사르데냐 치즈의 발렌시아 수출에 대해서는 Simancas Eo 335, 1574년 9월 6일, f° 46.

184. Pietro Amat di San Filippo, "Della schiavitù e del servaggio in Sardegna", in: *Miscellanea di storia italiana*, 3° série, vol. II, 1895.

185. Stefano Spinola가 만토바 후작에게 보낸 편지. 제노바, 1532년 4월 30일, A.d.S. Mantua, A. Gonzaga, Genova 759, 악천후로 인해서 2척의 갤리 선, 4척의 갤리오트 선 그리고 1척의 푸스타 선이 사르데냐 해안에 좌초되었는데, 투르크 선원들은 거의 모두 도주했다.

186. P. Vidal de la Blache, *Tableau de la géographie de la France*, 1908, pp. 25-26; Théodore Monod, *L'hippopotame et le philosophe*, 1943, p. 77.

187. Fr. Steffano di Lusignano, *Description de toute l'isle de Cypre*, Paris, 1580, p. 223 v° et *sq*.

188. 코르푸 섬에서도 육류가 부족했다. Philippe de Canaye, *Le voyage de Levant*, 1573, p.p. H. Hauser, 1897, p. 191. 1576년 코르푸에 대해서는 Giustiniano, B.N. Paris, Italie. 1220, f° 35 et *sq*.: 이곳 인구는 17,000명이었다. 이곳에는 기름지지만 경작하지 않는 땅이 있었다. 그래서 4개월 정도 쓸 만큼의 밀만 생산하고 대신에 본토로 포도주, 기름, 가축을 수출했다.

189. 18세기에도 크레타에는 식량이 부족했다(Tott, Mémoires, IV, p. 3). 당시 크레타는 주로 기름과 비누를 수출하는 섬이었다(*ibid.*, p. 3). 카라무살리 선으로 운반되는 곡물, 그중 일부를 불법으로 들여오는 점에 대해서 Hieronimo Ferro, 1560년 10월 6일의 편지. A.d.S. Venise, Senato. Secreta Const. Fza 2/B, f° 274. 주변 지역의 도움이 없다면, 크레타는 1년의 1/3만 버틸 곡물밖에 생산하지 못한다. 그래서 곡물 부족으로 인한 긴장이 빈번했다. 이곳의 소출은 신통치 않고 구매할 만한 곡물이 없다고 칸디아 왕국의 총독 Giacomo Foscarini가 10인 위원회에 설명한다(Candie, 1574년 11월 15일, A.d.S. Venise, Capi del Consiglio dei Dieci, Lettere Ba 286, f° 5). 1573년의 자킨토스 섬의 식량 부족에 대해서는 Philippe de Canaye. *op. cit.*, p. 184.

190. 역설적인 점은 더 가난하고 후진적인 섬들에서 그랬다는 것이다. 이런 곳들은 주민 수도 적고 특히 수출용 작물을 재배하지 못했다. 사르데냐는 간혹 밀을 수출하기까지 했다. G. Riba y Garcia, *op. cit.*, pp. 317-318(1587), p. 320(1588). 그러나 작황이 안 좋은 해에는 다른 섬들과 마찬가지로 고통을 당했다(사르데냐의 부왕이 국왕에게 보낸 편지. 1576년 9월 22일, Simancas Eo 335, f° 356). 코르시카에서는 1590년에 차후 5년 동안 곡물 수출을 자유롭게 할 수 있다고 선언했으나, 곧 흉작으로 이 조치를 철회해야 했다. A. Marcelli, "Intorno al cosidetto mal governo genovese dell'Isola", in: *Archivo storico di Corsica*, 1937, p. 416.

191. E. Albèri, I. III, p. 226, 마요르카는 자급자족이 가능하다고 이야기하지만, 이는 1558년경의 일이었다. 당시 이 섬의 인구는 45,000-90,000명이었다(500-600가구를 가진 마을이 30개였다). 그러나 곡물이 부족한 해들도 있었다. 예컨대 1588년과 1589년에는 오랑에서 곡물을 구할 수 없었다. G. Riba y Garcia, *El Consejo supremo de Aragón*, pp. 288-289.

192. Pierre Monbeig, "Vie de relations et spécialisation agricole, Les Baléares au XVIIIe siècle" in *Ann. d'hist. éc. et. soc.* IV, 1932, p. 539.

193. 마요르카 부왕이 국왕에게 보내는 편지. 1567년 12월 20일: "출항하거나 입항하는 작은 선박들이 약탈당하지 않도록 섬은 한 해 내내 무어인의 푸스타 선에 의해서 둘러싸여 있습니다. 올해는 7-8척의 브리간틴 선과 알제로 가는 모든 화물선이 나포되었습니다." 발레아레스 제도에 대한 포위에 대해서는 1524년 1월 10일 Tomiciana VIII p. 301, M. Sanudo, *op. cit.*, VI, p. 236, 1532년 3월 16일 편지 참조.

194. Ciudadela[미노르카 섬의 요새], 1536년 7월 10일, A.N., K. 1690. 바르바로사의 습격 이후의 Ciudadela 주조에 실패한 주물공에 대해서는 *ibid.*, Majorca, 1536년 8월 29일자 편지 참조.

195. 사르데냐의 방어를 위한 감시탑의 건설에 관해서는 이 책 제II부 제7장 "이탈리아와 에스파냐의 해안 수비"를 참고하라. 여름에 이 섬에 배치한 병력에 대해서는 예컨대 다음 문서를 보라: 1561년 9월 8일, Simancas E° 328; 1565년 7월 25일, *ibid.*, E° 332, 1565년 8월 6일과 1566년 7월 5일.

196. 시망카스에서 Federico Chabod가 나에게 알려준 정보. 미노르카에 대해서는 Cosme Parpal y Marques, *La isla de Menorca en tiempo de Felipe II*, Barcelona, 1913 참조.

197. B. Com. Palermo, Qq D. 56, f° 259-273, 기이하고 흥미로운 일련의 서한들.

198. G. Bratianu, *op. cit.*, p. 269 et sq.

199. L. F. Heyd, *Histoire du Commerce du Levant au Moyen Âge*, 1885-1886 p. 336. Th. Gautier, *Voyage à Constantinople*, p. 54; J. W. Zinkeisen, *op. cit.*, II, p. 901, note 2. Girolamo Giustiniano, *La description et l'histoire de l'isle de Scios*, 1606. 1566년 투르크의 정복 이후 거리들이 황폐해지고 궁성이 파괴된 키오스 섬에 대해서는 Jacobus Paleologus, *De Rebus Constantinopoli et Chii*, 1573 참조. 스틱에 대해서는, J. B. Tavernier, *op. cit.* pp. 118, 264 참조.

200. 간혹 밀도 그러했다. 키프로스의 금사와 은사에 대해서는 이것이 상품의 이름뿐이었다는 J. Lestocquoy(in *Mélanges d'histoire sociale*, III, 1943, p. 25)의 연구에 동의한다. 키프로스는 또한 촉새 통에 담아 수출했다. J. B. Tavernier, *op. cit.*, I, p. 181.

201. de Busbecq 남작, *Lettres*, Paris, 1748, p. 178, 그는 콘스탄티노플에서 "크레타 산의 강한 포도주를 많이 마셨다."

202. R. Hakluyt, *The principal navigations……*, London, 1600, p. 309. 투르크의 공격 당시 반(半)농노 상태의 농민들의 모의에 대해서는 Julian Lopez가 국왕에게 보낸 편지. Venise, 26th October, 1570, Relacion de Venecia, 1570년 9월 28일 Simancas E° 1327 참조. Rambouillet 추기경이 샤를 9세에게 보낸 편지, Rome, 1570년 11월 5일, E. Charrière, *op. cit.*, III, p. 124. 1548-1549년에 키오스에서 소요가 있었다. 당시 마호나로부터 독립하기를 바랐던 주민들이 이 섬을 코지모 데 메디치에게 바치려고 했지만 그는 조심스럽게 이를 거절했다(Doroni, *L'isola di Chio offerta a Cosimo dei Medici, Rassegna Nazionale*, 1912, pp. 41-53). 베네치아와 제노바에 의한 사회경제적 약탈을 연구하면, 아주 훌륭한 저서가 될 것이다. 이에 대한 귀중한 정보는 V. Lamansky, *op. cit.*

203. A.d.S. Venise, *Annali di Venezia*, Famagusta, 1570년 10월 8일.

204. 투르크 지배 하의 키프로스의 운명에 대해서 이해하려면, 베네치아 시대에 이 섬이 거의 텅 빌 정도로 소수의 사람들만 살았다는 사실을 잊지 말아야 한다. 1570년, 180,000명의 인구 중 90,000명이 농노이고, 50,000명은 자유 농민이었으며, "나머지는 도시와 들에 사는 사람들이다." B.N. Paris, Ital. 340, fº 55. 투르크는 아나톨리아 농민들을 동원하여 인구 증가를 꾀했다(H. Kretschmayr, *Gesch. von Venedig*, 1920, III, p. 62). 그때 농민들은 모두 "신민"이라는 똑 같은 지위를 부여받았고, 과거의 구분은 사라졌다. 라틴 교회 성직자층도 붕괴되었다. 많은 키프로스인들은 세금을 피하기 위해서 투르크인으로 귀화했다. 그러나 이런 일들은 결코 단순하지 않아서 이탈리아 문명이 살아남았다. 타베르니에는 1650년경 "그들은 남녀 모두 이탈리아식 옷을 입고 있다"고 썼다(*op. cit.*, p. 80).

205. Museo Correr, D. delle Rose, 21, fº 32 vº.

206. Marciana, 7299, 1584년 6월 9일. 1571년 이후 크레타 섬의 곤경에 대해서는 많은 자료들이 있지만 특히 다음 것들을 참고하라: Annali di Venezia, 1571년 8월 20일, 8월 22일, 8월 30일, 9월 16일.

207. 제르바 섬에는 올리브 외에도 야자수, 사과나무, 배나무가 자랐다. 이런 점에서도 이곳은 특이하다. 또 이 섬에는 티투스 황제[재위 79-81]의 박해에서부터 유래했다는 유대인 공동체의 은밀한 집이 남아 있다. 특히 이곳은 옛 제의와 매우 오래된 건축 양식을 가지고 있는 (Mzab[알제리 남부의 오아시스 지대] 파와 같은) Kharijite 파의 작은 세계였다.

208. *Instructions Nautiques*, no. 360, pp. 338, 359-363.

209. 이 책 제III부 제2장, "제르바 원정" 부분 및 주 61 참조.

210. J. B. Tavernier, *op. cit.*, I, p. 286.

211. Museo Correr, D. delle Rose 21, fº 29.

212. Comte de Brèves, *op. cit.*, p. 18.

213. *Ibid.*, p. 15.

214. 심지어 오늘날도 그러하다. 제르바인들은 북아프리카 전체, 혹은 실로 전 세계에 퍼져 살고 있다. 말타와 마온 출신 정원사에 대해서는, P. Vidal de la Blache, *Principes de Géographie humaine*, p. 97.

215. 심지어 1513년 고아를 포격한 사람 목록에 Sylvestre Corso라는 인물이 보인다. Fortunato de Almeida, *Historia de Portugal 1926-1929*, III, p. 267.

216. R. Russo, "La politica agraria dell'officio di San Giorgio nella Corsica(1490-1553)" in *Riv. st. ital.*, 1934, p. 426.

217. Carmelo Trasselli, *art. cit.*, in *Archivio storica di Corsica*, 1934, p. 577.

218. 리보르노의 Mediceo 2908. 코르시카의 소형 선박들이 포도주를 싣고 로마에 도착한 것에 관해서는 데 토레스가 수니가에게 보낸 편지. 1581년 1월 29일과 30일, *Cartas y Avisos*, p. 33.

219. 그는 1563년 1월에 콘스탄티노플에 도착했다. 그가 키오스를 방문한 사실은, A.d.S. Génes,. *Sezione Segreta*, n.g. 1563년 6월 5일.

220. Simancas Eº 487.

221. Francisco Gasparo에 대해서는 이 책의 제I부 제1장의 주 14 참조. 이 가문과 Francisco 에 대해서는 베나벤테 백작이 국왕에게 보낸 편지. 1569년 11월 13일, Simancas E° 333(베나벤테 백작은 코르시카인들에 대해서 아주 좋지 않은 의견을 피력한다). Information hecha en Argel a lo de junio 1570, a pedimo del cap. don Geronimo de Mendoça, 1570년 6월 13일, Simancas E° 334. 돈 헤르모니 데 멘도사가 국왕에게 보낸 편지, Valencia, 1570 년 6월 7일, Simancas E° 334. 베나벤토 백작이 국왕에게 보낸 편지, Valencia, 1570년 7월 8일; Francisco는 아마 이중 첩자인 것 같다. "……그들은 프랑스의 하인으로 알제와 발렌시아에서 거래를 하고 마르세유와 계속 연락하고 있습니다." 마르세유에서 1579년 7월 24일과 29일 보낸 프란시스코 형제들의 마지막 편지들에는 레반트의 소식이 있지만 크게 관심을 끌 만한 것은 없다(복사, A.N., K 1553, B. 48, no. 77).

222. 랑슈 가문과 산호에 대한 큰 문제에 대해서는 P. Masson, *Les Compagnies du Corail*, 1908, P. Giraud, *Les origines de l'Empire français nord-africain*, 1939. 코르시카의 반란군을 돕기 위해서 마르세유에서 토마스 코르소가 한 역할에 대해서는 제노바 주재 에스파냐 대사 피게로아의 교신 중에는 많은 정보가 있다. 특히 그가 국왕에게 보낸 편지, 1566년 1월 9일, Simancas E° 1394.

223. *Le Bastion de France*, Algiers, 1930, no. 1.

224. A. Philippson, *op. cit.*, p. 32: "각각의 국가는 그 자체로서 하나의 개체이다." J. W. Zinkeisen, *op. cit.*, III, p. 7는 에게 해의 더 큰 섬들에 대해서 같은 말을 했다: "……[섬은] 각각……그 자체가 하나의 세계이다."

225. 이런 국민 감정에 대해서는 어떤 연구도 없다. 다만 라블레가 말한 감정에 대해서는, Rabelais, *Gargantua*, éd. Les Belles Lettres 1955, p. 137, "Par Dieu, je vous metroys en chien courtault les fuyards de Pavie." *Quart Livre*, éd. Les Belles Lettres, Prologue, p. 11. "Ce tant noble, tant antique, tant beau, tant florissant, tant riche royaume de France."

226. G. Bandello, *op. cit.*, II, p. 208.

227. Vittoria Di Tocco, *Ideali d'indipendenza in Italia*, 1926, p. 1 et *sq.*

228. A. Renaudet, *Machiavel*, 1942, p. 10.

229. *Algunas efemerides* de Miguel Perez de Nueros, in Fr°. Belda y Perez de Nueros, marqués de Cabra, *Felipe Secundo*, s.d. (1927), p. 30 et *sq.*

230. *Geographia general de Catalunya*, p. 496 et *sq.*

231. A. Renaudet, *L'Italie et la Renaissance italienne*(소르본 대학교 강의, Sedes, 1937, p. 1).

232. Augustin Berque, "Un mystique moderne", in: *2e Congrès des Soc. sav. d'Afrique du Nord*, Tlemcen, 1936(Algiers 1938) vol. II, p. 744. 몽테뉴도 유사한 말을 했다, R. Montagne, *op. cit.*, p. 410.

233. 자신의 유라시아적 위치로 인한 발칸 반도의 독창성에 대해서는 Busch-Zantner, *op. cit.*, p. IV; 서구인들이 볼 때 이들의 낯선 성격에 관해서는 *ibid.*, p. 111. 두 번째 이베리아 반도와 같은 소아시아의 통합성에 대해서는 Ulrich von Hassel, *Des Drama des Mittelmeers*, 1940. p. 22.

234. "북아프리카는 늘 이베리아 반도와 부속 도서들에 의해서 통제될 것이다." P. Achard, *Barberousse, op. cit.*, p. 53, note. 1. "이베리아 세계는 아틀라스의 세계—여기에 더해 카나리아 제도와 지중해 서부의 더 큰 섬들인 사르데냐와 코르시카까지 더해서—와 결코 분리되지 않는 것 같다." P. Vidal de la Blache, *Tableau géographique de la France*, p. 28. "안달루시아는 마그레브의 연장인 것같이 생각된다." George Marçais, *Histoire du Moyen Âge.* III, 1936, p. 396(Gustave Glotzin, *l'Histoire générale*).

235. Von Hassel, *op. cit.*, pp. 20-22는 에스파냐의 이탈리아 진입을 정치적이기보다 왕조적 성격이 강한 것으로 본다(왕조 정책의 관점의 의미이다). 이는 의심스러운 주장이다. 문화 적 연관에 대해서는 크로체의 저서를 보라. 제도화에 대한 에스파냐의 공헌에 대해서는 Fausto Niccolini, *Aspetti della vita italo-spagnuola nel Cinque e Seicento*, Naples 1934. 문학적 연관은, Hugues Vaganay, 'L'Espagne et l'Italie', in: *Rev. Hispanique*, vol. IX, 1902. Léopold von Ranke, *Les Osmanlis et la monarchie espagnole pendant les XVIe et XVIIIe siècles*, 1839, pp. 383-387. W. Platzhoff, *Geschichte des europäischen Staatensystems*, 1928, p. 32는 카토-캉브레지 조약이 이탈리아의 운명을 결정지었다고 주장한다. 이상의 저서들이 포괄하지 못하는 점은 이탈리아가 에스파냐와 계속 연관을 유지하려고 했다는 점이다. 그것은 경제적 이유(아메리카의 귀금속)와 군사적 이유(투르크에 대한 방어)를 생 각해볼 수 있다. 스탕달처럼(*Promenades dans Rome*, II, p. 191) "에스파냐의 전제주의에 의한 (이탈리아의) 침입"이라고 말하면 부정확한 일이 될 것이다.

236. E. Albertini, in *Mélanges Paul Thomas*, Bruges, 1930.

237. L. M. Ugolini, *Malta, origini della civiltà mediterranea*, Rome, 1934.

238. A. Philippson, *Das Mittelmeergebiet, op. cit.* p. 37.

제3장

1. Félix et Thomas Platter. *Journal, op. cit.*, p. 20. Felix Platter는 1552년 10월 26일 Montélimar에 도착했고 "그리고 저녁 무렵 Pierrelatte[아비뇽 북쪽] 시장에 도착하여 올리 브 나무를 처음 보았다. 올리브 나무는 올리브가 달려 있었고, 일부는 푸르렀고, 일부는 붉었고, 반쯤은 익은 것도 있었고, 일부는 검정색으로 완전히 익은 것도 있었다. 나는 전 부 먹어봤는데, 모두 쓰고 시었다."

2. Robert Brunschvig, *La Berbérie Orientale sous les Hafsides*, 1940, I, p. 269.

3. Jacques Weulersse, *Paysans de Syrie et du Proche Orient*, 4ᵉ éd., 1947, p. 61.

4. Felipe Ruiz Martín이 제공한 정보이다. 나는 정확한 출전을 기억하지 못하고 있다. 틀렘 센과 모스타가넴 사이를 오가는 대상의 흑인노예 무역에 대해서는 Diego Suárez, Manuscrit B. N., 참조.

5. Maurice Lombard, "Le commerce italien et la route mongole", in: *Annales E.S.C.*, 1948, p. 382: "인도에 이르는 대륙의 육로는 포르투갈인들이 해로를 개척하기 2세기 전에 이탈 리아인들에 의해서 답사되었다."

6. Fritz Jaeger, "Trockengrenzen in Algerien", in: *Pet. Mitt., Ergänzungsheft*, 1935, et *Naturwissenschaft*, Berlin, XXIX, 1941년 10월 31일. 100밀리미터의 등강수량선은 라구

아트와 가르다이아의 사이, 비스크라와 투구르트 사이를 통과한다..

7. E. Albèri, *op. cit.*, III, 2, p. 199.

8. Aloys Sprenger, *Die Post-und Reiserouten des Orients*, 1864.

9. Didier Brugnon, *Relation exacte concernant les caravanes en cortège des marchands d'Asie*, Nancy. 1707. p. 73.

10. Marguerite van Berchem, "Sedrata, une ville du Moyen Age ensevelie sous les sables du Sahara algérien", in: *Documents Algériens*, 11 septembre 1953.

11. Arnold Toynbee, *L'Histoire. Un essai d'interpértation*, Paris, 1951, p. 187.

12. Général Édouard Brémond, *Berhères et Arabes*, 1942, p. 37에서 인용

13. *Le voyage d'Outremer* de Jean Thénaud, Paris, 1884, p. 7. 카이로에서 "땔감은 무척 고가이기 때문에 소량을 구하는 데에도 많은 돈을 지불해야 한다", *ibid.*, pp. 209-210.

14. *Journal d'un bourgeois du Caire, Chronique d'Ibn Iyâs*, transcrit at annoté par Gaston Wiet, I, 1955, p. 266.

15. Konrad Guenther, in: *Geographische Zeitschrift*, 1932, p. 213.

16. 아래의 주 29를 보라.

17, 18, 19, 20. Jacques Berque, "Introduction", in: *Revue Internationale des Sciences Sociales*, XI, 1959, n° 4, pp. 504-505. 이 제11호는 건조지대 유목민과 유목 생활에 관한 특집이다.

21. Anonyme, *Brïève description d'un voyage fait en Levant, Perse, Indes Orientales Chine*, s. d. (XVIIᵉ siècle), B.N., Fr. 7503, n. a.

22. H. Pohlhausen, *Das Wanderhirtentum und seine Vorstufen*, 1954, p. 109.

23. Jacques Berque, *art. cit.*, p. 509.

24. *Una embajada de los Reyes Católicos a Egipto*, Traduction, prologue et notes de Luis Garcia y Garcia, 1947, pp. 90-92.

25. *Journal d'un bourgeois du Caire*, I, p. 27 (1468년 11월, 12월), p. 112 (1507년 7월).

26. Alonso de la Cueva가 국왕에게 보낸 편지, 베네치아, 1609년 6월 6일, A. N., K 1679, "모든 여행객에게 대해서 도둑질을 하면서 평원을 뛰어다니는 아랍인들."

27. Daniele Badoer가 베네치아 도제에게 보낸 편지, 페라, 1564년 4월 8일, A.d.S. Venise, Senato Secreta Costantinopoli, 4 D.

28. *Journal d'un bourgeois du Caire*, II, p. 266.

29. Vincent Monteil, "L'évolution et la sédentarisation des nomades sahariens", in: *Revue Internationale des Sciences Sociales*, 1959, p. 600.

30. Belon de Mans, *op. cit.*, p. 163.

31. Diego Suárez, *Historia del Maestre último que fue de Montesa⋯⋯*, Madrid, 1889, pp. 46, 284-285.

32. R. Brunschvig, *op. cit.*, I, p. 61.

33. Charles Monchicourt, "Études Kairouannaises", in: *Revue Tunisienne*, 1932-1936.

34. Carl Brockelmann, *Geschichte der islamischen Völker*, 1939, p. 284.

35. 이 책 제I부 제2장 211-212쪽 참조.

36. Henri-Paul Eydoux, *L'Homme et le Sahara*, 1943, p. 101.

37. "Der Islam und die orientalische Kultur", in: *Geogr. Zeitschrift*, 1932, p. 402.

38. R. Capot-Rey, in: Revue Africaine, 1941, p. 129, compte rendu de Jean Despois, La Tunisis Orientale, Sahel et Basse Steppe, 1940.

39. B. Grekov et A. Iakoubowski, *La Horde d'Or*, 불어 번역, 1939.

40. 고티에의 생각이 이와 같다는 인상을 받은 것은 그의 저서들(저서들은 이 점에 대해서 세세히 다루지 않았다)이라기보다는 그와 알제에서 나눈 개인적인 대화에서이다.

41. Robert Montagne, *Les Berbères……*, *op. cit.*, p. 410.

42. René Grousset, *L'Empire des steppes*, 1941, p. 11.

43. G. Schweinfurth, *Im Herzen von Afrika*, Leipzig, 1874, p. 50 et *sq.*

44. Didier Brugnon, *Relation exacte……*, *op. cit.* Voir *supra*, p. 158, note 3.

45. Flachat, *op. cit.*, I, 345 (1766) 야간에 Bochorest(Bucharest)에서 출발하는 대상에 관해서 얘기하고 있다, 밤에는 "대상 중의 한 사람이 선두에서 불 피운 큰 단지를 들고 갔다."

46. R. Hakluyt, *op. cit.*, II, p. 200. *A description of the yearly voyage or pilgrimage of the Mahumitans Turkes and Moores into Mecca in Arabia.*

47. Vitorino Magalhaẽs-Godinho, *L'économie de l'Empire portugais aux XIVe et XVe siècles*, 미출판 원고, Sorbonne, 1958, p. 14 et *sq.* 포르투갈 사료에 따르면, Tacrour, 즉 수단 서부 지방의 금은 매년 2차례에 걸쳐 대상을 통해서 Fezzan을 거쳐 이집트로 "다량으로" 수송되었다. *ibid.*, p. 43.

48. Emilio Garcia Gomez, "Españoles en el Sudan", in: *Revista de Occidente*, 1935, pp. 93-117: l'entrée à Tombouctou, 1591년 5월 30일, J. Bèraud-Villars, *L'Empire de Gao. Un État soudanais aux XVe et XVIe siècles*, 1942, p. 144.

49. Roland Lebel, *Le Maroc et les écrivains anglais aux XVIe, XVIIe et XVIIIe siècles*, 1927; J. Caillé, "Le Commerce anglais avec le Maroc pendant la seconde moitié du XVIe siècle. Importations et exportations", in: *Rev. Afr.*, 1941.

50. Belon du Mans, *op. cit.*, pp. 98, 189 v° et 190; N. Iorga, *Ospiti romeni in Venezia*, Bucarest, 1932, p. 150.

51. 나일 강 수로는 금의 수송로 가운데 하나였다. J. B. Tavernier, *op. cit.*, II, p. 324.

52. Hakluyt, II, p. 171 (1583).

53. 19세기말의 티그리스 강에는 모술 근방의 Tell Kel 마을 출신의 네스토리우스 파의 뱃사공들이 있었다. Eduard Sachau, Am Euphrat und Tigris, 1900, p. 24. 17세기에 티그리스 강 상류로 거슬러 올라가는 여정은 어려웠다. 사람들이 배를 끌어야 했기 때문에 바스라에서 바그다드에 이르는 데에 60일이 걸렸다. J. B. Tavernier, *op. cit.*, I, p. 200.

54. J. B. Tavernier, *op. cit.*, I, p. 125.

55. W. Heyd, Histoire du commerce du Levant, trad. fr. de Furcy-Raynaud, 2 vol., 1885-1886, 2^e^ tirage, 1936, II, p. 457.

56. A. Philippson은 홍해의 엄청난 해운량과 해상 위험들에 대해서 지적하고 있다. *op. cit.*,

pp. 46-47. 5월에서 10월 사이에는 북풍이 너무 강해서 제다와 토르 혹은 수에즈 사이의 항해는 북풍이 잦아들었을 때 가능했고, 심지어 이때도 앞바다 바람이 있어야만 가능했다. 홍해 노선과 시리아 육로 사이의 경쟁에 대해서는 고전 W. Heyd, *Histoire du commerce du Levan, op. cit.* 및 여전히 유용한 연구인 d'O. Peschel, "Die Handelsgeschichte des Roten Meeres", in: *Deutsche Vierteljahrschrift*, III, 1855, pp. 157-228 참조. 수에즈 지협에서 대상들이 겪는 어려움에 대해서는 Belon du Mans, *op. cit.*, p. 132 참조.

57. D'après Hermann Wagner, "Die Überschätzung der Anbaufläche Babyloniens", in: *Nachrichten K. Wissensch.*, Göttingen, Ph. hist. Klasse, 1902, II, pp. 224-298.

58. Belon, *op. cit.*, p. 107.

59. E. Sachau, *op. cit.*, notamment, pp. 43-44.

60. V. Nalivkine, *Histoire du Khanat de Khokand*, Paris, 1889.

61. *Allah est grand*, Paris, 1937, p. 11.

62. *Op. cit.*, p. 290.

63. *Op. cit.*, I, p. 111.

64. Richard Hennig, *Terræ Incognitæ*, 2ᵉ éd, 1956, IV, p. 44 et sq.

65. 물론 역사가의 입장에서는 "유럽 스타일"이라는 것이다. 유럽에서 온 한 여행객, 예를 들면, 1577년 투르크를 횡단한 독일인 Salomon Schweigger(*Eine neue Reissbeschreibung auss Teutschland nach Konstantinopel und Jerusalem*, 4ᵉ ed., Nuremberg, 1639)에 따르면, 그 반대였다: "아시아 사람들의 특징 가운데 하나인 유목생활의 관습이 여전히 오늘날 투르크인들을 특징적으로 만든다." Ivan Sakazof, *Bulgarische Wirtschaftsgeschichte*, Berlin-Leipzig 1929, p. 206에서 인용.

66. W. E. D. Allen, *Problems of Turkish Power in the Sixteenth Century*, Londres, 1963에서 훌륭하고 독창적인 방식으로 설명되어 있다.

67. Gonzalo Menéndez Pidal, *Los caminos en la historia de España*, Madrid, 1951, p. 85. 말라가-세비아 무역로에 대해서는 예를 들면, Théodore de Mayerne Turquet, *Sommaire description de la France, Allemagne, Italie et Espagne*, 1629, p. 309.

68. Jean Brunhes가 숲이 많은 북부 유럽과 황량한 남부 유럽을 생생하게 대조한 *Géographie Humaine*, 4ᵉ éd., p. 51.

69. 1522년 10월 12일자로 단티스쿠스가 폴란드 국왕에게 보낸 편지, Bibliothèque Czartoriski, 19, fᵒˢ 33-34.

70. L. Paris, *Négociations······relatives au règne de François II*, 1841, p. 187.

71. Friedrich Wielandt, *Die Bierbrauerei in Constanz*, 1936. 최초의 양조업자인 Jacob Weuderfranck는 Budwitz 출신이었다.

72. 당대의 유행가는 다음과 같은 것이 있다(George Macaulay Trevelyan, *History of England*, Londres, 1943, p. 287, note 1) :

"홉과 종교개혁, 월계수와 맥주,

모두 한 해 안에 잉글랜드에 왔구나"

73. *La très joyeuse et très plaisante Histoire composée par lo Loyal Serviteur des faits,*

gestes, triomphes······du bon chevalier sans paour et sans reprouche Le gentil seigneur de Bayart, p. p. J. C. Buchon, Col. "Le Panthéon littéraire", 1886. p. 106.

74. Don Antonio do Beatis, *Voyage du Cardinal d'Aragon (1517-1518)*, traduit de l'italien par M. Havard de la Montagne, Paris, 1913. p. 74.

75. A. de S. Mantoue, Série E., Francia 637, 바이유의 수석 사제가 만토바 후작에게 보낸 편지, Bayeux 16 avril 1529: "이탈리아에는 가장 존경할 만한 진정한 사제가 있다."

76. 마르코 오토본의 편지의 사본은 하나의 시리즈로 되어 있다. Dispacci scritti al Senato dal Secretario Marco Ottobon da Danzica delli 15 novembre, 1590 sino 7 settembre, 1591. 이 시리즈에는 페이지가 매겨져 있지 않다. 문제의 편지는 1590년 12월 13일과 22일자의 것이다.

77. R. Hakluyt. *op. cit.*, I, 402. 1571년 8월 11일 루앙에서 파올로 람베르티가 파리 주재 베네치아 대사에게 보낸 편지 *C.S.P.*, p.473-474: 모스크바가 불탔을 때, 플랑드르, 잉글랜드, 독일, 이탈리아 상인 등을 포함한 거주민 15만 명이 학살당했다. 모스크바의 함락으로 이후 수년 동안 나르바와의 무역은 불가능해졌다. 디에프의 선박은 람베르티의 이름으로 빌렸는데, 나르바에서 선적했다. Karl Stählin, *Geschichte Russlands von den Anfängen bis zur Gegenwart*, 1923, t. I, pp. 282-283은 희생자에 관해서 믿을 수 없는 숫자를 제시하고 있다(사망자 80만 명, 포로 13만 명).

78. 타베르니에의 시대에도(*Voyages*, I, p. 310), 이러한 약탈은 일단의 기병들에 의해서 이루어졌다. "내가 이미 언급했듯이······파리에서 콘스탄티노플로 여행하는 도중, 부다와 벨그라드 사이에서 이러한 타타르족 무리를 2번 만났다. 한 무리는 기병 60기, 다른 한 무리는 기병 80기였다. 이와 같은 "비정규군"이 투르크군 후방에서 수행한 역할에 대해서는 J. Szekfü, *État et Nation*, Paris, 1945, pp. 156-157. 이들의 겨울나기는 끔찍했다. 그들은 처자식과 가축떼와 함께 살았다. 베네치아는 그들의 약탈 연대기를 면밀히 기록했다. (A.d.S. Venise, *Annali di Venezia*, 1571년 10월 9일, 1595년 3월 7일; Marciana 7299, 1584년 4월 15일; 5837 C II. 8, 1597년 1월 11일; Museo Correr Cicogna 1993, f° 135, 1602년 7월 23일, 기타.); en Pologne, Musée Czartoryski, 2242, f° 256, 1571; Johann Georeg Tochtermann, "Die Tartaren in Polen, ein anthropogeographischer Entwurf", in: *Pet. Mitt.*, 1939. 1522년의 경우처럼, 타타르 족이 습격했을 때, 폴란드는 격렬하게 대응했다. *Acta Tomiciana*, VI, p. 121; 1650년의 경우에 관해서는, *Recueil des Gazettes, nouvelles ordinaires et extraordinaires*, par Théophraste Renaudot, p. 25 à 36.

79. Baron de Tott, *Mémoires*, II, p. 29.

80. G. Botero, *Relazioni univ.*, II pp. 39-40; W. Platzhoff, *op. cit.*, p. 32는 타타르 족이 투르크와 러시아 사이에 피동적 완충지대 역할을 했다고 보는 경향이 있다. 타타르 족의 전차, 기병 및 화승총을 이용할 수 있었던 수많은 러시아 기병에 대해서는 E. Albèri, *Relazioni*, III, II, p. 205, 1576 참조.

81. G. Botero, *ibid*, II, p. 34. 이 주제에 대해서는 V. Lamansky, *op. cit.*, pp. 380, 381, note 1, 382, 383의 중요한 책들을 보라.

82. G. Botero, *ibid.*, II, p. 34.

83. Museo Correr, 1993, 1602년 9월 11일.

84. L. Beutin, in: *Vierteljahrschrift für S.u.W. Geschichte*, 1935, p. 83, Axel Nielsen, *Dänische Wirtschaftsgeschichte*, 1933에 관해서.

85. P. Herre, *Europäische Politik in cyprischen Krieg*, 1902, p. 152.

86. A. Brückner, *Russische Literaturgeschichte*, 1909, I, p. 51.

87. Walter Kirchner, *The rise of the Baltic Question*, 1954, pp. 70-73.

88. R. Hakluyt, *op. cit.*, I, pp. 237-238.

89. 1571년 10월 16일 샤를 9세가 단치히 시에 보낸 편지. Archives de Dantzig, 300. 53630.

90. J. Janssen, *Geschichte des deutschen Volkes, seit dem Ausgang des Mittelalters*, 1885, p. 313, note 1.

91. J. von Hammer, *Histoire de l'Empire Ottoman depuis son origine jusqu'à nos jours*, 1835-1839, VI, p. 118: 1558년 술탄은 러시아 차르에게 편지를 보내 모피를 구매하기 위해서 모스크바로 가는 투르크 상인들을 천거했다. R. Hakluyt, *op. cit.*, I, p. 257.

92. R. Hakluyt, *op. cit.*, I, p. 364.

93. F. Lot, *Les Invasions barbares*, II, 1937, p. 36; W. Platzhoff, *op. cit.*, p. 31은 카잔 점령을 1552년으로 상정한다. Werner Philipp, *Ivan Peresnetov und seine Schriften zur Erneuerung des Moskauer Reiches*, 1935; Heinrich von Staden, *Aufzeichnungen über den Moskauer Staat*, p.p. F. Epstein, Hambourg, 1930은 볼가 강 남부의 2개의 타타르 족인 도시의 병합에 관한 중요한 저작이다.

94. 예를 들면, 1568년 7월, R. Hakluyt, *op. cit.*, I, p. 394.

95. 콘스탄티노플, 1569년 4월 30일 및 1570년 1월 8일. 베네치아 바일로의 서신에 유용한 사실들이 일부 있다. A.d.S. Venise, *Annali di Venezia*. Voir W. E. D. Allen, *op. cit.*, p. 26 et *sq.* 참조.

96. E. Pommier, "Les Italiens et la découverte de la Moscovie", in: *Mélanges d'Archéologie et d'Histoire publiés par l'École Française de Rome*, 1953, p. 267.

97. Nicolay (Nicolas de), *Les quatre premiers livres des navigations et pérégrinations orientales*, Lyon, 1568, p. 75, "Besestan"에서는 모피 값이 쌌다.

98. J. von Hammer, *op. cit.*, VI, pp. 340-341.

99. I. Lubimenko. *Les relations commerciales et politiques de l'Angleterre avec la Russie avant Pierre le Grand*, 1933, Bibliothèque de l'Éc. des Hautes Études는 훌륭한 설명을 하고 있다. Karl Stählin, *op. cit.*, I, p. 279 et *sq.* 및 *Ibid.*, p. 228의 요약에 의하면, 제노바 는 잉글랜드인들보다 30년 전에 잉글랜드인들이 파올로 센투리오네를 통해서 아시아로 가는 러시아 교역로를 이용해서 오스만 투르크가 레반트 무역에 대해서 행사하던 지리적 인 독점권을 우회하고자 시도했다.

100. Horst Sablonowski, "Bericht über die soviet-russische Geschichtswissenschaft in den Jahren 1941-1942", in: *Historische Zeitschrift*, 1955, t. 180, p. 142.

101. "Russia and the World Market in the Seventeenth Century, A discussion of the connection between Prices and Trade Routes" par Arne Öhberc Vadstena, in: *Scandinavian*

Economic History Review, vol. III, no. 2, 1955, p. 154.

102. Jacques Accarias de Serionne, *La richesse de la Hollande*, Londres, 1778, I, p. 31.

103. P. J. Charliat, *Trois siècles d'économie maritime française*, 1931, p. 19.

104. W. Heyd, *Histoire du commerce du Levant au Moyen Age* (불역) (1885-1886, 2ᵉ tirage 1936), I, p. 66 et *sq.*

105. E. Pommier, *art. cit.*, p. 253 et *sq.*

106. Paul Masson, *Histoire du commerce français dans le Levant au XVIII° siècle*, 1911, p. 396.

107. A. G. Mankov, *Le mouvement des prix dans l'État russe du XVI° siècle*, 1957.

108. B. Porchnev, "Les rapports politiques de l'Europe occidentale et de l'Europe orientale à l'époque de la Guerre de Trente Ans"(*Congrès International des Sciences Historiques, Rapports*, IV, Stockholm, 1960, p. 142)는 스웨덴의 승리를 확고히 한 1617년 스톨보바 조약을 강조한다.

109. *Recueil des Voyages de l'abbé Prévost, Voyage des ambassadeurs du Holstein* traduit par Wicquefort, t. II, 1639, pp. 76-77

110. M. Malowist, "Die Problematik der sozial-wirtschaftlichen Geschichte Polens vom 15. bis zum 17. Jh.", in: *La Renaissance et la Réformation en Pologne et en Hongrie, Studia Historica*, 53, Budapest, 1963에 수록된 이 귀중한 논문을 이용할 여유가 없었다.

111. 도시 이름 Bialograd(하얀 도시)는 루마니아어 Cetatea Alba, 고대 슬라브어 Bialograd, 투르크어 Aqkerman과 동일한 뜻이다. 1484년 8월 7-8일 투르크에 의한 점령에 관해서는, N. Beldiceanu, "La campagne ottomane de 1484, ses préparatifs militaires et sa chronologie", in: *Revue des Études Roumaines*, 1960, pp. 67-77.

112. J. B. Tavernier, *op. cit.*, I, p. 277.

113. Musée Czartoryski, Cracovie, 2242, f° 199, 발렌스의 대주교 Jean de Monluc의 보고서.

114. Roman Rybarski, *Handel i polityka handlowa Polski w XVI Stulecin*, Poznan, 1928, p. 14.

115. W. Achilles, "Getreide, Preise und Getreidehandelsbeziehungen europäischer Räume im 16. und 17. Jahrhundert", in: *Zeitsch. für Agrargesch. und Agrarsoziologie*, 1959년 4월.

116. 위에서 인용한 마르코 오토본의 편지, A.d.S. Venise, Secreta Archivi Propri, Polonia 2.

117. M. Malowist, "The Economic and Social Development of the Baltic Countries from the 15th to the 17th Centuries", in: *The Economic History Review*, 1959, p. 179, note 2.

118. M. Malowist, "Les produits des pays de la Baltique dans le commerce international au XVI° siècle", in: *Revue du Nord*, 1960년 5-6월, p. 179.

119. Domaniewski, "Die Hauptstadt in der Geopolitik Polens", in: *Geopolitik*, 1939년 5월, p. 327.

120. *Op. cit.*, pp. 246, 248.

121. *Ibid.*, pp. 208, 228.

122. Anthony Sherley의 표현이다(1622). X. A. Flores. *op. cit.*, p. 80.

123. Archives de Cracovie, Senatus Consulta (1538-1643), 1213, f° 3, 1540년 12월 17일.

124. I. N. Angelescu, *Histoire économique des Roumains*, I, 1919, p. 311.

125. *Ibid.*, pp. 300-301.

126. *Ibid.*, p. 317.

127. *Ibid.*, P. 317.

128. R. Rybarski, *op. cit.*, pp. 62-64.

129. X. A. Flores, *op. cit.*, p. 81(1622).

130. R. Rybarski, *op. cit.*, p. 286.

131. Archives de Cracovie, 437, f° 69-70, 1538, Feria sexta vigilia Thomae Apostoli. 또한 437, f° 86, 1539, Feria sexta die S. Antonii 참조.

132. R. Rybarski, *op. cit.*, p. 153.

133. *Ibid.*, p. 153.

134. Émile Coornaert, *Les Français et le commerce international à Anvers, fin du XVe-XVIe siècle*, I, 1961, p. 187. 이 상사에 대해서는 또한 K. Heeringa, *Bronnen tot Geschiedenis levantschen Handel*, S'Gravenhage, 1917, I, 1, n° 35와 Alberto Tenenti, *Naufrages, corsaires et assurances maritimes à Venise (1592-1600)*, 1959, p. 560 참조.

135. Archives de Cracovie, 447, f° 22-23, 1575, Feria quinta post festum S. Jacobi.

136. I. N. Angelescu, *op. cit.*, p. 326 et sq.

137. Tommaso Alberti, *Viaggio a Constantinopoli, 1609-1621*, Bologne, 1889.

138. R. Rybarski, *op. cit.*, p. 197, 323.

139. A.d.S. Venise, Senato Terra, 40, 1564년 6월 13일.

140. Jan Ptasnik, *Gli Italiani a Cracovia dal XVIe secolo al XVIII*, Rome, 1909.

141. A. de Cracovie, 151, 1533년 12월 24일.

142. R. Rybarski, *op. cit.*, p. 180.

143. *Relazione di Polonia* de Paolo Emilio Giovanni(1565), in: *Scriptores Rerum Polonicarum, Analecta Romana*, 15, p. 196.

144. Hermann Kellenbenz, "Le déclin de Venise et les relations de Venise avec les marchés au Nord des Alpes", in: *Decadenza economica veneziana nel secolo XVII*, 1961(Fondazione Giorgio Cini), p. 156.

145. Archives de Cracovie, Ital. 382.

146. S. Goldenberg, "Italiens et Ragusains dans la vie économique de la Transylvanie au XVIe siècle"(원문 루마니아어), in: *Revista de Istorie*, 1963, n°. 3.

147. X. A. Flores, *Le "peso político de todo el mundo" d'Anthony Sherley*, p. 79.

148. *Ibid.*, p. 81.

149. Marco Ottobon이 베네치아 도제에게 보낸 편지, 토룬, 1591년 1월 12일, 그리고 단치히에서 1591년 2월 1일, A.d.S. Venise, Secreta Archivi Propri, Polonia 2.

150. Le même au même, Dantzif, 1er fév. 1591, *ibid.*

151. "Karte der alten Handelstrassen in Deutschland", in: *Petermann's Mitteilungen*, 1906.

152. 관련 참고 문헌으로는 Hermann Kellenbenz, *art. cit., supra*, p. 183, note 8이 가장 훌륭하다.

153. A.d.S. Venise, *Cinque Savii*, 142, f° 6 et 6 v°, 28 août 1607. Alberto Tenenti, *Naufrages, corsaires et assurances maritimes à Venise, 1592-1609*, 1959는 1591년과 1595년에 스웨덴에 갔던 2척의 베네치아 선박을 이야기하고 있다(pp. 23, 159). Giuseppe Gabrielli, "Un medico svedese viaggiatore e osservatore in Italia nel secolo XVII", in: *Rendiconti della R. Academia dei Lincei*, 7-12 novembre 1938.

154. B. 데 멘도사가 펠리페 2세에게 보낸 편지, 1559년 5월 10일, *Codoin*, XCI, pp. 356, 364.

155. J. A. van Houtte, "Les avvisi du fonds Urbinat······", in: *Bulletin de la Commission Royale d'Histoire*, LXXXIX, p. 388, 24 septembre 1569.

156. Feria가 펠리페 2세에게 보낸 편지, 1559년 5월 10일, *Codoin*, LXXXVII, p. 184: 90,000 피스의 영국 직물이 "모직물 선단"에 의해서 안트베르펜으로 수송되었다.

157. Johannes Danticus가 국왕 Sigismond에게 보낸 편지, 안트베르펜, 1522년 9월 18일, Musée Czartoryski, 274, no 16.

158. 이 책 제I부 제3장 주 76 참조.

159. Jean-François Bergier, *Les foires de Genève et l'économie internationale de la Renaissance*, 1963, p. 17.

160. J. F. Bergier, *op. cit.*, p. 31.

161. Marciana 5838, C II, 8, f° 37. 1598년 프란체스코 칼도뇨의 보고.

162. Aloys Schulte, *Geschichte des mittelalterlichen Handels und Verkehrs zwischen Westdeutschland und Italien*, I, 1900, p. 37 et sq.

163. J. F. Bergier, *op. cit.*, p. 131.

164. 1540년 12월 12일, 마르코 단돌로가 베네치아 도제에게 보낸 편지; B. N., Ital. 1715 f° 11, 사본.

165. "Voyage de Jérôme Lippomano", in: Collection de documents inédits sur l'histoire de France, *Relations des ambassadeurs vénitiens*, N. Tommaseo 편찬, 1838, t. II, 274-275.

166. 앞의 주 162 참조.

167. Marc Brésard, *Les foires de Lyon aux XVᵉ et XVIᵉ siècles*, 1914, p. 44, 168.

168. Hermann Kellenbenz, *art, cit.*, pp. 124-125.

169. Wilfrid Brulez, "L'exportation des Pays-Bas vers l'Italie par voie de terre, au milieu du XVIᵉ siècle", in: *Annales E.S.C.*, 1959, pp. 469-470.

170. A.d.S. Venise, *Cinque Savii* 21, f° 45, 1597년 10월 25일.

171. Otto Stolz, "Zur Entwicklungsgeschichte des Zollwesens innerhalb des alten Deutschen Reiches", in: *Viertelj. für Sozial-und Wirtschaftsgeschichte*, 1954, p. 18, note 40.

172. J. F. Bergier. *op. cit.*, p. 131.

173. Fontego는 Fondaco의 베네치아식 표기이다. Todeschi는 역시 Tedeschi의 베네치아식

표기이다. Henry Simonsfeld의 고전적 저작, *Der Fondaco dei Teutschi und die deutsch-venetianischen Handelsbeziehungen*, Stuttgart 1887, 2 vol.은 보전된 자료들이 평이하다는 점을 보여준다.

174. 세부사항 하나를 언급하자면, 1498년 11월 "신중한 상인 Hencus Focher와 그의 형제들"은 자신들이 사용한 방들이 "매우 더러웠기" 때문에 상당한 돈을 들여서 가구 등을 갖춰놓은 방들을 영구적으로 자신들의 소유로 인정해줄 것을 요청했다. 그들의 요청은 교황 성하와 신성 로마 제국 황제의 윤허를 받게 되어 허락되었다. 물론 이들은 푸거 가였다. A.d.S. Venise, Notatorio di Collegio, 14-1.

175. 베네치아와 주변 지역뿐만 아니라 이탈리아 북부 전역에서였다. Frizt Popelka, "Südfrüchte vom Gardasee nach Graz", in: *Blätter für Heimatkunde*, 1951.

176. A.d.S. Venice, Senato Terra, 88, 1583년 8월 16일. 자료에는 독일인 경영의 두 숙박업자가 언급되어 있다. 페라라의 il Falcone; 밀라노의 i Tre Rei.

177. Henry Simonsfeld. *op. cit.*, II, p. 263 et *sq.*; Bandello. *op. cit.*, VII. p. 169.

178. R. Röhricht, *Deutsche Pilgerreisen nach dem Heiligen Land*, Berlin, 1880, p. 11.

179. 앞의 주 176 참조.

180. H. Kretschmayr, Geschichte Venedigs, 1905-1920, II, p. 467에서 인용.

181. E. Hering, Die Fugger, 1939, p. 204-205. 아우크스부르크의 레흐 강변에는 베네치아 양식의 건축이, 베르타흐 강변에는 제노바 양식의 저택들이 즐비했다.

182. Josef Kulischer, *Allgemeine Wirtschaftsgeschichte des Mittelalters und der Neuzeit*, 1958, II, p. 251.

183. Marciana, Ital. VII, 7679, f° 30, 1492.

184. 혹은, 존 네프조차도 데카당스라고 말했다. John U. NeF, *art. cit.*, p. 431, note 1.

185. *Voyage fait par moy Pierre Lescalopier……*, Bibliothèque de la Faculté de Médecine de Montpellier, Ms. H 385, f° 49 v°, 이 책 제I부 제1장 주 8 참조. Edmond Le Cleray가 삭제했던 구절들은 Paul I. Cernovodeanu, in: *Studii si materiale de Istorie Medie*, IV, Bucarest, 1960에 면밀하게 재구성되었다.

186. Günther Franz, *Der Dreissigjährige Krieg und das deutsche Volk*, Iéna, 1940, p. 16.

187. Gehr van Oestendorp가 Viglius 통령에게 보낸 편지, 브레멘, 1574년 1월 30일, p. p. Richard Häpke, *op. cit.*, II, pp. 308-309.

188. Johannes Müller, "Der Umfang und die Hauptrouten des nürnbergischen Handelsgebietes im Mittelalter", in: *Viertelj. für Sozial-und Wirtschaftsgeschichte*, 6, 1908, pp. 1-38.

189. J. F. Bergier, *op. cit.*, p. 155.

190. Wilfrid Brulez, *De Firma della Faille en de internationale Handel van vlaamse Firma's in de 16ᵉ Eeuw*, 1959.

191. 1590-1591년 마르코 오토본의 서신에 언급되어 있다. 앞의 주 76 참조. 1591년 바르톨로메오 비아티스는 사업 협력자와 결별했다. 바르톨로메오 카스텔로는 "(빈에서는) 저명한 상인이자 헝가리에서는 훌륭한 중개상"이었다.

192. Hermann Kellenbenz, *art. cit.*, p. 131 et *sq.*

193. Wilfrid Brulez, *De Firma della Faille*, pp. 53-55, 106-108, 363-365 및 책 말미에 훌륭한 프랑스 어 초록이 있다. pp. 580-581.

194. 라구사의 멘체 상사가 모직물(kersey)을 "레데리 상사를 통해 함부르크를 경유하여 라구사로" 보냈다. A. de Raguse, Diversa de Foris XV, f° 119 v° et 120, 1598년 6월 24일.

195. 클라인하우스 가문과 레데리 상사에 대해서는 Wilfrid Brulez, *op. cit.*, p. 577 및 색인의 참고 문헌 참조.

196. Wilfrid Brulez. *op. cit.*, p. 467.

197. R. Gascon, *op. cit.*(미간행)는 리옹 상인들에게 주었던 "운송장"을 인용한다.

198. Museo Correr, Cicogna, 1999, Aringhe varie (날짜 없음). 이에 따르면 만토바 교역로는 "흑사병 시대"에 이용되었다고 하는데, 이는 1576년의 혹은 1629-1630년의 흑사병을 의미할 수 있다. 자료의 연대 확정에는 도움이 되지 않는다.

199. *Ibid.*, 롬바르디아를 향한 상품은 소형 선박으로 에스테까지 운반될 수 있었고, 독일 방면으로는 소형 선박으로 포르토 그루아로까지 운반되었다.

200. Josef Kulischer, *op. cit.*, II, p. 377.

201. Wilfrid Brulez, "L'exportation des Pays-Bas vers l'Italie par voie de terre au milieu du XVIᵉ siècle", in: *Annales, E.S.C.* (1959), p. 465.

202. Arnost Klima, "Zur Frage des Übergangs vom Feudalismus zum Kapitalismus in der Industrie produktion in Mitteleuropa (vom 16. bis 18. Jh.)", in: *Probleme der Ökonomie und Politik in den Beziehungen zwischen Ost-und Westeutopa vom 17. Jahrhundert bis zur Gegenwart*, hgg. von Karl Obermann, Berlin, 1960. 근대로의 이행은 광업이 아니라 직물업을 통해서 이루어졌다. pp. 106-107.

203. G. Aubin et Arno Kunze, *Leinenerzeugung und Leinenabsatz im östlichen Mitteldeutschland zur Zeit der Zunftkäufe. Ein Beitrag zur Kolonisation des deutschen Ostens*, Stuttgart, 1940. G. Heitz, *Ländliche Leinenproduktion in Sachsen, 1470-1555*, Berlin, 1961.

204. Arnost Klima, *art. cit.*, *supra*, note 7, et G. Aubin, "Aus der Entstehungsgeschichte der nordböhmischen Textilindustrie", in: *Deutsches Archiv für Landes-und Volks- forschung*, 1937, pp. 353-357.

205. Hermann Kellenbenz, *art. cit.*, p. 114.

206. A.d.S. Venise, Senato Mar, 18, f° 35, 1513년 7월 8일.

207. Wilfrid Brulez, *op. cit.*, p. 579.

208. G. Aubin, "Bartolomäus Viatis. Ein nürnberger Grosskaufmann vor dem Dreissig jährigen Kriege", in: *Viertelj. für Sozial-und Wirtschaftsgeschichte*, 1940, p. 145 et *sq.*

209. R. Fuchs, *Der Bancho publico zu Nürnberg*, Berlin, 1955, 86 p. (*Nürnb. Abh. zu den Wirtschafts-und Sozialwissenschaften*, Heft 6). 1621년의 날짜는 J. Savary des Brulons, *Dictionnaire universel de commerce*, V, p. 373.

210. 아래의 주 218 참조.

211. Hermann Kellenbenz, *art. cit.*, p. 119.

212. *Ibid.*

213. *Ibid.*

214. A.d.S. Venise, Cinque Savii, Risposte, 1602-1606, fos 189 v°-195, 1월 1일[1607].

215. Hermann Kellenbenz, *art. cit.*, p. 135.

216. *Ibid.*, p. 147.

217. *Ibid.*, p. 152; 1625년 뉘른베르크 무역을 주도했던 이탈리아인들에 관해서는 p. 149.

218. *Ibid.*, p. 128.

219. *Ibid.*, p. 128. p. 143 et *sq.*

220. *Ibid.*, p. 144.

221. Josef Janacek, *Histoire du commerce de Prague avant la baraille de la Montagne Blanche*(원문은 체코어), Prague, 1955.

222. Ernst Kroker, *Handelsgeschichte der Stadt Leipzig*, 1926, p. 113, 1593년 5월 19-20일.

223. A. Dietz, *Frankfurter Handelsgeschichte*, t. III, 1921, p. 216.

224. Haga가 삼부회에 보낸 편지, in: Heeringa, *Bronnen tot Geschiedenis levantschen Handel*, I, l, n° 251, pp. 532-533.

225. B. Benedetti, *Intorno alle relazioni commerciali della Repubblica di Venezia et di Norimberga*, Venise, 1864.

226. A.d.S. Venise, Dispacci, Inghilterra, 2.

227. P. J. Blok, *Relazioni veneziane*, 1909; A.d.S., Venise, Cinque Savii, 3, f° 35, 7 février 1615, 에디지오 오베르츠가 네덜란드 영사로 승인되었다.

228. *Ibid.*, 144, f° 74, 1616년 4월 30일.

229. Gênes, 28 février 1599, Archives de Gdansk, 300-53/147.

230. De la collection *Histoire du commerce de Marseille*, le tome III, 1951의 Joseph Billioud 의 집필 부분, p. 136 et *sq.*

231. 리옹에 관해서는, René Gascon, R. Gandilhon, *La politique économique de Louis XI*, 1941, p. 236 외에, 1573년 무렵에 관해서는 Nicolas de Nicolay, *Description générale de la ville de Lyon*, éd. de 1883.

232. H. Drouot, *Mayenne la Bourgogne*, 2 vol., 1937, I, pp. 3, 4.

233. Briare 운하는 1604년에 시작되었다.

234. Émile Coornaert, *Les Français et le commerce international à Anvers*, 1961.

235. Frank Spooner, *L'économie mondiale et les frappes monétaires en France, 1493-1680*, 1956, p. 275 et *sq.*

236. Henri Hauser, "La question des prix et des monnaies en Bourgogne pendant la seconde moitié du XVIe siècle", in: *Annales de Bourgogne*, 1932.

237. Frank Spooner, *op. cit.*, p. 279.

238. A. Yrondelle, "Orange, port thodanien", in: *Tablettes d'Avignon Provence* 9-16 juin 1928, tirage à part, 1929. 1562년에 관한 정보는 Orange 공립 문서보관소에서 얻었다.

239. 석탄은 석회 소성, 철공, 무기 제작 등에 사용될 수 있었다. Achille Bardon, *L'exploitation du bassin houiller d'Alais sous l'ancien régime*, 1898, p. 13 et 15. 마르세유

는 카탈루냐로부터 철제 주물을 수입했다. A. des Bouches-du-Rhône. Amirauté de Marseille, B IX, 14. 최초의 기록에 의하면 1609년 5월 2일 Collioure에서 철 300발롱을 수입했다(기록에는 페이지 번호가 없다). 따라서 마르세유에 주물 공장들이 있었던 것은 틀림없다.

240. 리보르노의 적제량에 의한다. A.d.S. Florence, Mediceo, 2080. 또한 Jakob Strieder, "Levantinische Handelsfahrten", *art. cit.*, p. 13 참조. 후자는 carisee라는 단어에 대해서 오해한 것 같다.

241. E. Le Roy Ladurie, *op. cit.*, p. 125.

242. J. F. Noble de La Lauziere, *Abrégé chronologique de l'histoire d'Arles*, 1808, pp. 393, 420.

243. A. des B. du Rhône, Amirauté de Marseille, B IX, 198 *ter*.

244. N. de Nicolay, *op. cit.*, pp. 164, 175, 188-189.

245. 앞의 주 243 참조.

246. Jakob Strieder, *art. cit.*, *passim*; 리옹 시장의 독일 상사에 관해서는 Karl Ver Hees, in: *Viertelj. für S.u.W. Gesch.*, 1934, pp. 235-244의 연구를 참조하라(Arch. municipales de Lyon, H. H. 292, no 14); 독일 상사는 총 74개가 있었고, 뉘른베르크 상사가 24, 아우구스부르크 35, 울름이 6, 스트라스부르 1, 콘스탄츠 1, 쾰른 1개의 상사가 있다. 이는 물론 명의를 대여받은 다른 상사 대리인은 포함하지 않은 수치이다.

247. 특히 1500년에서 1580년 사이에 네덜란드는 지중해와의 교역에서 중대하고 심각한 문제에 봉착했다. 아래에 제시된 피에몬트의 시도는 결코 해결책을 제시하지는 않았지만, 세부 사항에 대해서 시사하는 바가 있을 것이다. 1575년 사부아 공작 엠마누엘레 필리베르트와 합스부루크령 네덜란드 정부는 협정을 맺어 (P. Egidi, *Emmanuele Filiberto*, 1928, II, 127) 양국 사이에 통과하는 혹은 통관되는 물품에 대한 관세를 절반으로 삭감했다. 수년 전에 사부아 공작은 제네바 및 발테리나와의 협정을 통해서 자국의 지평선을 넓히고자 시도했었다(*ibid.*, p. 127). 동시에, 사부아 공작은 에스파냐인 비탈레 사세르도티의 도움을 받아 레반트 및 서인도 제도와의 관계를 수립하고자 했고, 이를 위해서 오스만 투르크와도 협정을 맺었다. 주목할 만한 점은, 이와 같은 초기 협정들이 1572년, 곧 베네치아가 (1571-1573년 신성동맹과 오스만 투르크 사이에 전쟁이 진행 중이었기 때문에) 상업적 지위를 유지하는 데 어려움을 겪던 시기라는 것이다. 그러나 사부아 공작의 시도는 실패했는데, 이는 유대인 상인들의 협조가 승패의 관건이었는데, 비록 사부아 공작이 유대인 상인들을 유치하고 보호하고자 했으나, 이 문제에 대해서는 교황청과 에스파냐의 반대를 극복할 수 없었기 때문이다(1574). 그럼에도 불구하고 이는 광범한 상업 정책의 시초라고 볼 수 있다. 즉, Pietro Edigi가 지적하듯이, 사부아의 양쪽 곧 프랑스를 경유하거나 밀라노를 경유하는 대륙간 무역의 일부를 피에몬트와 니스 방향으로 재설정하고자 하는 정책이었다(*ibid.*, 127).

248. 이 책 제II부 제6장 참조.

249. A. Brun, *Recherches historiques sur l'introduction du français dans les provinces du Midi*, 1923, Lucien Febvre의 서평, in: *Rev. de Synthèse*, 1924 참조.

250. Edmond Bonnaffé, *Voyages et voyageurs de la Renaissance*, 1895, p. 92[1577].

251. Yves Renouard, "Les relations économiques franco-italiennes à la fin du Moyen Age", in: *Cooperazione intellettuale*, 1936년 9-12월. pp. 53-75.

252. H. Kretschmayr. *op. cit.*, II. p. 378.

253. Brantôme, *Mémoires*, éd. Mérimée, XII, p. 263.

254. Gonzague Truc, *Léon X et son siècle*, 1941, p. 127.

255. *Revue historique*, 1931, p. 133에 수록된 마르크 블로흐의 남유럽의 옛 도시들과 북유럽의 새 도시들에 대한 훌륭한 설명을 보라.

256. D. A. Farnie, "The commercial Empire of the Atlantic, 1607-1783", in: *The Economic History Review*, XV, 1962, no. 2, pp. 205-206.

257. Pierre Chaunu, *Séville et l'Atlantique*, 1959, 3 vol.

258. Frédéric Mauro, *Le Portugal et l'Atlantique au XVIIᵉ siècle, 1570-1670*, 1960.

259. Laurent Vital, *Premier voyage de Charles Quint en Espagne*, 1881, pp. 279-283.

260. 이 책 제III부 제1장의 "펠리페 2세의 에스파냐 귀환" 참조.

261. Musée Czartoryski, Cracovie, 35, fᵒ 35, fᵒ 55, Valladolid, 1523년 1월 4일.

262. Robert Ricard, in: *Bulletin Hispanique*, 1949, p. 79.

263. Charles Verlinden, "Les origines coloniales de la civilisation atlantique. Antécédents et types de structures", in: *Cahiers Internationaux d'Histoire*, 1953. 이 논문은 저자의 다른 논문들을 요약한 것이다. p. 382, n. 4.

264. 이 책 제I부 제5장의 "베네치아의 증거 두 가지" 참조.

265. Pierre Chaunu, *Les Philippines et le Pacifique des Ibériques (XVIᵉ, XVIIᵉ, XVIIIᵉ siècles). Introduction méthodologique et indices d'activité*, 1960.

266. C. R. Boxer, *The Great Ship from Amacon*, Lisbonne, 1959.

267. Alice Piffer Canabrava, *O commercio portugues no Rio da Prata, 1580-1640*, São Paulo, 1944.

268. 부르고스의 해상 보험에 대한 Marie Helmer의 미출간 원고의 잠정적인 결론에 따르면 이러하다.

269. Renée Doehaerd, *Les relations commerciales entre Gênes, la Belgique et l'Outremont*, Bruxelles-Rome, 1941, I, p. 89.

270. G. de Reparaz (hijo), *La época de los grandes descubrimientos españoles y portugueses*, 1931, p. 90.

271. 1549년부터, A. Ballesteros, *Historia de España, y su influencia en la historia universal*, 1927, IV, 2, p. 180.

272. 이 책 제II부 제2장, 168쪽 이하.

273. *Codoin*, LV, pp. 7-8.

274. André-E. Sayous, "Le rôle des Génois lors des premiers mouvements réguliers d'affaires entre l'Espagne et le Nouveau Monde", in: *C.R. de l'Académie des Inscriptions et Belles-Lettres*, 1930.

275. 이 책 제II부 제1장 44쪽 및 제II부 제2장 196쪽 참조.

276. Huguette et Pierre Chaunu, *op. cit.*, V. pp. 169, 170 notes 10, 11 et 12.

277. R. Ballesteros, *Historia de Espana y su influencia en la historia universal*, 1926, t. IV, p. 169.

278. *Ibid.*, p. 200.

279. George Macaulay Trevelyan, *History of England, op. cit.*, p. 361.

280. L. Stone, "Anatomy of Elisabethan Aristocracy", in: *The Economic History Review*, 1948, p. 17.

281. Contarini가 베네치아 도제에게 보낸 편지, 바야돌리드, 1602년 11월 24일.

282. Domenico Sella, *op. cit.*, p. 10, note 5.

제4장

1. Paul Valéry, "Réflexions sur l'acier", in: *Acier*, 1938, n° 1.

2. Emmanuel de Martonne, *Géographie Universelle*, t VI, I, 1942, p. 317, "……프로방스에 지중해의 하늘을 준 것은 지중해의 호흡이 아니다."

3. *Voyage d'Égypte*, 1935, p. 43.

4. *Un été dans le Sahara*, 1908, p. 3.

5. Baldinucci, *Giornale di ricordi*, 24 janvier 1651, Marciana, Ital., VI. XCIV.

6. *Recueil des Gazettes*, année 1650, p. 1557, Naples, 1650년 11월 2일.

7. A.d.S. Venice, Cronaca veneta, Brera 51, 1443년 11월 10일.

8. Marciana, Cronaca savina, f° 372, 1600년 12월 18일. 1598년 성탄절에도 마찬가지로 지속적인 강우가 있었다. *ibid.*, f° 371 et 371 v°.

9. Pierre Martyr, *op. cit.*, p. 53, note.

10. *Annuaire du monde musulman*, 1925, p. 8.

11. E. de Martonne, *op. cit.*, p. 296.

12. Ernest Lavisse, "Sur les galères du Roi", in: *Revue de Paris*, nov. 1897.

13. *Vue générale de la Méditerranée*, 1943, pp. 64-65.

14. Léo Larguier, "Le Gard et les Basses Cévennes", in: *Maisons et villages de France, op. cit.*, I, 1943.

15. *Op. cit.*, p. 183. Volterra 지방에 관해서는, Paul Bourget, *Sensations d'Italie*, 1902, p. 5.

16. Comte de Rochechouart, *Souvenirs sur la Révolution, l'Empire et la Restauration*, 1889, p. 110: 마데이라 섬과 에스파냐의 포도나무가 크림 반도에 이식되었다.

17. Jules Sion, *La France méditerranéenne*, 1929, p. 77.

18. J. et J. Tharaud, *Marrakech ou les seigneurs de l'Atlas*, 1929, p. 135.

19. A. Siegfried, *op. cit.*, pp. 148, 326.

20. Belon du Mans *op. cit.*, p. 131.

21. A.d.S., Naples, Sommaria Consultationum, 2 f° 223, 1567년. 이전 수년 동안, 나폴리

왕국은, 풍년이든 흉년이든, 다음과 같은 생산량을 보였다. 라틴 와인 23,667 부스티; 그리스 와인, 달콤한 만지아구에라는 2,319부스티.

22. "기후의 유사성은······ 침투에는 유리하고 적응하기는 쉽다." P. Vidal de La Blache, *op. cit.*, p. 113.

23. A. Radet, *Alexandre le Grand*, 1931, p. 139.

24. Alonso Vázquez, *Los sucesos de Flandes*······, 발췌본이 L. P. Gachard, *Les Bibliothèques de Madrid*······, (Bruxelles, p. 1875, p. 459 et *sq.*)로 출판되어 L. Pfandl, *Jeanne la Folle*, trad. franç., R. de Liedekerke, 1938, p. 48에서 인용했다. Maximilien Sorre, *Les Fondements biologiques de la géographie humaine*, 1943, p. 268의 다음과 같은 지적과 비교할 수 있다. "지중해 세계의 주변부에서 생활하는 사람들의 특이 사항 가운데 하나이자 고대인들에게 가장 놀라웠던 점은 소의 우유로 만든 버터였다. 올리브 기름에 익숙한 사람들의 관점에서는 충격적인 경이였다. 플리니우스와 같은 이탈리아인조차도 마찬가지 반응을 보였는데, 사실 이탈리아에서 올리브 기름이 사용된 것도 오래되지 않았다는 점을 망각한 것이었다."

25. Antonio de Beatis, *Itinerario di Monsignor il cardinale di Aragona*······*incominciato nel anno 1517*······, éd. par L. Pastor, Fribourg-en-Brisgau, 1905, p. 121. 어떤 포르투갈인은 "최소한 위를 상하게 하지 않기" 위한 식량이라고 말했다. L. Mendes de Vasconcellos, *Do sitio de Lisboa*, Lisbonne, 1608, p. 113. 이는 "북유럽과 일부는 프랑스 및 롬바르디아 국민"의 경우였다.

26. 바이유의 수석 사제가 만토바 후작에게 보낸 편지, A.d.S. Mantoue, Gonzaga, Francia, série E, f° 637, 1529년 6월 1일.

27. François Chevalier, "Les cargaisons des flottes de la Nouvelle Espagne vers 1600", in: *Revista de Indias*, 1943.

28. P. Vidal de La Blache, *op. cit.*, p. 114; Bonjean, in: *Cahiers du Sud*, 1943년 5월, pp. 329-330.

29. In O. Benndorf, *op. cit.*, p. 62. Colette, *La Naissance du Jour*, 1941, pp. 8-9.

30. Cattaro 만의 강수량은 연간 4미터이다.

31. Schmidthüser, "Vegetationskunde Süd-Frankreichs und Ost-Spaniens", in: *Geogr. Zeitschrift*, 1934, pp. 409-422 참조. 삼림 벌채에 관해서는 H. von Trotha Treyden, "Die Entwaldung der Mittelmeerländer", in: *Pet. Mitt.*, 1916 및 그 참고 문헌 목록 참조.

32. 이 발언은 Woiekof가 한 것이다. Jean Brunhes, *Géographie humaine*, 4ᵉ éd., p. 133에서 인용.

33. G. Botero, *op. cit.*, I, p. 10.

34. André Siegfried, *op. cit.*, pp. 84-85; Jean Brunhes, *op. cit.*, p. 261.

35. "Die Verbreitung der künstlichen Feldbewässerung", in *Pet. Mitt.*, 1932.

36. M. Sorre, *Les fondements biologiques*······, *op. cit.*, p. 146.

37. *Itinéraire de Paris à Jérusalem*, 1811, p. 120.

38. *Géographie humaine*, 4ᵉ édit., p. 51, note 1.

39. 심지어 콘스탄티노플에서조차 재목 값은 높았다. Robert Mantran, *Istanbul dans la seconde moitié du XVIIe siècle. Essai d'histoire institutionnelle, économique et sociale*, 1962, p. 29.

40. *Biblioteca de Autores Españoles* (B.A.E.), XIII, p. 93.

41. *Le quart livre du noble Pantagruel*, éd. Garnier, II, ch. XI, p. 58.

42. Pierre Gourou의 편지, 1949년 6월 27일.

43. E. Le Roy Ladurie, *op. cit.*, pp. 118-119.

44. B. Bennassar. "L'alimentation d'une ville espagnole au XVIe siècle. Quelques données sur les approvisionnements et la consommation de Valladolid", in: *Annales E.S.C.*, 1961, p. 733.

45. 1523년 1월 4일 바야돌리드에서 단티스쿠스가 폴란드 국왕에게 보낸 편지, Bibliothèque Czartoryscki, n° 36, f° 55.

46. E. Le Roy Ladurie, *op. cit.*, p. 181.

47. Barthélémy Joly, *Voyage en Espagne*, p. 9.

48. E. Le Roy Ladurie, *op. cit.*, p. 78.

49. *Ibid.*, p. 80.

50. *Ibid.*, p. 79.

51. *Lettres* ⋯⋯, pp. 161-162.

52. G. Botero, *op. cit.*, II, p. 124.

53. 토스카나 대공이 펠리페 2세의 요청으로 이탈리아에서 에스파냐로 건너가는 에스파냐 및 독일계 병사들에게 식량을 제공해야 할 때, 염장 고기—양은 충분하지 않았지만—는 독일계 병사들에게게만 주었다. 에스파냐 병사들은 먼저 도착했지만, 쌀과 과자로 만족해야 하는 경우라도, 소란을 일으키지는 않을 것이기 때문이었다. Felipe Ruiz Martín, Introduction aux *Lettres envoyées de Florence à Simón Ruiz*.

54. *Voyage à Constantinople*, 1853, p. 97.

55. Alexandre de Laborde, *Itinéraire descriptif de l'Espagne*, 1828 p. 112.

56. *Journal de voyage en Italie*. Collection "Hier", 1932, tome III, p. 242.

57. *Op. cit.*, III, p. 409.

58. *Ibid.*, IV, p. 233, p. 340, VI, pp. 400-401. 이탈리아 북부는 예외였다.

59. Mateo Aleman, *Vida del picaro Guzman de Alfarache*, I, 1re partie, 3, p. 45.

60. *Ibid.*, IIe partie, 2, p. 163.

61. Bory de Saint-Vincent, *Guide du voyageur en Espagne*, p. 281, Ch. Weiss, *L'Espagne depuis Philippe II*, 1844, t. II, p. 74에서 인용.

62. M. Sorre, *op. cit.*, p. 267.

63. *Op. cit.*, p. 137 v°.

64. Charles Parain, *La Méditerranée, les hommes et leurs travaux*, 1936, p. 130.

65. Alonso de Herrera, *op. cit.*, éd. 1645, p. 10 v°(특히 보리에 관해서 그렇다).

66. A.d.S. Venise, 22 janvier 1574. Capi del C° dei X, Lettere, B^a 286, f°s 8 et 9.

67. G. Botero, *Dell'isole*, p. 72.

68. G. Vivoli, *Annali di Livorno*, 1842-1846, III, p. 18. 메뚜기 떼의 침입은 토스카나에서는 1541년; 베로나에서는 1542년 8월과 1553년 6월(Ludovico Moscardo, *Historia di Verona*, Vérone, 1668, pp. 412, 417); 헝가리에서는 Tebaldo Tebaldi가 Modène 공작에게 보낸 편지, Venise, 1543년 8월 21일(A.d.S. Modène); 이집트에서는 1544년과 1572년(Museo Correr, D. delle Rose, 46, f° 181); 키프로스에서는 1550년 9월 13일(A.d.S. Venise, Senato Mar; 31, f° 42 v° à 43 v°); 카마르그에서는 1614년(J. F. Noble de La lauzière, *op. cit.*, p. 446) 발생했다.

69. Codoin, XXVII, pp. 191-192.

70. *Ibid.*, pp. 194-995.

71. Andrea Navagero, *Il viaggio fatto in Spagna……*, Venise, 1563, pp. 27-28.

72. G. Botero, *op. cit.*, I I, p.40; Marco Foscari, *Relazione di Firenze*, 1527; E. Albèri, *op. cit.*, II, I, p. 25.

73. Jean Servier, *Les portes de l'année*, 1962, p. 13.

74. A.d.S. Venise, Senato Mar 18, f° 45 v°; 23, f° 97; 31, f° 126.

75. *Ibid.*, 4, f° 26, 12 déc. 1450.

76. Thomas Platter, *op. cit.*, p. 33, 1593년 1월.

77. Gallani, *Cronaca di Bologna*, Marciana, 6114, CIII, 5.

78. Giovanni Baldinucci, *Quaderno di ricordi*, Marciana, VI-XCIV.

79. ……"동절기가 가장 두려운 계절이었다. 이 계절에는 되는 대로 살아야만 했다", M. Le Lannou, *op. cit.*, p. 52.

80. Voir le classique passage de Taine, *La philosophie de l'Art*, 20ᵉ éd., II, p. 121.

81. Nouvelle VI.

82. Jean Servier, *op. cit.*, p. 287 et *sq.*

83. P. Arqué, *Géographie des Pyrénées françaises*, p. 43.

84. *Voyage en Italie*, pp. 227-237.

85. E. Charrière, *Négociations de la France dans le Levant*, III, p. 713.

86. *Le Journal et les lettres de Gédoyn 'le Turc'*, p. p. Boppe, Paris, 1909, p. 37 et 38. "……그리고 나는 곰과 늑대와 기타 야생 동물이 득실거리는 숲속에 남아 있게 되었다. 눈 위에 새로 생긴 발자국으로 야생 동물들의 존재를 분명히 알 수 있었다."

87. *Description de l'Afrique, tierce partie du monde*, pp. 33-34.

88. *Op. cit.*, I, XVI, p. 360.

89. Museo Correr, Dona delle Rose, 23, f° 449 v°.

90. Stendhal, *Promenades……*, éd. Le Divan, 1932, II, p. 258.

91. G. Mecatti, *Storia cronologica……*, II, p. 790.

92. 1573년 1월 2일 베네치아에서 실바가 펠리페 2세에게 보낸 편지, Simancas E° 1332, 콘스탄티누스 5세(Copronimo) 시대(718-775)에 보스포루스 해협이 얼었다고 한다. G. Botero, *op. cit.*, p. 105.

93. 1581년 2월 19일 엘바스발 마리오가 코모 추기경에게 보낸 편지, A. Vaticanes, Spagnia 26, orig. fᵒ 124.

94. A. de Raguse, *Lettere di Levante*, 38, fᵒ 27 vᵒ.

95. A. Boué, *La Turquie d'Europe*, 1840, IV, p. 460.

96. J. M. Pardessus, *Collection de lois maritimes*, I, pp. 73, 179; référence à Pline, *Hist. nat.*, II, 47; Robert de Smet, *Les assurances maritimes*, 1934, p. VI; A. Schaube, *Handelsgeschichte ⋯⋯*, 1906, pp. 152-154; Walter Ashburner, *The Rhodian Sea Law;* Oxford, 1909, CXLVIII. E. de Saint-Denis, "Mare clausum", in: *R.E.L.*, 1947.

97. *Actus Apostolorum*, XXVII, 12.

98. *Ibid.*, XXVII, 13.

99. J. M. Pardessus, *Collection de lois maritimes*, IV, p. 1837, p. 578.

100. *Ibid.*, VI, p. 46.

101. *Ibid.*, V, p. 179.

102. Jean Chardin, *Journal du Voyage en Perse*, 1686, I, p. 110 et *sq.* Victor Bérard, *Les Navigations d'Ulysse*, II, *Pénélope et les Barons des îles*, 1930, p. 33, note 1. "이슬람교도들이 임차료나 집세 등의 지불일로 그리스 시대에 기독교도들이 사용하던 날짜, 곧 5월 5일 성 게오르게 축일과 10월 26일 성 데메트리우스 축일을 채택했다는 것은 기묘한 일이다." A. Boué, *op. cit.*, III, p. 120.

103. J. M. Pardessus, op. cit., V, pp. 71-72, 1569년 6월 8일의 법률.

104. *Ibid.*, V, p. 81, 1598년 6월 18일의 법률.

105. S. Razzi, *La storia di Raugia*, p. 121.

106. *Ibid.*, p. 141.

107. *Ibid.*, p. 156.

108. *Ibid.*

109. *Ibid.*, pp. 169-170.

110. 1575년 10월 17일, 18일, 20일자 콘스탄티노플에서 보낸 편지, Simancas Eᵒ 1334.

111. M. Aleman, *op. cit.*, II, 2ᵉ partie, IX, p. 219.

112. Comte de Rochechouart, *Mémoires, op. cit.*, pp. 75, 103.

113. *Itinéraire ⋯⋯*, p. 157.

114. P. Diego de Haedo, *Topographia ⋯⋯*, Valladolid, 1612, p. 174.

115. *Ibid.*, p. 124.

116. Simancas Eᵒ 1051, fᵒ 131.

117. Simancas Eᵒ 1054, fᵒ 20, 나폴리 부왕의 라 골레타 여행도 동일한 경우이다, 나폴리 부왕이 국왕에게 보낸 편지. 나폴리, 1562년 1월 24일. Simancas Eᵒ 1052, fᵒ 12.

118. P. Dan, *Histoire de Barbarie*, 1637, 2ᵉ édit., p. 307. Victor Béraed, *op. cit.*, p.34, note 1.

119. Paul Achard, *La vie extraordinaire des frères Barberousse*, 1939, p. 231.

120. 국왕에게 보낸 편지, 로마, 1554년 1월 8일. *Corpo Diplomatico Portuguez*, VII,

298-299.

121. Fourquevaux가 샤를 9세에게 보낸 편지, 코르도바, 1570년 4월, C. Douais, *op. cit.*, II, p. 214.

122. C. Duro, *La Armada española desde la unión de Castilla y Aragón*, 1895-1903, II, p. 104. 1567년의 오기인가?

123. Pedro Verdugo가 펠리페 2세에게 보낸 편지, 말라가, 1567년 3월 19일. Simancas E°, 149, f° 277-278.

124. Franco de Eraso가 펠리페 2세에게 보낸 편지, 1564년 5월 16일. Simancas E° 1446, f° 131.

125. Contarini가 베네치아 도제에게 보낸 편지, 바야돌리드, 1603년 1월 11일. A.d.S., Venise.

126. *Mémoires de Guillaume et Martin Du Bellay*, p.p. V. L. Bourrilly et F. Vindry pour la "Société de l'Histoire de France", t. I, 1908, p. 39.

127. *Histoire de l'Empire Ottoman*, t. VIII, pp. 268-269(축일을 11월 30일로 잘못 적었다).

128. *Op. cit.*, II, pp. 81-82.

129. A.N., K 1674, orig.

130. Innsbruck, 8 janv. 1552, *Nuntiaturberichte aus Deutschland*, I, XII, p. 140.

131. 이 책 제III부 제2장 "에스파냐와 펠리페 2세의 역할" 참조.

132. A. Ballesteros, *op. cit.*, IV, I, p. 200.

133. *Ibid.*, p. 201.

134. Belon du Mans, *op. cit.*, p. 101 v°, "밭과 목초지가 특히 황새로 인해서 하얗게 된다."

135. Simancas E° 1061, f° 133.

136. 겨울은 아라곤에 불행을 가져왔다. C. Douais, *op. cit.*, III, p. 36, 13 févr. 1567.

137. G. Botero, *op. cit.*, I, p. 10 "……페르난도 왕은 여름에는 세비야에서 지내고 겨울에는 부르고스에서 지내는데, 이는 부르고스가 추위에 대한 방어가 더 잘 되어 있기 때문이라고 했다.……"

138. Léon l'Africain. *op. cit.*, p. 37.

139. Joan Nistor, *Handel und Wandel in der Moldau bis zum Ende des XVI. Jahrhunderts*, 1912, p. 9.

140. J. Sauvaget, *Alep. Essai sur les origines d'une grande ville syrienne, des origines au milieu du XIXe siècle*, 1941, p. 14.

141. Jesús Garciá Fernández, *Aspectos del paisaje agrario de Castilla la Vieja*, Valladolid, 1963, p. 25.

142. M. Bandello, *op. cit.*, I, p. 279 et *passim*.

143. R. Carande, *Carlos V y sus banqueros*, Madrid, 1943, p. 57 et *sq.*

144. Diego Suárez, Ms de la B.N. de Madrid, ch. 34.

145. A. Boué, *op. cit.*, IV, p. 460, Granvelle이 Riario 추기경에게 보낸 편지, 마드리드, 1580년 6월 15일. A. Vaticanes, Spagna, 17, f° 135.

146. P. Vidal de La Blache, *op. cit.*, p. 265.

147. G. Hartlaub, *op. cit.*, p. 20.

148. *Mémoires*, 4ᵉ partie, p. 5.

149. P. Achard(*op. cit.*, p. 204)는 카르타헤나를 Mahon이라고 잘못 인용한다. G. Botero, *op. cit.*, p. 7. 카르타헤나 항구의 안전성에 대해서는 *Inst. naut.*, nᵒ 345, p. 95.

150. 1597년 11월 20일자 산루카에서 메디나 시도니아 공작이 펠리페 2세에게 보낸 편지. Simancas Eᵒ 178. 세비야에서의 포도주 무역의 중요성에 대해서는, G. Botero, *op. cit.*, I, 10, "······4,000아로바[1arroba는 11-15킬로그램]의 와인이 세비야에 입하하지 않을 때에는 대물변제는 도산하지 않을 수 없었다고 말한다."

151. *Novelas ejemplares*, édit. Garnier, II, p. 283. vendeja를 vendange(포도 수확)으로 번역하는 것은 실로 오역이다. 전자는 실제로 판매 내지 시장을 의미한다. 다음 참조 Marcel Bataillon, "Vendeja", in:*Hispanic Review*, XXXVII, nᵒ 2, avril 1959. 이러한 오해는 충분히 이해할 수 있는데, 이 "시장"은 본질적으로 오직 포도주 시장이었기 때문이다. 17세기 초 문헌(B.N., Paris, Fr. 4826. fᵒ 5)은 명시적으로 기록하기를, "······포도 수확(vendange) 선단은 프랑스를 출항하여 7월 내내 에스파냐 항구들에 들를 예정이었다."

152. "Vita di Pietro di Toledo", in:*Archivio storico italiano*, IX, p. 22.

153. 카빌리아에서 무화과 따기, *De Mogador à Biskra*, 1881, p. 194.

154. A. Morel Fatio, *Ambrosio de Salazar*, Toulouse, 1901, p. 16.

155. Archives de Raguse, L. P. 2, fᵒ 26 et vᵒ 27, 1569년 8월 30일.

156. G. Botero, *op. cit.*, p. 105, 어로기는 동절기 및 춘절기 초였다. *Description du Bosphor e*······. Collection des Chroniques nationales, Buchon, t. III, 1828.

157. Archives des Bouches-du-Rhône, Amirauté de Marseille, Enregistrement des certificats de descente des Marchandises. Dégagements de bateaux, B IX 14 (1543), fᵒ LXV vᵒ et LXVI, LXVII vᵒ, LXIX, LXX.

158. I. p. 23. 여름 열병에 대해서는, 1566년 7월 20일 Fourquevaux가 여왕에게 보낸 편지, Douais, *Dépêches* ······, II, 7-8(포케보는 병상에 누워 있었는데, 더 상세한 것은 알 수 없다); G. Mecatti, *op. cit*, II, p. 801(en Hongrie, en 1595); N. Iorga, *Ospeti romeni*, *op. cit.*, p. 87, J. B. Tavernier, *op. cit.*, I, p. 72, 스미르나에서 흑사병은 "주로 5월, 6월, 7월에 창궐했다."

159. *Roman comique*, première partie, 1651, 2ᵒ p. 1657; édit. Garnier, 1939, p. 64.

160. B. N. Paris, Fr, 17,989.

161. L. von Pastor, *op. cit.*, X, p. 37.

162. *Ibid.*, p. 47.

163. Rainer Maria Rilke, *Lettres à un jeune poète*, 1937, p. 54.

164. Louis Bertrand, *Philippe II à l'Escorial*, 1929, p. 170.

165. *Op. cit.*, VIII, p. 208.

166. *Ibid.*, VIII, p. 175.

167. *Ibid.*, VIII, p. 165.

168. *Op. cit.*, I. 73: Paul Masson, *Le commerce français du Levant au XVIIe siècle*, p. 419.

169. Belon du Mans, *op. cit.*, p. 136.

170. João de Barros, *Da Asia*, I, libr. III, ch. III et VIII.

171. D'après P. Masson. *op. cit.*, p. 373에 인용된 La Boullaye le Gouz에 의한다.

172. Isabelle Eberhardt, *Notes de route*, 1921, p. 7.

173. Sachau, *op. cit.*, pp. 74-77.

174. Archives de Raguse. Diversa di Cancelleria 145, f°s 165, 165 v°, 172-173, 174 v°, 175, 176, 176 v°, 177, 177 v°, 180, 180 v°, 188 à 192 v°, 196 à 197, 201 v° à 203; 146, f° 6 v°, 7, 12 12 v°, 13, 13 v°, 14 v°, 17 v°, 24, 33 V°, 40, 40 v°, 43, 43 v°, 46 v°, 47, 47 v°, 48 à 49 v°, 50 v°, 104 v° à 107, 133 v°, 134, 145 v° à 148, 150 à 153, 155 à 161 v°, 164 à 165, 167 à 168, 170 v° à 171 v°, 174, 182 à 183, 193 à 194, 198 v° à 203, 208 à 209, 211 v° à 213, 215 v° à 218, 226 à 229. 자료 번호와는 달리, 보험은 일련번호로 작성되지 않고 다른 문헌과 함께 섞여 있었다. 일련번호가 없는 것은 *Noli e securtà*(용선 계약과 보험) 시리즈의 첫 기록이 1563년 1월부터 시작되기 때문이다.

175. 리보르노의 "입항 기록"은, 더 자주 내가 인용하겠지만, A.d.S. Florence의 Mediceo 2079와 2080의 기록이다. F. Braudel et R. Romano, *Navires et marchandises à l'entrée du port de Livourne*, Paris, 1951, *passim.*

176. Giovanni Rebora와 Danielo Presotto가 제노아 입항 선박에 대해서 진행 중인 연구가 완성될 때, 틀림없이 이 무역의 계절적 변동에 대한 정보를 제공할 것이다.

177. J. B. Tavernier, *op. cit.*, Persian Travels, p. 2. "잉글랜드나 네덜란드 선단은 보통 봄이나 가을에 리보르노로 출발했다."

178. *Ibid.*, II, p.2

179. P. Masson, *op. cit.*, p. 41, 1612년의 트리폴리.

180. *Deutsche Pilgerreisen*, Gotha, 1889.

181. *Ibid.*, pp. 286-287.

182. F. Braudel et R. Romano, *Navires et marchandises à l'entrée du port de Livourne*, 1951.

183. 이 책 제I부 제4장 주 174 참조.

184. 소장 역사가 Danilo Presotto와 Giovanni Rebora가 제노바의 관세 문서에 대한 체계적인 분석을 시작했다. 제노바 대학교 경제-상업학부 박사 논문.

185. Museo Correr, D. delle Rose, 45, 1604년 1월 1일, 동절기에 마르세유인 Theodolo를 자신의 배에 태우고, 이집트의 알렉산드리아를 떠난 Lamberto Siragusano가 남긴 기록이다. 처음에는 순조롭게 항해가 이루어져, 돛은 활짝 펴졌고, 배는 "돌고래처럼" 질주했지만, 갑자기 소아시아 반도 연안 안탈리아 근방에서 폭풍우를 만났다.

186. A.d.S., Naples, Sommaria Consultationu(자료 분실).

187. B. Suárez가 Simón Ruiz에게 보낸 편지, 피렌체, 1583년 12월 8일, A. Provincial, Valladolid.

188. A.d.S. Florence, Mediceo, 920, f° 355. 이 참고 문헌은 Maurice Carmona의 미출간 자료이다(국립과학연구원 보고서).

189. "Gebirgsbildung der Gegenwart in den Ost-Alpen", in:*Natur und Volk*, 69, pp. 169-176.

190. M. L. Cayeux, in:*Annales de Géographie*, XVI, 1907.

191. *Ricerche sul regime dei litorali nel Mediterraneo*, Rome, 1936.

192. *Indagine sulle recenti variazioni della linea di spiaggia delle coste italiane*, Rome, 1935. 다른 참고문헌으로는 A. Philippson, *op. cit.*, pp. 22-23 ; C. Cold, *Küsten-veränderung im Archipel*, Munich, 1886; Théobald Fischer, *Beiträge zur physischen Geographie der Mittelmeerländer, besonders Siziliens*, Leipzig, 1877 참조.

193. Ed. Le Danois, *L'Atlantique*, 1938, p. 162.

194. Th. Monod, *L'hippopotame et le philosophe*, *op. cit.*, p. 100.

195. A. Philippson, *op. cit.*, pp. 134-135.

196. *Historische Geographie*, 1904, p. 188.

197. 개괄적인 소개로는 Walther Pahl, *Wetterzonen der Weltpolitik*, 1941, pp. 226-227.

198. Ferdinand Fried, *Le tournant de l'économie mondiale*, 1942, pp. 131.

199. A. Philippson, *op. cit.*, pp. 133-134에서 인용.

200. Fritz Jäger, *Àfrika*, 1910, I, p. 53.

201. Herbert Lehmann, in: *Geogr. Zeitsch.*, 1932, pp. 335-336.

202. B. Bennassar, *Valladolid au XVI siècle*, 출간 예정 박사 논문.

203. Emmanuel de Martonne, *Géographie Universelle*, VI, 1, 1942, p. 140.

204. Ignacio de Asso, *op. cit.*, 1798, p. 78는 Huesca[에스파냐 북동부]에서 20년 정도 지속된 가뭄을 언급하고 있다.

205. *Histoire et destin*, 1942, p. 62.

206. *Il clima sulle Alpi ha mutato in età storica?* Bologne, 1937.

207. Hans Hanke, in: *Frankfurter Zeitschrift*, 1943년 1월 23일.

208. B. Plaetschke, "Der Rückgang der Gletscher im Kaukasus", in: *Pet. Mitteilungen*, 1937.

209. N. Krebs, in: *Geogr. Zeitsch.*, 1937, p. 343.

210. B. Pfalz, in: *Geogr. Zeitsch.*, 1931. 디나르 알프스 산맥의 개간지에 있는 마을에 관한 동일한 지적은 Denijer, in: *Ann. de Géogr.*, 1916, p. 359.

211. 프로방스에서 미스트랄 바람을 맞고 올리브 나무들이 죽은 것은 1507, 1564, 1599, 1600, 1603, 1621-1622년이었다. P. George, *op. cit.*, p. 394. René Baehhel는 다른 연도들을 제시한다. *Une croissance: la Basse-Provence rurale(fin du XVI siècle-1789)*, 1961, p. 123. 올리브 나무에게 "재난의 겨울"은 1570, 1594, 1603, 1621, 1638, 1658, 1680, 1695, 1709, 1745, 1748, 1766, 1768, 1775, 1789년이었다. 1549년 베로나에서는, "혹한기 때문에 올리브 나무, 포도나무, 여타 나무들이 죽었다." Lodovico Moscardo, *op. cit.*, p. 416. 1587년 Pépieux(Carcassonne 근방의 Aude)에서는 눈이 내리고 올리브 나무가 서리를 맞았다. J. Cunnac, *Histoire de Pépieux*, Toulouse, 1944, p. 73. 1594년 토스카나 지방에서는 올리브 나무가 얼어죽었다. G. Mecatti, *Storia cronologica……*, II, p. 790.

212. 이하는 Maurice Champion, *Les inondations en France*, 1861, III, p. 212 et *sq.*에서 가져 왔다.

213. *Mémoires historiques de la République séquanoise*, Dole, 1592, in-f°, livre II, ch. XVIII.

214. Ch. de Ribbe, *La Provence au point de vue des bois, des torrents et des inondations avant et après 1789*, 1857, p. 20에서 인용.

215. *Archivio storico italiano*, IX, p. 622.

216. *Ibid.*, p. 624.

217. 1601년 6월 30일 베네치아에서 프란시스코 드 베라가 국왕에게 보낸 편지, A. N., K. 1677. 1601년 6월 3일 및 4일 콘스탄티노플에서 보낸 편지, *ibid.*

218. "Climatic Fluctuations and Population Problems in Early Modern History", in: *Scandinavian Economic History Review*, 1955.

219. Luis Cabrera de Cordoba, *Relaciones de las cosas succedidas en la Corte de España desde 1599 lasta 1614*, p. 166, Valladolid, 1603년 1월 25일.

220. J. Castañeda Alcover, *Coses envengudes en la ciutat y regne de Valencia. Dietario de Mosen Juan Porcar, capellan de San Martin (1589–1629)*, Madrid, 1934, I, pp. 3, 4, 10, 41, 71.

221. E. Le Roy Ladurie, *op. cit.*, p. 48.

222. E. Le Roy Ladurie, *op. cit.*, p. 46.

223. E. Le Roy Ladurie, *op. cit.*, p. 39.

224. E. Le Roy Ladurie, *op. cit.*, p. 37.

225. B. Bennassar, *Valladolid au XVIᵉ siècle*(미출간의 박사 학위 논문).

226. J. Castaneda Alcover, *op. cit.*, p. 222 et 324.

227. Ignacio Olagüe, *La decadencia de España*, 1950, tome IV, ch. XXV.

228. Ignacio Olagüe, "El paisaje manchego en tiempos de Cervantes", in: *Annales Cervantinos*, III, 1953.

229. J. Schove 박사의 여러 저작에 대한 입문으로는, 그가 쓴 논문 "Discussion post- glacial climatic change", in: *The quarterly Journal of the Royal Meteorological Society*, 1949년 4월.

230. *Le climat du Bassin Parisien: essai d'une méthode rationnelle de climatologie physique*, 1957.

231. 특히 Immanuel Le Roy Ladurie의 훌륭한 논문 세 편 "Histoire et climat", in: *Annales E.S.C.*, 1959; "Climat et récoltes aux XVIIᵉ et XVIIIᵉ siècles", in: *ibid.*; "Aspect historique de la nouvelle climatologie, in: *Revue Historique*, 1961.

232. Correr, D. delle Rose, 20. 나는 Luigi Cornaro, *Trattato di acque del Magnifico Luigi Cornaro nobile Vinitiano*, Padoue, 1560이 출판된 이래, 이 중대한 문제 및 이에 관련해서 발생한 방대한 문헌에 대해서 오직 간략하게만 언급하겠다. 이에 대한 가장 유용한 안내서는 Roberto Cessi, "Evoluzione storica del problema lagunare", in: *Atti del convegno per la conservazione e difesa della laguna e della città di Venezia*, 1960년 6월 14-15일, (Istituto Veneto), pp. 23-64이다.

233. *Op. cit.*

제5장

1. 이 장의 제목은 "길과 도시(Les routes et les villes)"가 아니라 "길과 도시, 도시와 길(Routes et Villes, Villes et Routes)"로 했다. 이것은 뤼시앵 페브르가 처음 이 글을 읽고 남긴 평을 기리기 위해서이다.

2. *Annales d'hist. soc.*, 11 janvier 1940, p. 70.

3. *Journal du voyage en Italie* (collection "Hier", 1932), p. 132.

4. *Op. cit.*, II, 1, p. 195.

5. *Op. cit.*, II, 3, I, p. 331.

6. A. Philippson, *Das Mittelmeergebiet*, p. 219.

7. *Op. cit.*, p. 295.

8. G. Botero, *op. cit.*, I, p. 106 et II, p. 118, "파리 인구의 거의 두 배"에 관해서는 Jacques Bongars, in: *Anquez, Henri IV et l'Allemagne*, 1887, p. XXIV.

9. Konrad Olbricht, "Die Vergrosstädterung des Abendlandes zu Beginn des Dreis- sigjährigen Krieges", in: *Petermanns Mitteilungen*, 1939.

10. F. Lot, *Les invasions barbares et le peuplement de l'Europe*, 1937, I, p. 110.

11. 이 책 제I부 제2장 참조.

12. Gino Luzzatto, *Storia economica di Venezia dell'XI al XVI secolo*, Venise, 1961, p. 42. Sur cette route, indication du voiturage, Barletta에서 나폴리까지 물소 가죽을 마차로 운반하는 것에 관해서는 Naples, 1588년 5월 22일자의 편지, A. de Raguse, D. de Foris, VII, f° 245.

13. Arnoldo Segarizzi, *Relazioni degli ambasciatori veneti*, Florence, III, 1ʳᵉ partie, 1927, pp. 10-13.

14. G. Botero, *op. cit.*, I, p. 50.

15. *Ibid.*, p. 9.

16. Comte de Brèves, *Voyages······*, *op. cit.*, p. 229.

17. *Ibid.*, p. 5.

18. Belon du Mans, *op. cit.*, p. 103.

19. Charles Estienne, *La Guide des Chemins de France*, 2ᵉ éd., 1552; *Les voyages de plusieurs endroits de France et encore de la Terre Saincte, d'Espaigne, d'Italie et autres pays*, 1552. 이 책은 각지에서 다음과 같이 재간행되었다. Paris, 1553, 1554, 1555, 1556, 1558, 1560, 1570, 1583, 1486, 1588, 1599, 1600; Lyon, 1566, 1580, 1583, 1610; Rouen, 1553, 1600, 1658; Troyes, 1612, 1622, 1623. 상세한 사항에 대해서는 Sir Herbert George Fordham, *Les routes de France. Catalogue des Guides routiers*, 1929, *et Les guides routiers, Itinéraires et Cartes Routières de l'Europe*, Lille, 1926 참조.

20. Théodore Mayerne de Turquet, Sommaire description de la France, Allemagne, Italie, Espagne, avec la Guide des Chemins, Genène, 1591-1592, 1618, 1653; Lyon, 1596, 1627; Rouen, 1604, 1606, 1615, 1624, 1629, 1640, 1642.

21. Giovanni de L'Herba, *Itinerario delle poste per diverse parti del mondo*, Venise, 1561.

같은 시대의 다른 안내서들: Guilhelmus Gratarolus, *De Regimine iter agentium vel equitum, vel peditum, vel mari, vel curru seu rheda*, Bâle, 1561; Cherubinis de Stella, *Poste per diverse parti del mondo*, Lyon, 1572; 저자 불명, *Itinerarium Orbis Christiani*, 1579; Richard Rowlands, *The post of the World*, Londres, 1576; Anonyme, *Kronn und Ausbundt aller Wegweiser·····*, Cologne, 1597; Matthias Quadt, *Deliciœ Galliœ sive Itinerarium per univerasam Galliam·····*, Francfort, 1603; Ottavio Codogno, *Nuovo Itinerario delle Poste per tutto il Mondo·····*, Milan, 1608; Paulus Hentznerus, *Itinerarium Germaniœ, Galliœ, Angliœ, etc.*, Noribergœ, 1612.

22. *Das Mittelmeergebiet* (제4판), pp. 222-223.

23. André Piganiol, *Histoire de Rome*, 1939, p. 522.

24. Jean Delumeau, *Vie économique et sociale de Rome*, I, 1957, p. 81 et *sq.*

25. Jules Sion, "Problèmes de transports dans l'antiquité"(Lefebvre des Noëttes, *L'attelage. Le cheval de selle à travers les âges*의 서평), in: *Ann. d'hist. écon. et soc.*, 1935, p. 628 et *sq.*

26. Jules Leclercq, *De Mogador à Biskra: Maroc et Algérie*, 1881, p. 21.

27. *La Péninsule Balkanique*, 1918, p. 195.

28. Baron de Busbec, *op. cit.*, I, p. 103, 그것은 "일화적인" 디테일을 믿는 것이지만, 당연히 근거는 박약하다.

29. *Description de l'Afrique tierce partie·····*, éd. 1830, II, pp. 16-17.

30. E. von Ranke, *art. cit.*, in: *Vj. für Soz. und W. Gesch.*, 1924, p. 79.

31. B.N. Florence, Capponi, 239, 1569년 1월 26일.

32. *Novelas ejemplares*, Le licencié de verre.

33. *Codoin*, XXXIV, 1580년 5월 1일. p. 442; 1580년 5월 4일. p. 453.

34. 1606년 5월 31일 바야돌리드에서 프란체스치니가 제노바 도제에게 보낸 편지. A.d.S. Gênes, Spagna 15.

35. 다음의 주(주 36)를 보라.

36. 1560년 10월 13일 펠리페 2세가 나폴리 부왕에게 보낸 편지, B. Com. de Palerme, 3 Qq. E 34 f°s 8-11.

37. 1588년 5월 22일. A. de Raguse, D. de Foris, f° 245.

38. *Arch. st. ital.*, IX, pp. 460 et 460, note 1; 468 et 468, note 1.

39. Albert Babeau, *Les voyageurs en France*, 1885, pp. 68-69 (Paul Hentzner의 여행, 1598).

40. Victor Bérard, *Pénélope·····*, *op. cit.*, p. 307; Chateaubriand, *Itinéraire·····*, *op. cit.*, p.7.

41. *Libro de Agricultura*, 1539, p. 368 et *sq.* de l'édition de 1598(초판 1513년).

42. *A. st. ital.*, IX, p. 255, 1602년 5월 2일.

43. V. Lamansky, *Secrets d'État de Venise*, p. 616, 1550년 12월 7일.

44. 말 사육의 쇠퇴 원인에 대해서는 *Cria de los cavallos*, Granada, Simancas E° 137.

45. Giuseppe Mecatti, *Storia cronologica della città di Firenze*, II, pp. 802-803, 1595.

46. D. de Haedo, *Topographia*……, p. 180.

47. 1572년 4월 22일 팔레르모에서 테라노바 공작이 국왕에게 보낸 편지, Simancas E° 1137.

48. G. Trevelyan, *History of England*, p. 287.

49. A. de Herrera, *op. cit.*, p. 368.

50. "Notizie", in: *Archivio storico di Corsica*, 1932, pp. 296-297.

51. *Arch. st. ital.*, IX, p. 219: 나폴리에서 피렌체로 육로를 통해서 운송한 귀중품에 대한 기록. 1592년 이후 피렌체를 경유하는 나폴리-독일 교역에 대해서는 G. Vivoli, *op. cit.*, III, pp. 198, 350. 운반업에 대한 부정적인 견해로는 J. Perret, *Siris*, 1941, 그에 대한 응답으로는 d'André Aymard, in: *R.E.A.*, 1943, pp. 321-322 참조.

52. Wilfrid Brulez, *De Firma della Faille*, p. 578.

53. Émile Coornaert, *Un centre industriel d'autrefois. La draperie−sayetterie d'Hondschoote (XVIᵉ−XVIIIᵉ siècles)*, 1930, pp. 252−253, note 3.

54. 1550년 이래 스미르나는 중요한 교역지였다. Belon du Mans, *op. cit.*, p. 89; 라구사인들은 여기서 면을 실었다. Paul Masson, *Histoire du Commerce français dans le Levant au XVIIᵉ siècle*, 1896, p. 125; J. B. Tavernier, *op. cit.*, I, p. 68; Guillaume de Vaumas, *L'Éveil missionnaire de la France*, 1942, p. 102; P. Henri Fouqueray, *Histoire de la Compagnie de Jésus en France des origines à la suppression*, 1925, IV, p. 342 et *sq.*; Gérard Tongas, *Les relations de la France avec l'Empire ottoman durant la première moitié du XVIIᵉ siècle et l'ambassade de Philippe de Harlay, comte de Césy, 1619−1640*, 1942, p. 208; Baron de Tott, *Mémoires, op. cit.*, IV, pp. 85-86 참조.

55. 이하는 니콜로 콘타리니의 미출간 원고에 근거한 것이다. V. Lamansky, *op. cit.*, pp. 513-515. 이 사실은 H. Kretschmayr et F. C. Lane에도 넌지시 언급되어 있다. 미출판 사료가 상당히 많다. A.d.S. Venise, Papadopoli, Codice 12, fº 23; 1585년, 상품 16,000콜리(colli)가 나렌타 강에서 베네치아로 해상 운송되었는데, 이처럼 대량의 물품이 수송로를 변경하여 수송되었다는 사실은 스플리트의 부상을 준비하고 있었다는 증거이다. 다른 참고 문헌으로는 *Cinque Savii*, 138, fº 77 vº à 79 vº, 1589년 6월 16일; *ibid.*, fº 182, 1592년 9월 24일; *ibid.*, 139, fº 54 et vº, 1594년 11월 23일; Marciana, Notizie del mondo, 5837, 1596년 1월 25일; Museo Correr, D. delle Rose, 42, fº 35 vº, 1596년 9월 7일; *ibid.*, 21, 1598, 1602, 1608; *Cinque Savii*, 12, fº 112, 1610년 9월 2일. 스플리트의 "전염병 병원"의 건축에 관해서는, A.d.S. Venise, Senato Zecca, 1617년 4월 17일과 22일.

56. V. Lamansky, *op. cit.*, p. 514.

57. F. C. Lane, *op. cit.*, p. 2.

58. V. Lamansky, *op. cit.*, p. 504 et *sq.*

59. *Ibid.*, p. 514.

60. Domenico Sella, *op. cit.*, p. 2 et 55.

61. *Ibid.*

62. *Cinque Savii*, Riposte 141, fˢ 28 et 29, 1607년 7월 19일.

63. *Cinque Savii*, 4, fº 1083, 1626년 9월 19일.

64. *Ibid.*, 19 f°s 103 et 104, 1636년 4월 20일.

65. 앞의 주 4 참조.

66. V. Lamansky, *op. cit.*, p. 514.

67. 이 책 제I부 제5장 381-382쪽 및 Domenico Sella, *op. cit.*, p. 41 et *sq.*

68. 이 책 제II부 제2장 "가격 상승" 참조.

69. 1957년 6월 Giorgio Cini 기금에 의한 심포지움에서의 Lütfi Gucer 교수의 강연 내용에 기초했다.

70. 1593년 5월 2일 라구사에서 선장들이 O. de Cerva에게 보낸 편지, *Lettere di Levante*, 38, f° 113. 오랑 근방 육로 무역의 증가도 분명히 있었다. Diego Suárez, *op. cit.*, p. 36, 47, 50, 86, 275, 314.

71. Dr. M. D. Grmek, "Quarantaine à Dubrovnik", in: *Symposium Ciba*, avril 1959, pp. 30-33.

72. Giuseppe Tassini, *Curiosità Veneziane*, 1887, pp. 277-278. 이 년대보다도 이전부터 베네치아 거주의 투르크 상인들은 이미 단합하고 있었다. Senato Terra 67(1575년 5월 15일). 아르메니아 및 투르크 상인에 관한 많은 정보에 대해서, *Cinque Savii*, 3, 4, 13, 15, 17, 18, 19(1622년부터 1640년부터) 참조.

73. Aussi A. de Raguse, *Diversa di Cancellaria*, 192 à 196.

74. 앞에서 인용한 1963년 11월 7일의 편지.

75. Renée Doehaerd, *Études anversoises. Documents sur le commerce international à Anvers, 1488-1514*, I, 1963, *Introduction*, p. 66.

76. Jacques Heers, "Il commercio nel Mediterraneo alla fine del secolo XIV e nei primi anni del XV", in: *Archivio storico italiano*, 1955.

77. *Op. cit.*, p. 578.

78. Domenico Sella, *op. cit.*, p. 72.

79. Alberto Tenenti, *Naufrages, corsaires et assurances maritimes à Venise (1592-1609)*, 1959.

80. *Ibid.*, p. 59 et 60, taux fixe des assurances à Raguse, Iorjo Tadié, lettre du 7 nov. 1963, déjà citée.

81. *Cinque Savii*, 141, f° 32 à 33 v°, 1607년 9월 24일. 시리아 해운의 보험 프리미엄은 출항에 8, 9, 10퍼센트였고, 귀항 역시 마찬가지였다. 1593년과 1594년에 보험료는 (1회 출항 혹은 귀항에) 정기적으로 5퍼센트였다. A.d.S. Venise, *Miscellanea*, Carte Private 46. 5현인 회의는 과도한 요구를 통해서 시리아로 은을 수출할 수 있는 허가를 받으려고 했던 것일까?

82. 물론 낙관적인 가설이다.

83. Tenenti, *op. cit.*, p. 567.

84. *Ibid.*, p. 563 et *sq.*

85. A. de Raguse, *Diversa di Cancellaria*, 192 à 196, et notamment 192 (f° 139, 1604년 5월 30일, f° 176 v°, 14 1604, le Catallan); 194 (f° 44 v°, 1605년 5월 2일).

86. Museo Correr, Prov. Div. C 989(Mercatura e traffichi III).

87. Felipe Ruiz Martin, *Lettres marchandes échangées entre Florence et Medina del Campo*, 1965, p. CXVI et *sq.*

88. Modesto Ulloa, *La hacienda real de Castilla en el reinado de Felipe II*, Rome, 1963, p. 187.

89. Ramón Carande, *Carlos V y sus banqueros. La hacienda real de Castilla*, 1949, p. 292 et *sq.*

90. *La hacienda real*……, pp. 137-200.

91. Simancas, Escrivania Mayor de Rentas, 1603-1604.

92. *The Growth of the Antwerp Market and the European Economy*, 1963, II, p. 311 et *sq.*

93. A.d.S. Venise, *Cinque Savii, 4 bis*, f° 44, 1636년 5월 8일.

94. R. Mantran, *op. cit.*, p. 489.

95. S. Schweigger. *op. cit.*, p. 241.

96. B.M. Sloane 1572, f° 50 V° et 51, 1633년 7월 2일.

97. A.d.S. Venise, Dispacci Spagna, Gritti 대사가 베네치아 도제에게 보낸 편지, 제노바, 1616년 4월 30일.

98. R. P. Binet, *Essay des merveilles de nature et des plus nobles artifices* (éd. 1657, p. 97).

99. Alvaro Castillo Pintado의 미출간의 연구에 의한 것이다.

100. Museo Correr, D. delle Rose, 217.

101. Simancas E° 160에 의한다. 이 책 제I부 제5장 390쪽 참조. 호기심에서 기술 발전의 역사 입장에서 주목할 만한 것은, A. Delatte, "L'armement d'une caravelle grecque du XVI⁶ siècle, d'après un manuscrit de Vienne", in: *Miscellanea Mercati*, tome III, 1946, pp. 490-508. 이는 적재량에 따라 선박의 주요 부분들의 비례에 대한 연구이다. 이 어려운 문헌을 번역해준 Hélène Bibicou에게 감사한다.

102. Simancas, Guerra Antigua, XX, f° 15, 1541년 9월 15일. 말 1마리를 수송하기 위해서는 적어도 20톤 정도가 필요했다.

103. Thomas Platter, in: *Félix et Thomas Platter à Montpellier*, 1892, p. 303.

104. D'après Louis Dermigny, *La Chine et l'Occident. Le Commerce à Canton au XVIII⁶ siècle, 1719-1833*, 1964에 따르면, 인도 무역선들의 적재량은 2,000톤 이하였다. 1758년 힌두스탄 호의 적재량은 공식적으로 1,248톤이었는데, 실제로는 1,890톤을 운반했다. t. I, p. 202 et *sq.*, pp. 212 et 213.

105. A.d.S. Venise, Senato Mar, 6, f° 185, 1460년 6월 30일.

106. B.N. Paris, Ital. 1714, f° 109, 1532년 2월 22일자 루앙에서 Venier가 베네치아 도제에게 보낸 편지 사본.

107. Jacques Heers, *Gênes au XV⁶ siècle, Activité économique et problèmes sociaux*, 1961, p. 278.

108. 이 문단에서 나는 베네치아의 상업 갤리 선의 체제에 대해서 연구한 미출간 원고의

초반부의 장들에 근거했는데, 그 내용은 또한 같은 저자들의 다음 논문의 기초가 되기도 했다. Alberto Tenenti et Corrado Vivanti, "Le film d'un grand système de navigation: Les galères marchandes vénitiennes XIVᵉ-XVIᵉ siècles", in: *Annales E.S.C.*, XVI, 1961, no. 1, pp. 83-86.

109. Gino Luzzatto, *op. cit.*, p. 41 et *sq.*

110. *Ibid.*, p. 76.

111. A.d.S., Notatorio di Collegio, 355, f° 104 v°, 1449년 12월 1일. 동일한 시리즈 : 372, f° 108 v°, 1450년 4월 12일(915, 1,150, 1,100보테): 97, f° 29 v°, 1461년 6월 11일(2,500보테); 343, f° 87, 1471년 2월 18일; 368, f° 96, 1471년 6월 8일(1,000보테 이상의 새 나베 선 1척).

112. A.d.S. Mantoue, Aᵒ Gonzaga, Série E, Venezia 1433, G. Brognolo가 Mantoue 후작에게 보낸 편지, 베네치아, 1490년 8월 7일.

113. *Op. cit.*, I, p. 684, 1497년 6월 26일. pp. 802-803, 1497년 10월.

114. *Ibid.*, II. p. 1244 et *sq.* 동일한 샘플 : Correr. D. delle Rose, 154, f° 69, 1499.

115. 1541년 7월 말라가에서 작성된 목록이다. Simancas Guerra Antigua, XX, f° 10.

116. Louis Dermigny, *op. cit.*, t. I, pp. 202 et *sq.*

117. A.d.S. Venise, Senato Mar, 4, f° 28 v°, 1451년 1월 16일.

118. Museo Correr, D. delle Rose, 2509, 1502년 10월 21일, *in rogatis.*

119. *Op. cit.*, III. p. 413.

120. 1552년 2월 13일과 1587년 3월 11일자 법령에 대해서는 Huguette et Pierre Chaunu, *Séville et l'Atlantique*, 1955, t. I, p. 127, note 3 참조. 서인도 제도로 향하는 선단에 참여하는 선박의 적재량 상한선이 규제되어, 1547년에는 400톤, 1628년에는 550톤이었다.

121. J. Kulischer, *Allgemeine Wirtschaftsgeschichte des Mittelalters und der Neuzeit*, 1928(제2 쇄 1958년), II, p. 385.

122. Albert Girard, *La rivalité commerciale de Séville et de Cadix au XVIIIᵉ siècle*, 1932.

123. Barradas, in: Bernardo Gomes de Brito, *Historia tragico-maritima*, 1904-1905, I, p. 221.

124. *Journal de voyage de⋯⋯. Zane* (1579), 미출간, P.R.O.30.25.156, f° 32 v°.

125. Alfred de Sternbeck, *Histoire des flibustiers*, 1931, p. 158 et *sq.* Abbé Prévost, *Histoire Générale des voyages*, 1746, t. I, p. 355. 세르반테스는 이런 보도에 근거해서 *La Española inglesa des Novelas Ejemplares*에서 포르투갈 캐릭 선을 묘사한 것은 아닐까?

126. B.M. Sloane 1572.

127. B. Varenius, *Geographia Generalis*, Amsterdam, 1664, p. 710.

128. V. G. Scammell, "English merchant Shipping at the end of the Middle Ages: some East Coast Evidence", in: *The Economic History Review*, 1961, p. 334, 1572년에도 잉글랜드 상선은 여전히 평균 42톤이었다.

129. John Harris, *Navigantium atque itinerantium bibliotheca*, Londres, 1746, I, p. 115.

130. R. Hakluyt, *The principal Navigations, Voiages⋯⋯*, II, 2ᵉ partie, pp. 112-113.

131. J. Harris, *op. cit.*, I, p. 23.

132. *La Armada Invencible*, Henrique Herrera Oria 편집, Valladolid, 1929, p. 24.

133. P. Charliat, *Trois siècles d'économie maritime française*, 1931, p. XXX.

134. J. Kulischer, *op. cit.*, II, p. 1572.

135. Simancas E° 174.

136. *Ibid.*

137. Simancas, Guerra Antigua, XI, 번호가 없음 ; 1538년 *ibid.*, f° 56, *Relacion de los naos y carabellas que se han hallado entrados los puertos deste reyno de Galicia*는 카르타헤나 및 바르셀로나로 향하는 징어리를 적재하기도 하고 설탕을 적재하기도 하고 아일랜드에서 탈취한 모피를 적재하기도 한 포르투갈 캐러벨 선 등을 기록하고 있다. 그중에는 비베로에 1,000톤급 캐럭 선이 있었는데, "통설에 따르면 레반트와 포난트 사이에서는 가장 큰 선박이었다."

138. Simancas E° 160.

139. *Relacion de los navios q. se han detenido en la baya de Cadiz y puerto de San Lucar de Barrameda y de sus partes, bondad, gente de par œe mar y artilleria en 29 de março 1595*. Simancas E° 174.

140. *Relacion particular de los navios q. estan detenidos en los puertos de Cadiz, San Lucar, Gibraltar, Huelva*. Simancas E° 174.

141. *Relacion de las urcas y filibotes que han entrado en este puerto de San Lucar de Barrameda desde los 3 de octubre hasta los 21 del dicho de 1595 y en la baya de la ciudad de Cadix y lo que viene en cada uno dellos*. Simancas E° 174.

142. 1626년 11월 26일 폰투아에서 라질리 기사가 리슐리외 추기경에게 보낸 편지, B.N., Paris n.a., 9389, f° 66 v°.

143. *Codoin*, II, p. 171, 12 mai 1594.

144. 에스파냐인들은 포획된 선박(Henri Hauser, *Prépondérance espagnole*, 2ᵉ éd., 1940, p. 148 et 154; R. Hakluyt, éd. J. M. Dent and Sons, 1927, t. V, p. 1 et *sq.*)을 모델로 삼았을 것이다. 그러나 *Revenge* 호는 포획 얼마 후에 폭풍우 속에서 침몰했기 때문에 그럴 가능성이 적다. Garrett Mattingly, in: *The American Historical Review*, IV, n° 2, janvier 1950, p. 351. 어쨌든 16세기 말에 잉글랜드의 조선 기술이 에스파냐와 지중해에 전해지게 되었다. 라구사의 조선업자들은 잉글랜드식 갤리온 선을 건조하고 있었다(Simancas, Contaduria Mayor de Cuentas, Segunda época, 904, 20 février [1590]). *Indice de la Colección de documentos de Fernández de Navarrete que posee el Museo Naval*, Madrid, 1946, n° 741. 이 문건은 1570에서 1580년 사이의 것으로 잘못 생각하고 있는데, 훨씬 더 늦은 시기이며 보다 정확한 시기에 관해서는 Gregorio de Oliste가 펠리페 2세에게 보낸 편지, Naples, 1604년 1월 13일을 보라. 펠리페 2세는 "조달 계획에 따라 그 자신이 만들어야 하는 12척의 갤리온 선의 건조에" 몰두했다. Simancas, Napoles, Estado, 1,100, fᵒˢ 8. 다른 많은 참고 문헌이 있다. A.d.S. Naples, Sommaria Consultationum, 14 (fᵒˢ 229–233); 29 (f° 44–45); 30 (f° 31, 38–46, 49–53, 58–80, 158–159, 221–225).

145. 1589년 7월 29일 및 8월 5일 Franco de Vera가 국왕에게 한 보고. 베네치아, A. N.,

K. 1674.

146. Fidel de Sagarminaga, *El gobierno ······de Viscaya*, 1892, I, p. 73.

147. Antonio de Quintadueñas가 Simón Ruiz에게 보낸 편지, Rouen, 1565년 4월 16일. 이 편지는 다음 책에서 인용했다. Henri Lapeyre, *Une famille de marchandes, les Ruiz. Contribution à l'étude du commerce entre la France et l'Espagne au temps de Philippe II*, 1955, p. 212, n. 169.

148. 1591년 단치히로부터의 귀환 길에서 마르코 오토본이 제출한 최종 보고서. 이 책 제1부 제3장 주 76 참조.

149. *Ibid.*, 지방 감독관 alle Biave에게 보낸 편지, 단치히, 1591년 7월 7일.

150. 이 모든 문제들(적재량, "캐러벨 선" 및 "클린 선(clin)" 건조, 배 이름 짓기, 소형 선박 등)에 관해서는 Henri Lapeyre, *op. cit.*, p. 206 et *sq.*의 본문 및 주석 참조.

151. Frederic C. Lane, *Venetian Ships and Shipbuilders of the Renaissance*, 1934, p. 27.

152. *Op. cit.*, VI, p. 71.

153. Frederic C. Lane, "The Medit. spice Trade", in: *A.H.R.*, t. XLV, p. 581에 따르면 1564년 까지이다.

154. 1569년 7월 2일 베네치아에서 로페스가 국왕에게 보낸 편지. Simancas E° 1326.

155. Dr. Jules Sottas, *Les Messageries maritimes à Venise aux XIV et XVe siècles*, 1936, p. 136.

156. F. C. Lane, *op. cit.*, p. 47.

157. Navagero, *op. cit.*, p. 1.

158. S. Razzi, *La Storia di Ragusa*, 1903, p. 128.

159. *Ibid.*, p. 156.

160. 1565년 3월 8일. Simancas E° 486.

161. *Ibid.*

162. A.d.S. Napoli, Sommaria Partium · 540, f° 51; 546, f° 229 v°; 559, f° 267 v° et 268; 560, f° 73, f° 185; 562, f° 55 v°, f° 237 v°; 561, f° 101 v°; 594, f° 28 v°(라구사에서 건조 중인 1,000톤, 즉 800카리[carri]의 나베 선); 595, f° 161 v° et 162.

163. 1579년 5월 6일. A.d.S. Florence, Mediceo 1829, f° 67.

164. A.d.S. Venise, Senato Dispacci Spagna, 1583년 7월 15일 Zane가 베네치아 도제에게 보낸 편지, 통계 수치는 Museo Correr, Donà delle Rose, 154, f° 101에 있다.

165. 1591년 5월 31일, A. de Raguse, Diversa de Foris, V, f° 15.

166. 1591년 6월 2일, A. Civico, Gênes, Consolato Francese, 332.

167. Miguel de Oviedo가 국왕에게 보낸 편지, 카르타헤나, 1596년 10월 19일. Simancas E° 176.

168. 1596년 7월 4일. A. de Raguse, D. de Foris, IV, f° 85.

169. Trapani, 1599년 5월 10일. A. de Raguse, D. de Foris, VIII, f° 25 v°.

170. 1601년 8월 21일 시칠리아 부왕 Maqueda 공작이 Trapani의 심의위원회에 보낸 편지, A. de Raguse, D. de Foris, f° 203 et 203 v°, 적재량 4,000살마(salma)의 선박이었다.

171. Iorjo Tadić (1963년 11월 7일자의 편지).

172. A.d.S. Venise, Capitolari, II C 112, 1581년 11월 4일, G. Luzzatto, "Per la storia delle costruzioni navali a Venezia nei secoli XV e XVI", in: *Miscellanea di studi storici in onore di C. Manfroni*, Venise, 1925, p. 397에서 인용.

173. G. Luzzatto, *ibid.*, p. 392 et *sq.*

174. V. Lamansky, *op. cit.*, p. 560.

175. Simancas Guerra Antigua, XX, f° 13.

176. *Ibid.*, f° 10.

177. *Ibid.*, f° 15.

178. *Ibid.*, f° 9.

179. *Ibid.*, XLVI, f° 204.

180. *Ibid.*, LIII, f° 206.

181. Giuseppe Vivoli, *Annali di Livorno*, Livourne, 1842, III, p. 425.

182. *Diarii*, LIII, p. 522.

183. D'après Auguste Jal, *Glossaire nautique*, 1848.

184. F. Lane, *op. cit.*, p. 53; Casoni, "Forze militari", in: *Venezia e le sue lagune*, 1847, p. 195.

185. Alfredo Pino-Branca, *La vita economica degli Stati italiani nei secoli XVI, XVII, XVIII, secondo le relazioni degli ambasciatori veneti*, Catania, 1938, p. 209.

186. 1589년 11월 4일, 청원심사위원회, A.d.S. Venise, Busta 538, f° 884.

187. F. Lane, *op. cit.*, p. 52, note 52, p. 53, note 57.

188. *Voyage du Levant*, p. 25.

189. Pierre Grandchamp, *La France en Tunisie à la fin du XVIe siècle*, 1920, p. 88.

190. B. Com. Palerme, 3 Qq D 77, n° 9, 26, 32.

191. A. Com. Marseille, série HH(분류되어 있지는 않다).

192. 혹은 1561년 마르세유의 450톤급 갤리온 선이 명반을 싣고 키오스 섬에 정박했다. Avis du Levant, 1561년 4월 12-14일, Simancas E° 1051, f° 55.

193. A. Civico Gênes, 1594년 9월. Consolato Francese, 332. 마르세유의 소형선들에 대해서는 1581년과 1585년 사이에 베네치아에 도착한 "프랑스의 사에티아 선(saettia)"의 목록을 참조하라. A.d.S. Senato Terra, 96. 총 37척이, 곧 1581년 6척, 1582년 9척, 1583년 7척, 1584년 9척, 1585년 6척이 입항했다. 가장 큰 선박은 164보테(약 82톤)이었고, 최소는 54보테(27톤)였다. 스타라(stara)로 적재량이 표기된 4척(각기 440, 440, 460, 305스타라)을 제외하면, 나머지 33척의 평균 적재량은 90보테, 곧 45톤이 살짝 넘는다.

194. 1590년 2월 14일, P. Granchamp, *La France en Tunisie à la fin du XVIe siècle*, 1920, pp. 30-31.

195. 1596년 8월 6일. *ibid.*, p. 81.

196. 1591년 6월 2일. A. Civico, Gênes, Consolato Francese, 332.

197. 이 책 제II부 제7장의 주 144 참조.

198. *Histoire du Commerce de Marseille*, t. III, p. 193.

199. P. Lescalopier, *op. cit.*, p. 26.

200. Josip Luetić, *O pomortsvup Dubrovačke Republike u XVIII stoljeću*, Dubrovnik, 1959, p. 190.

201. Museo Correr, D. delle Rose, f° 217

202. *Ibid.*, f° 8, et. *sq.*

203. 이 책 제II부 제3장 "교역과 수송"이하 참조.

204. 이 책 제II부 제6장 "잡다한 사실들이 주는 교훈" 주 15 참조.

205. N. Iorga, *Ospiti romeni in Venezia (1570-1610)*, 1932, p. 75.

206. Ugo Tucci, "Mercanti veneziani in India alla fine del secolo XVI", in: *Studi in onre di Armande Sapori*, 1957, pp. 1091 et *sq.*

207. Gilberto Freyre, *Casa Grande et senzala*, Rio de Janeiro, 1946, t. I, p.360.

208. Brantôme, *Mémoires*, XI, p. 107.

209. Philippe de Canaye, *Le voyage du Levant*, p. 114.

210. Richard Busch-Zantner, "Zur Kenntnis der osmanischen Stadt", in: *Geographische Zeitschrift*, 1932, pp. 1-13.

211. J. Leclercq, *op. cit.*, 1881, p. 21.

212. D. de Haedo, *op. cit.*, 178 v°. 알제에서는 한 주일에 이틀간 시장이 열렸는데, 이때 평야와 주변 산악지대의 사람들 다수가 모여들었다.

213. A. Pino Branca, *op. cit.*, p. 257.

214. *Panni garbi*는 최고급의 비단을 말한다.

215. 여왕에게 보낸 편지, 1567년 2월 13일, Douais, *Dépêches……*, III, pp. 36-37.

216. Terranova 공작이 국왕에게 보낸 편지. Simancas E° 1144, 1575년 8월 28일. E° 1145, 1576년 2월 18일.

217. Jacob Burckhardt, *Geschichte der Renaissance in Italien*, éd. 1920, pp. 16, 17.

218. Tott 남작, *Mémoires*, IV, pp. 71-73.

219. *Le discours du voyage de Venise à Constantinople*, 1547, p. 31.

220. Renée Doehaerd et Ch. Kerremans, *Les relations commerciales entre Gênes, la Belgique et l'Outremont*, 1952, I. pp. 77-78.

221. A. Mehlan, "Die grossen Balkanmessen in der Türkenzeit", in: *Vierteljahrschrift für Sozial-und Wirtschafstgeschichte*, XXXI, 1938, pp. 20-21.

222. J. Tadic, *Dubrovcani po juznoj Srbiji u XVI stolecu Glasnik Skop nauc dro*, VII-VIII, 1930, pp. 197-202.

223. L. Bernardo, *Viaggio a Costantinopoli*, Venise, 1887, pp. 24, 1591.

224. 심홍색 직물의 제조 공장. 1575년 11월 20일의 평의회. A. Com. Marseille, BB 45, f° 330.

225. Giacomo Pedro Luccari, *Annali di Rausa*, Venise, 1605, p. 120.

226. *Ibid.*, p. 139.

227. G. Botero, *op. cit.*, I, p. 35.

228. Marc Bloch, *in: Mélanges d'histoire sociale*, I, pp. 113-114.

229. Francesco Guicciardini, *Diario del viaggio di Spagna*, Florence, 1932, p. 46. 이와 비교하면 1592년의 Nîmes, P. George, *op. cit.*, pp. 621-622.

230. *Decadenza economica veneziana nel secolo XVII*, Colloque de la Fondation Giorgio Cini(1957년 6월 27일-7월 2일), 1961, pp. 23-84.

231. *Le Banquet*, p. 17(Th. Scharten, *Les voyages et les séjours de Michelet en Italie*, Paris, 1934, p. 101에서 인용).

232. Jacques Heers, *op. cit.*, p. 74 et *sq.*

233. B.N., Paris, Fr. 2086, f°s 60 v°, 61 r°.

234. A.d.S. Venise, *Cinque Savii*, Risposte 1602-1606, f° 189, v°, 195.

235. *Op. cit.*, I, p. 38.

236. Antonio de Capmany y de Montpalau, *Memorias históricas sobre la Marina, Comercio y Artes de la antigua ciudad de Barcelona*, Madrid, 1779, I, p. 205 et *sq.*

237. 펠리페 루이스 마르틴 교수(빌바오 대학)가 출간을 앞둔 자기 저서의 개요를 나에게 알려주었다.

238. A.d.S. Venise, Dispacci Senato Spagna, 프랑코 모로가 베니치아 도제에게 보낸 편지, 마드리드, 1615년.

239. Simancas Expedientes de Hacienda, 170에 보관된 놀라운 일련의 문헌들 중에는 1561년 시의 인구 조사 기록부(padrón)도 있다.

240. A.d.S. Venise, Senato Terra, 4, f° 138, 1460년 3월 22일.

241. *Le Loyal Serviteur, op. cit.*, p. 42.

242. A.d.S. Venise, Senato Terra 27, Brescia, 1558년 3월 5일; 문제는 이전에 제기되었다. *ibid.*, 24, Brescia, 1556년 2월-3월.

243. A.d.S. Naples, Sommaria Consultationum 2, f° 75 v° et 76, 1550년 7월 7일.

244. 참고 문헌에 관한 긴 주석은 이 책 제II부 제1장의 주 193, 주 194 참조.

245. 이러한 통계는 시망카스 문서보관소 자료에 따라 수정될 필요가 있으나, 아직 이 문서보관소 자료들은 충분히 조사되지 않았다. 펠리페 루이스 마르틴의 연구 결과를 곧 볼 수 있기를 기대한다.

246. 이 분야에서 가장 중요한 이정표는 Karl Julius Beloch, *Bevölkerungsgeschichte Italiens*, Berlin, 1961의 제3권과 마지막 권의 출판이다.

247. Ömer Lutfi Barkan가 추진한 혁명적인 연구 방향에서 드러난다.

248. E. Hobsbawm, "The Crisis of the 17th Century", in: *Past and Present*, 1954, n° 5, pp. 33-53, no. 6, pp. 44-65.

249. Alvaro Castillo Pintado, "El servicio de millones y la población del Reino de Granada en 1591", in: *Saitabi, Revista de la Facultad de Filosofia y Letras de la Universidad de Valencia*, 1961.

250. Otto Brunner, *Neue Wege der Sozialgeschichte. Vorträge und Aufsätze*, Göttingen, 1956,

p. 87 ct F. Braudel, "Sur une conception de l'Histoire sociale", in: *Annales E.S.C.*, 1959년 4월-6월.

251. Earl J. Hamilton, *El Florecimiento del capitalismo y otros ensayos de historia económica*, 1948, pp. 121-2.

252. Daniele Beltrami, *Forze di lavoro e proprietà fondiaria nelle campagne venete dei secoli XVII e XVIII*, 1961, p. 5 et *sq.*

253. M. Moheau, *Recherches et considérations sur la population de la France*, 1778, pp. 257-58, p. 276의 표.

254. 종교회의의 교황청 대사가 Borromée에게 보낸 편지, 트렌토, 1561년 8월 7일. Susta, *op. cit.*, I, pp. 67-68 및 note 68-69.

255. G. Vivoli, *op. cit.*, III, p. 15 및 24, note 17.

256. N. Iorga, *Ospiti romeni in Venezia, op. cit.*, p. 35.

257. G. Mecatti, *op. cit.*, II, p. 766.

258. *Almanacco di economia di Toscana dell'anno* 1791, Florence, 1791.

259. 예를 들면, 1539년에 관해서는, Rosario Russo, *art. cit.*, in: *Rivista storica italiana*, 1934, p. 435, 1560년에 관해서는, Simancas E° 1389, 1560년 6월 19일. 1577년 메시나에 관해서는, Simancas E°, 1148, 1577년 5월 9일.

260. A. Serra, "Breve trattato delle cause che possono far abondare li regni d'oro e argento dove non sono miniere", in: A. Graziani, *Economisti del Cinque e Seicento*, Bari, 1913, p. 164.

261. A.d.S. Venise, *Cinque Savii……*, Busta 2.

262. B.N., Paris, fr. 5599.

263. 즉 Rialto.

264. G. Parenti, *Prime ricerche sulla rivoluzione dei prezzi in Firenze*, 1939, p. 96 et *sq.*

265. Giuseppe Mira, *Aspetti dell'economia comasca all'inizio dell'età moderna*, Come, 1939, p. 239 et *sq.*

266. 이 책 제I부 제5장 462-463쪽 참조.

267. Simancas E° 1326, 1569년 9월 29일-10월 1일.

268. 1562년 12월 11일의 회의, BB 41, f° 25 et *sq.*

269. Giuseppe Pardi, "Napoli attraverso i secoli", in: *N.R.St.*, 1924, p. 75.

270. 1583년 8월 7일, St. Jehan의 어부들에 대하여 배급제도의 조치를 취할 것을 요구했다. 왜냐하면 어부들이 "필요 이상으로 식량을 가지고 출항했기 때문이다." A. Comm. Marseille, BB 45, f° 223.

271. Alexandre Agulftequi(?)가 마르세유 영사에게 보낸 편지, 리옹, 1579년 11월 11일, Archives Com., Marseille.

272. 1577년 8월 28일. A.H.N., Inquisition de Barcelone, libro I, f° 308.

273. 1558년 10월 12일. Inquisition de Valence, libro I, A.H.N.

274. A.d.S. Venise, Capi del Consiglio dei X, Bª 594, f° 139, 1559년 6월 23일 구매 계획.

1560년 5월 16일 동일한 요청이 있었다. *Ibid.*, f° 144.

275. 1572년 5월 4일 마르세유 의회는 상인들에게 화물 한 개마다 6솔(sol)의 할증료를 지불했다. BB 43, f° 144 et *sq.* Archives Comm. Marseille.

276. A. Com. Marseille BB 41, f° 1 et *sq.*

277. Pietro Lomellino가 제노바 통령에게 보낸 편지, 메시나, 1557년 10월 8일, A.d.S., Gênes, Lettere Consoli, Napoli Messina 1-2634.

278. 1607년 8월 나폴리에서 식량난으로 인한 봉기가 있었다. *Archivio storico italiano*, IX, p. 266. 1647년 메시나 봉기 역시 기근이 결정적인 요인이었다. 이에 관해서는 수많은 자료가 있다 : 1559년 12월 23, 26, 27일; 1560년 1월 2일, Sim. E° 1050, f° 3; 1560년 1월 28일, E° 1324, f° 72; 1562년 11월 5일. E° 1324, f° 154; 1562년 12월 16일. *ibid.*, f° 147; 1563년 4월 8일, f° 110; 1565년 3월 18일, A.d.S. Venise Senato, Secreta Dispacci Napoli, n° 1; 1566년 2월 7일, Sim. E° 1555, f° 25: 1570년 1월 18일. Sim. E° 1327; 1571년 3월 3일. Sim. E° 1059, f° 68; 1571년 2월 28일, *ibid.*, f° 60.

279. 1527, Mario Branetti, "Notizie di Fonti et Documenti", in: *Archivio storico di Corsica*, 1931, p. 531.

280. H. Kretschmayr, *op. cit.*, III, p. 41.

281. G. Mecatti, *op. cit.*, III, p. 764.

282. M. Bandello, *op. cit.*, V, p. 167. 1527년 10만 명의 사망자가 생긴 것에 관해서는 Salvatore Pugliese, *Condizione economiche e finanziarie della Lombardia nella prima metà del secolo XVIII*, 1924, p. 55.

283. G. Vivoli, *op. cit.*, III, p. 268.

284. *Ibid.*

285. *Ibid.*

286. *Ibid.*

287. "가난한 대중은 흑사병에 쉽게 감염되었다." G. Botero, *op. cit.*, II, Proemio(p. 1), 1599년 판에는 페이지가 없다.

288. 앞의 주 280 참조.

289. Marciana, Ital. 7299, *Memorie publiche dal anno 1576 al 1586*, 1584년 3월 18일.

290. 1576년 흑사병에 관해서는 다음의 경이로운 연구를 참조하라: Ernst Rodenwaldt, "Pest in Venedig 1575-1577, Ein Beitrag zur Frage der Infektkette bei den Pestepidemien West-Europas", in: *Sitzungberichte der Heidelberger Akademie d. Wissenschaften, Mathematisch-naturwissenschaftliche Klasse*, Heidelberg, 1953, p. 119 et *sq.*

291. *Op. cit.*, pp. 315-316.

292. René Baehrel, "La haine de classe en temps d'épidémie", in: *Annales E.S.C.*, 1952, pp. 315-353 게다가 "Économie et Terreur: histoire et sociologie", in: *Annales hist. de la Révolution française*, 1951, pp. 113-146.

293. A.d.S. Venise, Senato Misti, 19, f° 72 v° et 73, 1478년 6월 3일.

294. Père Maurice de Tolon, *Préservatifs et remèdes contre la peste ou le Capucin Charitable*,

1668, p. 60 et *sq.*

295. *Op. cit.*, II, p. 14.

296. Pare P. Gil, *Libre primer de la historia cathalana* ……, f° 81 r°.

297. A. de Raguse; Diversa di Cancellaria, 137도 참조.

298. *Ibid.*, 146, f° 32 v°, 140, 187 v°, 205, 213 v°, 215, 기타.

299. A.d.S., Florence, Mediceo 4185, f° 171-175.

300. D. de Haedo, *op. cit.*, p. 8 v°(카빌인에 관해서), p. 9(안달루시아인에 관해서).

301. Ömer Lutfi Barkan, 이 파리 사회과학고등연구원에서 한 미간행 강연에서 인용, p. 11.

302. B.M. Sloane 1572, f° 61, 1633년 7월-8월.

303. B. Gerometta, *I forestieri a Venezia*, Venise, 1858, p. 9.

304. A.d.S. Venise, Senato Terra, 101, 1587 5월.

305. 1562년 6월 17일 베네치아에서 에르난데스가 국왕에게 보낸 편지, Simancas E° 1324, f° 136; N. Iorga, *op. cit.*, p. 136. 그리스인과 함께 아르메니아인, 체르케스인, 왈라키아인 등이 있었다.

306. M. Bandello, *op. cit.*, IV, p. 68.

307. Nicoló Crotto가 Antonio Paruta에게 보낸 편지, 앙고라[앙카라], 1585년 5월 2일; Cucina 가 Paruta에게 보낸 편지, 베네치아, 1509년 4월 16일과 6월 25일. A.d.S. Venise, *Lettere Com.*, 12 *ter*, et N. Iorga, *op. cit.*, p. 19.

308. G. d'Aramon, *op. cit.*, p. 3.

309. F. de Vera가 펠리페 2세에게 보낸 편지, 베네치아, 1590년 11월 23일. A.N., K 1674.

310. P. Lescalopier, *op. cit.*, p. 29.

311. G. Botero, *op. cit.*, I, p. 103.

312. J. W. Zinkeisen, *op. cit.*, t. III, p. 266.

313. G. Botero, *op. cit.*, I. p. 99.

314. 특히 내가 생각한 책은 다음의 책이다. J. Plesner, *L'émigration de la campagne libre de Florence au XIIIᵉ siècle*, 1934.

315. H. Kretschmayr, op. cit., II. p. 194.

316. 라구사 외곽 Gravosa의 라구사인들의 저택과 오렌지 및 레몬 과수원에 대해서는 N. de Nicolay, *Navigations et pérégrinations orientales, op. cit.*, p. 157.

317. 아래의 주 319 참조.

318. Mateo Aleman, *De la vida del picaro Guzman de Alfarache*, 1615, I, pp. 24, 29.

319. G. Luzzatto, *op. cit.*, p. 145에서 인용.

320. B.M. Sloane 1572.

321. Robert Livet, *op. cit.*, p. 157.

322. R. Busch-Zantner, *op. cit.*, 이 책 제II부 제5장의 "치프틀리크" 참조.

323. L. Pfandl, *Introducción al siglo de oro*, Barcelone, 1927, pp. 104-105.

324. H. Kretschmayr, *op. cit.*, II, p. 251.

325. G. Vivoli, *op. cit.*, II, p. 52.

326. H. Kretschmayr, *op. cit.*, II, p. 254.

327. *Ibid.*, pp. 337-338.

328. A. Petit, *André Doria‧‧‧‧‧‧, op. cit.*, p. 6.

329. *Ibid.*, pp. 32-33.

330. *Ibid.*, p. 216 et *sq.*

331. 아래의 주 333 참조.

332. P. Egidi, *Emanuele Filiberto*, 1928, p. 114.

333. Scovazzi et Nobaresco, *Savona*, d'après compte rendu in *Rivista Storica*, 1932, p. 116.

334. G. Botero, *op. cit.*, p. 39.

335. 페루지아에 대해서는 Tordi와 A. Bellucci의 연구 그리고 *Archivio storico italiano*, t. IX, p. 114 et *sq.* 참조.

336. *Archivio storico italiano*, t. IX, p. 47.

337. 도시 역사의 이 작은 사건에 관해서는 Léopoldo Palatini, Visca, Casti의 연구 참조.

338. *Les aventures du capitaine Alonso de Contreras, 1582⁻1633*, p.p. Jacques Boulenger, 1933, p. 222 et *sq.*

339. D. de Haedo, Topographía‧‧‧‧‧‧, p. 173 v°.

340. *Novelas egemplares*, "Licenciado Vidriera", I, p. 263.

341. 17세기 피렌체와 토스카나 지방에 대한 Maurice Carmona의 미간행 원고에 따른 것이다.

342. Maurice Carmona, "Aspects du capitalisme toscan aux XVIᵉ et XVIIᵉ siècles", in: *Revue d'Hist. moderne et contemporaine*, 1964.

343. 이 책의 제I부 제5장 특히 425-426쪽 참조.

344. 이 책의 제I부 제2장 132쪽과 주 18 참조.

345. 1561년 6월 3일 메시나에서 라파엘로 기스티니아노 영사가 제노바 도제와 집정관들에게 보낸 편지, A.d.S. Gênes Lettere Consoli, Messina, 1-2634.

346. A.d.S. Gênes, Giunta di Marina, Consoli nazionali ed esteri, 1438-1599.

347. R. di Tucci, "Relazioni commerciali fra Genova ed il Levante", in: *La Grande Genova*, 1929년 11월. p. 639.

348. G. Vivoli. *op. cit.*, IV, p. 23.

349. 예를 들면, 니콜로소 로멜리노는 라구사 선박 산타 눈치아타(선장 바실리오)에 대해서 8carat를 소유했다. A. de Raguse, Diversa de Foris, XII, f° 135, 1596년 5월 4일.

350. Correr 미술관, 제노바에 관한 Santolone에 관한 보고서(1684).

351. J. Paz et C. Espejo, *Las antiguas ferias de Medina del Campo*, 1912, pp. 139-141. 1582년 11월 살레르노 대공이 메디나 델 캄포 정기시에 가기를 거부하자 체포된 것을 사례로서 든 것은 옳다.

352. Laszlo Makkai, *art. cit.*, 이 책의 제II부 제1장 "지역 경제권" 주 151 참조.

353. 부르고스에 대해서는, A. de Capmany, *op. cit.*, II, pp. 323-324 및 R. Carande, *op. cit.*, p. 56의 중요한 시사점들을 참조.

354. Jean Delumeau, *Vie économique et sociale de Rome dans la seconde moitié du XVIe siècle*, Paris, 2 vol., 1959.

355. Georges Yver, *Le Commerce et les marchands dans l'Italie méridionale au XIIIe et au XIVe siècle*, 1903, pp. 1 à 5 그리고 *passim*.

356. Jean Delumeau, *op. cit.*, p. 365 et *sq.*

357. K, Julius Beloch, *op. cit.*, III, p. 357.

358. Joseph Billioud, Histoire du commerce de Marseille, 1951, III, p. 551는 마르세유의 인구가 3만에서 4만5,000 정도였다고 보는 반면에, 마르세유 자신은 8만이었다고 주장한 다. Archives communales de Marseille, BB 45, f° 207, 1583년 3월 23일.

359. E. von Ranke, *art. cit.*, p. 93.

360. A.d.S. Naples, Sommaria Consultationum 31, f° 110, 111, 1624년 2월 7일.

361. *Archivio storico italiano*, t. IX, p. 247.

362. *Ibid.*

363. *Ibid.*

364. A.d.S. Naples, Sommaria Consultationum, 1, f° 79-84, 1551년 2월 27일.

365. Pour de plus amples détails, 산 로렌초 심사위원회라고 하는 나폴리의 행정권에서 Préfect의 지위에 관한 더욱 상세한 정보에 대해서는 S. Lorenzo, voir Bartolomeo Capasso, *Catalogo ragionato dell'Archivio municipale di Napoli*, 1876, I. p. 120.

366. *Archivio Storico italiano*, t. IX, p. 264, note 1.

367. B. Capasso, *op. cit.*, p. 51.

368. Wilfrid Brulez, *op. cit.*, p. 576.

369. A.d.S. Naples, Sommaria Consultationum, 1, f° 235 v°, 1560년 11월 4일.

370. *Ibid.*, 13, f° 373 v°, 1597년 6월 20일.

371. 풀리아의 밀에 관해서는 *ibid.*, 5, 1576년 4월 13일; 설탕과 봉밀에 관해서는, *ibid.*, 33, f° 13, 135-137, 1625년 2월 4일.

372. 에스파냐 당국이 나폴리의 발전을 제한하려고 시도했던 것에 대해서는 G. Botero, *op. cit.*, I, p. 114; 1560년 3월 22일, Sim. E° 1050, f° 23; 1568년, Sim. S.P. Napoles, I; Arch. st. it., t. IX, p. 247; B.N. Paris, 1600년 무렵, Esp. 127. f° 17 및 v°; Guiseppe Pardi, *art. cit.*, p.73; Giuseppe Coniglio의 중요한 저서 참조.

373. Felipe Ruiz Martîn, "Fernando el Catolico y la Inquisiciôn en el Reino de Nápoles", in: *V Congreso de la Corona de Aragon*, 1952년 10월.

374. 우선 무엇보다도, Miguel de Castro, *Vida del soldado español Miguel de Castro* (Colección Austral), 1949, 그리고 *Les aventures du capitaine Alonso de Contreras* (1582-1633), *op. cit.*, 특히 pp. 17-20.

375. Simancas, Napoles Est° 1038, 1549.

376. Felipe Ruiz Martîn, *art. cit.*, p. 320.

377. 이와 같은 수치들과 그 신뢰성에 대해서는 Robert Mantran, *Istanbul dans la seconde moitié du XVIIe siècle. Étude d'histoire institutionnelle, économique et sociale*, 1962, pp.

44 et *sq.*

378. *Ibid.,* p.84.

379. *Voyage faict par moy, Pierre Lescalopier*……, f° 35.

380. G. d'Araman, *op. cit.,* p. 93.

381. P. Lescalopier, *Voyage*……, f° 31 v°.

382. G. d'Aramon, *op. cit.,* p. 25.

383. *Ibid.,* p. 93.

384. R. Mantran, *op. cit.,* p. 40 et Örner Lutfi Barkan, "L'organisation du travail dans le chantier d'une grande mosquée à Istanbul au XVIᵉ siècle", in: *Annales E.S.C.,* 17ᵉ année, 1962, n° 6, pp. 1093-1106.

385. P. Lescalopier, *Voyage*……, f° 32.

386. R. Mantran, *op. cit.,* p. 29.

387. *Ibid.,* p. 27.

388. E. Charrière, *Négociations*……, *op. cit.,* II, pp. 757-759. Tott, *Mémoires, op. cit.,* I, p. 75 참조. 1640년과 1701년 사이에 발생한 화재 22건 목록은, R. Mantran, *op. cit.,* p. 44 이하.

389. P. Lescalopier, *Voyage*……, f° 33 v°.

390. *Ibid.,* f° 33 v°.

391. R. Mantran, *op. cit.,* p. 44 et *sq.*

392. P. Lescalopier, *Voyage*……, f° 37 v°는 베네치아 조선소의 "아치"는 30여개 밖에 안 되고 "그저 목조 파일에 지나지 않는다"고 언급했다.

393. *Ibid.,* f° 37 v°.

394. *Ibid.,* f° 38.

395. *Ibid.,* f° 36 v°.

396. *Ibid.,* f° 37.

397. R. Mantran, *op. cit.,* p. 81 et *sq.* Scutari의 말에 관해서는 여행자들의 많은 기록이 있다.

398. Ainsi P. Lescalopier, *Voyage*……, f° 32 v° et 33.

399. R. Mantran, *op. cit.,* p. 85.

400. P. Lescalopier, *Voyage*……, f° 32.

401. Salazar가 국왕에게 보낸 편지, 베네치아, 1581년 3월 5일. Simancas E° 1339: "8척의 나베 선이 알렉산드리아에서 밀을 실어왔지만, 하루치 식량밖에 되지 않았습니다."

402. R. Mantran, *op. cit.,* p. 181 et *sq.* Halil Sahili Oglou가 파리의 프랑스 국립 도서관의 오스만 투르크 소장품의 문헌들을 분석해주었다. 다음의 훌륭한 논문을 참조하라. L. Gucer, "Le commerce intérieur des céréales dans l'Empire Ottoman pendant la seconde moitié du XVIᵉ siècle", in: *Revue de la Faculté des Sciences Économiques de l'Université d'Istanbul,* t. XI, 1949-1950. 그리고 다음의 귀중한 연구, Walter Hahn, *Die Verpflegung Konstantinopels durch staatliche Zwangswirtschaft nach türkischen Urkunden aus dem 16.*

Jahrhundert, 1926.

403. R. Mantran, *op. cit.*, p.184, p.189.

404. J. Gounon-Loubens, *Essais sur l'administration de la Castille au XVIe siècle*, 1860, pp. 43-44.

역자 후기

이 책은 페르낭 브로델(Fernand Braudel, 1902-1985)의 *"La Méditerranée et le Monde Méditerranéen à l'Epoque de Philippe II"*(Armand Collin, 초판 1949년)를 우리말로 옮긴 것이다. 번역 판본은 제6판(1985년)을 사용했다. 저자 페르낭 브로델은 신(新)역사학(novelle histoire)의 "교황"이라는 별칭에 걸맞게 20세기 역사학을 혁신한 인물이다. 그는 1950년에 콜레주 드 프랑스 회원으로 선출되었고, 1956년부터 사회과학고등연구원을 책임지고 운영했으며, 1957년에는 인간과학 연구소(Maison des Sciences de l'Homme)를 설립하여, 프랑스뿐 아니라 세계 역사학계를 주름잡은 대학자라는 명성을 누렸다. 1949년에 『지중해』의 초판이 출판된 이후 이 책의 영향을 받은 대저들이 역사학계를 수놓았고,[1] 직간접적으로 그의 지도를 받은 다음 세대 역사학자들이 소위 아날 학파를 형성하여 혁신적인 성과를 거두었다. 새로운 역사 연구 학풍의 뿌리인 『지중해』는 20세기 역사학계의 가장 중요한 저작 중 중 하나라고 소개해도 무방할 것이다. 달리 예를 찾기 힘들 정도의 방대한 스케일과 엄청난 자료, 근대 세계를 새롭게 조명하는 참신한 해석의 틀을 선보인 이 책은 이제 역사학의 고전으로 확고하게 자리 잡았다.

---

[1] 피에르 쇼뉘(Pierre Chaunu)의 『세비야와 대서양(*Séville et l'Atlantique*)』, 드니 롱바르(Denys Lombard)의 『자바인들의 교차로(*Le Carrefour des Javanias*)』, 커티 초두리(Kirty Chaudhuri)의 『유럽 이전의 아시아(*Asia before Europe*)』, 이매뉴얼 월러스틴의 『근대세계체제(*The Modern World System*)』 등이 대표적인 사례들이다.

이 책은 원래 저자의 박사학위 논문이었다. 브로델은 1930년대부터 방대한 양의 연구조사 자료들을 모았으나, 본격적으로 집필을 시작할 무렵 제2차 세계대전이 발발하여 군에 징집되었다가 독일군에게 포로가 되어 종전까지 포로수용소에 갇혀 있었다. 다행히 포로 생활 조건이 엄혹하지는 않아서, 결국 그는 포로수용소에서 박사논문을 썼다. 자료들이 모두 파리에 남겨져 있는 상황에서 놀랍게도 그는 기억력에 의존하여 논문을 작성했다. 간간히 그의 부인 폴 브로델(Paule Braudel) 여사와 서신 교환을 하며 필요한 정보들을 받았고, 지도교수인 뤼시앵 페브르(Lucien Febvre)에게 원고들을 보내 조언을 받았지만, 마침내 석방된 이후에야 인용한 자료들이 정확한지 점검할 수 있었다. 파리로 귀환한 후 브로델은 1947년 논문 발표를 하여 학위를 취득했고 1949년에 이 원고를 책으로 출간했다. 이후 여러 차례에 걸쳐 수정본을 내는 동안 내용이 더 풍부해지고 정교해져서 현재 우리가 접하는 최종 판본이 만들어졌다. 이 책은 실로 한 역사가의 일생이 온전히 녹아들어간 역작이라고 하지 않을 수 없다.

이 책은 연구 주제부터 특기할 만하다. 1932년에 브로델이 원래 생각했던 박사논문 주제는 "펠리페 2세, 에스파냐, 지중해"였다.[2] 당시 그가 구상한 연구는 전통적인 정치사에 가까웠음을 짐작할 수 있다. 그러나 오랜 기간에 걸쳐 세계 여러 지역을 여행한 경험, 광범위한 사료 조사 그리고 포로수용소라는 특이한 상황에서 이루어진 치열한 내적 성찰의 결과 최종 산

---

2 신성 로마 제국 황제 카를 5세(1500-1558, 황제 재위 1519-1556)는 양위하면서 제국 영토 및 합스부르크 가문 영토를 양분하여 동생과 장남에게 나누어주었다. 제위(帝位)와 함께 독일-동유럽 영토는 동생인 페르디난트 1세(1503-1564)에게, 에스파냐 및 부속 영토 그리고 아메리카 식민지는 장자 펠리페 2세(1527-1598)에게 물려주었다. 에스파냐 국왕으로서 펠리페 2세는 잉글랜드, 네덜란드, 포르투갈, 해외 식민지 문제에 대응해야 했지만, 더 긴급한 문제는 지중해와 북부 아프리카로 밀고 오는 오스만 투르크 세력과의 대결이었다. 레판토 해전(1571)이 대표적이다. "펠리페 2세 시대"란 그가 에스파냐 국왕으로서 재위한 1556-1598년, 곧 16세기 후반을 가리키며, 유럽 역사의 무게 중심이 지중해에서 대서양으로 이전하는 전환기로 해석할 수 있다.

물은 놀라울 정도로 독창적인 작품으로 변모했다. 이제 이 책의 주제는 펠리페 2세 시대의 "지중해"가 되었다. 지중해는 단순히 역사의 무대배경에 그치는 것이 아니라, 인간의 삶과 사회현상의 틀을 결정짓는 중요한 요소로서 그에게 당당히 핵심 주제로 떠올랐다. 그가 그리는 지중해는 하나의 바다가 아니라 여러 바다들의 집합이며, 주변을 둘러싸고 있는 반도들, 평야들, 산들과 산맥들, 사막들을 포함하는 복합적인 공간이다. 역사의 큰 흐름은 시간 속에서 행하는 인간의 활동과 지리적 공간이 서로 대화하면서 형성된다.

이런 거대한 시공간을 담아내는 작업은 어떻게 이루어졌을까? 이 책의 서문 첫머리에서 브로델은 자신이 북쪽 지방 출신이기 때문에 지중해를 더욱 열정적으로 사랑하게 되었다고 말한다. 이 책의 성격을 잘 드러내주는 표현이라고 하지 않을 수 없다. 이 책은 한 역사가가 일생에 걸쳐 극진한 애정을 가지고 하나의 세계를 연구한 결과이며, 북방 대륙과 남방 해양이라는 대조적인 두 가지 기질이 혼융된 독창적 시각의 산물이며, 수인(囚人)의 상태에서 오랜 시간 내적으로 숙성시켜 얻은 열매인 것이다. 그러므로 다소 난삽하고 복잡한 이 책의 내용을 잘 이해하기 위해서는 우선 이 책이 만들어지기까지 저자가 살아온 과정을 살펴보는 것이 도움이 될 것이다. 브로델 자신 혹은 그의 사후 폴 브로델 여사는 여러 매체들을 통해서 그들의 삶과 지적 여정을 소개했는데, 특히 『지중해』를 쓰기까지 4번의 특별한 경험―그들 자신의 표현으로는 4번의 "스펙터클"―이 중요했노라고 이야기한 바 있다. 이들의 증언을 귀담아 들어보도록 하자.

첫 번째로 언급할 중요한 경험-스펙터클은 유년 시절이다. 브로델은 1902년 프랑스 동부 로렌 지방의 뤼메빌-앙-오르누아(Luméville-en-Ornois)에서 태어났다. 아버지는 파리에서 수학 교사를 하고 있었지만 어린 브로델은 그가 태어난 작은 시골 마을에서 친할머니 밑에서 자랐다. 후일 파리에서 살게 된 이후에도 매년 여름마다 고향 마을을 찾아가곤 했다. 고향 마을의 경험은 단지 그리움의 대상이 아니라 브로델의 심성에 결정적 영향을 끼쳐 그의 사고의 기본 배경이 되었다. 로렌 지방 특유의 양식으로 1806년에 지은 낡은 집, 채소밭에서 직접 재배한 야채로 할머니가 만들어주시는 음식, 마당의 토끼들, 물레방아와 마을 대장간, 주변의 깊은 숲, 양떼를 몰고 지나가는 알자스 목동, 이런 것들은 후일 브로델이 자신의 삶을 회고하며 자주 언급한 내용들이다. 이와 같은 시골의 삶의 양식은 마치 영원히 지속되는 듯 유구한 세월 동안 전해 내려왔다. 이런 삶은 한편으로 사람들의 자유를 제약하는 측면이 있지만 다른 한편 삶의 안정성을 보장한다. 시골 사람들은 흔히 "돈만 없었다 뿐이지 우리에게는 부족한 것이 하나도 없었다"고 이야기한다. 브로델은 여기에서 참으로 중요한 통찰을 얻는다. 대부분의 역사가는 "변화"에 주목하게 마련이지만 그는 변하지 않는 것들, 지속성, 혹은 나중에 그가 제시한 용어로는 "장기 지속(Longue durée)"이 인간의 삶에 훨씬 더 중요할 수 있다는 점을 발견한 것이다. 오랜 시간에 걸쳐 만들어진 기본 요소들의 집적에 대해서 후일 다른 저서에서는 "물질문명"이라고 명명하는데, 이처럼 거대한 문명 수준의 층위는 강인한 생명력을 가지고 지속된다는 그 사실 자체로 인해서 위기에 처한 인간의 삶을 복원시켜주곤 한다. 두 번의 세계대전이 엄청난 파괴를 가져왔지만 그것은 단기간의 교란에 불과했을 뿐, 결국 우리의 삶이 회복되고 균형을 되찾지 않았던가?

일곱 살에 파리로 올라간 브로델은 볼테르 리세(고등학교에 해당하는 과정)를 졸업하고 소르본 대학에 입학하여 역사학과 지리학을 공부했다. 당시 소르본의 고전적인 교육 방식을 좇아가며 탄탄한 기초를 쌓은 것은 분명하다. 특히 이곳에서 배운 지리학의 고전들은 후일 그의 역사학에 중요한 기반을 제공했다(역사학과 지리학을 함께 공부하여 시공간을 함께 연구하는 것이 프랑스 사학의 특징이다). 그러나 딱딱하고 메마른 정치사 위주의 전통적인 사학은 결코 브로델의 전망에 부합되지는 않았다. 구태의연하고 답답한 틀을 벗어던지고 새로운 전망을 얻을 수는 없을까? 그것은 이국의 경험들을 통해서 서서히 만들어가게 된다.

알제리에서 보낸 이국 경험이 그가 말하는 두 번째 중요한 경험, 곧 두 번째의 스펙터클이다. 대학 졸업 후 교수자격을 얻은 브로델은 알제리의 수도 알제의 콩스탕틴 리세의 교사로 부임하게 되었다. 그가 처음 바다를 보고 사랑에 빠진 것도 이때의 일이다. 배를 타고 아프리카로 들어가며 바라본 알제리의 인상은 환상적이었다. 도시 전체가 뽀얀 연기 속에 싸인 가운데 해가 지는 광경은 특별한 아름다움을 연출한다. 브로델은 이곳에서 마치 수백 년을 거슬러올라가는 인상을 받았다고 이야기한다. 더구나 알제에서 더 내륙 쪽으로 여행을 떠나 경험한 전통적인 생활상은 더욱 먼 과거로 거슬러올라가서 마치 고대 그리스 시대, 심지어는 성경 시대를 연상시킬 정도였다. 또한 유럽과는 사뭇 다른 자연 환경도 인상적이었다. 프랑스에서 눈이 올 때에는 "섬세하게, 주저하듯이 혹은 춤추듯이" 내리지만 북아프리카에서는 "빽빽하게 수직으로 급강하하듯이" 폭설이 내린다. 낙타를 타고 관찰한 사막 또한 비범한 광경이었다. 잊을 수 없는 강렬한 인상을 남긴 이 모든 것들이 그의 『지중해』에 고스란히 녹아들어가게 된다. 자신이 살아왔던 유럽 문명을 바다 건너편 이국에서 바라보는 경험이 브로델에게 역사를 복합적으로 읽는 시각을 길러주었을 것이다.

1932년 파리로 귀환한 후 본격적으로 박사논문을 준비하며 에스파냐 각지의 문서보관소들을 찾아다녔다. 과거의 문서 더미에 파묻혀 정보를 캐는 것은 역사가에게 가장 기본적인 작업이며, 이 일을 사랑하지 않으면 역사가로서의 자격이 없는 것과 마찬가지이다. 그런 점에서 죽을 때까지 열성적으로 세계 각지의 문서보관소를 찾아다녔던 브로델은 다른 어느 역사가보다 기본에 충실한 연구자였다. 그의 책에 질리도록 넘쳐나는 지식과 정보는 이렇게 하여 얻어낸 산물이다.

그러던 중 또다른 대륙을 찾아가는 여정이 준비되었다. 이번에는 남아메리카의 브라질이었다. 이것이 세 번째 스펙터클이다. 신생 상파울로 대학에서 교수 요원이 부족했기 때문에 프랑스에 도움을 요청했고, 젊은 학자들이 많이 파견되었다. 1935년, 브로델은 클로드 레바-스트로스 같은 동료들과 함께 남아메리카행 배를 탔다. 브라질에서 보낸 3년은 알제리 때와 마찬가지로 그에게 강렬한 인상을 남겼다. 반 야생 상태의 가축 무리가 거의 사람의 간섭 없이 매년 산을 오르내리는 이목(transhumance) 현상이라든지, 끝없이 광대한 삼림이 벌채되는 장면 등이 대표적이다. 이곳에서는 "과거가 현재를 제약하고, 혹은 과거가 아예 현재 속에서 살아가고 있다"고 브로델은 표현한다. 과거와 현재 사이의 부단한 교섭 현상에 대해서 깊은 성찰을 할 수 있는 기회였다.

3년 동안 브라질에 머물고 유럽으로 귀환하는 길에 배에서 브로델이 정신적인 "아버지"라고 여기는 스승 뤼시앵 페브르를 만난 것 또한 극적인 전환점 중 하나이다. 프랑스까지 오는 긴 항해 기간 내내 두 사람은 한편으로 웃고 즐기면서 다른 한편 진지한 학문적 대화를 나누었고, 완전히 의기투합하여 파리로 귀환했다. 1938년, 브로델은 페브르의 지도 아래 박사 논문을 쓸 참이었다.

그러나 전쟁 때문에 모든 계획이 틀어졌다. 다음 해 브로델은 징집되었고, 라인 전선에 파견되었다가 포로로 잡혔다. 전쟁은 젊은 학자의 인생을 집어삼켰다. 그는 1940년부터 1942년까지 마인츠 포로수용소에, 그리고 이후부터 종전(終戰)까지 뤼베크 포로수용소에 수감되었다. 이것이 네 번째의 스펙터클이다. 가장 불행한 경험이지만 결과적으로는 매우 생산적인 시기였다.

결국 『지중해』는 감옥에서 쓰게 되었다. 포로수용소 생활은 물론 암울하기 짝이 없지만, 반대로 생각을 훨씬 명징하게 정리하고, 한 주제에 대해서 오래 명상하도록 해주는 측면도 있다. 유럽의 운명 그리고 자신의 운명에 대해서 깊은 성찰을 하는 동안 그는 "사건"에 대한 불신이라는 매우 특색 있는 사고를 형성해갔다. 단기간에 벌어지는 정치적 혹은 군사적 사건들은 결코 사회 혹은 문명 전반을 파괴하지 못한다. 히틀러가 혹시 승리를 거둔다고 하더라도 그것은 결국 역사에 의해서 단죄될 단기간의 승리에 불과하다고 확신했다. 1941년 히틀러의 군대가 승리를 거두고 있다는 소식을 들었을 때 브로델은 마인츠 수용소의 복도에서 이렇게 소리쳤다고 한다. "이건 그냥 사건이야, 사건에 불과해!" 이런 상황에서 그는 지난 날 구상했던 바와는 매우 다른 논문을 쓰기 시작했다.

브로델의 논문 집필은 정말로 집요하게 쓰고 수정하고 다시 쓰는 과정의 연속이었다. 어떤 장들은 연이어 3-4번을 고쳐 썼다. 그는 과거 오랫동안 지중해 지역의 역사, 지리, 경제, 문명에 대해서 연구하며 엄청나게 많은 사실들을 모으지 않았던가! 이제 남은 과제는 서로 어울리지 않는 그 많은 사실들을 어떻게 논문 속에 조화롭게 녹여넣느냐 하는 것이었다. 그것은 써보지 않으면 알 수 없는 일이다. 결코 만족하지 않은 상태에서 수천 페이지의 논고를 쓰고 또 쓰는 일을 반복했다. "드디어 논문을 다 썼소" 하는 편지를 부인에게 보낸 것이 1941년 1월이었다. 이때 원고는 1,600페이지에 달했다. 그런데 3월 1일, 원고를 처음부터 다시 쓰고 있다는 편지를 보냈다. 7월 15일, 논문 앞부분 첫 500쪽을 지도교수인 페브르에게 보내자, 페브르는 "독창적이고 탄탄하고 적절하다"고 평가했다. 그렇지만 브로델은 8월에 대폭 수정한 원고를 새로 보냈다. 이 해 연말, 후반부까지 다 마친 원고를 페브르에게 보냈다. 페브르는 이 수정 원고를 읽고 "감탄했다"고 표현했지만, 정작 브로델은 원고를 처음부터 다시 쓰고 있었다. 부인에게는 이제야 전체의 모습이 잘 보이기 시작한다는 편지를 보냈다. 1942년 연말, 브로델은 두 번째로 원고를 다 마쳤다고 페브르에게 편지를 썼지만, 이때에도 다시 원고를 손보아서 1943년 6월에 가서야 지도교수에게 보냈다. 이제 정말로 마친 것일까? 아니다. 1944년 4월, 브로델은 페브르에게 "『지중해』를 다시 손보고 있습니다"라는 편지를 썼다. 이즈음에 가서야 드디어 그의 해석 틀의 기본 얼개인 3분 구조가 완성 단계에 이른 듯하다. 그는 부인에게 "글 쓰는 데 환희를 느끼오. 나는 지금 일종의 특별한 은총 상태에 있소"라는 내용의 편지를 보냈다. 이제 논문의 구조가 단순해지고 명료해졌다. 『지중해』가 완성된 것이다.

『지중해』는 이처럼 오랜 기간에 걸쳐 서서히 숙성된 작품이다. 저자의 지적인 탐구와 인생의 경험이 녹아들어가 조금씩 모습을 갖추어갔으며, 이론은 차라리 사후적(事後的)으로 부과되었다. 이런 면이 이 저서를 위대하게 만들어준 요소이자 동시에 단점으로 작용하는 요소이기도 하다. 너무 거대하고 복잡하며, 또한 전통적인 역사 저술과는 다른 낯선 측면들을 많이 포함하고 있는 이 책은 다소 이해하기도 힘들 수 있다. 뼈대가 되는 이론 틀이 추상적이고 모호하기 때문이다.

『지중해』의 구조에 대해서는 보통 3분구조(三分構造)라고 표현한다. 역사를 구성하는 세 개의 층위는 곧 세 개의 상이한 역사 시간성(temporalité historique)에 상응한다. 제일 아래에는 거의 움직임이 없는 부동(不動)의 층위가 있다. 무엇보다 삶의 기본 틀을 구성하는 지리적 환경 그리고 그 요소에 지배받는 가장 기초적인 인간 활동 영역이 이에 해당한다. 이를 "지리적 시간"이라고 부를 수 있을 것이다. 그 위로는 느리게 움직이는 인간 집단 활동의 층위가 자리 잡고 있다. 상업, 화폐, 수송 같은 경제 활동이나 사회적 갈등, 국가의 형성 같은 넓은 의미의 사회사 영역이 이에 해당한다. "사회적 시간"이 여기에 해당한다. 맨 위로는 빠른 움직임을 특징으로 하는 사건사(事件史)의 층위가 있다. 앞에서 이야기한 대로 전쟁이나 정치 투쟁 같은 일들이 대표적이다. 이는 "개별적 시간"의 영역이다. 브로델 사학은 이 세 가지 시간대의 결합이라고 할 수 있다. 우리는 대개 제일 위의 "사건" 만 민감하게 생각하고, 다른 역사가들 역시 그런 시각으로 인간과 사회를 해석하겠지만, 브로델이 볼 때 그것은 매우 제한된 작은 부분에 불과하다. 대체로 3세기 정도의 시간을 요하는 귀족 계급의 형성과 몰락처럼 사회사의 시간대에서 보아야만 잘 보이는 요소들이 있고, 더 나아가서 해류와 산, 사막 등 시간을 초월한 지리적 환경 요소에 의해서 규정되는 농업, 어업, 목축 같은 요소들도 있다. 인간은 급박한 리듬 속에서만 살아가는 것이 아니라 사회사적인 시간에 참여해서도 살아가고, "장기지속"이라고 명명한 지극히 느린 시간 속에 참여해서도 살아간다. 특히 브로델이 주목하는 바처럼, 광대한 저층의 층위는 우리를 수인(囚人)처럼 꼼짝 못하게 옭아매지만, 다른 각도에서 보면 전쟁과 같은 짧은 시간대의 폐해를 딛고 원래의 삶의 균형을 되찾아주는 역할을 한다.

3분 도식 자체는 계속 유지되지만 구체적 내용은 시간이 지나면서 다소 바뀌어갔으며, 그리하여 다음 저서인『물질문명과 자본주의』(1967년 초판)에서는 성격이 다른 내용을 담고 있는 것으로 보인다. 정치사는 언제나 단기간의 사건사인가, 장기지속은 단순히 지리적 환경만을 지칭하는가 하는 문제에 대한 답이 사실 완전히 명료하지는 않다. 이론 틀이 모호하다 보니 그의 책들에 대해서 너무 많은 정보가 산만하게 벌려져 있는 난삽한 글이라는 비판이 제기되곤 한다. 또 출판된 후 시간이 많이 흐른 지금, 이 책이 담고 있는 정보 중 많은 것들이 수정되거나 재평가 받았다. 이와 같은 단점에도 불구하고 이 책은 사회과학도와 인문학도들이 여전히 진지하게 읽어야 할 고전이다. 다만 이 책을 마치 "위대한 경전"처럼 떠받들 일이 아니라 우리의 지적 능력의 범위를 확대하는 계기로 삼으면 좋을 것이다. 자신의 시대가 제기한 문제에 투철했고, 그 문제에 대한 답을 역사에서 찾되 훨씬 더 높은 수준에서, 훨씬 더 큰 무게로 발전시키고자 했던 지식인의 참된 자세를 배우고, 역사를 새롭게 읽어내는 번득이는 혜안을 함께 나누며 공감하시기를 바란다.

『지중해』를 우리말로 옮기는 번역 작업은 번역자들 모두에게 3년 넘게 고통의 연속이었다. 워낙 다양한 지식들이 동원된 데다가, 프랑스어 문장도 까다롭고, 유럽 각국어로 된 인용문들이 아무런 보충 설명 없이 그대로 노출되어 있으니, 이런 문제들을 하나씩 풀어나가는 것이 보통 힘겨운 일이 아니었다. 나 자신도 번역 과정에서 주변의 여러 동료들에게 도움을 요청하여 겨우 푼 사례들이 너무나도 많아 여기에서 일일이 감사의 말씀을 드릴 수 없을 정도이다. 그나마 영어본과 일어본이 먼저 나와 있어서 많은 도움을 받았다. 까치글방의 박종만 대표가 각고의 노력을 기울여 이 번역 작업의 수준을 그나마 높여준 공로가 너무나도 크다. 그럼에도 워낙 어려운 텍스트라 이 번역본이 수준 높은 학구적 독자들의 기대에 부응할 수 있을지 걱정이 앞선다. 독자 제현의 질정을 바라는 바이다. 기왕에 번역 소개된 브로델의 또다른 명저 『물질문명과 자본주의』와 함께 이 책이 역사를 이해하는 심원한 통찰의 계기가 되기를 기대한다.

역자들을 대표하여
2017년 11월 12일
주경철

562

연표 : 지중해 관련 1538-1600년

1538	바르바로사가 지휘하는 투르크 함대가 도리아 대공 지휘의 에스파냐와 베네치아 연합 함대 격파(프레베자 해전). 오스만 투르크의 지중해 방면 세력 확대.
1541	술레이만 1세의 헝가리 및 알제리 장악.
1544	카를 5세(카를로스 1세)와 프랑수아 1세가 크레피 강화조약 체결.
1545	트리엔트 공의회 개최(-1563). 가톨릭과 프로테스탄트의 분리 확정. 포토시 은광 발견, 가격 혁명의 한 요인이 됨.
1546	루터 사망(1483-).
1548	아우크스부르크 공의회. 가톨릭-프로테스탄트의 화해 모색.
1550	네덜란드, 종교재판소 설치.
1551	투르크의 헝가리 침입.
1552	카를 5세에 의한 루터 파의 종교적 자유 용인.
1553	앙리 2세가 제노바 공화국이 영유한 코르시카 섬을 점령함.
1554	메리 2세와 펠리페 왕자(뒤에 펠리페 2세가 됨)의 결혼.
1555	아우크스부르크 강화조약에 의해서 신교와 구교의 선택권이 허용됨(칼뱅 파는 인정되지 않음). 카를 5세가 펠리페 왕자에게 네덜란드와 밀라노의 지배권을 이양함.
1556	카를 5세의 퇴위 및 그의 장자 펠리페의 에스파냐 국왕 즉위(펠리페 2세).
1557	에스파냐의 제1차 재정 파산.
1558	메리 여왕 사망. 엘리자베스 1세 즉위. 네덜란드 귀족들의 에스파냐 지배에 대한 저항 태동. 카를 5세의 사망에 의해서 페르디난트 1세의 신성 로마 제국 황제 즉위(합스부르크 가문이 에스파냐 계와 오스트리아 계로 나뉘게 됨).
1559	카토-캉브레지 조약(영-독-에스파냐)에 의해서 이탈리아 전쟁(1494-) 종료. 에스파냐에서 종교재판 시작. 펠리페 2세의 에스파냐 귀환 그리고 엘리자베트 드 프랑스와의 결혼.
1561	펠리페 2세에 의해서 바야돌리드에서 마드리드로 천도.
1562	투르크와 신성 로마 제국의 강화 조약 조인. 프랑스의 종교 내전 위그노 전쟁 발발(-1598).
1563	신성 로마 제국의 반종교 개혁 시작.
1564	페르디난트 1세의 사망 및 막시밀리안 2세의 신성 로마 제국 황제 즉위. 투르크의 몰타 섬 공격(1565년 에스파냐 승리). 네덜란드의 귀족과 상인들이 귀족동맹을 결성하여 에스파냐에 저항함.

1565 투르크의 헝가리 침입.
펠리페 2세가 북부 네덜란드 7개 주(현재의 네덜란드)의 반란 진압을 위해서 알바 공작을 파견함.

1566 술레이만 1세의 사망(재위 1520-) 및 셀림 2세의 즉위.

1567 제2차 위그노 전쟁.
네덜란드 총독 알바 공작의 네덜란드 공포 정치(-1573).

1568 투르크-오스트리아의 8년 유효의 평화조약 체결.
모리스코에 의한 그라나다 반란(-1570).
오라녜 공작 빌렘이 알바 공작을 격파하고 네덜란드 독립 전쟁을 전개함 (-1648).

1569 코시모 데 메디치가 토스카나 대공(코시모 1세)이 됨.
네덜란드에서 거지당 결성.

1570 울루크 알리의 튀니스 점령.
투르크가 베네치아령의 키프로스 섬 원정.
드레이크가 서인도 제도로 항해하여 에스파냐 식민지들을 습격함(-1572).
멕시코의 은이 에스파냐에 대량 유입되어 가격혁명이 시작됨.
돈 후안 데 아우스트리아에 의한 모리스코의 그라나다 반란 진압.
펠리페 2세에 의한 모리스코의 강제 이주.
생-제르망 화해를 통해서 제3차 위그노 전쟁 종결.

1571 교황청-에스파냐-베네치아의 신성 동맹 체결.
투르크의 키프로스 섬 점령.
레판토 해전에서 돈 후안 데 아우스트리아의 신성 동맹 해군이 투르크 해군 격파. 지중해에서 유럽 세력이 우위를 확보함. 이후 에스파냐 무적함대가 해상 패권 확보(-1588).

1572 에스파냐 예수회가 아메리카 대륙에 가톨릭을 전도함.
돈 후안 데 아우스트리아의 튀니스 점령.

1573 투르크-베네치아 평화 협정 체결(베네치아의 배신).
알바 공작이 반란군 진압에 실패하고 에스파냐로 철수.

1574 샤를 9세 사망, 앙리 3세 즉위. 제5차 위그노 전쟁.

1575 제2차 에스파냐 재정 파산.

1576 네덜란드 남부 10개 주의 에스파냐에 대한 반란 전개.

1577 돈 후안 데 아우스트리아가 네덜란드 총독으로 임명됨.
드레이크 제독의 세계 일주 출항(-1580).

1578 투르크의 대재상 메흐메트 소콜로의 페르시아 공격.
네덜란드 북부 7개 주가 위트레히트 동맹을 결성함. 남부 10개 주에서는 가톨릭 신앙과 에스파냐의 지배를 인정함(1648년의 베스트팔렌 조약에 의해서 국제적인 네덜란드 독립 승인).

1580	포르투갈 국왕 엔리케 사망. 펠리페 2세에 의한 에스파냐의 포르투갈 병합, 에스파냐 왕국의 이베리아 반도 통일(1640년 포르투갈 독립). 브라질이 에스파냐의 식민지가 됨.
1581	네덜란드 연방 공화국의 독립 선포. 오라녜 공작 빌렘이 통령이 됨. 에스파냐-투르크의 휴전 협정 체결.
1584	오라녜 공작이 암살됨.
1585	파르마 공작의 에스파냐 군대에 의한 안트베르펜 점령.
1586	흉작에 의한 곡물 가격의 폭등과 기아의 내습. 아메리카의 감자의 유럽 유입. 이집트에서 투르크에 대한 반란 발생.
1588	에스파냐 무적함대의 도버 해협에서의 패배. 에스파냐의 해상 지배권 몰락.
1589	앙리 3세(재위 1574-)의 암살에 의해서 발루아 왕조가 단절됨. 앙리 4세의 즉위에 의해서 부르봉 왕조가 열림.
1591	투르크-오스트리아 전쟁.
1592	영국의 레반트 회사가 설립됨.
1593	투르크가 헝가리와 오스트리아에 침입. 에스코리알 궁전 낙성.
1594	앙리 4세의 파리 입성.
1595	앙리 4세가 에스파냐에 대해서 선전 포고함. 메흐메트 3세 즉위.
1596	잉글랜드와 프랑스가 네덜란드 독립을 승인하고 네덜란드와 함께 에스파냐에 대한 동맹 결성. 에스파냐의 제3차 재정 파산.
1597	펠리페 2세와 앙리 4세의 평화 교섭 시작.
1598	낭트 칙령으로 신교도에 대한 신앙의 자유가 인정되고 위그노 전쟁이 종결됨. 펠리페 2세 사망 및 펠리페 3세 즉위.
1599	에스파냐의 네덜란드 및 잉글랜드에 대한 평화 교섭 시작. 에스파냐의 인플레이션 격화.
1600	엘리자베스 1세의 특허에 의해서 동인도 회사 설립. 에스파냐의 네덜란드 및 잉글랜드와의 평화 교섭 결렬.

인명 색인